【上卷】

王阳明

一心平天下

唐文立——著

中国出版集团　　现代出版社

图书在版编目（CIP）数据

　　一心平天下：王阳明：全2册 / 唐文立著. --北京：现代出版社, 2018.1（2021.6重印）

　　ISBN 978-7-5143-6601-3

　　Ⅰ.①一… 　Ⅱ.①唐… 　Ⅲ.①王守仁（1472-1528）—传记 　Ⅳ.①B248.2

中国版本图书馆 CIP 数据核字（2017）第251898号

一心平天下：王阳明

作　　者	唐文立
责任编辑	张　霆
出版发行	现代出版社
地　　址	北京市安定门外安华里 504 号
邮政编码	100011
电　　话	010 - 64267325 　010 - 64245264（兼传真）
网　　址	www.1980xd.com
电子信箱	xiandai@vip.sina.com
印　　刷	三河市元兴印务有限公司
开　　本	710mm×1000mm　1/16
印　　张	50.25
字　　数	780千
版　　次	2018年1月第1版　2021年6月第5次印刷
书　　号	ISBN 978-7-5143-6601-3
定　　价	108.00元（全2册）

序：活着就为征服人心

人心是宇宙头等大事

王阳明心学是中国传统文化中的精华。

什么是王阳明心学？

用王阳明的话来说，就是："心即理也！"

这里的"心"不仅仅是看得到摸得着那团血肉器官，还是能操控视、听、言和动的指挥部，就是那个可以调动眼、耳、鼻、舌、身、意的中枢系统，在一定程度上等同于计算机、智能手机加上操作系统，这个系统就是天理。

《尚书》中记载："人心惟危，道心惟微。惟精惟一，允执厥中。"这是极好的文字，完美贯通了理性和心灵，一头牵着理性，一头拉着心灵，世上还有比这更有正能量的文字吗？

古语云，一心可以丧邦，一心可以兴邦。

古今中外都对人心充满畏惧同时也充满了好奇。但人心最难掌握，看不清，摸不到，控不住。到现在，人类可以上天，可以登月，可以入海……许多人依然弄不懂人心……

其实，人心就是理性和心灵的事，理性和心灵合二为一就简单，理性和心灵南辕北辙的话就复杂。如此来说，人心不可捉摸的原因既简单也复杂。

人心是一个人的主宰，只要掌控了人心就掌控了一个人，掌控了所有人的人

1

心，就掌控了天下。孟子说过："仁，人之心也。"这在一定程度上契合儒家的修身体系，即格物、致知、诚意、正心、修身、齐家、治国、平天下。因而张载说："为天地立心，为生民立命，为往圣继绝学，为万世开太平。"

有人说，西方文明研究人与物之间的关系，印度文明研究人与神之间的关系，中国的文明研究人与人之间的关系。我们历代先贤注重人和人的关系，其实就是为了政治。我们向来崇尚天人合一，认为研究人就是研究天，把人研究透了就懂了天。在王阳明之前，孔子、孟子、张载和陆九渊都进行了深入研究，他们从人开始，到人心，到天心，到宇宙心。最后，王阳明又回归到人心，这就是王阳明心学。

根据这套理论，我们所做的一切都是为了征服人心，天大的事也大不过"心"，所以陆九渊说："吾心即宇宙，宇宙即吾心。宇宙内事乃己分内事，己分内事乃宇宙内事。"

什么是王阳明心学？

一般人的理解，王阳明心学是不是就是心理学？是不是读心术？是不是洗脑术？是不是权术？……

好像都是，实际上都不全面，因为王阳明心学可以简单分成四个部分：

一个字："心。"两个字："知"与"行"。三个字："致良知。"四句教："无善无恶心之体，有善有恶意之动。知善知恶是良知，为善去恶是格物。"

完整的逻辑是这样表述的：

> 理一而已：以其理之凝聚而言，则谓之性；以其凝聚之主宰而言，则谓之心；以其主宰之发动而言，则谓之意；以其发动之明觉而言，则谓之知；以其明觉之感应而言，则谓之物。故就物而言谓之格，就知而言谓之致，就意而言谓之诚，就心而言谓之正。

这段文字虽然是文言文，但理解起来也不太难。提炼一下就通俗了，第一部分的关键词是：理、性、心、意、知和物，第二部分的关键词是：格、致、诚、正。我们把第二部分的四个关键字和第一部分最后四个关键字倒着组词就得到：格物、致知、诚意和正心。

"理"凝聚一起形成"性"，主宰"性"的是"心"，发动"心"的是"意"，明觉"意"的是"知"，感应"知"的是"物"。怎么能控制这些呢？就是：格物、致知、诚意和正心。

在《大学》中，儒学的体系是：格物→致知→诚意→正心→修身→齐家→治国→平天下。显然《大学》体系没有形成闭环，有很明显的漏洞，通俗一点说，就是没有入手处，格物？从哪里格？怎么格？

王阳明的四句教就解决了这个问题，其用力处就是"为善去恶"，入手处就是"知善知恶"，开始之处就是"意之动"，本源就是"心体"。

这样一来，王阳明的四句教与《大学》形成了一个完整的逻辑体系，打通了儒学的"任督二脉"，形成了闭环，有入手处，有用力处，就有了征服人心的力量。

正是因为如此，王阳明实现了自己做圣贤的理想，真正做到了"立德立功立言三不朽"。在儒家观念里，中国几千年的历史长河中，能达到圣人标准的仅仅有四个人：孔子、孟子、朱熹、王阳明。到今天，许多人认为中国历史上有资格称为圣人的只有两个人：孔子和王阳明。

为什么写王阳明？

很早以前就有人游说我写王阳明先生，说我比较熟悉王阳明，应该能写出王阳明接地气的一面。说实话，刚开始，我是拒绝的，我很崇拜王阳明，要写一个人，毕竟要写过五关斩六将，也要写败走麦城。在内心塑造一个偶像很难，但分分钟就能让其轰然倒塌，我不忍心亲手推倒这个自己在心中塑起来的偶像，更担心自己不能重塑王阳明先生的伟大形象。

越是艰难处，越是修心时。既然艰难就更要修心炼胆，那就一定要写王阳明，既然担心倒塌，索性就朝着毁掉偶像路子上去写！想到此，我欣喜若狂，有一种悟道的感觉。

今天的人看王阳明，都戴上了有色眼镜，而且仰着脸看，把王阳明神化了，看到的都是高大上的一面，那我就摘下眼镜，注意王阳明俗的一面。

看看作为一个人，王阳明是一个什么样的人。重回到五百年前的大明朝，一起见证王阳明的一生，一个没有任何神通，也食人间烟火，也有七情六欲，也好名利，也喜欢美女，也会享受生活……一个有烦恼，有困苦，有挫折，有无奈，有压力，也曾犹豫，也曾彷徨，甚至也放弃过……一个看起来很俗很普通的人，和我们都一样，那他是怎么成为圣人的呢？

这个问题一直困扰着我，多次犹豫，多次徘徊，甚至想到过放弃，但一想到"人须在事上磨，方立得住"，就立马精神百倍，内心充满了能量。一边写作一边探索，直到最后才发现：我们和王阳明差别不大，就在一个圣人理想。

克尔恺郭尔说过："寻找一个对我而言是真理的真理，寻找一个我愿意为它而活、为它而死的理念。"

王阳明就是一个这样的人，他找到了对他而言是真理的真理，他找到了为之活为之死的理念，他从十二岁开始决定做圣贤，然后坚持到最后一刻，这种坚持是历经千死百难不忘初心，在黑暗中摸索，在绝望中寻找希望，在迷茫中前行，在无力时刻集聚为善去恶的力量。他一生为善去恶，时刻保持独立，时刻保持清醒，因而无论何时何事何地，他都准确找到入手处和用力处，然后勇往直前。

这正是王阳明伟大之处！

他一生辽阔高远，他立志做圣贤，他内心光明，他为善去恶，他极具智慧，他最有人格魅力，他最受人尊重，他生前弟子如云，他征服了他所在的时代，五百年来，追随者络绎不绝，曾国藩、梁启超、孙中山、章太炎……

五百年后，依然有人"一生伏首拜阳明"。

他具有征服人心的力量，"'高山仰止，景行行止。'虽不能至，然心向往之。"

当我们认识了王阳明，就能时刻理解心学的智慧所在，就能深刻领会知行合一的精髓所在，就拥有了为善去恶的勇气，就会开始重新思考生命的真正意义。

　　生活中，总有一些和王阳明一样的人，有理想，有情怀，在生活中帮助他人，在人生道路上不忘初心。希望本书能为他们提供一个榜样，给在黑暗中摸索的他们一点光，给绝望中坚持的他们一点希望，给迷茫中前行的他们一个方向，给无助中的他们一些为善去恶的勇气。

目录 / Contents

第一篇

读　心

一、六世之德圣人出

朱元璋，明朝开国皇帝。这个人，是个奇才。尤其在控制思想方面，能笼络孔子后人，能管控孟子，能删节《孟子》，能实行八股考试，还要"存天理，灭人欲"，结果使得文人居然不愿做官，于是朱元璋大举屠刀，不愿做官，砍头！这事儿，的确是奇葩！当然，明朝的奇葩还有很多。后来出了一个王阳明，有人称之为"圣人"，也是奇葩，不知是不是朱元璋行为的一个结果。

和尚皇帝

在中国，几乎每个人都信奉"皇帝轮流做，明年到我家"。一旦做了皇帝，就会把这句话打入十八层地狱，而且还要踩上几脚，再压上一块青石，万世不得翻身。用今天流行的俗话就是"屁股决定脑袋"。

朱元璋，一位很有个性的皇帝，他的个性不是来自于他是平民皇帝，而是他的一些行为。做过和尚，造过反，称过王，后来修成正果，做了皇帝。之后，屁股决定脑袋，就有治国的责任。

朱元璋一再提及孔子、孟子，并不代表他本人一定真的对孔子、孟子很崇拜。所谓的"重民""仁政"，可能只是朱元璋做一位"贤君"所需要的法器。也就是说，朱元璋并不是以民众利益为出发点和落脚点来思考问题的，他对一切问题的思考都只是紧紧围绕着他屁股下面的那把龙椅。

孔子、孟子、读书人……在朱元璋眼里，都是自己的工具。"天地君师亲"，只要搞定孔子，就搞定了天下的读书人，搞定了读书人，就有了人才。洪武元年（1368），刚做皇帝的朱元璋就在二月"丁未，以太牢祀先师孔子于国学"（《明史·高祖本纪二》）。他把孔子抬出来，放在很高很高的位置上，其实就是标明自己的合法性。之后，朱元璋又派人专程到曲阜祭拜孔子，使者临行前，朱元璋谆谆告诫说："仲尼之道，广大悠久，与天地并。有天下者莫不虔修祀事。朕为天下主，期大明教化，以行先圣之道。今既释奠成均，仍遣尔修祀事于阙里，尔其敬之。"（《明史·礼志四》）

招待好孔子之后，据史料记载，洪武元年（1368）三月，徐达攻克山东济宁后，朱元璋命令徐达护送孔子第五十五代孙孔克坚到南京受封，这个孔克坚曾经在元朝为官，官拜国子监祭酒，作为元朝曾经的官员，按照自己老祖宗的规矩应该杀身成仁，但孔克坚没有。这个时候，朱元璋又来征召，去还是不去，是一个不小的问题。元朝刚刚败退，有朝一日卷土重来未可知，到时候怎么办？但现在身处朱元璋的地盘，不听朱元璋的号令，后果可想而知，于是孔家人来了一个很中庸的办法，称自己身体有病，无法前去，让儿子孔希学做代表去朝见朱元璋。这样，两面讨巧，谁都不得罪。

这等小儿科的伎俩，哪里能糊弄住朱元璋，朱元璋龙颜大怒。

不就袭封衍圣公吗？想脚踏两只船，搞二选一，没门！再就是居然敢小瞧布衣出身的自己，看不起自己出身微贱，朱元璋认为孔克坚羞辱了自己，虽再三忍耐，但还是极为不爽，拟一道圣旨，教训孔克坚："吾虽起庶民，然古人由民而称帝者，汉之高祖也。尔言有疾，未知实否。若称疾以慢吾，不可也。"朱元璋的意思是，如果你爱刘邦，请你也爱朱元璋，而且是必须的。如果你爱刘邦而不爱朱元璋，后果自己想想！

皇帝很生气，孔克坚这才意识到事情的严重性，便连天加夜，屁颠屁颠地赶到了南京。一方面，孔克坚的到来，给足了朱元璋面子，圣人家都认可了，自己的皇位就具有合法性了；另一方面，起到了带头作用，衍圣公都从了朱元璋，天下读书人都从了吧。于是，朱元璋不仅得到了面子还得到了里子，遂转怒为喜。洪武元年（1368）四月初八，朱元璋在谨身殿隆重亲切而且温和地接见了孔克坚。四个月后，朱元璋下诏，"衍圣公袭封及授曲阜知县，并如前代制"（《明史·高祖本纪二》）。

这样，朱元璋就轻松搞定了孔子和他的后人以及读书人。

治国要靠"孔孟之道"，搞定孔子之后，朱元璋开始研究《孟子》了。不研究倒还罢了，一研究《孟子》，朱元璋差一点把鼻子气歪了，决定收拾孟子。

以吏为师

朱元璋尽管不太拿衍圣公孔克坚当盘菜，但对孔子还是蛮崇拜的。

作为圣人的孔子是幸运的，但位居其后的孟子就没有这么幸运了，什么原因呢？朱元璋研读《孟子》的时候，读到"民为贵，君为轻，社稷次之"的时候，大发雷霆。在朱元璋看来，天下最难的事就是做皇帝，不是一般人能做的，要历经灾难，百死千难，最后才能做皇帝。如果这样的人还不重要还不尊贵，那谁尊贵呢？是那些庶民吗？是那些刁民吗？是那些书生吗？

要以吏为师嘛，谁最牛，官员啊！这李斯早就告知天下了，天下，谁的知识最多？官员！天下，谁最有智慧，官员！天下，谁的学问最大，还是官员！不然如何能指导工作！

当然，官员之中也有级别，谁的官大，谁的权力大，谁的一切都大。明朝谁的官最大？皇帝，这个时候，朱元璋是皇帝，所以朱元璋的学问也最大。朱元璋不仅是所有民众和领导的领导，同时还身兼思想的导师和道德的楷模。孔子和柳下惠都不如朱元璋，他们是过去的，朱元璋是当世的。

既然在这个位置，朱元璋当然有资格甚至有义务对一切思想和道德进行教谕了，而且是万民的福祉。首先就拿孟子做典型，在朱元璋看来，孟子有些信口雌黄，怎么能"民贵君轻"呢？这是原则问题，一定要进行批判，不然民众都认为"民贵君轻"，岂不是都能做皇帝了，想想都怕！

朱元璋很不高兴，"怪其对君不逊，怒曰：'使此老在今日，宁得免乎？'"大意就是，要是这个老儿还活着的话，看我怎样收拾他！幸亏孟子已死，不然的话，肯定会被砍头。

后来，朱元璋研究《孟子》，当他读到卷四《离娄》时，发现有这样一段话："孟子告齐宣王曰：'君之视臣如手足，则臣视君如腹心；君之视臣如犬马，则臣视君如国人；君之视臣如土芥，则臣视君如寇雠。'"前两句话，还是有一点点道理的，后面一句太不靠谱了，说"民贵君轻"就有点不着调了。什么"君之视臣如土芥"，臣子在皇帝眼里不就是土芥吗？这不是公然鼓动人们造反吗？最不能接受的是还要把皇帝当作仇敌贼寇，胆子也忒大了吧。

为了涤除孟子思想的流毒，朱元璋亲自操刀诏告天下，在诏书中说孟子的这段话"非臣子所宜言"，进行大加挞伐，并号召读书人批判孟子。洪武五年（1372），南京孔子文庙落成，文庙里居然没有孟子，取消了孟子配享的资格，先前历朝历代的文庙都是孔子为主，颜渊、曾参、子思和孟子陪在左右，其中颜渊、子思在孔子的右边，曾参和孟子在孔子的左边。朱元璋罢免了孟子在文庙里和列位大儒们吃冷猪肉的资格，虽然是皇帝，但他还是有些担心，他知道读书人不会同意的，尤其那些读圣贤书的大臣，他们是肯定会反对的，说不定会做出一些出格的事来。为此，朱元璋明告群臣，有敢劝谏关于孟子被罢免文庙资格者，以"大不敬"论罪处死，"命金吾射之"。

但就是有不怕死的人，而且愿意杀身成仁，时任刑部尚书的钱唐抗疏入谏，慨然而曰："臣为孟轲死，死有余荣！"大臣们都为他的安危担心，毕竟朱元璋是杀人如翻书的主儿。说罢，钱唐让人抬着事先准备好的棺材，袒着胸，抱着必死的决心，向皇城奉天殿方向走去。进入奉天殿，朱元璋果然命御林军卫士杀气腾腾地引满弓，等着他的到来。见到钱唐视死如归的模样，朱元璋更加恼恨，便真的让卫士连射了好几箭。钱唐的左臂、右肩、胸部都中了箭，被射倒在朝堂上，但他仍然挣扎着向皇帝座前爬去。

看到钱唐"情辞剀切"，朱元璋"为之感动"，并没有因为这事惩罚钱唐，还派太医给钱唐精心治疗箭伤。就在朱元璋把孟子逐出文庙的第二天，主管天文的官员就向他汇报，说文星黯淡无光。朱元璋自身迷信，有些担心，以为上天在警示自己。收拾孟子就是为了强化君权，现在刚把孟子清出文庙，文星就黯淡无光，不利于稳定啊，于是朱元璋顺水推舟，"鉴其诚恳，不之罪，孟子配享亦旋复，然卒命儒臣修《孟子节文》"。

很快，朱元璋重新下了一道给孟子平反的谕旨："孟子辨异端，辟邪说，发明孔子之道，配享如故。"尽管很不情愿，但为了天下，为了皇帝之位，朱元璋还是把孟子的牌位请回到文庙，而且恢复孟子在文庙中的位置和待遇。

就这样放过了孟子，朱元璋心有不甘，思来想去，决定在孟子的书籍上下手，于是下诏书命令大臣删除《孟子》中的不当言论。朱元璋担心大臣不尽心，亲自上阵将《孟子》中所有不利君主专制的地方全部删除，诸如"天视自我民视，天听自我民听""闻诛一夫纣矣，未闻弑君也""君有过则谏，反复之而不听，则易位"一概删除。

最后一下子删掉了《孟子》中85条，仅仅剩下170多条。洪武二十七年（1394），翰林学士刘三吾负责删改的《孟子节文》大功告成，朱元璋下诏，"颁之中外交官，俾读是书者知所本旨"，并规定删除的条文"课底不以命题，科举不以取士"。就这样，《孟子》部分精彩内容就被从国考中删除了，这算是中国历史上的一个奇迹。

国考的内容本来是教育部门的事情，也是一项非常专业的事情，应该让专业的人来做，这样不但效率高，而且正确。在传统中国，教化的责任不是学者负责，主要是官员负责，级别越高责任越大，皇帝的教化责任最重。因为只要有皇帝在，他的知识水平就最高，道德水准就最高，就掌握了真理，因而教化民众就成为皇帝和官员的不二选择了。哪怕事实上某个官员的道德真的很差，但只要官比你大，就可以教训你，就可以作为道德模范进行教化。

朱元璋作为最大的官，教化成了本分，对孟子都要进行教化，对读书人就更不客气了。其实，朱元璋哪里能教化孟子，无非借助孟子树立自己的威权，树立威权的方法有许多种，但往往是通过让下面的人做错误的事情来树立，明知道是错误都要去执行，那就说明威权树立了。朱元璋的威权树立了，但读书人都不敢做官了，真是咄咄怪事！

做官成了高危职业

朱元璋算是一个拿得起放得下的人，尽管做了皇帝，并不为尊者讳，相反还经常一口一个"淮右布衣"自称。可是一到文人士大夫面前，朱元璋多少还是有些心虚，总担心这些人瞧不起自己，有一种天然的自卑感。这种自卑到极点的话，就是狂妄，极度蔑视文人士大夫，不允许文人士大夫有丝毫的不敬。

当然从文人士大夫的角度来看，这位新皇帝总有些名不正言不顺，一个当过和尚做过盗贼的人做了皇帝，是什么世道？表面上是万岁万岁万万岁，心灵底处的声音是：什么玩意儿。在朱元璋心目中，自己就是"真命天子"，这一点毋庸置疑，而且是绝对权威，不允许有任何的不屑和不恭。据记载，曾有人对朱元璋说："文人鬼点子很多，往往让人受人辱骂还不知道。当年张九四让身边的文人给他起个雅一点的名字，文人给他取了士诚。他哪里知道《孟子》上说：'士，诚小人也。他被人骂了一辈子还蒙在鼓里。"后来，朱元璋查看《孟子》，发现果然是这样的，此后不论是谁的文章他都多长一个心眼，进行仔细"研读"。

治理国家自然需要读书人，可朱元璋对读书人又不信任，两难啊。朱元璋决定采取信任并检验的方法，就是先相信读书人，然后再进行检验，看看是不是对自己忠诚。

危素算是一个典型人物，曾经在元朝为官，做过参知政事、礼部尚书，主持编修了《宋史》《辽史》和《金史》。明朝的军队占领大都后，危素跳井自杀，以求得杀身成仁，不巧被几个和尚救活了，就只能活下去了。听说危素没有死，朱元璋久闻危素的大名，就把危素召到南京，授予他翰林侍讲学士，弘文馆学士。朱元璋很看重危素的才华，就让危素为自己写作《皇陵碑》，这个差事不好做，如实写吧，如同脱皇帝的衣服；拍马屁吧，万一拍马蹄子上了，后果也很严重。

最后，危素采取一半加一半，半真半假，把朱元璋稍稍美化一下。朱元璋一看，不满意，认为太过粉饰，不能教育后世子孙，其实就是嫌拍马屁，最后亲自撰写，就是后来名满天下的《御制皇陵碑》。

由于曾经在元朝为官，朱元璋对危素这个政治污点一直耿耿于怀，自己第一次做皇帝，大臣却是前朝的，心里有些不舒服，就好比自己第一次做新郎，而新娘却是二婚。这本来不是问题，前朝的老臣，可以不用，二婚的新娘可以不要，问题是前朝的老臣有能力，二婚新娘美丽漂亮，真是既爱又恨。但心里难免疙疙瘩瘩，总有些不舒服，因而总想找点碴儿，发泄一下。

尽管危素忠诚能干，但前朝旧臣的阴影始终在朱元璋心里抹不去，动辄就找机会嘲讽羞辱。表面上，朱元璋发泄了舒服了，但也说明朱元璋的选人眼光有问题，给人留下了小肚鸡肠的恶名。

据史书记载，有一次，朱元璋在东阁处理政务，危素被召到东阁汇报工作，一听走路声音，朱元璋就知道是危素来了。就故意问："来者何人？"

一听皇帝问话，危素急忙答："老臣危素。"

老臣？大明朝才建立几年啊，哪有"老臣"，典型的前朝余孽思维，于是脸色遽变，对危素冷嘲热讽道："我以为是文天祥呢！"

听到这句话，危素立马跪地磕头不止，这是皇帝嘲讽自己不忠于前朝啊，都怪那些和尚，干吗要救自己，不然怎么受此侮辱啊！这个时候，怎么办呢，只有磕头求平安了。

后来，在一次朝会上，朱元璋心情不错，让人牵一头会舞蹈的大象来助兴。据说这头大象是元顺帝的宠物，不知道大象是怀念元顺帝还是被朱元璋的长相给"雷"着了，见了朱元璋却卧地不起，一点儿也不给朱元璋面子。一头大象居然不给皇帝面子，这让皇帝情何以堪，不给面子就让你没命，朱元璋下令把大象杀了。杀了之后，心里的恨意还没有消除，睹象思人，朱元璋想到了危素，于是派人制作了两块木牌，亲自在牌子上题字，一块写上"危不如象"，另一块写上"素不如象"，最最让人想不到的是，朱元璋竟然把这两块牌子挂在危素的两个肩膀上，以此来解恨。一看皇帝如此对待危素，御史王著等人趁机上奏攻击危素，说他是前朝之臣，这样的人怎么能在皇上左右担任侍从之职？都是读书人，何必如此难为同行呢。朱元璋于是就把危素发放到和州给元朝忠臣余阙守庙，士可杀不可辱，危素不到一年就郁郁而死。

在当时，危素不说是文坛泰斗，最起码也是声名显赫，门生故吏遍天下，新皇帝如此对待危素，文人士大夫于是纷纷谢绝皇帝征召，不愿意去做官。做官这件事不是你想来就能来的，当然也不是想不来就不来的。当时的大儒名士秦裕伯，为躲避战乱，居住偏僻的上海，朱元璋做皇帝后，两次征召，秦裕伯都坚决拒绝了。两次拒绝后，朱元璋生气了，你秦裕伯算什么啊，衍圣公孔克坚都从了，还拿不下你？于是，在信中警告秦裕伯："海滨的百姓好斗，你裕伯乃智谋之士，居此地而坚守不出，恐有后悔。"大意就是秦裕伯你不愿做官，是不是居心不良，想造反！秦裕伯看到这封信后，立即收拾行李，到南京去朝拜朱元璋了。

让你出来做官，你就得出来做官，否则砍你的脑袋！朱元璋是一个讲究法制的皇帝，还专门为这事制定并颁布了一条"寰中士大夫不为君用"的律例，而且是违法必究执法必严，这个律例在古今中外法律都是独一无二的。面对这样的皇帝，谁还愿做官，谁还敢做官？当时文人士大夫都怕被举荐为官，做官就意味着倒霉开始了。当时的"贵溪儒士夏伯启叔侄断指不仕，苏州人才姚润、王谟被征不至"，就按照这条"寰中士大夫不为君用"的律例，结果将他们"诛而籍没其家"。

做官这样的好事，读书人居然不愿意去？太荒唐了吧。荒唐背后必有玄机。玄机就是这位皇帝太草菅"官"命。做了皇帝后，为了万世一表，担心他人夺取帝位，于是就借口谋反叛乱诛杀功臣宿将，而且实行连带，每一个功臣被杀都会株连一万多人。除了诛杀功臣，朱元璋还用"廷杖"酷刑羞辱，所谓"廷杖"就是在朝堂上当众用板子打大臣屁股。这算是新创，因为历来都讲究"刑不上大夫"。这对向来讲究面子的读书人来说，简直就是奇耻大辱，再就是"廷杖"要当着朱元璋的面，每五棍换一个打手，大多数人都是当场毙命，即使被杖者命大，逃过一死，也会落下终身残疾。

据《廿二史劄记》载："时京官每旦入朝，必与妻子诀，及暮无事则相庆，以为又活一日。"这种状态下，人人自危，哪还有工夫做正事，做官做到这样，也够窝囊了。这样一来，读书人大都不愿意做官，官府眼看就无法运转了，那就是要求在职官员推荐，按照级别分配指标，完成不了要惩罚，轻则丢官，重则掉脑袋。

这个时候，刘伯温想起了他曾经一个朋友——王纲。这个时候，想起谁，谁几乎就成了下一个倒霉蛋。

这个王纲是谁呢？他和刘伯温曾经有过什么往事呢？王纲真是下一个倒霉蛋吗？

问道五泄山

说起刘伯温和王纲的往事，有一个地方不能不提，那就是五泄山。

五泄山在中国的确算不上名山大川，但却是一个很灵的山。正如《陋室铭》所说，"山不在高，有仙则灵"，五泄山就是靠"大仙"名传天下的。五泄山闻名天下，一是自然环境，二是人文。第一位大仙当属在这里出家的曹洞宗的创始人良价大师，第二位大仙就是和诸葛亮齐名的刘伯温。

元朝的统治一直是流年不利，统治近百年，有一半以上的年份是极端气候，有天灾必有人祸。天灾加上人祸等于乱世，乱世英雄起四方，但英雄毕竟是少数，多是混江湖的流氓、无赖和兵匪。这个时候，倒霉的是社会底层的人们和那些读书的人，这些人一是心地善良，无法和这些人比恶；二是有家有室，有后顾之忧；三是手无缚鸡之力，要流氓也没实力。怎么办呢？最好的办法是三十六计走为上。

王纲就是三十六计走为上的践行者。王纲这个人在元朝虽然是底层人物，但祖上还是很阔的，"旧时王谢堂前燕"里的"王"就是他们家，据说王羲之还是他们祖上，最近有人根据族谱证明其不是王羲之的后人。

尽管不是王纲的祖上，但王纲家肯定不止一次把王羲之作为励志偶像，激励了一代又一代。王纲就深信不疑，并以王羲之为榜样。有王羲之这样的励志榜样，加上王纲天赋不错，又很努力，后来果然才学出众，能文能武，尤其善于识别鉴定人才。王纲以文章知名当时，《琵琶记》的作者高明经常和他惺惺相惜，往来唱和。

王纲要才有才，要能有能，在那个时候，又怎么样，又能怎么样？国家不能尽忠，那就好好尽孝，养好自己的老母，于是背着老母就到五泄山定居。在深山里，找一块平地，搭一间茅草房，平整出一块庄稼地，开始了文人最为向往的耕读生活。干活累了，读读书；读书累了，干干活。再就是陪老母聊聊天，给老母捶捶背揉揉肩，实在是闲云野鹤般的生活。

日子就这样一天天地平淡过去，一天夜里，忽然听到敲门声。王纲也是一惊，兵荒马乱的年代最怕不是人家不知道你，而是人家都知道你，名声大成为靶子的概率自然高，这个时候会是谁呢？土匪？兵痞？故知？

这个门是开还是不开？尽管很忐忑，王纲还是打开了门。

开门一看，是一个道士前来投宿，心中一块石头落地。这个道士名叫赵缘督，错过了投宿地点，只得借宿在这深山里。王纲一看是出家人，知道没什么风险了，就把赵道士迎到屋里。借着灯光一看，王纲发现赵道士相貌异常，觉得这个道士不简单。

遇高人岂可交臂而失之，王纲便很恭敬地和道士攀谈起来。王纲端详着道士面容说道："从面相看来，道长必是得道之人，愿闻道长仙乡大名？"

道士抱着拂尘施礼说："我乃终南山隐士赵缘督也！"

一听"赵缘督"仨字，王纲知道自己遇见真人了，于是急忙重新施礼。原来赵缘督不是一般人，乃前朝皇族后裔，俗名赵友钦，道号缘督子，人们就称之为赵缘督，师父是道教大仙白玉蟾。白玉蟾乃道教南宗六祖，擅长炼丹，驻颜有术。王纲也自我介绍，说是王羲之后人。一个是前朝皇族后裔，一个是圣人之后，而今同是天涯沦落人，一时感慨唏嘘。时运不堪，风雨飘摇，家国命运看不到希望，俩人坐而论道，谈人生、谈理想、谈民族、谈国家、谈美容、谈八卦，通宵达旦。

最后两人在美容和八卦方面找到了契合点，这不是调侃揶揄，其实这是人之常情。哪一个人不希望自己永远年轻帅气漂亮呢？哪一个人不想预知未来呢？而道教就是为解决这两个问题来的。

两人这么投缘，赵缘督就毫无保留，传授王纲驻颜术和占筮术，一个真心传授，一个认真学，自然学得很快。之后，赵缘督给王纲算了一卦，卦象是个中签，解签道："你死后会扬名于世的，遗憾的是不能寿终正寝。现在你能和我一起云游江湖吗？或许就躲过这一劫了！"

听到赵道士解签，王纲面露难色，说上有老母需要照顾，如果和道长一起云游，岂不成了不孝之人。等老母驾鹤西去，再去追随道长。

看到王纲的样子，赵缘督哈哈大笑："我知道，你俗缘未断，这一劫在所难逃。"

得到赵道士的真传后，好友刘伯温便经常来到茅屋和王纲论道。之后，王纲就开始隐居五泄山了，和世间基本断绝了来往，就是一些先前故友也只是大概知道在五泄山，这些故友中就有刘伯温。

隐居的日子就好比天上人间，山里一天，世间一年，时间好像忘记了王纲，王纲依然年轻，容貌不减，但世间并没有忘记王纲。没忘记王纲的不是别人，正是在五泄山一起问道的刘伯温。

兵部来了个"年轻人"

就是刘伯温，也有二十多年没见面了。那时的王纲已经五十多岁了，刘伯温算了一卦，也知道王纲还在人世，但就算不出在哪里？怎么办？向神求助，自己倒是相信神的力量，可是神并不帮助自己，也许神相信自己的力量，但皇命在身，只得就此一搏，向皇帝推荐王纲。

向朱元璋推荐王纲之后，刘伯温不由得想起了当年自己和王纲相识相处的情景。

刘伯温和王纲，一个是大仙，一个是神汉。有共同的专业，共同的爱好，共同的语言。上谈天文，下谈地理，中谈人和，讲阴阳，说八卦，论奇门，演遁甲，自比管仲乐毅之贤，笑傲风月。

经过一番交流，互相钦佩，互相欣赏，其实就是互相吹捧。

刘伯温对王纲说："纲哥，你诸葛亮在世！"

王纲笑着说："哪里哪里，小基你才是当今的诸葛亮！"

刘伯温笑着对王纲说："说实话，诸葛亮真不如你！"

王纲连忙制止："过了，过了，诸葛亮肯定比我强，但肯定没有你厉害！"

说到这里，两个大仙不由得哈哈大笑起来。

刘伯温接着说了一句："天下大仙唯纲哥和刘基尔！"

刘伯温建议，不如咱哥儿俩结成异姓兄弟。苟富贵，勿相忘，如何？

王纲听了刘伯温的建议，哈哈大笑："小基啊，哥这辈子是富贵不了了，性本爱丘山，就喜欢过着这样的日子。再就是，哥观你的面相和星相，你日后必会发迹，但哥希望你发迹富贵后，忘掉哥，不要来害哥！"

听王纲这么一说，刘伯温非常受用，认为王纲所说"苟富贵，相忘于江湖"不过是谦辞罢了，于是说道：哥你可是陶渊明啊，性本爱丘山，他日苟富贵，兄弟定不会忘记你的。

听到刘伯温把自己比作陶渊明，王纲说道，哥我可能不如诸葛亮，但肯定比陶渊明的境界高，陶渊明只是不为五斗米折腰，如果是五十斗，五百斗，一万石，说不定陶渊明就要折腰了。我不是，给再多的米都不折腰，我就是一切皆为稻粱谋，就是为了养家糊口，仅此而已。

…………

刘大仙算不出王纲身在何处，不是什么怪事，如果天朝的官府人员找不到王纲才是怪事。果然，刘伯温的报告打上去不久，就有好消息传来：找到王纲了。

天朝就是有效率！

王纲本来打算终老五泄山的，不想还是被刘伯温给坑了，接到圣旨，王纲是一百个不愿意，但他不敢说"不"，说"不"就是不和官府合作，对抗官府之下场就是被砍脑袋还要株连亲朋好友，所以一旦官府征召做官不仅要接受，还要笑呵呵地、感恩戴德地领旨谢恩。

为了表示自己对新官府对朱皇帝的支持，王纲不仅高高兴兴去京城，还带上自己十六岁的儿子王彦达，以此表达自己对官府和皇帝忠诚。

听说王纲来了，刘伯温亲自去迎接。一见王纲，刘伯温差一点儿掉了下巴，他不敢相信眼前的这个人就是比自己还大十多岁的王纲，自己都年近花甲了，眼前的这个人看起来也就是二十多岁的样子，这和二十多年前没什么变化。刘伯温知道王纲从赵缘督那里学会了驻颜术，但还是很诧异。

听说王纲到南京了，朱元璋决定亲自接见。刘伯温把王纲带到朱元璋面前，朱元璋一看面前是一个小伙子，哪里是七十岁的古稀老人，很是诧异，以为刘伯温欺骗自己，便开始面试。朱元璋问王纲一些治国之道，王纲回答得贴切到位，本来正缺人才，一看这么有才，于是决定任命王纲为兵部郎中，相当于司局级国家干部。

不久，王纲就到兵部上任。到单位，大家都乐了，来了一个年轻人，资格稍微老一点的就对王纲说，小王啊，这么年轻就官拜兵部郎中，前途不可限量。王纲一听就乐了："应该叫我老王，我今年已经七十岁了。"引得兵部的人哈哈大笑。

一时，王纲就成为兵部的谈资，这么年轻的人非要装老，下面的人也就开开玩笑，但领导就认为王纲不老实，偷奸耍滑，故意把一些外勤的任务交给王纲办理。

一段时间后，广东那边群体事件此起彼伏，兵部需要派一个年轻人去督办粮草，领导一合计，决定派小王去，王纲满心不愿意，找领导谈话，说自己年事已高，不适合跑外勤，能不能换一个年轻人？领导一听很不高兴："小王啊，我这是给你机会，年轻人多锻炼锻炼，以后好委托重任，多干事吃不了亏。再说了，你说年老，谁相信呢？拿什么让人相信呢？"

那时候，没有出生证明，没有身份证，也不能测骨龄，因而王纲的年龄就成了糊涂账，找谁也说不清，只能接下这烫手的工作。

下班回家后，王纲闷闷不乐，就和儿子扯闲篇："儿啊，你说爹长得年轻还有错啦？当年也是爹一时冲动非要向赵道士学习什么驻颜术，七十岁的人长得像二十多岁的小伙子，结果惹来这倒霉差事。"

听到父亲唠叨，王彦达便安慰父亲："不至于，大风大浪都见过了，没什么大不了的。再就是凭着爹的本领，什么事不能解决！"

王纲告诉儿子：我给自己占了一卦，不吉利。这次去广东，恐怕活着去不能活着回来。你跟爹一起，如果爹不能活着回来，你一定把爹带回老家。儿啊，切记！唉，不说了，给爹准备一下笔和纸，爹要给你娘写封家书了。

说罢，王纲开始提笔给妻子写信，就是一封诀别信。

海盗邀请钦差做领导

一切后事安排停当，王纲带着儿子王彦达南下广东。到了目的地，王纲分析了民乱情况，知道不是什么大事，是内部矛盾问题，不需要斥之以武力，如果动用武力，矛盾更容易激化，反而更难解决，决定只身单舟前去劝降。

接触到乱民之后，王纲一再强调自己是皇帝派来帮助民众解决问题的，有什么困难和要求都可以提，能解决的一定解决，自己不能解决的一定转给皇帝，要求民众一定要相信皇帝。民众一看官府不是派军队来屠杀，而是一个年轻的书生，觉得皇帝和官府是真诚的，还是可以信任的。本来这些人只是为了生计才闹事，一看钦差这么真诚，于是顺势跪地叩头认罪，感谢皇恩浩荡。

不动一兵一卒，只身闯虎穴，硬是凭借三寸不烂之舌收服乱民，王纲一下子名震天下。这一次外勤太漂亮了，王纲自己也有些飘飘然了，心情大好，与儿子一起乘船返回增城。王纲归心似箭，希望尽快进京面上交差。王彦达更是高兴，嗔怨父亲多虑了，以父亲能力，不过小菜一碟，哪有什么危险？

正当父子俩沉浸在幸福之中，一场灾难也正在悄然走近他们。这件倒霉事之所以找着他们，就是王纲在潮州民乱表现得太出色了。潮州之行，王纲几乎成了广东的大明星，一下火了，上自朝廷，下到土匪海盗，都知道了。朝廷知道了，可以邀功；土匪海盗知道了，可以慑服他们，不战而屈人之兵，实现天下太平。

偏偏有土匪海盗想法独特，听到有这么厉害的钦差大臣，他们一不是害怕逃跑，二不是前来归顺，而是另辟蹊径：把这位钦差大臣抓回去做领导。

看来这海盗还真不简单，王纲算是遇见对手了。海盗的领导叫曹真，不过不是三国那个魏国大将，但看这名字就有水平，所以人家能做出这么超乎想象的事情。探听到王纲正在返回增城的时候，曹真带领自己的兄弟们冲过来了。

终于在快到增城的时候撵上王纲了，一看到王纲的船，曹真令旗一挥，把王纲父子的船围了起来。一看这么多船围过来，王纲知道出事了，自己的卦还真的很准。于是对儿子王彦达说："一定记住爹告诉你的话，一旦爹有不测，一定要把爹的尸体带回家，一定记住！"

很快，就有人拿着武器上了船，意外的是，这些人见了王纲就拜："小弟曹真今天带领兄弟恭迎大哥做我们的领头大哥！"

海盗居然邀请钦差大人做龙头老大，真是奇迹！王纲明白过来后，厉声对这帮人说："这里没有你们的龙头老大。本人乃兵部广东参议王纲，奉大明洪武皇帝之命前来潮州招降纳叛。众位若是愿意归顺大明，我当表明圣上，给你们一条生路！"

曹真听王纲这么一说，哈哈大笑："大哥说得对，我们就是请大哥给兄弟一条出路。不同的是，你做老大，带领兄弟们打江山，老大，你就别推辞了，从了我们吧！"

海盗邀请钦差做头头，从来没有此事，竟出在大明朝。于是王纲就开始给这帮人上政治课，告诉他们要尽忠尽孝，保国爱家。你们放下武器，各回各家，各找各妈，娶妻生子，过自己老婆孩子热炕头的日子，岂不美满！做海盗有什么好，整天打打杀杀，很快就会被官府镇压，做海盗有光宗耀祖的吗？如果大家真拿我当老大，那就听我一句劝，放下武器。

听完王纲的政治课，海盗们哈哈笑个不停："政治课我们听多了，从元朝就不断有人给我们讲，朱和尚做皇帝后，也没少给我们讲政治课，大哥我们回家吧！"

说完，曹真带着众人把王纲架到自己的船上。

回到根据地，曹真把王纲放在头把交椅上，天天参拜。王纲怎么说都没有用，最后只得破口大骂，海盗天天参拜，王纲就天天骂，曹真忍无可忍，把王纲砍了。一看父亲被海盗杀了，王彦达也是大骂海盗，希望海盗连自己也杀了，小海盗举起鬼头刀砍向王彦达。

子孙读书勿做官

一看小海盗要杀王彦达，曹真立即制止："住手！整天就知道杀人，海盗这行业早晚会毁在你们手里。好不容易找一个龙头老大就被你们杀了，要注意影响，我们也是有职业道德的。如果连十几岁的孩子都不放过，传出去，以后还怎么做海盗，还怎么招募新兄弟入伙？连海盗都不会做，你们真是笨死了！"

海盗肯定不是什么高尚的职业，肯定也不是什么值得骄傲的职业，但却是一个历史悠久的职业，而且绵延不绝。在一个官本位的社会里，没有人天生就想做一个海盗，做海盗基本都是为生活所迫。海盗也是人，也是深受传统价值教育长大的。海盗与官员、普通人一样，都需要生存和发展，当他们把自己的幸福建立在别人的痛苦之上的时候，人性的拷问更深刻，每一次都需要挣扎、磨砺。

杀死了王纲，本就是一次人性的挣扎，现在又要杀王纲的儿子，理由是王纲不愿意当自己领导，为这样的事杀人，实在不是海盗的本色。能想出劫持王纲做自己的领导，曹真绝非平庸之辈，他知道如果再杀王彦达，已经突破自己的底线：父亲忠于职守，宁死不屈，这叫忠；儿子为了父亲，愿意与我们这么多人拼命，这叫孝。父亲忠于国家，儿子孝顺父亲，正是天理人伦，杀了这样的人，天理不容，肯定遭报应！

曹真决定放王彦达走，王彦达有心和海盗拼命给父亲报仇，也只能送死；再就是一定要把父亲带回家，这是父亲的遗愿，一定帮助父亲完成。王彦达向曹真提出带父亲尸体返还家乡的要求，曹真送给王彦达几张羊皮，王彦达用羊皮连起来裹住父亲尸体背出大山，然后乘船返乡。

踏上回家的征途，王彦达放声大哭，一哭父亲早知如此，为何不做推辞；二哭父亲被海盗杀死；三哭自己不能给父亲报仇。更让王彦达痛苦的是，父亲为国捐躯，怎么说也得给个说法吧，上自皇帝，下至文武百官，愣是没有一个人提起这事。原单位兵部也没有丝毫表示，连最起码的慰问都没有。一个相当于司局级官员，一个曾经让皇帝和官员都关注的官员，为国捐躯后，竟没有一人提起，最不应该的是刘伯温，王纲可是你举荐的，好朋友为国捐躯，你在哪里？

是人情冷暖还是官场本就如此？面对这一切，年仅十六岁的王彦达只能接受。

回到家乡后，王彦达开始了平淡生活，和父亲一样躬耕养母，传承家族的读书传统，不再关心官场之事。日子虽然清贫，但是很平安，其实平安就是一种幸福。

时间一晃过去二十年，洪武二十四年（1391），御史郭纯知道了王纲和王彦达父子的事情，上报朱元璋，要求对王纲进行表彰，在王纲被杀的地方建庙祭祀，以体现皇恩浩荡，其实就是鼓励让更多人给皇帝效命。看到了报告，朱元璋一摸大下巴：真是的，当年的那个王纲真有特点，怎么把他给忘记了。琐事太多，同意建庙。同时提擢后代王彦达入朝为官！

父亲死得那样惨烈，二十年无人过问，现在又用父亲的死来树立典型，我才不上你们的当，王彦达坚决不愿做官，继续耕读生活，后来再没有出去做官。王彦达去世的时候，给儿子王与准留下遗书：

但勿废先业而已，不以仕进望尔也。

大意就是，你们要好好读书，别废了书香门第的传统就行了，不指望你们做多大官！其实这是很委婉的告诫，就是要求后世子孙要读书但不要做官。因为当时有"寰中士大夫不为君用"的律例，哪敢明着说。

父亲去世后，王与准谨遵遗训，努力读书，而且闭门谢客，其实也没什么客人。王与准遗传了家族的善于读书的基因，一读就会，一读就懂，由于父亲不让做官，因而就不用读那些枯燥无味的《论语》《大学》《中庸》等国考必考科目了，更不用读朱元璋删减版的《孟子节文》了。最幸运的是不用天天练习习做太祖武皇帝的八股文了，思维不再受限制，读书的乐趣就更多了，也就更喜欢读书了。

因为有乐趣，加上本就聪明，很快就读完了爷爷和父亲收藏的各种图书，王与准也因此小有名气，周围的读书人就想跟他学习："准哥，你书读这么好，一定有诀窍，教教我吧。""准哥，我这两年科考老是差一点，你给我指点指点。"大批家长也把孩子送来求学："王先生，这是你大侄儿，就交给你了，不好好学，该打就打，该骂就骂，交给你我放心。""王先生，你看看我们小二是读书的料吗？"王与准家一时门庭若市，木头门槛都被踢破了。

面对这么多求学者，王与准全部拒绝了，拒绝的理由是："吾无师承，不足相授。"王与准很清楚，自己读书只求愉悦，不求功名，而这些读书人都是只求功名，不管愉悦，道不同，如何教？人家是要参加国考的，自己的方法肯定不行，岂不是误人子弟？

外人并不这么看，王与准决定借这个理由外出求学。其实，王与准外出拜师所学的并不是孔孟那一套，而是阴阳风水先生的算命打卦。真是咄咄怪事，更为奇怪的是王与准学得很精，算命一算一个准，毫厘不爽，后来因为算命特别准还惹来了大麻烦。

算命太准惹大祸

或许是遗传了祖上的基因，王与准读书有过目不忘的本领，很快就把家里所有的书读得很透，读书不为做官，那干什么用呢？王与准非常疑惑，人家宋朝皇帝赵恒写过："富家不用买良田，书中自有千钟粟；安居不用架高堂，书中自有黄金屋；出门莫恨无人随，书中车马多如簇；娶妻莫恨无良媒，书中自有颜如玉；男儿若遂平生志。六经勤向窗前读。"到底是听父亲的还是听宋朝皇帝的，想想父亲和爷爷，王与准决定听父亲的，读书就是为快乐，不求功利。王与准读书由着兴趣来，和爷爷王纲一样，喜欢八卦，喜欢读《周易》。由于没有科举的压力，王与准尤其喜欢读《周易》，知道爷爷非常厉害，希望自己能像爷爷一样成为神算子。

怀揣做神算子的理想，王与准外出拜师，经过多方查访，最后拜师四明山的赵先生。这王家和赵家好像冥冥有缘似的，当年王刚就是遇见赵缘督学驻颜术和占筮术的，现在王与准又拜师赵先生。对于占筮，王与准算是祖传了，当年赵缘督传授给王纲，王纲又传给王彦达，王彦达又传给王与准，经过三代人的口传心授，再加上王与准天资聪慧，王与准这方面的造诣已经相当高了。

赵先生认真教，王与准聪明又很用功，进步神速，赢得了赵先生的喜爱。其实在赵家，不只是赵先生喜欢王与准，还有别人喜欢，这个人就是赵先生的堂妹。哈哈，真不错，还真印证了"书中自有颜如玉"，师姑芳心暗许，师姑恋上了师侄，有点意思。

求学抱得美人归，王与准这一点比爷爷王纲要成功。这个师姑在传宗接代方面真给力，接连给王与准生了三个儿子。三个儿子中，二儿子王杰最像王与准，遗传了老王家的基因。娶妻生子，一家人生计必须要考虑，读书不为做官，不为千钟粟，读书不为稻粱谋，那为什么呢？难道是为艺谋？对，人家王与准就是为艺谋，为八卦占筮之艺。

眼瞧着成了三个孩子的父亲，王与准还和先前一样，一点儿也不着急。赵先生着急啊，先前你王与准爱怎么着怎么着，和我没啥关系，现在不同了，是我堂妹夫，你不在乎功名利禄，我堂妹怎么过日子？于是语重心长地对王与准说：与准啊，不，妹夫。对，妹夫，你满腹经纶，不说才高八斗，起码也学富五车，以你之才考取一个功名，找个差事还不是小 case。要比你这整天混在野乡僻壤好得多，再说这样也苦了你那一肚子学问啊！

一听老师这么说，王与准并没有生气，笑着说："昨闻先生'遁世无闷'之诲，与准请终身事斯语矣。"就是说，老师你昨天教育我"遁世无闷"，我王与准就视这句话为我终身座右铭，我下半生就靠这句话活下去了。"遁世无闷"语出《周易·乾》："不成乎名，遁世无闷。"引用《周易》的经典语句来说服老师，足见王与准的专业水平。

王与准这么一说，赵先生倒不好意思了，和王与准一比境界，自己忒俗了。

学艺期满，王与准回到老家，开始了种田、读书、算命打卦的日子，虽然清贫，但自得其乐。不过新的麻烦也来了，先前王与准因为读书读得好，引来粉丝无数，学艺归来后引来更多粉丝。和先前不同的是，这次大家都是有目的的。其身份也由先前的"教书先生"变成了"算命先生"，通俗一点就是"王老师"变成了"王半仙"，这个说："王半仙帮我算一下，我老婆能生几个儿子？"那个说："王半仙帮我算一下，我丈夫的功名如何？"还有的说："王半仙帮我看看，我能活百岁吗？"

找算命先生求什么不稀奇，最为神奇的是算命先生能算准。无论谁来求，无论求什么，王与准都能算得特别准。一传十，十传百，王与准就成了名人，成了活神仙。很快，活神仙王与准的仙名就传到了县太爷的耳朵里，这县太爷也不能免俗，也是对自己的官运和财富感兴趣。

虽然口口声声"当官不为民做主，不如回家卖红薯"，但官场向来流行"不问苍生问鬼神"。官员流行学《周易》，拜"半仙"做老师。学好《周易》，学会风水，修整自家祖坟去；见了半仙，更是"不问苍生问鬼神"。这个知县倒也实在，直接派人问王与准："本太爷何时能高升，啥时候发大财？"还有一个不好意思问的问题是："啥时候死老婆？"

王与准最不愿与官场有牵连，一听知县要算命，一气之下焚烧了爷爷、父亲和自己收藏的关于占筮的图书，而且当众发誓：

"王与准不能为术士，终日奔走公门，谈祸福！"

就是说，我王与准有人格，我是卖艺的，不卖身，不能因为你们是官员，就可以对我喝五吆六，天天低三下四，给你们趋利避害。

这王与准也有点拿县太爷不当干部，就凭烧书这一条，就可以定个对抗官府罪，要知道当年秦始皇焚书时都没有焚烧占筮之书。常言道，县官不如现管，王与准竟敢和现管的县官叫板，这事真不好。

逃官达人

办事人员告诉县太爷："王与准把占筮的书籍焚烧了，拒绝给县太爷算卦。"闻知此事，县太爷勃然大怒："一个算命打卦的江湖术士，找你算命已经给你脸了，怎么了，给脸不要，还敢在本县太爷面前装大，是不是太嚣张啦？拿下入狱，一定要拿下入狱。看看他这半仙怎么办？"

没有金刚钻别揽瓷器活，既然敢公开和县太爷叫板，王与准有自己的应对之法。怎么办？算卦啊。王与准可是活神仙啊，如何对付知县，王与准一不用问苍天，二不用求佛祖，三不用拜观音，四不用搬鬼神，不需求人，只需自己优哉游哉地卜上一卦，卦象显示：县太爷要派人来抓自己。

王与准决定：跑！

于是乎，王与准就带足干粮，带上野外装备，走进四明山，在大山深处找到一个山洞躲了起来。

当衙役来到王与准家抓人时，王与准早已不知去向。抓不到王与准，县太爷不解恨，于是几次三番派衙役进入四明山抓捕。这县太爷不明白，人家王与准可是半仙，能掐会算，你有什么想法，刚行动，人家王与准算出了，提前走了。

就这样，县太爷和师爷忙着谋划捉拿王与准的方案，王与准则天天忙着画八卦，见招拆招，玩起了猫和老鼠的游戏。一年过去了，还是没有结果，县太爷火气更大了。

这个时候，一个钦差大臣到浙江"督有司访求遗逸"，就是到民间寻找人才。来到了县衙，县太爷哈哈大笑："踏破铁鞋无觅处，得来全不费工夫。王与准啊王与准，你能算出这个卦吗？就是你能算出这个卦，你敢不来吗？"

见到钦差，县太爷举荐王与准，而且告黑状，说："我们县有一个人才，名叫王与准，我举荐好多次了，他就是不愿赴任，而且列出一大堆理由和借口。其实，他就是因为他爷爷和他父亲的待遇问题对皇帝不满，对官府不满，鄙视官员，是个异见分子，不利于江山巩固啊。一定要逮捕杀掉！"

一听知县这么说，钦差大怒："竟然不愿为官，看不起官员，那一定要举荐他做官，如果不愿意，按照我大明'寰中士大夫不为君用'律例处置，知道不，我们大明官员是文明的，不能动辄就用暴力杀人，要学会用法律来做事，明白吗？"

知县连声称赞："还是钦差大人高，实在是高！"

钦差大人："抓不到王与准，不是还有家人嘛！先把家人抓了再说。只要抓了家人，王与准肯定会出现的。"

于是签发抓捕令。钦差的确高明，这一点，王与准算准了也没用，拖家带口往哪儿逃啊？王与准就是王与准，根本不理这茬儿。

钦差就这水平，玩不过就找家人的麻烦，不算好汉，有本事来抓我啊。王与准继续和钦差、知县玩猫鼠游戏。虽然王与准每次都算得准，但双拳难敌四手，好汉架不住人多，最要命的是后勤补给，大部队后勤保障。王与准一个人出了山洞钻山洞，体力明显不支，终于还是被官府人员发现了。

一看发现了目标，疲惫的官府人员像打了兴奋剂似的，不顾一切冲了上去。眼看就要被抓住了，王与准也是拼命跑，山洞湿滑，一不小心，摔倒了，顺着山路滚落下去，腿摔折了。

最高兴的是士兵，终于见到活人了，也不管是否受伤，三下五除二，把王与准捆起来抬到钦差大人面前。钦差大人一看王与准"言貌坦直"，便知道王与准不是异见分子，便展开审问："大胆王与准，作为烈士之后，不思忠君报国，怎么能不敬皇帝，对抗官府？"

王与准大呼冤枉："没有啊。我们家一直都是忠于皇帝忠于大明官府的，钦差大人您调查一下，我们祖上三代至今，算是根正苗红。"

钦差大人接着问："你怎么无视王法，不愿为官？"

王与准说："这事没有啊，真没有！"

钦差大人看了看知县："那知县征你做官，为什么不愿意？"

王与准就把县太爷找他算命之事详细跟钦差大人说了一遍，为了查明真相，钦差大人派人进行调查，证明王与准所言为真。

到这个时候，钦差才知道自己上了知县的当，但王与准也有责任，一个算命的搞什么清高，知县只是找你算命，又不是要你的命，至于吗？许多算命先生说不定正排队等着呢。惹来这么多麻烦，耽误了自己的正事，正寻思找不到官员如何给皇上交差，一抬头看到了王与准的二儿子，觉得这孩子有出息，不由得暗自欢喜，于是对王与准说："大胆王与准，不愿入朝为官，罪过不轻啊！"

王与准明白，钦差大人话中有话，细心回答："大人啊。我是一百个愿意忠于皇帝，服务朝廷，但你看我今天这样子，腿折了，咱们大明朝向来不用瘸腿的官员，如果朝廷愿意录用，我义不容辞。"

钦差大人也是老江湖，明白王与准在糊弄自己："王与准，不要和本官打哈哈，你是知道的，本官为了你，跑细了腿，磨破了嘴，你看着办吧！"

钦差把球踢回了，王与准只好说："草民愚钝，请大人明示！"

钦差直接对王与准说："我看你家小二不错，是个做官的料，不如提前做一个预定，到时候特招做秀才，这样你我都方便。"

到这个时候，王与准终于知道了朝廷的厉害，希望赶快了结，一听钦差的建议，立即就同意了。就这样，王与准的逃官就算告一段落。

接下来，就是王与准二儿子王杰的故事了，这个被钦差大人钦点的官员，未来如何，是否能踏上仕途呢？仕途顺利吗？

拒绝裸考

王与准因祸得福，跌下深涧，摔瘸了腿，却不用做官了，逃过了做官这一劫。

23

王与准是一个懂得感恩的人，认为自己之所以摔倒，是因为踩了一块石头，他说：石有德于吾，不敢忘也。遂自号遁石翁。

到这里，王与准的故事基本就结束了，他的儿子开始登场，主角自然是被钦差大人钦点的二儿子王杰。读书人家讲究，看到老爹给自己起一个"遁石翁"的号，王杰也给自己起了一个号，叫"槐里子"。"遁石翁"来历很清楚，这个"槐里子"，又有什么故事呢？

原来老王家门口不知道什么时候种了一棵大槐树，王杰比较喜欢，认为这棵大槐树就是自己的代言人，于是乎给自己起了"槐里子"这个怪怪的号。由于有学问，读书读得好，因而获得了"槐里先生"的美誉。

据记载，王杰在十二三岁的时候，就能把四书五经以及那些宋朝大儒注解背得滚瓜烂熟。本来就是名人，未来公务员的苗子，当地主管教育的官员程晶非常看好。程晶这个人，非常高傲，一般人他根本不正眼瞧你，经常嘲笑侮辱县学的学生，但见到王杰就很客气，而且对别人说："此今之黄叔度也。"

黄叔度，今天的人对他已经很陌生了，但在东汉绝对是一个楷模。《后汉书·黄宪传》开篇说："黄宪，字叔度，汝南慎阳（今正阳）人也，世贫贱，父为牛医。"就是这位出生贫贱，一个牛医的儿子，通过勤勉好学，修身养性，坚持操守，淡泊名利，真正有了"学高为师，身正为范"的境界，成为乱世中的一个标杆，被历代官府奉为道德楷模。

可见，程晶对王杰评价之高，因而对王杰照顾有加，希望将来金榜高张登上第，自己也有一份功劳，最起码也是为国家发现人才。

大明虽然是科举立国，但还是有门槛的，就是要想参加科举，首先接受政审，政审合格才能报名。所谓政审，大抵就是父母亲和爷爷、奶奶的成分，拥不拥护朱家正统地位，支不支持当今皇帝，对建文皇帝政治态度之类的。

教育官员一查王杰的资历，很是高兴，祖爷爷是老革命，而且是烈士后人，根正苗红。由于从王彦达到王与准一直没做官，因此在建文帝问题上没什么遗留问题，王杰正是国家需要的人才，于是就把王杰推荐了上去。

出身这么好，水平这么高，大家伙对王杰很是期待，认为只要考场发挥不太失常，考状元有难度，拿个科举名次应该不是问题。但还是出问题了，王杰罢考了。

在传统里，读书是一项非常功利的事情，目的明确，就是为了千钟粟、黄金屋、颜如玉、车马多。当然这些东西并不在书里面，而是在科举成功做官之后，所以科举就成了敲门砖。只要做了官，就什么都有了，千钟粟、黄金屋、颜如玉、车马多……应有尽有。面对这一切，要说能有人不动心，只有两种人：一种人是傻子；另一种人是神经病。

人首先是动物，因而动物性是第一位的，也就是说排在第一位的是生存的需要，即食和色，也即孟子的"食色性也"。社会性是其次的，只有解决了生物性的问题，才能考虑社会性的问题，也即我们常说的"道德"。"食色"问题不能解决，却大谈道德，无异于画饼充饥。

在这个世界，无论何时，食和色总是有限的，而有些人多吃多占，于是有的人就会一无所有。当通过正当手段不能获得的话，歪门邪道就会出现。受过教育的都知道，获得食和色最好的方法就是读书，读书只是必要条件，还要外加一个充分条件，那就是通过科举拿到做官许可证。书读得好的人，自然没问题，书读得不好的人，就不好办了，但书读得不好的人，同样也喜欢食和色，他也有这种需求，也想得到。于是就有人在科举考试方面动脑筋，最后发明了一种屡试不爽的方法：作弊。

作弊的形式很多，无非是：泄题、夹带和找枪手。泄题是最高级别的，但需要有很深的关系，同时需要考生本人有一定的水平，不是普通寒门学子能做到的。夹带是最低级别的作弊，多是一些水平不怎么样，胡乱弄一些资料藏在身上，以备不时之需。这三种形式，找枪手代价最高，需要打通各种关卡，成本高昂，只有高能量之人才能做到。

考场舞弊，可以说自考试产生的那一刻起就产生了，既然是考试就是不比学问的，那就是为了那个入门券，如果有机会而不作弊，那是犯傻。

大伙一看作弊也能考科举，于是作弊的人越来越多，矛盾就产生了，就有人举报，官府当然出面管理。不管理不行，管理又不能真管理，一动真格的，就会牵扯出官府，许多作弊没有官府配合是实现不了的。于是就对那些低级夹带考生动手，而且很容易操作，执行起来简单，只需要俩字：搜身。

道高一尺魔高一丈，考官搜身，考生就把夹带藏在头发里，于是考官就要求考生在进考场前把头发解开打散，考官仔细检查一下。后来又有聪明的考生会把考试内容贴在大腿上，再后来就写在大腿上。这样一来，考官也省事了，直接要求考生脱光接受检查，没有发现夹带才能进考场。

考试考到这个份儿上，的确斯文扫地，叫真正的读书人情何以堪。等到进考场那天，兴高采烈的王杰准备进考场门时，考官要求他先打散头发，然后脱光衣服，赤裸裸地站在那里接受检查，这是怎样的尴尬啊。看到这种情况，王杰被"雷"到了，脱还是不脱，进还是不进，真是个问题，斗争了良久，王杰说了一句：

吾宁曳履衡门矣！

这句话意思就是：丢不起这人，就是宁愿在家饿肚子，也不愿承受这样的羞辱！

然后扭头就回家了。你要求我裸考，但我可以拒考。

王杰拒考事件，在当地产生了极大的影响，当地教育部门本来希望王杰拿个名次，他们也有政绩，他居然拒考了，于是就给他做工作，从皇帝、国家大义、个人利益各个方面进行讲事实摆道理，动之以情晓之以理，但王杰就是油盐不进。

王杰是一个有情怀的人，是一个文学青年，他读书就为了学问，没有功利之心，学习的本身就是一种乐趣，而不是要有物质的收获。在他看来，学问的乐趣与功名利禄的乐趣相比，功名利禄几乎是不值得一提。而大多数人读书目的直接简单，就是为了功名利禄，说白了就是为了做官，读书只是手段，所以只要能做官，做什么都可以，连考试舞弊都会做，哪里还介意脱光搜身？而王杰只是为了乐趣，对功名利禄不在意，他要的是快乐和尊严，既然不在意功名利禄，哪里又会为了功名利禄受此侮辱呢？

说服不了你，找你家大人去，于是地方官就去忽悠王杰的妈妈，让老太太做儿子工作，而且强调这是政治任务。

天才其实是培养出来的

为了自己的乌纱帽，各级领导不惜屈尊，给老太太讲道理、讲国家大义，尤其重点提到对皇帝的态度，一听到皇帝，老太太知道问题严重了。老太太就对儿子说，乖儿子啊，老妈理解你，知道你读书就为了乐趣，无意于功名利禄，可是咱们生活在大明朝啊，作为大明朝的子民，为国尽忠，再就是为人子要尽孝，就说你拒考这事，可大可小，往大了说就是不忠不孝，这个罪名咱们可承担不起。当年你爹就是不愿做官，结果摔断了腿。再说了，当年孔圣人的后人不也入朝为官了嘛，咱们小家小户的干吗呀？别人都能没羞没臊地生活，我们为什么不能啊。孩子啊，听妈一句话吧，你就进考场参加科举考试吧……

尽管老妈一再唠叨，但王杰就是不去。由于没有功名利禄，王杰家的日子越来越艰难，老太太临死前还惦记这事，对王杰说："尔贫日益甚，吾死，尔必仕。勿忘吾言！"就是说，你的日子越来越贫困，我死后，你一定要去做官，不要忘了我的话。老母亲去世后，因生活所迫，王杰只得去参加科举考试，老老实实按照考场规则，先打散头发然后脱光衣服，接受考官们检查，进入考场，果然考取了功名。

之后，王杰在官场上混迹了几年。虽然才高八斗，但其拙于官场之事，适应不了官场的生活，不久郁闷而死。

王杰去世后，他的儿子王伦开始登场。王伦极具祖上风范，是一个风流雅士，工诗文、善鼓瑟，遇到月白风清之夜，还会来点小浪漫，点一炷香，在朦胧月光之下弹上几曲，再与弟子唱和一番，兴之所至，顺手涂鸦两首佳作。

和父亲王杰的窘迫比起来，王伦的小日子算是滋润极了。王伦的日子之所以能过得这么滋润，不是因为他比他父亲聪明多少，而是他不用去参加科举，也不用为了做官而大伤脑筋，王伦最大的理想，就是三十亩地一头牛，老婆孩子热炕头，再就是读读书、弹弹琴、鼓鼓瑟、唱唱歌、作作诗。

和普通人为功名苦读不一样，王伦的目的就是过居家小日子，因而早早就结婚了。在王伦媳妇临产的时候，王伦的奶奶做了一个奇怪的梦。

在梦里，老太太梦到一个抱着绯色衣服婴儿的漂亮仙女，这仙女见到老太太后，就把这个穿绯色衣服的婴儿抱递到她的手中。仙女对老太太说："妇事吾孝，孙妇亦事汝孝。吾与若祖丐于上帝，以此孙畀汝，世世荣华无替。"接着老太太就醒了，随后就听到有人报喜，说少奶奶生了，生了一个大胖小子。

获悉重孙子出生的喜讯，老太太拄着拐棍来到产房，对家人说，这个小重孙，可不简单，是仙女给咱们家送来的，希望咱们家世世荣华无替，所以就给他起名叫王华吧。

门里出身不学也懂三分，出身于书香门第的小王华，遗传了王家的家门之风，第一，是极为聪颖，读书能过目不忘；第二，小王华不仅书读得好，还能练达人情，洞明世事；第三，也是最关键的，是人品还极为端正。

据记载，王华六岁的时候，有一天和小伙伴们到河边玩耍，看到一个醉汉在河边洗脚，不一会儿，醉汉走了，却把自己的皮囊落下了。王华发现后，悄悄打开一看，里面装满了数十两金子。看到这么多金子，王华没有惊诧，没有大喊大叫，也没有和小伙伴交流。王华猜想这些金子应该是刚才那个醉汉在河边洗脚时落下的，于是就趁小朋友们玩得高兴的时候，顺手把皮囊丢到了河中。

听到扑通声音，小伙伴都问王华："刚才的'扑通'声是什么东西掉河里啦？"王华巧妙地回答："我刚才朝河里扔了一块儿石头。"

王华这么一解释，小伙伴们就相信了，玩了尽兴后都回家了。而王华却一个人留在河边，坐在那里耐心等着，他知道那个醉汉肯定会回来。果然，远方传来了号啕大哭之声，不久那个醉汉哭天抢地跑了过来，到了洗脚的地方，细心寻找。

小王华问那醉汉："你寻找什么啊？"

那人大哭道："找金子啊，我的金子啊，丢了，就是在这里丢的……"

王华问："金子这么贵重的东西，你怎么能丢掉呢？"

醉汉回答说："都怪我喝多了酒，在河边洗脚的时候，把装金子的皮囊放在身旁，结果走的时候忘了带……我的金子啊，老天爷，我怎么活啊……"

王华用手一指说："没什么大事，别哭了，你的金子在河里呢，自己下去捞吧！"

醉汉跳到河里，果然捞出了金子。然后醉汉拉着小王华，来到小王华的家里，把王华帮自己保管金子的事说了一遍，并拿出一块金子酬谢，被王家人谢绝了。王华笑着对醉汉说："数块金子都不拿你的，还能要你一块金子吗？"醉汉对王家说，这孩子将来肯定有大出息。听说这件事后，王华的小伙伴们都惊呆了。

从这件事可以看出，王华的确是人情练达，洞明世事，他不仅有德还有智慧，所以做了一件好事。我们向来强调"德"，而且把"德"放在第一位。实际上，仅仅有"德"是不够的，很容易好心办坏事，必须有"智"，就是用正确的方法做事。

这么小的时候就这么有出息，的确算得上天才。但我们细细梳理一下，就会发现，老王家出现这样的天才是早晚的事，从王纲、王彦达、王与准、王杰到王伦，一直都重视读书，而且一再强调，读书是老王家的祖传家业不可荒废，而老王家的子孙也的确代代传承。经五世传承，到王华这里，已形成了基因，这个基因就是良好的家庭教育。古今中外，所有的天才都有一个优越的家庭教育环境。也就是说，天才不是天生的，是后天培养的。鲁迅曾说过："天才并不是自生自长在深林荒野里的怪物，是由可以使天才生长的民众产生、长育出来的，所以没有这种民众，就没有天才。"这样的家庭环境就是生长天才的民众，出生在这样的家庭环境，王华的前途不可限量。

寺庙里没有狐仙鬼怪

出身于书香门第，王华小朋友很早就入私塾，开始了读书生涯。

有一年春天，王华的母亲在窗下纺线，王华坐在一旁读书。春天是一个好动的季节，尤其是孩子，看着小伙伴们争先恐后地奔向田野玩耍，唯独王华静静坐在那里读书，好像这一切都和他没有关系。母亲觉得读书的时间长了，需要休息一下，就对王华说："华仔啊，读这么长时间了，该累了，休息一下，和你的小伙伴们到田野里玩玩去吧。"

听到母亲的话后，王华说："观春何若观书？"

在他看来，最有意义的事就是读书，这世界没有比读书还好玩的事了。

十一岁那年，王华正式拜师钱希宠。跟着钱先生学习，刚开始学习对句子；一个月后，开始学习作诗；两个月后，自己要求学习写文章。几个月之后，王华就成了整个学校里的佼佼者。钱先生感叹道："岁终吾无以教尔矣。"

过些日子，知县带着一帮随从到王华就读私塾检查工作。王华的同学们一听说县太爷来了，都跑去列队欢迎，唯独王华继续坐在桌前读自己的书，对县太爷到来一事毫不在意。

一看王华这么淡定，钱先生对王华说："大伙都去欢迎知县，唯独你不去，这样不好吧。知县肯定认为你这个人骄傲，如果因这件事斥责你，怎么办呢？"

王华还是很淡定，慢慢地说："知县也是人，一个鼻子两只眼，为什么要去看他呢？知县如果斥责一个不愿放下书本读书的人，那他以后还怎么在官场里混？"

一个十一岁的孩子，就能看到这些，就能洞察世事，看穿权力运行的规则。这是很多人到老死可能都弄不明白的，什么是天才，这就是。

十四岁那年，王华和几个朋友到龙泉寺读书。在中国文化里有一个有趣的现象，就是书生喜欢到寺庙读书。诸如狄仁杰、茶圣陆羽、范仲淹、包拯等人，在发迹之前都曾借住寺庙读过书。其实不仅这些名人，就是一些普通的读书人，多数也曾经在寺庙里苦读过。这倒不是书生和寺庙渊源深厚，主要是古时候教育资源相对匮乏，无法满足书生读书的需要，寺庙承担了学校的部分功能。

书生之所以喜欢到寺庙去，大抵有这几种情况，一是寺庙环境清静，几乎没有世俗事务，也没有家长里短的缠身。二是寺庙里的僧人多是饱学之士，有水平，有疑惑可以请教他们。三是寺庙里的藏经楼其实就是一座图书馆，所谓的藏经楼并不是只有佛教经典，而是包罗万象，收藏了各种门类的图书。四是寺庙在一定程度上相当于慈善机构，为提高知名度，也喜欢给读书人提供免费住宿。最重要的一点是，这些读书人到寺庙也是为了吃苦。

王华就是抱着吃苦的精神来的，之所以来龙泉寺，就是因为这座庙里有故事。据说，一旦有书生来这里读书，狐仙鬼怪就兴风作乱，拆墙揭瓦，看似到处乱扔乱砸，而目标就是书生，书生往往被砸得头破血流，落荒而逃。在当地，读书人一提龙泉寺都是谈寺色变，没人敢来。

王华他们入住后，狐仙鬼怪好像都去旅游了，庙里安静得出奇。

的确很奇怪，狐仙鬼怪哪里去了呢？怎么消停了呢？

为什么呢？和尚们也跟着起哄。

一天夜里，王华挑灯夜读的时候，一根竹竿悄无声息地伸进来了，竹竿上头挂着一个神秘的东西，一会儿神秘的东西慢慢变大了，面目狰狞，十分恐怖。竹竿一下子伸过来，突然出现在王华面前，王华还是继续淡定地读书，根本不理会。此后，诸如此类的怪事接连出现，但王华只是读书。

和尚们开始和王华聊天，向王华提到庙里最近发生的灵异事件，问王华看到了没有，害不害怕？

王华淡定地说，哪里有什么灵异事件，寺庙里哪里有什么狐仙鬼怪，我只是看到一群捣鬼的小和尚。

听到王华这么一说，众僧面面相觑，各自回屋念经去了，王华继续读自己的书。

表面上王华很淡定，其实他知道庙里的灵异事件是先前的那些书生仰仗自己财大气粗欺负和尚，和尚们为报复书生而整出的闹剧，所以他才能这么淡定。当然，对王华来说，这样的事连考验都算不上，那么什么样的事才能真正算考验呢？或者只有人的本性了，说白了就是美色的诱惑。俗话说，英雄难过美人关，面对绝色美人，书生能 hold 住吗？

种子的故事

搞定龙泉寺的老和尚之后，王华一下子名气大震，成了当地的名人。十七岁这一年，王华参加了提学主持的考试，提学非常欣赏王华的文章，认为王华必将成为将来的状元郎。有了提学抬举，于是富家巨贾争相聘请王华做自家孩子的老师，王华也就成了王老师，那时候流行叫王先生。

有一天，王华讲学之后，门前来了一顶轿子，说他们家老爷派他们来接王先生到府上一叙，和王先生论论道，谈谈人生。下课后，王华正有些无所事事，一看有人派轿子来接自己，还能论道，就坐上轿子过去了。

这富豪的确和一般的富豪不同，一般富豪，邀请王华都是高朋满座，挨个介绍，以显示自己的能量，然后敬酒，每每喝得头昏脑涨。

这次不一样，就两个人，两人坐而论道，慢饮清茶，王华觉得这个富豪有点品位。大有惺惺相惜之意，眼见时间已晚，富豪推说无法送王华回家，安排下人给王先生安排自家最好的房间。

进入房间之后，王华并没有直接入睡，而是读一下随身携带的书。

很快，王华就进入了状态，忘记休息的事。不知什么时候，门开了，进来一个美女，对王华说："王先生，还没睡呢？"

一看进来一位美女，王华有些诧异，脑子闪过一丝杂念：这不会是狐仙姐姐吧。由于经历龙泉寺之事，王华知道不会是什么狐仙，遂淡定地说："读书呢，你怎么到我房间啦？"

美女一看王华回话了，羞答答地说："打扰王先生休息了。我这个时候来，不为别的，就是帮我家老爷向王先生借一样东西？"

王华一听要借东西，于是就大大方方地说："夫人不用客气，我和你家老爷是朋友，只要有的，尽管张口。"

听王华这么一说，美女倒有些羞愧了，扭捏不作答。一转身，拿出一把折扇，打开递给了王华，说道："王先生自己看吧？"

王华接过来一看，只见折扇上面写着："欲借人间种！"

王华一时愣住了，什么意思，这是要借什么啊？不过这对王华来说是很容易理解的，嚯嚯，原来是盯上我们老王家的人种了，这如何使得。我们老王家数代传承，书香世族，到自己这一代，已经是相当不错了，自己生的孩子一定很聪明。原来，这家富豪想不劳而获啊，这年头真是什么事都有啊。

这事肯定不能答应，但是明着拒绝也不合适啊，怎么办呢？稍作思考，王华立马把扇子放在桌上，对美女说："你这把折扇真好，可惜啊，可惜啊！"

美女听王华说可惜，不知什么用意，问道："可惜了什么啊？"

王华慢慢地说："这么好的扇子只有上联，缺少下联。我好成人之美，我给补一个下联。"

说完，王华提笔在扇面上写下了："恐惊天上神！"

完毕，把扇子递给美女，美女接过一看，鼻子都气歪了。立马在王华头上敲了起来，嗔怪道："书呆子，书呆子。这是人间风月之事，天神哪里有工夫理这些，你们这些读书人，不懂风情啊，这良辰美景，被你破坏了。"

王华淡然一笑："我只懂风云，不关风情，风流但不下流。"

就这样，富豪借种计划就此告吹。王华则继续读书，富豪则继续自己的借种计划，只是这一次不向人间向仙家。这一次，富豪花大钱请来一个道长，道长在富豪家里设一个神坛，道长在神坛上作法，嘴里念念有词，上蹿下跳，忙得不亦乐乎。突然，道长大呼一声："神仙到！身子一歪，倒地呼呼大睡。"

睡醒后，道长对富豪说，神仙引领自己做了一个怪梦，梦到自己正捧着富豪求子的申请书上天堂递交，不想却遇到了新科状元发榜，从天庭出来迎接的队伍浩浩荡荡，无止无休，所以道长才会迟迟不醒……富豪听得有趣，就问："新科状元是谁啊？"

道长回答："没看清楚，就看到迎接的队伍里，打着两面怪幡，上面写着：'欲借人间种，恐惊天上神。'"

富豪一下子惊呆了，我妻子和王华之间的种子故事，这神仙是怎么知道的？

明朝有个王阳明

一个借种生子的故事，不但没有成功，而且闹得人神共知，传遍了天上人间，真是一个神迹。显然，神是不存在的，所以还是人在作祟，也就是说状元郎绯闻事件是通过口口相传扩散出去的。第一个可以确定的是，这事不是状元郎到处传播的，如果连这点秘密都守不住，估计连考场也进不了。第二个可以确定的是，这事也不是那位富豪流传的，有谁能傻到这种程度呢！所以是而且只能是富豪的妻子了。

令人疑惑的是，就是富豪的妻子向外传播，又是怎么传到道士那里的呢？所以结果可能是富豪的妻子和道士也有一腿，或者说富豪的妻子也向道士做了借种的事。

在历史上，这种借种生子的故事并不少见，少见的是主角是状元，状元郎的绯闻大多是恒久永远流传的，国人喜欢这样的故事，也需要这样才子佳人的故事，自己实现不了的，就围观别人的。再就是这个故事不是杜撰的，是有出处的，可以查考的。

和富豪妻子的绯闻最后无疾而终，王华的生活也没有因此受到牵连。王华继续自己的读书生活，和正常人一样，娶妻生子。王华的娶妻和别人大体一样，门当户对，明媒正娶，但生子就有故事了。

明朝成化七年（1471），王华和郑氏结婚。之后，两人过起了甜蜜的幸福生活，也就是该读书的时候读书，该吃饭的时候吃饭，该睡觉的时候睡觉，算得上是难得的宅男，堪称是模范丈夫。虽然他长得英俊，貌似潘安，拥有一大批投怀送抱的美女，虽然他学富五车，在当地是个名人，拥有一大批铁杆粉丝，可能也有一大堆文艺青年朋友，时常可以出去风花雪月，诵诵诗、论论道……可是王华却是低调，低调，再低调。

结婚之后，王华便整天待在家里，就这样，没过多久，老婆郑氏便怀孕了。

消息传开后，老王家举家上下欢声一片，王华更是笑逐颜开。这阵子的努力没有白费。看来，自己还真是一个成功的男人，血性的男人。紧接着，老王家便忙里忙外给即将诞生的孩子准备衣服、鞋子、床、玩具……

随着时间的接近，老王家更是热闹不已，大家都在谈论这个未来的孩子到底是少爷还是千金，大家讨论预产期大概是什么时候……在兴奋而又焦急的等待中，十个月过去了，按照常理，孩子该出生了，但郑氏的肚子似乎没有任何动静。

按常理，怀胎十月（一般是280天）生产是正常的，十个多月的也有，也不是什么大不了的。于是，老王家觉得再等等也无妨，可能是这孩子架子大，气场足，不到最后一刻不出场。

接下来，一个月过去了，两个月过去了，三个月过去了，孩子依然没有出生。老王家再也无法淡定了，眼看着日子一天天过去，老王家上下着急如焚，请医生、请法师，可是钱花了，药吃了，法术做了，却没有任何效果。很快十四个月过去了，可是胎儿依旧没有想要临世的冲动。

老王家已经无计可施了，前思思后想想，我们老王家这六代以来没做过什么缺德事，应该不会有问题的，凡事往好处想，人家尧帝就是十四个月才出生的，我们家的这个也应该这样。虽然这样安慰，但难免郁闷，到时候真要生个怪胎，那该如何是好？

老王家所担心的是郑氏腹中的胎儿是否健康，他们搞不明白为何胎儿不愿意出生，难道是不想看见这个残酷的社会，还是恋母情结太过严重，舍不得离开母体？其实，这些都不是，媳妇之所以生产不了，是因为胎儿不肯降世。小胎儿在母亲腹中玩起了心眼，还是胎儿的时候，就开始跟大人玩起了心眼。如此孩子，长大后如果不是旷世大才，便是人间大害。

胎儿玩心眼，大人也无可奈何，只能干等呗。就在干等中，老王家发生了一件奇怪的事情。有一天，午饭后，王华的母亲上床午睡。结果，她做了一个梦。在梦中，她看到天上祥云环绕屋子，鼓声震天，不一会儿，一个神仙，身穿华丽衣服，手里抱着一个婴儿，脚踏祥云，迎面而来。抵达后，这个神仙说道："这个孩子就交给你们老王家，一定要照顾好！"随后径直走进儿媳妇的房间……

就在老太太想要继续追问下去的时候，她突然听到了嘈杂声。从梦中惊醒后，她很是不爽，叫来丫鬟要责骂几句。不料，这个丫鬟笑着说道："老夫人，恭喜您！您的孙子出生了。"

于是，王华的老婆郑氏生了，而且生了一个大胖小子。生一个孩子太不容易了，一个家族能传承六代不衰，在中国，的确不简单。如果还要去问这个家族幸不幸福？的确有点不着调，这不是幸福，而是幸存。最为神奇的是这个幸存的家族居然还能长江后浪推前浪，第五代出了一个状元，第六代出了一个圣人。有人说，伟大是熬出来的。确实，其实，圣人也是熬出来的，只不过，伟大是一代人熬出来的，而圣人是数代人熬出来的。

这个胖小子不是别人，正是誉满天下名震宇宙的王阳明。从此，王阳明开始了生活，而天下进入了王阳明的时代。

二、青春的伟大

谁人年轻不曾二？"二"是因为缺乏知识指导仅凭主观意愿进行的行为，认为自己无所不能，"无知"自然"无畏"，"无知""无畏"，还想去做大事情，接下来就是无所不为，结果荒唐。好心没有好结果，而且带来严重后果，这个时候，谁能不迷茫？即使是王阳明，也不例外。迷茫了才会思考，有了思考，就清楚自己的分量了，就知道该做什么了，就知道该怎么做了。

流年乱了浮生

一般来说，大人物出生都伴随着异象，据《明史》记载，王阳明的出生就很有故事。先是说王阳明赖在娘肚子里不愿出来，足足比一般小朋友多待了四个多月，这谱儿摆得够大。就是出生也是相当地有气场，先是托梦给奶奶，在奶奶梦醒时刻降生，一般梦醒都是悲剧，但这次是喜剧。

由于老王家和道家的渊源，王老太太做这样的梦还是有可能的。但即使通过验证，这个梦属实，好像也不宜载入史书，尤其不能载入官修《明史》。官府带头搞封建迷信，不是真正的儒家信徒，早在春秋时候，孔子都"不语怪力乱神"，官府自然知道，官府这样做自有道理。

一个连出生都搞这么大动静的人，想让他平凡，是有一定难度的。

孩子出生后，老王家紧绷的神经终于放松了，一家沉浸在喜悦之中。最高兴的莫过于王华的父亲，孩子的爷爷王伦，又升一级，做了爷爷。虽然行动不便，老爷子还是拄着拐杖亲自看望这个曾经让自己牵肠挂肚的宝贝孙子。

一看到迟来的宝贝孙子，老王高兴得只有张着嘴乐了。把孩子搂在怀里，一遍又一遍从头看到脚，看看这个孙子神奇在哪儿。就在这个时候，王华说道："爹啊，这次孩子平安出生，多亏您老和祖上积德。"王伦答道："托祖上的福，我们老王家后继有人了，你给老王家长脸了，我和祖上也应该谢谢你。"

看着这对父子互相吹捧，老太太和众人不乐意了。于是，老太太便说道："见过会自夸的，还没见过这么会自夸的。好了，先谈正事啦，给这个孩子取一个名字！"

"对，对，对。这才是正事。这么神奇的孩子，一定要起个好名字。"王伦说道。古代，取名是很有讲究的。不像我们现代，想怎么取名就怎么取名。一般而言，孩子出生，能够给孩子取名的都是德高望重之人。如果家里有老人，那么取名字这样的美差就只能由老人来做，至于孩子他爹是没有这个荣幸的。

经过五次三番、三番五次的筛选，王老爷子认为，既然孩子出生时，奶奶梦到仙女驾七彩祥云送来，那就给孩子取名王云吧。于是这迟来的孩子就叫王云了。

此后，这个神奇的孩子和普通孩子一样，吃喝拉撒睡，没有什么奇异之处。但是到了牙牙学语的时候，别人家的孩子几个月后就能开口说话，可是王云这孩子却不会说话。除了不学说话，吃的照单全收，玩的一样不少，睡觉一秒不差，就是不肯开口讲话。

这不是典型的坑人吗？该出生的时候不出生，该说话的时候不会说话。看着人家的孩子没几个月就开始"爸爸妈妈、爷爷奶奶"地叫，可是王云呢，就是一言不发。一开始，老王家并没当回事。认为这是一个神奇的孩子，贵人语迟，说话迟点就迟点。

可是，整整五年过去了，小王云还是不说话。这个时候，老王家不再相信神话了，也不再认为"贵人语迟"了，而是个个面带愁容，他们四处寻医问药，银子花了一大堆，药汤喝了几大缸，王云沉默依旧。

王华开始闷闷不乐，他甚至认为自己的儿子可能是哑巴。我和祖上并没有做什么伤天害理的事，老天爷怎么给我们一个这样的孩子，为什么？可是，说脏话有用吗？王华甚至开始怀疑人生，事实上，命中注定了，是改不掉、逃不掉的。

从医学的角度，孩子5岁还不会讲话，的确是个严重的问题。根据一般情况来讲，孩子在4—5个月大的时候就能说"爸爸""妈妈"，6—9个月宝宝会说的话更多了，12—17个月宝宝就可以使用一两个词了，而且知道它们的含义。

最让孩子迷惑的词语一般是他们自己的名字和第一人称代词，就是如何称呼自己，这是他们人生中第一个哲学问题。德国哲学家康德在《实用人类学》进行了详细论述，小孩子在称呼自己都是用别人称呼自己的名字。比如说孩子想要什么，他不会说"我要什么"，而是说"某某要什么"，这里的"某某"就是别人称呼他的名字，他是用自己名字来称呼自己的。当然孩子也可能简单地说"要什么"。这里要说的是孩子不会用第一人称代词"我"，因为孩子不能理解"我"的抽象意义，因为身边的人都在说"我"，不同的人都在说"我"，孩子弄不明白"我"到底是"谁"，因而不敢张嘴说"我"这个字。

当某一天孩子突然说出"我"这个字的时候，他的思维就一下从洪荒时代提升到现代文明，从先前用触觉感受自己的存在提升到用思维感受自己的存在，自我意识确立了。心理实验表明，自我意识的确立，一般在两三岁完成，最晚也不会超过四五岁。

王云确实是一个例外，他的情况的确有点特殊，无论是自己的名字还是第一人称，他始终没开口说一个字！有人说，如果孩子不说话，不是智障或者天生聋哑，那就是一个千年难遇的天才。这样的孩子，表面上蠢笨如牛呆若木鸡，实际上他正在做他认为有意义的事情呢！没工夫搭理身边的人，更懒得开口说话。

王云是天生聋哑，还是千年难遇的天才呢？这真是一个问题，老王家快要绝望了。

父亲成了状元郎

就在老王家一家人要绝望之际，一个老和尚出现了。那天，小云子正和邻居家的孩子玩耍，他一会儿用手指这，一会儿用手指那，玩得不亦乐乎。这个时候，突然来了一个和尚。只见这个和尚，身着袈裟，面善耳大，手里托着饭钵。

在一大群小孩子中，和尚径直走到王云跟前，看了看，然后走到王华旁边，说道："这么好的孩子，可惜道破了。"

王华一听，感觉儿子有救了。于是就把这个和尚当救星，立即迎了上去，客气地说道："请问，大师此话怎么讲？"

大师气定神闲地说："云是云，云亦云，古人云，古人语，道破了，还说什么。"

听完和尚的话后，王华豁然开朗。原来，云在古语中就有说的意思。既然孩子起名叫说，那么你让他怎么说呢？这就是典型的泄露天机啊，王华随即将这个事情告诉父亲。父亲王伦如梦初醒，全家一致认为要立即给孩子改名字。

经过老王和小王多番探讨和研究，他们决定给孩子取一个极具儒家风范的名字：守仁。这个名字源出《论语·卫灵公》："知及之，仁不能守之，虽得之，必失之。"从这个名字，就知道老王家不再留恋道家的清高了，开始世俗了，向儒家靠拢了，这名字就是寓意孩子将来能修身齐家治国平天下。

结果，名字一改，奇迹发生了，王守仁会说话了。

王守仁和爹爹一样，都延续了老王家的基因：一是聪明；二是非常聪明；三是特别聪明。媳妇娶了，儿子也正常了，中国人讲究成家立业，王华现在需要做的就是立业了。

"一等人忠臣孝子，两件事读书耕田。"毫无疑问，王华应该是努力做一等人的，读书当然并不是为了种田，而是为了功名利禄。提起"读书"这件事，王华就很是郁闷，这些年自己最大的心病一是儿子，二是读书。几乎谁都知道，王家二少爷书读得好，可是却连续多年不第。

尽管祖上一再强调读书不是为了功名利禄，但老王家毕竟是书香门第，都几代人了，连一个秀才也没有啊，读书人怎么看，邻居怎么看，官府怎么看，别人会笑话的。王华于是下定决心，一定考取功名，光宗耀祖，尽管祖上对后世子孙功名没有要求，但一定要证明一下。

尽管科考这事与决心努力不成正比，但王华所能做的也只有下决心努力了，便一心扑在了八股文上面，又是买参考资料，又是做往年试题，大有头悬梁锥刺股的劲头。每天吃饭想着四书，睡觉做梦梦着五经，甚至上厕所，王华都要冥想做文章。

王华这一忙，就把王守仁当空气了，王守仁也乐得其所，便自娱自乐。

直到有一天，正当老王和大王讨论大学之道的时候，坐在妈妈郑氏身边的王守仁站起来了，而且大声背诵：

古之欲明明德于天下者，先治其国，欲治其国者，先齐其家……

乖乖，这小家伙居然将《大学》里的内容给背了出来，而且是一字不差。这也太邪门了吧。老王和王华面面相觑，他们清楚，虽然时常教王守仁识文断字，却从来没教过他《大学》。《大学》是成人的学习内容，是高等教育，按照守仁的年龄，还没有开始学习呢。

想当年，王华聪明，但也仅仅是过目不忘，举一反三。可是，这小子居然无师自通，难道真是文曲星下凡？老王家祖坟冒青烟啦？

王华吃惊地问道："小子，告诉爹爹，谁教你的？"

王守仁不屑地说道："老爹，你一天在我面前读上百遍，顺便听听就记住了。"

王华看着王守仁，十分不解，十分激动。

成化十六年（1480），这一年王守仁九岁，王华乡试中亚元，名震浙江，改变了老王家的历史。第二年，即成化十七年（1481），王华进京赶考。

也许是风水轮流转，此时到王家，王华赴京赶考过关斩将，先是顺利通过会试，成为贡士，接下来在殿试中大放异彩，获得第一甲第一名，高中状元。来一个华丽大转身，一下子从"朝为田舍郎"到"暮登天子堂"。

不过，关于王华中状元，还有一个传说。传说，来到京城后，王华与老乡黄珣住在一起。黄珣这个人颇有手段，赢得了当时吏部尚书刘翊的赏识。所以，在殿试之前，吏部尚书冒着被砍头的危险将考题告诉黄珣。就在两人嘀咕嘀咕的时候，王华听见了，他暗记于心。结果，殿试之上，他从容答题，最后高中状元。

老王家的二少爷中状元了，好消息从京师一路传来，全省震动。耕读传家的王家，更是声名远播。的确，在古代，中状元是一件了不起的事情。从隋唐开设科举考试，到清末废除，整整一千多年。可是，这一千多年里，总共出了几个状元？从唐代到清末，总共只产生了五百五十二位状元郎。整个明朝也才有九十个状元，可见中个状元有多难。范进不过中个小小的举人就激动得发疯，一度高兴得成了神经病。

王家毕竟是书香门第，高中状元，也没什么过激反应，无论是赶赴琼林宴还是打马御街前，王华举止得体，淡定自如。皇帝朱见深很是喜欢，认为王华适合做太子的老师，于是下诏书，征召王华到最高学府翰林院锻炼锻炼，担任修撰一职。

此后，老王家的命运开始改变了，由耕读世家就变成了官宦之家，用今天流行的话说，就是由土豪变成了乡绅。王华成了状元郎，子因父贵，王守仁也就成了状元郎的儿子。这个时候，不管他愿不愿意，都由农民的儿子变成了官二代。

话说王华在帝都安定下来之后，日子过好了，便打算接父母到京城享享清福，同时把老婆孩子带过来，让孩子见见世面。于是修书一封，让父亲带着王守仁进京。

在那个时候，不像今天可以海陆空多途径进京。那时从浙江余姚进京，需要先到杭州，然后沿运河乘船北上，过苏州，到镇江，然后下扬州，一路进京。

有些人注定是不平凡的，到哪里都有故事，王守仁就是如此，乘船北上到镇江的时候又有故事了，这个故事好像与白娘子还有一些牵连。

遇见前世的自己

提起金山寺，很多人会想起《白蛇传》，想起白娘子和法海，想起水漫金山这些故事。可是，要问金山寺在哪儿，却未必人人都知道。其实，水漫金山寺的金山寺就在江苏镇江。

故事的第一现场金山寺，位于江苏镇江市的西北部，临江而立，这里山高不足百米，于是"山不在高，有仙则名"便成了镇江的符号。金山寺建在长江中的一个岛屿上，与瓜洲、西津渡成掎角之势，为南北来往要道，可谓"万川东注，一岛中立"。后人将它称为"江心一朵芙蓉"。

当然，金山寺出名还在于它的景观。它布局独特，风景优美，素有"金山寺裹山，见寺，见塔，不见山"的美誉。此外，它还是文人、名人聚集之地。在这里，既有梁红玉击鼓战金山的故事，又有文学家苏东坡会谈佛印长老的故事。

刚刚说了，它是名人吟诗作赋之地。不管是真文人，还是假文人，一到这里都诗兴大发，愣是当一回骚客，吟诗作赋，聊表心志，算是到此一游。正如今天，游客游长城，每个人似乎都有那种"到了长城是好汉，好汉留名才算好"之感。

作为文人，王伦早就有到金山寺一游的念头。而如今，顶着新科状元郎父亲名头，还带着状元郎的儿子，金山寺更是必须一游了。到了镇江，安顿好家眷之后，王伦和王守仁来到金山寺。

新科状元郎的父亲和儿子到金山寺游玩了，消息一经传出，人头攒动，帮忙的，帮闲的，帮衬的，围了一大片，都想沾沾新科状元的习气和文气。听说，新科状元郎的家人来游金山寺，金山寺僧众主动当起了导游。

夕阳西下，微风轻抚，流水潺潺，鸟鸣山间，可谓是美景如画。看着如画般的风景，状元郎的父亲和儿子都来这里，如此美景，必然文思涌动，于是就有人提议吟诗作赋，众人鼓掌同意。

于是，所有人都开始搜肠刮肚，挖尽心思，想在状元郎家人面前一展雄风，作出一首足以震动天下的得意之作。一番准备之后，个个摩拳擦掌，跃跃欲试。很显然，他们都有了得意之作。不过，王伦是长辈，又是状元爷的老爹，他们不敢班门弄斧，众人便看着王伦，只能让老王先来。

正当大家互相谦让的时候，年仅十一岁的王守仁站出来了，他决定替爷爷解围。他当仁不让地说道："爷爷，这种小儿科的东西，还是由我来吧，您老歇着就行了。"看着王守仁挺身而出，老王顿时喜上眉梢，说道："既然如此，那你就作一首出来让大家玩玩。"

王守仁随口吟诵：

> 金山一点大如拳，
> 打破维扬水底天。
> 醉倚妙高台上月，
> 玉箫吹彻洞龙眠。

我的天啊，这是什么情况？毛还没有长全的小毛孩居然能作出这样的诗来。"了不得，了不得，真是神童！"众人夸奖道。不过，夸归夸，他们心里还是有疑问的。他们认为，十几岁的孩子不可能有这般才华，理由是，他们十几岁的时候连毛笔字都没练好，背诗都背不下来，所以，王守仁作诗可能有假。

对此，阅历深厚的老王早就瞧在眼里，看在心里。于是，他说道："诸位才子，刚才我们家的小家伙可能盗用了别人的诗，所以，这次考验不算。为了公平、公正，大家出题，让他现场作诗！"

此话一出，立刻赢得了众人的认可。于是，大家便以景点"蔽月山房"为题，要求王守仁作一首诗出来。即兴之作作得了，命题作文更不在话下。王守仁瞅了众人两眼，然后张口即吟道：

> 山近月远觉月小，
> 便道此山大如月。
> 若有人眼大如天，
> 当见山高月更圆。

诗一作完，众人张大嘴巴，左脸写着难以置信，右脸写着羡慕嫉妒恨。随后，众人便开口赞叹道，你小子年纪轻轻就这么有才华，了不起啊，将来肯定是大才子啊。可是，就在这个时候，王阳明不屑地说道：写诗算什么，雕虫小技罢了。

在中国诗歌史上，敢说写诗是雕虫小技者少之又少，李白、杜甫都不敢那么说，只有独占鳌头的曹植曾经说过，翰墨辞赋都是雕虫小技。

少年王阳明的确在金山寺大放异彩，可能是王阳明和金山寺的渊源深厚。据记载，王阳明的徒弟中流传着这么一件事情。

时隔多年之后，王阳明再次来到金山寺。此时，金山寺早已经整修过，到处焕然一新，可是，王阳明却感觉到这里的一切非常熟悉。他遍游金山寺。走着走着，他来到了一个禅房前。这个禅房与众不同，它上面贴着封条，禁止对外开放。可是，王阳明觉得这个禅房就是自己的卧室。于是，他找来僧人，要求僧人打开房门，让他进去。不过，僧人告诉他，这个房间死过一个老和尚。死个和尚有什么奇怪的？王阳明问道。僧人神情紧张地说道，你不知道，这个老和尚死后，尸体不腐烂，现在尸体还在里面呢。

开什么玩笑，尸体不腐烂。王阳明不信，他要求僧人打开。僧人没有办法，就只好打开。王阳明便走了进去，结果，他一抬头便大吃一惊，吃惊的不是老和尚容貌未腐烂，而是那个老和尚长着王阳明的脸。不过，更让王阳明奇怪的是墙壁上的字：

五十年后王阳明，
开门犹是闭门人。
精灵闭后还归复，
始信禅门不坏身。

按照这个故事，那么王阳明还真是遇见了前世的自己。

不过，佛说，过去有五因，今世有五果；今世有五因，未来有五果。意思是说，今世都是前世注定的，来世则由今生注定。那么，王阳明的前世到底修了什么福呢？他的这辈子会如何？

没过多久，一个自称洞悉天机的神算子给出了答案。

算命是门社会科学

游完金山之后，王守仁便跟随爷爷继续北上，来到明朝首都北京。一般孩子到陌生的环境，都会怕生，性情也会随之改变，但王守仁不一样，他看到周遭环境与江南水乡不一样，反而更兴奋了，大有到哪里都是主场的感觉，而且玩得更疯狂了。

王华本来是想换个环境，好好调教一下，没想到儿子更适应了，真是一个问题。

按照王华自己的想法，他要亲自教授孩子，但公务缠身，哪里有工夫。自己没工夫管，就送进私塾，毕竟是状元郎，孩子要进水平很高的私塾。要想将孩子培养成人中之龙，就要在孩子教育培养上下成本。没过多久，王华就花了大价钱，选中了一所贵族私塾。顾名思义，就是高官厚禄子弟上学的地方，这里环境优越，师资力量雄厚。就这样，王守仁开始了校园生活。

刚开始，一看都是陌生面孔，多少有些胆怯，以为这里的孩子和自己不一样，京师里的孩子最懂规矩，举止温文尔雅，后来他发现这些孩子跟他一样：喜欢玩耍。发现这个秘密后，王守仁甭提多高兴了，太好了，还是学校好，不仅可以玩，而且可以和好多人一起玩。

本来这些贵二代、官二代就不好管理，相对于王守仁来说，他们也就是打同学、骂先生、欺负班干部，连调戏女同学的机会都没有。王守仁一来，一切都变了，打同学、骂先生、欺负班干部，太落伍了，要换新的玩法。

老师教授的四书五经，王守仁早就耳熟能详，先生的解读水平和他的状元郎父亲比起来，显然是既没有趣味也没有水平，所以这样的课，他是听亦可不听亦可。刚开始，王守仁一捣乱，私塾先生就罚他背书，结果成了他的个人秀，反而给他培养了一批粉丝。一看这一招不行，私塾先生就问问题，结果他不仅对答如流，而且还能触类旁通，举一反三，私塾先生傻了眼。随后，私塾先生祭出了撒手锏：找家长。

王守仁他爹谁啊？状元郎！哪有工夫见一个私塾先生。私塾先生彻底崩溃。于是，私塾不再理会王守仁，希望和平相处。王守仁却是唯恐天下不乱，一切全凭心情，心情好了，就安静一会儿；心情不好，就问老师问题。

一段时间后，王守仁觉得老是在私塾折腾，没多大意思，男子汉大丈夫要到更大的空间去。于是，聪明的他想到了更刺激的玩法：逃学！现在叫翘课。

在一般人的思维里，只有学习差的孩子才喜欢逃学，其实学习好的学生也喜欢逃学，王守仁就是一个。玩的最高境界是什么？偷着玩。对正在念书的人来说，偷着玩的最高境界就是翘课出去玩。不要以为，翘课这种刺激好玩的事是今天人的专利，古即有之，圣人王守仁小时候就是翘课的高手。

有一天，王守仁觉得待在私塾太没意思，就跟几个小伙伴翘课到长安街玩耍。就在他们嬉笑时，一个算命先生出现了。本来已经擦身而过，可那个算命先生却紧紧盯住了王守仁，并走近守仁身边，然后从上到下瞅了瞅可爱的王守仁，感叹道："奇人，这种相貌太罕见，千年一个啊。"

听到神算子说自己是奇人，王守仁立马感亲近，真是英雄所见略同，于是油然多了一份怜惜之情。便停下脚步，聆听神算子的教诲。

一见王守仁停下了，神算子表情严肃地说道："这位，我看你面相，掐指一算，发现你是个奇人啊。接下来我跟你说的话，你可要牢牢记住啊，别辜负我一番心意。"

看到算命先生要给王守仁算命，小伙伴们就说："伯安啊，你要长点儿心。不要相信，算命都是骗人的，就是为了钱。"

听到小伙伴们这么说，王守仁一本正经地说："算命是靠谱的，告诉大家，其实，算命应该是门学问。我家祖上就是做这个的。"

听王守仁这么一说，小伙伴们都惊呆了。

提起算命，现在国人多数是不屑的，甚至是嗤之以鼻。对于算命，多数人会冠之以封建迷信，将它与"骗术"等词联系在一起。事实上，算命并非无中生有，不然它如何能够流传数千年呢。其实，算命是一门高深的学问，在一定程度上算是应用心理学范畴，只是为了谋利披上了神奇的外衣。算命学有自己的理论系统，具有一定的科学道理，比如面相，它是经过无数代、无数人的面相总结而来，具有一定的可信度。相由心生，从面观心，由心知未来。用现代话来说，那就叫归纳总结。

但王阳明肯定是相信的，别忘了，他们祖上在这方面可谓人才辈出，高手如云。比如他的六世祖王纲就能算出自己的生死，四世祖王与准算命也特别准。

神算子一看王守仁虔诚的眼神，继续说道："须拂领，其时入圣境；须至上丹台，其时结圣胎；须至下丹田，其时圣果圆。"

用现代话说就是："王守仁，你这辈子注定是个奇才。当你的胡子长到领口位置的时候，你的学问就进入圣境；当你的胡子长到胸前两乳位置的时候，你的学问就能结圣胎；当你的胡子长到肚脐眼位置的时候，那么你的学问就到了圣果圆的地步了。"

还真别说，这位神算子还真算出了王守仁的一生命运。那什么叫入圣境？什么叫结圣胎？什么叫圣果圆呢？所谓入圣境，就是说学问学得很不错，能够登堂入室，能够和高手聊天了，如果按照今天教师等级来说，那就是专家；所谓结圣胎，就是说学问做得很好，专业涉及够多的，能够独立建立自己的思想理论体系，等同于今天的大师；所谓圣果圆，就是说，学问造诣已经炉火纯青了，可以用来指导实践了，等同于圣人了。

关于这次算命，不管我们信不信，从后来的结果来看，反正王阳明相信了。

王守仁听后，是懵懵懂懂。不过，他还是记住了神算子的话。此后一阵子，他便苦思冥想，如同参禅悟道一般，一下老实了。这个天天在私塾打同学、骂同学、欺负班干部、用问题刁难老师的问题学生变了，变得安静了，变得不可接受了，这种状态能持续下去吗？

做圣人，我是认真的

由于一心忙着做圣人，佛经也念了，《道德经》也背了，《论语》早就滚瓜烂熟了，可是自己怎么一点感觉都没有呢？没有驾着七彩祥云出生的气场了，也没有五岁才开口讲话的深沉了，也不是一如既往的高调，甚至浮躁了。

这是为什么呢？王阳明不明白，老师和同学们就更不明白了，王阳明怎么一下子低调了。王阳明对自己的人生有疑惑，老师和同学们对王阳明更有疑惑，王阳明知道自己疑惑的症结，而老师却不知道。不过老师也不愿去探究竟，惹不起啊。

王阳明实在弄不明白了，怎么办？问老师去！韩愈说过：师者，所以传道授业解惑也。倒霉的私塾先生，躲也躲不过啊。

于是，王阳明严肃地问私塾先生："何为第一等事？"

一听这个问题，私塾先生不由得欣喜，这个问题你难不住我，认为王阳明真的变了，开始走正道了，孺子可教也，遂慷慨激昂地回答："唯读书登第耳！"这句话，按传统可以翻译为：这人生第一件大事没有别的，就是金榜题名、入朝为官。

老师的这个回答其实挺正确的。首先，他尽了老师的职责。他以读书做官论来诱惑误入歧途的王守仁这是对的。其次，男人的价值就是要当官。人生四大喜事之一便是金榜题名，和平年代，男儿不读书当官，难道要落草为寇？再次，所有人都认为男人该以当官为目标。他说出了千万男人的心声：为中进士而读书，为享受荣华富贵而读书，为光宗耀祖而读书……

但王阳明却不是这样认为的，听到私塾先生的回答，王阳明很不以为然，说道："尊敬的先生，吾爱吾师吾更爱真理。这恐怕不是第一等事，第一等事应该是读书学做圣贤。"

王阳明要做圣贤，这事很快就传到了王华耳朵里。

王华知道王阳明说这样的话后，笑着说："乖乖，了不得啊，你真的要做圣贤吗？"

看到爸爸也关注这事，王阳明自信地点了点头。

王华继续问道："为什么要做圣人啊？好好读书，像爸爸一样考个状元不是也挺好的嘛！"

王阳明摇了摇头，说道："不行，科举考中状元也只是和你一样，无法超越你啊？我到哪儿都是状元郎的儿子，我希望有一天，您到哪儿都被称作圣人的父亲。"

听王阳明这么一说，王华哈哈大笑："好，有志气。努力吧！"

其实这个时候，王阳明只是为了不想整天活在状元爹爹的阴影之下，只是知道无论是皇帝、官员、读书人还是普通老百姓，都要对圣人顶礼膜拜。哪里知道圣人是什么概念，印象最深刻的就是孔子的那张挂像。是做孔子那个样的，还是不是孔子那个样的？王阳明自己也是一脸茫然。

一个十二岁的孩子口出狂言说要当圣人，这是千古罕见的事情。不过，这会不会是王守仁忽悠老师，说着玩呢？不会，因为，王守仁毅然要走圣贤路。从此以后，王守仁找到了人生奋斗目标：当圣人。确定了做圣人之后，王守仁开始忙碌起来，费尽心力想要找出做圣人的途径。也许别人会说，王守仁确立的人生目标是错的，但是，王守仁却说道："走自己的路，让别人说去吧。"

可惜的是，没过多久，他家里发生了重大变故，以至于他不得不思考生存的问题。没过多久，王守仁家里出了件大事。天有不测风云，人有旦夕祸福。王阳明的亲生母亲郑氏溘然长逝。关于郑氏，史书几乎没有记载。因此，后人无法得知她的生平状况。

为何没有记载？郑氏可是圣人王阳明的亲生母亲，没有郑氏何来王圣人。可是，谁让她是女人呢？在中国古代，女人地位很特别，未出嫁，听从父亲的；出嫁后，听从丈夫的；守寡后，听从长子的。说来说去，女人只能从属于男人。既然从属于男人，如何能够载入史册呢。

母亲的去世，对守仁来说，不啻于晴天霹雳。世上这么多人不死，为什么偏偏是自己的母亲呢！如果自己能替母亲去死多好啊？母亲这么年轻啊，苍天啊，大地啊，谁能救救母亲啊？无论王阳明如何呼叫，母亲都不能复活。

这一年，王阳明十三岁，这是王阳明第一次接触死亡，第一次如此近距离体验，人能不死吗？如果能长生不老，怎么样做到呢？想要做圣人的他很纳闷，做了圣人能长生吗？于是，他所能做的就是哭得天昏地暗。

历数儒家最出色的圣贤大儒，会发现一个奇特的现象，那就是幼年丧父。诸如孔子三岁丧父，孟子两岁丧父，欧阳修四岁丧父，而范仲淹也是三岁丧父，韩愈也是父母早逝。这些人中，孔子是儒家圣人，孟子是仅次于孔子的亚圣，韩愈、欧阳修、范仲淹也都是千古少有的儒家贤人。再就是岳飞、张载等儒家典范人物虽然不是幼年丧父，但也都是在十三岁左右的少年期丧父。于是，有人据此得出一个理论，就是大儒常无父。

而一心要做圣人的王阳明却和他们不一样，他在十三岁时母亲去世，不符合这个规律，没有母亲的谆谆教诲，王阳明能打破这个魔咒实现做圣人的理想吗？

高情商就是历练出来的

一般来说，调皮捣蛋的孩子一般成绩很差，成绩差的孩子一般很调皮。圣人王阳明不是一般人，所以不适用这个规律，王阳明是既调皮捣蛋学习成绩又好。还有另外一个一般，那就是，调皮捣蛋和成绩差的孩子有个共同的特点就是情商相对高一些，因为无论是调皮捣蛋的孩子每次"作恶"后的善后工作还是成绩差的孩子每次考试后的应对工作，都是一次超级情商大考验大锻炼，一次比一次有难度，一次比一次有水平。相反，成绩好的学生和守规矩的孩子，由于缺乏这方面的考验和锻炼，一般来说，情商相对不高，由此产生了一大堆书呆子。而王阳明属于这个一般，就是情商很高。

母亲在世的时候，每次闯祸后，王阳明经常利用自己的情商在母亲面前轻松化解。如今，母亲去世了，以后再也不用挖空心思来对付母亲了，可是也没有人像母亲那样来照顾自己了。没有母亲的日子天天皆落日，每每想起这些，王阳明都悲痛万分，泪如涌泉，王阳明甚至多次想到死，但他知道死是早晚的事，于是就放弃了，毕竟自己还是要做圣人的。

正当王阳明为痛失母爱悲痛欲绝的时候，父亲王华娶亲的事也提上了日程。那个时候，男人可以有三妻四妾，老婆死了，再娶一个，不是什么大事，再说，堂堂大明朝状元郎哪能鳏居呢？这个问题，状元郎王华或许早就考虑好了。官场流行这么一句话：升官发财死老婆，也叫中年男人之大喜事。老婆去世了，王华的确难过一段时间，毕竟是结发夫妻。

王华与老王商量："老爹啊，儿子我人生不幸，媳妇去世了。现在我的事业刚起步，没有精力照顾您老和孩子，我想续娶一个来照顾你们，不知爹爹意下如何？"王伦对儿子说："儿啊，节哀顺变。我老了，无所谓了，主要是守仁啊，没妈的孩子像根草，你还是给他找个妈回来。我已委托媒婆查访，碰到合适的就把事办了。"

在老王和大王的一致同意下，王阳明甚至连意见也没被征求，这事就定下了。一天，放学后的王阳明回家，发现家里上上下下一片欢乐气象，一大帮人忙着布置，张灯结彩的，很是热闹。王阳明搞不明白，就去问爸爸，王状元就告诉儿子："儿子啊，你妈妈不在了，爹爹再给你找一个。"

王阳明一时没回过神，母亲刚刚去世，父亲怎么这么快就要续娶？但父亲要娶，自己管不了，接受不接受，婚礼都会照常进行。于是，王阳明就答应了。

王华见儿子同意，心花怒放，于是王华就娶回了一个绝世佳人，并美其名曰"小夫人"。从此以后，王华又有了老婆，守仁又有了妈妈。对王华来说，美好人生再度开启，而对守仁来说，难以想象的厄运即将来临。

　　小夫人入住王府后，立即展现出新女主人的聪明才智。她要当好新女主人！什么叫作新女主人呢？那就是将旧女主人的一切都清除干净。于是乎，郑氏睡的床、生活用品都进了垃圾堆，郑氏生前布置的东西全被清理了出去……清理完这些之后，小夫人得意一笑。

　　不过，清除郑氏生前的用品容易，清除郑氏的骨肉守仁就没有那么简单了。守仁也是郑氏的一切，这是小夫人清除的重点，可是，守仁虽说不一定是王华的一切，但在王华心目中的地位肯定不比这位小夫人低多少。

　　小夫人哪里知道这些，她觉得自己的状元老公很听自己的话，再慈爱的父亲也抵不过枕边风，于是小夫人就采取手段整治王阳明。一般继母虐待前妻的孩子，就几招，很老套也很简单：一打，二骂，三干活，最后就是衣不蔽体，食不果腹。

　　这几招虽然老套，但对付年轻的王圣人还是很奏效的。尽管王圣人天天让私塾先生挠头，但面对主政的后妈，方法还真不多。一旦王守仁活干得不好，不利索，他的小妈妈便会及时出现，狠狠地骂他，揍他。所以，没过多久，守仁便伤痕累累。

　　如此下去，别说做圣人，就是生存都成问题。该怎么办？跟老爹告状？显然没有效果。谁不知道，见色忘义，老爹王华躺在温柔乡里不能自拔，怎么会听自己的。那到法院去告状？可是，当时没有法院，而且老爹就是官，儿子怎么能告父亲，怎么能告得过父亲呢？

　　老爹靠不住，朝廷也靠不住，只能靠自己了。这个时候，王阳明一次次问母亲，你生的时候为什么不给我一个我想要的生活啊？逐渐地，王阳明明白了，母亲当初肯定也要给自己一个想要的生活，这说明自己现在所过的生活不是自己的，所以开始过自己的生活。

　　圣人毕竟是圣人，再就是这么多年的历练，王圣人肯定不是吃素的。于是，王圣人决定跟小夫人玩心眼。稍稍做一下功课，王圣人发现自己的这位小妈妈居然信佛。王圣人一下子惊呆了，不会吧，这样的人怎么也信佛呢？佛讲究慈悲为怀，怎么一点都没有感觉到她慈悲呢？

　　佛不是普度众生吗？小妈妈为什么对我这么狠啊？不管那么多了，先想辙救救自己吧。王守仁眼睛一转，计上心头。一天晚上，夜黑风高，他趁着继母睡觉，拿着准备好的五托子（佛教圣物）放在继母门前。第二天早上，小夫人看见五托子后，心里开始害怕。随后，每天都是如此。不过，害怕归害怕，她还是继续虐待守仁。

佛都不怕，王守仁的三观瞬间崩溃了。既然佛治不了她，王守仁只好另寻他法。有了！一天他跑到郊外，从猎鸟者那里买来了一只他自己都不认识的怪鸟。回家之后，他趁着继母不在屋里，便飞奔进去，将这只怪鸟放在了继母的香被里。

在继母整理被子的时候，突然看到这只怪鸟，吓得花容失色。就在这个时候，守仁登场了，他说："小妈妈，家里来怪鸟不吉祥啊。"小夫人认为很有道理，于是，她便叫守仁去请巫师来看看。

不一会儿，守仁将巫师请了过来。见了怪鸟之后，这巫师神情严肃地说道："夫人啊，这不是鸟啊，是天帝的阴兵啊。"小夫人说道："我这么虔诚，怎么会有阴兵呢？"巫师就说道："小夫人，是这样的。这是王状元前妻做的。她在阴间看到你虐待她的儿子，非常生气，就上告玉帝，玉帝听后，勃然大怒，就派阴兵前来惩罚你。"

小夫人一听，吓得魂不附体。她跪在地上，哀求玉皇大帝饶恕她。就在这个时候，巫师说道："夫人，知错能改，善莫大焉。"小夫人连连磕头赔罪。

看到小夫人真心悔改，守仁赏了巫师一大笔钱。从此以后，小夫人待王守仁如亲生儿子。

像王守仁这样的人，日后如果不当圣贤，恐怕会是个祸国殃民的主。解决了后妈问题，守仁又开始追求圣贤之道了。

可是，有一天，他居然做了个怪梦。

梦中当年万户侯

稍稍动一下心眼，王阳明就搞定了继母，没有继母的羁绊，王阳明就又把精力放在了如何做圣人方面。按照古人对圣人的标准，圣人要"三不朽"，即立德、立功、立言，虽久不废，谓之不朽。要做到立功、立德、立言中哪一项都不容易，立德和立言需要广博深厚的知识，这对王阳明来说，太难了，连自己老爹都说服不了，何谈立德立言？而立功则不一样，年轻气盛，只要能到战场杀敌，随时可以立。

现在天天在私塾里背诵四书五经，写劳什子八股文，还要经过县试、府试、乡试、会试、殿试，等一切过程走过，不说老然然期将至，最起码也是青春不再，到那时候哪还有精力做圣人！王阳明认为，做圣人就不能循规蹈矩，要有所突破，不走寻常路，走寻常路的是普通人。为了立功，王阳明做了许多功课，第一件事就是游逛北京城，小王阳明不是逛街买蟋蟀，不是逛街吃美食，更不是逛街看美女。他没有官二代的那些不良嗜好，小圣人只对古城北京战场感兴趣，他查阅发生在北京这块土地上的战争，四处考察，询问附近的老人，了解战场情况。

小圣人觉得该了解的都了解后，于是才心满意足，并在于谦祠堂前提笔写下了一副对联，聊表心志：

赤手挽银河，公自大名垂宇宙。

青山埋忠骨，我来何处吊英贤。

把北京研究到位之后，小圣人认为光有理论是不够的，还要到战场上去实践，就是不去真正的战场，也要到古战场上去感受一下。思来想去，王阳明决定到长城古战场去看看，因为，第一，那里离北京最近，方便去；第二，那里离敌人鞑靼也很近，最有机会接触到敌人；第三，最有可能立功。

这个时候，王状元忙着做官，小夫人哪里敢管小圣人，小圣人现在就是老大，想干什就干什么，想不干什么就不干什么，既然想了，那就要去做。小圣人于是就偷偷准备好战马、军服和弓箭，然后趁着王状元出差的时候，跑到居庸关长城去实践。居庸关是京城西北的咽喉，军事地位极为重要，小圣人穿着军服，挂着弓，背着箭，骑着马，悠然自得地游览游荡在居庸关长城上。

看着雄伟的长城，想着史书中记载的长城之战，想象着自己带着千军万马与敌人作战：烽火四起，马蹄声骤，杀声震天……王阳明顿时心潮澎湃。在荷尔蒙刺激下，王阳明心情过度激动，环顾四周，很想找一个显示肌肉的对象。

抬头一看，王阳明看到离他不远处的小道上，刚好有两个骑着马的鞑靼人。王阳明不由得得意起来，真叫踏破铁鞋无觅处，得来全不费工夫，我王守仁建功立业的机会来了。想到这里，王阳明催马上前，拉着弓，大声喊着"贼人，不许犯我明朝边疆"，冲向鞑靼人。这两个鞑靼人听见王阳明的话后，抬头一看，一个娃娃举着弓搭着箭奔向自己，大吃一惊，霎时间，两人不约而同，掉转马头逃跑。

其实，在那个时候，无论是明朝人还是鞑靼人出入居庸关是一件很容易的事，总体来说，明朝与鞑靼人和平共处时间要长于战争，一般是短暂战争之后，双方都用橄榄枝作为见面礼，而不是武器。而这两个鞑靼人显然不是为了战争而来，所以看到王阳明举着弓搭着箭，吓着了。两个鞑靼人也搞不明白，这孩子是什么来路，弄不好会产生外交纠纷，惹不起，躲得起。

看起来，王阳明的居庸关之行圆满结束。实际上，王阳明是很失望的，王阳明去居庸关可不是旅行，也不是逍遥，他踌躇满志，是要建功立业的，结果只看到了两个鞑靼人，而且连根敌人的汗毛都没有抓到。快速建功立业的愿望泡汤了，空有一腔报国热情和一身荷尔蒙，无处释放施展啊。

回到京城之后，王阳明既不努力准备功课，也不找私塾先生补课，而是开始写居庸关之行报告，对自己的所见所闻进行分析总结，同时对发现的问题提出解决方案，大有文经武纬天下的气势。小圣人根本没有把科举当回事，也是，哪有圣人参加科举考试的，孔子参加了吗？没有。孟子参加了吗？也没有。王守仁将来也是做圣人的，凭什么要参加科举考试，圣人有圣人的事要做，那就是立功。王守仁日夜琢磨着建功立业，到了夜里也在想这事，梦里想的也是，有一天王阳明居然梦到自己到了广西伏波将军马援的庙里。在梦中还赋诗一首：

卷甲归来马伏波，早年兵法鬓毛皤。
云埋铜柱雷轰折，六字题文尚不磨。

王阳明对马伏波大加赞扬，那么大的年纪，在国家危难之际，主动请缨，率军杀敌，结果，马家军一到，立马平定，立下了不朽功勋。

不过，马伏波到底是谁呢？王阳明为什么会在这个时候梦见马伏波呢？这有什么启示吗？

谁人年轻不曾二

马伏波就是中国历史上赫赫有名的东汉名将马援。马援，字文渊，陕西人。他知名到何种程度呢？单从伏波将军这个名号上就能看得出。伏波是什么意思呢？伏波之意就是降伏大海波涛，连大海上汹涌的波涛都能降伏，平定天下岂不是小菜一碟。所以一旦天下大乱，有着超自然水平的马援自然能马到成功。

王阳明梦到马援，从心理学角度来看，典型的急功近利。马援战功赫赫，官拜息侯，组合起来就是：马上封侯。之所以梦到马援，王阳明就是希望自己能通过战功马上封侯，先立功，有赫赫之名，然后立言，然后立德，最后圣人可成。

再就是，正所谓千古男儿侠客梦，在荷尔蒙的刺激下，小圣人自然也不例外。王阳明不明白的是，马援这样老都有机会建功立业，自己满腔热血无处释放，却报国无门。于是，王阳明的心更不安分了。

回到私塾上课之后，王守仁还是那个王守仁，只是现在玩法变了，动静越来越大。由于去了一趟居庸关，而且吓跑了两个鞑靼人，取得了这么大的成果，王阳明有了在同学面前炫耀的资本。就是以前对王阳明不太服气的小伙伴这次也被震慑了，了不得啊，人家是见过鞑靼人的！由此，王阳明的威望更高了，可以说振臂一呼应者云集。如果说以前都是单兵作战，王阳明一个人和老师对垒，现在就是带着一帮同学和老师作战。

以前课间活动都是玩一些过家家之类的游戏，小圣人认为忒俗了，男儿要有志气，我们要玩军事游戏，他自任主帅，把私塾里的同学分成几支队伍，展开对垒。这个时候，王阳明最兴奋，也最受用，真像个大元帅一样。很多人都把游戏当作娱乐，其实游戏不仅仅是娱乐，还是态度，从人对待游戏的态度，可以管窥一个人对待生活的态度。

王阳明是过瘾了，私塾先生不爽了，王阳明是状元之后，又是个官二代，轻易教训不得。所以，每次看到王阳明如此好玩，这位老师总是睁一只眼闭一只眼。

在王圣人逍遥过日子的时候，天下并不太平，各地灾害不断，有灾害必然产生人祸，灾害遇到人祸，就是救世主出现的时候。不要说天高皇帝远的地方了，就是京城也有救世主，这里的救世主是"石和尚"石龙，他们也就是为了生存不得已走上江湖。

首都都不太平，地方就更严重了。在湖北、四川和陕西交界那一块，"石和尚"石龙与"刘千斤"刘通揭竿而起，人家独立了，不跟大明朝的皇帝混了。跟你混，保护费没少交，连饭都吃不饱，我们的地盘我们自己做主。一帮泥腿子拉杆子造反，纯粹是乌合之众，连杂牌军都不够格，但就是这帮泥腿子，愣是把大明朝的正规军打得满地找牙。到这时，老百姓才明白，难怪连皇帝都能被蒙古人活捉，这水平要是能打胜仗才是奇葩。

这帮泥腿子，一发不可收拾，屡屡攻破城池，劫掠府库。堂堂大明朝军队闻风丧胆，落荒而逃，京城为之震惊，皇帝更是骂街。皇帝骂街，状元郎王华自然受夹板子气，下朝回家后，愁眉苦脸，哀叹连天。

王圣人一看，机会来了，自己这些日子的"练兵"终于派上用场了。于是乎，王圣人联合私塾的小伙伴，大家一起联名给皇帝上书，请愿从戎报国。草拟好方案之后，小圣人就递给了郁闷中的王状元。

小圣人对王状元说："欲以诸生上书请效终军故事，愿得壮卒万人，削平草寇，以靖海内。"

看完儿子的方案后，王状元也惊呆了，一把拉过儿子，摸了摸脑袋，这孩子头脑没发烧吧？又仔细看了看，很正常啊！王状元怒火中烧，也顾不上斯文了，破口大骂："汝病狂耶。书生妄言取死耳。"

一看爹爹发火，小圣人并不害怕，继续自己的行为：您不是天天要我好好学习，努力向上，修身齐家治国平天下，忠君报国？我这不就是这样做的吗？

王状元一看儿子还和自己讲起了道理，更是气不打一处出，随手拽过一本书砸向王阳明。被砸后，王阳明还是不服，还打算辩解，一看王状元又拽了一本更重的书砸向自己，然后扭头就跑。

背后传来了王状元的怒吼："畜生，你懂什么！小小年纪不好好学习，整天想些不着边际的事情。国家大事，是你这小屁孩儿能插手的吗？回去读书去。"

看着儿子不服气地离开，状元郎叹了口气。这个神奇的儿子会听自己的吗？

王状元心里一点谱也没有，这个儿子从出生前到现在，一点也不让人省心，书香门第的人家，好好读书，稍微考一个功名，踏踏实实过日子，多好。非要做哪门子圣人，结果圣人八字还没一撇，家人被折腾得够呛。王状元现在不是担心儿子能否做圣人，而是开始担心自己的这个神奇的儿子哪天会闯出大祸来，不仅不能做圣人，还可能导致老王家抄家灭族。想到这里，王状元真的无法淡定了，几十年修行也无法控制内心的急躁，总得想个办法让他安分下来。

有什么办法呢？结婚。对，就这个，王状元不由得笑了。

"儿子管不住，给他娶媳妇。"这几乎是中国人管理儿子最有效的方法，而且几乎是屡试不爽。王阳明向来是个例外，一个对读书登第都不感兴趣的人，一个媳妇能控制得了他吗？

青春哪怕胡同深

正当王状元为王阳明磨破了嘴操碎了心的时候，接到一封来自江西的信，写信的是老朋友诸养和。诸养和与王华渊源颇深，一直是惺惺相惜，同时还是姻亲，诸养和是夫人郑氏的表哥。先前在余姚的时候，两家经常走动，关系相当密切，诸养和看到王阳明聪明智慧，非常喜欢，想到自家女儿和王阳明年龄相仿，就提议亲上加亲，给孩子定了娃娃亲。后来，诸养和到江西为官，高中状元的王华也是举家进京，虽然无法来往，但两家书信不断，互相交流，诸养和把地方的事情告诉王华，王华则把京城的消息透露给诸养和。

读完老朋友的信，王状元喜上眉梢，诸养和在信中提议今年把孩子们的亲事办了。对啊，守仁已经十七岁了，是该结婚了。结婚后，就有人向他要吃要喝了，责任大了，自然老实许多。于是，王状元就把王阳明叫到面前，说道：我和你未来的岳父已商定，你今年七月赴江西完婚。

结婚这事，王阳明不是多感兴趣，但这事是父母之命，没有选择的余地，只能点头答应。之后，王阳明离开京城，返回家乡，然后去接亲。

回到家乡后，王阳明便准备好大礼前往江西舅舅家提亲、娶亲。到了南昌之后，王阳明便按照礼制提亲。见到王阳明一表人才，风流倜傥，岳父大人诸养和笑得合不拢嘴。很快，诸家上下行动起来，张罗婚事。

新婚之夜，诸家张灯结彩，高朋满座，到处洋溢着喜气。新郎王阳明和新娘都在新房里，新娘坐在床上，新郎也是坐着，保持一定的距离。新郎百无聊赖，先是坐着，然后站起来，之后来回踱步，接着竟然走出新房。最后，慢慢悠悠，竟然走到了大街上，抬头一看，前面有一座道观，虽是夜晚，"铁柱观"三字依然可见。这个道观，在南昌城中名气不小，但对新郎官来说，什么都不是，想都没想，就直接漫步进去了。

进入道观后，阳明看到一个道人在蒲团上盘腿静坐。可是，这个道人不一般。虽然这个道人鬓如霜，发如雪，但他的脸就像婴儿的屁股那样嫩，他的皮肤就像妙龄少女那般娇嫩。看到这样的奇人，阳明跟他祖父的祖父王纲初次见到得道道人时一样诧异不已。于是，他便跨步走过去，与道人攀谈起来。

阳明问道："不知道长是何方人士？"

道人闭目答道："我是四川人。"

阳明便问："请问道长贵庚？看样子应该有一个甲子吧？"

道人笑着说道："兄弟，我有那么年轻嘛！少了，少了！"

王阳明很纳闷："古稀之年吧？"

道长还是摇了摇头："少了，还是少了。"

王阳明张大了嘴："不会是耄耋之年吧！"

道长哈哈大笑："还是少了，少了。兄弟我今年才96岁。"

这也忒装嫩了吧，96岁了还小，你比我爹、我爹的爹都大。人生七十古来稀，都快百岁了，还嫌自己年轻。不过，王阳明心动了，要是也能练就这样的本事，不用别人喊万岁，估计也能活个百十岁。于是，他便追问道："道长，那你的大名叫啥？"

道长笑道："兄弟，修道之人哪需名字，我的名字早就忘了。不过，如果你非要知道我是谁的话，那我告诉你，人们给我取了一个外号：'悟道'。"

听到道长如此说，王阳明是羡慕嫉妒恨，说道："想必道长已经悟出长生不老之道啦？"

道长笑着说道："哈哈，兄弟啊，长生不老是俗人说的，修道之人要潜心悟道，就能做到啊，长生不老不是修道的根本，而是随道而来。"

听了道长这一番话，新郎官王阳明兴奋不已。就在这时，王阳明想起了自己是新郎官，洞房花烛夜，怎么跑到这里和这老道论道。夜已深沉，那么，是回去洞房花烛，还是与道人继续论道扯淡呢？这真是一个问题，一个连金榜题名都不感兴趣的人，洞房花烛夜显然也没有什么吸引力。

经过最终权衡，王阳明决定留下和道长扯淡论道。遇高人岂可失之交臂，做新郎和做圣人比起来，还是圣人更有吸引力。话虽这么说，可以确定的是，王阳明对这位小表妹妻子并不太感冒，因为关于王阳明的那么多资料，以及王阳明本人作品，几乎没有提及这位老婆大人，就是后来去世，王阳明连一篇回忆性散文都没写。或许这是许多伟大哲学家的通病吧，这些人普遍不迷恋爱情，才子佳人的故事和他们无缘，他们只关注事情的哲理和本质。

决定留下后，王阳明便恳求道长传授一二。道人拗不过，只好教他闭目静坐。于是两人闭目静坐，看上去，两人就像干枯的木头。就这样，两人坐了一夜。

王阳明静心了，可诸家人却揪心了。堂堂新郎官居然在结婚当天失踪，真是天下奇闻。当然，最苦的还要算衙役和家丁，他们寻找了一天一夜，马不停蹄，四处寻找。

功夫不负有心人。第二天早上，大家终于在铁柱观找到了王阳明。

发现新郎官，这帮衙役欢呼雀跃，然后叫醒王阳明：姑爷，别在这跟老道长扯淡了，赶紧回家吧，你家娘子在洞房里等你呢。

这时，王阳明才依依不舍地离开道观，告别时，道长热情地说：兄弟，好好珍重，二十年后当再见于海上。

真让人大开眼界，新婚之夜，王阳明不和老婆洞房研究生养，却跑到铁柱观和老道谈论了一夜的养生。之后，王阳明朝道长挥了挥手，赶紧回家和老婆研究生养的事。

如此看来，道长对王圣人是非常了解的，知道王圣人姓啥名啥，甚至连二十年后的事都预判了。尽管这事纯属扯淡，但王圣人是相信的，道长的目的也就达到了。王阳明和道长谈论的是养生，其实各有春秋，一个人在考虑如何不走出青春，另一个人在想方设法走出青春。道教是一个迷恋青春的宗教，所有信徒都追求自己永远年轻。儒家则强调成长，按照修身齐家治国平天下的方式成长，然后服务社会，忠于皇帝和国家。

　　两个人都在谈青春，一个90多岁的道长，还口口声声称自己年轻，老黄瓜刷绿漆般地装嫩。一个是十几岁的懵懂少年，却一心想做圣人，面带愁容般地装老成。一个是迷恋青春，赖在那里不走；一个是迷茫青春，在青春里走不出来。

　　青春哪怕胡同深，论道后，王圣人能走出青春吗？

三、读书、科举、理想与政治之关系

愤青行思录

布政参议家的女婿新婚夜玩逃婚，这到底唱的是哪出？新娘不合胃口？新郎恐婚？新郎"出柜"？堂堂状元爷的公子与江西官员家的千金结婚时逃婚将成为大明帝国头条新闻。这样一来，不仅会颜面尽失，还可能影响老王家和老诸家官场声誉和仕途。

虚惊一场，新郎没逃婚，只是在道观里和道长论道，静坐了一夜。王阳明和道长面对面静坐，虽然面对面，道长想的是清静长寿，王阳明想的却是如何做圣人，典型的两个偏执狂，都有能力把毫无关联的事物装到自己的逻辑筐里，然后变成自己的理论。

新郎找到了，新婚夜出逃原因很简单：静静心。既不八卦也不狗血，情节既不曲折也不离奇。

从道观出来后，王阳明也觉得自己这样太不靠谱了，这样的行为可二可二了。接下来要回岳父的家，在老婆的地盘，新婚夜就敢让老婆空守洞房，给老婆冷暴力，王阳明也太不拿岳父当长辈了！这事，太没溜了，岳父怎么看？岳母怎么看？老婆怎么看？岳父家里的上上下下怎么看？江西官场怎么看？这个家怎么回啊？

常言道，丑媳妇总要把公婆见。这新婚夜出逃的女婿现在也面临如何面对自己新婚的妻子，如何见自己的岳父岳母？

尴尬是肯定的，再难为情也要见，毕竟是在老婆的地盘，人在屋檐下不得不低头，这个问题难不住王圣人。从道观回来，王阳明明显低调了，主动去见岳父。诸养和当然不能和他一般见识，也就是严肃地讲讲大道理，上上政治课。然后语重心长地劝说，圣人没有自己封的，也没有自己追求的，都是做好自己，后人所尊奉，听过孔圣人自称圣人吗？听过孟子自称圣人吗？听过朱夫子自称圣人吗？一个没有，都是后世人们给的。圣人不是你想做就能做，也不是你不想做就不做的，不能觉得老子天下第一，一定要做圣人。这哪里是做圣人，简直是发自己的疯，让家人纠结担心。自己一心做圣人，结果圣人还没做成，自己发疯了，成了怪人。

岳父这么教导，王阳明并不是很认可，说自己做圣人不是一时兴起，是严肃的、认真的。诸养和听后，哈哈大笑："许多错误都是在严肃认真的情况下犯下的。"

之后，新郎和新娘过起了吃吃饭睡睡觉的世俗幸福生活。既没有像现在的新人坐飞机去爱琴海、到北极看北极光度蜜月，也没有坐船、骑马、登山之类的游玩，王圣人对这些没兴趣。

老丈人对王阳明也加强了约束，让他天天跟在自己身边，协助一下自己公务，一是见见世面，二是学学官场之道。根据史书记载，新婚后的这段生活，王圣人最大的成就不是生儿子，而是练书法。协助岳父闲暇，王阳明每天认真练习书法，没多久，诸养和好多箱子的纸都被用完，大有当年王献之练字用几缸水的气势，书法已大有进步。若干年后，功成名就的王阳明回忆起自己的蜜月生活，曾对弟子说："我开始学习书法的时候，照着古人的字帖临摹，练来练去只是字的形状很相似。后来呢，提起笔不轻易落在纸上，而是先凝思静虑，在心里构造出字的形状，时间一久就明白了书法的技巧法则。"

明中后期著名文学家、书画家徐渭称赞王阳明书法说："古人论右军（王羲之）以书掩其人，新建先生（王阳明）乃不然，以人掩其书。观其墨迹，非不翩翩然凤翥而龙蟠也，使其人少亚于书，则书已传矣。"

蜜月忙着练书法，成了书法家，而不是和老婆卿卿我我，到底是什么原因？也许诸氏不漂亮，入不得王阳明法眼，也许诸氏漂亮但太恪守"妇道"，不能给王阳明想要的婚姻生活。否则，王阳明不可能放着老婆不闻不问而潜心练习书法，从后来王阳明娶了五个老婆来看，这个诸夫人应该不够漂亮。看来，圣人也不能免俗，面对女色一样照单全收。

在南昌住了一年之后，王阳明便带着老婆踏上回家乡的路。不过，就是在路上，王阳明也费尽心思要成为圣人。路经广信（今江西上饶市），他想起了娄谅，于是拜访当地儒学大师兼怪人娄谅。

这个人居然镇住了王阳明，王阳明下一步会怎么走呢？

你应该活得更努力一些

娄谅是何许人呢？

在今天，还真没几个人知道，五百年前，在大明朝绝对是国学大家。不能说誉满全球，起码名震天下，当时的读书人可能不知道新科状元是谁，但肯定都知道娄谅。娄谅，江西人氏，少年成名，成名不是因为学问大，而是志向大，志向大也能出名，的确可以秒杀今天的炒作高手了。

究竟这是什么样的志向呢？说来真不稀奇，和王阳明一样，立志做圣人。但娄谅立志做圣人的时候，王圣人的父亲也还没出生呢，差着几十年呢。娄谅成为了第一个吃螃蟹的人，因而赢得了狂妄名，读书人都知道了。一般人立志也就是说说大话，过过嘴瘾。娄谅是玩真的，立志要做圣人就真的要做圣人。之后，娄谅四处拜师求艺，拜师N人下来，娄谅都没有中意的，他发现所谓的学问家不是在搞学问，而是整天在忙着搞科举教育，没有人注重素质教育。

游学多年后，娄谅说了一句在今天还很有市场的话："大家所说的举子学，并非是身心的学问。"用现代的话来说，就是一心都在搞应试教育，他们教给学生的是如何通过科举考试，进入官场赢得名利，而对学生有用的身心教育却没有人搞。

娄谅阅师无数后，发现所谓的名师专家，也就是为自己谋福利谋官位，读书人怎么也这样俗呢？娄谅大失所望，他认为，读书是心身之学，读书是为了让自己幸福愉悦，就足够了，即古之学者为己是也。读书承载得太多，就索然无味了，就没有乐趣了。

失望至极的娄谅回到老家，后来听说江西抚州有一个高人叫吴与弼，这个人比较超凡脱俗，许多观点和自己比较接近。于是，娄谅便风尘仆仆赶去抚州，拜访吴与弼。

吴与弼是谁呢？吴与弼，字子傅，号康斋，明代著名的学者、诗人，著名理学家、教育家，尤其是理学方面，他造诣颇深，创立了崇仁学派。黄宗羲很是推崇吴与弼，在其著作《明儒学家》中把《崇仁学案》放在第一位，同时把吴与弼作为《崇仁学案》第一人，吴与弼在明代学术思想界绝对 NO.1。

在崇尚学问时代，学问大名气也就大。吴与弼由于学问大，因而名气很大，连皇帝都向他抛橄榄枝，朝廷要征召他入朝为官。正所谓学成文与武，货与帝王家，这可是许多人梦寐以求的事情。但吴与弼并不感冒，功名利禄都是浮云，只有知识才是自己的，虽然被征入京，多次上疏请辞，连皇帝都被感动了，不仅同意吴与弼返乡，而且还给他官员待遇，享受朝廷津贴。

来到抚州后，娄谅便直接拜访吴与弼。吴与弼一见娄谅也非常高兴，迎了出来，说道："学者须带性气。老夫聪明性紧，贤友也聪明性紧。"意思是说，搞学问要有性气。你和我一样，在学问上都喜欢精益求精，是个可造之材啊。

听到大师如此说，娄谅非常高兴，他想，这次总算能学到圣学了。不过出乎他意料的是，吴与弼扔给他一把锄头说："谅谅啊，拿着锄头跟我去地里干活去。"

以前那些人都是教科举，现在这个人怎么教我到地里干活？于是娄谅便问道："大师，等等，我不是来干活的，我是来求学的……"

看到小谅谅大惑不解，吴与弼便语重心长地说道："谅谅啊，人生处处皆学问啊，耕田锄地也是一样。越是生活细枝末节，越是要认真琢磨，要知道，细节决定成败，细节里出大学问。"

听完吴与弼的话后，聪明的娄谅立即挥着锄头干活去了。不仅如此，娄谅在馆舍里也亲力亲为，不管是擦桌子还是端尿壶，他都自己做。吴与弼看在眼里，喜在心里。不久，吴与弼便将自己的全部绝学都传授给娄谅。

1453 年，这年娄谅 31 岁，参加了乡试，中了举人。不过，他并没有放弃做圣人的梦想，他依旧不时前往崇仁跟吴与弼学习。这一学就是十年。

读书如若不科举，不如回家种地去。跟随吴与弼学习，娄谅的学问也越来越大。对此，老娄家一直要求娄谅科举。由于拗不过家里，加上娄谅也有心科举，1463年，已过不惑之年的娄谅到南京赶考。不过，就在他到衢州即将登船前往的时候，江上突然起了逆风。

这个时候，娄谅掐指一算，立刻下船回家。看到娄谅回家，家里人先是吃惊，后是生气。然而，娄谅却煞有介事地说道："皇帝不急太监急，你们听我慢慢说嘛。这次考试，如果我去了不仅考不上，还会遭到大难。"

对于这个理由，老娄家上下半信半疑。不久，似乎正如他所预言的一样，南京的江南贡院考场在考试期间突发大火，参加考试的学生烧死了N多人、烧伤N多人、踩踏伤了N多人。这场火灾，烧死的人没有被提起，受伤的人没有被提起，被处分的人也没有被提起，偏偏和火灾没有半毛钱关系的娄谅却火了。而且一举成名天下知，娄谅也获得了"大仙"的称号。关于娄谅是否真有未卜先知的能力，终明一朝，研究者多如过江之鲫，大多数人都认为纯属瞎猫遇到死耗子，其中黄宗羲的研究成果最为人称道，黄宗羲认为娄大师潜心修炼，内心静如水，久而久之就形成了未卜先知的能力。

第二年，娄谅再去赶考，这一次，他终于考上了。随后，朝廷委任娄谅担任成都府学训导。出发前，娄谅想带一部刻本《朱子语录》路上看，但跑遍所有书店都没有买到。失望之余，娄谅想起崇仁恩师吴康斋的族中有一部古刻，于是立即派家人携白金一斤前往购买，吴康斋的族人当然也是爱书如命，给再多的钱都不卖。无奈之下，娄谅便通过师生关系把这部书借到上饶，真是书非借不能读也。借来后，娄谅请书法好的人抄了一部，在去四川的船中一路品读，并感叹说："吾道尽在此矣！"

尽管带了《朱子语录》随行，也在路上悟了道，娄谅在去成都的任上，也没有待得住，前后待了两个月，便以生病为由上书请辞，并因此而号"病夫"。

回到家后，娄谅也跟他老师一样，开坛讲学。

娄谅的学问，主张敬穷理，也就是以"收心、放心"作为学问之门，以"何思何虑，勿助勿忘"作为学问核心，这是直接继承朱熹的理论。不过，娄谅还有一个理论，那便是人可以通过学习来成为圣人。这一点，和朱夫子的圣人是天生的观点不同，不过这最符合王阳明的口味了。

事实上，也正是因为娄谅这个所谓的圣人必可学而至镇住了王阳明，吸引了王阳明。所以，王阳明才急急忙忙前去拜访，想到那里取经，看看圣人是如何炼成的。

圣人可学而至

尽管王阳明十二岁就提出，人生第一等事是做圣贤，但是和娄谅比起来，就有些小儿科了，如果说娄谅是老成大叔的话，那么，王阳明就是清新小正太。虽然王圣人可以无视私塾先生的存在，可以和状元老爹论道，可以在新婚夜和道士谈养生，但在去拜访娄谅的时候，王圣人多少还是肝颤的。这倒不是王阳明害怕见到大师，相反，他是太渴望见到大师、得到大师的教诲了。

王圣人肝颤有两个原因。一来，娄谅大师是不是真的像大家所说的那么神？虽然明代宣传炒作技术不如现代登峰造极，但是也是非常了得的。娄大师是儒学大家吴与弼的弟子，谁敢小看他。如果说娄大师不过是浪得虚名，那么自己岂不是白跑一趟。二来，娄大师若是真有本事，会不会看得上自己，愿不愿意收自己为弟子，愿不愿意牺牲自我，教自己做圣贤？自古以来，中国文人喜欢相互轻视，娄大师能不能免俗，未可知。

一想到这儿，王阳明内心便开始纠结了。不过，王阳明还是有办法的。他在下人耳边说了几句话，然后悠然自得赶往娄大师家。

抵达娄大师家门前，有门童出来迎接。门童问道："来的可是王守仁先生啊？"王阳明暗暗吃惊，自己登门造访，又没有跟别人说过，娄大师怎么会知道？但王阳明忘了自己的岳父可是江西的高官，这事老爷子可能早就和娄谅通过信了，故意设一个局。

于是，王阳明谦虚地说道："大师手下皆高手！没错，不才就是守仁。"

门童随即说道："我师父今天有事出去了，你还是改天再来吧。"

既然算出我今天会来，怎么会不在？要我是吧？王阳明看了门童一眼，然后转身，对下人摆了摆手。下人立即走向前，然后掏出一锭足量的银子递给王阳明。王阳明随即走到门童面前，然后递给他："小师傅，这点钱你收下，留着买根棒棒糖。"

门童看了看四周，见四下无人赶紧将银子收入囊中。随后，他说道："其实，师父早就料到今天状元爷的公子要来拜访，让我在此迎接。好，你们跟我来吧。"

仙游？不就是午睡吗？搞得那么高雅。当自己是诸葛亮，当我是刘备？王阳明心里很是不爽。不过呢，既然来了，总不能轻易扭头就走。喜欢玩这种心眼的人要么是大才，要么是蠢材。所以，王阳明同学决定留下来一探究竟。

时间一分一分过去，转眼间，一个时辰过去了。娄大师在卧室还是没有动静。过了一会儿，卧室里传来一个老男人的声音："终日错错碎梦间，忽闻春尽强登山。因过竹院逢僧话，偷得浮生半日闲。"

文人就是喜欢绉，睡醒了就睡醒了还得念首诗；念首诗就念首诗吧，还非得念跟自己不搭边的诗。你看你整天没事干，除了吃饭、睡觉、打学生，根本没什么鸟事。

不过，大师总算是醒了。过了一会儿，大师便整理衣冠，然后迎了出来。"哎呀，状元爷的公子大驾光临，娄某未曾远迎，失敬失敬啊。"

王阳明说道："客气，客气。学生早就听说大师学问已然出神入化，今日登门造访，甚是打扰，还望大师见谅。"

娄谅哈哈大笑："你就是那个把做圣贤当作人生第一等事，新婚夜铁柱观论道，本省布政参议家的快婿，状元爷公子王守仁！和娄某人年轻时候很像啊，我喜欢！"

百闻不如一见，经过交流，娄谅发现，王阳明"无耻"的样子很有自己当年的神韵。"耻"这个字，由"耳""止"两部分构成，意为耳朵停止构成"耻"。就是说一个人的耳朵再也听不进别人的话，做什么都是靠自己的一己之见，一意孤行，那这个人离耻就不远了。这一点，娄谅和王阳明很像，他们立志做圣人都是一意孤行，而且一竿子插到底。

臭味相投便称知己，王守仁和娄大师天天吃饭同桌，睡觉同床，研究学问。

他们白天拿着锄头锄地，晚上则对着月亮谈天说地，上自国家大事，下至青楼妓女。经过一番交流，守仁收获颇多。

守仁很高兴，但是，守仁的媳妇却不怎么高兴。洞房花烛夜，人生一大喜事，你守仁居然跟道士论道，难道道士也能洞房花烛？现在，要回家了，你倒好，跑去跟娄大师"搂搂抱抱"。

媳妇不满意，后果很严重。万一媳妇告状，到时候守仁便做不成圣人。于是，守仁便向娄大师告别。就在告别当天，娄大师附在王守仁耳边说起了悄悄话。

那么，大师说的什么？

娄谅问王阳明："孔子的父亲是圣人吗？"

王阳明回答："不是。"

娄谅继续问："孟子的父亲是圣人？"

王阳明回答："也不是。"

娄谅点点头，说道："朱夫子的父亲也不是圣人，而朱夫子是圣人。你爷爷是状元吗？"

王阳明回答："不是。"

娄谅问："但你父亲是状元。你父亲虽是状元但不是圣人，陈胜当年说那句话还记得吗？"

王阳明回答："记得。王侯将相宁有种乎？"

娄谅大笑："对，太对了。做圣人也是这样，圣人宁有种乎？"

王阳明肯定地回答："没有。"

看到王阳明认同自己的观点，娄谅激动得与其击掌，然后说："我把这些年的学术成果告诉你，就一句话，就是：'圣人必可学而至之。'记得啊，这句话的版权是我娄某人的。"

听到娄谅最后这句话，王阳明还是有些疑惑："圣人可学而至吗？"

娄谅说道："有疑问是正常的，我当年也是很疑惑。我这辈子读万卷书，行万里路，之后自己开悟，终于悟明白了，现在给你讲解一下，你就明白了。孔子是不是天生的圣人呢？"子贡曾经说过："夫子之不可及也，犹天之不可阶而升也。"就是说孔子伟大，也可能是后天努力修养才达到的。朱夫子则认定孔子是天生的圣人，他在"吾十有五而志于学"注解时，这样写道，程子曰："孔子生而知之者也。"言亦由学而至，所以勉进后人也。愚谓圣人生知安行，固无积累之渐，然其心未尝自谓已至此也。然而，孔子评价自己这样说："我非生而知之者也，好古，敏以求之者也。"直接否定了"程子曰"和朱夫子的"愚谓"。是不是，连孔老夫子自己都认为圣人可学而至，他们拍马屁拍到马蹄子上了。

听完娄谅这一番话，王阳明说："谢谢先生的指导，我知道了圣人可学而至，但是如何学习呢？"

娄谅听了王阳明这个问题，思索了半天，长长出口气，说出一句话，正是这句话，王阳明差一点一命呜呼，到底这句话是什么呢？

学习有诀窍

娄谅和王阳明耳语了一句什么话呢？

娄谅当时告诉王守仁："我这辈子读了孔子、孟子、朱子的书，最终才发现，要想做圣人，只需要两个字：'格物'。"

听到"格物"这两个字后，王阳明十分兴奋，再三跟老师道别，大有感激涕零之势。于是，王阳明就带着娄谅的"格物"两个字回老家了。

这两字真有这么神奇吗？还真不好说。王圣人对这两个字，还真不陌生，早就听说过，无论是在家里还是在私塾里，都一再被提起，而且还研究过。只是当这两个字从娄谅口中说出来，分量不一样了，身价也就飙升了，就成语录了，甚至成了经典。

"格物"这两字出自《礼记·大学》中的八目，即"格物、致知、诚意、正心、修身、齐家、治国、平天下"，文中有关于八目论述，即"欲诚其意者，先致其知，致知在格物，物格而后知至，知至而后意诚"。但在《大学》一文中，只有此段提及"格物致知"，未在其后作出任何解释，也未有任何先秦古籍用过"格物"与"致知"两个词汇以及可供参照的意涵，遂使"格物致知"的真正意义成为儒学思想的难解之谜。东汉郑玄最早为"格物致知"作出注解，而自从宋儒将《大学》由《礼记》独立出来成为四书的一部后，"格物致知"的意义也就逐渐成为后世儒者争论不休的热点议题，以至于今。社会上关于"格物致知"的流行诠释是根据南宋朱熹学说的部分观点，认为"格物致知"就是研究事物而获得知识、道理。

"格物致知"是朱熹理学的重点。它取自儒学经典《大学》："致知在格物，物格而后知至。"这是朱老夫子在遍读儒家经典之后的心得，也是他一生研究的成果。他认为万事万物都有一定的理（规律），要想做圣人，必须穷尽知识。而要掌握世界之理，人生知识，那就只有格物。

那么什么是"格物致知"呢？"格"就是研究，"物"就是客观事物，"致"就是取得，而"知"就是知识。所以，"格物致知"的意思是研究客观事物取得知识。

历史上那么多所谓的大儒都没有给"格物"下一个准确的定义，王阳明当然也是很茫然，正是大家都没定论，反而给自己留下一个展示才能空间的机会，如果自己给"格物"一个准确的定义，那不就成为圣人了？

想到这里，王阳明十分兴奋，隐隐约约觉得自己的圣人前途很光明，好像孔子、孟子，甚至朱夫子都在向自己招手。不就是"格物"吗？拿下，于是就开始了格物之路。

到底怎么发现"格物"，王阳明自己也不知道，只能尝试，把所有的路都走完了，最后一条就是从书本里找。于是，王阳明就开始从书堆里找答案，经史子集，全部开读。王圣人的这种研究方法和我们今天吃火锅很相近，准备一大堆食材，什么香菜、青椒、分葱、嫩芹菜、扁豆、茄子、黄瓜、架冬瓜、大海茄、白萝卜、胡萝卜、扁萝卜、嫩芽的香椿、蒜瓣子、青韭菜……什么都可以在里面涮，吃了半天后，发现没有主食，东西没少吃，钱没少花，但是没吃饱。

王圣人也是，什么经、史、子、集、《朱子语录》以及《四书集注》全看了，最后发现，没什么用，对功名利禄一点帮助没有。

忙了一年后，王圣人亲爱的爷爷去世了，王状元丁外艰（即后来的丁忧）回到余姚。看到儿子还是当年那样不成器，王状元于是就把自己的从弟王冕、王阶、王宫及妹婿牧召集到一起研究如何教育王阳明，怎么样才能让王阳明走上科举之道。最后形成一个方案：这四个人轮流给王阳明上课，教王阳明如何写科举文章，以便获得功名。

四个长辈轮流谆谆教诲，要是在先前，王阳明随便戏谑几下，就把他们几个撵走了。现在不行了，一是老爹王状元下死命令了；二是自己正弄不明白什么是"格物"呢，正在吃火锅呢，什么菜都能涮，或许能从他们四个那里找到灵感呢。

为了能发现"格物"真谛，王阳明白天认真和三位叔叔及姑父学习如何写作八股文，晚上就刻苦阅读经史子集，填写词章，常常忙到深夜。不久，王阳明在八股文写作方面取得长足进步，三个叔叔和姑父都很高兴，自己的辛苦有成绩了。不仅在学业上有进步，就是在接人待物方面，王阳明也不像过去那样以恶搞戏谑别人为乐了，而是"端坐省言"，以仿效"圣人气象"。

看到王阳明这个样子，大家都嘲笑他，以为这孩子在发神经，是矫揉造作，故弄玄虚，过不几天就原形毕露，比先前更有过之而无不及。面对大家的怀疑，王阳明郑重其事地对他们说："吾昔放逸，今知过矣。"

四人听了，忍俊不禁："真的吗？"

守仁严肃地告诉他们："我这次是认真的、严肃的！"

四人一致认为，王守仁在认真严肃地逗他们玩，守仁靠得住，老母猪也要上树。

面对他们的质疑，王阳明不屑回答，决定用行动来证明！

这次，王阳明真的能靠谱吗？

向着科举出发

这一次，大伙都看走眼了，王阳明真变了，真的中规中矩了。

其实，王阳明一点都没变，他还是要做圣人。之所以能和三个叔叔及姑父合拍，并不是这四个人有多厉害，或者王状元的威力有多大，跟这半毛钱的关系都没有，而是他们同时恋上了朱熹。那四位恋上朱熹，是为了考取功名，王阳明则是通过学习朱熹的"格物"来做圣人。

奇迹就这样产生了，异梦同床，方向一致，大家共同努力。世界上就怕"认真"二字，很快，王阳明的八股文章就写得有模有样，甚至超越了三位叔叔和那位姑父。为了验证一下四位长辈的教学成果，王阳明也打算打一下酱油，不就是乡试吗？给你们瞧瞧我王圣人的水平。

就这样，王阳明走进了科举考场。由于科举早已灰飞烟灭，但对我们今天依然威力不减，我们的高考、国考都是科举的变异形式，所以对科举稍作介绍。

科举考试是中国的独创，它历史悠久，闻名于世。据说，西方的文官制度就是跟中国人学的。它起于隋唐，终于晚清，前后持续了一千多年。对官府而言，它是选拔人才、管理国家的工具；对民众而言，它是光宗耀祖、名利双收的敲门砖。

尽管科举考试一再被人诟病，但在保证公平方面绝对于国于民有利，所以它的生命力才如此顽强。一般而言，科举考试分为三级：乡试、会试、殿试。乡试考场设立在地方省会城市，会试考场设立在首都，殿试考场则设立在皇宫，主持者为皇帝本人。考试结果按分数高低来排，前三名分别叫作状元、榜眼和探花。如果有人在乡试、会试、殿试中都拿到第一名，那么就是连中三元。

最早在全国推广朱氏理论的是元朝的皇帝元仁宗，元朝皇庆二年（1313）复科举，诏定以朱熹《四书章句集注》测试士子，朱学定为科场程式。到了明朝，由于是本家的关系，加上朱熹的理论的确高妙，朱元璋在洪武二年（1369）规定科举以朱熹等"传注为宗"。

朱熹的"遏人欲而存天理"理论多好，非常温和，只是要求"遏制"一下人欲，但经过几朝皇帝的努力，也进一步发展，先是演化成"去人欲存天理"，再演变成"灭人欲存天理"，这哪里是关于"人欲"的问题，简直就是去人性化。

不要小瞧这些演变，这可是考试大纲，正如同"欲练此功，必先自宫"一样，只要你打算上进，想成为切蛋糕的人，就得学习接受朱熹的切蛋糕理论，也就是说从娃娃开始就学习"遏人欲而存天理"。

那么，科举考什么呢？唐朝主考诗赋，宋朝考经略方策，明朝担心读书越多越反动，因而与众不同，发展出自己的特色：四书。所以，明朝的钦定教材是《大学》《论语》《孟子》《中庸》。它不像现代高考一样，讲求全面发展，既要考语数英又要考政史地，或者理化生。说得简单点，它只考作文。

不过，写作文也是要讲求规矩的。虽然随心所欲即兴写作能够写出好东西，写出精品，但是，官府很有"人道精神"，考虑到有些考生可能脑袋有恙，或者不知道如何写作，或者写出一些不利于和谐的东西，于是官府就要想办法解决。此外，科举考试是国家大事，关系着国家统治大局，它必须得有点难度，不然一考就中，那多没意思。所谓艺术就是戴着镣铐跳舞。所以，官府就规定了写作必须八股，第一段写什么，第二段写什么……

规定一个写作形式的确重要，因为，写作这玩意儿就是主观创作，说白了就是瞎掰，谁瞎掰功力深厚，掰得举世无双，谁就是人才。要是没有一个标准，大家胡乱发挥，有的写散文，有的写杂文，有的写诗歌，有的写微小说……到时候，怎么评判。

有了考试大纲和八股写作模式，考生们也就安心了。只要好好研究，认真学习四书，努力研读历年考题和复习资料，考上个科举也就不那么难了。于是，王阳明一心扑在四书上，白天做题，晚上背书，就这样，开始了备考生活。

乡试开考前，王守仁便收拾包袱去浙江省会参加科举考试。这一年，他21岁。这次科考，考试的头一天一切正常进行，谁料想这天夜里，考场里出现了灵异事件，这是一件极为诡异的事，这件事到底是什么呢？会影响王阳明的乡试考试吗？

考场里的灵异事件

虽然老爹是状元，但对王阳明来说，却是第一次，一切都是既陌生又新鲜。抵达考场后，守仁发现，考官居然让他们裸着。这科考也太讲究了，不光考八股文，还考形体啊？这太刺激了，不知道今天艺术院校的形体测试是不是从明朝科举那里找到的灵感。

这是科举吗？难道是裸着考试？当然，这是科举考试，科举是攸关考生一生命运的玩意儿，所以，很多人便想着作弊，以便高人一筹。为防止作弊，明朝规定，进考场前必须检查。而要保证公平公正，最好的方法就是里外都检查，于是就有了裸考这一出。

进入考场后，王守仁发现了一个大问题，那就是，填写名字。如果是现在考试，只需要填写考生本人名字就行了。但是，当时不行，考生不仅要填写自己的名字，还要将自己曾祖父、祖父、父母、伯伯、叔叔、兄弟的名字都写上去，除此之外，考生还得写上自己老师的名字。

从这一举动可以看出，古人在敬重师长方面的确很重视。写完之后，考生才开始作答。坐在考场里，王守仁气定神闲，他看了看题目，微微一笑，老套路。

乡试的内容是从朱熹的《四书章句集注》中郑重地挑选出三句来，三句话就是三道命题作文，第四道题是给你个韵脚，作一首律诗。经过备战的阳明便提笔开始写，唰唰唰……

第一天考试后的半夜，考生们都准备着明天的考试。考场出现了千年不遇的情况，只见有两个巨人，穿着绯绿的衣裳，各往东西站着，且自言自语说："上帝让我告诉你们一件事情——三人好做事。"说完就忽然不见了，考生都张大了嘴巴。

刚才安静的考生，这下子就更安静了，大家都在思索这是什么意思，是凶还是吉？和我有关系吗？有人说，迷信是中国人的第二天性，其实在人们无法掌控自己命运的时候，谁都迷信。正在准备第二天考试的考生一下子都乱了，不再理会朱夫子的《四书章句集注》了，反而专心思考起那句话的深意来。王阳明自然也不能心无旁骛，但他"格"了很久，也得不到合理的解释，最后只能爱谁谁吧。

王阳明淡定得很，他知道现在最重要的是准备明天的科考，要是答不完，别说三人成好事了，众人都得哭死。

想想老王家六代都是耕读之家，遗传就有着当官的命，状元郎王华就是一个例子。所以，守仁参加会试，老王家几乎都不担心。相反，他们已经在家备好庆功宴，等待王守仁回家庆功。

考完试后，王守仁舒了一口气：任务完成，解放了。随后，他哼着小曲回老家。回家后，他该吃饭吃饭，该睡觉睡觉。不像有些考生考后神经紧张，寝食难安。

放榜这天，正如同王家所预料的一样，王守仁顺利通过了乡试，当上了举人。不过，貌似他并没有拿到第一，对此，王家可能很诧异。不过，王守仁则毫不在乎。考第一，命也；没考第一，运也。

在放榜那天，和王阳明那年一起乡试的，有两个同时和王阳明中举的人，在平定宁王朱宸濠的过程中走到了一起，正是他们三个共同努力才拿下了朱宸濠。这两人一个叫孙燧，另一个叫胡世宁。其中，胡世宁最先发现朱宸濠的反叛，而孙燧则在平定朱宸濠的过程中牺牲。到这里，人们才明白，"三人做好事"的真正答案，大家才有了比较合理的解释。其实这叫牵强附会，或者叫事后诸葛亮式扯淡。

乡试放榜后，王家鞭炮声响，锣鼓大作，庆祝守仁高中举人。

当三位叔叔和姑父向王阳明祝贺时，王阳明很淡定地说：不就考一个举人吗，你们激动个什么啊？

王阳明当然有资格淡定，别人是全身心投入，皓首穷经，一辈子连个童生都考不中，他只是在努力做圣贤的时候，顺便打个酱油，结果轻松通过乡试。一般人来说，举人就算高中了，对王阳明来说，只是过一个关，瞎激动啥。

打酱油都能通过乡试，看来，娄谅是高人，朱夫子真不愧是圣人。"格物"太神奇了，按照娄老师的教导，做圣人真不是梦啊！

寻觅人生榜样

面对众人的祝贺，王阳明表面很淡定，其实内心也是汹涌澎湃。他的激动不是通过乡试中了个举人，而是发现了做圣人的正确路径。一心二用地读读朱夫子的《四书章句集注》，都能顺利中举，接下来只要认真严肃地"格物"，圣人之路就不远了。

通过乡试，下一步就是参加会试，会试在京城举行。祝贺宴席结束，王阳明即打包进京，准备来年的会试。虽然居京大不易，但王阳明不用担心，老爹在京为官，最起码吃喝住不用担心。到了京城之后，王阳明不像别的举子头悬梁锥刺股，发奋苦读圣贤书。

由于乡试的成功，王阳明就迷恋格物之学了，甚至认为整个世界都可以格物，因而对宋朝大儒朱熹的格物之学也就更加崇拜了。当别的进京赶考的举子苦读的时候，王阳明的身影遍布京城的书肆，到处搜集朱熹的著作，得到后就认真研读。

在崇拜朱夫子的同时，朱夫子的对头也进入了王阳明的世界，这个人就是大名鼎鼎的陆九渊。和朱夫子的格物不同的是，陆九渊强调"心"，提出"心即是理"。这一提法，让王阳明大开眼界，也触动了王阳明那颗不安的心。为什么心里想做圣人就不可以啊？好一个"心即是理"，做圣人有理。

宋代禅宗大师青原行思，悟出了参禅的三种不同境界：参禅之初，看山是山，看水是水；禅有悟时，看山不是山，看水不是水；禅中彻悟，看山仍是山，看水仍是水。

这只是挂着参禅的羊头，其实说的就是学习这点事。所谓"看山是山，看水是水"就是别人告诉你的具体的山和水或者山和水的概念，只能被动地接受；所谓"看山不是山，看水不是水"是自我认知的阶段，这怎么是山呢？这怎么是水呢？和以前所见的山不一样还是山吗？和以前所见的水也不一样还是水吗？否定阶段，什么都怀疑；所谓"看山仍是山，看水仍是水"最终认可接受阶段，这怎么不是山呢！这怎么不是水呢！这就是山，这就是水。

参禅的核心不在于山水，而是心境。山水随心动，随心灭。其实，感悟世界之理，人生之理，关键不在于格物，而在于格心，形成自己的认知体系。心诚求之，行动辅之，虽不中，亦不远也。意思是说，心里想着，一边做着，就是做不了圣人，也差不多了。

心学祖师爷陆九渊就是这样子。他格心，最终格出了心学。陆九渊，江西抚州人，出生在一个官宦之家。出生之际，老陆家一看是个男孩儿，便想送人，因为他们家儿子太多。

看到老陆要将小陆送人，长兄陆九思不乐意了。当时，他的妻子刚好生有儿子（焕之），他便将陆焕之送去别人喂奶，而让他妻子用乳喂小陆。所以，小陆同学是喝着嫂子的奶长大的。

小时候，陆九渊就非常聪明。三四岁的时候，他就问老陆：天地何所穷际？老陆虽然博学多才，却答不上来。小陆一看老陆给不了他答案，他就只好靠自己。于是，他日思夜想，就是要搞明白这个问题。你看，小陆也在格物。

十三岁那年，陆九渊终于找到了答案。这天，他刚好在古书上读到"宇宙"二字，只见上面写着：四方上下曰宇，往古来今曰宙。踏破铁鞋无觅处，得来全不费工夫。他说道，原来宇宙无穷就是这样子啊！

紧接着，他挥笔写下：宇宙内事乃己分内事，己分内事乃宇宙内事。意思是，宇宙之内的事情都是自己的事情，自己的事情就是宇宙之内的事情。后来，陆九渊便立志做圣人。

经过一番苦读和格物，他终于有所得。有一天，他登高望远大叫道："宇宙便是吾心，吾心即是宇宙。西海有圣人出焉，此心同也，此理同也。千百世之上至千百世之下，有圣人出焉，此心此理，亦莫不同也。"说得简单点就是四个字："心外无物。"

可以说，陆九渊是王守仁的榜样。因为，陆九渊不仅做圣人，还建功立业。虽然陆九渊三十四岁才中进士，但是弓马娴熟，雄心壮志。任职期间，他政绩显赫，抓捕犯人都是手到擒来。

而这，刚好是王守仁的理想。因此，在冥冥之中，守仁人生之路便跟着陆九渊走。只是，现如今，他要做的是追"理"，追出个所以然来。既然格物是通往圣人的捷径，那么守仁自然要认真格物。可是怎么格物呢？守仁也不是很清楚。虽然守仁聪明过人，读的书不在少数，但是，他还没有怎么接触过理学。正所谓，磨刀不误砍柴工。为了能够更好地格物做圣人，守仁决定重读儒家经典，研读老朱的理论书。一回到家，他便将儒家经典和老朱的书搬出来，什么经史子集，《四书章句集注》《近思录》，守仁一本也不放过。

有一天，就在王阳明准备休息的时候，他突然发现一句话："物有表里精粗，一草一木皆具至理。"于是，他兴奋地跳了起来。

"物有表里精粗，一草一木皆具至理"是什么意思呢？这句话的意思是理这个玩意儿，它存在于万事万物中，一草一木都是理。只要你好好去格，那么终有一天，你就能格出东西来，成为圣人。

格了七天竹，依然弄不懂

我们的民族是一个追求真理的民族，早早就开始了对真理的探索和追求。最早的是老子，他在《道德经》开篇说："道可道，非常道。"道是什么？不可说，不能说，因为凡是可以说的、凡是能说的都不是"道"。可能是老子也没有搞清楚，但是为了不露怯，就故作高深。我不知道，你知道也不能说，因为凡是你能说出的都不是"道"，太高了。

庄子接过老子衣钵，继续研究真理，比老子有所突破。东郭先生，就向庄周（庄子）请教："所谓道，究竟存在于什么地方呢？"庄子说："道无所不在。"东郭子说："必定得指出具体存在的地方才可以吧。"庄子说："在蝼蚁之中。"东郭子说："怎么处在这样低下卑微的地方？"庄子说："在梯稗之中。"东郭子说："怎么越发低下了呢？"庄子说："在砖瓦之中。"东郭子说："怎么越来越低下呢？"庄子说："在大小便里。"东郭子无语了。这就是庄子的"道在屎溺"。庄子在这里是比喻"道"之无所不在，即使是在最低贱的事物中都有"道"的存在。庄子的解释很通俗，很浅显，当然也有点不雅。但话说回来，许多揭示真相的话语，往往就是不太雅的。

老子和庄子，一个故作高深，一个过于通俗。虽然话糙理不糙，但毕竟真理是要登大雅之堂的。到了宋朝，朱熹就对庄子的"道在屎溺"进行了翻译，叫作"物有表里精粗，一草一木皆具至理"。的确高，这样一来，就可以登堂入室了。

老子、庄子、朱熹、娄大师，你们果然是圣人，一句话就说出了宇宙至理，人生真理。当然，王守仁还是很高兴，因为他终于明白了如何格物。不过，格什么呢？格草还是格树？草太细小了，得趴着格，这格起来不舒服。再说了，一旦自己趴在地上格草，人们好奇，都跑过来一起看，岂不是打扰我格物了。格树？太高了，得拿梯子，一旦不小心摔下来，命就没了，岂不是憾事。

那格肉？人肉还是猪肉？……挖空心思，耗死无数脑细胞，守仁依旧没有想出格什么好。一抬头，王阳明看到了父亲官署的竹子。对啊，何不格竹子呢！

苏轼老人家饭饱酒足后赋这样两句诗：宁可食无肉，不可居无竹。多好，那就格竹吧。说做就做，王守仁便付诸行动。可是，格竹做圣贤这种好事情，当然不能一个人做了，一定要找个伴才行。

于是，守仁去找他身边的朋友。格竹子找真理？扯淡吧。于是，大多数人拒绝了。有的说，家里老婆要照顾；有的说，孩子要吃奶离不开；还有的说，隔壁家的儿子要学画……

最后找到一个姓钱的朋友，忽悠他一起和自己格竹。王阳明问这个朋友愿不愿意中科举？愿不愿意做圣贤？这是典型的套子问题，姓钱的朋友当然愿意，两人击掌鼓励，就开始了格竹子。他们来到王状元官署的竹林里，然后，两人睁大眼睛，一动不动地看着竹子。

就这样两人站了一天，看了一天。可是，没有结果。于是，两人第二天继续格竹。还是没有结果。第三天，他们又来了。可是还没有开始格竹。他那位钱姓朋友就说道：哥们儿，看来我这辈子做不了圣贤了，我先撤了。你继续，预祝你早日成为圣贤。说完后，那位朋友脚底抹油溜了。看着朋友离去，王守仁叹了口气，继续格竹。

六天过去了，王守仁仍一无所获。他决定将格竹坚持到底。第七天，他前去格竹。当时，看着眼前的竹子，守仁突然有感觉了。他感觉竹子模糊了，紧接着，天旋地转，最后，他不省人事。

格竹的结果：守仁被竹子格了，格出了一场大病。做圣人没做成，差点做成了傻子。格竹成了别人的笑谈，王守仁很是悲伤。对此，王阳明甚至开始怀疑人生，认为自己天分不够，可能这辈子做不了圣人。于是，他的做圣人之心开始动摇了。既然做不成圣人，那就学学寻仙问道，学学佛家抑或在科考方面加把劲。其实，这是王阳明思想发展过程中的第一个转折点，也是他开始独立思考的开端，后来又按照朱夫子的循序渐进精度方法考科举失败，王阳明便与朱夫子之学分道扬镳了。

寻仙问道、学佛家，这明显是在逃避现实。这个时候，王阳明好像除了逃避现实，还真是没什么可做的。已经出了大丑了，还能光明正大格竹吗？这次格竹失败，王阳明第一次开始怀疑自己的圣人天分，年谱记录：先生自委圣贤有分。啥意思呢？就是王阳明认为圣人是有基因的，于是开始了科举之路。

百无聊赖的时候，王阳明拿起了《朱子集注》，开始准备会试了。

王阳明能通过会试这一关吗？

科举，还是要科举

格竹事件，在王守仁看来是失败的。可是，客观地讲，他格竹是成功的，或者说，格竹让王守仁的一只脚踏进了圣贤的殿堂，只不过，他还没有意识到而已。

在格竹之前，守仁可能只是博览群书，博闻强记，但并没有形成自己的一套理论，甚至没有自己的观点。说白了，王阳明不过是拾人牙慧，关于某一个观点，无非就是关于这个观点，孔子是怎么说的，孟子是怎么说的，朱夫子是怎么说的……要问他的观点是什么，这就是他的观点。和今天许多教授差不多，讲到某个定义，某某某是怎么定义的，某某某又是怎么定义的，罗列一大堆，就是没有自己的观点，问急眼了，便会大声说："这就是鄙人的观点。"说得难听一点，就是人云亦云。

格完竹，王阳明大病一场，许久才恢复元气。病好之后，王阳明开始怀疑整个世界了，就是所谓的"看山不是山，看水不是水"。最先怀疑的就是耳濡目染的儒家价值体系，什么宇宙观、人生观、价值观……甚至开始思考宇宙到底是什么？存在吗？再就是询问自己，人从哪里来，要到哪里去的问题，人能不能长生不老，人能不能做圣人，人世间有没有鬼等一系列问题。

人类一发呆就爱思考，思考中的世界都是很享受的，一旦回归到现实世界，就是毁三观。格竹后的王阳明经常陷入深度思考，也就是说王阳明经常发呆，而且持续时间很长，每每被送饭的家人打断，强迫他进入现实世界。一闻到饭香，王阳明第一件想做的事，就是骂街，因为饭菜的诱惑远比做圣人更具磁性。

人能不吃饭吗？不能！因而就不能免俗，哪怕是王圣人。王圣人就是被饭菜打破了定力，饭菜的香味告诉他，你也是俗人。理想很丰满，现实很骨感。与其做不成那高高在上的圣人，倒不如做个顶天立地的俗人。俗才是世界的主流，谁也抵御不了，功名利禄金钱美女，哪一样都俗，谁不爱呢？只要拥有这些，就能让更多的人喜欢你，若要拥有这些，只需要是帝国的官员。但要想做帝国的官员，就必须通过科举考试。

在当时，科举不仅是贫民家改变人生的道路，也是高富帅、官二代建功立业的捷径。也就是说，科举就是"欲练此功，必先自宫"，王阳明做梦累了、骂街累了、思考累了，一跺脚，去你的圣人吧，于是研究自己曾经很不屑的"辞章之学"，我还是准备会试吧。

历史证明，王阳明的这一选择伟大、英明、正确，如果守仁不走科举这条成才路，他是不可能建功立业做圣人的。一句话，只要守仁想做点事，想要绕过科举，那也是不可能的事。接下来，守仁便跟科举考试磕上了。

这次会试毕竟不同于乡试。乡试，人才再多不过是一个省；会试，那可是来自全国 N 多省，人才济济。也正因为如此，会试远比乡试更重要，难度也更高，一旦考中会试，那便是进士，也就是今天的国家公务员，能够得到朝廷任命当上官。

考上了，光宗耀祖，还能继续寻找做圣人的办法；没考上，那么日后还得再考，那得多折磨人！此外，若是没考上，怎么面对状元郎王华呢？虎父无犬子，考不上，恐怕王华会怀疑自己到底是不是他亲生的。

别的不说，单单为了证明守仁是王状元的亲生儿子都值得浴血奋战，因而王阳明对会试极为重视。当然，王华也对王守仁极为关切。他不仅时不时跟王守仁传授考中状元的秘籍心得，还请来了富有科举考试经验的同事、亲朋好友，辅导守仁。

看这阵势，很显然，王华希望守仁也高中状元，实现父子双状元。历史上，父子都是状元，只有宋朝的梁灏、梁固。几百年来，后无来者，老王家希望成为这后来者。

状元郎有此心愿，守仁呢？小时候，王阳明嘴上说要当圣人不愿意当状元，但不代表他不愿意中状元，而现在他也希望能够考中状元。所以，他将自己的身心都投入到会试中。每天天不亮就起床背复习资料，每天晚上做往年的试题，可以说，他每天起得比鸡早，睡得比狗晚。

看着儿子如此卖命，王华心疼了。正所谓身体是考试的本钱，如此糟蹋自己的身体，那怎么行呢？王华便吩咐家人不许在王守仁的备考室安放蜡烛之类的东西。

可是，王华不因为条件艰苦就不学习。相反，守仁有招。每次王华睡觉后，守仁便开始学习——挑灯夜读。悬梁刺股，能用的都用上。当然，守仁这种做法，也是天下举子流行的做法。

只是，穷人家的孩子要远比"官二代"和"富二代"的孩子苦一些。有钱人家的孩子能够衣食无忧备考，请得起全国知名的权威考试专家辅导，能够买得起富有价值的考试资料，甚至能够买得到考题。可是，"穷二代"就不一样了，他们只能靠自己奋斗。

一年之后，守仁参加了会试。对此，守仁信心满满，王华认为儿子考中进士是十拿九稳的事情。可是，放榜当天，守仁等了好久都没有等到报喜信的。这是怎么啦？

有方向不迷茫

放榜这一天，老王家的人都在家等着报喜的呢，连喜钱都准备好了。王状元一直担心贺喜的人来得太多，会出现意外的情况，所以各种情况都做了预案。老王家的人，左等，报喜的没有来；右等，报喜的还是没有来。一开始都认为，大头的在后面，再等等，直到大街上消停了，还是没有消息。这个时候，大伙知道王阳明落榜了，就这个预案没做。

难道是搞错啦？守仁自己前去看榜。可是，从头看到尾，从尾看到头，他都没有看见"王守仁"三个字。偌大的黄榜居然没有王守仁的名字，这不开玩笑嘛。但是，守仁确实名落孙山了。

落榜，面对这一血淋淋的现实！很多人想不开，号啕大哭，发疯的，闹的，上吊的，应有尽有，整个放榜场面活生生就是一幅人生百态图。

守仁一脸木然。旁边失意的举子主动过来说："哥们儿，哭吧，男人哭吧哭吧不是罪。"守仁淡然答道："哥们儿，这事我很受伤，但是我并不是因为没考中而伤心，而是因为不能够为人民服务，为朝廷服务而伤心。""喊，你装什么装，没考上就没考上嘛，还搞出这么惊天动地的理由。"

对于这个结果，王华也是深感意外。别人落榜他相信，自己儿子怎么可能落榜呢？可是，等他确信儿子落榜后，他不是板着脸教训儿子，你怎么这么没出息，连个进士都考不上之类的，而是找来了一大帮同事开导守仁。

虽然很多人都说他是天才，通过乡试是轻而易举的，通过会试也将理所当然，但是守仁却对这种"糖衣炮弹"不感冒。他早就知道考前那些"官二代是傻帽能考上才怪""整天格竹的傻子会中，谁相信"的流言，所以，别人说别人的，守仁举人读自己的书，痛苦自己的痛苦。

怜悯失败之人是人的天性，事实上，失败之人得到怜悯也不容易走极端。于是，王状元的一大批同事来到王家进行开导工作。这帮人有的是阿谀奉承捧王状元的，有的是来安慰的，有的则是来看笑话的，还有的是做局的。这些人中，名气最大的就是大学士兼官场教主李东阳。

据记载，李东阳"立朝五十年，柄国十八载，清节不渝"，死后，谥"文正"。仅从这一点，就知道李先生在官场的水平了，一生"只栽花不栽刺"，和谁都是朋友，而且是谁当权和谁是真朋友，尤其和刘瑾有说不清的关系，此事后文详说。因而，王状元家的场是要捧的，一方面王状元刚刚升任右春坊右谕德，需要锦上添花；另一方面王阳明落第需要雪中送炭，慰问一下，莫欺少年穷，这少年前途不可限量，也算是为自己多栽一盆花，何乐不为。

看到王阳明后，李先生觉得小伙子有灵气，就开玩笑说道："小朋友，你才华横溢，满腹经纶，我们大伙知道。这次没考上，是你的时运未到，你是状元的命，来科一定高中状元。现在给我们作一篇《来科状元赋》，让李大爷开开眼界。"

其实，官场教主李东阳，只是顺口这么一说，缓和一下气氛，给科举失败的王阳明一个台阶下。会试没通过，王阳明本来就不服气，经李大爷这么一撺掇，居然认真了，于是笔墨纸砚，现场做起了文章。

会试可能不太在行，但吟诗作赋绝对是王阳明的拿手好戏。这样的命题作文，对王守仁来说，都是小菜一碟，点点唰唰，唰唰点点，很快，一篇《来科状元赋》完成。王阳明把文章首先递给了李大爷，李大爷接过来一看，连声称赞，众人迅速围了上去观看。看完后，众人惊叹："绝对是一个天才"。不过有人说出了心声："这家伙真材实料，才高八斗没错。可是，要是他考上了状元，当了官，到时候，眼里哪里会有我们这些人啊。"很显然，这位官员说出了朝廷官员的心声，也是人性的真诚流露。

孩子，你太实在了，你大爷让你写你就写啊，真以为你大爷是你大爷啊，你大爷是在逗你玩。王阳明一直真的以为才能决定一切，因而毫无忌惮地在众人面前显摆了一下，不承想为自己后来的科考之路种下了坎坷。

这可是守仁人生第一次失败。二十多年来的第一次失败，对常人来说，是比较难以接受的。不过，守仁没有哭，没有闹。很多人以为，守仁是好样的，不把科举当回事。事实上，不哭不代表守仁遭受的创伤不严重。相反，这次落榜对王守仁产生了重大影响。只不过，他知道这是自己选择的结果。人有着许多选择，但是每次只能选择一次，而且一旦选择了，就要受到所选择的影响。

成功的方法都是正确的，失败的原因却多种多样，守仁没有通过会试也是有原因的，可以肯定的是，他的才华外露应该是其中之一。

三年后，经过艰苦准备，王阳明参加了李大爷所指的来科会试，考试时间、人物和内容都不再相同，但结果却和三年前一模一样，再次失败。这次的失败，王阳明淡定了许多，说出了一句："世以不得第为耻，吾以不得第动心为耻。"

在一般人看来，王阳明这句话是吃不到葡萄说葡萄酸，实际上是不忘初心——做圣贤，也即是说王阳明深刻读了自己的心，知道圣贤才是自己最为牵挂的。这次落地"不动心"标志着王阳明先生进入了圣学门槛，开始找到了一点法门。这个境界的王阳明相当于刚刚"照见五蕴皆空"，一切都是空的，都不动心，唯独圣贤不空，虽圣贤之路高山仰止景行行止，然心向往之。

和上次留给大家的印象不同，王阳明这次不仅洒脱、超脱，而且还立志向孟子学习"劳其筋骨，饿其体肤"。

没有才华考不上，人家说你脑子有问题，笨得像头猪；才学满腹，人家又说你会是一个祸害。考官到底想要守仁怎么办，没考上进士的守仁以后的日子怎么过？

青年诗社

和第一次会试落第的高调不同，这次失败后，王阳明低调了，既没有哭，也没有闹，更没有骂社会。因为对别人而言，科举是人生的一切，对王守仁而言，科举不过是做圣人的脚踏石。对"穷二代"而言，考一次家里就得付出大代价，即便不用砸锅卖铁，也要卖牛卖地。可对守仁来说，就不一样了。考不上无所谓，他又不愁吃不愁穿的，考不上就考不上，这不是还有爹可以"坑"吗？

所以，当别人擦干眼泪奋战下次科举考试的时候，守仁则离开首都回到余姚老家"休养"。圣人说，达则兼济天下，穷则独善其身。意思是说，发达了，当大官了，就要让天下人过上像自己一样的好日子，没成功，那就躲在一旁继续修炼。

第一次落第后，在李大爷的撺掇下，王阳明写赋。这一次，王阳明开始写诗了。王阳明不仅写诗，而且还组建了一个诗社，诗社的名字和他们老王家很有渊源，叫：龙泉山诗社。在明朝，结诗社文会是很潮很流行的一件事，产生了诸如东林党这样影响深远的社团。龙泉山诗社作为明朝众多诗社的一分子，在社团史上无足轻重，重要的是给了苦闷时期的王阳明一片自己的天地。这个时候，王阳明虽然已经出发，但依然在痛苦地探索前进。龙泉山诗社对王阳明的一生的重要作用，就是锻炼了组织能力和参与社会活动的热情，体味了生活的乐趣，尤其是集体生活的接纳，增加了王阳明组织书院的兴趣。

说起龙泉寺和老王家的渊源，要从王状元的苦读开始，在中状元之前，王华曾经在龙泉寺苦读一段时间，龙泉寺也算是老王家的革命根据地，而且和寺里的和尚们发生过一段美丽的纠葛。因为龙泉寺给老王家带来了好运，整个老王家对龙泉寺都情有独钟，所以当王阳明第二次落第后，王状元就想让儿子回到老家，到老王家的革命圣地龙泉寺苦读，缅怀父辈的革命气势，加加油鼓鼓劲，沾沾龙泉寺的福气，希望下一次高中。

老王家在当地是名家望族，到哪里都给面子，由于王状元和龙泉寺的渊源，龙泉寺十分善待王阳明。王阳明的到来，成了龙泉寺的热点，引来许多人围观。朋友很多，又都是文人，读书闲暇，难免诗兴大发，于是王阳明倡议组建一个诗社。由于王阳明经常在龙泉寺，大伙决定就将诗社总部设在龙泉寺，诗社的名字就叫龙泉山诗社。

古人就是好，到风景胜地去游玩不仅不需要门票，还能够在里面建立诗社，吟诗作赋，不受约束。换作今天，进去一次交一百，看你有多少钱能交，你敢在里面随意吟诗作赋，管理员便跟你喋喋不休，严重者以扰乱治安罪将你送进监狱去改造也不是没有可能。

在今天，办个诗社可是要注册的，不然就是违法的。可是，这在明朝还真不是一件什么大事情。在明朝，诗社是很流行的，许多人都组建诗社。其中最为著名的要算东林书院了。明朝商业经济相当发达，因而催生了民众对政治的热情，出现了大大小小的文人社团，这些文人社团大多是一些郁郁不得志的愤青和一些仕途失意的文人，这些人组团不是为了消遣，都有很明确的政治目的。

这些文人社团政治影响力和号召力非常大，相当于今天的意见领袖，甚至可以直接影响朝廷的决策。这些社团多挂靠在寺庙和书院里，经常聚会讲学，后来的东林书院影响最大，院长顾宪成还给书院制定了院训：风声雨声读书声声声入耳，家事国事天下事事事关心。宗旨很明确，就是培养政治人才，但后来却培养了一大批愤青。明朝后期一段时间，政治上基本是东林书院的师生唱主角。不是骂太监，就是骂官府，今天这个官员搞绯闻，明天那个官员贪污腐败……

不过，王守仁没有那个心思，他知道，政治是肉食者谋之，现在虽然自己也跟着父亲吃肉，但是不能够胡说，不然就是骂自己的父亲。这种骂人骂自己的活儿，王守仁坚决不干。

他建立诗社的目的只有两个字："玩好。"此后一阶段，王守仁便跟他那些文人墨客畅游龙泉寺，流连于龙泉山风景之中。这小日子过得有多舒畅？王守仁说：

> 我爱龙泉寺，
> 寺僧颇疏野。

> 尽日坐井栏，
>
> 有时卧松下。

可见，王守仁的日子已然达到了大康水平。这么日夜游玩，王守仁的诗歌也作了不少。不过，流传下来的不多。至于水平如何，则不好说。有人就说，王守仁的诗不过如此，但守仁好友魏瀚却赞赏有加。

魏瀚，何许人也？他也是科举中人。不过，比守仁幸运，他高中进士，当了官员。后来年龄大了，便退了下来，过起了平淡生活。有一天，他听说守仁组建了诗社，便兴致勃勃赶来参加。

既然来了，就要吟诗作赋。于是两人就比起诗来，你一首，我一首，两人比得不亦乐乎。最后，魏瀚只好屈服，他说道："哥们儿，你太有才了，我甘拜下风。"

王守仁道："哪里哪里。"随后，又作了一首：

> 三月开花两度来，寺僧倦客门未开。
>
> 山灵似嫌俗士驾，溪风拦路吹人回。
>
> 君不见富贵中人如中酒，折腰解酲须五斗？
>
> 未妨适意山水间，浮名于我亦何有！

这首诗的意思是，繁花盛开，太阳普照，风景这边独好，僧人客人却在睡懒觉。这种自由自在的生活多好。不如生活在这天上人间之中，不求名利好。

不过，王守仁有这种想法就说明他"贼"心不死。他还是考虑过回归现实，否则何来的遁世之说，何来的破罐子破摔。

果然，没过多久，王守仁又开始要做圣人了。他写道：

> 学诗须学古，脱俗去陈言。
>
> 譬若千丈木，勿为藤蔓缠。
>
> 又如昆仑派，一泄成大川。
>
> 人言古今异，此语皆虚传。

吾苟得其意，今古何异焉？

子才良可进，望汝成圣贤。

学文乃余事，聊云子所偏。

很显然，衣食无忧，酒足饭饱，吟诗作赋，压根提不起他的兴趣，他还是想要做圣人。于是，搞了一阵子诗社后，王守仁开始考虑圣人与科举的事情了。他开始纠结了：做圣人，还是做官。这是一个问题，这个问题，王阳明能解决吗？

四、书生意气

一般的读书人，才不能卖文，武不能报国，四体不勤，五谷不分，偏偏一副忧国忧民的情怀，让人感觉就是自作多情，往往就是这种自作多情的人形成了力量。正是这帮自作多情的人，他们或天真，或幼稚，或单纯……但我们的民族脊梁有时候就是靠他们坚持下来的。我们向来强调家国天下和个人的关系，但许多只是挂在嘴上，往往真正把家国天下当回事的就是这帮才子。

科举制度虽有千种不是、万种罪恶，但保证了公平。它对任何人都一样，不论出身、血统、宗教信仰，都必须靠真才实学。也就是说，科举面前，人人平等。这样一来，就潜移默化地影响了那些才子们，形成了对"真才实学"的崇拜甚至迷信，认为只要有真才实学可以畅通无阻，而现实社会并不是这样。现实社会不是加减乘除，只要方法正确就能得到正确结果，而是掺杂了许多人情的因素。这些因素就是在今天依然无法准确把握，远远不是真才实学所能决定了的。所以这些科举大人一旦走上社会，就会把在科举中形成的"真才实学"崇拜运用到工作中，就好比小孩子教老奶奶如何吃鸡蛋一样天真。王阳明、王越、程敏政、唐伯虎、徐经……这些才子们，共同的特点就是天真。

小王子大战皇帝

从王阳明的《忆龙泉山》这首诗可以知道，王阳明在龙泉寺的小日子过得是相当的逍遥，整天不是优哉游哉地漫步于龙泉寺，就是与文人骚客吟诗作赋。对一般人来说，这种日子神仙也羡慕，但对一个要做圣人的人来说，未免有些不甘心。我王阳明难道一辈子就和龙泉寺结缘了，天天与这帮文人骚客厮混，每日与这帮和尚打坐，这是我想要的生活吗？

正当王圣人纠结自己的生活时，大明朝的朱祐樘皇帝也在纠结自己的生活。王阳明纠结的是一己内忧，能否做圣人；而朱祐樘纠结的是外患，鞑靼的小王子来侵犯了。

就这样，皇帝和小王子展开了对决，从称呼上看，感觉两人差着辈分呢。实际上，皇帝只比小王子大了四岁。两人生活经历相似之处特别多，一是人生都特别坎坷，朱祐樘在六岁之前从没有见过自己的皇帝父亲，小王子在六岁之前一直被到处追杀；二是都有一段精美的爱情故事；三是都是有作为的领导者。

这里先说说小王子的那段精美爱情故事。

故事从明成化十五年（1479）说起，这一年，鞑靼首领满都海去世，满都海没有儿子，留下了年轻漂亮的满都海哈屯和两个女儿，后继无人，大汗之位就空了起来。于是各个部落首领打起了自己的小算盘，最先行动的是科尔沁部的乌讷博罗特王，乌讷博罗特是成吉思汗之弟哈撒儿的后裔，实力也相当强大，为了继承大汗之位，他向满都海哈屯求婚。

满都海哈屯，史称"满都海彻辰夫人"（"彻辰"系尊称），女，蒙古人。出生于明正统十三年（1448）。

这若是一般的女性，迫于淫威可能就答应了，但满都海哈屯却向乌讷博罗特说了"不"。理由是，自己只嫁给成吉思汗的后裔，正如她所说："如果成吉思汗的后裔绝尽了，她可以改嫁给别的家族。"翻译成爱情味道十足的话就是："只要成吉思汗家族还有一个男人，我就不会嫁给别人。"满都海哈屯当时之所以说这样的话，是因为成吉思汗后裔中还有一个叫巴图孟克的孩子。这个孩子出生不久，他父亲就死了，母亲被亦思马因抢去做老婆了，孩子就此失踪了。

巴图孟克，孛儿只斤氏，蒙古人。成吉思汗第十五世孙，巴延蒙克·孛罗忽·济农之子。出生于明成化十年（1474）。巴延蒙克·孛罗忽·济农曾经是满都鲁汗的副汗，就是二把手。亦思马因为了获得更大利益，挑拨满都鲁汗和济农之间的关系，满都鲁汗杀死了济农，而亦思马因趁机抢走了济农的妻子。

巴图孟克的爷爷和满都海哈屯的丈夫都是脱脱花不汗的弟弟，按照这个辈分，满都海哈屯算是巴图孟克的奶奶了。但是，只要成吉思汗的后裔能够延续大汗之位，只要找到这个孩子，满都海哈屯就嫁给他。

经过多番努力，满都海哈屯终于找到了这个年仅七岁的孙子。见到小王子后，满都海哈屯说明了自己的来意，然后握着小王子的双手，温柔地说："小王子，你愿意和我一起回汗廷，做我的大汗吗？"

几乎被吓蒙的小王子，胆怯地点头答应了。

找到小王子后，大臣和随从欢欣鼓舞，一边喝着马奶酒，一边尽情跳着舞，为蒙古找到新汗庆祝，为小王子和奶奶的纯真爱情祝福。

就这样，满都海哈屯嫁给了这个比自己小二十六岁的孙子。巴图孟克在奶奶兼妻子的辅佐下登上了大汗之位，就是达延汗，即大名鼎鼎的小王子。其实这个可以算中国版的小王子和白雪公主，他们也是结婚后过起幸福生活的，稍有不同的是，小王子还要复仇。

小王子刚登大汗之位的时候，太师就是那个和自己有着杀父之仇和夺母之恨的亦思马因。这个时候，太师这个职位，权倾朝野，是真正的当权者，控制着行政、军事和监察大权。自从登上汗位那一刻起，小王子就谋划着复仇，九年后，经过满都海哈屯的精心布局，机会终于来了。

1483年，亦思马因出兵抄掠兀良哈三卫，满都海哈屯与达延汗主动联合三卫，一举打败亦思马因。1486年，达延汗派郭尔罗斯部的脱火赤少师等追杀了亦思马因，并夺回了生母。复仇计划完成后，小王子把目光对准了前方的大明朝，他不仅要做大汗，还要做皇帝。

十一年后，经过厉兵秣马，弘治十年（1497）夏五月，鞑靼小王子近攻潮河川（在今北京市密云县东北）。蒙古大军一下子到了密云，眼看就要兵临城下了，朱祐樘能不紧张，能不着急吗？朱祐樘决定召开御前会议，并在会议上发表了演说："各位爱卿：现在敌人已经抵达密云，情况是万分危急。你们怎么看？怎么办？战场的事就有劳各位了，在战场上一定要英勇杀敌，朕和大明的子民是你们的坚强后盾，拜托了！朕在北京等候你们胜利归来。"

皇帝演讲结束，下面鸦雀无声，无一人上前请命。这下子难坏了朱祐樘，怎么办呢？

神一样的皇帝

按照朱祐樘的想法，养兵千日，用兵一时，现在兵临城下，给大伙一个报效国家忠于皇帝的机会，没想到，没人响应。这些官场的老油子看扁了这位"生于深宫长于妇人之手"的皇帝，皇帝也懂官场潜规则，御前演讲只是一个套路的开始，精彩的还在后面等着呢。朱祐樘一看激将法没有效果，群臣和自己玩滑头，决定点将，于是对首辅内阁大臣刘健说：压力大啊，刘尚书，北部交给你了。内阁是你的坚实后盾。

这么一个难题，就被朱祐樘给轻轻化解了。这么厉害的皇帝当然不是天生的，是后天历练的，也就是说才能是交学费练出来的。

虽然生在帝王家，但朱祐樘的童年非常凄惨。朱祐樘的生母纪氏（也有李氏一说），出身于广西土司之家，纪姓土司反动叛乱，明朝官府平定叛乱后，一看纪氏长得漂亮，就给带回了皇宫，帮着皇帝管理私房钱。明宪宗朱见深偶遇纪氏，一看小姑娘聪颖漂亮，就发生了一夜情。事后，纪氏居然怀孕了，后来朱见深最宠爱的万贵妃知道了，命令一个宫女给纪氏堕胎。这个宫女同情纪氏，没有下手，就骗万贵妃，说纪氏没有怀孕，而是得了"病痞"。

为了达到置纪氏于死地的目的，万贵妃把纪氏打入冷宫。纪氏愣是在万贵妃的严密监控下，把孩子生了下来。得知纪氏生了朱祐樘，万贵妃又派看门太监张敏去溺死他，但张敏却冒着生命危险，把朱祐樘藏了起来，天天用米糊喂养。之后，被万贵妃谗言废掉的吴皇后也偷偷帮助喂养朱祐樘。万贵妃多次动用锦衣卫搜查，张敏他们一一化险为夷，这样东躲西藏的日子一直到朱祐樘六岁。

有一天，张敏给朱见深梳头，看到头发泛白稀落，朱见深不由得感叹："朕眼看就要老了，还没有儿子。"一听皇帝这么说，张敏立即下跪伏地：陛下您有儿子。朱见深大吃一惊，朕有儿子，朕怎么不知道啊，于是连忙追问，张敏一一道来。知道自己有儿子后，朱见深大喜，立即派人把小皇子接回皇宫。

当朱见深第一次看到自己儿子的时候，惊呆了，由于长期幽禁，孩子极为羸弱，连胎发都没有剪过，不是长发及腰，而是长发及地了。看到这场景，朱见深泪流满面，立即召集群臣，把事情的来龙去脉一一说清。第二天，昭告天下，立朱祐樘为皇太子，封纪氏为淑妃。很快，纪氏就暴死，张敏也吞金自杀。

很明显，万贵妃动手了，她不容任何人与她争宠。这个时候，朱见深的老娘周太后出手相救，把孙子抱到自己仁寿宫生活，就这样，朱祐樘才获得了安全的生活。

为了儿子将来继承江山，朱见深在儿子九岁时就出阁讲学了，也就是入学。担任朱祐樘讲读官的大多是才华出众品学兼优之人，诸如刘健、程敏政、王华以及彭华等人。其中，彭华与王华都是状元出身，彭华人品不是很好，但刘健、程敏政和王华绝对是品学兼优之人。

其实，在古代，皇太子也很不容易的，一旦出阁讲学，就很严格了，必须按规矩读书学习，一年中除了极端天气，诸如大风雨雪天气以及酷热与严寒可以休息，其他情况必须正常上课。学习的内容和参加科举考试的内容一样，也是四书以及经史子集。正常的形式，皇太子上午先读，讲读官下午讲。上课的地方，一般是在文华后殿。之外，一项重要的学习就是练习书法，以便将来朱批文件，配备专门的书法家辅导，练字很辛苦，春夏秋三季每天写一百字，冬季每天写五十字。看来，太子虽然集天下英才来教育，水平绝对超一流，但也很辛苦。朱祐樘从出阁讲学到即位，苦读了整整九年，九年义务教育啊，做太子也不容易。

和小王子一样，朱祐樘也有深仇大恨，做了皇帝后，朱祐樘则采取了和解宽容的方式。在对待万贵妃的态度上最能体现，尽管都认为朱祐樘的母亲是万贵妃下的毒手，但做皇帝后，一位官员上书要求严惩已死的万贵妃及其族人的时候，朱祐樘没有这样做，他认为这样做违背了父亲朱见深的意愿。

再就是，朱祐樘虽可以拥有嫔妃三千，但他一生只爱一个妻子张皇后，再无一个嫔妃，这的确让人敬佩。朱祐樘和张皇后是患难夫妻，非常恩爱，每天一定是同起同卧，读诗作画，听琴观舞，谈古论今，朝夕与共。

这样的一个人，一个皇帝，能做到这些。我们不得不说，朱祐樘是一个令人羡慕的人。

明朝是一个喜欢造神的时代，朱祐樘恰逢其时，于是乎大臣们不遗余力对朱祐樘进行神化，朱祐樘几乎成了神，他不食人间烟火、没有欲望、没有感情、没有脾气。有的是无尽的精力工作和一双能分辨出好人与坏人的眼睛，最擅长的工作是能轻松从成堆的奏折里挑选出最正确的方案。

就这样，朱祐樘成了神一样的皇帝。但毕竟还是皇帝，还在人间，人间的烦恼一样不能少。此时更烦恼的是边境烽火四起，而且烧到了京师附近，那不是一个郁闷就能解决的。

皇帝很郁闷，作为皇帝的老师，王华的心情也好不到哪儿去。下朝回家后，就和儿子谈论天下大势、国家大事，皇帝的郁闷，老爹的郁闷，作为臣子和儿子王阳明理应替他们解忧消愁，王阳明能做到吗？

爱国有门槛

天下兴亡，匹夫有责，国家危难之际，每个大明朝子民都应该挺身而出，赶赴战场，和鞑靼的小王子浴血奋战，保家卫国。听到小王子都打到密云了，王阳明兴奋得站起来，他认为自己建功立业的机会来了，只要自己上战场，打败小王子，平定鞑靼，他日凯旋，那就是千秋功勋，就靠近圣人了。想到这里，王阳明严肃地对父亲说："我要上战场，保家卫国，和小王子决一死战。"

看到王阳明的样子，王华知道王阳明的小九九，就说道："孩子，你太单纯了。这不是你的事，这是兵部刘尚书的事，在其位谋其政。再说了，报国，你有资格吗？连大明朝的公务员都不是，哪里有你报国的份儿！"

听父亲这么一说，王阳明很纳闷："爱国也要有资格，原来爱国的门槛这么高。这是何等荒谬啊，作为大明朝的子民，连爱国的资格都没有。"

这忒打击人了吧。没办法，谁让自己没有通过会试呢？仔细一想，报国除了八股考试，还有武举考试啊！经过严肃认真的思考，守仁就决定好好研究武举考试，看看能不能从武举方面取得突破。经过一番研究，王阳明发现大明朝被小王子羞辱的症结所在。原来大明朝虽然有武举科考，但问题重重："武举之设，仅得骑射搏击之士，而不能收韬略统驭之才。"也就是说，武举本是选拔带兵打仗的领导级人才的，应该是项羽喜欢的"万人敌"，结果成为项羽口中的"一人敌"，沦为搏击术，成为街头混混儿斗狠逞勇之法。

通过这种途径选出来的人，如果能战胜蒙古小王子才是奇迹，王阳明认为自己找到了问题根源，感觉天降大任于自己，自己有义务去拯救大明朝。王阳明于是决定：从明天起做一个能文能武的人，开始习武、练剑、骑马射箭、研读兵书。从明天起做一个能文能武的人，开始关心国家边关和武举考试。王阳明有一个梦想，学好文与武，货与帝王家。

其实，早在年轻的时候，守仁就喜欢骑马射箭。曾经，他还在游览长城的时候打败两个鞑靼人。后来，他在老家余姚准备科举考试的时候，他的老师许璋教了他一些兵法。

许璋何许人也？此人是浙江上虞人，性格敦厚，一心想着修行，整天研究性命之学和兵书。后来，守仁跟随他学习，许璋老师教授了奇门遁甲诸书与诸葛武侯战阵之法。这对守仁后来影响很大。此外，许璋还曾未卜先知地告诉守仁：日后事情有变，不要瞎认皇帝。后来，宁王叛变，许璋帮了大忙。

由此可见，许璋老师是一个奇人。当然了，守仁也从他那里学到了不少知识。不过，守仁对知识是多多益善的态度，所以，他又开始研究兵书。他找来了一大堆军事著作，上自《孙子》，下到宋朝《武经七书》。

王阳明学习的方法还是涮火锅，别人读书是宁缺毋滥，他倒好，是宁滥毋缺，一本也不错过。书找齐之后，他开始了研读。他一边读，一边在书上做批注，写下自己的心得。

比如，他认为名将李靖没啥了不起的，《唐李问对》不过是孙吴的注脚罢了；比如他说享有众誉的《尉缭子》不过在讲势而已，没什么新奇的地方。不过，对于《孙子》，他却赞赏有加。他说兵道原则是误人而不误于人，致人而不致于人。而要做到这点仅有匹夫之勇是不够的，还要靠谋略。

我们常说，幸福的生活应该是工作向左，生活向右。可是，守仁将读书带到了生活中来。每次，亲朋好友前来做客，守仁就拿出花生、瓜子、水果来招待客人。

此后，他便开始滔滔不绝地向客人介绍兵家的思想及自己的见解，不仅如此，有时候说得兴起，他便会抡起袖子，蹲在椅子上，然后拿着瓜子、花生和水果当作"棋"，在桌子上排兵布阵。

看到守仁如此疯狂，客人多数被惊呆。可是，守仁熟视无睹，继续讲自己的。这太不人道了吧。可是，对疯狂的人来说，这就叫有福同享。

对于这种福，许多人吃不消，但是他们又不好扫了主人的兴致，所以就一边听，一边梦游。当然，有些客人觉得守仁拿自己当学生太过分了，便说道："哥们儿，消停会吧。你就是讲得天花乱坠，说得嫦娥思凡也没用。以前，赵括纸上谈兵好歹打过仗，可你呢，这辈子估计也只能纸上谈兵了。"

的确，赵括虽然祸害了赵国，但是好歹打过仗。可是自己呢？居然连赵括也比不上，这岂不是很没面子！

尽管大伙都对王阳明的桌上谈兵不屑一顾，但王阳明是严肃的、认真的。甚至是走火入魔，不仅白天忙活着在餐桌上演练排兵布阵，就是夜里做梦也是这事。意外的是，王阳明有一次居然梦见了一个传奇人物，这个人和王阳明一样，都是倒霉蛋。

王阳明梦见了倒霉蛋，王阳明能时来运转吗？

一场诡异的风

这次，王阳明梦到了明朝历史上数一数二的倒霉蛋——王越。王越，成化年间重臣，因战功赫赫封爵威宁伯。整个大明朝，因战功封爵只有三人，都是老王家的人。第一位是靖远伯王骥，第二位是王越，而第三位就是做梦的王阳明。王越官拜兵部尚书兼都察院左都御史（相当于今天的国防部长兼司法部长），在当时绝对是当红人物。

王越名震天下，除了位高权重外，还有两点：一是战斗力，据《宪宗实录》记载：以越上阵，（敌）不战而奔。这里的不战而奔的"敌"不是一般流寇，而是凶狠的蒙古骑兵，他们对王越忌惮万分，称他为"金牌王"。二是文章，王越文学也算是引领风骚。一生洋洋洒洒二十万字的诗词文章数百篇，后人编辑成《黎

96

阳王襄敏公集》，刻印上市成为明朝百年的超级畅销书。"后七子"领袖王世贞读过《黎阳王襄敏公集》，大为折服，连批三句"大奇"！戏曲名家李开先赞其"文思焕发，可追李杜诸人"。

但就是这样的一个人，一生风光无限，也是一个典型的倒霉蛋，王越的倒霉从殿试就开始了。王越同学在考场奋笔疾书的时候，突然间刮起了一阵大风。正所谓来者不善，善者不来，这阵风将王越的试卷给卷走了。王越和他的科举伙伴们都惊呆了，被人劫持了试卷还有的申诉，现在被风卷走了，提出申诉谁也不信。

人要倒霉，喝凉水都会塞牙。眼见前程就要被风给断送了，王越没有哭天抢地，而是非常淡定地对监考太监说道："公公大人，您看，刚才那个风跟我开了个玩笑，带着卷子出去玩了。当然啦，它可能不会回来了，您看能不能再给一张试卷？"

太监瞅了一眼王越便柔声细语地说道："天作孽犹可恕，看你长得还过得去，就给你一张，不过时间一到，我可要收卷子哦，不能给你延长考试时间。"王越同学一拿到试卷，随即提笔在试卷上书写。赶来赶去，王越终于在考试结束之际写完了最后一道题。

谋事在人，成事在天。爱咋地咋地。王越安慰自己道。不过，结果出乎意料。他考上了。王越花了别人一半时间考试，居然中了进士，可见王越肚子里真有东西。

更意外的是，这年秋天，前来进贡的朝鲜国使节，带来了一件特殊的礼物——王越飞上天的那张卷子。据说，有一天，朝鲜国王上朝的时候，一张纸飘飘悠悠从天而降，捡起来一看，原来是天朝举子的殿试考卷。一看是来自天朝的圣物，朝鲜不敢怠慢，便让使者把试卷带回北京。一张卷子跋山涉水从北京飘到朝鲜已然够神了，居然能飘进朝鲜的皇宫，就更神奇了。好在朝鲜国王认识汉字，不然会当成天书对待，那就更神奇了。

中了进士后，王越便被任命为浙江道监察御史，两年后，巡按四川。走马上任后，王越开始与周边少数民族打交道。后来，几经辗转，王越巡抚大同。从此，文人王越踏上了军事生涯这条路。

明英宗时期，瓦剌特别不安分，不时骚扰明朝边境，杀人、劫财、劫色，搞得朝廷很不好意思。为了表达皇帝爱民如子，明朝帝国老大明英宗决定御驾亲征。于是，数十万大军浩浩荡荡开赴前线。

然而，明军在土木堡遭遇袭击，帝国大军死伤无数，而老大也被人虏了。经此一战，大明帝国元气大伤，只得改进攻为防御。而原本是抗敌二线的大同成了抗敌前线。

面对这么一堆烂摊子，王越也尽心尽力收拾了，不然等待他的将是无数的奏折和砍头刀。到任后，他一边搞经济，一边搞部队建设。可是，没过多久，朝廷派出了远征军讨伐瓦剌。

率远征军的是巡抚侯朱永。此人是明朝将领朱谦的儿子，是个官二代。他参加过宣府战役。不过，此人没有什么本事，唯一的本事就是拿着手下将领建立的功劳升官发财。而担任参谋长的则是王越。

不过，这支远征军抵达前线后，只是吃饭、睡觉、打牌。而瓦剌忙于内斗没空打仗，便向明朝请求通商和好。因此大明皇帝，笑逐颜开，征战之事就不了了之。

也许考虑到王越有苦劳，因此，朝廷让他兼任宣府巡抚。官位越高，摔得就越重。对此，王越心里非常清楚，为了保住脑袋，他拼命训练士兵。经过三年的努力，他打造了一支满意的部队。

就在这个时候，建功立业的机会来了。河套地区地处明朝和瓦剌边境。不过，由于明朝一直进攻，瓦剌不敢进犯，可土木堡战役后，瓦剌大张旗鼓进驻河套地区。

对此，朝廷下令王越反击。于是，王越率领大军直奔河套地区，他与诸将兵分三路，猛攻阿罗出，结果大获全胜。可是阿罗出玩起了游击战，王越前脚一走，瓦剌后脚又来进犯。

朝廷愤怒了，决定彻底解决阿罗出。于是，朝廷又派出了一支远征军，领头羊还是朱永，王越升官右都御史。不过，朱永是名不副实，打仗指挥权都在王越手里。所以，王越制订作战计划，指挥大军与敌军交战。结果，敌军大败。

有功就得赏，这一次，王越被封为上将。打仗尝到了甜头，朝廷决定进攻鞑靼人。于是，王越总督军务，准备西征。看上去，王越建功立业的机会又到了。

然而，事实上，这是朝廷给他出难题。朝廷想要马儿跑，却不让马儿吃草。表面上，朝廷让王越西征，但是却不给他调动部队的权力，王越手下仅有一万多士兵，而鞑靼却有数万士兵。这样的官职显然是虚的。

没有足够的兵力，防区就难以防守，朝廷却要他进攻鞑靼。进攻就进攻吧，可是鞑靼人却不与王越交战，而是采取游击战术。因此，王越很是头疼。

朝廷官员得知王越一事无成，便弹冠相庆，赶紧上奏折，弹劾王越。就连国子监的太学生，民间的举子秀才们，也跟着痛骂。尤其是王阳明的状元老爹，作为新科状元，怎能落人后，大骂"（王越）怯如娇妇，见虏如见主，百年后何颜朝列祖"。

于是，统帅王越陷入了危机之中。成化九年（1473）九月，王越接到线人密报，鞑靼可汗满都鲁带领全部兵力，去抢掠甘肃天水、定西地区，而后方的红盐池（今内蒙古鄂尔多斯旗王府西南）营地空虚，是偷袭的好机会。王越当机立断，带领了可以抗衡蒙古骑兵的5000精骑直奔红盐池。大军夜行800里，直插红盐池。半路狂风大作，众人惊慌失措，一老兵坦然道："此天助，乘风击之，必大捷。"王越连忙下马行礼，当即提拔老兵当千户（团长），全军士气立即大振，随后直奔红盐池，取得彻底胜利。

王越打了大胜仗，这下子，朝廷诋毁他的声音该消失了吧。NO，刚好相反，诋毁王越的人越来越多，有功之臣王越要变成倒霉蛋了。

每个理想都是真实的冒险

捷报传到京都，王越还没有等到封赏呢，谣言就四处流传，说王越在这场打仗中抢掠了数以万计的金银财宝。兵部兵科给事中刘通上奏弹劾，说王越"杀良冒功，屠戮无辜，尸横千里，惨不忍视"。把王越描写成了杀人不眨眼的魔头，就好像他是战场的亲历者一样。兵部记名郎中张谨也弹劾，说王越"杀人如草芥，用钱如泥沙，虚耗天下国力以成个人之功"。

按理说，王越打胜仗了，兵部应该高兴，最起码也是领导有方啊！其实不是，一方面是王越抢了他们的风头，一大帮书生才子不如一个王越，太没面子了；另一方面是政见不合，以白圭为首的兵部坚持对河套扩大战争。

皇帝是这个时候最得意的人，王越打胜仗了，扬我国威，万岁圣明。正有点担心王越功高震主，这个时候，有人弹劾王越了。多好，趁机调整，于是给王越升官，封为太子少保。表面上升官了，实际上却是降了。自古以来，功劳越大赏赐越少，这点王越心里很清楚。

一看皇帝有所表示，流言蜚语传得更猛烈了，王越不得不辞职。交出兵权后，王越回到首都当闲职。打一场胜仗，居然树敌这么多，接下来无职无权，日子恐怕更不好过了。找一个靠山无疑是最不坏的选择，在哪里找？找谁呢？兵部，显然不可能，这场胜仗彻底得罪了这帮孙子；内阁，万安、李孜省、刘吉这些文人，比兵部的还没节操；选来选去，就剩下内宫的宦官了，但内功宦官都贪财，自己两袖清风，哪有钱财贿赂他们。

王越越想越难受，这是一个什么样的时代？自从踏入官场以来，自己凭真才实学踏实做事，在战场上抛头颅洒热血，可是结果却得罪了整个世界，到底惹谁了？是这个世界太奇幻，还是自己看不穿，也许是自己太天真。骂街归骂街，自己和家人的生命安全是第一位的，正当王越走投无路之时，一个老部下牵线搭桥皇帝身边的大红人汪直。

无论怎么说，汪直都不能算好人。这一点，王越心里当然有数，但这个时候，好人在哪里啊，好人怎么没有出来保护自己。汪直在皇帝面前炙手可热，红得发紫，想攀附未必有资格。王越有吗？开路的钱财都凑不够。别自作多情，以为自己战功赫赫，看不上人家汪直，其实人家汪直能睁眼瞧一下自己也算是给面子了，还梦想让人家当靠山？

思来想去，王越终于找到了攀附汪直的方法，两个字：尊重。汪直由于出身不好，又是太监，受尽歧视。不仅文武百官瞧不上，就连太监也看不起汪直。这个时候，王大将军对汪大总管尊敬有加，汪大总管哪能不高兴，比给多少金银财宝都有效果。送礼是艺术活，送就送人家需要的，做不到锦上添花就雪中送炭。

汪直这个人，在历史上的名声不太好，事实上，他并没有那么坏。汪直，广西人。广西是少数民族集中地之一，不时叛乱，而朝廷则派军征讨。

在征讨中，小汪直成了俘虏。对于少数民族俘虏，大明帝国有规定："俘获贼属男妇幼小堪用者养侯，老弱不堪者变卖。"养侯有很多种，但是小汪直却被阉割，成了太监。

在明朝人看来，就是太监，也是叛逆之后，是坏人。可是，宪宗皇帝却喜欢汪直这个小家伙。于是呢，汪直便成了宪宗的心腹，担任西厂校长，统率西厂杀手团，监视百官的行动。既然为皇帝办事，那么汪直便不管你是忠臣还是奸臣，不利皇帝的，不听皇帝话的，不讨皇帝喜欢的，一律处罚。结果，朝廷中有数十人被汪直贬黜。也因为如此，汪直便与百官结下了深仇大恨。这种仇恨达到了不是你死就是我亡的地步。

不过，王越却因为投靠汪直而步步高升。没多久，王越便升任了兵部尚书。有了汪直这棵大树，王越继续建功立业。成化十六年（1480），鞑靼亦思马因攻打大明帝国，大明帝国派出了王越和汪直，王越率兵，汪直监军，从大同出发，杀至兴宁海（今内蒙古绥宁县），击溃鞑靼军主力。蒙古游牧骑兵遭到致命打击，战后论功行赏，王越爵封威宁伯，王越达到人生的巅峰。

好事过后就是坏事，没过多久，汪直失宠了，宪宗皇帝将他扔到了南京去过日子。而王越则被算作汪党，净身出户，被流放到湖北。此后十年，王越只能在守卫的"保护下"在家活动。

十年后，明孝宗登基，大赦天下，王越才得以恢复自由身，不过，他此时也只是一个良民而已。直到边疆战火再起，他才再次领兵作战。当时，鞑靼结束内乱，挥师南下，势如破竹，打得边关将领嗷嗷叫。

朝廷召开了会议，商讨应敌之策。可是，这些平日里叽叽喳喳的文臣不说话了，天天嚷着忠君爱国的武将此刻也不说话了。这不是建功立业的机会吗？这不是报效朝廷的机会吗？可是，没人吭声。

就在这个时候，太监李广说话了。他建议朝廷任用王越。皇帝很是感激地看了李广一眼。可是文武大臣又开始嚼舌头，说王越是汪党，不该任用。可是，不用王越，用你们行吗？除了混淆世界颠倒黑白，还会做什么？

于是，朝廷任命王越担任西北战区统帅。此时的他已经是73岁高龄了，早就到了退休年龄，虽然朝廷的事情不关王越的事情，但国家民族的事情却是王越的事情，所以，王越仍骑着战马北上抗敌。

抵达前线后，老将王越宝刀未老，他立刻组织反击，结果，很快大败鞑靼，将鞑靼赶出边境。就在这个时候，朝廷出事情了。支持王越的太监李广倒台了。李广一倒台，这些忠贞爱国的文臣武将又开始上书攻击王越。王越得知后，气不打一处来，郁闷死了。

守仁梦到王越，显然是有特殊含义的。正所谓，日有所思，夜有所梦，如果守仁不想建功立业，那么他为何会梦到拥有赫赫功劳的王越？弗洛伊德说，梦是人欲望的表达。所以，守仁心里想的是建功立业而不是寻仙问道。只是，守仁太天真了，一心想着建功立业，他却没想建功立业的王越最终死得那么惨。

想想王越的结局，王阳明心灰意冷。既然想当圣人，建功立业，那么就得面对现实。所以，没过多久，守仁又拿起了科考复习资料，开始研读。这一次，王阳明能通过会试吗？

征服所有不服

这一年，王阳明二十七岁，这时候他很痛苦，虽然一直在寻找实现人生"第一等事"的路，但处处碰壁。不仅人生"第一等事"处处碰壁，就连他看不上眼的"只管一世"的状元也两次名落孙山。年轻的时候，头上顶着光环，王阳明内心认为自己有做圣人的天分，而且为之奋斗不已，直到格竹失败，王阳明第一次开始怀疑自己的圣人天分，于是开始了科举之路。再次攻读朱子之学，依然没有收获，于是发出"益委圣贤有分"的感叹，基本彻底认定，圣人是有种的，不是谁想做就能做的。自己这十几年的圣人之路，除了落一身病，一无所获，几乎看破了红尘，这个时候，王阳明想起了道教，想用道教的出世来抚平自己的心灵和肉体的创伤。尽管《年谱》里仅仅记录一句："偶闻道士谈养生，遂有遗世入山之意。"这句话看似平淡，实际韵味深长，如果第二年，王阳明真的没有中进士，历史上也许就多了一个伟大的道士。这一切之所以没有发生，是因为王阳明虽然很失望，但还没有彻底绝望，因为还有一条路，那就是会试。

按照明朝规定，三年一会试，王阳明只能参加1499年的会试了，也就是他二十八岁那年的考试。既然要会试，王阳明自然要苦读朱老夫子的书。一天，王阳明又拿着朱夫子的书读，当读到"读书之法，莫贵乎循序而致精，而致精之本，则又在于居敬而持志。此不易之理也"时，突然间，他拿着书狠狠地敲打自己的脑袋。

然后，王阳明开始自说自话，他疯了。不是，他顿悟了。大凡顿悟的人都有疯狂的举动，王阳明终于领悟了朱夫子的这句话：读书要有恭敬的心，要立下大志，然后一步步来，一字字看，由浅入深，由深到难，这样才行。一句话，有志者立长志，无志者常立志。

守仁发现，他以前读书却不是这样的。他觉得自己聪明，用涮火锅的方法学习，博览群书，书读了一大堆，今天读儒家，明天读道家，后天读兵家，什么都读……一直没有搞明白读什么书才能通过会试，现在终于明白了。

搞明白自己问题出在哪里之后，守仁便开始重新审视科举，从内心上正视科举，研究科举。经过这一番努力之后，他参加了1499年的会试，这一次他成功了，过线了。

通过会试之后，王守仁便参加殿试。殿试由大明皇帝主持，在三月十五日开考，跟乡试和会试不一样，殿试只考一道题：时务策。考完后第三天放榜。当然，跟乡试不一样，过了会试的考生参加殿试不会被刷下来，而只是排名次。

名次跟现在考试一样，以成绩高低来排。录取分为三甲，一甲三名，即状元、榜眼、探花，赐进士及第；二甲若干名，一般是十几个，赐进士出身；三甲若干名，一般是两百多个，赐同进士出身。说得简单点，一、二、三甲通称进士。

考完试后，守仁似乎有些不淡定。他觉得自己答得不算好，有些话说得好像是拍马屁。在以前的考试中，他肯定不会写拍马屁的话。不过，放榜后，守仁发现自己居然过了及格线。看到自己金榜题名后，守仁舒了口气：总算征服了所有的障碍！

守仁三战科考才成功，在当时应该算是正常的。有的人考了N次才考上，而有的人考了一辈子都没考过60分。事实上，明朝的科举考试录取率挺低的。在我国历朝历代科举考试中，宋朝录取率最高，多的时候录取高达千人。

而明朝，会试录取率一般是在 8.6% 左右。王守仁参加科举考试这一年，参加会试的有三千五百人，最终及格的一共有三百人，录取率约为 8.6%。所以，竞争比当今高考要激烈 N 倍。

在这次考试中，守仁拿了二甲第七名。对他父亲来说，没有拿到状元，可能有些遗憾。但是，对守仁来说，已经不错了。毕竟过线了，以后就好做圣人了。

此次拿到状元的是伦文叙。此人不是官二代，也不是富二代，而是穷二代。他家境贫寒，但是人穷志不穷，他勤奋刻苦学习，在会试中拿了第一，殿试中拿了第一，成功摘得状元桂冠。

不过，当了状元后，许多达官贵人要招他为乘龙快婿。为此，伦文叙毅然拒绝，因为他家乡还有一个望眼欲穿的何小姐，他不想做陈世美。衣锦还乡后，他与情投意合的何小姐结为连理。

可是，伦文叙此举激怒了达官贵人，他们联合起来诬陷伦文叙恃才傲物，辱骂天子，结果，伦文叙被关进大牢。幸运的是，后来昭雪，他担任翰林院编修。终其一生，没有建立什么丰功伟业，不过，他却因为"状元及第粥"而留名青史。

事情是这样的：伦文叙家里很穷，不得不以种菜卖菜为生。但是，卖菜是做生意，生意也不好做啊，竞争激烈。伦文叙为了卖菜，有时候连午饭都吃不上。就在这个时候，一家粥铺老板同情他，便天天让他送菜到粥铺。

每次送来后，老板便会用剩下的猪肉丸、猪粉肠、猪肝和白粥煮好请他吃。就这样过了几年。后来，伦文叙得到广东巡抚的赞助而寒窗苦读，最终成了当朝状元。

衣锦还乡后，伦文叙不忘赠粥的老板，便前来探望答谢，老板见状，便说道：此粥是为状元爷做，还望状元爷取名。伦文叙一想，便写下了"状元及第粥"。从此以后，"状元及第粥"便声名大振，流传千里。

拿到榜眼的是丰熙。此人是王守仁的老乡。中了榜眼后，担任过翰林院编修、侍读、翰林学士等职位，不过，他因为"大礼议"被皇帝打了屁股，流放到福建镇海卫，最终老死在那里。所以，他这个榜眼是上了皇榜，却没有心眼。

而摘到探花的是刘龙。此人是山西人，中了进士后，深受皇帝喜爱，节节高升，担任过吏部尚书、兵部尚书等职位。在担任兵部尚书职位期间，还曾经训练部队，击溃边境叛乱，也是个了不起的人物。

名次是定下了，但是守仁的弟子却认为守仁应当进入一甲。他说，当时要不是有人从中作梗，守仁肯定排在前三名。这个事情是不是真的，我们不得而知。不过，在当时，确实发生了一件大事——作弊案。主角便是大名鼎鼎的唐伯虎、程敏政、徐经（著名旅行家徐霞客的爷爷），作为那一年的举子，王阳明也被牵连进去了。

才子与财子共同赶考

就在守仁全力以赴准备第三次科举考试的时候，唐伯虎也欣然前往京师赶考。唐伯虎，不会是那个点秋香的唐伯虎吧？没错，就是他。他就是民间传说中才高八斗、风流倜傥点秋香的唐伯虎，是与祝允明、文徵明、徐祯卿并称"江南四大才子"的唐伯虎，是与沈周、文徵明、仇英并称"吴门四家"的唐伯虎。

只不过，现实的唐伯虎却没有秋香可以点，人生过得很是悲剧。唐伯虎，苏州吴中人，出身于商人家庭，父亲是烤鹅店老板。在一般人眼里，唐伯虎或出身书香世家或出身巨商大富，其实，唐伯虎"居身屠酤，鼓刀涤血"，翻译成今天的话就是，从小生活在屠宰场和大排档周边，每日所见不过是杀鸡宰鱼，鲜血纷飞的场景。很难想象，这种环境居然培养出了这样的大才子。

一般看来，注重实用的我们，在骨子里对金钱就十分亲近。而实际上，我们并不是真正的拜金主义者，文化、品位与素质才是基因里的追求。因此，在古代的职业排行榜上，士农工商，商人是最低等的。不过，到了明代就不一样了。商业对国家的贡献越来越大，所以，明朝也允许商人参加考试。万般皆下品，唯有读书高。商人地位提高了，商人的儿子能参加科举考试了，感谢朝廷，感谢皇帝。

于是，烤鹅店的老板想让儿子做官，于是花重金聘请名师，对儿子进行明朝的高考及公务员考试培训。烤鹅店老板同时还注重儿子的素质教育，让儿子跟经常来自己大排档吃烤鹅喝米酒的大画家周臣学画画。为了让儿子知道生活不易，烤鹅店老板让儿子唐伯虎参与饭店生意，其实就是端盘子、洗碗之类的杂事，目的就是让儿子知道挣钱不容易，而让他走向读书这条轻松的路。

经过一番辛苦历练后，唐伯虎也觉得科举是个好营生。所以，他也准备参加科举考试。十三岁那年开始，阿虎便不再玩风筝、斗蛐蛐，而是闭门读书，挑灯夜读。转眼间，三年过去。十六岁这年，他参加苏州府考试，结果名列第一。

成绩出来后，苏州震动。当时，苏州刺史就很有预见性地说道：唐伯虎不是池中之物，将来是要当大官的。出名之后，唐伯虎更加努力学习，准备参加南京考试。可是，就在踏入二十岁之后，他们家出了大事，唐伯虎的父母、妻子、妹妹相继离他而去。

家境遭遇如此不幸，唐伯虎备受打击。他的人生陷入了低谷。就在这个时候，他的好友祝枝山便劝他潜心读书，完成父母的愿望。于是，唐伯虎便全身心投入科举考试之中。

二十九岁这年，他参加了南京考试。自从明朝设立科举考试以来，中状元的多是南方人，而南方人则多出自江浙一带。因此，每次科考，江苏省官员和朝廷高官都来视察。当时，南京主考官是太子老师梁储。此人看了唐伯虎的文章之后，立即拍板：不用看了，今年他就是解元。于是，唐伯虎再次考中第一名，夺了解元桂冠。

话说梁储回到京师后，立即跟皇帝的老师程敏政说："此次南行，颠簸得我上吐下泻。不过还好，我替圣上物色到了一个绝世人才。他叫唐伯虎，以后还得请程大师多多照顾。"

程敏政也说道："此人我也听说过，据说很有才华。"为了让程敏政相信，梁储立即拟出三道考题送到南京让唐伯虎做，唐伯虎唰唰唰做完就交了上来。程敏政看后，大加赞赏。

还没参加会考，就被主考官看好，而且还得到了朝廷高官的重视。如此看来，明年状元郎非唐伯虎莫属了。被这么多大腕看好，唐伯虎想低调也找不到理由，就是身边的朋友也不乐意啊。

踌躇满志的唐伯虎踏上了进京赶考之路，在路上结识了富二代徐经。

徐经何许人也？徐经，江苏江阴人，出生于富贵之家，而且人长得很高很帅，就是今天所说的"高富帅"。再就是，徐经虽是"高富帅"，人家"美而好学""富而能文"。这是因为，老徐家是读书之家，从徐经祖父徐颐到他父亲徐元献都酷爱读书，手不离卷，上厕所也在读书。在祖父和父亲潜移默化的影响下，徐经也酷爱读书。而且，他爱书的劲头远远超过祖父和父亲。别人家富二代养鸟遛狗斗鸡，他足不出户，目不窥市，整天在书房里苦读。

二十二岁那年，徐经参加了乡试，结果中了举人。中举后，徐经开始结交吴中文人墨客，久闻唐伯虎大名，花了百金终于见到了真人。两人一见面，立刻相拥，抱头痛哭："知音啊。"和唐伯虎单身进京赶考不一样，人家徐经那是一个讲究，不仅乘坐自家的大船，书童仆从就不说了，居然还带着一个戏班子。

唐伯虎和徐经，一个才子，一个财子；一个帅，一个富；一个风流偶傥，一个财大气粗……放在今天，他们就是坐着游轮听着戏，涮着火锅哼着曲，一路"嗨皮"到北京。

这哪里是进京赶考，就是新官上任也不敢这么阔。一般的"高富帅"也做不到这样，只有土豪才能如此。这样高调，让那些饿着肚皮的苦逼举子情何以堪啊，人家怎么想，怎么看？当然，唐伯虎和徐经是不管这些的，就是那些苦逼举子高喊："土豪，土豪，我们做朋友吧？"估计这哥儿俩连瞧都不瞧一眼。

这是典型的撕裂社会，制造社会矛盾，增加社会的仇恨，这俩人光顾着自己优哉游哉地快活呢，哪知道自己已经成了社会公敌。这是因为，群众的眼睛是雪亮的，举子的眼睛是血红的。

从炫富到炫才

唐伯虎和徐经还没有到北京，京城里就开始流传这样一个消息：来年的状元郎已经内定，就是江苏吴中烤鹅店老板的儿子唐伯虎。等他们俩到达北京后，这个消息已经传遍了大明朝的每一个有人的角落，甚至连菜市场的大妈都知道，都会小声地说："我知道了来年科举的内幕消息，状元郎就是烤鹅店老板的儿子。我要督促儿子好好念书，如果能像烤鹅店老板的儿子这样，那我这辈子就值了。"

赶考路上就如此高调，到达之后，两人更是高调做事。他们抵达之前，唐伯虎和徐经名声就传遍京城，才子和财子在一起，要才华有才华，要金钱有金钱，想不高调都难。徐大公子赶考带了一批江苏一线演艺明星，到了京城后，这些戏班子就开始和京城戏班子交流学习。于是乎，唐伯虎跟徐经就和这帮戏班子出入于各大著名会馆。听说大才子进京了，京城达官贵人也前来追星，徐经总是当仁不让地介绍：这是准状元郎唐伯虎先生。我是徐经，是新科状元的挚友！介绍完毕，引来的就是震耳欲聋的欢呼。

其实不仅徐经这样四处宣扬，太子的老师梁储也不时透露出这样的消息。他们是快活了，赚尽了眼球，但同时也成了举子的敌人。唐伯虎在给文徵明的信里这样描写当时情形："握拳张胆，若赴仇敌，知与不知，毕指而唾。"其他举子一见唐伯虎，就捏着拳头，瞪着眼睛，好像唐伯虎是其杀父仇人一样，有的则对唐伯虎吐口水。

唐伯虎和徐经高调是自己的真性情，和别人无关，但只要是个整体，都是互相关联的，不要以为一些事情和自己没关系，其实每件事都是互相影响的。当我们看见别人喝粥，自己吃肉，如果不想让别人馋，能不能不吧嗒嘴。你吃肉，人家喝粥，本身已经很不公平了，还吧嗒那么高的声音，这不是找麻烦吗？一旦别人连粥都喝不上的话，你的肉也就吃不安稳了。

对于考试，唐伯虎是悠然自得，他相信自己肯定能够登上状元榜，而徐经则不一样了，他虽然"美而好学""富而能文"，但对自己能否考中，显然信心不足。于是，徐经产生了一个想法：花钱买试题。

花钱买试题和答案，这可是国考，泄露国考题，是要砍脑袋的，谁敢啊？徐经相信钱能通天。

说干就干。徐经便带着诱惑人的金银财宝前去来科主考程敏政家，理由是拜师。程敏政开始以为他是来拜师的，便接见了他，可是徐经却递上了金银财宝，恳求程敏政主考官高抬贵手：泄题。

又是来买考题的，程敏政勃然大怒，让仆人送客。徐经见状便说道，程老师，果然高风亮节，刚才是学生试探老师，还望老师见谅。这里有点腊肉，还望老师收下。程敏政不好推辞，便收了腊肉。

离开程府后，徐经不死心，他便花一锭金子买通了程府大管家，让大管家将程敏政书房里的垃圾桶的废纸卖给他。一锭金子买废纸？这人脑残？ NO，拿到废纸后，徐经便屁颠屁颠回到客栈。

回到客栈后，他邀请唐伯虎研究废纸。正所谓功夫不负有心人，很快他们就从废纸中找到了蛛丝马迹，并预测了可能要出的试题。对此，唐伯虎没有起疑心，也没诧异，买模拟题在当时是很正常的。

唐伯虎和徐经根据推测出来的试题，准备答案。光阴似箭，很快就到了科考日子。王守仁、唐伯虎、徐经等人和其他考生一样"裸考"。进场前，一个个信心满满、志在必得的样子，可是，第一场考下来，就有人掩面而去；第二场考下来，众人是心灰意冷；第三场考下来，多数人哭天喊地。

原来，这一年的考题不同往年。往年的试题，考生看着也有似曾相识的感觉，可是，这一年出的题目却非常怪异，这次考题是由主考官程敏政出的，题目分别是"欲罢不能""知所以修""恻隐之心"。这三道题搞得身经百战的考生手足无措。

不过，就在众人哭爹喊娘的时候，唐伯虎和徐经却得意扬扬。当他们看到这三个题目时，不是有似曾相识的感觉，而是犹如亲人那般熟悉。于是，他们唰唰唰胸有成竹地做题。

考试结束后，他看着众人的苦瓜脸，就说道："看看你们，这么简单的题目都做不出来，真是饭桶，你看我唐伯虎，轻而易举地搞定……"

此话一出，惹了众怒。技不如人是自己的问题，但是唐伯虎没有必要羞辱人家。你看看，众人用羡慕嫉妒恨的眼神盯着他，这明显有揍他的冲动。如果不是顾忌举人的身份，恐怕此刻唐伯虎就要被群殴。

不过，人太高调，总要出事的，何况唐伯虎似乎还作弊了。

考场里的罗生门

三场考试结束，有一名叫都穆的考生向朝廷官员举报：今年科场有人作弊，唐伯虎嫌疑最大。

都穆，何许人也？他是唐伯虎的老乡，也是一个聪明的孩子。七岁便能吟诗作赋，长大后，肚子装了 N 多书。不过，聪明归聪明，但不善于科考，都穆屡试不中，只好当起了私塾老师。他没事就教教书，练练字，打发打发寂寞时光。

转眼间，都穆到了不惑之年。有一天，巡抚前来巡视，看到了都穆所写的文章，觉得才气盈天，便用重礼聘请他。从此以后，都穆人生平步青云。

这一年，都穆也参加考试。考完试后，明星考生唐伯虎做东，邀请江南老乡吃饭，老朋友都穆自然也在邀请范围之内。唐伯虎这次考得比较顺利，心情超好，在酒席上，你一杯，我一杯，喝得不亦乐乎。不知不觉，唐伯虎喝醉了，在无意之间，他把徐经花钱买废纸的事情说了出来。说者无意，听者有心，都穆一听，内心很是不高兴，寒门子弟寒窗苦读，你们这对大才子和大财子，居然还作弊。生气归生气，但也没当回事。

几天后，关于科考的各种消息满天飞，基本上没有靠谱的，大多是举子和官员的揣测。这期间，唐伯虎经常和徐经结伴从一家会馆到另一家会馆，忙得不亦乐乎。考得不太好，又没有多余的银子，都穆相对只能在客栈和别的举子扯扯淡猜测一下今年的新科状元郎。一天，都穆前去华昶家拜师，正赶上工部马侍郎邀请华昶做客，添人添筷不添菜，华昶就带着都穆一起去马侍郎家赴宴。

酒过三巡，菜过五味，大家正在兴头上的时候，仆人来到马侍郎身边，耳语了一会儿，马侍郎脸色突变，起身告诉大家：朝廷里来人了，麻烦大家回避一下。于是，都穆跟着华昶一起回避，人回避了，耳朵没回避，朝廷里的人和马侍郎谈了许多工作上的事，最后谈到了今年的科考。因为这个和自己密切相关，都穆听得比较认真，朝廷里头的人说："今年会试考题非常难，搞得天下举子束手无策，却有两份考卷异常优秀。主考官程敏政在不知道考生姓名的情况下，居然说：'这两份肯定是唐寅和徐经的。'看来唐伯虎此次又是第一啦（唐寅又举第一矣）。"

这种事本没什么根据，都是小道消息，或者是就此一说，当不得真。但一旦牵涉到个人利益，就不一样了。恨人有、笑人无，是人之本性，考生最讨厌听说别的考生考试考得好，一听又是唐伯虎，都穆不由得心生恨意，羡慕妒忌恨涌上了心头。

马侍郎会完客，继续和都穆他们饮酒，并神秘地说："刚才获得内部消息，据说今年的会试第一名就是唐寅。"

马侍郎刚说完，都穆就对马侍郎说："徐经尝'通考官程敏政家奴，先期得场中试目'，并曾告知唐寅，徐、唐二人预先作文，更张扬于外。"

由于华昶也在场，这种爆炸性新闻，不到一天就传遍京师。

消息很快传到一个叫傅瀚的高官耳朵里，他知道后，这件道听途说的泄题事件性质变了，后来演变成一起严重的政治事件。这倒不是傅瀚与程敏、唐伯虎有什么恩怨情仇，而是因为傅瀚盯上了程敏政的位置。位置只有一个，程敏政在上面，傅瀚就上不去，唯一的办法就是程敏政下来。终于等到机会了，于是，傅瀚找来了自己铁杆心腹言官华昶："程敏政泄露考题，你赶紧给皇帝打报告，一旦晚了，功劳就被别人抢去了。"

华昶听后，觉得是大事一件，足以立功，于是屁颠屁颠去向弘治皇帝打报告，说程敏政违反纪律，在考试前，将题目泄露出去，搞得满大街都是，而考生唐伯虎和徐经则拿着考题四处炫耀。这种行为极为恶劣，这分明是给大明盛世抹黑，给皇帝难堪，"此岂科目所宜有，盛世所宜容？"

这次的会试考官工科给事中林廷玉则说："程敏政在出题、阅卷和取人方面大有问题。"

皇帝一听，勃然大怒，但也不好说，毕竟程敏政是自己的老师。皇帝表面上说是对科举负责，对天下举子负责，其实他内心最关注的是自己老师的清白，因为这事关自己的面子。按自己对老师的了解，不会做这样的事。先调查一下再说，于是将报告转给礼部处理，不久，礼部的调查报告报了上来。结果是：华昶的告密未必空穴来风，建议查卷。作为当事人，程老师自然需要回避。建议由副主考李东阳来主持查卷工作，李东阳就是让王阳明作《来科状元赋》的那个大爷。

一看皇帝的动作，礼部明白了皇帝的意思，很快就呈上了调查报告。和第一次的详细缜密不同，这次的报告仅有几个字：可能有，也可能没有。

朱祐樘看后，龙颜大怒，想糊弄我：既然可能有，也可能没有，那不就是有了。不然怎么会空穴来风。这不是给我抹黑吗？朱祐樘毕竟阅历丰富，他绝对相信自己的老师和自己的判断，想和我玩太极，没门。于是，朱祐樘下令先把华昶、唐伯虎和徐经关进监狱，然后命令相关部门查清楚。

李东阳奉旨查卷，打开一看吓了一大跳，发现第一名的考生就是程敏政阅的卷。今年会试第一名是王华的儿子王守仁，这会不会也有什么猫儿腻？

未跃龙门却进了牢门

本来这次会试阅卷已经结束，会元就是在程敏政阅卷的考生中产生的，文章是经过大家研究定夺的，文章确实好，无论是立意还是才情都当之无愧。谁能想到竟然有这样的事情发生，而且发生在帝师身上，别的不说，人品方面，程老师绝对没问题。缺银子吗？不缺，缺名声需要炒作吗？不需要，已经是帝师了。

李东阳带领一个工作小组对程敏政所阅考卷进行复核，认真严肃，严肃认真，最后得出的结论是：唐伯虎和徐经的考卷不是程敏政审阅的。

复查结果上报到朱祐樘那儿，一看结果，皇帝松了口气，老师果然是清白的。好啊，竟然欺负到皇帝头上了，朱祐樘为了出口气，决定动用锦衣卫。于是，唐伯虎进去了，徐经进去了，华昶也进去了，唐伯虎在信中这样描述："天子震赫，召捕诏狱。"

进去之后，下面的情节很简单，就是一个字：打。只要打，想要什么样的结果就有什么样的结果。唐伯虎、徐经小小的举子，竟然抹黑帝师，上家伙；华昶，一个在京师一竿子能打倒仨的处级干部官员，竟然诬告帝师，老虎凳伺候。

扛不住的是富家公子哥徐经，这个进京赶考都带戏班子的主，细皮嫩肉，锦衣卫两鞭子下去，这孩子就全招了，招供：自己真的向程敏政询问过关于会试考题的事情，而且给过他家门童金币，程老师也的确给了模拟题。

唐伯虎毕竟天天在烤鹅店打杂，吃过苦，虽然风流倜傥，但皮肉还算结实，坚决否认，后来锦衣卫也没办法。至于华昶，毕竟在官场混了这么多年，他知道一旦坦白，不仅不会从宽，还会丢掉乌纱帽，同时会把牢底坐穿。死活也不说幕后主使是谁，更不说告密者是谁。作为言官，算是有一定的职业道德。

锦衣卫把审问笔录递给了朱祐樘，本来是出口气，给老师一个清白，谁想徐经把老师供出来了。怎么办？只能把程敏政下狱。锦衣卫还是老方法对待，程敏政和华昶一样，死活不承认。只得再提审徐经，徐经这时候说，自己是诬告了程敏政。关于证据，锦衣卫的调查也是"事出有因，查无实据"，最后只能放人。

按理说，徐经都承认是诬告了，程敏政应该没什么问题了，可以官复原职了。在政治上，不要以为没有查出罪证，你就是清白的，有些事一旦牵涉到你，不管你到底是否参与，你的清白就被降到垃圾级别了。

事实是，大明朝仍然将程敏政、唐伯虎和徐经三人治罪。程敏政的罪名是"临财苟得，有玷文衡"，责令辞职。真相公诸天下了，总该还给唐伯虎一个公道吧。然而，才子太天真了。事情真相出来后，唐伯虎没有因为真相水落石出而得到平反。相反，他被罢黜举人身份，永远不得参加科考，只给一个事业编制，被派到浙江担任小吏。这一年，唐伯虎虚岁三十岁，这条小鲤鱼没有跃过龙门，依然还是条小鲤鱼。

本来想鲤鱼跳龙门，一飞冲天，可如今却是这般结果。士可杀不可辱，唐伯虎认为这是朝廷在羞辱自己，所以，虽然他囊中羞涩，日子无着落，但是他没有去上任，而是回了家。

回家后，他的第二任妻子对他是一顿谩骂。这位美女是看上唐伯虎是个潜力股，所以才屈嫁给他。她梦想着唐伯虎考中状元，自己以后就是状元夫人。可如今，唐伯虎这支潜力股变成了垃圾股，所以，谩骂后，她便与唐伯虎离了婚。

真相没人相信，没人相信也就算了，自己的老婆都不相信自己。唐伯虎想死，但是考虑到自己弟弟还小，长兄如父，他没办法，只好忍辱活下来。不过，唐伯虎从此无意官场，转而搞起艺术。

而徐经呢？逃生之后，他便回到家里然后关起门来读书。他没脸见人，早知道事情会真相大白，他怎么着也得再忍一忍。君子都是为仁义而献身，现在倒好了，招了，以后怎么见人，以后怎么教化别人？不过，他希望得到新皇帝赦免，得以重新科考。可惜，他被打废了，没过多久就死了。不过，他的孙子徐霞客很争气，留名青史。

幕后黑手，傅瀚，后来如愿坐上了程敏政先前的位置。至于都穆，他因别人的祸而得福，中了进士，担任工部主事，此后平步青云。

一次科举作弊案改变了许多人的命运。对守仁来说，本来是这次会试的第一名，由于是程敏政审阅的考卷，只得重新阅卷，第一名被取消，定为第二名，不过，好在中了会试。然后，参加殿试，王阳明中了二甲第七名。

经历这么多年的努力和苦读，王阳明终于成为大明朝的公务员。

五、文艺青年闯官场

乡试后七年，王阳明终于中了进士，踏入梦寐以求的承天门，正式成为天子门生。身体的病症似乎可以治疗了，王阳明踌躇满志，开始在官场上争先恐后了。后来，真正的肉体病和精神病却更严重了。

进入承天门，成了天子门生

弘治十二年（1499），王阳明位列己未科殿试第二甲第七名。这一年，王阳明的身份和地位发生了根本性的变化，一条小鲤鱼跃过了龙门，成了名副其实的天子门生。最重要的是，王阳明的政治面貌发生了变化，在政治面貌这一栏上不再是"生"了，而要赫然填写上"士"，从普通百姓摇身一变成为"官"。

放榜后的第二天早晨，王阳明和状元老爹早早起床，洗漱完毕，一起奔赴承天门，共同参加传胪之礼，不同的是王状元站在百官的队伍里，王阳明站在新科进士队伍里。王阳明改写了老王家的历史，父子同进承天门，这绝对值得大书特书。如果说上面这些变化，还有些抽象的话，那最明显的变化就是衣服的变化。这天早晨，王阳明与几百名新科进士，在鸿胪寺官员的引导下，按照榜上的排名顺序，第二次进入皇宫，参加传胪谢恩之礼。和参加殿试不同的是，这一次所有的人都按照国家要求，统一穿上了"公务员制服"。按照级别待遇，王阳明只能穿一袭深蓝色罗袍，头上戴一顶簪花的乌纱帽，帽翅长五寸左右，再系上皂纱垂带，随风招展，既好看又帅气。

传胪典礼在奉天殿（太和殿前身）举行，古代，上级传语告下级称为胪，传胪即唱名之意。所谓传胪就是按照考试名次宣布新登第进士的典礼。仪式极为隆重，王公贵族和文武百官都盛装参加，在奉天殿前銮仪卫按照法驾卤簿标准举行仪式，举行仪式的同时，皇家乐队演奏乐曲助兴。

这个时候最忙的就是礼部鸿胪寺官，他们在奉天殿内东边摆放一个黄色案子，内阁学士捧黄榜放在黄案之上。这些准备停当后，鸿胪寺官要奏请皇帝到奉天殿升座，升座后，新科进士和王公大臣一起行三叩九拜之礼。

礼仪结束后，鸿胪寺官开始宣读《制》："某年某月某日，策试天下贡士，第一甲赐进士及第，第二甲赐进士出身，第三甲赐同进士出身。"《制》宣读完毕，宣读第一甲第一名进士姓名，鸿胪寺官引领新科状元出班，在御道左跪下；接着宣读第一甲第二名进士姓名，鸿胪寺官引领榜眼出班，在御道右稍后跪下；再宣读第一甲第三名进士姓名，鸿胪寺官引领探花出班，就御道左又后跪。按规定，一甲三个人的姓名，都传唱三次。之后宣读第二甲第一名的姓名等若干人，再宣读第三甲第一名某人等若干名，都只唱一次，而且不需要引领出班下跪。

王阳明的名次非常有意思，第二甲第七名，是皇帝单独面见的最后一个。当鸿胪寺官传胪王阳明的时候，大伙的目光齐刷刷盯住了，谁不知道啊，王状元的大少爷，算是一个名人了。

传胪宣读完毕后，皇家乐队开始演奏《庆平之章》，这个时候，王阳明和所有人一起再次对皇帝行三叩九拜之礼，皇帝直接起驾回宫。之后，礼部官员把皇帝钦点的黄榜恭敬地放到云盘里，黄伞前面开路，出太和门、午门，到东长安门外（今天安门东侧）张挂三天，公示天下。

张贴后，所有新科进士在新科状元的带领下和王公大臣一起出来观榜，其实就是炫耀一下，释放一下多年的心理压力，满足金榜题名的快感，正所谓"十年寒窗无人问，一举成名天下知"。观榜结束后，进士们将参加皇帝赏赐的琼林宴，吃饱喝足后，还发放一些纪念礼品。

宴会结束后，状元带着所有新科进士去孔庙拜谒祖师爷孔子，礼拜既完，再去国子监立碑，将新科进士的姓名刻于石碑上，到这里殿试的程序才算全部结束。

最为隆重的就是游街，场面极为壮观，也非常讲究。官员打着五彩旗在队伍最前面领路，后面跟着一顶扎着彩棚、点缀着绣球的大花轿，轿上面摆放着皇帝赐予的"进士出身"匾额，再后面就是家人和仆从抬着皇帝恩赐的衣帛、酒以及肉等礼品，鼓乐队吹吹打打紧跟其后，最后隆重出场的是身着新罗袍、骑着高头大马的新科进士，一时风光无限，让人羡慕不已。王华在京经营许多年，门生故旧很多，因而王阳明的场面很是壮观，帮忙帮闲的来了一大批。

王阳明第二甲第七名，顺利参加馆考，就是考翰林，相当于现在考研究生，考上了就是翰林，也称作庶吉士。庶吉士的入选标准是文学才情和书法，王阳明是两样都擅长，最后却没有被点翰林。的确很奇怪，但最奇怪的是，无论是王阳明还是他的众弟子没有人提起这事。没有中翰林绝对沉重地打击了王阳明，在当时，流传"非进士不入翰林，非翰林不入内阁"之说，就是说如果不是翰林就无法做宰辅。那时候，内阁宰辅十有八九都是翰林出身，因而被选中的翰林，就获得了"储相"美誉。

这些年备受打击，进士及第已经很不错了，王阳明内心深处早就把中进士作为最高追求了，至于翰林，早就戒了。王阳明终于可以在父亲面前挺直脊梁了，也不再是一个寄寓北京的外省青年了，而是一个"士"，是天子门生了，是帝国的官员了。

没有进入翰林院，王阳明下一步就是进入官场。在进入官场之前，王华开始给王阳明上课，普及一下官场的明规则和潜规则。

官场入门课

任何一个朝代，在建立之初，都是靠一帮"泥腿子"浴血奋战取得天下的。这帮人打天下是行家，但靠他们治天下就不行了，这就是所谓"可以马上取天下，不可以马上治天下"。另一方面，一旦取得天下之后，皇帝也要进行人员调整，对功臣大举屠刀，这个时候都会举行科举。一是人才轮换，二是让真正懂得治天下的读书人来做官，就是让专业的人来做专业的事。

一个王朝稳定后，参加科举的底层人越来越多，于是官场中的平民科举进士越来越多，而一开始打江山的功勋和豪族慢慢衰退。科举进士就成了新贵，利用门生故旧，逐渐就形成了自己的势力，就是所谓的文官群体。无论什么群体，一旦拉帮结派，尤其是政治群体，就会带来严重危害。到明朝中后期，文官群体，上可要挟皇帝，下能控制百姓，给国家社会造成严重损失。

虽然政坛的主要官员基本上都是科举出身，而科举又分成三六九等。最低级别的是举人，那个时候，举人就可以做官了。不过，举人出身的只能做低级别的官员，而且仕途有限。因而，大多数人中举后，都是坚持进京赶考而不是去做官，当然有些人，由于经济拮据，先做官赚钱，然后再去科考。

王家父子都是两榜进士出身，王华是状元，王阳明是第二甲第七名。官场里的许多事是很奇妙的，尤其是科举出身的这些人是很讲究的，为了让儿子懂得官场的规矩，王华就把自己的认知和经验一一讲给儿子。

王华告诉王阳明："在官场，并不是所有的时候都是小官给大官行礼，有些时候，大官也要给小官行礼。"

在明朝想做官，只有科举这一条路，因而官场里的官员都是科举出身。有所不同的是，举人出身的只通过了乡试，只上过一次榜，称作"一榜出身"；进士由于多了一个会试，就叫"两榜出身"。虽然举人和进士之间差着一榜呢，但毕竟都是科举出身，彼此互相看作同类人。

这些科举出身的内部也有一定的规矩，如何见面，如何问好，如何交流，非常讲究。于是，就把自己当年刚进入翰林的一次经历说了出来。

有一天因公和几个同僚在礼部大堂见面了，公干忙完之后，大家就开始聊天。这一点和英国相似，闲聊的时候爱聊天气。所不同的是，在中国说是聊天其实在聊人事，聊世事。在官场不要小瞧聊天这样的小事，小处见大，规矩和等级非常严格，里面的学问大着呢！

为了不对号入座，其余几个人用甲、乙、丙、戊，自己算作丁。甲是礼部尚书（正二品），乙是礼部侍郎（正三品），丙是工部员郎中（正五品），丁是翰林院侍读学士（从五品），戊是提刑按察使司副使（正四品）。

五个人中，其中戊是举人，一榜出身。一开始，大家先是根据官位高低排座位，由于不是公干聊天，相对自由一些，大家就开始聊天，都身在官场，自然出身就成了共同的话题。这个时候，戊有自知之明，就站起来，起身告退，为什么呢？虽然你的官位不低，但人家聊的是会试的事儿，你连会试都没参加过，怎么在一起玩啊？像今天的人聚会一样，聊聊是哪所大学毕业的，以及上大学的生活经历，你一个连高考都没参加过的人，在那里瞎起什么哄。

一提出身，就把官居第三的踢出局了。游戏继续玩，剩下的都是进士了，虽然都是进士，但也有先后，就看谁中进士早。这就是摆资格，一说，人家甲是天顺七年的，乙是成化八年的，丙是天顺四年的，丁是成化十七年的，这个时候，其他三位要站起向丙行礼问好，而且这个礼必不可少，不管你的官位和年龄比对方大多少，遇到登科比你早的都要敬礼。就好比今天的校友聚会，见面就问："您是哪一届的？"一听别人比自己高，立即握手："学兄啊，失敬，失敬！"

说完中进士的时间，之后就是名次了。甲说："我是二甲进士出身。"乙跟着说："我是三甲同进士出身。"这个时候，丁淡定地说了一句话："我是翰林院庶吉士。"这个时候，那几个乖乖站起来，给丁敬礼。

庶吉士了不得，一科进士中有一甲三人可直接进入翰林院，二甲和三甲要再次参加考试，从中择优录取。庶吉士工作比较令人羡慕，就是给皇帝上上课，帮皇帝起草诏书，相当于皇帝的秘书。相当于国家领导人的秘书，炙手可热。

王华不无骄傲地说，当年你老爹就是利用自己的状元身份，搭建了许多关系网，赢得了许多尊重。

一次聚会，于是关系就这样建立起来了，关系的远近亲疏，地位的高下，仕途的前景，官场的场由此产生。由于没有被点翰林，王阳明的工作任命很快就下来了：观政工部。

第一份工作

阳明踏入大明朝官场的第一份工作就这样产生了，所谓"观政工部"就是到

119

工部实习。虽然没有被点翰林，进入工部实习也是不错的结果，再怎么着也是京官，总比到海南做一个知县好很多。

工部是六部之一，直属皇帝领导。工部的主要职责是管理全国工程事务的机关，管控全国的土木兴建、城市建设以及相关规则和标准，管控全国水利工程，皇家陵寝建设。另外包括机器制造工程（包括军器、军火、军用器物等，矿冶、纺织等官办工业也全部由工部管理），同时还主管一部分金融货币和统一度量衡。

明朝的工部下面设置四个司：第一个是营缮清吏司，主要掌管宫室官衙营造修缮；第二个是虞衡清吏司，主要掌管制造、收发各种官用器物，同时主管度量衡及铸钱；第三个是都水清吏司，主要掌管估销工程费用，同时主管制造诏册、官书等事；第四个是屯田清吏司，主要掌管陵寝修缮及核销费用，支领物料及部分税收。

工部的职能相当于现在的工信部、水利部、城乡建设部，再加上造币公司，可想工部的权力有多大，里面的油水有多少。历朝历代都是工部最富，对想发财的人来说，这绝对是一个肥缺美差，打破头往里面钻。

王阳明是个例外，他不缺钱，对金钱没啥特别的爱好，他很看不上那些把挣钱作为人生第一追求的人，这样的人兴奋点太低，他要做圣人。

到工部办好入职手续后，王阳明开始了他的官场生活。工部的办公地点在东朝房，刚来的新人，没有享受到福利分房，王阳明住在父亲长安西街的家里。这样，王阳明每天要从西城到东朝房上班，来回穿梭。因为是观政，也即是给工部官员当助理，端茶、倒水、长见识，相当于今天的实习生。

观政人员一般都不会安排重要的工作，工作清闲，还有闲钱。每天上班只要给领导端端茶，倒倒水，听职场老油条发表工作感言，没什么事情可做。国家已经到了成熟期，没有永乐时期的大拆大建，现在基本都是修修补补，最大的事也就是给皇帝及百官修建陵墓。

现在的皇帝比较年轻，陵墓的事情还早着呢？工部也就没有国家级项目，从上到下都比较清闲。这样的工作多舒服，对一个混日子的人来说，最好不过。王阳明是有追求的，他有自己的使命，那就是做圣人，一个要做圣人的人，怎么能随波逐流呢。无所事事，是做不了圣人的，必须要做事，只有事业成功，才能实现自己的目标。一般的见习生，能躲清闲就躲清闲，可王阳明都是主动找事，这也做，那也管。好像整个工部，就是他们家的，真是把单位当成家了。

有一天，工部接到一道诏令：给威宁伯王越修墓。工部老大徐贯一脸不满："老大又收买人心了，有意思吗，都是给活人看的。现在就流行这个，活着的时候不管不问，死后到处宣传到处纪念，说什么忠君爱国，功勋卓著……还有什么用？不过对老大来说是有用的。总算给王将军盖棺定论了。"

在场有位老官员说道："是啊！王越的事儿吵吵一年了，这事谁都知道，一个人为了实现爱国理想，居然要靠抱太监的大腿，这是什么世道啊？一生忠君爱国，却落下了德行有亏、谄媚权阉的骂名。再说了，人都死了，墓修得再好给谁看，明显让王将军再次做贡献。"

工部老大徐贯让大家安静，接着说："现在不许发表不利于和谐的言论，这可是国家级项目，方案按照国家制度执行，看看你们谁愿意去监工？"

此话一出，众人缄默不语。要是以前，领导一说有工程，人人抢着干，现在没人干。嘴上都是说，官员都是朝廷的砖，哪儿需要往哪儿搬嘛。可是，这群人默不吭声。

原因不外乎这几条：第一，给死人修墓本来就不是什么吉祥事。第二，死者的身份。如果是给老皇帝修墓，那就不一样了，因为新皇帝会补偿的。一般的官员，能混到国家给修墓就是极品了，子孙一般不会有太大的权力，没什么回报。而王越就更特殊了，争议极大，既功勋卓著也骂声四起，给他修墓就是给自己找麻烦。第三，修墓都是国家级项目。事关重大，不管你用心不用心，修建得好不好，一切看朝廷心情。干活得罪人这事情，傻子才愿意。第四，有油水不敢贪。修墓是朝廷门面，偷工减料，哪天东窗事发，墓倒了，自己就得进去。所以，这活儿没人愿意干。

现场氛围有些尴尬，大家都是你看看我，我看看你。当大领导徐贯抬眼环顾四周时，脑袋齐刷刷低了下去。再一看，居然有一个脑袋还抬着，就是那个见习生，王状元家的少爷。这个时候，王守仁立即毛遂自荐道："我知道各位领导日理万机，活人的事情都没忙完，根本没有时间忙死人的活。所以，我请求领导破格让我前去督造威宁伯坟墓。"

为什么大家都低头，唯独王阳明抬着头而且主动请缨？绝对不是王阳明比他们聪明，或者敢于担当，唯一的原因就是俩字："新鲜。"每一个人在面对自己人生第一份工作时都充满新鲜感，在内心深处都想尽快脱颖而出，在新单位站稳脚跟。因而一旦有工作机会出现，都喜欢站出来，甚至毛遂自荐。

听到这话，诸位官员舒了一口气，纷纷点头说道："小王是好样的，响应国家号召，年轻有为，锐意进取，前途一片光明。"

领导则说道："小王啊，一家人不说两家话。别说什么破格不破格，所谓状元爷家无犬子，你那么优秀，肯定能做好。只是修墓这个事情攸关国家脸面，需要级别高的官员去才行。不过，既然你主动请缨，那你就去。有什么事，我顶着。为了提拔新人，就是丢了我头上这顶官帽，我也在所不惜。"

王守仁随即准备前往。其实，他主动要求做这件费力不讨好的事情还跟他梦见威宁伯王越有关。在会试之前，王阳明在梦里梦见威宁伯赠送宝剑给自己。现在，他居然跟王越有关联了。所以，他认为既然是缘分，那就帮偶像一把。

这个钦差有点萌

获得领导批准后，王阳明几乎是跑着回家的，到家见人就说这事。告诉父亲后，王状元对王阳明说，你怎么能接手这件事呢？王越争议太大，我当年也曾骂过他，这事太棘手了，只要接手这件事就得罪一批实权人物。再说了，你刚到工部，那些专业的技能你能处理吗？

王阳明信心百倍地回答，一切都没问题。事后，王阳明很是不理解，自己好不容易才获得这个展示自己才能的机会，怎么这么麻烦。人前显贵，人后就要受罪，王阳明表面上很自信，但私底下要做功课。于是到工部值事房借来了《考工记·匠人篇》《三辅黄图》《营造法式》《梓人遗制》《鲁班经》，开始学习，遇到不懂的问题就请教同事。

工部把王阳明负责监督王越坟墓的报告送给内阁，朝廷的委任状很快下来，年轻的王钦差就出发了。

只不过是一个监工而已，王阳明太过认真了。其实谁在做自己第一份工作的时候不都是这样认真呢？比对待自己的职业还严谨认真，甚至当成事业来对待。作为一个职业人，无论做什么工作，都要当作事业来做，不能简单当作职业来做。

王阳明也清楚，这份工作和自己的人生第一等事关系不大，但就是要当作事业来做。按照国家规定，作为文官，王阳明前往王越的故乡，是可以乘坐车子轿子的。王阳明既不乘车也不坐轿子，而是选择了骑马。在王钦差看来，既然为王越修墓，就要有王将军的风范，哪能坐车子和轿子。

随从一看，这个钦差是个雏，好对付，就乐得屁颠屁颠的。骑着骑着，就到了山路险要的地方。这时候，人没害怕，马害怕了，一下子蹿了出去，王阳明从马上摔了下来。

马没受伤，王阳明却口吐鲜血。一看王钦差摔伤了，随从吓坏了，王钦差出了意外，回去如何交差啊。随从请求王阳明乘坐车子或轿子，但王钦差根本不理他们，继续骑马前行。虽然摔伤了，王阳明还不忘给他们上政治课，鞑靼和瓦剌之所以能侵扰边关，就是骑术高明，所以我要好好练习骑马技能，将来要"壮志饥餐胡虏肉，笑谈渴饮匈奴血"。

在赶往浚县的途中，一天夜里，正在睡觉的王阳明，隐隐约约听到有人呼叫自己："王先生，王先生。"一听有人喊自己，王阳明立即下床寻找，结果什么都没发现。当他再要入睡时，却又听到那人在他床前说："我送你一把宝剑，保你一生平安无虞。"当王阳明伸手去接的时候，一下子醒了，原来是场梦。

第二天，继续上路，紧赶慢赶，不久到达王越的老家浚县。

到达浚县后，王阳明宣读了圣旨，大意就是王将军功勋卓著，皇帝不会忘记，国家不会忘记，特拨款给王将军修墓，作为表彰，派王钦差全程监控。再就是见王钦差如同见朕，王钦差办事朕放心。于是，王阳明代表皇帝对王越的家人进行了慰问。之后，到浚县县衙巡察工作，趁机了解一下建筑材料的价位。

程序走完之后，王钦差直奔施工现场。到工地后，王阳明和专管测地的人员丈量了一下墓地大致范围，把主要部位的数据一一记录在案；接着大概估计了一下用料，无非是汉白玉多少、沙石土方多少、白灰多少等。随后，王阳明拿出算盘，噼里啪啦，各项数据就出来了：工期多长，人力多少，物力多少、银钱多少……

——在列。

见这位年轻的钦差这么专业,大家都惊呆了。尤其那些买办,本来打算捞一把的,结果这个钦差比我们还专业。一个进士不好好研究官场之道,却研究工程施工,这不闲的吗?

最让这帮专业人士大跌眼镜的是,王钦差对先前的工期不满,认为太长了,最起码要减少一半。王钦差的这一招一点也不新鲜,缩短工期是所有人的常规做法。因为只有这样,才能显示自己的能力出众,才能引起官场和皇帝关注。

新鲜的地方是他居然缩短一半的工期,这可不是闹着玩的,但王钦差是严肃的、认真的,看起来胸有成竹。王钦差的自信,到底从何而来?

书生的科学思维

缩短一半工期,太搞笑了,就是工部老大来了也不敢这样吧,大伙都等着看笑话,看这位年轻钦差如何收场。既然敢这样夸海口,王阳明有自己的秘密武器,那就是柳宗元和丁谓。

本来王阳明对工程也很担心,当天读完柳宗元的《梓人传》和宋史的《丁谓传》后,就有了信心。读《梓人传》的收获是做事情要抓住主要矛盾,只要控制了主要矛盾,细枝末节就可以忽略。丁谓的启发就是做事要有方法,而且要懂得创新。

在柳宗元和丁谓两个人中,丁谓对王阳明的启发更多更大。

这里介绍一下丁谓,丁谓是宋朝的官员,是天才人物,极为聪明,"书过目辄不忘"。和王阳明相似的是,丁谓也曾因为聪明获得了老婆。丁谓小时候,父亲在甘肃做官,他跟父亲在一起生活。父亲的同僚窦偁,看丁谓聪明有才气,夸赞丁谓:"此儿将来必定做大官。"看到丁谓是潜力股,窦偁就把女儿许配给了丁谓。

丁谓除了文章写得好,也十分机警。有一次,皇帝问丁谓:"唐朝的酒价是多少?"这不是纯粹打岔吗,但没办法啊,皇帝问了,作为臣子就只能回答。丁谓不假思索,脱口而出:"每斗三百。"皇帝问这个问题,就是逗闷子玩,哪里有什么正经答案。回答了，倒惹上麻烦，皇帝就问丁谓怎么知晓的。丁谓回答："有杜甫诗为证，'速宜相就饮一斗，恰有三百青铜钱'。"

尽管丁谓才高八斗，但让丁谓青史留名的却是"会计"二字，这个词就是丁谓发明的。《景德会计录》就是丁谓的著作，这本书第一次对全国的土地、人口进行了统计和丈量。就是在今天，任何一本关于会计学的图书，开篇首页必然会提到丁谓。除了精于会计，最让丁谓出名的就是修建玉清昭应宫了。对一个读书人而言，青史留名却需要靠会计和修缮皇宫，这是多大的尴尬。

北宋祥符年间，皇宫发生了火灾，玉清昭应宫被焚毁。皇帝下诏丁谓主持修缮。此工程规模宏大，光建筑分区就有两千六百一十个，所有房间三千六百余间。意外的是，皇帝修缮皇宫，居然缺钱，除了缺钱外还有三个难题：一是修缮皇宫要很多泥土，但京城中寸土寸金，可取土之地几乎没有多少，到郊外取土，路程远，人力成本也高。二是修缮皇宫需要大批建筑材料，这些材料都是从外地运来，而且只能运到汴河。汴河离皇宫很远，从码头运到皇宫还需要动用许多人力装卸搬运。三是大火产生的碎砖破瓦以及施工过程产生的建筑垃圾等同样需要清运出京城，也是一件不容易解决的事情。

这个问题没有难住丁谓，经过几番筹划盘算，丁谓制订出了一个青史留名的方案：第一，直接从施工现场沿着街道向外挖了许多大深沟，挖出来的土作为施工新土，这样就解决了新土问题。第二，把汴河水引入开凿的大沟中，利用木排、竹筏及船只运输木材、石料等建筑材料，这样就解决了建筑材料运输问题。第三，材料运输完毕之后，再把沟中的水排掉，把工程废弃的瓦砾回填到沟内，这样大沟又成了街道。

丁谓一举三得，一是节约了时间，原先预计十五年的时间，经过丁谓的指挥，只用了七年时间就完成了。二是节约了数以亿计的经费。三是施工现场秩序井然，减少了施工对京城的交通和生活的影响。皇宫建成后，丁谓深得皇帝赞赏。"丁谓造宫"成为工程理论的一个典型实例。

丁谓的这种方法就是今天我们所说的运筹学。虽然运筹学这门科学产生于近代，但人们早就开始运用了。最经典的案例就是"田忌赛马"，田忌赛马的故事说明在已有的条件下，经过筹划、安排，选择一个最好的方案，就能取得最好的效果。

丁谓的这种方法放在今天就是：工程科学管理法。

中国人一向聪明，只要发挥能动性，就能创造出各种奇思妙想。据说，欧美军事技术界流传一个段子：一项技术，中国技术人员只要眼睛看到其中的三分之一，自己就能把剩下的三分之二做出来。而印度技术人员呢？就是你把整个技术资料全部拿到他们面前，他们还是不能仿制出来。

作为中国少有的天才人物，王阳明创新模仿能力肯定不低于这些才子。在对丁谓的方法进行研究后，王阳明青出于蓝而胜于蓝，发明一种更有效率的方法，这种方法能帮助王钦差实现缩短一半工期的梦想吗？

不一样的烟火

前有柳宗元，后有丁谓，有这俩人的案例，王阳明形成了自己独特的解决方案。这次工程的主人翁是王越，王阳明就从军事角度入手，经过严密的研究，王钦差决定用军事化管理来施工。

工程总监，在今天就是项目负责人，就是"包工头"，全权负责工程管理工作，并对工程质量承担责任。作为工程总监，王阳明的权力非常大，可以全权处理一切事务，同时对工程的工期和质量负责。权力很大，压力更大，王阳明乐得其所，而且善于变压力为动力。

大凡伟大的人物，无论在什么样的情况和环境下，他们都有能力满足时代的需求。王阳明就是这样的人，工作面前，别人看到的是压力，他看到的却是实现自己梦想的机会。再就是，伟大的人物，都不妄自菲薄，而是当仁不让。

做好一切准备之后，王守仁就是一朝权在手，便把令来行。

第一件事就是招聘工人，那时候叫征募，人员成分和今天一样，都是农民，区别是：今天称作农民工，那时称作民夫。

第二件事就是对招募来的民工进行军事化管理。王阳明将征集到的民夫按照"什伍法"进行管理，所谓"什伍法"，就是根据军队编制，五人为伍，十人为什。王钦差把征募来的民夫分为六个作业小组，每个作业小组五人。

一般人看来，只有六个工程作业小组同时施工，才能够高效率。可是，人家王钦差却不是这样的，六个工作小组，王钦差只让两个小组工作。就是两个工作小组，也不是一起干，而是一个工程作业小组负责运输材料，另外一个工程作业小组负责施工。

王钦差不是征募了六个作业小组吗？是六个。那其他四个工程作业小组干吗去了呢？不会是他们吃闲饭，睡大觉吧？答案还真让你惊掉下巴，真没猜错，剩下四个作业小组的任务就是另外两个作业小组施工的时候，他们吃饭睡觉。

这个钦差太不像话了吧，要是他的状元老爹知道了，非得参他一本，王状元能骂王越"怯如娇妇"，肯定会骂王钦差"我王状元儿子若豚犬耳"。老王家怎能养出这不忠不孝之人，这不是拿着国家的钱搞慈善吗？

当然不是，小小的实习生哪敢轻而易举花钱搞慈善。王阳明之所以这样做，是有道理的。王越的级别摆在那儿，墓的规模大小工部早就定好了。一个坟墓的工地没有多大，三十多号人，如果一起到工地施工，站都站不下。人挤人，人挨人，表面上人气很旺，但无法施工，不仅不能提高效率，反而影响进度。

既然提出缩短一半工期，王钦差自有妙招，他的办法是，轮流上班，相当于今天的三班倒。每天分几个班次，一个班次两个作业小组施工，十个人，五个人运材料，五个人造墓，剩下的人全部休息。

在工人休息期间，王钦差的圣人瘾又上来了。有这么多人，何不演练一下自己的"八阵图"？于是王钦差就当起了演练总指挥。王阳明把工人组织起来，演练"八阵图"，一举多得，一是丰富了工人的业余生活，二是调动了大家的积极性，三是满足了自己做将军的欲望，最重要的是提高了工作效率。

这次演练的"八阵图"是真实的，远比之前的"聚果核列阵为戏"更有意义，正是这段时期的演练，王阳明第一次把自己的军事思想付诸实践，为后来的平叛提供了直接经验。

每隔四个时辰换一班。如此一来，这六个工程队便可以日夜不停地上班。这样一来，王守仁不仅不用威逼民夫集体加班加点，不用多发工钱，还能够将工程做好。省钱省力，一举两得，何乐而不为。王守仁这一套方法很有效，颇有现代化建设的特点。不过,按照现在的规定,上夜班要多加工钱,不知道王守仁给了没有。

不管怎么说,王守仁出乎意料地完成了任务。

权力的味道

听说朝廷要给王越修墓,浚县的人民好喜欢,尽管王越的争议很大,但在浚县人民的心里,王越就是大忠臣、大英雄,是浚县的光荣,是浚县的骄傲。让浚县人更为激动的是修墓的总监、朝廷的钦差——王守仁,帝师状元郎王华的儿子,新科二甲第七名,若不是牵涉唐伯虎作弊案,有可能就是状元。这样的人来到浚县,能给浚县带来文气,浚县人民希望沾沾文气,自己或者子孙后代也能金榜题名。

王钦差到来,最高兴的就是王越的家人,如此殊荣,感谢皇帝,感谢国家,感谢王钦差。听说钦差也姓王,王越家人更是高兴,就算百年前就不是一家了,但一笔写不出两个王啊。再就是浚县的官场了,以前这样的穷乡僻壤,皇帝都不知道,要不是王将军,哪能一下子名震全国,又哪会有钦差大臣的到来! 钦差来了,就有了和皇帝直接对话的机会。最激动和幸福的就是浚县的读书人和文艺青年了,他们都是王钦差的粉丝,翘首以盼,准备筹办盛大的联谊会。

面对浚县人民的热情,王钦差一一拒绝,对大伙说,本钦差大臣来浚县就做三件事:一是给王将军修墓,二是给王将军修墓,三还是给王将军修墓。王将军的墓没有修好之前,谢绝一切活动。

话虽这么说,但毕竟大家都在江湖混,再怎么着也得给个面子,万事留一线,江湖好相见嘛。最热情的两个部门是教育部门和旅游部门,教育部门邀请王钦差给浚县的学子讲课,教教浚县学子如何科考;旅游局盛情邀请王钦差到浚县最著名的旅游景点大伾山一游,并恭请王钦差写下诗赋,王阳明当仁不让,提笔写下了《登大伾山诗》和《大伾山赋》。如今,这两篇著作已成为大伾山的招牌式景点。

山不在高,有仙则灵。大伾山之所以天下闻名,就是因为有弥勒大佛在山上。王阳明登大伾山也是拜大佛,一看弥勒大佛,和自己一对比,王阳明感觉到自己很渺小。也正是这次拜弥勒大佛，改变了王阳明对佛教的态度，接受佛教，拓宽了王阳明的视野，也开阔了他的思维空间。正是对佛教的研究，王阳明的世界观和价值观发生了极大变化，尤其是价值论及佛教的因果论。王阳明后来把佛家的因果论当作学习的方法，因果论的学习方法就是把知识系统化体系化了。好比形成一个公式，只要知道规律，就完全掌握了。这样，知识成了一个有机体，只要掌握了体系，就算忘记一部分，只要形成体系，就很容易回忆起来。这样一来知识就容易记忆、容易掌握，同时更利于运用。这种因果论学习方法直接冲击了儒家的死记硬背式的学习方法，就成为了后来的"知行合一"。

拜完大佛，山下传来一阵歌声："伾山高黄河长，时光如流莫彷徨，建功立业好儿郎。"王阳明一听，这歌不就是唱给自己的吗？于是感慨说："夫歌为吾也。"知音啊，这唱歌的是何许人也？王阳明立即起身去寻找的时候，唱歌的那人已随歌声消失在大伾山中了。

和浚县各界互动之后，在一个黄道吉日，王钦差主持了王越的葬礼。

就在他主持完葬礼准备收拾东西回去交差的时候，王越家人来了。他们不知道从哪里搞来了一大堆金银财宝，要给王阳明。他们说道："王大人，修墓很辛苦，这是一点心意，你就收下吧。"

一点心意？当地特产？这个，可以收一点。不过，当王阳明看到是金银珠宝的时候，吓了一大跳。敢情金银珠宝是一点小心意，那么要是来个大心意该是什么呢？

收，还是不收？当然不收了，要当圣人，怎么能收呢。再说了，心动也不能收，因为本朝太祖朱元璋规定，贪污60两银子，剥皮处理。无论如何，不能接受。

这种心意接受了，倒霉的就是自己。王阳明拒绝了王家人的礼物，他说，能给这么伟大的人物修坟墓是自己的荣幸，再就是这工作也不白做，国家是发工资的，如果再额外收受你们的钱财，就破坏了国家的廉政建设。王阳明再三推辞，王家人一看王阳明是真诚的，也知道王阳明是一个有抱负的人。于是王越的儿子王春换了一种礼物，双手托出一把宝剑走到王阳明面前说："家父当年在甘州大营时，做了个梦，梦中有位神仙引导他，到玉沙山寒石洞得了这把宝剑，家父病重时，曾嘱咐：'等我死后，余姚有位姓王的先生，必来谒墓，到时就把宝剑赠给他，此人日后必有大用。'如今，家父不在了，承蒙您费心劳神，把家父后事料理得非常好，按家父的遗愿，这宝剑，就送给您吧。"

王阳明听了王春所说的故事，忽然想起他来浚县途中做的那个梦，莫非那是威宁伯（王越封号）在梦中赠我宝剑？于是就对王越的家人说："威宁伯是好样的，其实我也曾经梦见过他，能替他修墓是三生有幸。"他越想越觉得王越太神了，于是更加崇敬王越，也觉得自己坚持走的圣人之路是正确的。

王守仁随即接受了这份礼物。自从得了王越的宝剑，其圣人之心就更加坚定了，这把宝剑也就成了励志信物。后来在南方平乱时，多亏了王越的那把宝剑，使他化险为夷，并立下大功。最后王阳明也和王越一样，官至兵部尚书，受封伯爵。

之后，王阳明拜别王越家人和浚县各界，然后回京交差。

这次监工经历让王阳明明白了一个道理：权力越大，指挥的人越多；指挥的人越多，越能成就大事。

说实话太伤人

实习生王钦差无疑就是北京所欢迎的人。凯旋京都之后，守仁将督造王越墓的事情经过整理成八股文报告呈交上去。领导审阅后，竖起大拇指说道："小王，你果然年轻有为。文章做得好，事情也做得漂亮……"

这一次外派，王阳明几乎成了明星，难怪人们常说老子英雄儿好汉，看看人家王状元的孩子，观政就取得了这么大成就。

弘治十三年（1500），即王阳明踏入官场的第二年，一颗拉着长长尾巴的流星从北京上空悠然划过，这是多么美的自然界奇迹，要是在今天，得有多少情人偎依着去看流星雨，多浪漫的事儿。但在大明朝就悲催了，一看到流星，言官和皇帝都会抱头痛哭。

根据董仲舒的"天人感应"原理，天和人相通，相互感应，天能干预人事，人亦能感应上天。皇帝就是上天派到人间的代理人，一旦上天发现天子违背了天意，不仁不义，天就会通过出现灾异进行谴责和警告。相反，如果政通人和，天就会降下祥瑞进行表扬。一旦发生地震、旱灾、水灾和人祸饥荒等，皇帝都要写检讨书进行自我批评，那时候叫"罪己诏"。之所以如此，皇帝认为是自己作为上天的代理人工作没做好，对统治下的吏治进行检讨，采取减免税赋或赦免罪犯等措施以期获得上天对自己的支持。"罪己诏"虽然是形式主义，但还是有一定积极意义的，使帝王对天灾人祸有一种敬畏心理，不至于过于荒唐；再就是可以笼络人心，说明皇帝和人民始终在一起。

当这颗流星划过北京上空后，弘治皇帝朱祐樘有没有和言官抱头痛哭，这事不好确定，能确定的是皇帝的心情非常不好。毕竟也不是多大的事，"罪己诏"都下过了，弘治皇帝明白流星来了，多少需要礼仪性地让大臣上书言事，就是让大臣挑挑毛病，找找碴。大抵就是，陛下你肯定做了不正确的事，可能你是无心的，因为你是天子，所以老天就感应到了，于是丢下了一块石头来警告你，赶快反思；或者，国家要有战乱了，所以老天才扔块石头，警示陛下注意国家的安全；再就是皇帝身边有妖孽，国事混乱，要尽快找出妖孽……

这种礼仪性上书言事，官场老油子都知道是形式主义，皇帝说的是客气话，就好比领导人物当众表情严肃地问你工作和生活有没有困难一样，能说实话吗？人家就是走过场，没想听实话，你要是说了实话，就会很尴尬。

刚进官场工作的王阳明，一听皇帝这么严肃认真地征求建言书，就拿鸡毛当令箭：领导要我提意见，那是对我信任。于是大喜过望，急匆匆回家，铺纸研墨，真心实意地给皇帝挑毛病提意见，希望大明万世太平。点点唰唰，唰唰点点，王阳明的建言书就完成了，就是流传很广的《陈言边务疏》。

做官，王阳明是菜鸟；写文章，王阳明绝对是老手。在父亲王状元的熏陶和指导下，王阳明文章是相当的老辣到位。这种文章早有模式，开头就是唱赞歌，拍拍皇帝马屁：皇上您能在天空出现流星的时候，立马便显出敬畏之情，做臣子的甚为感动，我现在就说说我的看法：

> 今之大患，在于为大臣者外托慎重老成之名，而内为固禄希宠之计；为左右者（主要指内官）内挟交蟠蔽壅之资，而外肆招权纳贿之

131

恶。习以成俗，互相为奸。忧世者，谓之迂狂；进言者，谓之浮躁。沮抑正大刚直之气，而养成怯懦因循之风。故其衰耗颓塌，将至于不可支持而不自觉。

这话太真实了，但说实话伤人，而且得罪人。尤其是不明就里，瞎说实话。这可是一杆子打翻一船人，什么李东阳、刘健、谢迁甚至包括自己的老爹，表面上"老成稳重"，实际上贪权争宠；皇帝身边的人，天天忽悠糊弄皇上，报喜不报优，和官员勾肩搭背，争权夺利，贪污受贿。这些人道德败坏，狼狈为奸，危害了国家和皇帝在人民心目中的形象。而真正的心系国家社稷的，却被这些人称为迂腐之人；进谏良言的人，就被看成浮躁之人。社会风气被带坏，好在这个时候，流星出现，皇上您警戒修省，而蒙古猖獗，来犯边疆，何不趁此来一次彻底的改革，对边务进行整顿。

于是，王阳明提出了八条建议：一、蓄才以备急；二、舍短以用长；三、简师以省费；四、屯田以足食；五、行法以振威；六、敷恩以激怒；七、捐小以全大；八、严守以惩弊。

实话实说，这篇文章写得真不错，要说这些建议有没有水平，只能说是拾人牙慧的级别。整个大明朝只有王阳明有智慧，别人都看不出来？显然不是，官场就是利益博弈，谁都有自己的算盘。作为皇帝，朱祐樘在历史上的名声不坏，《明史》评价"恭俭有制，勤政爱民"。他在位期间，还是不错的，被称为"弘治中兴"。

朱祐樘是一个厚道的人，也是一个厚道的皇帝：大臣的奏本中出现错字也不追究；经筵讲官失仪，孝宗还安慰几句，让他别紧张；大臣们上的奏章，哪怕言辞激烈些，他的反应还是"上嘉纳之"；因而太祖朱元璋发明的"廷杖"，在朱祐樘在位期间也一直处于"下岗"状态。

由此可见，孝宗皇帝属于典型的守成有余开拓不足，这样的一个人想要他改变传承八位皇帝的制度，有点难为他。正是厚道，朱祐樘看到了王阳明的《陈言边务疏》，虽言辞激烈拾人牙慧，毕竟是个爱国的好青年，于是批转吏部：这么好的青年，是不是该换一个部门锻炼？

王阳明是个好官员

奏疏递上去了，结果是石沉大海，没有任何关于奏疏的消息，却很快接到吏部下达的工作任命，王守仁观政期间工作认真，从不迟到，从不早退，通过了组织的考验。现在正式任命王守仁为刑部云南清吏司主事一职，请尽快办理相关手续，到刑部报到。

这样，王阳明的政治生涯就起步了。虽然职位是云南清吏司，但并不是到云南任职，所谓云南清吏司，就是刑部下面专门负责云南案件的部门。法官与圣人，相差多远？这要放在近现代还好说，比如学了法律的甘地成了圣人。

真正的圣人敢于面对惨淡的人生，王阳明收拾好心情，到刑部云南清吏司担任主事。这到底是多大的官呢？相当于今天司法部下面的一个处级干部。

官说大不大，说小也不小。不过，这是一个实权部门，掌管云南的司法案件、刑事审判，手握一些人的生杀大权。这样的差使不好做，要是普通案件还好，一旦牵涉到高官权贵就棘手了，一时间打招呼的、批条子的、说情的、利诱的、威胁的……不秉公执法，对不起自己和法律，秉公处理，又得罪人。不好处理啊，好在王阳明是个天不怕地不怕的主儿，不惧权贵、不为私情、不枉法，按照自己的本心行事。

清吏司主事，正六品官员，大小是个领导。按照刑部规定，主事每月必须"提牢"一轮，就是每月必须"下乡"，到监狱里了解详情。这年十月，轮到王阳明到提牢厅值班，这让他很是郁闷。因为，王阳明轮值的时间点特殊，十月正是每年的秋决，要王阳明经手处决一堆人，这可是得罪人的差事，就是不得罪，也不吉利啊。

其实，这个规定是好事，能够让官员接地气，然而在官场，这个规定简直就成了走马观花。多数主事要么繁忙脱不开身不去，要么就是敲锣打鼓地去混吃混喝。

不过，阳明却不这么干，他是认真的。一天中午，王阳明前去提牢厅提牢。

一到监狱，下属慌成一团。往日领导视察都是提前打招呼，这个王主事却跟别人不一样。不过，他们相信有钱能使鬼推磨，多孝敬点东西不就过去了。于是，他们就陪着王主事巡视监狱。

下属嬉笑逢迎，但是没换来主事大人的笑脸，相反，主事大人脸色越来越严肃。当主事看到监狱的犯人吃着黑乎乎的东西的时候，王主事爆发了：他们吃的是什么？

陪同人员回答："大人，他们吃的是饭。"

王主事接着问道："为什么看上去不像？"

陪同人员解释说："大人，您有所不知。造成这局面有两大原因：一来，虽然外面生意萧条，但是我们这里却日渐繁荣，人口猛增；二来，物价上涨，僧多粥少，没有办法。"

"哦，这样啊！有什么办法解决呢？"

阳明思索着，可惜他不知道。看着眼前残破不堪的牢房设施与瘦骨嶙峋的犯人，阳明只能无奈地摇摇头。大明王朝别的不发达，监狱发达，真是可惜。

正当王主事大发脾气的时候，听到一阵猪的叫声，很是诧异："什么声音？"

下属回答："大人，是猪叫。"

王主事更诧异了："这里怎么会有猪？难道猪也饿得咕咕叫？带我去看一看。"

下属只得把主事大人带到了猪圈。

一到猪圈，阳明傻眼了，下属也吓傻了。进入眼前的几十只膘肥体壮的猪在哼着小曲吃着白米饭。

竟敢忽悠我！阳明怒了："给我解释一下。要么说真话，要么你进去跟猪吃。"

下属慌了："大人，别介啊。可能你刚来，不太了解实情。一开始，我们也让犯人吃白米饭，让猪吃米糠，后来挨批了。痛定思痛，我们决定反过来做，结果得到表扬了。您想，猪吃进白米饭，长成鲜肉，上官吃了高兴；可是犯人吃了呢，出来的只能是废物。上官一高兴，就有好处，犯人吃了就是浪费。"

王阳明怒不可遏："再怎么着，他们也是人，他们有人的尊严。犯人吃米糠，猪吃白米饭，纯粹瞎搞。这不是猪吃人吗？"

下属继续说："大人，在这里，猪比人有用啊。"

王阳明呵斥："别扯淡了，赶紧把猪宰了，烹煮给犯人吃。"

下属无语，只好照办。

随后，阳明正义之心大发，烧了三把火。他下令说：

"第一，以后猪吃米糠，人吃米；第二，以后前来巡逻监狱的，必须在牢房内墙壁上刻上"某君名某，字某某，某省某地人也。由某科进士，今为刑部四川司主事云"；第三，以后监狱出错，可根据刻字来问责官员。"

对于第一点和第三点，大家没有异议。但是对于第二点，大家颇有意见。在监狱刻字，这也太高调了，这里又不是万里长城，也不是卢克索神庙。光明正大地破坏公共财物，这不是典型的不文明现象吗。

再说了，好好的纸笔不写，非得刻字，又不是回到春秋战国。不过，阳明才不管呢。他认为，用纸笔写容易作弊，好比今天会计做假账一样，不如刻字来得真实些。

没几天，上官来了，问王阳明："小王啊，新工作感觉怎么样？"

王阳明回答："多谢上官关心，还行。犯人都吃上猪肉了。"

"啊，猪肉，犯人？行了，你先工作。"话还没有说完，上官就走了。后来，阳明才知道，这些猪肉都是特供高官的盘中餐。

做对事，做好事，难道也错啦？

判官王阳明

王阳明的提牢厅之行，掀起了一阵风暴，一是改善了犯人的生活状况；二是惩罚了违规违纪的监狱官员；三是把特供领导的猪给杀了。一般都认为，王阳明是青瓜蛋子，不懂官场潜规则，属于愣头青。这样的事情在当时太稀松平常了，从刑部尚书到办事人员，谁都知道，都是睁一只眼闭一只眼，再就是还能从中获得好处。王阳明这样做倒不是不通人情世故，不懂官场规则；相反他这样做，正是对官场进行精心研究后行动的。

王阳明当然知道仕途大不易，曾经发过这样的牢骚："铢铢而积之，皓首而无成者，加半焉。幸而有成，得及其当盛之年，以自奋于崇赫之地者几人？是几人者之中，方起而踬，半途而废，垂成而毁者，又往往有之。可不谓之难乎？"官场这条路太难了，要走寻常路，一辈子也没有出头之日，做官必须要有自我主张。提牢厅养猪，对大家都有好处，捅出来，不仅得不到什么反而会失去更多。王阳明认为这是在刑部，是讲法的地方，是按法律办事的地方，因而依法处置。如果谁有意见，咱们皇帝那儿讲理去。

杀猪这事，上官肯定不爽，一定在背地里指名道姓地大骂王阳明。之后，上官一见阳明就心跳加速，而同事们见了他也是敬而远之。他们都知道阳明犹如身边的一颗"定时炸弹"，不知什么时候，这位状元爷的少爷就会干出点啥来。一年后，上官让王阳明离开京都，到外面做事。眼不见，心不烦。

弘治十四年（1501），朝廷派王阳明到南直隶、淮安等地录囚。所谓"录囚"，是指上级司法机关对在押囚犯的复核审录，以检查下级司法机关对案件的审理是否有失公正，并纠正冤假错案。录囚也是刑部十三司的例行事务，主事们每年都要会同都察院的巡按监察御史到所管的布政司或代管的部门清理案件、平反冤狱。

这次外派录囚，王阳明的主要职责就是会同当地巡按御使审决重刑犯，尽管官职不高，但毕竟是"中央派来的"，提审犯人时有决定权，因而有机会按照自己的理念行事。用现在的话说就是前往苏皖一代巡查调研，指导工作。当他巡视监狱时，发现有的犯人面黄肌瘦，有的则是容光焕发，尤其是其中有一个叫陈指挥的人。

此人看上去是坐在死囚牢里，但却丝毫没有忧伤的情绪；相反，吃着肉，喝着酒，睡着暖被子。对此，王阳明非常不解，他找来了下属询问。

经过他一番软硬兼施，下属道出了实情。

原来，此人名叫陈指挥，本地人。他父亲是大明帝国的将领，早年就为国捐躯，而他的儿子非常争气，当了高官，但是也殉国了。为此，他得到了朝廷的照料，成为帝国一名官员，但是做事情不喜欢用官道办事，相反，他喜欢根据性情断案，结果搞死了十八个人。

虽然陈指挥联合当地乡绅贵族一起隐瞒此事，但是若要人不知除非己莫为，后来，东窗事发，进了牢房。按照大明帝国的法律，他铁定是斩立决。但是，朝廷考虑到他一家为国效力的分上，对此事不做决断，而当地地方官又是他的哥们儿，因此，本来是死人的他却居然活着，而且还活得挺滋润。

守仁看完案卷后，立即下令将陈指挥处决。一同录囚的巡按御史仍然以陈指挥的父亲殉国对国家有功为由进行阻挠，陈指挥的家属也不断托人求情。为了办成铁案，王阳明要求立即升堂断案。对此，当地官员，拿钱的拿钱，说道理的说道理，请吃饭的请吃饭，找美女的找美女，但是王阳明铁了心要斩这个陈指挥。除非他们立即向朝廷汇报，由朝廷对王阳明进行干预。但这种事情一旦让朝廷知道，不但救不了陈指挥，说情的官员们还要受到牵连。

一言既出，驷马难追。既然说了要斩，哪有不斩的道理。所以，眼见阳明大人主意已定，当地官员也不再说什么。他们知道，再求情，恐怕连自己也要跟着倒霉。

陈指挥气得咬牙切齿，临死前，他瞪着阳明说道："王守仁，你这个王八蛋！我死后一定不会放过你的，就是做鬼也不放过你！"

面对陈指挥的骂声，王阳明反而走上前，笑道："我不杀你，那十八人的冤魂就放不过我。一个和十八个，我更怕那十八个。根据《大明律》，刽子手，行刑！"

关于这一段经历，王阳明这样感慨："吾以为一有惕于祸败，则理法未免有时而或扰。苟惟理法之求伸，而欲不必懼于祸败，吾恐圣人以下，或有所不能也。"大意就是执法者的良知直接决定着执法的质量，大概也只有圣人能在执法中做到不顾人情、关系和个人利害，一旦考虑一己之私，法律的公正就不存在了。

现实中的许多事都是悖论，比如礼与法、情和理即是一种悖论，讲礼就不能讲法，讲情就不能讲理。作为普通人来说，问题不大，可以绕一下，但作为法官必须迎着问题上，时刻都要面对这种两难问题，这种两难问题经历多了，思考多了，王阳明也就越来越高明了。这个时候，王阳明又想到了自己的理想，做一个庸人还是做一个圣人的问题，再次摆到了王阳明面前。

九华山上都是神

　　中国人非常有意思，一旦遇到难以解决的问题，尤其是那种神乎其神、玄之又玄的问题，实在没办法解决了，有一个共同的选择：上山。同是上山也分三六九等，宗教人士叫"出家"，文人士大夫叫"悟道"，屌丝叫"造反"。

　　正因为大家都喜欢上山，于是就产生了许多名山。在中国，最不缺的就是人，人多了名人也就多了。刘禹锡在《陋室铭》中说，山不在高，有仙则灵。也就是说，一座山怎么样，和本身无关，和旅友的知名度有关，如果旅友是神仙的话，这座山就是名山了，就成了名满天下、誉冠全球的名山了。

　　九华山就是一座这样的山，九华山原名九子山。后来，超级旅友李白到了之后，发现这座"九子山，山高数千丈，上有九峰如莲华"。于是，李大旅友兴趣盎然，乃削其旧号，加以"九华"之目，写下了《改九子山为九华山联句并序》，其中这句"妙有分二气，灵山开九华"最为流传。就这样，一个旅友就擅自把一座山的名字改了，既没有上报官府，也没有经官府同意，并且名播四方。

　　一年来，刑部的经历，王阳明天天与人间地狱打交道，内心早已疲惫。他希望能找到解救人间地狱的妙方，而九华山的地藏菩萨"地狱未空，誓不成佛，众生度尽，方证菩提"，于是王阳明就来到了九华山。

　　九华山是一座世界级的名山。它虽然名气不如五台山，但是它却与五台山、普陀山、峨眉山一并称为佛教四大名山，素来有"金五台、银普陀、铜峨眉、铁九华"美誉。

　　九华山坐落于安徽省青阳县境内。当然，一开始九华山并不叫九华山，而叫九子山。据说，此山有99座山峰，错落夹杂，其中有九座山特别惹人注目，故有此称。该山名气如日中天，成了历代骚客文人指点江山之地。李白、刘禹锡、王安石都留下了笔墨，清朝康熙御书"九华圣境"，中国历史上作诗数量最多的乾隆皇帝，也不甘人后，前来凑凑热闹，而且挥毫写下了"芬陀普教"。

　　所谓山不在高，有仙则灵。九华山吸引了各路大仙前来，不仅中国人来，外国人也来，朝鲜半岛的新罗王子金乔觉就不远千里来到这里修炼，而且得道，获得了"地藏王菩萨化身"的美誉。

一座山，有诗仙，有菩萨，想低调都做不到，因而九华山成为四大佛教圣地中唯一的国际道场。

随着名气的扩大，九华山故事也就多了起来。就像古代的开国皇帝都有许多传奇故事一样，九华山也有许多传奇故事。除了李白和金乔觉的故事广为流传外，还有一个就是关于王阳明的故事。

九华山已经有了一仙李白，一菩萨金乔觉，这又来了一圣人。

李白来九华山是旅游的，金乔觉来九华山是宗教修行的，都是私人身份。王阳明不一样，是大明朝刑部云南清吏司主事，正六品钦差大臣，而且是因公到此。王阳明的到来，引起了九华山的轰动，各个寺院的住持前来迎接。

负责接待王阳明的是长生庵的住持实庵和尚，实庵和尚是官府在九华山的牵头人，长生庵建设就是实庵和尚负责的，王阳明于是就在长生庵下榻。这个实庵和尚不仅会做和尚，还是个文艺青年，门前挂了这样一副对联：门前青山绿水都成画稿，槛外松声竹韵悉是禅机。从这副对联中，不难发现这和尚的文采，同时也透露出这个和尚很世俗。

一个是官府官员，一个是跳出三界外的宗教人士，按理说是八竿子打不着的，没什么共同语言。但这两人，有一个共同的身份——文艺青年。这样双方就交流起来了，谈文学，谈人生，谈宗教……王阳明和实庵和尚漫游九华山。

一天，游山归来，实庵和尚对王阳明说："兄弟，写写哥吧！简单写一写就行。"和尚大哥开口了，王阳明欣然答应，就根据实庵和尚的长相和性情写了一首流行歌曲形式的诗词：

从来不见光闪闪气象，也不知圆陀陀模样；翠竹黄花，说什么蓬莱方丈。看那九华山地藏王好儿孙，又生个实庵和尚。噫！那些妙处，丹青莫状！

王阳明写完念给实庵和尚听，听完后，两个人同时大声地说："三俗！"不

139

得不佩服这个三俗的和尚，既不是什么佛学高僧，也无诗论著述，经王阳明这首小诗一写，后来竟名重禅林，引来无数人的瞻访。

实庵和尚只能算是会做和尚的"得道高僧"，当然，作为佛教名山，如果只有这样的和尚，只能是浪得虚名了。

九华山当然有神了，而且是"不食人间烟火"的大神。其中一个叫蔡蓬头的怪人，最广为人知。此人久居九华山，吃喝都由九华山当地的和尚供应。按道理，在别人的地盘混吃混喝不感恩戴德，也应该知足了，但是此人偏偏不走寻常路，他每次讨吃的都用眼睛看着和尚，一看和尚脸色不对劲，他便破口大骂，转身要离开。和尚们自觉惹不起，便迅即送上香喷喷的饭菜。

蓬头是外号。因为修道的人把名利已经看得不值钱了，所以自己姓什么、叫什么都没有关系。王阳明听了蔡蓬头的故事后，决定前去拜访一下这个怪人。在跋涉数座山头后，终于找到了蔡蓬头。王阳明对蔡蓬头很是恭敬客气，邀请这位大神到山下一聚。

蔡蓬头倒是随和，答应了请求，随王阳明一起到长生庵。到长生庵，蔡蓬头一点儿也不客气，就像在自己家一样，大吃大喝，逍遥自在，也不管眼前的这位正六品主事大人。

酒过三巡，菜过五味，王阳明和蔡蓬头谈仙论道。说自己家和道家渊源深厚，自己很是向往，本人对蔡蓬头很是崇拜，希望自己能跟着蔡蓬头修道。

这个时候，蔡蓬头看了一眼王阳明，说出了俩字："尚未。"

听到蔡蓬头这么说，王阳明以为是天机不可泄露，不足外人道也。于是，他看了左右一眼，左右便迅速离开。他们搞不明白，堂堂一个朝廷官员居然跟一个神经病讨教神仙之术，所以，离开的时候，非常用力地点了点头，随即又摇了摇头。

之后，王阳明带着蔡蓬头到后面的小亭子，再次施礼下拜，请求蔡蓬头带自己玩。

蔡蓬头依然面无表情，说："尚未。"

王阳明继续问道："弟子愚昧。请明示！"

蔡蓬头还是回答俩字："尚未。"

王阳明一下子着急了，我忙了半天，你就用这俩字对付我，再次追问。

九华山上论道

一看王阳明着急了，蔡蓬头哈哈大笑："小伙子，我观察了你半天，你对我虽然隆重尊敬，一副出家人样子，但你内心深处还是一副官相啊。小伙子，别扯淡了，回去好好做官去吧。"

说完之后，蔡蓬头哈哈大笑，消失在群山之中。

这个故事一直被王阳明弟子作为宣传材料，广泛流传，后来明代著名的文学家冯梦龙便将这个故事写了下来，取名为"皇明大儒王阳明先生出身靖乱录"。

从这个故事看，九华山似乎真的有一个名叫蔡蓬头的高人，阳明似乎真的向这个高人问道。其实，这都是假的，有可能是阳明自己造出来的，就像洪秀全自己说自己是上帝之子一样。

如果从王阳明当官的经历来看，这个故事倒不如说是阳明当时处境的真实写照。虽然阳明当了几年的官，但是他老是觉得被大材小用，施展不开，官场的污浊，现实的残酷，使他陷入了困境。

想要建功立业没有机会，想要当圣人却不知道如何修炼。他走在了人生的十字路口，儒家圣人这条路走不通了，是不是该换换？过点自由逍遥的日子多好，反正可以啃老坑爹，有的是衣食无忧。

但是，真的要做选择的时候，他犹豫了。放弃做官，出世学道，过逍遥日子，他舍不得，所以，在蔡蓬头说官员身份妨碍他学道的时候，他没有递交辞职信而是大笑离开，就表明自己放不下红尘官场。

蔡蓬头走后，王阳明继续在九华山游荡。有一天，王阳明来到了地藏洞。就在他准备参观地藏洞的时候，发现许多人抬头看着山顶，似乎那里有什么奇珍异宝。

中国人喜欢当看客，尤其喜欢扎堆当看客。这点虽然一直被人诟病，甚至是遭到鲁迅先生的批评。当然，这一次，游客围观并非有什么大事，也无助于国家，但是却帮了王阳明一个大忙。正因为游客的围观引起了王阳明的注意，而这注意促使王阳明得到了意外的收获。经过一番打探，王阳明得知，处于山巅之上的是一个怪人，人们都称他为原始人、神经病。

据说，此人不吃水煮的食物，不吃烧烤的食物，只吃松子野菜。难道是素食主义者？但是跟素食主义者相比，此人是彻底的素食主义者，不仅不碰荤腥，甚至连煮、烤都省了，只生吃。

用现代人的观点看去，此人绝对是非主流中的非主流。放着好好日子不过，却过着原始人的生活，这不是神经病？如果所有人都这么过，历史该怎么发展，那些喊着为人民服务的人该如何生存？

退一步讲，活在大明帝国时代，盛世王朝，需要这样吗？难道国家养不起他吗？这事情要是让皇帝知道了，非震怒不可，大明帝国地大物博，物产丰盛，怎么会养不起人。

在大家七嘴八舌谈论的时候，王阳明却欢欣雀跃。因为他知道圣人都不走寻常路，他对这类人抱着敬仰之心。由于老王家一直有道家传统，所以，王阳明对道家之事深信不疑。他决定前去请教。但是，道路不好走，要想见到道人，王阳明必须经过一座独木桥，此桥悬挂在悬崖两岸。

别说，此地海拔高达数百米，就是几十米也是够危险的，何况当时这座独木桥已经有些岁月了。对别人来说，冒险见个神经病显然不值得。但是王阳明却踏上了这座独木桥。

幸运的是，有惊无险，王阳明成功抵达了巅峰，见到了这个高人，高人正躺在岩石上睡午觉。打扰人睡午觉是很不礼貌的，王阳明深知此点，但是一味地循规蹈矩，恐怕没有办法跟道人请教修仙之道。

于是，王阳明坐在道人旁边，然后按着道人的脚掌，盯着道人，一声不吭。经过王阳明的按摩，过了一会儿，道人醒了过来。当道人发现眼前的王阳明时，便大声喝道："没事你跑上面来干吗？多危险啊！"

王阳明道："若能得到高人指导，粉身碎骨也愿意。"

听了这话，高人便哈哈大笑道："小王啊，你是好样的，不枉我等你五百年啊！来，我们谈谈……"

随后，两人天南海北地神聊，上自天文地理，下至美女圣人，无所不谈。谈着谈着，渐渐地进入圣人这个话题上。这也是王阳明急切想要知道的事情，迫切需要解决的问题。

王阳明问道："大仙，您说，眼下知名的大师们怎么样？朱熹可是钦定的国学大师和圣人啊？"

道人说："周濂溪（即周敦颐），程明道（即程颢）是儒家两个好秀才。"

道人的话，很明白，即使周敦颐和程颢这样的水平，也才是秀才级别的，其他的就不要提了，差得远呢！朱熹是谁啊？朱考亭先生是个好的讲师，可惜未到最上一层。

听到这些，王阳明惊呆了，自己连朱熹还没搞明白呢？还做什么圣人，回去好好做官吧。

六、圣人的自我修养

踏入官场后，王阳明似乎找到了方向，可以治国平天下了，距离自己的圣人目标近了。在官场待了两年后，发现更遥远了，于是上九华山，想在佛教和道教那里找到答案，乘兴而去，却两手空空而回。只得再次抱住儒家这条大腿，王阳明只能顺着这条路走下去，这条路也崎岖不堪，千转百回，所能做的就是提高自己的水平和涵养，当这一切到一定程度，心态就平和了。梦想与道路，道路与梦想，有梦想才会找道路。道路正确，才能实现梦想，这个过程就是修炼。

以文章的名义扯淡

文章，在常人眼中，是一个非常普通的词汇，在读书人心中，却是一种信仰。大诗人杜甫说过："文章千古事，得失寸心知。"曹丕在《典论·论文》中说："盖文章，经国之大业，不朽之盛事。"一下子文章的撰写被抬高到了极致。

文章不就是写写画画嘛，还能经国治世，还能不朽，找谁说理去。这事还真能找到说理的人，那就是皇帝。治国这事儿是门艺术活，光靠体力是不够的，还需要智慧。智慧从哪里来？文章。

人们常说，文如其人。一个时代何尝不是呢？一个官府何尝不是呢？

一个朝代，历经九个皇帝，有好的传承，必然也有坏的积习，这个时候，往往是积弊重重。还是那句狄更斯万金油名言：这是最好的时代，这是最坏的时代。当政的皇帝是朱祐樘，和前辈动辄就搞文字狱相比，这是最好的时代；

144

如王阳明在《陈言边务疏》里所说，政风大坏、文风大坏、社会风气更坏，这是最坏的时代。

文章千古事，文风决定政风。自从朱棣夺天下，定鼎北京以后，历经几代人努力，出现了"太平盛世"。既然是盛世，就要唱赞歌，始作俑者就是杨士奇、杨荣、杨溥（号称"三杨"）。由于这仨人都是翰林出身，后来都官至内阁大臣，于是人们就把他们三个人唱赞歌的文章形式叫作"台阁体"。三人位高权重，文章雍容典雅，颂圣德，歌太平，于是引来粉丝一片。

唱赞歌当然需要，但老是唱赞歌，就粉饰太平了，就虚假了，而且带坏了文风、政风和社会风气。鉴于此，一些底层的公务员开始呐喊，要进行文风改革，带头的就是以李梦阳为首的文艺青年，改革对象就是以李东阳为首的文人内阁。

说文艺青年，其实就是愤青，在当时，李梦阳可以说是偶像级别的。而李东阳在文坛更是响当当的人物，官拜内阁首辅大臣，会写诗文会做官，是天下读书人心中的大神。愤青要造大神的反，这热闹有看头，最有看头的是，李东阳曾经也是李梦阳心中的大神。

能成为读书人心中的大神，李东阳当然靠的是实力。李东阳小时候就有"神童"的美誉，四岁的时候就能写一尺见方的大楷，进而被推荐给皇帝朱祁钰。皇帝也新鲜，想一睹这个"神童"的风采。

父亲带着李东阳进皇宫，四岁的孩子，个小腿短，迈不过皇宫的门槛，太监就扶着迈了过去。皇帝被这场景逗乐了，顺口出了一个上联："神童足短。"李东阳随口对道："天子门高。"

这一下把皇帝拍舒服了，让李东阳听写了"龙""凤""龟""麟"十多个字。完全正确！皇帝很高兴，就抱着李东阳坐在自己的膝盖上，赏赐李东阳一些上等的珍果和宫内的钱币。这个时候，李东阳的父亲已经站起来，到皇宫外台阶下等候命令。

皇帝一看，又出一上联："子坐父立，礼乎？"

李东阳当即作对："嫂溺叔援（嫂嫂落水小叔子去救），权（权宜之计）也。"

恰巧这个时候御膳房送来螃蟹，让皇帝品尝，皇帝就以此为题出一上联："螃蟹浑身甲胄。"李东阳略加思索，对以"蜘蛛满腹经纶"。朱祁钰喜而赞道："是儿他日做宰相。"

李东阳果然不负朱祁钰的厚望，天顺八年中进士，为国家服务五十年，历任礼部、户部、吏部尚书、内阁首辅，参与内阁机务长达十八年。

自从太祖武皇帝建立大明朝那一天起，就对文人一再提防，但朱棣做了皇帝后，政治结构发生了巨大变化，开始重用文人，形成了勋贵武将、文人士大夫以及皇权三权鼎立的局面。互相协调，互相制衡，但土木堡之变，文官集团趁火打劫，创建巡抚领兵制度，抢夺了属于武官的军事指挥权。这样一来，文官集团一下子做大了，不仅拥有了行政和舆论大权，同时还拥有了军事大权。这个时候，文官集团还怕谁？就是皇帝也得看他们的脸色行事，否则照样收拾你，皇帝都挨欺负，这天下，谁还敢与他们争锋？

朱见深深受其害，做皇帝之后，对文官集团进行了有意或无意的打击，一些文人高官或被贬官或隐退，以此加强皇权，减少文官对朝政的影响。在位二十三年，朱见深只召见了一次文官，为了加强自己的权力，还实行了传奉官制度，就是绕过吏部、不走程序，直接任命，以此对抗文官集团。当朱见深驾鹤西去，儿子朱祐樘上台，又推翻老子的制度，对文人实行宽容政策，于是文官的春天来了。由此，文人和文艺青年都探出了头，到官场上发发言，弄弄权。

李东阳历经天顺、成化和弘治三朝，阅历丰富，因而十分珍惜弘治时期的政治氛围，所以在发言的时候，喜欢粉饰太平，歌功颂德。这一点从李东阳给朱见深和朱祐樘写的悼词就能看出差异。在给朱见深写悼词的时候，李东阳无从下手，唱赞歌吧，违背良心；如实写，写我大明皇帝的绝世姐弟恋，又担心小命不保。最后生拼硬凑，堆砌了一篇文章。说"欲知圣泽远，圣子复神孙"，不说皇帝无所作为，而说大皇帝的功德不在当世，而在子孙后代。而朱祐樘的悼词就不一样了，极尽赞美，说："极意穷幽隐，虚怀仰治平。近臣常造膝，阁老不呼名。"

作为内阁大臣，李东阳希望自己成为治世之能臣，能像永乐时期的"三杨"那样营造出新的盛世。内心以"三杨"为榜样，就先从文章上学习，于是李东阳文章手法自然就是假大空的"台阁体"。

文臣的主要工作就是写写文章，唱唱赞歌，当然也有人针砭时弊，骂骂街。李东阳有李东阳的写作风格，李梦阳有李梦阳的写作技巧，本来是井水不犯河水的。结果写着写着就不和谐了，文人相轻的臭毛病上来了，李梦阳开始挑战李东阳。李梦阳当然知道自己几斤几两，于是就开始组团，就想起了王阳明。

少年距离少客有多远

从九华山下来后，王阳明内心淡定了许多，他知道自己跳不出三界，也离不开五行。完成公差后，王阳明起身回京，到京后，先到刑部报到，汇报工作情况，之后等候新的工作。

听说王阳明回来了，他的那帮文友闻风而来，李梦阳、何景明、乔宇、徐祯卿都来了。这些人，今天的人不是太熟悉，但那时候可是政界和文学界双料新星大腕，就相当于今天的韩寒、郭敬明，随便哪一个，都是如雷贯耳，放到今天，都会是超级畅销书作家。

和父亲想着打压文人不同，弘治皇帝朱祐樘善待文人，注重提高文人的政治待遇。政治地位提高了，经济收入自然也逐渐提高。银子多了，腰包鼓了，饭局就多了，各种文学社团犹如雨后春笋般出现。作为状元之子，李东阳青眼有加的未来状元，王阳明自然成为这个圈里的一个明星。

弘治十二年（1499），王阳明中第二甲第七名，观政工部，闲暇之余，就和京城的文官相唱和。王阳明对京城文官感兴趣，京城文官也久闻王阳明大名，于是大家经常找个理由聚聚会，聊聊风云，谈谈风月，花前月下，吟诗作赋。王阳明活跃的文化圈里都是一些官场新人，诸如李梦阳、何景明、徐祯卿和王廷相等。

大家都是有追求的年轻人，都比着上进，比着写诗，王阳明几乎天天忙着写诗，几年来写了一大堆，数量达三万多首，比此后诗作最高产的乾隆皇帝创作得还多。一个要做圣人的人，自然要自己的作品恒久永远流传，要和圈里的朋友一争高低，要想写好作品，自然要努力学习。为了能超越这些朋友，王阳明天天拼命读书写诗，经常一忙就是到第二天凌晨。由于当年格竹子留下了病症，王阳明的体质一直孱弱。看到王阳明这样用功，他的状元老爹很是心疼儿子，就让家里仆人每晚准时给王阳明灭灯。而王阳明在等老爹睡着后，再次点灯，继续读书写诗。

不久，王阳明就在这个圈子里声名鹊起，和李梦阳这帮人打成一片。这次出差刚回，大家就来了。哥几个互相聊聊这段时间的情况，王阳明就把自己的经历说给了大家听，李梦阳也向王阳明说了他们这段时间的活动。王阳明不在这段时间，他们几个搞起了新文化运动，领头人物是李梦阳与何景明。打算通过改变文风来改变社会风气，反对千篇一律的八股式文章，向以内阁首辅李东阳为中心的"茶陵诗派"叫板。

这件事表面上是文章风格之争，实际上是两派朝臣的较劲。一派是弘治之前入朝做官的元老派，诸如李东阳、刘健、谢迁以及王阳明的父亲王华；另一派就是弘治时期进入官场的新贵。

不管承不承认，当权派是元老派，新贵是打下手的。元老派手握大权，掌握着这些新贵的前途和命运，而新贵则意气风发，有自己的优势。看似这帮年轻人不知道天高地厚，其实他们有自己的资本，一是文章写得好，二是文风确实清新。

李梦阳不仅文章写得好，而且还是一个纯爷们儿。李梦阳竟然向皇帝叫板，后来上书弹劾皇后弟弟张鹤龄，被张鹤龄抓住疏漏，被捕入狱，差点丢命。好在朱祐樘宽厚，顶住压力释放了李梦阳。出狱后，有一天，李梦阳在街上遇到张鹤龄，就上前痛加斥骂，用马鞭痛打张鹤龄，打掉了他两颗牙齿。

另外一个比较有个性的是何景明，这个人就是在今天也是"怪人"一个。有一次，一个官场的朋友宴请宾朋，何景明也被邀请。赴宴的时候，何景明让仆人带着一便桶跟着。宴席开始之后，何景明并不入座，而是坐在便桶上读书，以此显示自己和那个世界不同。

这帮以李梦阳为代表的官场新人，搞所谓的文章改革，其实就是对自己的境遇不满，借此来拔高自己。李梦阳就曾在《上孝宗皇帝书》中公开指出，国家已患元气之病，不改必亡。

至于怎样才能救国，李梦阳开出了自己的救国药方：复古。在他看来，只有复古才能革新官场风气，才能革新朝政。

李梦阳知道这几个人成不了气候，于是多次游说王阳明入伙。王阳明也明白，这个活动的主角是李东阳，自己做不了老大，一个要做圣人的人，怎么能跟别人瞎起哄呢？于是感叹道："假使学如韩（愈）柳（宗元），也不过为文人。辞如李（白）杜（甫），不过为诗人。大丈夫所为，应是盖天盖地的大事业。傍人门户，比量揣拟，都只是雕虫小技而已。"

关于如何拯救这社会，王阳明有自己的方案，他准备从人心入手，彻底解决问题，杀人不如诛心，只有这样才能激起文人士大夫求圣的志向以及远大的政治理想。

道不同，不相为谋。自己的理想现在只能寄托在官场了，官场的事还是淡定一些好，一次的《陈言边务疏》，被老爹骂了好多次了。这一次再跟着李梦阳他们去与李大爷和自己的老爹掰扯，不是找骂吗？

正当王阳明找理由拒绝李梦阳的时候，自己的肺病又犯了，而且很严重，于是向朝廷写了一个请假条，请求回老家养病，皇帝能批准吗？

身病与心病

王阳明从小体质就差，后来热衷于格竹，结果病倒了，患上了严重的肺病。

现代医学的实践证明，晚产会给胎儿带来诸多危害，比如，体重大、成活率低、寿命短、易患多动症、易患肺部疾病等。王阳明在二十一岁那年就患上了肺病，二十七岁那年复发，这一次病情又加重了，最后恰恰死在了肺病上，这和他晚产四个月应该有一定的关系。

当王阳明的诗歌与文章写得越来越好的时候，他和李梦阳的距离也就渐行渐远。本领都是有成本和代价的，王阳明的诗歌文章写得好，是以身体健康为代价的，诗歌文章越写越好，身体状况却是每况愈下。

那个时候没有青霉素、链霉素等抗生素类药物，肺病基本就是绝症的代名词，稍微不注意，稍微有些劳累，就会咯血。经过四处寻医问药，后来找到了一个炼丹道士，道士给王阳明开了一个药方，就是每天要口服极少量的砒霜。砒霜是剧毒药品，长期服用自然会产生极大的副作用，这也是王阳明常年脸色铁青的原因。

这种治病的方法非常危险，王阳明当然也知道，但是为了活命，这也是没有办法的事。

诗文写得越来越好，王阳明的身体却越来越差。有一天，他一面咳嗽一面看书，突然把书向桌上一丢，说："我王某怎么可以用有限的精神做这无用的虚文呢！"

王阳明之所以对书发脾气，一是因为身体有病，而且越来越严重；二是心病也犯了，就是对做圣人越来越迷茫；三是仕途方面不是一帆风顺，对现实很失望。

王阳明便向朝廷上疏，告病请辞，他在《乞养病疏》中这样写道：臣自去岁三月，忽患虚弱咳嗽之疾，剂灸交攻，入秋稍愈。遽欲谢去药石，医师不可，以为病根既植，当复萌芽……病痊之日，仍赴前项衙门办事，以图补报。臣不胜迫切愿望之至！

虽然大明帝国弘治中兴，但也不是天下太平，光是造反的就有两起，一是江西的王武造反，二是琼州少数民族造反。这是兵部刘尚书的事，和王阳明这样芝麻绿豆般的六品小官没有干系的，大明帝国不是离开他就玩不转的，所以奏疏递上去，很快获得恩准。

就这样，王阳明的第一次官场之旅画上了句号。

无官一身轻的王阳明回到了老家余姚，开始了悠闲的疗养生活。王阳明的肺病加重主要是因为劳累过度，只要休息好，病情就会好转，到老家一段时间后，身体就慢慢康复起来。

人心不足，好了还想好，这一点，王圣人也不能免俗。身体好转后，王阳明就又不满足了，打算找一个一劳永逸的方法治好身上的病，永远不再复发，这样就可以安心地做圣人了。经过多方查询探问，找到养生大师，大师告诉王阳明：要想好身体，天天练导引。

"导引术"是何物呢？和我们今天所说的气功、瑜伽很相似。导引，即"导气令和，引体令柔"之意，"导"和"引"是锻炼的主要内容，技术关键是"气"更平和，"体"更柔软。导引养生健身方法，已经风行数千年，早在610年，太医令巢元方出版《诸病源候论》一书，从此"导引术"正式获得中央官府权威机关认可。

中国有一个有意思的现象，即无论是高高在上的帝王还是文人士大夫以及底层的芸芸众生，都热衷于和道士来往。究其原因，他们和道士来往，既不是为了信仰，也不是为了宗教，更不是崇拜道士的人格魅力，而是为了长生不老能成仙。从秦始皇到汉武帝，再到唐太宗，再到雍正皇帝，绵绵不绝。文人中就更多了，诸如号称"诗仙"的李白以及大文豪苏轼，都是如此。最有意思的是朱熹，他年轻的时候，一直对养生和长生不老之术不屑一顾，还批判那些迷信的文人，从孟子一直骂到苏轼。谁承想，到了晚年，朱老夫子也迷信了，而且有过之而无不及，天天持斋茹素，最后导致背上长疽而死。

为了更好地练习导引术，王阳明专门跑到会稽山居住。之所以选择到会稽山来修炼，是有渊源的，这里要说说会稽山的来历和故事。

会稽山也叫茅山，提起茅山，就想起了民间杂技艺人的开场词：

> 一二三，二二三，跟随师父上茅山。茅山有个毛老道，师父对我把艺传，教会了徒弟整八个，倒有七个成了仙。只因我贪玩没得道，师父一怒将我赶下了山，下得山来无事做，变个戏法儿大家观。

再就是，提起茅山，容易想起赶尸道人，就是说，茅山不仅盛产杂技人员，还盛产赶尸道人。

王阳明在山上的阳明洞修建了房子。所谓阳明洞，先前叫阳明洞天，当地人们叫它阳明洞，传说大禹曾经在这里藏书，死后葬在这里，所以也叫禹穴。到清朝，传得更神乎其神了，说阳明洞是一巨石，在会稽山龙瑞宫旁，《旧经》三十六洞天之第十一洞天也。《龟山白玉经》有云：会稽山周回三百五十里，名阳明洞天，皆仙圣人都会之所。

一切安顿完毕，王阳明开始导引术的练习。由于在阳明洞练习导引术，王阳明给自己起了一个号：阳明子。到这个时候，"王阳明"这个名才横空出世。

王阳明练习导引术，最初目的只是为了治病健身，练着练着，突然感觉自己能有前知几百年后知几百年的能力。圣人还没有找到一撇，王阳明却要成为神仙了，王圣人成了王大仙。

茅山有个王老道

有一天，正在静坐的王阳明预感到，不久将有四个人来看望自己。在这四人刚出绍兴五云门的时候，阳明突然睁开眼睛，对身边的仆人说道："有朋自远方来，不亦乐乎。那个谁，王思舆他们几个来看我，他们现在刚出五云门。你去迎接一下，估计在半山腰能碰见他们。"

这个仆人虽然是阳明心腹，但是他不相信王主子所说的。都十六世纪了，还搞迷信那一套。整天说自己是孔子的门徒，却做着道家的行为。他觉得主子所做的太不靠谱，不过，主子命令难违，他便下山去迎接了。

刚到半山腰，出乎他意料的是，半山腰居然真的有四个人，嚷着要找王阳明，连姓名都和王阳明所说的一样。仆人惊呆了，不会吧，主子能预知未来了，岂不是成大仙啦？

于是仆人就把山上发生的一切告诉了王思舆四人，而且还说了王思舆他们几个人一路上发生的故事。这四个人听了仆人一番叙述后，一个个张大了嘴巴。

王阳明预知四个朋友来访，有一定的科学道理，如此准确，纯属巧合。这一点和我们生活中的"说曹操曹操到"差不多，能说有多神奇吗？

人体到底有没有预知未来的能力，最起码目前没有科学证明没有，但有一点可以确定的是，每一个人体都是一个磁体。每个独立磁体都有自己的磁场，磁场具有波粒的辐射特性，而心脑进行思维的时候，就会产生波粒。当磁体之间进行交流的时候，波粒就会传送出去，就会产生感应。磁力强的磁场能够影响甚至破坏磁力弱小的磁场，再就是一些磁力相当的磁场能互相影响或者接收彼此的电子射线，进而产生近似甚至相同的感应，我们常说的"心有灵犀一点通"就是这个道理。

四人中的王思舆和王阳明的关系最好，从科学的角度来看，应该是两个磁体形成的磁场强度大致相当，就是说两人容易"来电"，容易产生心有灵犀的判断。所以当王思舆准备拜访王阳明的时候，王阳明的磁场有所反应，感觉会有人来访。在这期间，知道王阳明在阳明洞的就王思舆这四个人，他们和王阳明之间也是非常熟悉，彼此了解脾气秉性，所以王阳明能判断出他们的行为就不足为怪了。

因而，当这几个人一再称赞王阳明的时候，王阳明十分低调，也是这个道理，纯属蒙的，下一次他自己也没谱。听到朋友的夸赞，王阳明虽然很是受用，但还是连忙婉拒说："此簸弄精神，非道也。"

按理说，这种小事不足挂齿，谁一生不发生几件这样的事情，但因为发生在王阳明身上，就伟大了，就神奇了，成为经典了。这样的事，在大宋朝也发生过，故事的主人翁是伊川先生，也就是大名鼎鼎的程颐。

据说有人问程颐："方外之士，有人来看他，能先知者，有诸？"

伊川说："有之。向见嵩山董五经能如此。"

问："何以能尔？"

伊川说："只是心静。静而后能照。"

问："圣人肯为否？"

伊川说："何必圣贤？使释氏稍近道理者，便不肯为。释子犹不肯为，况圣人乎？"

这个董五经就曾预知伊川前来访他，问他何以知之？他说："先生欲来，信息甚大。"跟他交谈，也没什么过人的了不起的地方。之所以能预知，只因为"久不与物接，心静而明也。"

其实这样的事真没什么神奇的，古人早就明白了，之所以一再被神化，是因为有人想造神。

预知事件之后，阳明日子不好过了。虽然好事不出名坏事传千里，但王阳明得道好事也四处散播，这四个好友逢人便说阳明有预知未来的能力，没多久，整个浙江省都知道了，茅山有个王老道，能掐会算，上知天文，下晓地理，前知五百年，后知五百年。于是引来粉丝一片，这些人，有的是官府高官，有的是道家子弟，他们闻风而动，赶来阳明洞拜师。

接下来，阳明每天的工作就是接见——拒绝，半月下来，他瘦了一圈，脸色青白。病情加重了！看来，继续住在阳明洞，日后真的要成为阳明的洞穴了。所以，为今之计，就是三十六计走为上。

阳明趁着夜黑风高，逃离了阳明洞，前往别地休养。

得道高人不露相

在阳明洞静心修炼一段时间后，王阳明的心态发生了极大的变化，开始平和淡定，一切都不再留恋，好像这个世界和他没有丝毫的关系，进而产生了逃离世俗的念头。修炼成仙的念头占领了王阳明的思维空间，就连做圣人也变得无足轻重了，甚至不值得一提。王阳明越是修炼，逃离世俗的念头就越强烈，自己可以是无所谓了，但年迈的奶奶和父亲王状元怎么办？他们百年之后，谁来顶棺下墓摔老盆，王阳明犹豫了。有意思的是，王阳明这个时候怎么没有想到老婆呢？不孝有三无后为大，这可是大事啊！看来，王圣人早就过情色关了。

在出世与入世之间徘徊一段时间后，突然有一天，王阳明再次开悟："此念生于孩提。此念可去，是断灭种性矣。"这种思念亲人的情感是自然而然的，是人之本性；而这种离世行为，是灭绝人性的。王阳明顿然明白，也是孔圣人打败了老子和释迦牟尼，人性和亲情把王阳明拉了回来。

这一顿悟，王阳明吓了一跳，乖乖，要不是奶奶和爸爸牵挂，自己就出家了，王阳明就成王道士王真人了。这么多年的儒家教育和苦苦追求做圣人，居然抵挡不住道家魅力，这些年的书白读了，到最后居然靠人性和亲情来打败道教。这个时候，王阳明真正明白了，什么是大道、人性和亲情，其他的都是扯淡。难怪一些平民百姓对宗教那么顶礼膜拜，一个读了二十多年圣贤书，在做圣人路上坚持了快二十年的人，居然都深陷其中，差一点不能自拔，更何况普通人呢？

是非之地不可久留，趁着此时清醒赶快走，不然一会儿又陷进去，那时候恐怕再也上不了岸啦，自己可就真成了王真人了。

去哪儿呢？显然人少的地方不能去了，在人少的地方待久了，自己都不知道自己是谁了，就会失去社会性。人一旦失去社会性，和动物就没有区别了，距离自己的圣人之路就是南辕北辙。闹市区也不能去，毕竟是养病，那就去稍微清静的地方吧。他最后去了杭州西湖。

王阳明吸取了在阳明洞的教训，不再独自修炼，而是与一些和尚互相交流。

经常与南屏、虎跑这些寺庙里的和尚谈佛论道，说经文，比修行，甚至指点江山，日子过得相当逍遥舒坦。王阳明曾经在诗中这样描述这段时光："十年尘海劳魂梦，此日重来眼倍清。"

这些寺庙中，王阳明最喜欢去的就是虎跑寺。虎跑寺位居西湖南侧，大慈山定慧禅寺内。该寺庙在唐朝末期由禅宗性空大师建立。据说，当年性空大师居住此地后，天干地燥，没有水源，生活不便，他便准备迁往别地。不过，在搬家前一天，他梦见了神，神告诉他，南岳衡山有童子泉，当遣二虎移来。日间果见两虎跑翠岩做穴，石壁涌出泉水。于是，虎跑寺就此得名。后来，宋朝高僧济公圆寂于此，而被称佛门"重兴南山律宗第十一代主师"的高僧弘一法师则出身于此。

王阳明对虎跑寺最深刻的是一个和尚，而不是所谓的得道高僧。这个和尚有点特别，用现今流行的话来说就是有点萌。一般的和尚修炼，都是该念经念经，该吃饭吃饭，该睡觉睡觉，该上厕所上厕所，唯独这个和尚不一样。闭关修炼，最神奇的是人家还闭着眼，从来不睁开，也从不和别人交谈。

一听说这个和尚，王阳明就非常感兴趣，暗自窃笑，哈哈，这不就是前些日子的自己吗？只是自己是五十步，这个和尚是一百步，如此而已。于是，就决定前去会会这个和尚。

见到和尚后，一看和尚正在念经，王阳明知道这等事必须有霹雳手段方可。于是突然大喝一声："这和尚终日口巴巴说什么！终日眼睁睁看什么！"

正在念经的和尚被这突然一嗓子惊呆了，半天才回过神来，一下子被震迷糊了，突然睁开了眼，开始和王阳明交流。

王阳明就用自己迷途知返的亲情来与和尚交流："家里还有什么人在？"

和尚不明就里，迷迷糊糊回答："家里有一个老母在。"

一听和尚回答，王阳明有把握了，又问道："想念老人家吗？"

老和尚喟然叹道："哪能不想啊？"

听到和尚的真心话，王阳明耐心地说：哥当年也有你这样的心态，想出家修行，但一想到奶奶和爸爸，我就放弃了。试想想，如果一个人连亲情之心都没有了，即使能修炼成仙，又有什么用呢？一个儿童都知道关爱亲情，何况一个成年人呢？这就是儒家的"爱亲本性"。

听王阳明这一说，和尚痛哭流涕："听君一席话，胜读十年经。兄弟服你了。"

第二天，王阳明又去虎跑寺，准备与那个和尚再论论道。到庙里一看，和尚不在了，一问，原来和尚回家看老娘了。在寺庙受了三年佛教教育，王阳明一句话，彻底崩溃。僧性全无，回家找母亲去了。这个时候，王阳明的牛刀小试，第一次出手，就能把一个修炼三年的和尚撵回家。诛心太厉害了，杀人不如诛心啊！

这次经历，王阳明彻底抛弃了神仙佛老之术，看明白了佛老的不足之处，也大大鼓励了王阳明。王阳明也第一次发现了儒家的威力和魅力，再重新回到了儒家的道路上。想想从前的科举之道、习武射箭骑马、文章辞赋以及神仙之道，去你丫的吧，我还是要做圣人，这一次，生死不改。

正在王阳明重新找到自己的时候，北京那边又开始呼唤他了。

主考山东

王阳明回家的这段日子，状元王华的仕途可谓顺风顺水，由于主修了《大明会典》和编撰了《通鉴纂要》，因此深受朱祐樘的喜爱，于是擢礼部右侍郎，仍兼日讲官。官至侍郎，依然天天给皇帝上课，位高权重，谁不给三分面子。

当王阳明在西湖虎跑寺与老和尚逗乐子的时候，他的身体也逐步恢复了。这个时候，刑部想起了王阳明，状元王侍郎的孩子情况怎么样了，就有人向王侍郎了解情况。一听王阳明身体康复了，刑部就打个报告，说工作太需要王主事了，没有王主事许多工作都没法开展，请求内阁尽快通知王主事回来上班。

正当王阳明在西湖之畔漫步的时候，仆人风尘仆仆赶来，说朝廷要求他回京复职。一听这话，王阳明长长地出了口气，去你的西湖，去你的虎跑寺，我还是回北京做官去了，这才是正事。

到北京后，王阳明到刑部销假，开始了正常的官场生活。

弘治十七年（1504）秋天，乡试即将在全国举办。每当举行乡试的时候，全国都很关注，绝对超过今天对高考的关注，因为乡试三年才一次，而高考年年都有。乡试最为引人注目的是主考官，明朝开国之初，乡试主考官不限职务级别。

三四十年以后，国家专门设置专职主考官，但效果既不好又不方便，于是有大臣建议恢复先前的制度。皇帝批准后，就恢复了先前的制度，主考官不限制级别，由地方聘用。

这年有点意外，山东省给礼部打报告，要求礼部选派刑部主事王阳明去山东担任主考官。礼部主要领导研究了一下，就给内阁打个报告，内阁很快批了下来。其实没啥好研究的，这样的好事，侍郎的儿子，尚书能说什么，都是哥们儿，再说了王侍郎天天给皇帝讲课呢，万一多一句话，自己就不知道该去哪儿待着了。应该感谢皇帝取消了主考官的级别限制，否则小小六品绿豆芝麻官的王阳明哪能有机会主持山东乡试。

山东打报告聘请王阳明的官员是陆偁，官至巡按山东监察御史。这个陆偁看起来和王阳明没有任何私人关系，可他的岳父是杨守陈，而杨守陈和王阳明的父亲王华是官场上的好搭档、好伙伴。再就是这个时候，杨守陈已经不在世了。有这样的机会，陆偁当然会借机抱一下王华的大腿，把这样的好机会给王阳明，当然另外一个原因是王阳明的诗文在京城文人圈子里颇有名气。此外，王阳明本人有乡试方面的经验。就在王阳明中进士的前一年，父亲王华主考顺天府（北京）乡试时，就让儿子王阳明全程参与了阅卷。王阳明对考卷的评判相当准确到位，主考官老爹非常满意。

王阳明知道自己被派往山东主考乡试时，十分激动，十分向往。在王阳明看来，这个机会太好了，一是可以名正言顺到自己心中的圣地——圣人的故乡游玩了；二是可以按照自己的观点命题了；三是可以读遍山东秀才的文章，同时手握对这些文章的评判大权！高兴之余，也感到肩上的责任之重：乡试是为国求才。求才如果不尽心力，这是不忠；如果尽心尽力，但没有得到真才实学的人，这是失职；如果失职，他如何对得起朋友、国家？

山东，齐鲁大地，圣人之乡，孔子和孟子的故乡都在这里，一个要做圣人的人，能对山东无动于衷？再就是自己的工作是到圣人之乡选拔人才，多少有点激动，是不是有点班门弄斧，对，鲁班也是山东人，因而必须当回事。最后可以展示自己的最新思想，不能光在老和尚身上尝试，对和尚有效，对读书人呢？还要在读书人身上看看效果。

乡试是地方官府主办的最高级别考试，因而十分重视，热烈隆重地迎接王阳明，进行高规格接待。乡试主考的最为重要的工作是命题，虽然主考有一定的权力，但是必须在大纲范围之内。大明朝的国考大纲是钦定的四书五经和《朱子集注》，要一般人直接从题库里挑几个，得了。这显然是敷衍了事，显然不是想做圣人的阳明所作所为。那么出一道学术类型题讨论朱熹？那也不行，自古以来，文人都是纸上谈兵的高手。

思来想去，阳明决定，出几道经世致用题，具有振聋发聩的效果。于是，他遍翻四书五经，终于找出了好题目。

当山东省的秀才们拿到考卷时，整个贡院炸开了锅，有人兴奋得笑个不停；有人气愤得直摔毛笔；有人把卷子翻来覆去地检查，生怕自己看错了；有人干脆当场交卷：对不起，我不陪你们玩了！

王阳明到底出了什么样的题目呢？

这个主考很例外

我们都知道明朝的科举考试是非常难的一件事，且不说竞争有多激烈了，单单八股文格式就够喝一壶的。八股文分为破题、承题、起讲、入题、起股、中股、后股、束股几个部分，起股、中股、后股、束股是文章精华部分，十分讲究，不允许随便写，必须用排比对偶句，共有八股，所以叫"八股文"。八股文写作十分古板，少一个字不行，多一个字也不行，有时候表达什么倒不重要了，凑字数成了重中之重，多数人先思考要表达什么，然后思考如何凑字数。文章完成后，表面上对仗工整，对偶上口，如果仔细一看，没有几个有用的，大部分都是废话。

不要以为八股考试让学生很痛苦，其实出题的老师也很痛苦。四书五经就那么一点内容，县试考题从里面出、乡试考题从里面出、会试考题也从里面出、殿试考题还是从里面出，而且凡是考过的题不允许再考。可想而知，这题目有多难出。但有政策就有"邪策"，无奈中主考官怪招百出，就在句读方面出歪招。比如把四书五经的句子进行割裂，拿出来当考题，就是一句话掐头去尾，把中间的几个字做题目，这种狗屁不通的句子，主考都不一定明白，却拿来考学生，因而学生骂街是正常的。

这样一来，主考官被骂也属正常，若是一般不负责任的主考被骂是活该，但王阳明是认真出题的，怎么也被骂了呢？问题就出在考题上。

山东秀才们拿到考卷，打开一看，第一道题目是"所谓大臣者以道事君不可则止"。题目难吗？不难，而且很简单，这不是《论语》里的一句话嘛！是孔老先生告诉弟子如何做臣子，意思就是做臣子嘛，用道义辅佐君主，如果君主不按道义行事，那就该干吗干吗去！考生骂街的原因不是不明白这句话的意思，而是太明白了。考生想对王主考说："主考大人，难道你忘记本朝太祖的那个'寰中士大夫不为君用'，你想试试吗？这不太扯了吗？"

第二道题目是"齐明盛服非礼不动所以修身也"。这句话也在考纲范围之内，是《中庸》中的一句话。这道考题的重点是修身，大意就是做人要着装整齐更要非礼不动，这样才能修身。简单说，做人要表里如一，不能表面上西装革履，一肚子男盗女娼。按理说，这道题目可以发挥了，但大明国策规定，凡是答题只能仿照朱熹的解释去立意答题，但王主考这样的题目无法从朱熹那里找啊！

第三道题目是"禹思天下有溺者由己溺之也；稷思天下有饥者由己饥之也"。这道题是考秀才的仁爱和治国方面的认知和水平。题目的大致意思是：大禹想到天下还有人被水淹，就感觉自己正被水淹一样；稷想到天下还有人饿着，就感觉自己正被饿着一样。这正是儒家担当精神，以天下为己任，天下兴亡匹夫有责，"先天下之忧而忧，后天下之乐而乐"……天下乃天下人之天下，而不是皇帝的或者某一群体的，而皇帝和大臣只能是"公仆"。这令秀才们如何答题啊？孟子因一句"君为轻"就被太祖收拾了好几回。

第四道题目是"继自今立政其勿以憸人其惟吉士"。这道题目出自《尚书》，大意就是：从今天开始，任用官员一定不可任用奸佞之人，只能任用善良之士。就是说治国要亲贤臣，远小人。正如诸葛亮在《出师表》中所说："亲贤臣，远小人，此先汉所以兴隆也；亲小人，远贤臣，此后汉所以倾颓也。"同样不好入手，当朝有小人吗？有，是谁呢？没有，这样的考题不就是扯淡嘛！

第五道题目是"诗不遑启居猃狁（少数民族）之故"。此题出自《诗经》，意在考查秀才对国家兵备和兵役认知和解决方案。这道题目的现实意义太强了，直指国家的国防和军事，"猃狁"显然是鞑靼和瓦剌。国家这些年的情况，就是不出门的秀才也知道，国家一再被欺凌，什么都知道，可是乡试能说实话吗？王主考，考纲不是规定了吗？只能仿古人立言，皇帝不是一再要求我们莫谈国事吗。

第六道题目是"礼记君子慎其所以与人者"。这道题出自《礼记》，主要是考考秀才们的为人处世之道，用今天的话来说就是考"情商"。官场是一个大染缸，如何能独善其身，既是一门修身学问，也是做官之道。

第七道题目是"心好之身必安之君好之民必欲之"。这道题也是出自《礼记》，主要是考查秀才们懂不懂得君臣之间的交往之道。大意就是：如果心里喜欢，那么身体必然很享受；如果君主爱好某件事，下面的人必然也爱好。就是说，有时候，心里喜欢的未必是好的、正确的，君主的爱好同样也是如此，这个时候怎么办，尤其作为臣子，怎么办？

第八道题目是"论人君之心惟在所养"。这道题出自《朱子集注》，也在考纲范围之内。这样的题目，秀才除了挠头，很难有什么进展，皇帝之心岂是这些秀才可以瞎猜的。别说秀才了，就是大臣也不允许猜皇帝的心思。都不知道皇帝的心里想什么，那养不养和秀才们有关系吗？有啊！这道题用意深远，读书人的终极目标就是治国平天下，实现目标方式其中之一就是当皇帝和太子的老师，这个时候如果不读皇帝的心，如何当老师，如何治国平天下？

……

王主考的确过了把圣人瘾，利用出题的机会，把自己的为君之道、为臣之道、治国之道、用人之道、修身之道、边防之道一一糅进了乡试的题目之中。王阳明可谓用心良苦，但在一个皇帝世袭的时代,哪个皇帝会真正把一个读书人当根葱！

京城布道者

官场规则中最为重要的一条是：做什么事都要政治正确。尤其是文人官员，耍笔杆子不能太随意，否则吃不了兜着走，甚至掉脑袋，本朝太祖就多次因文字杀人。这事，王主考应该不陌生，但这次主考山东的考题，怎么这样不靠谱，太前卫了吧，政治风险太大了。这样的题目太刺激了，这不是和太祖叫板吗？

如果是在太祖时代，王阳明在山东这样玩，下场就是：砍头。好在王阳明是幸运的，他这个时代的皇帝是朱祐樘。不得不说，朱祐樘是个心胸宽广的人，尽管童年时期受尽折磨，但做了皇帝之后并没有进行复仇，甚至连应当的刑罚都没有追究。手握生杀予夺大权，朱祐樘却能做到与仇人以及那个时代进行和解，这一点就令人尊敬。

也许正是看到朱祐樘的宽容，社会氛围和环境相对宽松，王阳明才敢出这样的考题。虽然进官场不是多久，但也不是生瓜蛋子，就是愤世嫉俗，也不敢拿脑袋开玩笑。王阳明这样做，绝对不是下赌注，而是一种展示，向朝廷和皇帝秀一下自己的能力和水平，目的当然就是进一步高升。

乡试连考三场，每场三天，九天结束。之后就是阅卷工作，乡试的阅卷工作有一套完整合理的程序，极为严格。阅卷第一件事是"糊名"，监考官收完考生试卷后，然后把试卷交给弥封官。弥封官就对试卷上的考生姓名、籍贯等个人信息进行处理，就是将姓名、籍贯等信息折叠掩盖起来，再用空白纸弥封，最后加盖骑缝章，这个程序叫"糊名"。之后进入第二个程序：易书。所谓"易书"，就是找人把弥封后的试卷客观地重新誊写一遍。为了防止誊录出错，对誊录手工作量有一定的规定，因而每次乡试官府都会聘请一批誊录手。人数的多少根据当届考生的人数确定，多的时候要上千人，少的时候也要几百人。

对考生和阅卷人不放心，当然也会防止誊录手利用工作之便作弊，故而官府规定，本省学宫（指教育机构）的人员要回避。誊录工作的人员都是临时抽调，主要是从各府、州、县的书吏（相当于今天秘书一类的公务员）中间抽调。还有一项重要规定，严禁誊录手携带墨笔入场。誊录试卷，统一使用朱砂红笔，所用的纸张数、墨水颜色均要一致。这也是今天我们看到的状元卷子怎么通篇都是红色笔迹，就是这个原因。考生答卷时要用黑墨书写，故称为"墨卷"；而誊录后的卷子，是用朱砂红笔誊写的，故称为"朱卷"。

誊录之后，还要进行"对读"，其实就是复核，以免有错。这些程序走完之后，才进入"阅卷"程序。

总体来说，王阳明主考山东的任务完成得不错。既没有引起政治风险，也没引起官场的弹劾。就连保守的陆偶也没对王阳明的考题进行干涉和提出批评，相反还赞赏有加。当王状元知道儿子出这样的考题时，估计也只能暗暗地自求平安，儿大不由爹啊，不能动辄就拿书砸人啊。

乡试结束后，王阳明假公济私，决定到济南周边风景名胜转转，大明湖是一定要去的，孔庙也是一定要去的，泰山也是要去的。尤其在游泰山的时候，王阳明诗兴大发，一口气写了五首，就是《登泰山五首》，其中第五首写道：

> 我才不救时，匡扶志空大。
> 置我有无间，缓急非所赖。
> 孤坐万峰巅，嗒然遗下块，
> 已矣复何求？至精谅斯在。
> 淡泊非虚杳，洒脱无蒂芥。
> 世人闻予言，不笑即吁怪；
> 吾亦不强语，惟复笑相待。
> 鲁叟不可作，此意聊自快。

一看就是臭酸的文人诗，也就是发发牢骚，埋怨自己怀才不遇，但这对仕途不会有什么帮助的。官场有官场的规则，要想在官场有所作为，必须按照官场的游戏规则来行事，否则天天骂街也没用。

空谈误国，实干兴邦。王阳明在山东的付出获得了认可，当把山东乡试相关材料上交给礼部后，获得赞美声一片，都说王阳明是经世治国之才。

回到北京没有几天，王阳明接到吏部的调遣令，到兵部武选清吏司工作，职务还是主事，办公地点在承天门的东边。准备妥当之后，王阳明兴匆匆到兵部报到。

武选清吏司其实就是兵部的人力资源部，主要负责武官的选拔和升迁。这工作看起来权力很大，手握武官的前途，多威风啊，可以培养提拔自己的亲信。其实，就是负责资料的记录和登记，真正的权力在领导的手里。王阳明的这个角色也就是一个打酱油的差使，但他还是相当兴奋，毕竟这和自己的圣人之路方向一致。

武选清吏司好像和自己的理想方向一致，进去之后才发现，不仅提拔官员和自己无关，就连提建议、带兵、制定军事方案都和自己的工作无关。理想和工作成了两条平行线，看起来很美很漂亮，但永远都不会有交集。

大凡伟大的人，都能在绝境中找到向理想迈进的路。王阳明就有这样的能力，当兵部和自己的理想之路越来越远之际，他想起了自己主考山东的辉煌，想起了圣人孔子，看来自己挺适合做一个布道者。对，王阳明自己何不做一个老师呢？

当年孔圣人不就是靠做私塾老师来实现理想的吗？孔子有弟子三千，贤者七十二，自己可以广收门生，收他个三万，三十万……来个贤者七百二，七千二……这样，自己的理想通过学生来实现，同样能实现做圣人的理想。

这的确是一条路，还是一条捷径。圣人岂是一般人能做的，奋斗了二十多年，王阳明发现越来越渺茫了；那就退一步，做圣人的父亲，但他结婚十七八年来，至今没有子嗣；那就再退一步，做圣人的老师吧，而且只有这条路了。

那时候对民办教育还是支持的，影响还很大，并形成了规模，许多学者都在自己家乡开堂讲学。诸如吴与弼在江西崇仁、罗伦在江西永丰、章懋在浙江慈溪、陈献章在广东新会……王阳明曾经上门拜师的娄谅就是吴与弼的学生，所以王阳明做老师这事不算是开先河，只是顺潮流而动，但王主事在北京开堂讲学，还是"雷"到了一些人！

北京，是帝都，天子脚下，大师云集，精英荟萃。首都作为政治中心，自然也是全国文化的圣地，这里有帝国中枢翰林院，最高学府国子监，还有顺天学府以及下面的县学。在这里办学，能力就不说了，有这个勇气，就值得称赞一下。

明朝的教育是应试教育，就是为了科举，学生读书就是为了考取功名。有钱人的孩子自然是送到那些官办学校去了，那里师资雄厚，而且可以结交到很多官家和贵族弟子。私人办学，跟你学什么啊？诗做得好，还是八股文章做得好，或者是翰林，总不能说你人品好，大家就去拜师吧？

一番准备后，王阳明开坛讲学，一开讲，他就高举屠刀砍向科举八股文，说现在的教育是应试教育，这样不行，要讲授身心之学，就是今天所讲的素质教育。虽然素质教育喊了这么多年，但基本没什么人感兴趣，什么原因？就是因为应试教育在作祟。也就是说，只要应试教育存在，素质教育就永无出头之日。其实问题的症结不在考试，而在官员的选拔体制，只要官员的选拔体制与教育挂钩，教育就不可能有活力。

在一个官本位的社会里，一切和官员相关的事情都是大事，都会被打上政治的烙印。在大明朝，八股文章（即王阳明所说的辞章之学）与身心之学，好像是应试教育与素质教育的区别，实际上是政治路线的问题。八股文章是太祖定下的制度，是把朱熹当作官方的精神导师，一切工作都要以朱熹的思想为指导；而身心之学的导师则是陆九渊，由于没有获得官方的认可，只能活跃在读书人的心里。

正如应试教育与素质教育在大方向上并不矛盾，朱熹的理学与陆九渊的心学也没有深仇大恨。只是在如何做圣人的方法上有所不同，朱老夫子的观点是，只要你坚持学，天天学习，积累到一定程度就功德圆满了；陆九渊则认为做圣人，关键在人心，如果人心出了问题，知识积累得越多能力越强，危害就越严重，不仅成不了圣贤，还会成为危害社会的坏人。

在这样的环境里，王阳明竟然大张旗鼓，要搞陆九渊的心学，不是能不能招到学生的问题，可能还会因此犯政治错误。这事放在今天，并没有什么大问题，多元化教育就好比今天的补习班，人家都是宣传如何提高分数，保证考上名校；王阳明的补习班呢，则宣称，我能教你们家的孩子如何玩。其实王主事也有自己的法宝，那就是自己做过主考官。这个牌子还是有吸引力的，但他没有举出这张牌子，却高举身心之学，大谈素质教育。本身就没什么优势，还来一个这样的宣传，会有人上门拜师吗？

同道者湛若水

在京城开堂讲学，王阳明不是第一个吃螃蟹的，也不是最成功的。最成功的是他的好友李梦阳，这是因为李梦阳有自己的特长和优势。李梦阳的特长是诗和文章写得好，名气比王阳明大得多，优势是李梦阳是翰林院的庶吉士。两相对比，王阳明算是文章做得还行的官府官员，而李梦阳则是文章做得非常好，还是内阁与皇帝的秘书。作为家长，肯定把孩子送到李梦阳那里，一是诗词文章写得好，二是出身好，将来可以登阁拜相，孩子自然跟着沾光。

王阳明的学堂刚开张，就引起了非议，一些官场和文坛的老人又开始骂街了。又是王状元家那个孩子，能不能消停一下？刚在山东折腾一番，这回又在京城开讲啦，这孩子太想出名了，但总得有底线吧。其实大家都差不多，五十步笑百步，骂王阳明没有底线，这些人估计连"底裤"都没有，一帮连"底裤"都没有的人，居然还骂别人没有底线。

王阳明不是一般的人，是一个敢于为了自己理想而坚持的人，舍得一身剐也要把皇帝拉下马。他才不管别人怎么看，怎么骂。他就是要开堂讲学，哪怕一个孩子都招不到。王阳明何尝不知道，所谓的开堂讲学，都是为了拉关系、搞团体、建圈子……以此形成自己的人脉。谁会为了所谓的师友之道去拜师，什么"学高为师，身正为范"，太扯了，都是为了名利。

王阳明开堂讲学的这一年，正值乙丑科，登榜的新进士之中，有一个叫湛若水的人。正是这个人出现，王阳明对现实社会又增加了信心和勇气，他又开始相信师友之道了。湛若水有什么特殊的地方打动了王阳明呢？

湛若水，广东增城人，广东大儒陈白沙的衣钵传人。这个人也在中国大儒常无父的传统之列，父亲英年早逝，由母亲一手养大。由于家庭屡遭变故，看上去"凝然若愚"，家人认为他不是读书的料，因而就没让他上私塾，等到了十四岁才开始入学。放到今天，九年义务教育都快结束了，湛若水才入学，但他天赋极高，两年后就会写文章，因而被特招到广州府学学习，十七岁就中秀才。二十七岁那年考中举人。之后，湛若水并不着急赴京赶考，而是在二十九岁那年去拜广东大儒陈白沙（即陈献章，和娄谅的老师吴与弼算是同门师兄弟）为师学习理学。

那个时候，读书都是为了考取功名，谁有工夫搭理什么身心之学，湛若水居然喜欢上了，而且很着迷。更令人惊讶的是，为了坚定自己的决心，湛若水毅然决然当众焚烧了自己的"路引"（相当于赴考通行证和准考证），这在科举时代，绝对是令人仰慕的行为。之后，湛若水潜心求学，几年后，学业大进，就连老师陈白沙都在信中盛赞："来书甚好，日用间随处体认天理，著此一鞭，何患不到古人佳处也。"三十二岁时，他就提出了著名的"随处体认天理"说。

第二年，陈白沙就将"江门钓台"作为衣钵传与若水执掌，并且作《赠江门钓台诗》跋："达摩西来、传衣为信。江门钓台，病夫之衣钵也！今与民泽收管，将有无穷之祝。珍重！珍重！"读书人的确讲究，一个交接，搞得这样严肃。之后，陈白沙先生去世，湛若水则为陈先生服丧三年，期满后，湛若水对科举还是没有兴趣。

这个时候，官府官员都跟着着急了，广东好不容易出这么一个人才，他不参加科举，政绩从哪里来？广州府佥事徐弦联合湛若水的母亲一起动员，母命难违，弘治十七年（1504），湛若水北上赶考。到南京的时候，国子监祭酒章懋非常赏识他，就留其在南京国子监读了一段时间的会试考前培训班。弘治十八年（1505），湛若水到北京参加会试，这次主考官是张元桢、杨廷和，其中杨廷和后来做了内阁首辅。

后来阅卷的时候，杨廷和看到一份试卷，读完后就说：这是陈白沙弟子所作。阅卷结束后，打开糊名，一看果然是湛若水。湛若水不是唐伯虎，杨廷和也不是程敏政，所以湛若水顺利中进士，然后被点为翰林，选为庶吉士。

王阳明是京城文化圈的名人，而湛若水也算是南方文化圈里的大角儿，之间有许多共同的朋友，在共同朋友的引荐下，两个人就认识了。彼此早就听说过，一见面，就被彼此的才华学识所吸引，俩人惺惺相惜。王阳明评价湛若水说："守仁立世三十年，未见此人。"而湛若水则评价王阳明说："若水观于四方，未见此人。"

湛若水比王阳明大六岁，王阳明在弘治十五年中进士，湛若水在弘治十八年中进士，比王阳明晚三年，按照官场的规则，私人见面时，湛若水应当给王阳明敬礼。见面一交流，两人就找到了共同的话题，批判八股和朱子理学，认为这样的制度问题严重，如果不改革，国家迟早要葬送在这个制度上。

知己啊，两人相见恨晚，天天为拯救大明教育而努力。经常往来，大有孔子的"以文会友，以友辅仁"之意，两人不仅共同研究学问，还一起指导王阳明学堂里寥寥无几的学生。一边探讨理论，一边把理论运用到教学中，经过一段时间的磨合，两人信心爆棚，认为自己的理想、国家的命运，都能掌握在自己的手里。

但一年后，皇帝朱祐樘驾崩了，一个新皇帝上台了，大明朝摊上事了，摊上大事了。这不仅改变了大明的历史，也改变了王阳明的人生，王阳明的命运会怎么样呢？

七、活着是理想的唯一需求

　　王阳明虽然从小就立志做圣人，但经过三十多年的教育，他知道做圣人的途径并不多，"修身、齐家、治国、平天下"算是唯一的出路了。好不容易才挤上这条做圣人的路，正当他踌躇满志的时候，换了一个皇帝，风云骤变。不到两年，文人大臣，走的走，撵的撵，杀的杀，打屁股的打屁股……王阳明一道奏疏招来四十廷杖，多年形成的三观立刻崩溃，一下子迷茫了，搞不懂是世界变化快，还是自己不明白。对王阳明来说不需要明白整个世界，这个时候只需要明白一点：只有活着才有机会实现理想！

威权之下无看客

　　主考山东大放异彩后，回到京城，王阳明到兵部继续做主事，顺便开办了科考辅导班。尽管没有取得李梦阳那样的成功，但好像踏上了圣人之路，当年孔子就是通过办学实现治国平天下理想的，再就是办辅导班的时候结识了湛若水。

　　正当王阳明认为自己找到了圣人之路，准备一路狂奔的时候，年轻皇帝驾崩了。在我们的文化里，皇帝是天子，因而皇帝驾崩是天大的事，天朝所有的人都要受到影响。作为大明朝正六品的兵部主事，先皇帝丧葬、小王子入侵、新皇帝登基、首辅大臣和太监较劲……王阳明都是一个看客，一个和这些事有关系的看客。

　　看客，一个被赋予了贬义称呼，意为冷漠、麻木的围观者。尤其是经过先贤梁启超和大文豪鲁迅定性之后，"看客"一词就被打进了十八层地狱，而且被踏上了 N 多脚，永世无法翻身。梁启超先生在《呵旁观者文》一文中大声斥责："天下最可厌可憎可鄙之人，莫过于旁观者。"鲁迅先生在《〈呐喊〉自序》中说："凡是愚弱的国民，即使体格如何健全，如何茁壮，也只能做毫无意义的示众的材料和看客，病死多少是不必以为不幸的。"

这里倒不是和梁启超、鲁迅较劲，而是想说"看客"未必都是冷漠麻木的，套用鲁迅先生的话说"要说看客是冷漠麻木的，用于指部分则可，倘若加于全体，那简直是污蔑"。对无关系的看客来说，就是看热闹的嫌事小，而有关系的看客就是另外一种心态了，他们紧张、担心却心有余而力不足，事关他们的利益甚至身家性命，但他们却没有参与的资格，只能沦为看客。

蒙古小王子入侵由王阳明所在单位兵部负责、新皇帝登基换最高领导这样的大事当然有关、首辅大臣和太监较劲实际上是官场洗牌……这些事都轮不上他说话，但每一件都和他密切相关。

当京城的官员被朱厚照摆平后，南京那边又起哄了，于是就把那些人从南京抓来，几次廷杖，打死了戴铣和蒋钦，这个时候，当大家都认为不会有人再站出来的时候，王阳明上了一道奏疏。他认为经过这一段时间的折腾，朝廷需要安稳了，于是就揣摩皇帝的心态，用心写了一道奏疏递了上去。

王阳明在奏疏中写道：

> 臣闻，君仁则臣直。今铣等，以言为责。其言如善，自宜嘉纳。即其未善，亦宜包容以开忠谠之路。今赫然下令远事拘囚。在陛下不过少事惩创，非有意怒绝之也。下民无知妄生疑惧。臣窃惜之。自是而后虽有上关宗社安危之事，亦将缄口不言矣。伏乞追回前旨，俾铣等仍旧供职，明圣德无我之公，作臣子敢言之气。

奏疏写得很委婉，只字不提刘瑾，也不说刘健，只讲职业道德。就是说直言进谏是戴铣和蒋钦的职责所在，如果他们的进谏是正确的就采纳，错误的话也应该包容。不应该把他们从南京抓来，这样不好，不利于察纳雅言，导致大家都保持沉默。将来发生有关江山社稷的危险，也不会有人再说，所以应该鼓励大家敢于进谏。

和《陈言边务疏》相比，王阳明最明显的变化就是成熟了，说白了就是圆滑了有城府了，几年的官场没白混。通篇没有什么慷慨激昂之气，也没有骂街，而是一篇委婉劝谏的文字。王阳明有城府了，朱厚照也不傻，如果在刘健他们刚开始和朱厚照较劲的时候，王阳明能上这样一道奏疏，说不定朱厚照会感动得热泪盈眶的。但现在情况变化了，朱厚照不再是那个任人欺负的笨小孩了，他尝到了权力的好处，他当然知道自己在做什么，他是在进行权力洗牌，为的是树立自己的威权。树立威信和树立威权最大的不同是，威信的树立是通过做正确的事，而威权则是通过做错误甚至荒唐的事来树立。好比赵高当年的指鹿为马，不是赵高歹毒也不是胡亥多傻，只是为了树立威权。朱厚照也是打算通过这些不靠谱行为树立威权，但大臣们多数没有能读懂他的心，也许读懂的只有李东阳，这就是当初留下李东阳的原因。

王阳明这道奏疏想要表述的是"若批评无自由，则赞美无意义"，他想要的是"批评"的自由，而朱厚照最讨厌的就是这种自由，搞得他无论做什么或者不做什么都是错误的，给你们自由，我就不自由了。看到王阳明的奏疏后，朱厚照一百二十个不乐意，给朕上政治道德课，你也配？你知道朕心里是怎么想的吗？知道朕想做什么吗？

在朱厚照看来，这哪里是进谏，王阳明不是为言官说话，而是反皇帝，所以要给点颜色看看。

一顿廷杖毁三观

一个威权主导一切的社会，在皇帝面前，法律道德都只是笑话，和他们讲道理无异于与虎谋皮。但他们却想尽一切办法，通过公权力在教育、官场、科举方面时刻传播法律道德，教会每个人站在道德的制高点去思考问题，这才是那个时代最大的笑话。当人人都在用道德的棒子去谴责太监，谴责刘瑾、谷大用时，却忽视了太监背后的那个人，不出问题才怪呢！

看完王阳明的奏疏，朱厚照回头看了看刘瑾，又看了看奏疏，不耐烦地说："官不大事不少，这个人我就不管了，你看着处理吧。"

有了皇帝这句话，刘瑾就开始行动了，命令东厂锦衣卫把王阳明投入监狱。

投入监狱只是开始，关了一段时间后，刘瑾命令锦衣卫把王阳明带到朝堂上。带到朝堂，并不是让他和皇帝讲理，也不是探讨人生，更不是讲道德，但却与法律有关。

大明帝国是一个法制国家，有完备的法律制度，一部《大明律》就是证明。百度百科这样评价：《大明律》不仅继承了明代以前中国古代法律文献的历史优点，是中国古代法律编纂的历史总结，而且下启清代乃至近代中国立法活动的发展，为中国近现代的法制建设提供了一些宝贵的借鉴。

其实我们国家从古至今都是一个讲法的国度，自战国魏李悝制定《法经》，到秦朝的《秦律》、汉朝的《汉律》、隋朝的《开皇律》，再到唐朝的《唐律》。只是到了宋元法律出现了倒退，实行"以敕破律"，就是"法自君出"，就是权大于法。朱元璋打下天下后，为了长治久安，决定实行依法治国。朱元璋"劳心焦思，虑患防微近二十载"，最后制定了《大明律》，"凡七誊稿"，而且亲自经过反复修改字斟句酌，以期《大明律》成为"不刊之典"。

朱元璋的目标是打造一个"法治国家"，在皇权高于一切的国家，是不存在"法治"环境的，最后打造成了一个"法制国家"。"法治国家"崇尚用法律来治理国家，一切按法律办事；"法制国家"认为法律制度只是治理国家的一种工具，如何执行更是见仁见智，结果就是"人治"。

"人治"就使法律成了个人意志，因而就会出现选择性执法，进而"人治"就会演变成"治人"。这种情况下，法治精神就不存在了，剩下的就是人性了，人类一下子从文明时代回到了丛林时代。比如"廷杖"制度，当初朱元璋制定并不是真正为了打人，而是让人丢丢脸面，从尊严层面惩罚。据朱国桢《涌幢小品》卷十二载："成化以前，凡廷杖者不去衣，用厚棉底衣，重毡迭帕，示辱而已。正德初年，逆瑾（刘瑾）用事，恶廷臣，始去衣，遂有杖死者。"

"士可杀不可辱"，可见朱元璋这个制度的良苦用心。就是说按照祖宗的规矩，廷杖时可以穿厚棉衣服，再放上毡子之类的；但刘瑾掌权后改成了严格按制度办事，廷杖时不允许穿厚棉衣服，更不允许放其他东西保护，最为不可接受的是还扒下裤子，露着屁股廷杖。

据说刘瑾有一套独家训练廷杖手的方法，模仿人的模样做一个皮人，里面塞入砖头。训练很有讲究，那些看上去普普通通打下去的廷杖，尽管打完后皮子表面完好无损，但里面的砖头已经粉碎，正常的打法就是最狠的；而那些看上去重重打下去的廷杖，训练的时候就在皮人上面裹一层纸，打完后纸都不允许破损。廷杖时，只要看看监刑太监的站姿就知道情况轻重了，如果监刑太监的脚是外八字，就是轻打的意思；而如果是内八字，就是往死里打的意思。

锦衣卫把王阳明带到朝廷后，刘瑾宣旨，四十廷杖。于是王阳明被锦衣卫拖到奉天殿外行刑，锦衣卫按照程序，先把王阳明按趴下，然后扒裤子，接着行刑。

众目睽睽之下，光着屁股趴在那里，王阳明五味杂陈。看看监刑太监的脚尖，脚尖紧闭，王阳明知道刘瑾要对自己下狠手了。对王阳明来说，肉体上的伤痛并不是最伤心的，精神的羞辱更让他崩溃，一个立志做圣人的人，一个已经妥协到从"修身齐家治国平天下"开始做圣人的人，一个写文章都谨慎再三的人，最后还是遭受这样的侮辱。

当廷杖高高举起时，崩溃的不只是王阳明的末梢神经，还有他的思维神经。当廷杖一下一下打到王阳明身上，他的世界观、价值观、人生观一一崩溃。多年的教育，多年的学习，多年的思维习惯，多年的经验……一切都抵挡不住这顿廷杖。

用今天的话说，就是这顿廷杖毁三观。朱厚照的意思是，廷杖只是手段，目的是让廷杖拯救王阳明。看在王状元曾经是先帝老师的分上，减少十个廷杖，只打了三十廷杖，但王阳明已经没有知觉了。

一道奏疏，王阳明被打烂的不只是屁股，还有他的人生理想。这个时候，生还是死，远比做圣人更重要。

用诗意生活对抗现实

屁股在光天化日之下被打烂后，王阳明再次被投进监狱。打的虽然是屁股，起因却是由大脑引起的，按照"屁股决定脑袋"的逻辑，身为兵部主事的王阳明理当为皇帝分忧解愁，却闲着没事给皇帝堵心，所以要打屁股，就是让王阳明清醒一下大脑。

尽管王阳明习过武、王越墓前演过兵、九华山上问过佛、茅山之上修过道，三十廷杖还是把他打昏过去了，看来，什么样的修炼都无法把血肉之躯变成金刚之体。扔进大牢之后，趴在地上的王阳明慢慢有了知觉，他不知道已经过去了多久，甚至怀疑自己是否还活着，咬了咬手，庆幸的是自己还活着，但也就是活着。这个时候最先感觉到的还是肉体的疼痛，不知道趴了多久的躯体已经疲惫不堪，王阳明想换种姿势躺一下，哪知道刚一动，屁股上剧烈的、钻心的疼痛，迫使他不得不放弃，只能继续趴着。

屁股的疼痛提醒王阳明，自己身在哪里，以及为什么在这里。想到这里，一下子就清醒了，屁股反而不怎么疼了，这个时候心开始痛了。一切的一切，都是因为自己的大脑没有随着屁股下的位置变化而改变思路，回想一下自己三十多年的人生，从小就立志做圣人，被笑话过、被骂过、被羞辱过、迷茫过、困顿过……虽历经千转百回，但一直在坚持。好不容易踏上了"修身齐家治国平天下"这条圣人之路，自己就是按照这个规矩做事的，为什么被廷杖了？不是说好了吗，"为人君止于仁，为人臣止于敬"，我就是这样做的啊？为什么还被廷杖了呢？

大明帝国的朝廷之上都不讲道理，监狱里就更没有道理可讲了，王阳明所能做的只有写诗了，诗言志嘛，再就是当人在现实的黑暗中看不到希望的时候，就只有到诗的王国里寻找理想的世界了。

这个时候，王阳明想起了司马迁在《报任安书》中的那段话：盖文王拘而演《周易》；仲尼厄而作《春秋》；屈原放逐，乃赋《离骚》；左秋失明，厥有《国语》……王阳明拘而干什么呢？一是写诗，学习孔子、左丘明和屈原，用诗意生活来对抗恶俗的漫漫黑夜；二是学习周文王，研究《周易》。

王阳明在这段时间写了一系列"狱中诗"，既是心态的表达也是对志向的坚持。其中，一首《读〈易〉》诗云：

囚居亦何事？省愆惧安饱。瞑坐玩羲《易》，洗心见微奥。

乃知先天翁，画画有至教。包蒙戒为寇，童牿事宜早；
蹇蹇匪为节，虩虩未违道。《遁》四获我心，《蛊》上庸自保。
俯仰天地间，触目俱浩浩。箪瓢有余乐，此意良匪矫。
幽哉阳明麓，可以忘吾老。

这首诗就是王阳明在狱中"玩易"洗心的真实描述，也正是通过《易》和周文王建立心灵的沟通，王阳明豁然开朗，达到了"幽哉阳明麓，可以忘吾老"的境界。

监狱历来是最黑暗的地方，明朝锦衣卫的监狱更黑暗。王阳明患有肺病，身体本就虚弱，经过三十廷杖的蹂躏，一下子病倒了。监狱里阴暗潮湿，尤其到了岁暮年终，身陷囹圄的王阳明惆怅满怀，思绪万千，居然想起了妻子，感叹仕途不易，年华易逝，而自己却两手空空。凄怆中想到了祖上的荣光，不禁潸然泪下，此时此刻就赋诗一首：

幽室不知年，夜长昼苦短。但见屋罅月，清光自亏满。佳人宴清夜，
繁丝激哀管。朱阁出浮云，高歌正凄婉。宁知幽室妇，中夜独愁叹！
良人事游侠，经岁去不返。来归在何时？年华忽将晚。萧条念宗祀，
泪下长如霰。

在监狱待久了，都不知道是何年何月了，从夜长昼短知道临近新年了，这个时候想家了，也想老婆了，但王阳明却说是老婆想他（宁知幽室妇，中夜独愁叹）。明亮的月光穿透了夜的黑暗，照进了王阳明的牢房，也照进了王阳明的心灵，顿时发现人生最痛苦的事不是你经历了多少艰难险阻，也不是经历了多舛的命运，而是没有理想和追求。

身陷囹圄，但自己一直坚持学习，静心研究学问，经常和一起被捕狱友分享知识："累累囹圄间，讲诵未能辍。桎梏敢忘罪？至道良足悦。"只要有理想，这世界就可爱至极，什么儿女情长英雄气短，什么悲伤快乐，什么屈辱得失，都是过眼云烟，这一生只有圣人才是自己的最高追求。

哲学家杜威说过："知识分子的特征有两方面，一是独立思想，不肯把别人的耳朵当耳朵，不肯把别人的眼睛当眼睛，不肯把别人的脑力当脑力；二是个人对自己思想信仰的结果负完全的责任，不怕权威，不怕监禁杀头，只认得真理，不认得个人利害。"这个可以看作是王阳明的素描，是的，他对自己思想信仰结果担负全部责任，他只认得真理，他不怕权威，不怕廷杖监禁，只因为他有一颗做圣人的心。

"奸党榜"名列第八

在这次牢狱之灾中，王阳明可能是最不起眼的一个人，小小的兵部正六品主事，论官职不如刘健、谢迁他们，论名气不如康海，论才华不如李梦阳，论职责戴铣、蒋钦才是正事……这些人都是直接到位，剑指刘瑾，既不绕弯也不客气，而且当作敌我矛盾来对待。

对比起来，王阳明委婉多了，奏疏中既不骂刘瑾这个太监，也不赞扬这些官员，只谈职业道德。这样不阴不阳的奏疏，杀伤力不大，完全可以置之不理，没必要上纲上线的，但刘瑾就是不放过。就是戴铣和蒋钦只是打一顿廷杖，削职为民，回老家待着去，只是他们不依不饶坚持上奏疏才多次被廷杖，最后因此丢命。反而是王阳明这样委婉的，惩罚比较有意思，廷杖之后既不削职为民也不进一步处罚，只是扔进大牢。

王阳明写奏疏不阴不阳，刘瑾处置王阳明也很暧昧。也就是说，刘瑾看上了王阳明，这样的一个小官，在京城不说多如牛毛，在六部最起码一抓一大把，刘瑾到底看上了王阳明哪一点呢？就是王阳明的父亲王华。

王华官拜礼部右侍郎，先帝朱祐樘的老师，隆眷厚重，为人刚正，为官清廉，颇有声望。王华父子所拥有的声望正是朱厚照与刘瑾需要的，尽管大权大棒在手，他们知道别人并不真正服从他们，因而急切需要王华这样的人来撑门面。康海来访，刘瑾都那么给面子，激动得连鞋子都顾不上穿；如果是王华，刘瑾肯定激动得泪水顿作倾盆雨。

在朱厚照的支持下，刘瑾大权在握，撺刘健、谢迁，罢韩文，罚李梦阳，廷杖戴铣、蒋钦……一时风光无限，好不得意。掌权之后，一些缺钙的文人争相奔来，刘瑾很是舒服，读书人也不过如此，但是他发现自己崇拜欣赏的却没有来，比如他一直仰慕的王华。刘瑾一直等待王华上门，左等不来，右等还不来，实在等不及了，刘瑾认为文人矜持要面子，就派人给王华传话。说咱家与王华先生有旧，很是仰慕先生，先生若能到咱家府上一叙，可登阁拜相。

话带到了，王华既没有拒绝也没有行动，一个靠才能上位的人哪能投靠一个靠身体上位的人呢？再说了，当年可是皇帝老师，都皇帝老师了，这么粗的大腿自己都没有去抱，现在能去抱一个太监的大腿？

王华既没有拒绝也没有登门来访，刘瑾真是一个"遗憾"了得。这个时候机会来了，王阳明上奏疏了，而且奏疏内容相当委婉，刘瑾哈哈大笑，真是"踏破铁鞋无觅处，得来全不费工夫"，认为控制了王阳明还愁王华不主动上门。于是，先扒王阳明的裤子打屁股，之后投入大牢，让老王家一家人着急去吧。

监狱里面的日子不好过，但王阳明能吟吟诗算算卦，再加上圣人理想的召唤，倒还能坚持。监狱外的家人就不好过了，尤其是父亲王华，儿子被关进大牢，如何能幸福起来。最为痛苦的是，只要自己到刘瑾那里去一趟，儿子可立即释放，自己也可加官晋爵，但老王家的人怎么能做这样的事呢？儿子的理想就是做圣人，如果为了高官厚禄，当初就不会冒险上奏疏，上奏疏就是为了心中的良知，处在暗无天日监狱里的儿子都没有妥协，一个父亲更没有理由了！

刘瑾认为，只要把王阳明投进监狱，一介书生，只要稍稍用刑，就会尿了，写一个投名状，到时候，名利双收。但令刘瑾意外的是，王阳明铁板一块，什么都不说，不写投名状，反而写诗玩《周易》，看到无法从王阳明那里找到突破口，于是打算再次从王华那里做工作。

刘瑾再次找人暗示王华：先生只需让你儿子写一封忏悔书抑或投名状，咱家立刻放人，而且不用送礼，就可直接安排你儿子王阳明到六部任职。

听到此消息后，王华不假思索，当即回复：我们老王家人没有写过忏悔书的传统，再就是我儿子做过的事情没有需要忏悔的。

一看王家父子油盐不进，刘瑾非常恼怒，奏请皇帝，把王阳明发配荒凉之地。

朱厚照看了看刘瑾的奏疏，突然想起了偏远的贵州，想起了太祖武皇帝设置的龙场九驿，于是朱笔一挥，发配到龙场驿。那时候，贵州就是荒凉、偏远之地，龙场就更荒凉了，比传说中的"鸟不拉屎，鸡不嬎蛋，乌龟不靠岸"好点，就是那里有鸟拉屎。职位也发生变化了，官拜龙场驿驿丞，所谓驿丞就是相当于今天的交通站站长兼招待所所长。庆幸的是，好在没有削职为民，留下公务员身份，相当于事业编制还有但已经没有级别了。

就这样，王阳明从监狱里出来了，却要到蛮荒之地的贵州任职，而地点在贵州龙场。如果说那时候的贵州是蛮荒之地的话，那龙场就是蛮荒中的蛮荒。环境恶劣，语言不通，表面是到龙场做官，实际上是投进一个更为凄凉的大监狱。

王阳明出狱不久，在朱厚照有意无意的授意下，刘瑾打造了一个"奸党榜"，就是把所有反对皇帝和刘瑾的官员列在一个榜上，比如原内阁首辅刘健、谢迁、原吏部尚书韩文、原工部尚书杨守随，原南京礼部尚书林瀚，原都御史张敷华，原户部郎中李梦阳，原兵部主事王阳明，还有一大批言官，共计五十三人。把这些人张榜贴在朝堂上，命令群臣跪在金水桥宣誓，一是批判"奸党榜"上的人，二是和"奸党榜"上的人划清界限。刘瑾希望通过这种方式，杀一儆百，威慑百官。

不得不说，刘瑾太看得起王阳明了，一个大明朝廷没有官阶的人居然高居"奸党榜"第八，王阳明当年参加会试，连考三次才中第二甲第七名，这次一道奏疏就高居第八。

离开监狱不代表自由了，王阳明反而更不安全了，因为上了"奸党榜"，所以刘瑾就有更多的理由"锄奸"了。这个时候，王阳明的危险才刚刚开始。

南下，难下

出狱后，王阳明获得了人身自由，回到了京城的家，所谓家其实就是一座空房子，父亲王华已被平调到南京做礼部尚书去了，说是平调其实是降级。王阳明很清楚，他的自由是相对的，随时随地可能都有锦衣卫"关照"自己，他知道自己将不得不离开京城这个实现自己理想的地方。

新年刚过，春寒料峭，这天和王阳明的心情是一样一样的，刚获得一点点暖意，但整个朝廷还是大冰窟窿，自己的这一点暖意连温暖自己的心都不够，更不要说整个国家了。

这个时候，好朋友湛若水、汪抑之和崔子钟来看望王阳明。他们的到来，并不能在实际上帮助王阳明，但能让王阳明的心里很温暖，感受着人性中那点温存。大伙来了，比什么都让人激动，太高兴了，好兄弟讲道义，这个时候能做什么：喝酒，吟诗。不谈风云只聊天，这一点从他们唱和的几首诗中，比如"皇天常无私，日月常盈亏""天地我一体，宇宙本同家"即可看出。再就是聊友情谈风月，圣人也谈风月，不会吧？

这个可以有，而且是真的有，王阳明也是风月高手，这也忒不可思议了。

这一次慰问王阳明的居然有一位女子，而且这个女子还会写诗。和王阳明来往的女子会写诗，也属正常，俗话说"嫁给做官的要会做官娘子，嫁给杀猪的要会翻猪肠子"。至于这名女子是谁，没有留下任何记录，今天已经无从考据了。这位女子写的诗，我们今天无缘目睹了，好在王阳明留下了一首回赠诗：

> 忆与美人别，惠我云锦裳。
> 锦裳不足贵，遗我冰雪肠。
> 寸肠亦何遗，誓言终不渝。
> 珍重美人意，深秋以为期。

这诗写得太有味道了，这得是多么美好的关系啊？想不到圣人王阳明还有一位这么关系深厚的红颜知己，其实也不意外，王阳明就是在今天也绝对是帅哥一个，人长得帅气、会写诗、会读心、习过武……还极具气质，比如诗人的抑郁气质、哲学家的深邃气质、导师的睿智气质、教父的江湖气质、领袖的高远气质，这样一个男人，能不招女人喜欢？

情场得意，官场失意，就这样，王阳明在得意与失意之间离开了北京。离开那天，王阳明的朋友们都前来相送，这些人都是文人，都是诗赋高手，都是宦游的士子，相同的出身、相同的职业和相同的处境，更激发了他们的诗意，但在那个时候，大家也只能含蓄地表达离别之情。情到浓时心憔悴，王阳明强忍泪水对前来相送的朋友们说："你们请回吧，难道你们没有看到，这些诗句只能让我更加伤心，更加忧愁吗？"

想到自己有可能永远离开北京，王阳明难掩伤感，自从十三岁随父第一次来到京城，转眼间二十多年过去了。在这个城市断断续续生活了二十多年，王阳明已经熟悉了这座城市的每一条胡同和胡同里的青砖灰瓦，熟悉了这座城市四季的性格，熟悉了这座城市的天空，甚至熟悉了这里的人们的说话腔调，自己的话也有一些京韵了，自从发现了从官场做圣人这条路之后，就决定一定要在这里实现自己的理想，压根就没有想过自己会离开这里，更没有想到会是这样屈辱地离开。

虽然行走在南下的路上，王阳明心里惦记的还是京城的事。满脑子都是送别时的情形，历历在目，难以忘怀，一有时间，就回赠朋友诗赋，就是在梦里也是那帮朋友。尽管身处危险之中，但王阳明的诗里面并没有风刀霜剑，而是一再诉说和朋友约定，有时间去衡山结庐，共同研究《周易》。但现实是，他已经离开了北京，而且是必须离开。

和当年进京一样，王阳明从北京沿着京杭大运河一路南下，从通州出发，经扬州，过镇江，然后到杭州。到杭州后，王阳明没有急于回家，而是先和自己的兄弟王守文等猛吃海喝一顿，庆祝能活着回到杭州。近一年来，经历太多，王阳明的身体遭到严重摧残，肺病又加重了，什么也做不了，于是选择在杭州修心养性。

王阳明本打算养好身体，回一趟余姚老家，看望一下年过八旬的奶奶。据《王阳明年谱》记载，正当王阳明在杭州胜果寺修身养性的时候，危险正一步一步靠近他，而他居然没有丝毫的察觉。

京城来人了

官场之上没有永恒的敌人也没有永远的朋友，有的只是利益。刘瑾打压王阳明并不是和王阳明有什么深仇大恨，而是俩人的路线不同，刘瑾支持自己的发小朱厚照完全掌权，而王阳明支持文官集团主政，于是就有矛盾了。所谓"亲不亲、路线分"，打压你并不是你反对我，而是你不支持我，我们不是一路人，就是敌人。

按照刘瑾当初给王阳明设计的人生规划，打屁股后投进大牢，反省反省，写一个忏悔书或投名状，成为自己的人，然后给王阳明升官。但王阳明不领情，既不写忏悔书也不托人游说，反而天天在监狱写诗算卦，差一点把刘瑾的鼻子气歪了。

王阳明毕竟是有阅历的人，他不是戴铣也不是蒋钦，不会像他们那样愚忠，为了青史留名，而坚持"文死谏、武死战"。他有自己的理想，他知道"青史诚可贵，理想价更高，若为圣人故，生命价最高"。这个时候，王阳明没有像其他人那样妥协，和大家一起做缩头的乌龟，而是停在那里，既不前进也不后退，不妥协也不让步。王阳明这样做，不为别的，就是为自己的理想，做一个圣人，要把自己生命用来做有意义的事，而不是为了上一道奏疏赢得青史留名。

不上奏疏，也不写忏悔书，王阳明就这样在监狱里耗着。刘瑾反而不好办了，继续加害，也实在找不到进一步加害的理由。无罪释放吧，又难解心头之恨。于是最后把王阳明打发到贵州龙场，继而又弄上了"奸党榜"，总算出了一口恶气。

刘瑾的意思是，王阳明出狱后收拾行李立即奔赴贵州，到那个鸡不孵蛋、乌龟不靠岸的地方去，一个不是监狱胜似监狱的地方，在那里终其一生。这一招够毒够狠，对一个有追求的人，最要命的不是生与死，而是取消他追求理想的资格和条件。王阳明也看出了刘瑾的用意，因而一路磨磨蹭蹭，就是不去贵州。

最让刘瑾不能忍受的是，王阳明出狱后和一些文友吟诗作赋，对酒当歌，表面上不谈政治只谈人生，但感慨人生的时候都在影射时政。什么"林风正萧瑟，惊鹊无宁枝"，不就是暗指咱家吗？我刘某人也曾是文艺青年，要不是那一刀，说不定就会和你们一样金榜题名。

想到读书人，想到诗人，刘瑾气不打一处来，"读书越多越反动""诗人天生反官府"，太有道理了。这帮人太可恶了，有意见不明着来，私下搞圈子文化，搞小团体，以文学的名义反官府，反对我刘某人。这哪是文人啊，简直就是江湖混混，你王阳明不守规矩，我也不客气了，于是命令锦衣卫看紧王阳明，看看王阳明有没有抗旨不去贵州，如果抗旨可根据情况采取行动。

刘瑾并不是非要除掉王阳明，他只是对王阳明的行为不爽，于是派锦衣卫去追踪，至于锦衣卫杀不杀王阳明他并不关心。这个时候，朝廷的那些大佬才是他真正的对手，他要把心思用在这里，王阳明这个没有品级的小人物死活，岂是刘瑾这个大人物所关注的。命令下达后，刘瑾就忙着实现自己的政治抱负去了。

刘瑾逍遥去了，锦衣卫忙起来了。接到命令后，锦衣卫就起身下江南了。和王阳明的磨磨蹭蹭南下不一样，锦衣卫行动迅速，所以当王阳明前脚到杭州，锦衣卫后脚也赶到了。

在胜果寺住下后，徐爱过来陪伴王阳明。徐爱的到来，使王阳明很是欣慰，一边疗养一边和徐爱探讨学问。徐爱是王阳明的一生中非常重要的一个人，一般人认为是王阳明成就了徐爱，实际上是徐爱成就了王阳明，可以说正因为有徐爱，王阳明才获得了勇气和力量在自己的圣人路上走下去。

徐爱，字曰仁，号横山，浙江绍兴府余姚人，和王阳明是老乡。徐爱比王阳明小十四岁，从小就很崇拜状元郎王华和王阳明，徐爱无缘接近作为大明朝的二品大员王华，因而就和王阳明来往。在与王阳明的来往过程中，除了和王阳明学习学问，徐爱还偷偷解决了个人问题，他看中了王阳明的妹妹王守让。一般人的印象中，文人都矜持，爱转词装清高，尤其在男女授受不亲的时代，看中了也不好更不会行动，因而才子佳人往往都是传说。

但在徐爱这里不是这样，徐才子是看准后立即行动，而且毫不客气。据说，在徐爱看中王守让的时候，徐爱的叔叔也看上了王守让，碰上这个事，作为侄子应该礼让，尤其在儒家观念盛行的社会。但人家徐家叔侄没什么尴尬，既然喜欢，就行动嘛，不因为是叔侄就放弃了。就这样，徐爱和他的叔叔一起到王家提亲，这个时候，徐爱无论在学问、阅历和收入方面，还是在与女性交流方面，和叔叔都有着明显的距离。

看似爱情的天平偏向了叔叔那一边，就是用今天的标准来看也是叔叔占优势，女孩儿都爱大叔嘛，但这场爱情的决定权不在王守让手里，而是状元王华说了算。王状元一看徐爱单纯可爱，很是喜欢，尽管一无所有，常言道"莫欺少年穷"，只要肯努力，前途不可限量。就这样，在王状元的命令下，徐爱赢得了这场叔侄之争的爱情，最终抱得美人归。这场徐氏叔侄爱情，非常有意思，不知道风流多情的才子徐志摩和他们俩是不是一家传下来的。

文人都有点抑郁情怀，其实就是多愁善感。有一次，徐爱去衡山游玩。夜宿寺庙，做了一个梦，这个梦不好不坏，搞得徐爱相当纠结。徐爱在梦里梦见一个得道高僧，这个和尚和蔼地拍着他说："你与颜子（孔子的弟子颜回）同德。"

这句话，徐爱当然爱听，谁不愿意做圣人的弟子啊。但接下来的话，徐爱听到后极为伤心。老和尚的下一句话说："也与颜子同寿。"这不是咒人吗？谁不知道颜回才活了三十二岁？孔子得到这个噩耗之后，连连叹息："天丧我，天丧我！"咒我早死，徐爱十分生气，恨不得上去揍老和尚一顿，但这个时候梦醒了。

这事没什么大不了的，不就一个梦吗？一般来说许多梦都是做过就忘，很少有忘不了的梦，但徐爱就是忘不了这个梦。醒来之后，徐爱念念不忘那个梦，之所以不忘，一是自己可以做圣人的大弟子，这当然是好事；二是却要和颜回同寿，不长寿，好死不如赖活着，因而十分纠结。见了谁都说这事，搞得神经兮兮的，大伙也不好劝说，既不能说梦都是假的，因为他想做圣人的大弟子，但也不能说梦是真的，因为梦里说他短寿。就这样，徐爱为这个梦久久不能释怀。

既然梦里告诉徐爱能做圣人的大弟子，那圣人在哪里啊？圣人弟子毕竟是抱别人大腿的事，所以找到圣人是徐爱第一要做的事。作为王阳明的老乡，王状元的家事耳朵都听出茧子了，谁不知道王状元的大儿子从小就奇异，而且志向就是做圣人。对啊，圣人不就在那里吗，于是非要拜王阳明为师，这就是为什么非要和叔叔争夺爱情，其中一个不可告人的原因就是要拜师王阳明。

所以当王阳明刚到杭州，徐爱就赶紧过来拜师，一是为了实现自己的金榜题名，二是为了实现做圣人大弟子的理想。而王阳明也喜欢做老师，在京城办过科考补习班的，有科考的经验也有主考的经验，这样好的老师，整个浙江也很难找到第二个。一到杭州，王阳明就成了热点，一时间都来拜访。

王阳明在浙江毕竟是名人，徐爱的到来，再加上沈玉和殷计这两个邻居。王阳明在胜果寺的消息不胫而走，一时间杭州文人墨客纷纷前来相唱和，有的是朋友，有的是慕名而来，有的是来求学……胜果寺也热闹起来了，各路人等纷至沓来，香火也旺了起来。王阳明也乐得逍遥，整天呼朋引伴，很是高调，结果把锦衣卫招来了。

锦衣卫不只是花衣服

眨眼间，两个月过去。王守仁居然还没有走马上任的意思，依然在杭州悠闲地生活着，一方面忙着会友待客，另一方面忙着收徒讲课。赖在杭州不走，明摆着不想去龙场上任，这不是和皇帝过不去吗？

王守仁当然不会和皇帝找别扭，显然他在等一个结果。堂堂一个正六品兵部主事，因为上了一道委婉的奏折就被打屁股发配贵州龙场，也有点太过分了。所以，王阳明在杭州休养期间，他的官场同僚以及他的状元老爹肯定都在忙着四处走动寻关系找门子，同时看看皇帝能不能回心转意，撤销发配贵州龙场的圣旨。

不得不说，王阳明的政治思维太天真了，发配就是杀鸡骇猴，连鸡都不杀，猴子如何能听话。因而，王阳明就成了一只被杀的倒霉鸡。等啊等，王阳明等来的不是皇帝赦免的圣旨，却等来了一帮锦衣卫。

锦衣卫是什么人呢？用今天的话说就是特工。特工就叫特工，为什么要叫锦衣卫呢？《史记·项羽本纪》里提到"富贵不还乡，如锦衣夜行"。从《史记》来看，锦衣就是好衣服，难道锦衣卫这事真和衣服有关，所谓锦衣卫就是穿着漂亮衣服的特工人员？

追溯锦衣卫的渊源要从太祖朱元璋开始，当年太祖为了控制那些功勋卓著的文武功臣，专门组建一支隶属自己的特工组织，按级别分成将军、校尉和力士。锦衣卫首要职责是负责皇帝的仪仗和侍卫工作，就是皇帝外出或朝会的时候充当肉体盾牌并做好保卫工作；平常的时候，锦衣卫负责守卫皇城的四个宫门，而锦衣卫老大则是昼夜在午门外保卫皇帝。午门是皇宫的大门，皇帝交给锦衣卫老大，足见皇帝对锦衣卫的信任，也可见锦衣卫地位之高。由于锦衣卫负责仪仗工作，代表皇帝的形象，因而在穿着方面比较讲究，衣服极为华美，"锦衣卫"之称由此而来。

除了负责皇帝的仪仗和侍卫外，锦衣卫还有两项工作，一是专门查办皇帝交办的钦定案件，只负责牵连朝廷官员的大案要案；二是执行廷杖，负责廷杖那些不听话大臣的屁股。锦衣卫直属皇帝领导，直接对皇帝负责，朝中官员无法对他们的办案产生干扰，锦衣卫可以不受影响处理朝廷涉案官员，把结果直接呈送给皇帝。故而，朝中官员都十分畏惧锦衣卫。对普通百姓来说，锦衣卫相对陌生，这是因为锦衣卫只负责朝廷官员案件，普通百姓的案件一般通过正常的司法渠道解决，不在锦衣卫的管辖范围之内。

锦衣卫权力通天，没有限制。一旦权力不受限制，天使也会变成恶魔，何况这些锦衣卫呢？后来，由于太监专权，锦衣卫又隶属太监领导，锦衣卫可谓是恶贯满盈、罪恶滔天。

锦衣卫来了，王阳明的日子就不好过了。

有一天，几个锦衣卫来到了胜果寺，并在附近住店投宿。几个北方人来到杭州，来到胜果寺，和杭州本地人相比，北方人还是很扎眼的，一是相貌长相，二是口音。王阳明的两个邻居沈玉和殷计很敏感，发现苗头不对，觉得这几个人很可疑。他俩虽然不知道这几个人是干什么的，但直觉告诉他们，这些人可能和王阳明有关联。于是找到王阳明，提醒他说："寺里最近住进了几个北方口音的人，脸上都是杀气，可能是来找你的。"

听到这事，王阳明很是紧张，让他们赶快去探查虚实。沈玉和殷计不是一般的书生，都是场面人物，见了这几个人，很快就打开了场面，聊得好不快乐。聊到兴奋时，沈玉和殷计提出请锦衣卫搓一顿。锦衣卫也是老江湖了，他们自认为自己行事严谨，不会暴露，就算暴露了，天高皇帝远的，谁能管得了啊。既然有酒干吗不喝，于是和沈玉、殷计喝了起来。

菜过五味，酒过三巡，沈玉和殷计直接问锦衣卫："兄弟，你们为何要杀王守仁？"

锦衣卫一看被人识破，也打开窗户说亮话："我等奉了上峰刘公公之命。"

二人接着再问："兄弟们何时动手？"

锦衣卫回答："月上柳梢头，风高放火天，月黑杀人夜。"

一看锦衣卫这么敞亮，沈玉、殷计也说："既然你们把我们当兄弟，我们也明白告诉你们，王守仁就在此地。他一个文弱的书生，难道还能从你们眼皮子底下溜走了？兄弟们，喝！干！！"

锦衣卫看到沈玉、殷计他们这么热情，很是感动，远在江南，还能遇到这么豪爽的兄弟，一定要不醉不归。于是就放开芥蒂，和沈玉、殷计他们行令猜拳，喝得非常快活。趁着锦衣卫们推杯换盏之际，沈玉赶紧溜出去，告诉王阳明："先生，情况危急，跑路吧！"

活命如此艰难

沈玉酒喝一半溜出去，锦衣卫当然知道是什么意思。锦衣卫是江湖之人，知道"万事留一线，江湖好相见"，再就是人生已经如此艰难，有些事情，就不要拆穿。

锦衣卫喝酒快活呢，王阳明郁闷了，世事艰难，人心难测啊！人与人之间为什么非要赶尽杀绝，难道就找不到和谐相处的方法吗？难道世界真的就是"我本将心向明月，奈何明月照沟渠"？

怎么办呢？能怎么办呢？这世界有说理的地方吗？连朝廷都不能说理，哪里还有说理的地方。这个时候，唯一的选择就是跑路，事大事小一跑就了。但堂堂大明兵部主事哪能悄无声息地溜走呢？既然到杭州来得光明，那离开杭州也要走得伟大。锦衣卫来了，绝对不能空手回去，否则他们也不好交差，他们不好交差，自己就不会有好日子过。自己到底能否逃过这一劫，王阳明也没谱，毕竟锦衣卫不是吃素的，一时间思绪如潮水，感慨万千：世事太无常，人生太艰难，理想之路更艰难，而自己的圣人之路就更难上加难。本以为找到了圣人之路，只要踏踏实实一步一步走下去，圣人理想还是有希望的，哪里想到现在被锦衣卫追杀。

真是"生命，是多么的辉煌；人生，是如此的精彩"。悲愤交加，是可忍孰不可忍，怎么办？写诗！于是王阳明挥笔写下一首绝命诗：

> 学道无成岁月虚，
> 天乎至此欲何如。

生曾许国惭无补，
死不忘亲恨有余。
自信孤忠悬日月，
岂论遗骨葬江鱼。
百年臣子悲何极，
日夜潮声泣子胥。

写完，觉得这首有些矫情，怨气太重，不大气也不洒脱，男子汉大丈夫，心里要阳光一些，就是绝命诗也要有追求。怎么办？还是写诗。于是又写了一首：

敢将世道一身担，
显被生刑万死甘。
满腹文章宁有用，
百年臣子独无惭。
涓流裨海今真见，
片雪填沟旧齿谈。
昔代衣冠谁上品，
状元门第好奇男。

和第一首诗相比，这首诗的确阳光一些，有理想有追求，大有生得光荣死得其所之气概，无愧于自我，无愧于皇帝，无愧于状元门第。就是愿意为自己的选择作担当，我愿意为我选择的人生付出生命而不后悔。

两首诗写完，王阳明还是感觉自己的感情没有完全表达出来，后人会认为自己是"尿货"一个，于是提笔写了一篇超长的绝命书。

绝命书写完之后，王阳明又用篆书留下十个大字：

阳明已入水，沈玉、殷计报。

夜色已深，月色朦胧，王阳明到了江岸边，急忙把鞋子脱掉，然后把纱巾扔进水中。王阳明回头冲着殷计喊道："一定要禀告我的家人！切记！"抱起一块大石头扔进江中，然后躲进附近的小坑里。

不久锦衣卫和沈玉赶到现场，只听到"扑通"一声巨响，又走到近处发现江岸边的鞋子和江中的纱巾，以为王阳明已经投江而死。锦衣卫如释重负："王守仁终于死了，咱哥几个赶快拿两件证物回去复命吧。"

沈玉连忙说："不如留下一件证物在这，让这里的人知道王先生投水了，消息传到京城，更加能证明你们的功劳。岂不更好？"

锦衣卫虽然也念过书，但距离读懂王阳明的文章还远着呢。关键王阳明还用篆书书写，锦衣卫哪里认识写的是什么。只是羡慕王阳明挥洒自如，行文流畅，不愧为状元之子二甲进士，真是天才啊！

绝命书到手了，锦衣卫大喜，离交差也不远了。回到客栈后，又灌了几口酒，并且开始相互劝酒，迷迷糊糊地喝到半夜。回到京城，锦衣卫把王阳明的诗词和绝命书交给刘瑾。看到这些，刘瑾哈哈大笑："这些文人就会穷讲究，都死了，还有心情写诗，真是不可理喻。绝命书还用篆书书写，欺负我读书少啊！"

很快，王家的仆人发现王阳明不在了，就赶紧提着灯到处寻找，几乎找遍了能找的地方，最后找到王守文那里。王守文正在杭州准备应试，听了这个消息就准备报官派人寻找，恰好遇见沈玉、殷计刚刚从江边回来，他们就把绝命书交给了王守文。

王守文仔细一看，确认是哥哥的笔迹，立即放声大哭，家人看到绝命书后也哭成了一片。消息传到南京，王守仁父亲王华立即下令："活要见人，死要见尸。"命渔船沿江捕捞，很多天过去了，也没有消息。听说王阳明跳河自杀后，王阳明的门人都十分悲痛，甚至哭泣不已。

这时候只有王阳明大徒弟兼妹夫徐爱不以为然，甚至大笑："先生是肯定不会死的。天生阳明倡千古之绝学，岂如是而已耶！"

看到徐爱这样，大家都认为徐爱疯了，老师死了，还能笑出来。

而王阳明到底能否躲过这一劫呢？

人生细看都是悲剧

结果正如徐爱料想的那样，王阳明没有死。圣人的梦想还没有实现，王阳明怎么可能就这样投江自尽？

王阳明的确不愿意死，一个连贵州龙场都不愿意去的人，说明他是多么热爱世俗的生活，有这么多的放不下，岂能投江自杀！王阳明热爱并深深留恋这个世界，但这个世界好像并没有因为王阳明的喜爱而对他友好多少，相反却是危险重重。

摆脱如影随形的锦衣卫，王阳明换乘商船准备到舟山游玩一下，一是为了摆脱锦衣卫的追杀，二是散散心。此后，再回趟老家余姚看看年过八旬的奶奶。但时运不济，命运多舛，喝凉水都塞牙。谁料商船遇上了大风，一夜之间把商船从杭州吹到了福建。

这下子彻底安全了，锦衣卫想追也不追上了。商船靠岸后，王阳明甚是欢喜，真是吉人自有天相，一夜间竟然航行这么远，天助我也。本来去余姚，不想被大风吹到了福建，这样也好，离危险更远了。

商船一靠岸，王阳明就急忙下船。哪知道刚上岸，王阳明就被海岸巡逻官兵盯上了。看着王阳明的衣着打扮不像商人，巡逻官兵就上去拦住了王阳明：先生您好，打扰一下！您叫什么名字？家乡何处？到我们这里有何公干？出示一下身份证。请您配合一下。

先前在官场的时候，王阳明看到穿官服的都备感亲切，觉得是自己人，但今天看到穿官服的士兵，内心却是另一番滋味。不仅没有任何亲近感，反而是胆战心惊。加上官兵这么一番询问，王阳明内心凄怆，但他知道越是这个时候，越要淡定，既不能撒谎也不能不说实话，一定要唬住他们，否则小命不保。

于是，王阳明淡定地回答官兵的问话：我乃兵部主事王守仁也。因上奏疏得罪刘瑾，被朝廷廷杖，被贬为贵州龙场驿驿丞。我自念罪重，打算自杀，于是投身于钱塘江中。没想到遇到一怪物，鱼头人身，自称巡江使者，说奉龙王之命前来欢迎我。我随着鱼头人进入了龙宫。龙王亲自出来迎接我，并说我将来前程尚远，命不当死，并摆宴上酒款待我。之后，龙王派遣一个使者送我出江，急忙中把我放到一个商船中，随风到这里。龙宫使者送我登岸后，就不见了。我不知这里离钱塘有多少里程，我自江中至这里，才一天一夜的时间，太神奇了。

听王阳明这么一说，官兵们都惊呆了，觉着遇见大仙了。王阳明之事他们不太熟悉，但对刘瑾还是知道的，在那个时候，大家对龙王还是相信的。就连儒家先师孔子，也只是"不语怪力乱神"，只是不说，但没说不信啊，所以士兵听说王阳明见了龙王，于是就肃然起敬，摆酒上菜，热情款待，同时立即派一个人快速向主官汇报情况。

盛情难却，王阳明只得赴宴，但他清楚自己的处境，这个时候和官府勾肩搭背是会惹麻烦的，半场找个借口就溜出去了。出来后，王阳明找了一条山间小路，一路狂奔，一口气跑出三十里开外。在监狱的时候，王阳明的肺病就犯了，好不容易在杭州休养了俩月，锦衣卫撵来了，这一阵子快跑，累得他脸色苍白、咳嗽不断。

即便如此，王阳明也不敢停下休息，只是稍微慢一些，尽快远离是非之地。走着走着，天色暗了下来，荒山野岭的，总得找个住宿的地方，王阳明就边走边寻找。直到天黑以后，借着隐隐约约的灯光，王阳明找到了一座古寺。

到了寺庙门口，王阳明内心欢喜，认为自己的运气还不错，感谢上天。按照佛家的因果关系来说，自己从未做过伤天害理之事，肯定会有好报应。想到这里，王阳明举手敲门。荒山野岭的夜晚，敲门的声音悠远悠长，一会儿，庙门打开了，一个圆光光的脑袋探了出来。王阳明一看门开了，就热情地打招呼：师父好！我着急赶路错过了住宿时间，今天能否在贵寺借宿？王阳明热情地打招呼，和尚并没有怎么注意，而是两眼一直盯着王阳明的衣服，尤其是王阳明的包袱。

打量完王阳明后，和尚脸色略微一变，说道：施主，实在抱歉！本寺太小，无处留施主住宿。但前方不远处有一闲置寺庙，施主可到那里住宿一晚。说完，顺手把寺门关上了。一看和尚关上了门，王阳明急忙继续拍门，任凭他怎么敲，和尚再也没露面。当和尚把门关上的那一刹那，王阳明的心一下子碎了，不由得感慨，人都出家了，怎么还这样，看来跳出三界也跳不出人性。

王阳明只得离开寺庙，继续向前寻找和尚指引的破庙，不知道走了多远，终于发现一座破庙。尽管很破落，但多少能挡风避雨，总比露宿野外好得多，王阳明就推门进去了。

一进门，王阳明就感觉到阴森潮湿，肯定好久没有人居住了，地面上少不了蛇鼠虫害，决定爬到庙里香案上休息一晚。一个要做圣人的人，居然做了一回案上君子，幸亏没爬上庙里的大梁，不然圣人岂不成了梁上君子。

爬上香案后，王阳明开始躺下，想想这一年来，太不容易了，上奏疏下狱廷杖，被发配，锦衣卫追杀，好不容易上了船又被吹到福建，上岸又遇见官兵，夜晚投宿被拒，只得容身破庙。想着想着竟然进入了梦乡，可谓梦里不知身是客，王阳明竟然还打起了呼噜。

梦中王阳明肯定希望一直睡下去多好，不用担心官场的尔虞我诈，不用担心锦衣卫追杀，不用亡命天涯了，也不用去蛮荒之地龙场了……快乐时光总是短暂的，就连梦也是如此。不知过了多久，一声虎啸，惊醒了梦中的王阳明！惊慌之中的王阳明抬头一看，一只斑斓老虎正逼近自己……

出家出不了人性

王阳明一下子呆住了，是做梦吗？怎么这么倒霉，连做梦都是噩梦，好不容易找着一个破庙栖身，却又梦见一只大老虎。但老虎叫声怎么这么真切呢？不会是真的吧！王阳明下意识地想咬一下手指，看看是不是在做梦，转瞬一想，如果是真的话，一咬手指，老虎岂不是要扑过来啦。怎么办呢？连手指都不能咬，哪里敢走上前看看。这个时候，写诗也不可能了，不仅仅没有笔墨纸砚，而是不敢动一下。

王阳明定神看了一下，虽然夜色朦胧，先前也没有见过真虎，但从外形看，的确是一只老虎。当确定是只老虎的时候，王阳明的心一下凉了，半天没有丝毫反应，一动不动。这个时候，老虎很活跃，在外面的走廊来回大声怒吼。不知道过了多久，王阳明恢复意识了，恐惧真正来了，怕什么？怕死，怕老虎撕咬。

这个时候，怕解决不了任何问题，既不能帮助王阳明脱离虎穴，也不能把老虎撵走。既然怕不能解决问题，那还怕什么，不就是一死吗？自己这一年经历多少次了，监狱几乎躲猫猫死，廷杖差一点打死，锦衣卫追杀也是一念间，海上飓风差一点葬身大海……不都过来了吗？没什么大不了的，自己活到现在已经很赚了，不就是死法不同吗。再说了，死是早晚都要来的事，没谁能逃脱得了。

想到这里，王阳明反而淡定了，只是充满遗憾，一是自己的圣人理想再也无法实现了，成了梦想；二是这一生再也无法见到自己亲爱的祖母了……这个时候要有笔墨纸砚多好，写写诗，表达一下自己的遗憾，让后人也知道我王阳明夜遇恶僧，误投荒寺被猛虎吃掉。不可能了，算了算了，不过被老虎吃掉也比被人谋杀好得多，老虎吃人手法不外乎撕咬，不像人这么坏，发明了这么多刑具和死法。听天由命吧，对啊，我奶奶不是说我是神仙姐姐送到人间的吗？神仙姐姐快来救救我吧。

就这样，王阳明闭上了眼睛，不再关注老虎了。老虎的吼声越来越大、越来越近，也越来越急躁，但王阳明心如止水，不要和我说仁义礼智信，也不要和我讲三纲五常，不需要。这世界没有讲理的地方，想吃就过来吧，哥已经准备好了。

不知道过了多久，老虎没有走进破庙，也没有去吃王阳明，而是吼叫着离开了。这个故事很传奇，一个虎大王来巡山，差一点抓一个圣人做晚餐。这段时间对王阳明来说，感觉有一万年那么长，但似乎又是转瞬即逝！

确定老虎离开了，王阳明感觉现在又回到了人间，咬了咬手指头，自己还活着，老虎也是真的。好不容易才睡一觉，又被老虎打扰了，继续睡吧，于是又睡着了。

太阳上山头后，王阳明被人叫醒了，一看是一个和尚，觉得有点面熟。好像哪里见过，但又想不起。正当王阳明纳闷的时候，和尚开口了："近日常有歹徒在山中抢劫，是以寺中不敢收留陌生人过夜。"

王阳明回答道："这好像和我没什么关系吧？"

和尚接着又问王阳明："施主，昨晚在这里是否遇到老虎？"

和尚这么一说，王阳明立即想起来了，这和尚就是昨晚拒绝自己投宿的那个和尚，和尚这个时候过来，无非是想打扫战场，收拾一下自己的包袱。这和尚手法虽恶毒但还是有技术含量的,借虎杀人谋财,自己不用犯命案,轻松就能得到财物。王阳明一下子明白了,原来这座山中有猛虎经常出没,自己下榻的这座破庙原来是虎穴,自己居然入了虎穴。两天之内,自己入龙潭探虎穴,都安然无恙,真是大难不死啊。

再看看那和尚,王阳明觉得面目狰狞,人和老虎有什么差距呢?老虎是要吃我的肉,和尚要谋我的财,老虎是因为饥饿才要吃我的肉,是生存的需要,没有贪心;而和尚为了谋财却要置我于死地,谋财就谋财,为什么非要害命呢?再就是和尚有许多途径谋财,哪个和尚能缺了钱,为什么这么贪心呢?

老虎和人,谁更善良,谁更恶呢?从自己和老虎同居的这一夜,王阳明觉得,尽管人们都是用"虎毒不食子"来表述老虎的恶毒,但老虎和自己面前的这个和尚比起来,老虎的恶毒在哪里呢?所谓老虎的恶毒,无非是老虎能吃人,但老虎只要吃饱了,就不会再吃了。反观人类,多吃多拿多占,为了一己之私,其恶毒程度远远猛于老虎。

王阳明看透了和尚的来意,但并没有揭穿,自己现在已经如此艰难,就是揭穿了又能如何,可能还会被送到官府。于是就发挥自己讲故事的能力,把自己这两天的经历以及一切神奇的桥段讲给和尚听。和尚一听,认为自己遇见真人了,吓得目瞪口呆,生怕自己遭到报应,对王阳明说:"您一定不是常人!不然,您怎么能安然无恙?"

说着,和尚就连拉带拽,把王阳明往自己寺庙里拉。王阳明一看自己忽悠住了和尚,就半推半就与和尚一起回到寺庙。

到了寺庙后,王阳明看到一个道士,觉得面熟,当他仔细观察后,觉得更面熟,不由得大吃一惊!

宿命逃不掉

见到眼前这个道士,王阳明惊呆了!原来,这个道士就是当年新婚夜与之论道的那个道士,南昌铁柱观的那个道士!新婚之夜对许多人来说记忆深刻,不说终生难忘，最起码也是一个浪漫的回忆，而王阳明的新婚之夜留下的就是在铁柱观与道士论道。那一夜令王阳明记忆深刻，久久不能忘怀，尤其是自己身体不好，或者陷于困境的时候，就想起新婚夜，想起铁柱观，想起论道的道士。

尽管新婚夜分别时，道士说过二十年后海上见，王阳明总觉得这是道士安慰自己的话，这一辈子或许再也见不到了。今天怎么在这里见到了，如果提前两天就真的在海上相见了，这道士怎么这么神，内心不由得更崇拜道士了。

正当王阳明发愣之际，道士也站了起来，握住王阳明的手说道："无量天尊，贫道等你多时了。"为了证明自己真的等王阳明好长时间了，道士拿出了不知道写于何时的一首诗，其中有这样两句："二十年前曾见君，今来消息我先闻。"

听道长这么一说，王阳明感觉自己的命运被掌控了，这二十年居然牢牢被一个道长未卜先知了。这是宿命吗？王阳明很是疑惑，难道真的是"生死有命、富贵在天"，陈胜不是早就说过"王侯将相宁有种乎"吗？回想一下自己这三十多年，出生时候异象，五岁才开口讲话，以及与铁柱观道长论道，为什么都发生在自己身上？为什么这么准呢？

其实人生就是宿命和概率的综合，所谓的幸运或不幸，其实就是那些概率极低的事情在你身上百分之百地发生了，如果是好事就是幸运，如果是坏事就是厄运。不管你承不承认，世界上总存在一些神秘莫测的宿命现象，你可以从多种角度分析，也可以运用最先进的科学进行验证，更可以对发生的事件进行还原，可以发现有很多时候都是巧合的。这种"巧合"发生的概率之低甚至不到亿分之一，但的确发生了，而且一连串地发生了，有时候就是有意为之都无法做到，但就是神奇地发生了。

有人说过，甭管多少说书的，离开"无巧不成书"这句五字真言，全部饿死！大多时候，这种"巧合"都是无奈的，不得不承认宿命论的存在，让奋斗中的人绝望，残忍地打击了个人奋斗的激情。

西方人说，当上帝为你关上了一扇门，一定会为你打开一扇窗。同样面对宿命，我们的传统文化也有自己独特的解决办法，不论什么样的困厄，只要你愿意花钱，都有化解的办法。就是所谓的"花钱消灾"，遇见困难怎么办？花钱。钱能通天，通过宗教人士贿赂"上帝"，让上帝来摆平这些厄运。因而我们的许多宗教人士都做上帝在人间的代理人，帮着上帝受贿，当然这些钱财永远到不了上帝那里，都被他们截留了。不管上帝对贿赂知不知情，但确实让一些人拥有了奋斗下去的勇气和毅力，相对贿赂的那点钱，这还是值得的。

王阳明是幸运的，当上帝给他关上一道门后，给他送来了一个老道长，比打开一扇窗还要好。道长直接就可以和上帝对话了，不用再找皮条客了，这样不仅方便而且还有人情，道长不仅给王阳明进行心理辅导，还免费算卦。

二十年没见了，俩人开始论道，历经这么多艰难险阻，王阳明大有看破红尘之意，与家人的告别诗露出了他的心迹：

> 移家便住烟霞壑，
> 绿水青山长对吟。

这逃脱不了道长的眼睛，道长惊讶地对王阳明说："你看破了，想远离世俗红尘？"

王阳明点头称是。

道长语重心长地对王阳明说："你父亲现在朝中为官，你可以远走高飞，逼急了，刘瑾万一把你父亲抓起来怎么办？你是逍遥了，刘瑾这时候诬告你向北叛逃蒙古去了，或者说你南投海上土匪，给你定个叛国投敌的罪名，这个时候怎么办？（汝有亲在，万一瑾怒逮尔父，诬以北走胡，南走粤，何以应之？）"

听道长这么一说，王阳明面露难色："如果我露面，刘瑾再派锦衣卫过来追杀，不也没有什么办法吗？"

道士说："兄弟别急，这个问题难不住我，我来拯救你。"

说完之后，道长用蓍草给王阳明卜了一卦。占卜结果是地火明夷卦，《周易》中说"内难而能正其志"。卦中所言就是王阳明当时的处境，结果出来了，王阳明的出路是赶赴龙场上任。为什么这么准呢？是因为王阳明告诉了道长。道长只是把自己的意见变成了卦象，而王阳明就相信了。

老王家和道家渊源甚深，对道家深信不疑，王阳明从小耳濡目染，基本上也是粉丝了。眼前的这个道长能在二十年前准确预言"二十年后海上重逢"，这个道长还是有几把刷子的，绝对不是普通打卦算命卖狗皮膏药的江湖道士，他既然能在二十年前准确预言和自己的相遇，自然也能预言自己今后的人生之路，因而对道长极为相信。正如卦中所说，前途是光明的，道路是坎坷的，只要努力坚持，成功就会到来。

王阳明决定政治上听皇帝的，人生问题上听道长的，下一步到龙场做站长。

与世界和解

有一个词语，叫作"人定胜天"，说了好多年，据说还取得了所谓的"成功"。而且还因而产生了许多英雄，被尊称为改变时代的人物。其实这种观点有点扯，根本不靠谱，谁也没有胜过天，谁也没有改变过时代，如果真的存在的话，我们岂不是还要处在大秦帝国万世一表的统治之下？所谓的胜利，就是顺应了自然规律和社会规律，就是用正确的方法做事情，仅此而已。

翻翻历史，我们会发现，那些能取得巨大成就的人们，都是能顺应时代，而且能够顺势而为。这就是常说的形势比人强，人可以和人过不去，也可以和事过不去，唯独不能和势过不去。王阳明刚开始很是不服气，非要和朱厚照刘瑾掰手腕，结果招来牢狱之灾，被打屁股，继而被追杀，最后差一点成为老虎的美餐。

好在遇见了二十年前的故人，经过道长的多番开导，王阳明看清楚了大形势，自己先前所遭遇的这么多困厄，就是因为自己逆势而为，方法不对，现在明白了，做事的最好办法是顺势而为。

有高人指点，王阳明顿觉胸中郁闷之气一扫而空，高兴了，王阳明又写诗了。于是，他又在墙上题诗一首：

险夷原不滞胸中，

何异浮云过太空？

夜静海涛三万里，

月明飞锡下天风。

这个时候，王阳明突然感觉自己其实是一个幸福的人，一是自己还活着，只要活着，自己的圣人理想就有希望；二是内心平衡，和戴铣、蒋钦比起来，自己不仅仅是幸运，更是幸存；三是多少还有点事做，尽管龙场驿丞无品无级，但起码自己还有事做。在先前，王阳明一直认为自己是这个世界上最倒霉的人，突然发现自己这么幸福，郁闷的心情烟消云散，感觉内心一下子充满了能量。

人心很难理解，缺乏希望的时候，什么都不愿意做，什么都做不了，而一旦有了希望，就充满激情，什么都愿意做，什么都能忍受。因而可以说人生励志之学其实就是希望之学，王阳明之所以能在道长的劝说下改变自己的选择，就是因为道长帮着王阳明找到希望了。王阳明的心学其实也是希望之学，就是如何找到自己内心的希望，找到了自己的希望，你就不可战胜。

于是，王阳明起身向道长告别。道长很高兴，对王阳明说："兄弟，包袱中没钱了吧？"听道长这么一问，王阳明面露难色，点头称是。道长于是从口袋中拿出一锭银子赠送给王阳明，王阳明接受称谢。正是有了道长资助，王阳明才有了盘缠。

和道长告别后，王阳明从山间小道游览武夷山，然后从铅山出来，过江西。到南京，王阳明见到了王状元。王状元很是意外，很是感慨，本以为此生不再相见了。虽然才短短几个月未见，但感觉好像几百年了，父亲一下子苍老了许多。看到父亲，王阳明暗自自责，年少时顽劣，踏入官场后，也不让父亲省心，实在愧对父亲。父子相见后是浓浓亲情，都很高兴，在经历了生离死别一样的变故后，这次见面更为难得。这个时候，父亲也不再埋怨儿子惹事，儿子也理解父亲不出手相救，有的是父子之间的亲情，这一点最温馨，最打动人，即便是心学大师王阳明也不能自已。

见儿子咳嗽不已，王华知道儿子的肺病又犯了，就关切地说：既然决定去龙场，不如先到杭州养养身体，等养好身体再出发也不迟。

王阳明决定接受父亲的建议。这个时候，只要王状元给刘瑾一个面子，王阳明照样可以不用去龙场。但王状元没有这样做，理由可以有多种，其中之一就是父子都要有尊严地活着。再就是当时的刘瑾如日中天，势不可当，那是属于刘瑾的时代，但也是末日的狂欢，不会长久，忍耐一下就会有转机。如若这个时候非要和朱厚照刘瑾掰腕子，就只有身死人手，徒增笑耳，哪里还会有王阳明的时代。

历经多次困苦挫折，王阳明认知水平逐步提升。王阳明早早就给自己树立了做圣人的理想，起点高，导致他自己都不知道从何处下手，只能摸着石头过河，走到哪里算哪里。不是因为王阳明不够聪明智慧，而是没有掌握正确的方法，用学术一点的语言表述，就是道行浅。"道行"算是专业术语了，就是修行程度的高低。按照现代科学思维，"道"一般分为宇宙之道、星际之道、自然之道、社会之道、人之道，最后是权谋之道。

在我们的传统社会里，把宇宙之道和星际之道合称为圣贤神仙之道，并进行了这样的分类。《太上老君说常清静经》中记载老子说过："大道无形，生育天地；大道无情，运行日月；大道无名，长养万物。"首先是大道，大道如太阳，光照万物，而不自私求取什么。这是圣贤神仙的境界。其次是自然之道。自然之道是万物繁荣与衰败的轮回。再次是社会之道。利益博弈，合作，竞争，发展就是硬道理。再次是人之道。一家一公司一夫妻，讲究和谐，共进退。最后是权谋之道，是厚黑，博弈。

王阳明起点高，一下子就把自己定位到最高级，而自己连最低层次的权谋之道都不懂，所以他的人生之路极为艰难，慢慢从熟悉权谋之道到社会之道，逐步升级。这次由上疏引起的灾难，王阳明的道行一下子提升了许多，接近大道了，所以王阳明决定和解。生活中充满了竞争、对抗甚至战争，这些事情看似只有胜败之分，其实还是有第三种甚至第四种局面，比如打不过可以投降，比投降高明一点的是加入，比加入还高明的是和解。

与皇帝和解，与刘瑾和解，与社会和解，也与自己和解。王阳明知道身处险境的自己是没有条件和刘瑾叫板的，最好的和解办法就是照章办事，在南京待了几天就匆匆离开，奔向下一站——杭州。

为理想出发

离开南京之后，王阳明回到了杭州，在北新关见了自己的几个弟弟，十分兴奋。一高兴，王阳明又写诗了："已分天涯成死别，宁知意外得生还。"就是说兄弟们，当初哥哥被锦衣卫追杀时，以为我们再也见不着了，谁能想到哥哥意外生还。兄弟重逢了，哥哥我又看见你们了。

王阳明写这些诗，无非是想说自己距离死亡有多么近，自己是怎么化险为夷的，一是说明情况如何危急，二是说明自己不是一般的人物。说白了，就是给自己脸上贴金，吹吹牛。兄弟重逢，高兴是主要的，一切都是为了高兴。

见了兄弟后，王阳明心情大好，对世界也充满了希望，看谁都感觉亲切。这个时候，几个年轻人看到王阳明安然无恙回来了，尤其是其探龙潭、入虎穴的神奇经历，对王阳明产生了崇拜。不，准确地说，是膜拜。这帮年轻人，就是听着王阳明传奇故事长大的，以前的那些神奇故事都是二手的，道听途说，而这次则是亲临现场，因而在他们心目中，王阳明不是人，是神，是上天派到人间的神。

而这个时候，王阳明没有开新闻发布会，没有发布官方消息，大家得到的都是二手消息，于是京城关于王阳明的传说迅速传播开来了。版本逐渐升级，被传得神乎其神，说在锦衣卫的追杀下，王阳明在杭州投钱塘江自杀，一天后居然在福建登陆上岸。经过口口相传，层层添加，到最后王阳明就不是人了，比神还神呢，京城街头巷尾都在议论这事。

越传越神乎，最后成了神话，一传十，十传百，最后传到了湛若水耳朵里。湛若水听到后，忍俊不禁："这事你们也信。这不过是他装疯避世的手法。"可以说，他们俩互相引为知己，互相认为对方最了解自己，知音难遇啊。

这番经历后，王阳明不再叛逆了，觉得父亲的话有道理，就回杭州胜果寺休养了一段时间。这期间，王阳明思考最多的是如果自己离开这世界，会留下什么呢？如果上次葬身大海、成为虎口之食，会留下什么呢？结婚二十年了，没有生育一男半女，如果自己离开，会有谁记得呢？怎么办呢？最好的办法就是收徒，一日为师终身为父，徒弟就相当于自己的孩子，还是自己思想的传承。当年孔圣人不就是靠徒弟而名扬天下的吗？

对啊，收徒！一方面可以弥补自己没有孩子的遗憾，另一方面也能帮助自己实现圣人理想。想到这里，王阳明几乎激动了，收徒，开始收徒！

王阳明在浙江早就是名人了，极具传奇色彩，再加上这次经历，王阳明走上了神坛。神仙来到了人间，一些年轻人争相崇拜，都争着抢着拜王阳明为师。徐爱、蔡宗衮、朱节早就嚷嚷着要拜王阳明为师，王阳明认为还不是时候，等自己有一定的成就，再开门收徒。这次的经历，王阳明明白了许多事是不能等的，一等可能就没有机会了，既然孩子们不嫌弃自己，而且这仨孩子天资不错，孺子可教也。

于是，选了一个日子，徐爱、蔡宗衮、朱节操办了隆重的拜师典礼（在古代，收徒通常只有举行了这种拜师礼才算正式入门为弟子，否则只能算私塾，算业余的学生），这仨人正式成了王阳明的弟子。

做老师不是做做样子，而是要传授真东西的，王阳明传授给自己弟子什么东西呢？是当时热门的科举宝典，还是韩愈的"传道授业解惑"，抑或是孔子的"因材施教""有教无类"。

从大明科举走出来的王阳明，太熟悉科举了，圣人之学由原来的阳春白雪沦落为功名利禄的敲门砖，真诚高尚的师友之道沦落成了江湖门户习气，儒家经典也被阉割成为应试教材，仁义礼智信蜕变成了因果报应，这不再是圣人之道主导的时代，不再是儒家治下的国，功名利禄成为成功的衡量标准。怎么办？何去何从？是闺女穿娘的鞋——走老路，还是另立门户？

走老路是死，另立门户也很危险。另立门户用今天的话说就是创新，我们天天说"创新"但几乎没什么"创新"，这是因为"创新"是一件风险很大的事情，最大的风险是旧有制度的限制管制，有些时候就会冒着极大的风险，比如哥白尼就因为"日心说"而被烧死。再就是创新还需要持之以恒的毅力，百折不挠，屡败屡战。刚做老师的王阳明就是如此，他敢说自己另立门户吗？不敢，如果他说自己另立门户，那就是否定太祖武皇帝的立国之本，是要砍脑袋的。

这个时候，王阳明打了一个擦边球，另立门户不叫另立门户，称为"代圣人立言"。和小时候嚷着喊着做圣人不一样，真正做圣人了，王阳明反而低调了，内敛了，而且假借圣人之言。换个马甲，就不一样了，就合法了，就可以名正言顺创立自己的学说，组建自己的团队，让自己的学派壮大起来。王阳明开馆收徒，这是王阳明心学横空出世的开始，尤其是王阳明给三个徒弟写的《别三子序》，更是一个里程碑的标志。

王阳明在《别三子序》中写道：自程朱诸大儒没而师友之道遂亡。六经分裂于训诂，支离芜蔓于辞章业举之习，圣学几于息矣。有志之士思起而兴之，然卒徘徊咨嗟，逡巡而不振；因弛然自废者，亦志之弗立，弗讲于师友之道也……

这篇文章在王阳明的一生中至为重要，可以说是王阳明开始做圣人的宣言书，第一次通过书面方式全面阐述了自己的圣人理想，一直把圣人作为自己追求的王阳明，这次真的开始做圣人了，只是假借了圣人的名头。

拜过师后，徐爱等三人就被地方府学推荐为贡生，到北京国子监读书。

出发前，王阳明以"深潜刚克，高明柔克"赠予三个徒弟。

阳明着重强调：三子识之！并写了封信让他们带去京城找自己的知音湛若水，让他提携教育自己的三个小徒弟。

王阳明把所有能想到的事都做了，了无牵挂，就好像唐僧去西天取经一样，带着三个仆人就直奔龙场而去，不知道王阳明这一去是一路顺风，还是和唐僧西天取经一样经历九九八十一难。

第二篇

烙 心

一、心安之处皆是路

龙场本来是一个地名，因为王阳明而成了名地，多数人都认为王阳明在这里悟道，于是龙场就成了王阳明的道场，成为"明粉"（王阳明粉丝）心目中的圣地。一般人看来，是王阳明成全了龙场，如果没有王阳明的到来，就是拿着两万倍的放大镜都很难在大明朝的地图上找到龙场，如此偏僻蛮荒之地，是王阳明带来了灵气。其实正是龙场的蛮荒触动了王阳明的心，促进了王阳明的思想激变，从此真正踏上了圣人之路。冥冥之中，好似宿命，但也是王阳明自己的选择。

孤独是一生的命题

叔本华说过，要么孤独，要么庸俗。

生命其实是一趟单行道旅行，从诞生那一刻开始即已踏上旅途，无法等，也无法停。每个生命都是独一无二的，每个生命的路线都不一样。物以类聚，人以群分，有时候因为志向还是能遇到一些同行者。

志向级别越低，同行的人越多；随着志向级别的提升，同行的人就越来越少；志向远大的人注定都是孤独的，到最后基本就是一个人独行。

王阳明生活的时代很多人的志向就是金榜题名，稍高一点就是加一个洞房花烛，再高一点就是掌控金榜题名，再再高一点就是掌控金榜题名和洞房花烛。这些追求的官方说法是：修身、齐家、治国、平天下。

这些都打动不了王阳明，他从小就立志做圣人，他的追求远远超越了国家规定范围。由于王阳明志向太过高远，因而他的孤独也就没有边际，甚至差一点迷失了方向。

正如王阳明在《别三子序》中所说：自予始知学，即求师于天下，而莫予诲也；求友于天下，而与予者寡矣；又求同志之士，二三子之外，邈乎其寥寥也。

就是说，我王某人从开始求学的那一天起，就遍求天下名师，以期得到教诲，却没有得到一个教诲；后来满天下寻找朋友，令人失望的是与我合得来的非常少；再就是寻求志同道合之士，也就两三个人，其他寥寥无几了。

武夷山归来后，王阳明收了这三个徒弟，反倒是这三个徒弟成了王阳明真正的"同志"。这里的"同志"不是一般意义上的"同志"，而是具有宗教般神圣的志同道合者，这里同志没有地位、身份、阶级、民族、宗教之分，大家都是为了共同理想而甘愿付出一切的同行者。苦苦追寻了二三十年，才遇见了两三个"同志之士"，如今一下子三个"同志"拜入自己的门下，王阳明十分幸福。

生活中总是充满遗憾，幸福总是短暂的。

这三个学生有他们自己的人生理想，他们的人生路线很简单：修身、齐家、治国、平天下。他们要先于王阳明离开杭州到北京求学，进而实现他们的金榜题名，而王阳明也要离开地球上最美的地方——杭州，到一个鸟不拉屎、鸡不娷蛋、乌龟不靠岸的龙场去履行自己的职责。

一日为师终身为父，王阳明做师父是认真的，对学生很是负责，三个学生临行前，王阳明给他们赠言"深潜刚克，高明柔克"。这句话意蕴深刻，借用《周易》的"潜龙勿用"之意，一方面是告诉学生好好学习天天向上，心态要沉潜下去，这样才能学有所成；另一方面也是告诫自己，处于"沉潜"时期，好好修炼。

尽管王阳明一再告诫三个学生和自己，只要潜下心将来肯定大有作为，但他自己心里也没谱，因为这条路没有成功经验，故而没有模式可借鉴。和三个学生分别之际，王阳明也不能确定能否真的能再见面了，真是"生人作死别，恨恨那可论"。

送别三个学生之后，王阳明也开始收拾心情，准备出发。王阳明明白，皇帝和刘瑾的耐心也是有限的，自己第一要做的事，就是心平气和地到贵州龙场驿报到，不要再节外生枝。

"事不过年"是中国人处理事情一个很重要的心态，很多事情都要赶在年前了结，过一个没有牵挂的开心年。王阳明去不去龙场，龙场不关注，龙场关注的是年终总结，他们会如实上报给朝廷。在官场混了这么多年，这点官场惯例，王阳明十分熟稔，他知道最重要的是自己要在年底之前到达龙场。

好不容易发展了三个传承人，转瞬间又分开了，真想哭，真难受，想哭啊，难受啊……情况是这样了就这样了，这事真不赖人家刘瑾，也不怨皇帝。在一个天气昏蒙蒙的日子，没有同志同行，王阳明带了三个仆人向着龙场出发了。后来，王阳明的粉丝吴承恩，根据王阳明带三个仆人去龙场的原型，创作了唐僧带三个徒弟西天取经。不同的是唐僧带着三个宠物徒弟出发，王阳明的三个徒弟没有和师父同行，却是三个仆人保驾护航。

王阳明从姚江乘船出发，过钱塘江，之后进入江西地界，江西的第一站是玉山县。到了玉山县，王阳明一行下榻在草萍驿，住在驿站里，内心颇不平静，看看眼前的驿站，想想遥远的龙场驿站，难免一番比较，龙场比这里好还是比这里差。转念一想，这种比较没有任何意义，无论龙场是好是差，甚至更差，自己能有选择吗？既然没有选择，那就勇往直前！

看看王阳明的龙场线路图，发现王阳明的龙场之行不是一帆风顺，但王阳明心情并不坏，因为他写诗了：

山行风雪瘦能当，会喜江花照野航。

这两句诗就是王阳明的心境真实写照，看来，虽然一路坎坷，但王阳明还是能强颜欢笑的。不是别的，因为去龙场这条路是他主动选择的，也找不出骂街的理由。虽然此次龙场之行是公干，但王阳明自嘲为"野航"。这等于放下了身段，脱下了内心的官袍，来一次从官场到内心的归隐，王阳明再一次平和内心。相对于"朝"来说，"野"是最轻松的，此次虽是奉朝廷之命，但自己其实是一个闲云野鹤，也正是在这种境界下，才找到了本真的自我。

当船行到江西玉山县的东岳庙，王阳明在那里偶遇了旧相识"严星士"，能说的遇见会道的，自然是一番神侃。老朋友见面，叙叙旧，谈谈天，论论道，说说人生，提到人生话题，严星士口喊"无量天尊"，要给老朋友王阳明算一卦，看看吉凶，问问前程，究竟会是什么样的结果呢？

最好的修行都在路上

听到老朋友严星士要给自己算一卦，王阳明哈哈大笑，用手一指沙边鸥鹭群，自我调侃道："不用给我的行藏占卜了。看看那些鸥鹭，我和它们一样，现在就是一只鸟，给鸟算个鸟命！它们就是我的真实写照，我此行也是为了自己和家人的活命，随遇而安。"

言外之意，我王某人此行就是应付官差，避祸罢了，哪里有功名之心。这话显然是玩笑，不要说道士不信，就连王阳明自己也不信。

接下来路过娄谅的家乡，王阳明内心百感交集，潮水般的思绪涌上心头，竟无语凝噎。不由得想起了当年向娄先生问道的情形，一个十八岁的少年，风华正茂，意气风发，文字激扬，粪土当年万户侯，只因遇见了娄先生，找到了人生的方向，理想在这里起航……一切历历在目，如在昨日。十八年之后，换了一副模样，青春褪去，激情消散，内心彷徨，人生迷茫，再次迷失了方向。这个时候又到了娄先生的故乡，而先生已在天堂，如果先生还在该有多好，可以再次请先生指点迷津，可以再次聆听教诲，可以再次获取能量……

先生之风，山高水长！

王阳明不由得想起了娄先生去世时的情况，弘治四年夏天，娄先生听说灵山白云峰崩塌了，先生感叹说："吾殆死矣！"接着，先生就开始紧急召见弟子们，和弟子们做最后告别，同时让弟子蔡登查阅周敦颐、程颢去世的日期。获悉周敦颐和程颢都是在暑月去世时，娄先生淡然说道："元公（周敦颐）、纯公（程颢）皆暑月而卒，予何憾。"那年农历五月廿七日娄谅在家中逝世，享年七十岁。

十九年过去了，王阳明依然不愿接受先生去世的事实，在这个时候这个境况，内心更缺乏勇气，不愿也不敢前去祭拜，不愿打破内心的一点幻想，给内心留一点温存，给自己一点点前进的力量。

这次，王阳明过而不入，直接绕过去了。

一路紧走慢赶，王阳明还是没能在年底之前到达龙场，据记载正月十五元宵节还在广信，当天晚上王阳明还和广信蒋知州在船上饮酒畅谈。一个被朝廷降职发配的人员，意外得到广信蒋知州热情隆重招待，王阳明很是感激，诗意萌动，写下了《广信元夕蒋太守舟中夜话》一诗：

> 楼台灯火水西东，箫鼓星桥渡碧空。
>
> 何处忽谈尘世外，百年惟此月明中。
>
> 客途孤寂浑常事，远地相求见古风。
>
> 别后新诗不如惜，衡南今亦有飞鸿。

由于心情激动，当场还许诺要写几首好诗寄给蒋知州。不知道王阳明后来写没写，但从王阳明现存的诗来看，好像没写；也许是王阳明写了，蒋太守个人藏起来了，最后连蒋太守也找不到了。

辞别蒋太守，王阳明从江西广信出发，经过分宜到萍乡。萍乡打动了王阳明，山不在高，有仙则名。水不在深，有龙则灵。萍乡的芦溪就有一位大仙——周敦颐。

周敦颐，一个创时代的儒学大咖，我们最熟悉他的是《爱莲说》，其实他最大贡献是创立了理学。理学是中国哲学第一次大融合，以儒学为主体，融合道和佛，在道家"一生二，二生三，三生万物"基础上，糅合阴阳五行以及物化学说形成了宇宙认识论——太极。即"无极→太极→阴阳→五行→万物"体系，反推过来，就是"万物→五行→阴阳→太极→无极"。如此一来，就形成了闭环，建立了完整推理逻辑，由此理学就成了一门哲学。

这样一来，周敦颐就成了理学的开山鼻祖，理学的奠基人，解决传统文化支离碎片的弊病，而且培养了程颢程颐兄弟，成了北宋"五子"带头人，之后形成了理学、象学、气学和心学。

王阳明这个时候路过周敦颐的祠堂，更是感慨《爱莲说》，尤其是"独爱莲之出淤泥而不染，濯清涟而不妖""莲，花之君子者也"。真是心有灵犀，难道是冥冥之中的约会，觉得这篇文章就是写给自己的，周敦颐是大宋朝的莲，王阳明就是大明朝的莲，都是"出淤泥而不染，濯清涟而不妖"，都有君子之风。

当年周敦颐在芦溪也仅仅负责征收盐税，和王阳明即将赴任的龙场驿丞一样，都属于有官职没有级别的序列，而周敦颐先生怡然自得，在这里收徒开讲，开启了芦溪的文风。

周敦颐先生极大触动了王阳明，迷茫中的王阳明心有所悟，找回了自己，这一拜是弟子向老师的敬拜，内心已把自己当作周敦颐的私淑弟子，如此一来，王阳明重新回到了先前的轨道，内心充满了阳光，于是作诗《萍乡道中谒濂溪祠》：

> 木偶形骸恐未真，清辉亦复凛衣巾。
> 簿书曾屑乘田吏，俎豆犹存畏垒民。
> 碧水苍山俱过化，光风霁月解传神。
> 千年私淑心丧后，下拜春祠荐渚苹。

之后，王阳明一行出萍乡到达湖南的醴陵。

进入醴陵后，情况越来越坏，正可谓"屋漏偏逢连夜雨，船迟又遇打头风"，王阳明在诗中写道："风雨偏从险道尝，深泥没马陷车箱。虚传鸟路通巴蜀，岂必羊肠在太行。"

都说"蜀道难，难于上青天""太行山上羊肠险"，我王某人行走的醴陵一点不比蜀道、太行山路容易，这个路如何走啊？

其实不是路难走，而是心路曲折，稍稍梳理一下，可以发现，王阳明去龙场，一路上大多数都是在寺院投宿。这么长的旅途，王阳明不可能一路上都遇不见客栈，只遇到了寺庙。其实王阳明投宿寺院不是偶遇，而是故意为之，这里面大有乾坤。

自古以来，官场和寺院密不可分，不仅互通有无，而且互相帮扶。官员没有金榜题名之前，多喜欢在寺院苦读；做官之后，官员赴任途中也喜欢到寺院打尖休息；再就是，官员闲暇的时候，最喜欢到寺院谈佛论道，如此寺院也就成了官场的媒介，因而官场的许多官方的消息和小道的消息都会首先在寺院传播。

王阳明投宿寺院目的正在于此，既是保持官员传统，也是借此获得朝廷消息，了解朝廷的动静。

在醴陵，王阳明投宿到泗洲寺，遗憾的是，在这里没有打听到任何与自己有关的消息。按照新闻的说法，没有消息就是好消息，王阳明可以安心去龙场了。没有消息，也说明刘瑾风头正盛，自己的苦日子何时才能到头啊？

闲来无事，王阳明自有解闷的方法，一是写诗，二是研究《周易》。

到了醴陵，就有水路可走了，不用再走比蜀道、太行还艰难的山路了，可以走水路，顺湘江乘船而下。走水路要比走陆路绕得远一些，但少了车马颠簸之苦，这个时候，王阳明更关注的是舒服。

进入湘江，屈原勾起了王阳明的思绪，同一块土地，同一条湘江，两个时空，两个文人，经历着一样的人生，一样被贬流放……屈原在五月端午那天投进了汨罗江，和屈原不同的是，王阳明在萍乡参拜了周敦颐，找回了丧失的"心"，开始重新踏上梦中的道路。

"心"上路了，但前方还在前方，王阳明处境依然窘迫，他清楚再困难也不能走屈原的路，必须和先前的自己做一个告别，于是写下了《吊屈平赋》。一读就知道，王阳明写的是屈原的故事，说的是自己的心情。在这里，屈原只是一个道具，要的是王阳明自己的魔术，变的是自己的心境，彻底清空以前的包袱，轻装上阵，给自己生命的再次腾飞积蓄能量。

正是在困境中的倔强坚持，对理想不放弃，对自己不抛弃，一次次不甘沉沦，一回回向先贤问道，一遍遍自我救赎，终于在凭吊屈原的时候，王阳明进入了人生的一个新境界。

论道岳麓书院

顺着湘江，王阳明一路顺利到达长沙。王阳明还没到长沙，消息就通过寺院一站一站传到了这里。长沙的学子听说王阳明来了，十分激动，朝也盼晚也盼，盼星星盼月亮，终于把王阳明盼到了。

王阳明一到长沙，湖南的学子就蜂拥而至，把王阳明围了里三层外三层，排着队向王阳明请教，希望王阳明给长沙的学子带来福音，给文化沙漠的长沙种下绿洲。见长沙学子这么热情，王阳明十分激动，自己这个处境还有人把自己当回事，王阳明心情大好。

尽管王阳明科举不是状元，官也不够高，没有进入翰林院，但王阳明名气不小。一是因为他是王状元的儿子，二是因为他从小就立志做圣人，三是官场这几年的积淀，四是和刘瑾较上了劲。

这么多湖南学子向王阳明请教，王阳明很是享受，这些学子确实激发了王阳明的兴奋之处，志在做圣人的人最大的毛病就是"好为人师"，王阳明的知音湛若水调侃王阳明"病在好讲学"，真是知音啊。现在居然有人主动上门请教，王阳明当然乐得合不拢嘴，于是当仁不让，开始辅导众人。

经历长时间的旅途，王阳明十分劳累，身体状况不好，牙齿疼得厉害。一看学子来请教，王阳明就什么都顾不上了，开始真诚耐心地和湖南学子分享自己的学习修养心得。

当时的社会大环境十分浮躁，王阳明谆谆教诲这些学子，做学问先要立志，更为重要的是要静下心来，不能急功近利。

为了让学子接受自己的观点，王阳明向学子们讲述了孔子弟子颜回和曾点的例子："孔圣故惶惶，与点乐归咏；回也王佐才，闭户避邻哄。"

可能是担心颜回、曾点的例子有点远，王阳明又给湖南学子鼓劲加油，说理学的发源地就在你们湖南，周濂溪就是你们湖南道州的，再就是岳麓书院，多牛啊，朱夫子也和岳麓书院渊源深厚。今天的你们应该继承这些先贤的学风，并进一步发扬光大，说不定你们之中就有当今的周濂溪、朱夫子呢？

不知道那些学子会不会这样想，有些人（王阳明）明明自己过得不怎么样，怎么还喜欢给别人提建议？

提到岳麓书院，就必须提到朱熹，自然要提到朱熹和湖南的渊源——岳麓书院。岳麓书院，可是名满天下、誉满全球的名书院，大书院，宋代著名的四大书院之一。早期的湖南，被称为"蛮荒之地"，既远离全国的政治文化中心，又与经济文化发达的江浙等沿海地区相隔甚远，是典型的经济落后、交通不便、消息闭塞的地方。因而就有了"湖南自郡县以来，曾未尝先天下"的说法，这种情形一直到清代前期，湖南都是如此，既不是风水宝地，也不是国家财赋充盈之区。

在偌大的中国，湖南一直是籍籍无名之地。北宋开宝九年（976），潭州知州朱洞为了给"蛮荒之地"的湖南带来文化种子，就在岳麓山创建了岳麓书院。由于成绩显著，北宋天禧二年（1018），宋真宗亲自给"岳麓书院"题写院名。南宋时候，理学家张栻曾经主持岳麓书院讲事，正在福建的朱熹慕名前来给书院讲学，并题写了"忠、孝、廉、节"四个大字，刻石嵌于讲堂的两壁，这四个字后来成了岳麓书院的院训。绍熙五年（1194），朱熹出任湖南安抚使，亲自主抓书院，书院获得大发展，出现了"道林三百众，书院一千徒"的盛况。

我们很喜欢"四大"说法，什么都套用四大，书院也是如此。据说，岳麓书院就是我国古代四大书院之一。在中国古代书院教育方面，岳麓书院地位极为重要，尽管在不同时期形成了多个版本的四大书院，但无论是北宋四大书院、南宋四大书院的版本，还是六大书院、八大书院的版本，岳麓书院都占有一席之地。

由于岳麓书院和朱熹的关系，岳麓书院在大明朝也就比一般的书院引人注目，王阳明就是听着岳麓书院故事长大的，到了长沙哪能不去岳麓书院呢？刚到长沙的前两天，天公不作美，阴雨连绵，加上牙齿疼痛，一时无法前去岳麓书院。

在此期间，一个叫周生的人，对王阳明有点崇拜，王阳明一到长沙南，周生就鞍前马后，照顾得十分周到。面对周生的热情，王阳明很是感动，还专门写诗称赞。获悉王阳明到长沙后，长沙赵知州和王推官以及王阳明的两个朋友，都曾通过周生给王阳明传话，提请王阳明到岳麓书院看一看。

岳麓书院在王阳明心目中相当重要，其实不用赵知州推荐，王阳明也必然游览岳麓书院。天稍稍一晴，王阳明就带着周生直奔岳麓书院，为了能自由自在游览岳麓书院，王阳明一再叮嘱周生不要告诉赵知州他们。在岳麓书院，王阳明祭拜了朱熹和张栻，观看了他们当年讲学的遗址，和先贤们进行了心灵交流，迷迷瞪瞪，差一点忘记了回去的路。

那个时候的岳麓书院十分颓败，为了给王阳明留下美好回忆，赵知州已经派人偷偷进行了修葺，但房屋还是破落不堪，每逢下雨天，四处漏水。到了自己心目中的圣地，王阳明心情还是不错的，不管如何，总算看到了岳麓书院的真面目。

王阳明做什么事都非常认真，而且相当重视师友之道，真诚对待湖南学子，他不和学子玩虚的，在岳麓书院跟学子互动，产生了极大的反响。王阳明的到来，给岳麓书院添上了极为光耀的一笔，也正是王阳明的影响，再次把岳麓书院带上了繁荣之路。

尽管王阳明在京城不是什么名角，但到长沙就不一样了，绝对的文坛大腕。王阳明知道自己身份特殊，不愿打扰赵知州和长沙官场，就一再告诉湖南学子不要把自己到长沙的消息告知赵知州。

王阳明到岳麓书院的消息，很快就传到了赵知州那里。一听说王阳明来了，赵知州也前来追星，和王推官一帮人，带着菜肴，带着美酒。尽管此行冒着政治风险，但赵知州心中有数，他知道刘瑾不会长久，王阳明肯定能东山再起，再就是长沙这破地方，锦衣卫不愿到这里来，还是安全的。

文人见面，先聊聊天气，再谈谈政治，骂骂刘瑾，然后论论诗，之后就是喝酒谈人生。王阳明和赵知州惺惺相惜，喝得那是一个痛快，一直到城里灯火通明才散席。

酒宴结束，赵知州和王推官又到王阳明船上，和王阳明道别，王阳明进入了洞庭湖，之后进入常德境内。路过常德天心湖时，忽然飓风大起，王阳明乘坐的船被大风吹起。王阳明和船上其他乘客都大惊失色，眼看就要到了，在湖中遇到了这样的大风，真是太背运了，王阳明还能再次化险为夷吗？

爱情诗里的政治

这大风大浪怎么老是和自己过不去呢？在大海遇见大风就算了，怎么到了湖南的湖中还会遇见这么大的风？怎么办呢？遇见就遇见了，哭天没用，喊地也没用，骂娘也找不着对象，这个时候自己拯救自己最重要，谁都帮不了自己。王阳明做了最坏的打算，大不了喂鱼，都经历这么多了，活到现在也不错了。

当王阳明心态淡定后，风也逐渐小了下来，天快黑的时候终于抵达沅江。这个时候，船已经被风浪打回了原形——一堆木头，好在终于靠岸了，大家都感到无比的幸运，同时也感到太饿了。由于船上带的粮食不够，王阳明和大伙都挨了几天的饿，靠岸前大家都在担心生命安全，反而对饿不太敏感，现在靠岸了，安全了，饿成了第一个感觉，赶快找点吃的吧。

之后，王阳明继续向着龙场出发，在路上遇见了一个弃妇，由于被丈夫扫地出门，妇女没有地方去，就跑进深山老林，靠着吃草根树皮生活。虽然被丈夫扫地出门，但这个妇女一点都不记恨丈夫，而且还深爱着丈夫，希望有一天丈夫回心转意，再次把自己接回去。

见到王阳明后，弃妇就把自己的遭遇告诉了王阳明。恻隐之心，人皆有之，王阳明感同身受，于是仗义执言，给弃妇鸣不平。这件事怎么看，怎么办？这是别人的家务事，再就是那个时候，随便找个理由就可以休妻，即便是皇帝老爷也没有办法，更何况王阳明这个被贬得不入流的官员呢？

王阳明当然爱莫能助，怎么办？写诗。于是王阳明给这个弃妇写诗，一口气写了五首。

这些诗，名义上是给弃妇主持公道，给别人鸣不平，仔细一看，原来都是在为自己喊冤。王阳明发现自己其实和这个弃妇没什么区别，同是天涯沦落人，只是弃妇被丈夫抛弃了，而自己被皇帝抛弃了，命运是一样一样的。这些诗看起来是关于爱情的，实际上是政治的，把政治诗写成爱情诗，不是王阳明的独创，而是早就有。

> 关关雎鸠，在河之洲。窈窕淑女，君子好逑。参差荇菜，左右流之。窈窕淑女，寤寐求之。求之不得，寤寐思服。悠哉悠哉，辗转反侧。参差荇菜，左右采之。窈窕淑女，琴瑟友之。参差荇菜，左右芼之。窈窕淑女，钟鼓乐之。

这就是大名鼎鼎的《关雎》，很早就熟悉了这首诗，怎么看都是一首关于爱情的诗，诗中讲述了一个帅哥看到一个漂亮的妹妹，然后苦苦相思，最后想方设法示爱的故事。但偏偏有人说《关雎》是一首政治诗，是一首关于国君如何寻找人才的故事。

可能是我们这个民族太热爱政治了，什么事都往政治上联想，就觉得给一首爱情诗贴上政治标签，其实某些人在严肃认真地扯淡，笑笑而已。

后来读了《闺意献张水部》："洞房昨夜停红烛，待晓堂前拜舅姑。妆罢低声问夫婿，画眉深浅入时无？"一首新婚燕尔的爱情诗，感觉十分温馨，爱意浓浓，深深为古人的浪漫激动。

谁说我们这个民族太实际，做什么都讲究功利？我们也有温情的一面，也有浪漫的时刻。

细心研究一下，看到了最不愿看到的资料，如果和小伙伴一起看的话，那就真的是我和我的小伙伴都惊呆了，原来这首诗是一个名叫朱庆馀的举子写给张籍的，这两人可都是男人啊，不会是同性恋吧？经过严谨认真地考究，他们俩绝对不是同性恋更不是夫妻关系，同时这首诗也和婚姻无关，更跟爱情无关，这是一首政治诗。

这首诗是作者朱庆馀参加科举考试前，为了获得张籍的青睐而写的一首自我推荐诗。唐朝时候，科举制度不太完善，流行参加科举的士子向名人行卷的风气，就相当于今天演员主动找大导演推荐自己，希望通过写诗的方式引起主考官的关注。朱庆馀这首诗投递的对象张水部，就是担任水部郎中的张籍，水部相当于工部，按理说朱庆馀考科举应该找礼部官员，找工部官员，门子不对啊？

其实不然，张籍在那个时候，官做得大，文章写得好，诗写得好，更为难的他还是伯乐，文坛和官场的双重伯乐。张籍和《马说》的作者韩愈齐名，都是大名鼎鼎的伯乐。这个朱庆馀早就和张籍有来往，而且深得张籍赏识，马上进考场，朱庆馀难免紧张，不知道怎样写文章才符合主考官的口味，于是就给张籍写了这首诗。朱庆馀在诗中把自己比作刚结婚的新娘子，把张籍比作新郎，把主考官比作公婆，张籍是过来人，也熟悉主考官的口味，希望获得指教。

收到朱庆馀这首诗后，张籍也写了一首诗给朱庆馀，叫作《酬朱庆馀》："越女新妆出镜心，自知明艳更沉吟。齐纨未足时人贵，一曲菱歌敌万金。"也是很暧昧，不明就里的还是会误读，朱庆馀把张籍当作新郎，而张籍则把朱庆馀比作采菱姑娘，说你本来相貌就倾国倾城，而且又能歌善舞，只要轻轻吟唱一首采菱歌，即可把那些身着24k黄金衣服的人比下去。张籍告诉朱庆馀，不要担心，自己正常发挥即可通过。

后来，朱庆馀果然高中，朱庆馀也因为这首诗而不朽。而正是这首诗，打破了许多人的浪漫情怀，原来诗可以把这么世俗的事写得这么浪漫。

和这些诗相比，王阳明的那五首诗，就显得有些不够上档次了，也不够浪漫，只能算作寒蝉凄切之音，但却从中看明白了自己和皇帝的关系。看透了，却更痛苦了，原因是看透了却找不到解决的方法，正如王阳明在诗的前言中所说"终无他适"。

王阳明明白自己的命运还不如弃妇，弃妇愿意改嫁，还能嫁给别人，而自己除了皇帝不能嫁给别人，因为就是想改嫁，也无人可嫁啊？自己该何去何从？

谁是阳明的心灵摆渡人

经过半年的长途跋涉，历经千辛万苦，王阳明带着三个仆人终于到达那个自己不愿到达的地方——龙场。偌大的龙场，里面横七竖八坐落着几间破落的房屋，几匹老弱瘦马，天空偶尔飞过几只鸟，除了王阳明和三个仆人，再有就是国家自然公园了，还有就没有了。

没到龙场之前，王阳明对龙场已经做足了心理准备，想象了龙场的各种最坏情况，但看到龙场的场景后，落差还是超出了预期。这里荆棘丛生，毒蛇遍地，瘟疫盛行，到处毒蛊，瘴疠弥漫……这哪里是人待的地方啊？在龙场，最稀缺的是人，什么都有就是没有人，方圆百里都是无人区。偶尔遇见人了，王阳明听不懂他们讲话，他们也听不懂王阳明讲话，好不容易遇见能听懂话的，却都是从中原流放或者流亡的亡命之徒，好人哪能到这里来。

偌大驿站，只有一个编制，也就是说只有王阳明一个人，领导是他，马夫是他，服务员是他，快递员也是他。好在王阳明还带来了三个仆人，能说说话，布布道，谈谈家乡事，不然会疯掉的。

王阳明是因言获罪的降级官员，算是留职察看，根据大明朝法律，不准居住在官府机构的房屋。也即是说，即便是这种破落房子，王阳明也没有资格居住，还得另寻住处，龙场不是北京，可以随处找房子，除了驿站那几间破落的房子，这里根本就没有房子。

到达龙场，王阳明第一需要解决的不是入职手续，而是寻找住处。经过多次努力，王阳明终于在距离驿站较近的小孤山找到一个可以栖身的山洞，就带着仆人七拼八凑搭建了一个简陋得不能再简陋的草庵。

一个草庵，不能挡风也不能遮雨，总算有一个住处了，有了安身之处，心就安了，就有了自己的家园，理就顺了，内心就充满阳光了。王阳明专门写了一篇名为《初至龙场无所止结草庵居之》的文字披露自己和草庵的情缘，其中有一段文字这样写道："草庵不及肩，旅倦体方适。开棘自成篱，土阶漫无级。迎风亦萧疏，漏雨易补缉。"

正如罗马哲学家塞涅卡所说："茅草屋顶下住着自由的人；大理石和黄金下栖息着奴隶。"这些文字看起来温馨洒脱，实际上是王阳明内心多次生死磨砺后的宁静，是一种历经躁动后的平和，是一种穿过迷茫后的从容，更是看透沧桑后的淡定。

在有些时候，命运就是一条孤独的河流，谁会是我们灵魂的摆渡人？答案是：我们自己！

其实龙场并不比京城的监狱好多少，龙场和京城一样的，除了太阳月亮，就是蓝天白云。在京城的监狱里，再差也能找到了两三个可以交流思想的人，进而可以谈学论道，而龙场却找不到一个可以谈天论道之人。看看龙场这个破地方，想想先前自己在京城的日子，官二代出身的王阳明愤恨不已，不由得大骂刘瑾。这个地方这个时候，绝对没有刘瑾的耳目，也绝对没有锦衣卫，随便怎么骂都是安全的。

骂完刘瑾后。王阳明发现什么事都解决不了，一点作用没有，吃的、喝的、住的、用的依然毫无着落，看来骂街是解决不了问题的。

人最难做到的就是心安，因为不同时期，不同环境，不同层次，不同境界，都会有不同追求，因而就会有不同需求。一个婴儿，一颗糖就会心安；一个儿童，至少需要一个玩具才会心安；一个少年，需求就更高了，讲究吃好玩好穿好；一个青年，一个男女朋友都不足以心安，因为他们还有理想，还有情怀……王阳明心安之处就是他的理想和情怀，正是因为有了这些，龙场的简陋就渺小得不值一提了。

一想到自己的理想和情怀，王阳明觉得自己还有很多事要去做，哪里有工夫发牢骚，也没有工夫骂刘瑾了。当即行动，有条件要做，没有条件创造条件也要做。没有房屋自己建造，没有物品自己打造。困难一个一个解决，方法总比困难多，只要努力，没有解决不了的问题，王阳明就带着三个仆人自己动手干。

别忘了，王阳明的官场实习就是在工部，懂得如何建造房屋，只是没想到在龙场派上用场了。王阳明是房屋的设计者，也是施工者，还是监工者，更是使用者，带着三个仆人一起搭建了房屋。正当王阳明忙碌的时候，他的粉丝贵州宣慰使安贵荣派人送来了肉、米、油、盐等生活必需品以及金、帛和鞍马……还派人给王阳明挑水砍柴，可谓关怀备至。

面对安贵荣的热情，王阳明知道却之不恭，但全部受之有愧，于是只留下了柴米油盐，其他的婉言谢绝了。此后，王阳明和安贵荣结下了深厚友谊。这个安贵荣不是一般人物，他和龙场驿更是渊源深厚，他的祖上就是大名鼎鼎的奢香夫人，正因为奢香夫人才有了龙场驿，故事要从太祖朱元璋说起。

龙场是怎么来的

朱元璋称帝 22 天后，颁布一道诏令：设置"各处水马站及递运所、急递铺"。粗略一看，这个皇帝不靠谱，那么多事不着急做，却急着组建邮政快递体系，实际上朱元璋太有战略眼光了。朱元璋明白这个驿站系统的重要性，驿站管理混乱也是元朝灭亡的一个重要原因。是不是太夸张了，驿站管理不善还能亡国？

这里简要说一下驿站。自秦朝开始，我们就实现了大一统，这么大的国家，如何管理是一个大问题，军情如何传递？官员如何赴任……在交通和服务业发达的今天，这都不是问题，靠市场就能解决了，但那时候不行，只能官府自己解决。于是形成了官府驿馆制度，就是官府主办驿站和负责接待过往官员，耗费的物资、经费由中央或地方官府负担。国家疆域广阔，因而修建了数量众多的驿站或馆驿，这么多帝国官员来来往往产生了极大的财政负担，成了悬在帝国头上的达摩克利斯之剑。这种制度，本来是保障官员执行公务活动的正常进行，也是官员的一种福利，后来逐步演变成特权。

有特权必然产生腐败，腐败严重必然动摇统治基础。为了防止和控制驿站腐败，限制官员的驰驿特权，避免重蹈元朝覆辙，朱元璋制定了严法酷刑，明文规定："非军国重事不许给驿"（《昭代王章》）。1393年，朱元璋又颁布了《应合给驿条例》，对使用驿马驿船设置了严格的条件，条件不符的人严禁"擅自乘驿传船马"，违者重罚。

朱元璋一直重视驿站的建设，在出兵攻打云南之前，先派人从岳州（今岳阳）到贵州沿途修建了25座驿站，负责军情的传递和粮草的运送。在攻打大理的时候，朱元璋"遣人置邮驿通云南，宜率土人随其疆界远迩开筑道路，准古法，以六十里为一驿"，最后取得了胜利。

在朱元璋打造大明朝驿站的过程中，其中一个名叫奢香夫人的贡献非常大。奢香夫人，名舍兹，又名朴娄奢恒。出身于土司之家，十七岁嫁给了贵州彝族首领蔼翠，婚后协助丈夫处理政务。朱元璋攻打云南那年，蔼翠去世，由于儿子年幼，年仅二十三岁的奢香夫人承担起了宣慰使的重任。

这个时候，都督马烨主政贵州，他为人野蛮专横，飞扬跋扈，欺凌压迫彝族民众，多次羞辱奢香夫人，逼迫奢香夫人造反。土司不堪忍受马烨的欺凌压迫，要起兵造反，奢香夫人劝阻了大家。告诉大家，这只是马烨一人所为，要相信皇帝，要相信官府，于是派一个刘姓土司赶赴南京，面见朱元璋，历数马烨的罪状。

朱元璋于是特召奢香夫人到南京，亲自接见慰问，奢香夫人激动得稀里哗啦。朱元璋一再强调："皇帝和官府对彝族的政策是一贯的，一定要相信皇帝和官府，皇帝可以除去作恶多端的马烨，但奢香夫人如何报答朝廷呢？"到这个时候，奢香夫人终于明白，马烨只是一杆枪，主谋原来在这里，这哪里是慰问，简直就是交易。

奢香夫人是明白人，懂得大形势，顺坡下驴，立即激动地表示："愿意子孙世世代代接受大明皇帝的领导，永不叛变。"但朱元璋并不满意，说道："这是你们应尽的义务，算不上报答。"奢香夫人明白了朱元璋的意思，说道："贵州东北方向先前有一条通往四川的小道，年久失修，已阻断多年，现在愿意组织人力物力开山修路，建立驿站，以便官差往来。"朱元璋大喜，于是封奢香夫人为"顺德夫人"，立即派人到贵州把马烨捉拿进京，"数其罪，斩之"。可怜的马烨，他只是在执行皇帝的命令，不想任务完成了，自己却丢了脑袋。

为此，马皇后质问朱元璋为何要杀马烨，朱元璋这样回答："吾知马烨忠，无他肠，然何惜一人，不以安一方也？"

奢香夫人回到贵州后，立即组织人力物力，"开偏桥、水东，以达乌蒙、乌撒及容山诸境，立龙场九驿"（《贵州通志》），设置了龙场、陆广、谷里、水西、奢香、金鸡、阁鸦、归化、毕节等九个驿站。由于第一站是龙场，所以通称"龙场九驿"。

就这样，龙场横空出世了。若干年后，王阳明来了，正是因有了在龙场的这段经历，王士英在所著《中国邮政史料丛稿》中称王阳明为"邮驿前辈"。

官场不容易混，王阳明能在驿站立住脚吗？

从人性走向神性

曾经沧海难为水，除却巫山不是云。到了龙场之后，王阳明觉得自己达到了超脱荣辱的境界，都能放得下了，说到做到，不怨天，不怨地，也不骂刘瑾了，怎么能让刘瑾天天在自己的生活里呢？

王阳明唯一放不下的就是生死了。正如《阳明先生行状》记述的那样，"公（王阳明）于一切得失荣辱皆能超脱，惟生死一念尚不能遣于心。"

生死不好放下，更不容易掌控，即便人类完全掌控了世界，也无法掌控自己的生死。这世界，古往今来，无论是西方的还是东方的，无论是外国的还是中国的，还真没看见有哪一个人是活着离开这个世界的。

自从出生后，每个人时时刻刻都面临着死亡，就是所谓的向死而生。无论怎样，人生就是一个等死的过程，只是有些人在等死的时候应付活着，而有些人则在等死的时候精彩活着。人生第一要解决的就是如何超脱生死，即是攻破生死这一关，如果一个人不能解决生死关，哪里有心情做事情，更谈不上修身齐家治国平天下，也不要说做圣人了。

来到龙场，对王阳明来说，最大难题不是死，而是如何活下去。

王阳明的活法很特别，不是按照活人的方法活下去，而是按照死人的死法活下去。在龙场，瘴疠之气弥漫，很可能晚上活着躺下去，第二天早晨就不能活着站起来了。

刚开始，王阳明每天都怀疑第二天能否活着站起来，于是就给自己修建了一副石头棺材，对着棺材说："吾惟俟命而已！"就是说，兄弟我现在唯一能做的事就是坐吃等死了。

王阳明每天都睡在石头棺材里，如果第二天不能起来，这一辈子就结束了。王阳明希望的是眼睛一闭不睁，这辈子到此为止，从此不用着急如何活下去了；最让王阳明讨厌的是，眼睛一闭第二天又睁开了，居然还活着。

人生最大的差异不是生命过程的长短，而是在等死的时候怎样活着。如何活着？活着的过程就是从人性走向神性的过程，就是从混沌到信仰的过程，就是洗涤灵魂的过程，就是寻找如何活着更有意义的过程。

既然活着，就要做活人该做的事，孔子说过："未知生，焉知死。"

自从会思考开始，几乎每天都会思考死亡的问题，每个人都通过自己的方式参透死亡，只有参透死亡才能摆脱死亡的恐惧，才能去做事，去实现人生理想。生与死是人生过程中的两个重要节点，生命始于生，终于死，人生最重要的不是生与死，而是在生与死这段历程。

人生的过程在一定程度上和孔夫子的观点是相反的，应该是："未知死，焉知生。"也就是所谓的，知死而后生，更知道什么才是自己想要的，更了无牵挂，更能勇敢地活下去了。

伟大人物之所以伟大，在于他们能改变环境和营造环境，而普通人物往往不能或不愿改变环境，只是努力去适应环境。伟大人物不一定是天才，但一定是天生就是要做伟大人物的，他们意志坚强，不管身处顺境还是逆境，他们都能清醒知道自己的目标，并且为自己的目标奋斗不已。

在无聊悠闲的日子里，王阳明白天静坐看蓝天望白云，晚上静坐看星星望月亮，看着望着，望着看着，就达到了静心的地步，看来圣人也不能免俗，王阳明也喜欢"静静"。经过一段时间的修身养性，王阳明得到了静静，之后，王阳明心情大好，胸中再无丘壑，容下了先前所有不能包容的。

看似王阳明没有做什么，天天静坐，天天念叨，有时还发牢骚，但内心已经扩容了，变得更加强大了，这种扩容和强大不是物理特性，而是生物特性，是一种"曾经沧海难为水，除却巫山不是云"的高度和掌控。

这是一种境界，所有的境界都不是凭空而来的，需要历经磨炼，更需要做功夫，这种功夫就是事上磨炼。王阳明一路走来，先是京城监狱里的磨炼，再就是锦衣卫追杀的磨炼，然后一路磨炼到龙场，到达龙场后还是磨炼。正是经历这些磨炼，王阳明形成了自己独特的修心逻辑，先追求"静默"，然后追求"静心"，最后达到"静一"。

细心研究王阳明修炼逻辑可以发现，王阳明的修心逻辑融合了道教的"静"和禅宗的"静"，实现了自己的儒家心性修炼，和孔子的大弟子颜回的修炼是一个套路。

想起了一个佛教悟道的故事，佛问诸沙门："人命在几间？"对曰："在数日间。"佛言："子未能为道。"复问一沙门："人命在几间？"对曰："在饭食间。"佛言："子未能为道。"复问一沙门："人命在几何？"对曰："呼吸之间。"佛言："善哉，子可谓为道矣！"

一个人只有看透生死，才能真正做到心无挂碍，才能从根本上洗尽一切好恶，才能达到自由自在的境界，这是一种敬畏也是一种洒脱，打通了人性和神性界限，完成了从世俗到宗教的跨越。

王阳明超脱了，看透了，心里敞亮了，超脱了自己的苦难，也超脱了众人，清楚了自己是谁，心情大好。明白自己是谁，知道自己从哪里来的，清楚自己的使命，于是决定从第二天开始好好生活，找一所好房子。

自由在高处

经过几天努力，经过多次勘察，王阳明带领仆人终于在距离驿站二三里的地方找到一个更合适的岩洞，经过简单装饰，王阳明就住了进去。尽管简陋，王阳明感觉极好，就模仿自己在茅山修炼的阳明洞，给这个岩洞起了个名字——"阳明小洞天"。寓意别有洞天，同时暗示自己开创一片新天地。现在那个岩洞，就是著名的风景名胜"阳明小洞天"，后来随着王阳明名满天下，这个地方也成为龙场的文物和知名景点。

再之后，王阳明心情大好，一连写了三首名为"始得东洞遂改为阳明小洞天"。

其中第一首的最后一句明志警示自己："岂不桑梓怀，素位聊无悔。"从这句诗可以看出，王阳明基本达到了《中庸》中的"素位"境界，《中庸》说"君子素其位而行，不愿乎其外。素富贵，行乎富贵；素贫贱，行乎贫贱；素夷狄，行乎夷狄；素患难，行乎患难。君子无入而不自得焉。"

第二首描述了找到新住处的愉悦心情，王阳明喜欢阳明小洞天，是因为这房子纯天然，绿色环保，没有甲醛，有阳光，通透，而且远离世俗。王阳明的三个仆人更是喜欢得不得了，因为他们不用辛辛苦苦建造新房子了。

龙场这个地方不仅远离世俗，还远离当时的文明，有一种复古味道，王阳明甚至找到了上古社会的感觉，在第三首诗中这样写道："上古处巢窟，杯饮皆污樽。"

看来王阳明很是享受这样的生活状态，接着又说："豹隐文始泽，龙蛰身乃存。"意思是自己这样的隐居生活就像豹子隐藏起来一样，可以保护自己的名声；也像蛰伏的龙一样，保全自己的身躯。

在一些人的观念里，住豪宅开香车，身着豪华，穿金戴银，前簇后拥，才算是幸福的生活。孔子就不这样认为，他十分推崇颜回的清贫生活状态："贤哉，回也！一箪食，一瓢饮，在陋巷，人不堪忧，回也不改其乐！贤哉，回也！"王阳明以前无法理解孔子这些话，现在终于明白了，多么深的领悟啊，接着在第三首诗的末尾处写道："邈矣箪瓢子，此心期与论。"

王阳明领悟了，他能安于清贫，一天一碗饭、一块饼、一瓢水，足够了，依然生活得很快乐。他的仆人达不到这个境界，领悟不了，他们忍受不了这吃了上顿愁下顿，也忍受不了衣不蔽体的寒冷，就开始抱怨起来。王阳明很是纠结，写道："谪居屡在陈，从者有愠见。"

王阳明搞不定自己的仆人，他想起了孔圣人。孔子当年带领众弟子周游列国找工作，到了陈国的时候，工作还没找到，结果断了粮，大家都饥饿难耐，还有人因为饥饿病倒了。饥饿难受的子路十分生气，就对老师说："君子亦有穷乎？"

孔子回答说："君子固穷，小人穷斯滥矣！"

王阳明想到自己和孔子当年情景相似，处境困难，引发了牢骚，一方面很是着急，但另一方面却暗自高兴，看来自己真的有可能做圣人了，因为这和圣人一个路数啊！怎么办？

从明天起，王阳明将开始关心粮食和蔬菜。王阳明顾不上读书人的斯文，开始不耻下问，向当地农民学习如何耕种庄稼。当时，龙场还处于刀耕火种的时代，王阳明模仿当地的耕作方法，先焚烧草木，然后开垦种庄稼。这样一来，王阳明有了自己的庄稼地，如此一来，就有了粮食，不仅解决了自己的粮食，而且还有剩余。

王阳明没有用剩余的粮食去交易，而是用来慈善，比如，救济一些穷人和寡妇，偶尔还举办一些宴会，以此答谢那些帮助过自己的人，此外，有时还用没有脱粒的稻穗喂食小鸟。

…………

从这几首诗能看出，王阳明很幸福，天天黎明即起，然后开始打扫庭院，心中充满了希望，也很平和，同时还有事干。为了做出美味食物，王阳明利用岩洞的地形搭建了一个厨房；为了更好地休息打坐，他把床铺安放到那块最大最平的石头上；为了方便阅读，王阳明把图书散乱堆放在灶台和床榻上面……

就这样，王阳明达到了超脱。成功需要基础和方法，有基础没有方法不能成功，有方法没有基础也不能成功。历经一路的修行，王阳明成功达到了彼岸，而一起跟随王阳明到龙场的几个仆人都留在河的这边。在修行方面，别人是帮不上忙的，即便王阳明把所有的修行路径告诉了仆人，他们依然无法做到。这是因为，修行好比吃喝拉撒睡，别人帮不了忙。这些仆人即便拥有了王阳明的方法，由于没有王阳明的基础，没有王阳明的心路历程，他们依然无法达到王阳明的境界。

正是驱除了心病，王阳明战胜了自己，居然在这个蛮荒之地挺了过来，但三个身体强壮的仆人病倒了。体弱多病的王阳明带着他们是为了照顾自己的，这下倒好，体弱的没问题，身体强壮的却倒下了，王阳明却照顾起他们来了。于是，王阳明开始劈柴、挑水、煮粥，轮流伺候三个仆人。这样一来，王阳明成了仆人们的"公仆",三个仆人的公共仆人。

身在异乡,王阳明担心他们抑郁,不时地给他们唱唱歌,朗诵朗诵诗。为了能让他们开心,王阳明还给他们讲笑话,说段子,给他们唱唱家乡戏,使他们心情快乐,忘记身处蛮荒之地,带领他们一起度过了艰难的适应期。

而这次引导仆人度过适应期也启发了王阳明,在此后的日子里,王阳明教授门人弟子的时候,采取的因材施教、随机点化、因病施药、形式不拘一格……都有这种方法的影子。

王阳明很清楚,这里不是北京,是龙场。这里没有住房、没有粮食、没有亲人、没有朋友,也没有展示自己的舞台……和京城比起来,落差太大了,最最不能忍受的是自己前途未卜,好在自己是这里的老大,自己要做自己的老大,于是自我问答:"圣人处此,更有何道?"

就是说,如果圣人处在我王阳明这种情况,会怎么做呢?

龙场悟道

龙场有龙场的好,有蓝天白云,还经常下一场浪漫的雨。天再蓝,云再白,雨中再浪漫,但老是下雨,就会湿气太重,还会产生瘴疠之气。此外,这里物资匮乏,食不果腹,衣不蔽体,饥饿向来是最直接的感受,这种感受深入骨髓,最为刻骨铭心。

这样一个地方,活下去不容易,王阳明做好了随时死亡的准备,天天睡在石头棺材里。如果眼睛一闭不睁,省去了许多麻烦,既不用收尸也不用成殓还不用掩埋。

王阳明做好了随时闭眼不睁的准备,但自己的肚子实在是太不争气,天天都是被饥饿闹醒,不得不睁开眼,寻找活下去的资源。活下去很难,死亡好像也很遥远。

这看似消极的置之死地而后生,实际上是一种积极,这种积极就是真实体验,就是哲学上的"进入临界状态"。人在困境的时候,尤其是找不到前进道路的时候，只有进入临界状态才能体验真实的境遇，才能发现真实的情况。

渐渐地，王阳明明白了，自己是一个要做圣人的人，怎么能如此沉沦。一个濒临死亡的人是不可能出去做事的，更不可能有大志向大追求的，如果自己的生死不能超脱，剩下就是等死了。

经过多少无眠的思索，王阳明知道，无论你看见还是看不见，太阳每天都是照样升起，虽有早有晚，但不为任何人改变，阳光每天都是新的，新的一天开始了，又要开始生活了。

这就是王阳明，他不仅仅有情怀，而且还是实干家，这一点最值得尊敬。他不是一心只做圣人的妄想者，也不是只会做官的职业官员，也不是只会读书教书写书的书呆子，而是一个能够迅速适应环境，不论在多么危险的环境下都化险为夷的人。他是要做圣人，但他更清楚他首先是人，是人就要做人事，就得食人间烟火，他懂得如何同这个世俗的世界相处，这一点他比一心清高的屈原、贾谊懂得妥协，懂得和而不同，懂得和谐。

目标明确后，王阳明就天天练习端坐，简单的事情重复做，重复的事情用心做，时间一长，心胸终于豁然开朗，容下了所有的坎坷。

龙场没有亲人、没有朋友、没有展示自己的舞台，王阳明做什么和不做什么都和别人无关了，不用再在意别人的眼光和看法了，一切都是为了自己。

也正是这样，一天夜里，王阳明在梦中悟透了"格物致知"，好像有人在冥冥中告诉他，于是从床上一跃而起，大声呼喊，说自己找到了自己，发现了人生的真谛。看到王阳明的样子，仆人们吓坏了，以为王阳明中邪了。

正如《年谱》记载，王阳明这一夜悟透了"格物致知之旨"，开始真正明白了"圣人之道"："圣人之道，吾性自足，向之求理于事物者误也。"

这就是中国哲学史上的大事件——龙场悟道！

这里说说什么是"圣人之道"，所谓"圣人之道"，通俗地说，就是圣人的成功路径。王阳明说自己知道了"圣人之道"，等于他找到了成为圣人的宝典，如果泄露出去，岂不是到处都是圣人。再就是，儒家社会一直宣扬圣人本天成，都是天上文曲星下凡，普通人是不能成为圣人的。按照王阳明的这个观点，大明朝的人都可以成为圣人了，再往下类推，"奉天承运"的大明朝皇帝是不是也可以人人可以做啊？王阳明的这个观点，等于在平静的水面投下一颗重磅炸弹，看似没什么值得大惊小怪的，其实这是一个颠覆性的理论，表面上说的是圣人的事，实际上就是皇帝的事，王阳明的粉丝吴承恩在《西游记》就借着孙悟空的嘴说出了："皇帝轮流做，明年到我家！"

圣人之道是什么呢？王阳明给出的答案是：吾性自足！"吾性"是什么意思呢？吾就是我。"性"的意思较为丰富，关于"性"，《中庸》开篇说，天命之谓性，率性之谓道，修道之谓教。什么是"天命"，通俗地说就是生命的延续，根据生物学，我们知道心脏是哺乳动物的受精卵最先发育的器官，而"性"本意就是心生，即是生命的开始。

"性"就是"吾心"，倒过来的组合就是"心吾"，就是汉字"悟"。佛教说，心即是佛，佛即是心。陆九渊说过："我心即宇宙，宇宙即我心。"也就是说，找到了我心，就找到成为圣人的路径了。也即是，王阳明后来总结的："心即理也。"

当然，这里的"我心"具有双重含义，一个是血肉的器官，一个是系统的方法；拽词的说法，血肉器官叫作"我心"，系统的方法叫作"道心"。简单地说，"悟道"就是"我心"和"道心"合为一体。

这一年，王阳明三十七岁。从十八岁那年立志做圣人算起，苦苦追寻了十九年，一天无法悟道，他用十九年来悟；一年不能成圣贤，他用一生的时间来做。这期间，王阳明读万卷书，行万里路，阅人更是无数，还曾遍访名人指路，拜过娄谅，茅山上修过道，九华山拜过佛……还是很无助，竟然被刘瑾打屁股，最后在龙场荒芜之处，从内心之中找到了理想支柱。

所谓读万卷书也好，行万里路也罢；无论是阅人无数，还是高人指路。最终，还是要回到自我，那就是"自我开悟"。道理看似简单，好像"众里寻他千百度，那人却在内心处"，表面上看起来白白绕了一大圈，早知如此，何必绕圈。其实不然，这道理和吃饼比较相似，吃到第九个饼吃饱了，就以为前面的那些饼白吃了，如果一开始就吃第九个饼，不就省事了？前面八个饼是基础，如果没有前面的八个饼，仅仅吃"第九个饼"肯定吃不饱。王阳明的心路历程也是如此，看起来前面的都是弯路，甚至是歧途，其实都是必走之路，就像大自然的天然河流都是弯曲的一样，弯路往往才是捷径。

禅宗有一个关于"悟道"的经典故事，一个修行的人问禅师："您得道前，做什么？"禅师说："打柴挑水做饭。"行者再问："那悟道后呢？"禅师接着说："打柴挑水做饭。"听完禅师回答，行者满脸疑惑，问道："那何谓'悟道'？"禅师说："得道前，打柴时惦记着挑水，挑水时惦记着做饭；得道后，砍柴即砍柴，担水即担水，做饭即做饭。"

如此简洁，如此简单，如此明了，一定是打过无数柴、挑过无数水、做过无数饭之后才大彻大悟！悟道从不轻松，从"圣人必可学而至"到悟出"圣人之道"，王阳明这一开悟，足足磨炼了二十年，即便从格竹算起也是十六年了。

这里面的艰难，这里面的苦楚，这里面的收获，断断不是一两句话的事，而是重新找回了自己的人生航道。这就是人生，也是历史。尽管人生只有"结果"和"后果"，但也不能缺少"如果"，没有"如果"，生活就将黯淡无光，也就是不浪漫，人类也就无法借鉴历史了。

就这样，在"如果"的引导下，王阳明在梦中找到了圣人之道，创造了历史。于是王阳明开始为自己活着，为自己的理想活着，其他的都一边去吧，于是"一切得失荣辱皆得超脱""知圣人之道，吾性自足，向之求理于事物者误"。

一个人拖着一个时代前进

在古代，"知圣人之道"是千古之盛事，淮南王刘安算是一个。传说，他"知仙人之道"，得道后就升天了。不仅他升天，他身边的鸡啊、狗啊也升天了，"一人得道，鸡犬升天"就是说刘安"知仙人之道"这事的。王阳明"知圣人之道"后并没有升天，还是继续在人间，因为他还要传道。

养活一团春意思，撑起两根穷骨头。没有房子，自己动手建造，没有粮自己种，没有朋友就自我交流，在如此艰难困苦的环境下，王阳明终于迎来养活了自己的"春意思"。时间一长，当地的少数民族也开始和王阳明来往，关系日渐密切，王阳明终于有了朋友。

这样一来，王阳明就有了展示的舞台，于是"好为人师"的冲动劲儿就上来了。"好为人师"不是病也不是矫情，而是一种使命，一种情怀，王阳明的行为就是一个人拖着一个时代前进。怎么办？知道就要做到，于是当仁不让，传道授业解惑，修建书院。

由于没有房子居住，也没有足够条件修建太多房子，王阳明就寻找了一些山洞作为自己居住和修心养性的地方。王阳明给这些地方起了一些有趣的名字，把居住的山洞命名为"阳明小洞天"，把自己研究易经的地方命名为"玩易窝"。

文化人，做什么都讲究，看起来喜欢抠文字，其实是内心的情怀。这个叫"玩易窝"的山洞，和普通的山洞并没有多大区别，因为王阳明在这里研究《周易》有突破，悟道成功，既悟透了人生迷茫，也看透了人情世事。

后来，王阳明专门写了一篇文章回忆自己研究《周易》的心路历程，非常形象，有志于做圣人的朋友可以借鉴：

> 阳明子之居夷也，穴山麓之窝而读《易》其间。始其未得也，仰而思焉，俯而疑焉，函六合，入无微，茫乎其无所措，孑然其若株。其或得之也，沛兮其若决，联兮其若彻，菹淤出焉，精华入焉，如有相者而莫知其所以然。其得而玩之也，优然其休焉，充然其喜焉，油然其春生焉；精粗一，外内翕，视险若夷，而不知其夷之为厄也。

王阳明的这种悟道就好比科学上的假说，只是一种理论，需要实践来证明。身处龙场这个鸟不拉屎、鸡不孵蛋、乌龟不靠岸的地方，王阳明的假说当然无处实践证明，于是就用《五经》里面的观点来求证，结果发现一一吻合，于是写出了《五经臆说》。

在这些地方中，"阳明小洞天"空间最大，王阳明就在洞内开始收徒传道。当地少数民族朋友看到洞里阴冷潮湿，就自发帮助王阳明割草砍树，在洞外搭建了一间茅草房。王阳明一高兴给茅草房起了一个文雅的名字——"何陋轩"，取意于孔子的"君子居之，何陋之有"。一间茅草房，因为有了王阳明命名，一下子不朽了，名满天下，成了著名的朝圣和旅游景点。

房子建好后，门徒获悉后都赶到"阳明小洞天"集合，恳请王阳明把书院命名为"龙岗书院"。之后，王阳明给书院定了规矩，也即是院训，就是《教条示龙场诸生》（缩略版）：

圣贤之路，唯有四事相规：一曰立志，二曰勤学，三曰改过，四曰责善。

立志——志不立，天下无可成之事。

志不立，如无舵之舟、无衔之马，飘荡奔逸，终亦何所底乎？

勤学——凡学之不勤，必其志之尚未笃也。

从吾者，不以聪慧警捷为高，而以勤确谦抑为上。

改过——夫过者，自大贤所不免，然不害其卒为大贤者，为其能改也。

故不贵于无过，而贵于改过。

责善——责善，朋友之道，然须忠告而善道之。

人以是而加诸我，凡攻我之失者，皆我师也，安可以不乐受而心感之乎？

这个院训既有高大上的圣贤理想也有接地气的读书科举，直击人心，符合人性，适宜人情，尊重所有人，再就是王阳明不仅对其弟子及其追随者这样要求，自己一生也是这样知与行的。

随着弟子的增多，书院的规模也逐渐扩大，随后又修建了讲堂、宾阳堂、君子亭。于是乎出现了"先生与群弟子日讲良知之旨，听者勃勃感触""门生颇群集""士类感慕云集听讲，居民环聚而观如堵"的盛况，门徒最多的时候有一百多人。

正当王阳明把龙岗书院办得风生水起的时候，有人看王阳明不顺眼了，这个人不是普通人，而是思州知州。看到一个朝廷的贬官居然在自己的辖区内办学，抢走了自己的风头，这位思州知州很是不爽，你王阳明虽然和我不是上下级关系，但毕竟在我的地盘，所谓我的地盘听我的，在我的地盘不听我的，那就给你王阳明点颜色看看。

二、从"人心"到"道心"

中国人喜欢讲究，人会集的地方叫人场，钱汇集的地方叫钱场，官会集的地方叫官场，当然龙场不是龙汇集的地方，但这里一样有人场、钱场和官场。龙场是一个场，不是一个为所欲为的地方，到底怎么办？是听人场的，还是听钱场的，抑或听官场的？王阳明都不听，只听从自己内心的呼唤，直奔自己的理想，而且没有一丝一毫的犹豫和妥协。无条件听从自己内心的召唤，就能克服所有的困难，就能实现自己的理想，就是所谓的"吾性自足"。

龙场也有官场

思州知州早就对王阳明有想法了，王阳明恃才傲物，目中无人，不把地方官府当回事，尤其没把他这个太守当回事。大家都是朝廷命官，又都是读书人，就是找碴也要有点层次，不能干那种偷偷摸摸的事。

究其原因，不是知州有多坏，也不是王阳明有多目中无人，而是官场文化在作祟。本来太守好好做你的知州，王阳明做他的驿丞，各司其职，各就各位，井水不犯河水。王阳明没有因为自己是从京城来的就冒充大尾巴狼，对太守你的工作指手画脚，知州何必非要和王阳明过不去呢？就是因为王阳明落魄了，虎落平阳，知州看来王阳明应该到这里拜拜山头，聊聊京城的形势，但王阳明没有给面子。

中国人喜欢讲究，文人尤其喜欢讲究，做什么都讲究一个"场"，什么有钱的捧个"钱场"，什么有人的捧个"人场"，但最让人胆战心惊的是"官场"。"官场"说白了就是"圈子"，只有当官的人才有资格进入这个场，进场后叙叙山头，说说履历，谈谈政治，结识一下，有事互相给个面子，有麻烦互相帮个忙。

进入官场好几年了，王阳明对官场规矩多少还是懂一些的，只是他认为在龙场这个地方，连人都见不到，哪里还有这么多讲究。当初自己要是讲究这些，只要给刘瑾一点面子，就不会来到这个地方，都到这里了，还讲究啥官场文化，再说了和一个太守讲究，档次也不够啊。悟道之前，王阳明不想去，悟道之后，王阳明认为不必去。

当知州拿自己当大腕，一个被皇帝贬职的官员，在我的地盘里聚众讲学，还获得许多不明真相群众的拥护，宣扬他的思想，这不是制造不和谐声音吗？知州明白，自己讲理肯定是讲不过王阳明的，于是决定不和王阳明讲理，带一帮不讲理的衙役到龙岗书院收拾他。

一个风和日丽的日子，思州知州派一帮衙役到了龙岗书院。到龙岗书院后，衙役就对王阳明百般辱骂凌辱。常言道，秀才遇见兵，有理说不清。何况是无罪都该杀的"车船店脚'牙'"中的"牙"，王阳明当然不和这帮人一般见识，因为和这帮人较劲，就降低了自己的身份。狗可以咬人，人总不能去咬狗吧。

不得不说的是，知州大人您错了！王阳明是读书人，讲究规矩，不会耍流氓，可以随意凌辱。可是王阳明有一帮苗族和彝族朋友，这些人可没读过圣贤书，也不会说普通话，甚至不知道什么《大明律》，更不知道官场规矩，说不定连皇帝是谁也不知道。和他们讲官场规矩，会遭到嘲笑的。他们只相信武力，在他们眼里暴力就是最后的理性。

看到衙役辱骂王阳明，王阳明的苗族和彝族朋友不愿意了，他们仗义执言，替王阳明出头，把这帮城管般的衙役围起来辱骂痛打，最后这帮衙役灰溜溜地逃跑了。

一帮城管般的衙役连一个书生都收拾不了，回去向知州告状。知州觉得很没面子，这简直是耻辱，讲理讲不过，打架又被打了，怎么办？于是向按察副使毛科告状，说王阳明私自办学，蛊惑人心，而且引起了群体性事件，不利于社会稳定，要求王阳明认错谢罪。

知州奈何不了王阳明，但毛科可以管辖王阳明，打不过就找你领导。毛科是浙江余姚人，和王阳明是老乡，关系熟络，毛科的"远俗亭"建成后，王阳明曾专门写过一篇"记"文。

为保护被贬职的王阳明，毛科就希望大事化小，小事化了，于是从中斡旋，希望王阳明能去给知州道个歉。毛科这样做是为了王阳明考虑，他从当时官场的规矩着眼，希望王阳明大事化小，小事化了。但毛科哪里知道，王阳明已经悟道成功了，一下子跳出了官场旧有规矩，不再遵守先前以官职高低论尊卑，以福祸论取舍，以权力论是非……悟道后的王阳明不再以别人的标准作标准，而是以自己认定的价值作标准进行判断。

这个时候，王阳明好像只有两个选择：一是道歉，二是不道歉。

但王阳明偏偏来一个第三条道路，既不说"道歉"，也不说"不道歉"，而是采取了自己最擅长的手法：写信。王阳明在信中跟毛科说："差人至龙场陵侮，此自差人挟势擅威，非太府使之也。龙场诸夷与之争斗，此自诸夷愤恨不平，亦非某使之也。然则太府固未尝辱某，某亦未尝傲太府，何所得罪而遽请谢乎？"

意思是，兄弟我知道大哥您是为我好，但兄弟我不能为这事道歉，为什么呢？那帮衙役来龙岗书院闹事，是衙役们仗势欺人，百般凌辱兄弟我，当然我知道这不是太守的指使，此事和知州无关。关于龙场里少数民族兄弟和衙役打架一事，是少数民族兄弟看不惯衙役飞扬跋扈，打了衙役一顿，绝对不是兄弟我指使的。所以说，知州未尝侮辱过我，而兄弟我也没有不尊重知州，我们俩互相没有纠葛，道哪门子歉呢？

王阳明的这封信写得太漂亮了，这事和知州无关，也和我无关，如果知州非要来认账，就好比有买吃的，有买喝的，没有买骂的，就是来买骂。王阳明这么一写，知州有苦说不出，只能自认倒霉。

到这里，王阳明还没结束，继续接着说：兄弟我在龙场这个地方，"瘴疠虫毒之与处""魑魅魍魉之与游""日有三死焉"，剩下只有等死这一件事了，我还怕什么呢？就是知州要加害我，我也会微微一笑，坦然面对无非"瘴疠虫毒""魑魅魍魉"的升级，怎么会因为这事去和他较劲而动心？

王阳明声明自己和思州知州没有任何个人恩怨，也和龙场群体事件无关。这样一来，知州被动了，自己如果还坚持下去，就是自取其辱了，知州也是聪明人，于是顺坡下驴，就此作罢。

知州和王阳明往日无冤，近日无仇，为何要找王阳明的麻烦呢？知州心里不平衡，太拿自己当干部了，而王阳明没拿太守当干部。一个志在做圣人的人都把自己不当回事了，还能高看你一个知州吗？

显然，知州高看王阳明了，他希望王阳明能到他那里拜拜山头，提提自己的身价，但王阳明没给面子。但在龙场的官场里，高看王阳明的不止一个，这次是福还是祸呢？

圈子里的友谊

龙场是一个特殊的地方，不仅自然生态特殊，政治生态也特殊，朝廷实行两种管理模式：一种是官府的流官制度，一种是土司制度。因而这里的官场就比较特殊，官场文化也比较复杂，既有朝廷官场的规矩，也有土司官场的习俗。活在龙场大不易，一是要适应当地的自然生态环境，二是要适应当地的官场生态环境。

王阳明刚到龙场时，放下一切，什么都不在意了，只是安心等待死亡。什么自然环境，什么官场环境，与自己何干，一心一意过自己想要的生活。但树欲静而风不止，到了龙场，王阳明还是没有得到安宁。

王阳明给龙场的官场带来了震动，毕竟是从京城来的，再就是王阳明的名气很大，一种心态是羡慕嫉妒恨，一种心态是有点崇拜。第一种人以思州太守为代表，第二类以奢香夫人的后人安贵荣为代表。

听说王阳明来到了龙场，安贵荣很是激动，对王阳明的衣食住行十分关怀。一再给王阳明送米、送肉、送菜，王阳明也是相当感动，毕竟自己是被贬职的官员，这个时候不找麻烦就够客气了，居然还这样热情，于是给安贵荣写感谢信。王阳明明白自己的处境，这个时候最好和谁都不要走得近，否则害人害己。面对安贵荣的热情，王阳明胆战心惊，自己什么都没做就被知州收拾了，如果和安贵荣走得近，如果有人跟皇帝说王阳明政治上有想法，那就真的死无葬身之地了。所以，安贵荣越是热情，王阳明越是害怕，甚至恐惧，但也不能拒绝，如果得罪了安贵荣，就是破坏少数民族团结，不利于社会和谐。当送礼的使者"坚不可却"，王阳明于是"敬受米二石，柴炭鸡鹅悉受如来数。其诸金帛鞍马……敢固以辞"，其他的全部退还。

安贵荣和王阳明都是大明朝的官员，表面上客客气气，都在喊着爱朝廷爱皇帝，但内心都有自己的小算盘，有时候还是互相戒备的。在王阳明到龙场的一年前，普安香炉山就发生了叛乱，安贵荣奉朝廷之命带兵出征，大获全胜。之后，朱厚照封安贵荣昭勇将军，安贵荣嫌级别小，内心不满，他认为自己为朝廷抛头颅洒热血，为朝廷做了大事，帮了皇帝大忙，怎么还是一个土官封号，应该鸟枪换炮了，再怎么着也应该给自己一个行政长官位置，比如贵州巡抚之类的。

在王阳明到达龙场不久，安贵荣就给皇帝上疏，要求朝廷封自己"都指挥佥事"职务。这不是典型的跑官要官吗？这不是要挟吗？朝廷很是不高兴，但面对安贵荣的势力，不得不让步，最后不情愿地封一个右参政官职。

安贵荣的目的很单纯，他就是要个官做，但朝廷不这样看，开始怀疑他有不臣之心，准备在水西驻扎部队，以此来控制安贵荣。

这下子，安贵荣坐不住了，这不是收拾自己吗？安贵荣就对水西的驿丞不放心，认为他不是自己的人，是朝廷派来监视自己的，就想方设法撤销水西这些驿站。趁着朝廷还没驻扎部队，安贵荣决定再给皇帝上疏，请求撤掉龙场九驿，如果不撤的话，驿丞官员的任免选派权应下放到宣慰司。安贵荣太拿自己当回事了，向朝廷讨价还价，你配不配？

安贵荣毕竟是老江湖，懂官场的规矩，他并没有着急上疏，而是想到了王阳明。安贵荣和朝廷较劲，为什么想到了王阳明，出于何目的？动机何在？实在说不清，但也不能用最恶毒的想法来揣测。有一点可以明确的是：安贵荣想到王阳明，就是为了利益最大化。

在安贵荣看来，他和王阳明应该是同病相怜了，在某些方面，他俩都在某种程度遭受了朝廷的不公正待遇。王阳明应该对朝廷有意见，可以联合一下，自己正需要王阳明的参谋，想到这里，安贵荣很是高兴，打算看看王阳明的态度。

为了试探王阳明，安贵荣写信把此事告诉了王阳明，安贵荣这事高明就在这里，如果见面聊天，王阳明可以当场阻止，"此等不臣之论，非我辈可以讨论。"或者，私人聊天，王阳明也可以用"莫谈国事"打住。一封私人信件，王阳明不能拒收。收到信自然要拆开，不打开就无法知道里面写的是什么啊？拆开了就要看，一看就脱不了干系。

不能不拆，拆开就要读，读完信，王阳明陷入了两难境地。此等事不是臣子该做的啊，向皇帝揭发安贵荣吧？在安贵荣的地盘，自己的信能否走出贵州都是问题。安贵荣聪明，王阳明也不傻，一下子就看出其中的乾坤。这是什么意思吗？试探我，还是想拉我下水？再怎么着，我还是大明朝的公务员啊。这是政治原则性问题，没有讨论的余地。这表面上是私人之间的来往，朋友之间讨论一下工作的事情，实际上是大是大非的国家大事；看似属于私生活，聊聊个人的想法，实则属于工作。王阳明知道自己是谁，更知道自己的身份，这事没有讨论的余地。

王阳明提笔给安贵荣回信。开头就说，我王某人是罪人，撤销驿站的事自己听都不敢听，承蒙使君您厚爱，向我王某人询问这事。本人十分恐惧，万分惶恐。但既然您问了，我不能保持沉默，就跟您说说我的想法。

我王某人的观点十分明确，就是按朝廷制度办事。大家各就各位，各司其职，各尽其责，皇帝有皇帝的礼法，臣子有臣子的规矩。皇帝不可以由着性子行事，随便奖惩臣子；臣子也不可以只考虑自己的利益，动辄向皇帝提条件，否则就乱套了。驿站这事，可以撤销，也可以增加。按照这个逻辑，既然驿站可增加可撤销，那么您的宣慰司职位也是可以革除的。

再就是您要求升职的事，情况也是这样。作为宣慰使，您是守土的官员，这里是你们安家祖上留下的基业，您要好好经营你们的地盘；如果封您做流官，您就要去朝廷参政，今天调您到云南，明天调您到山东，后天调您去山西，天子令之所指，就是您的方向，您敢不去吗？这样一来，你们安家千百年的土地和人民就不是你们所有了！

按照王阳明的分析，这样一来，安贵荣倒很危险了。安贵荣会听进去吗？

人的全部尊严就在于智慧

安贵荣给王阳明写信，有两种目的：一是打算拉王阳明下水，二是看看王阳明的看法。王阳明回信也很明确简单：安贵荣你这样做，你考虑后果了吗？

作为守土一方的宣慰使，平定叛乱是你安贵荣的职责所在，没有什么大不了，不要太当回事。你居然打算撤销驿站和邀功，这是非常危险的，一旦皇帝生气了，后果很严重。现在一定要低调一点，不要奢想高升了，为了保平安，最好连朝廷封给的"参议"也赶快辞去！

经过王阳明这么一说，安贵荣知道后果严重。乖乖按照王阳明的方法去做，之后，朝廷果然没有给安贵荣再升官但也没有怪罪他。

撤销驿站和讨封就这样过去了，不久，贵州又出事了。水东发生叛乱了，主角是水东的土司老大贵州宣慰使同知宋然。安贵荣是宣慰使，宋然是宣慰使同知，所谓"同知"就是享受同级的待遇，实际上就是副职。两个人一正一副，在一起搭班子，难免有矛盾。

名义上安贵荣是正职，宋然是副职，实际上各人在各人的地盘，安贵荣管辖水西，宋然管辖水东。安贵荣管不了宋然，宋然也不接受安贵荣领导。毕竟是正职，安贵荣总想摆摆谱，显示一下自己的存在，但宋然不给面子。奈何不了宋然，安贵荣就鼓捣宋然地盘的苗族酋长阿扎和阿贾起兵造反。

在安贵荣的支持下，阿扎和阿贾署名立号造反，立即包围贵阳红边门，攻打宋然的府邸大羊场。他们的目的很明确，就是干掉宋然，取而代之。

经过激烈奋战，宋然成功突围，然后立即向贵州巡抚求救。毕竟宋然是朝廷任命的官府官员，官府不能不管，官府也知道是安贵荣背后捣鬼，就来个以其人之道还治其人之身，命令安贵荣出兵平定叛乱。

这个时候，安贵荣果然不一般，居然抗命不遵，不但不出兵平定叛乱，反而暗地里给阿扎和阿贾提供武器和战略物资。安贵荣不出兵，给出的理由是，阿扎、阿贾攻打宋然是水东苗族的内部事情，理应由水东苗族自己解决，很明显，这是支持阿扎、阿贾，有了安贵荣的支持，阿扎和阿贾迅速逼近贵阳，直接威胁朝廷在贵州的地位。

一看形势危急，贵州巡抚只得再次督促安贵荣出兵平乱，三次之后，安贵荣才扭扭捏捏出兵。果然，安贵荣一出现，红边门之围立即化解，水东就恢复了和平。

然后，安贵荣假托身体染病，就私自撤兵回家。

安贵荣一撤兵，阿扎、阿贾立即召集了两万多人卷土再来，扬言要直捣宋然的老巢大羊场，活捉宋然，然后剜掉宋然的眼，剁掉宋然的脚。阿扎、阿贾一来，宋然立即逃离大羊场，随即召集了一万多人，反攻阿扎、阿贾，要报仇雪恨。

这下子，安贵荣乐了。坐山观虎斗，等他们两败俱伤的时候，出来收拾残局，渔翁得利。按照敌人的敌人就是朋友的理论，安贵荣背地里支持阿扎和阿贾，而阿扎和阿贾有了支持，实力强大了，胆子也就大了。

眼看贵州就要陷入血雨腥风中，不要说当地老百姓，就是身在龙场的王阳明也难置身于事外。王阳明熟读兵法，也在兵部待过，明白其中缘由，知道问题就在安贵荣身上，拿下安贵荣就什么都解决了。这的确是个问题，王阳明不是安贵荣的上司，也没有兵权，怎么办呢？

写信！对付安贵荣这样的人，要用智慧，《孙子兵法》说"上兵伐谋"，战争的最高境界是"不战而屈人之兵"。

王阳明知道安贵荣是揣着明白装糊涂，因而对安贵荣并不客气，在信里开头就说，阿扎、阿贾叛乱，据说就是使君您指使的。这种说法有可能是街头民妇谣传的，然而阿贾等人也说您给过他们毡刀和弓弩。虽然说者无心，想来这些事不是空穴来风。现在朝廷三堂两司也听说这事了，不久朝廷就会知道了。而这事到底有没有，还是真的有，你自己掂量掂量。

再就是如果您真的没有支持阿扎、阿贾叛乱，为何出兵解围后不乘机追击穷寇，却称病回家，各路人马也分批撤回。之后驻扎各个村寨堡垒里面，没有听说您的人马杀敌报国宣扬国威，倒是听说您的人马抢掠百姓，增加不和谐因素。

更为严重的是，您水西的民众扬言：水东宋然的事他自己解决，水西怎么能为水东的事去打仗呢？我们安氏连地千里，拥众四十八万，深坑绝坻，飞鸟不能越，猿猱不能攀。即便高坐在家，不为宋然出一兵一卒，比人又能奈我何！这些言论已经传播，不知道三堂两司听说了没有？不要以为您待在自己的地盘里就安全了，这些言论就足以引来大祸。

您和宋然同为贵州的守土之人，您还是一把手。现在地方叛乱，都是您的责任，再怎么着也要负领导责任吧！您真的很强大吗？水西连地千里，确实不小，也就中原一个大郡那么大。您拥众四十八万，也就中原一个都司的兵力。您仰仗深坑绝坢，您周围一百多个土司不都是这样吗？现在播州的杨爱，恺黎的杨友，酉阳、保靖的彭世旗等人，他们就在您的周围。您不出兵，朝廷可以对您出兵啊，朝廷只要下一张薄薄的纸片，他们马上就和您开战，瓜分你们安家的地盘。大概早晨下达命令，晚上你们老安家在水西就不存在了。

您所仰仗的"深坑绝坢"没有什么用，您也应该知道你们老安家的职位能从四十八家部落中脱颖而出，不是因为你们安家多有能耐，主要是朝廷在后面支持。现在你们安家能在这里传承三代，而其他部落不敢争夺，就是因为有朝廷之命。您以为这些部落都对你们服服帖帖的？如果不是朝廷给你们撑腰，一旦有可乘之机，这些部落哪一个不争先恐后取代你们安家？

您知道吗？您现在这么危险，居然还敢说大话，留把柄给别人，您大祸就在眼前！您现在要做的事就是快速出兵平定叛乱，平息谣言，将功补过，以图未来平安。告诉您，我王某人给您写信，是出于朋友和道义，不是别人的说客，您自己好好考虑！

一个圣人横空出世

王阳明的信很快就到了安贵荣手里，读完王阳明的信，安贵荣立即出兵平叛。阿扎和阿贾这两人就是安贵荣的代理人，没有安贵荣的支持，他们哪里是宋然的对手。安贵荣出兵，他们于是罢兵，和平就这样来了。

一封信让一场战争烟消云散，给贵州带来一场和平，王阳明在贵州声名大振。安贵荣是一个比较棘手的人，别看王阳明在信中说得很自信很从容，其实就是朝廷也对安贵荣忌惮三分。王阳明一封信就把安贵荣驯服，而且化干戈为玉帛，这倒不是王阳明的水平有多高，也不是王阳明的影响力有多大，而是王阳明戳中了安贵荣的软肋，正中安贵荣的命门，安贵荣不得不出兵。

王阳明在贵州火了，龙岗书院的名声也随之声名远播。一时间，龙岗书院吸引了大批青年才俊，他们有贵州当地的陈宗鲁、汤伯元、叶子苍等几十个学生，也有从湖南远道而来的蒋信、冀元亨等人。

237

在经历这些事件磨炼后，王阳明水平又上了一个高度，学问也更加纯熟。世事洞明皆学问，人情练达即文章，王阳明发现朱熹的"格物致知"有一定的不足。"格物致知"只是教导人如何获得知识，但获得知识干什么？作用是什么？和自己内心有什么关系？这么多知识如何学习得完？朱熹没有说。正是因为朱熹没有说"格物致知"的用处，结果许多人一辈子皓首穷经只为"格物致知"，最后成了书呆子，一无用处。

也即是说，朱熹的"格物致知"只是教导人们如何获得知识，并没有告诉人们如何用知识来做事、如何把知识变成智慧。这样一来，社会上就出现了大批拥有知识的傻子和书呆子，朱熹的"格物致知"好比只告诉人们如何拥有食物，却没有告诉人们食物是可以吃的，是可以补充能量的，结果许多人拼命占有食物却不知道吃，不知道用来补充能量，就出现了拥有食物的人们却个个面黄肌瘦无力做事，和饥饿的人一样没精力做事。

发现"格物致知"的不足之后，王阳明就在如何运用知识方面下了功夫。王阳明有知识有阅历，更为难得的是，王阳明还有做事的成功经验。王阳明在讲课的时候，就把自己的知识阅历经验糅合在一起，有故事有理论而且方法新颖，内容充实，观点新潮，深受学生的喜爱。

王阳明讲学形式多样，有在龙岗书院里形而上的正规上课，有和弟子们下里巴人的游玩休憩的就地讲学，有和弟子们劲爆的互动讨论学习，有娱乐有趣的授课方式，王阳明还教学生骑马射箭、弹琴，亲自带着学生修建房屋、修整书院、采野菜、种庄稼甚至挑水做饭……

看来做一个好老师不容易，不仅会讲课能和学生打成一片，还要懂阳春白雪会弹琴，上得了课堂下得了厨房，这就是素质教育，而且是真正的素质教育。王阳明毕竟是圣人，还有一个创新的讲学形式，有些弟子距离远，不能常住在书院，在家里自学，学习中遇到疑问，就写信问王阳明，王阳明就回信答疑，其实就是我们今天的函授教学，可以说王阳明是函授教学的鼻祖。

才不隐必有传，一传十，十传百，王阳明讲学的名声就传遍了贵州，传到浙江老乡贵州按察副使毛科那里。和王阳明一样，毛科也是一个有使命感的人，他很重视教育，在任期间和贵州提学副使席书修复了文明书院，重新开张办学。修建书院容易，办好书院不简单，学生没问题，老师不好找，名师尤其不好找，贵州这么偏僻的地方，哪一个名师愿意到这里讲学啊。所谓"踏破铁鞋无觅处，得来全不费工夫"。王阳明不正在龙场吗？听说王阳明讲学很有水平，毛科就发出邀请函，诚邀王阳明来贵阳文明书院讲学。

接到毛科的邀请信后，王阳明很淡定，知道自己处境，这里的官场太复杂，好好待在龙场就得了。在龙场就引来这么多是非，如果去了贵阳，不知道会引起多大的麻烦呢。毛大人邀请，面子还是要给的，怎么办？身体是最好的理由，自从格竹以来，王阳明的身体一直就没怎么健康过，不是在吃药就是在煎药，所以就用很委婉的语气说自己身体有恙，客客气气地拒绝了邀请。

后来，王阳明还专门为此事写诗一首——《答毛拙庵见招书院》（毛拙庵，明正德初官贵州提学副使），诗云："野夫病卧成疏懒，书卷常抛旧学荒……"王阳明在诗中对毛科的邀请表示感谢，说自己久病疏懒，学业早已荒废。承蒙高看，无论是体力还是学识兄弟我已经不能胜任教师，被贬到这里正好趁机养养身体，至于书院之事您还是另请名师吧。

看到王阳明没有诚意，毛科也不再强求。一段时间后，毛科升迁了，提学副使席书接手文明书院。那时候，书院领导主要的工作不是招生和就业，也不是管理书院，而是邀请名师来讲学，席书再次邀请王阳明来书院讲学。为了打动王阳明，席书先后到龙场四次，每次都与王阳明坐而论道。席书诚恳地与王阳明探讨，王先生的学术和朱熹、陆九渊学术的共同及不同之处，面对席书的问题，王阳明顾左右而言他，只说自己的"知行合一"。

从小接受大明朝科举大纲教育，席书深受朱熹理学熏陶，满脑子都是朱熹的理论，一下子无法接受。再就是，传统的观念都是"先知后行"，"知""行"怎么就"合一"了，席书一下子转不过来。

其实，席书是想从王阳明那里获得关于朱熹和陆九渊的最新认知，但王阳明不跟他谈，自说自话，只讲自己的学术。从《尚书》中的"人心惟危，道心惟微，惟精惟一，允执厥中"开始，到"有夏服天命""有殷受天命""丕显文王，受天有大命"，到"皇天无亲，惟德是辅""以德配天"，到孔夫子的"克己复礼"，到孟子的"必有事焉，然后集义"，到道家的"天人合一"，到佛家的"明心见性""见性成佛""即心是佛",到周敦颐的"万物一体"、张载的"万物与我一体",到程颢程颐兄弟的"敬义夹持""明诚两进",到陆九渊的"心即理也",到朱熹的"存天理去人欲",到王阳明这里就是"知行合一"。

面对王阳明的滔滔不绝,席书感觉不太舒服,我是求圣人之学的,你老给我讲你的观点,有意思吗?

功夫不负有心人,一遍,两遍,三遍,四遍……后来,席书接受了王阳明的观点,而且慢慢地对王阳明有些崇拜,最后彻底成为王阳明的粉丝。席书感慨地说:"圣人之学复睹于今日。"

啥状况?也即是说,王阳明是圣人。

既然圣人就在眼前,席书当然应该邀请圣人去讲学了。席书把王阳明当作圣人了,王阳明内心高兴,就答应了邀请,同意前去文明书院讲学。其实,如果席书早把王阳明当作圣人,哪里需要四顾龙场。

王阳明的这一次贵阳讲学,是阳明悟道后第一次在龙场之外传播,也是第一次登上大雅之堂,《阳明祠碑记》写道:"阳明之学,言于天下,由贵阳始也。"

龙场的官场很复杂,贵阳的官场能简单吗?王阳明能在贵阳吃得开吗?

王侯将相宁有种乎

王阳明和席书的关系非常有意思,论年龄,席书比王阳明年长;论官职,席书比王阳明官大,但席书却真的很崇拜王阳明,一是被王阳明的学识倾倒,二是跟着王阳明悟道成功。席书成了王阳明坚定追随者,认为王阳明就是当时的圣人,死后一定能配享孔庙,可以经常和孔夫子一起大吃冷猪肉。

生活在今天的我们可能无法理解席书的行为,这样的地位,这样的官职,这样的身份,怎么会屈尊下拜王阳明为师呢?这是因为生活时代不同,再就是对知识、对智慧以及对名声的价值判断不一样。席书知道自己这辈子是不行了,自己不行那就拜一个名师,只要老师青史留名,自己也就不朽了。

为了不朽,这席书真的很客气,居然带领贵阳文明书院的学生给王阳明行拜师之礼，拜王阳明为师。这些学生虽然都对王阳明有些崇拜，都真心拜王阳明为师，但目的不一样，有的是打算不朽的，有的是想学知识的，有的是想明事理的，有的则是追求功名利禄的……

学生的这些需求，王阳明很明白，打算不朽也就席书一个人，纯粹学知识的不多，追求明事理的也不多，最多的就是追求功名利禄。王阳明知道给这帮人讲大道，不说是对牛弹琴也是和聋子说话。大家都明白"良药苦口利于病，忠言逆耳利于行"，但也要看别人愿不愿意治病，愿不愿意接受帮忙。

不要以为来到文明书院，这里的人都是文明人，都懂得大道理，都知道自己为何而来，其实不然。在那时，书院基本是私人办的，相当于现在的补习班，没有国家教学大纲，也没有国家指定教材，至于教什么、不教什么和怎么教，都是老师自己的事，国家根本不过问。

教学是一门艺术活。教学，其实就是教和学。看起来好像是教处于主动地位，老师教什么就得跟着学什么。实际上不是这样的，决定教什么的是学习的主体，如果不能满足学生的学习需要，谁还花钱来折腾自己！书院里的教学就是这样的，学生大老远地赶过来，带着行囊，带着干粮，有的甚至抛妻别子，为的是什么？难道真的就是为明事理，为了"朝闻道夕死可矣"？

王阳明当然知道这些学生对自己行师生之礼，绝对不是单单听自己讲讲人生道理，而是醉翁之意不在酒，目标在科举。面对着这些学生，王阳明有自己的独门秘籍，那就是《文章轨范》。顾名思义，《文章轨范》就是写文章的规矩和方法。

到了文明书院后，为了笼络住这些学生，王阳明刻印了《文章轨范》，当作书院的教材。为了让学生能心领神会，王阳明还给这本书作序，他在序中简单介绍了文章的承启和演变，并说这本书没什么大不了，就是一本科举辅导书，世人已经传习许久，只是在贵阳还不常见。王阳明在序中强调"六经"才是圣贤之学的根本，文章是因为科举考试而产生。君子应该有志于圣贤之学，不应该专心于科举考试。所谓的序言，其实就是讲讲自己的科举经验和心得，借机发发牢骚，宣传一下自己的圣贤之学，鼓励弟子们要志存高远，不能局限于科举，要立志做圣人。

也许有人看到《文章轨范》这个书名就很不理解，王圣人也写错别字，怎么能是这个"轨范",应该是这个"规范"。其实不是王圣人错了,而是我们知道得太少,这里要介绍一下《文章轨范》的相关人和事。

这部书不是王阳明的著作,作者是南宋的谢枋得,元朝消灭南宋后,他战败被俘,最后不屈而死。道德和文章都是榜样,尤其他的《文章轨范》,几乎成了后来举子科举考试的宝典,因为他的这部书就是用科举格式写成的,就好比把武侠小说写成了高考作文。全书七卷,每卷用一个字命名,这七卷名称分别是"王""侯""将""相""宁""有""种",合起来就是当年陈胜造反的口号:"王侯将相,宁有种乎?"的确有创意,单单这一点,谢老爷子就应该不朽。

王阳明之所以重新出版《文章轨范》,并倾情作序,一方面是通过科举辅导吸引学生,另一方面就是看中了谢枋得的野心。"王侯将相,宁有种乎?"一个文化人能喊出这样的口号,正契合了王阳明的人人可做圣人思想。

在文明书院,王阳明挂着科举之名,实际上宣讲的却是他的圣人之学,教学生做做饭、修修房、练练武、射射箭、唠唠嗑、唱唱歌……有些人不满意,要求王阳明给他们讲讲科举之道,教教"改课讲题",王阳明却说"改课讲题非我事""研几悟道是何人",就是说科举考试不是我王某人的事,我要教你们"研几悟道",不要小看我教给你们的做饭唱歌,这些都是实用之学,需要严谨认真学习。

由此看来,王阳明好像跳出三界外,不在五行中,成为了圣人,难道他真的对功名利禄一点都不在意了?

瘗旅文写的是情怀

贵阳讲学之后,王阳明又回到龙场,继续他的教育事业、邮政事业和旅游服务业。

正德四年八月三日,天空飘着灰蒙蒙的细雨,初秋更兼细雨,整个龙场一片茫茫。一位自称从京城来的吏目(文职官员,相当于秘书长)路过龙场,没人知道他的姓名,没人知道他家乡何处,也没人知道他的方向,只知道他带了两个人,一个是他的儿子,一个是他的仆人。一行人在这一天路过龙场,他们的性情犹如龙场的初秋，灰暗、迷蒙、悲凉、忧伤……他们没有住宿到王阳明主管经营的驿站，而是投宿到当地苗族朋友家里。

在龙场，看见行人，王阳明都能激动半天。当看到从京城来的人，王阳明兴奋不已，恨不得冲向前去拥抱一下，但鉴于身份，只能用眼睛直勾勾盯着这几个来自京城的人，偷偷透过篱笆墙悄悄目送这一行人。那时天正下着灰蒙蒙的细雨，贵州这地方本来是地无三尺平，天无三日晴，光线昏暗，在这里遇到京城的人，王阳明多么想前去看看叙个旧，进而了解一下京城的种种事情，皇帝如何？朝廷如何？刘瑾咋样啦？

为了慰藉一下那个思乡的心，第三天早上，王阳明派人到苗族朋友家里看看他们，谁承想他已经离开了。这天中午，从蜈蚣坡那边过来的人说："有一名老人死在山坡底下，旁边的两个人哭得很哀伤。"

听到这种情况，王阳明心里咯噔一下，忧伤地说："这，一定是那个吏目死了，好伤心，真让人难过啊！"

傍晚时候，又有人从蜈蚣坡过来，说："山坡底下有两个死人，一个人坐在旁边哀叹。"王阳明问明情况，原来老吏目的儿子又死了。第三天，又有人从蜈蚣坡过来，说："山坡底下堆积了三具尸体。"王阳明推测吏目的仆人又死了，不由得感慨万千，呜呼哀哉！

老吏目三人，到异乡赴任，没到任上却暴尸荒野，无人掩埋。想想老吏目，再想想自己，同是天涯沦落人，王阳明十分感伤。当初要不是理想在心头，要不是自己咬牙坚持，要不是积极乐观，自己主仆一行可能就和这老吏目一样，早已抛尸荒野，想到这里，王阳明更是唏嘘不已。

于是，王阳明就把两个仆人叫到面前，要他们拿着畚箕、铁锹前往埋葬老吏目等人。一听说去埋葬尸体，两个小仆人很是害怕，极不情愿，王阳明给他们做心理工作说："唉！要知道，我和你们的处境就像他们啊！都不容易，帮他们就是帮自己。"王阳明一番说教后，两个仆人感同身受，哀伤难过，还掉下了眼泪，请求前往。

到蜈蚣坡后，王阳明和仆人在那尸骨旁边的山脚下挖了三个坑，把老吏目三人埋葬。之后，王阳明又准备了一只鸡、三碗饭来祭奠逝者。王阳明一边祭奠一边流眼泪，对他们祭告说：

呜呼伤哉！您是谁啊？您是谁？您不认识我，我也不认识您。我告诉您，我是龙场驿丞余姚王守仁。虽然咱们互不认识，但咱们都是出生在中原的人，我不知道您是哪个府哪个县的，您为什么要跋山涉水千里迢迢到这孤山野岭做鬼魂呢？古人一般都不会离井背乡，就是外出做官也不超过千里之外，因而恨一个人就会说，送您离开，千里之外。也许您会问我为什么到这里，我是因为被贬职到这里的，理所应当；而您又是犯了什么罪呢？听说您的官职，仅仅是一名吏目，薪水也不过五斗米。五斗米啊！陶渊明不为五斗米折腰。您这是何必啊？五斗米啊，您和您的老婆孩子就是在家种地也能收获五斗米，为什么非要用您的七尺之躯来换这五斗米啊？这还不算，您还搭上了您的儿子和仆人的生命，这五斗米的价格也太高昂了吧！

唉，怎么说呢？如果您真的贪恋五斗米的话，愿意为五斗米折腰，那您就应该开开心心快快乐乐地出发才对啊。但前天我看到的您，却是愁容满面，闷闷不乐的样子？在这样的环境中，您心情郁闷，饥饿劳苦筋疲力竭，加上瘴疠毒气侵袭，怎么能不死啊？当初看到您，我就知道您肯定会死，但没有想到您死得这么快；更没有想到您的儿子和仆人，也这么快就死了。哎呀，这些事看起来是由别人和环境造成的，其实都是大哥您自己招来的，事已至此，不多说了。

可王驿丞还是放不下啊，站在山崖下望着坟头说，我为您唱个歌儿吧，您好好听着。

驿丞站在山崖下就扯开嗓子唱了起来：

连峰际天兮，飞鸟不通。游子怀乡兮，莫知西东。莫知西东兮，维天则同。异域殊方兮，环海之中。达观随寓兮，莫必予宫。魂兮魂兮，无悲以恫。

唱了一段，王阳明依然悲伤，怕坟里的朋友还觉得寂寞孤单，又开始唱：

与尔皆乡土之离兮，蛮之人言语不相知兮。性命不可期，吾苟死于兹兮，率尔子仆，来从予兮。吾与尔遨以嬉兮，骖紫彪而乘文螭兮，登望故乡而嘘唏兮。吾苟获生归兮，尔子尔仆，尚尔随兮，无以无侣为悲兮！道旁之冢累累兮，多中土之流离兮，相与呼啸而徘徊兮。餐风饮露，无尔饥兮。朝友麋鹿，暮猿与栖兮。尔安尔居兮，无为厉于兹墟兮！

之后，王阳明还把此事写成文章，就是被选进《古文观止》的《瘞旅文》。王阳明有三篇文章被选入《古文观止》，其中有两篇都是在龙场写的，一篇是《瘞旅文》，另外一篇是《象祠记》（这里的"象"不是大象的意思，而是舜帝的弟弟）。这篇文章是受贵州宣慰司宣慰使安贵荣邀请而作，文章意在说明"天下无不可化之人"，也是王阳明"致良知"的雏形。

瘞（yì）的意思是埋葬；旅是多义词，可以指代老吏目一行人，也可指代王阳明飘荡的心。这篇祭文写得感情相当深切，其关键是王阳明被贬龙场驿，其景况略如客死之人，悲客死之人也是王阳明借以抒发自己被贬异域的凄苦哀伤之情。但王阳明能"达观随寓"，可以进出任何心境，做到君子无入而不自得，终于生活下来了。这既是实情，也是王阳明的自宽自解。

王阳明写这篇文章不全是为了老吏目，也是为了祈求自己内心安宁。作为龙场驿丞，王阳明本应为过往的官员做好接待服务，但老吏目却投宿到苗族朋友家里，难免有失职嫌疑。老吏目从京城而来，王阳明也是，本应见面叙叙旧，但王阳明也没有做到。

老吏目一行去世后，王阳明备感不安，总觉得自己有点失职，内心无法平静，所以他才会去埋葬他们。埋葬之后，王阳明仍感觉有愧疚，于是摆祭品，唱招魂歌，后来又写祭文。而这一切都是为了《瘞旅文》最后一句话，即"无为厉于兹墟兮"。啥意思？就是不要做恶鬼祸害乡邻，直白一点说，就是老吏目啊，兄弟我知道你们有冤屈啊，我知道你们心里苦啊，但不要来找我。

《瘞旅文》写的不是老吏目，是王阳明，是王阳明的情怀，也是寂寞，更是王阳明的诉求。圣人也是人，既然是人就有人的需求，在任何时候，都这样，也就是说，王阳明随时都在准备离开这地方，王阳明能离开吗？

圣人也食人间烟火

提到贵州这个地方，不由得想起柳宗元来，尤其那篇脍炙人口的《黔之驴》。"黔无驴，有好事者船载以入。至则无可用，放之山下。虎见之，庞然大物也，以为神。"

大家就是大家，柳大家果然文采惊人，短短几句话，黔中道（即唐代黔中道，辖境相当于今湖南沅水澧水流域、湖北清江流域、重庆黔江流域和贵州东北一部分）、人、驴和老虎跃然纸上。就是说，黔中道这个地方本来没有驴，有好事者用船运来一头。驴子运来后，发现在地无三尺平的黔中道，驴子没啥用，就放到山上去了。驴子上山了，老虎看见了，由于一直老虎是森林之王，从来没见过比自己大的动物，见到这么个庞然大物，以为来了一个神。

每每至此，就不由得想起王阳明，总觉得王阳明就是一头被好事者载入的驴子。到贵州确实没有啥用，就安排到龙场，然后就被人奉若圣人。和黔之驴的命运不同，黔之驴被老虎吃掉了，成为老虎的口中餐；而王阳明却在龙场悟道成为圣人，成为贵州人的精神大餐。

王阳明和黔之驴的相似之处，在于二者都没有在贵州停留多久。尽管被贬到龙场，王阳明口口声声置生死于度外，在龙场不为别的，只求等死。王阳明并没有真的这么做，到龙场后，他修房子、种庄稼、天天吟唱，整整一个乐天派，此外还建书院、收学生，他一直都在研究《周易》，还把一个山洞叫"玩易窝"，足见王阳明并没有消沉，而是在等待时机，他就是把自己比作被囚禁在羑里的周文王。周文王通过研究《周易》，度过人生最为艰难的日子，打造了大周朝政治理论体系——《周易》，为大周朝的建立打下了坚实的理论基础，一直影响到今天的生活。

人生就是这样，没有人知道自己会在什么时候陷入困境，但可以决定自己在困境中怎么做。在困境中怎么做，决定了能否走出困境，王阳明和周文王都是靠研究《周易》走出了困境。

王阳明来龙场之前，就考虑如何离开龙场，这好像和他的等死言论是矛盾的，其实这是人之常情。当年柳宗元也待不住，他说"播州非人所居"，并在《始得西山宴游记》引用裴度"播极远，猿猴所宅"之话。足以说明贵州是多么艰难，王阳明也说"与居夷人，躲舌难语。可通语者，皆中土亡命"。就是到了清朝，《桃花扇》作者孔尚任（明末清初）也认为，外人不愿意来贵州，是因为"轮蹄之徒来，疲于险阻，怵于猛暴，惟恐过此不速"，"官司其地者，视为鬼方，蛮触之域，恨不旦夕去之"。

大家明白，龙场绝对不是王阳明久留之地。据《龙场生问答》记载，在讲学时，曾有学生问王阳明，说："先生您在朝廷和同事聊天，都是张嘴闭嘴不忘皇帝的。如今被贬谪到这里，却穷尽一切办法离开这里，难道先生的思想有变化了吗？"

王阳明则回答道："此一时彼一时啊，我现在的情况不同了。如今我身体又病了，所以打算离开这里。"

学生也是明白人，一听就知道王阳明在忽悠人，于是接着问："夫子您就不要忽悠人了，您身体有病，这事我们很清楚。敢问您所说的情况有变化，是啥意思？先生您离开这里是不是因为先前高贵而现在贫贱，先前在京为官而如今外派为官？当然这也没什么大不了，孔夫子当年也曾做过粗鄙活儿！"

学生问得尖锐而不极端，王阳明的回答也很有水平，不回避问题，同时阐明自己的观点："我没有忽悠你们，事实不是你们说的那样。君子出来做官为了行道，如果做官为了俸禄，那就是做贼。你们知道，现在我享受朝廷俸禄，却无法行道。虽说做官有俸禄是天经地义的，但我这样多少有点是尸位素餐，很是惭愧。话又说回来，就是我现在家里牛羊成群，只要是合法收入，我也不会有什么惭愧的。我们老王家先世留下了一些田地，只要努力耕种足能解决饱暖，不用出来当官挣俸禄脱贫。你们说我出来做官是为了行道，还是因为贫穷挣俸禄？"

为了让学生理解，王阳明摆事实讲道理，但龙场学生好像并不接受，继续发问，说："夫子您不要唱高调，您是被贬谪到龙场来做官的，而不是派来做官的。孩子和父母的关系，只能唯命是从；臣子和皇帝的关系，也一样。不能说事事都听从，但只要违背了，多少是不恭敬？"

王阳明回答："我到龙场来，的确是被贬谪而来，不是来做官的；但我被贬到这里，还是做官啊，不是来服劳役的。服劳役要出力干活，做官就要忠于职守；力可屈也，道不可屈也。我不远万里来到这里，是因为贬职，然而我还有职守啊。没有得到新职位而离开，那就不是贬职了，而是擅离职守。皇帝犹如父母，事之如一，这是天经地义的。唯命是从而不以道，那是妾妇之顺，不是真正的恭敬。"

龙场学生说："圣人不敢忘天下，贤者都离开朝廷了，那皇帝和谁一起治理国家呢？"

王阳明答："贤者怎么会忘天下呢？现在的形势好比拯救被波涛卷走的人，没人能做到；陆上的人贸然去救，只能相继被卷走。我也害怕被波涛相继卷走啊！"

王阳明很明确，你们不要逼我了，我的"职守"不在贵州，或者说龙场不是我履职"行道"的地方。让我在这里"出力"乃至"行道"，就是让一个不会游泳的人冒失下水去救落水的人，会一起被淹死，再说我还没有成为圣贤，你们现在就用圣贤的标准要求，当然不能这样比拟。所以，无论如何我不会冒险下水救落水者的，我害怕一起被淹死。

学生继续发问，先生您是不愿为我们龙场所用吧？王阳明最后交底，你们这样逼我，到底是真爱我，还是害我？

"人心"和"道心"之关系

无论龙场学生的提问多么尖锐，王阳明都有自己的坚持，告诉学生，圣人也是人，也有人的正常需求，也有自己的理想和追求，贵州只是我人生的一个驿站，还有重要的事等我去做呢！王阳明的回答既理性也有人情，同时也是"知行合一"的实践。

尽管王阳明的"知行合一"是在文明书院第一次提出的，但早已通过书信传到了京城，这就是函授教学的力量。第一个获得书信的当然是自己人，就是王阳明的妹夫兼大弟子且梦见自己是颜回的徐爱，但徐爱却无法深刻理解和接受。因为这个时候，徐爱考场失意，会试名落孙山，心情极度失落。

王阳明获悉徐爱落第后，就写信邀请徐爱到龙场来论道。接到大舅哥的信后，徐爱很是激动，真可谓"生我者父母，知我者大舅哥"，于是一路向西，跋山涉水，翻山越岭，风餐露宿，来到龙场。

和王阳明不一样，徐爱是一介草民，他到龙场纯属体验生活，没有朝廷委托，也没有职务，目的很明确，就是和王阳明论道。见到王阳明，徐爱说自己对"知行合一"有许多疑惑，想和大舅哥论论道。

能在龙场见到徐爱，王阳明是相当的激动，觉得太幸福了，就鼓励徐爱把疑惑说出来，说破无毒嘛。举例说说，到底有什么疑惑？

徐爱问道："《大学》中说'知止而后有定'，朱熹则以为事事物物皆有定理，这好像与先生您的学说是对立的。"

王阳明回答说："在具体事事物物上探求至善真理，这样就是把义剥离到事物本体之外了。至善是心之本体，只要'明明德'能达到'至精至一'层次就是至善。当然，至善什么时候也未尝离却事物本体。《大学章句》注解的'尽夫天理之极，而无一毫人欲之私'，所说的就是这个意思。"

根据朱熹的解释，"知止而后有定"中"知止"意为行为举止遵循事事物物的"定理"。在阳明先生看来，《大学》中的"知止"是因为"至善"而不是事事物物的"定理"。为了证明古本《大学》是正确的，王阳明把"定理"还原为"至善"，即便根据《大学》原文解释也是颇有根据的。再就是根据孟子的观点，人性或者人心天生是"至善"的。什么是"至善"？王阳明的答案是，只要"明明德"能达到"至精至一"层次就是至善。这个标准显然是个人赋予的道德法则，既然是人赋予的，那么一切都是内在的，都是人心决定的，即是"至善是心之本体"。

徐爱接着又问："如果至善只求诸心，恐怕不能概括天下所有事理？"

王阳明回答说："心即理也。天下又有心外之事，心外之理乎？"

徐爱的疑惑是，道德之理的确在心中，心再大，恐怕也概括不了天下万事万物的性质、法则、规律。道德讲的是"伦理"，万事万物讲的是"物理"，好像不是一码事。实话实说，王阳明回答得太精彩了，可以说是王阳明一生最经典话语，没有之一。尤其是"心即理也"这句话，王阳明被钉上了唯心主义的十字架，即便时到今日，一提到王阳明，许多人第一反应还是：王阳明是唯心主义哲学家。

倘若王阳明看到这个样子，肯定反驳说，你才是唯心主义，你全家都是唯心主义！我乃真正的唯物主义，你们理解不了，还说我是唯心主义，我呸！

要想说明什么是"心即理也"，首先需要先说一下什么是"心"。解铃还须系铃人，还是从王阳明的《传习录》找答案比较好，王阳明曾经和弟子萧惠论道，专门解释什么是"心"：所谓汝心，亦不专是那一团血肉。若是那一团血肉，如今已死的人，那一团血肉还在，缘何不能视听言动？所谓汝心，却是那能视听言动的，这个便是性，便是天理。

尽管是文言文，还是很容易理解的，也即是说，王阳明"心即理也"的"心"不仅仅是我们可以看得到摸得着那团血肉器官，还是能视、听、言和动的那个指挥部，说白了就是那个可以调动耳、目、鼻、舌和四的中枢系统。这个系统是本质，是天理。

关于什么是"心"，孟子也有一个相当准确的认知，孟子在《孟子·告子上》说："耳目之官不思，而蔽于物。物交物，则引之而已矣。心之官则思，思则得之，不思则不得也。此天之所与我者。"

大意是，耳朵和眼睛这些器官因为不会思考，容易被外界事物蒙蔽。这些器官只能是事物之间的传递工具，需要一个系统引导。心脏这个器官则不一样，具有思考的能力，因而不会受外界事物蒙蔽，是上天赐给我们最好的最高贵的地方。

人生的意义是不停地探索，正如一位希腊先哲所说，没有探索的人生不值得一活。所以，一个人仅仅拥有人心是不够的，孟子之后，宋朝大儒张载（张横渠）进行了探索，提出了"为天地立心，为生民立命，为往圣继绝学，为万世开太平"。也即是说，人类除了了解自己的心，还应该探索天地之间的万物，给他们立一个"心"，发现他们运行道理。

到了陆九渊，进一步前进，人类不仅需要探索天地之心，还要探索宇宙，于是说："四方上下曰宇，往古来今曰宙！"说完之后，陆九渊顿悟了，提笔写下："宇宙内事乃己分内事，己分内事乃宇宙内事。"（《年谱》，《陆九渊集》卷三十六。）这件事和《陆九渊年谱》记载陆九渊"因宇宙字义，笃志圣学"印证。

陆九渊从"宇宙"二字中悟透了人生之道，于是立志要做儒圣人。圣人一般不走寻常路，陆九渊更为不寻常，陆九渊圣人之道不假外求，一切都在自己心中，他说："宇宙便是吾心，吾心即是宇宙。东海有圣人出焉，此心同也，此理同也。西海有圣人出焉，此心同也，此理同也。千百世之上至千百世之下，有圣人出焉，此心此理，亦莫不同也。"

再之后，就是王阳明了，他说出了"心即理也"，在龙场悟道"知圣人之道，吾性自足"，然后，就努力做圣人。王阳明在龙场悟道成功，其实就是完成了从"人心"到"道心"的飞跃，是认知的革命，真正打开了圣人之道。

王阳明悟道成功，徐爱还在路上，于是就问："先生，《朱熹章句·序》中说'道心常为一身之主，而人心每听命'，从先生您对'精一'的解释来推理，这句话好像有毛病。"

听完徐爱的话，王阳明很是实在，说："是这样的。心还是一个心。没有夹杂人为原因的称为'道心'，夹杂人为原因的称为'人心'。人心如果能得到正确方向的就是'道心'，如果'道心'失去了正确方向就是'人心'，并不是人生来就有两颗心。大师程子说'人心'即人欲，'道心'即天理，看好像把'人心''道心'一分为二，这种解释很正确。现在朱熹的'道心'为主，而'人心'听命'道心'，才是真正的一分为二了，成了真正的二心。天理人欲不能并立，哪里会有天理为主，人欲又怎么会听命天理呢？"

这里，王阳明所说的"心"含义丰富，有好几个层面，一是指"人心"，二是指"道心"。"人心"相对好理解，就是人的那团血肉器官。"道心"就难理解了，用今天流行的科学语言就是指宇宙之中事物的本质属性，就是真理。如此一来，作为宇宙之中的"人心"当然也有"道心"，就是"人心"认知符合"道心"就是合二为一，就是心即理也。如果"人心"没有正确认知就是"人心"，就是心还不到位，需要修炼。

到这里，不由得想起了《西游记》第八十五回故事：

> 话说唐僧师徒正自西行，忽见一座高山阻路，三藏告诫徒弟："我见那山峰挺立，远远地有些凶气，暴云飞出，渐觉惊惶，满身麻木，神思不安。"
>
> 悟空笑道："你把乌巢禅师的《多心经》早已忘了。"

三藏说没忘。悟空提醒他忘了四句颂子："佛在灵山莫远求，灵山只在汝心头。人人有个灵山塔，好向灵山塔下修。"

　　三藏闻言，心下顿悟："徒弟，我岂不知？若依此四句，千经万典，也只是修心。"

　　唐僧说的"修心"，肯定不仅仅是人体的那个器官，主要是"道心"，修心其实就是通过学习来修补知识体系的漏洞，形成完整认知体系。看起来，很简单，其实很难，因为连唐僧都没搞明白，当然徐爱也没明白，王阳明呢？

"心"是天理也是人欲

　　王阳明的"心"到底是什么样的心？正如我们前面所说，王阳明的"心"，不仅仅是人体器官的心，还是一个完整认知系统。在一定程度上，心学就是从"人心"到"道心"，是认知系统逐步积淀知识，然后形成完整逻辑，推动认知系统逐步升级的过程。

　　"人心"关注更多的是在人体本身的感知，尽量让躯壳舒适一些，而"道心"关注范围则是整个宇宙，尽量弄懂这个宇宙，明白其中的规律。简单地说，"人心"可以理解为"人欲"，"道心"可以理解为"天理"。二者关系密切，人欲是天理的基础，天理是人欲的升华，没有人欲就没有天理，如果人欲不能升华到天理，人就只能在动物界谋生存了。

　　人生真正的意义就在于探索，目的就是看清世界运转规律。古今中外，一代又一代，前赴后继，从人心，到地心，到日心，再到宇宙心，现在好像找不到中心了。契合了《道德经》开篇的话："道可道，非常道；名可名，非常名。"人类所能解释的都是不全面的，所能定义命名的都是不准确的，正是因为这样，人类才乐此不疲，全力以赴地探索真相。

　　王阳明努力探索，徐爱也紧跟其后，正所谓问道有先后，王阳明搞明白了"心即理也"，徐爱搞不明白，就问先闻道的王阳明。

　　徐爱问："昨天聆听了先生的教诲，我也隐隐约约觉得功夫应该是如此。今天又听到先生这样通俗解释，再没有疑虑了。我昨天早上曾经这样想，'格物'的'物'字，其实就是'事'字，这都是从心方面来说的。"

　　听完徐爱的话，王阳明说："是这个道理。身之主宰便是心，心之所发便是意，意之本体便是知，意之所在便是物。比如，意在于侍奉双亲，那么侍奉双亲便是一物；意在于服务君主，那么服务君主便是一物；意在于视、听、言、动，那么视、听、言、动便是一物。所以我王某人说无心外之理，无心外之物。《中庸》里面说'不诚无物'，《大学》里面的'明明德'的功夫就是一个诚意，而诚意的功夫，就是一个格物。"

　　之后，王阳明又说："'格物'就像孟子所说的'大人格君心'之'格'，是去人心的不正念头，来保全本体的正念。只要意念所在，就要时时去其不正，以保全其正念，即无时无处不是存天理，即是穷理。'天理'即是'明德'，'穷理'即是'明明德'。"

　　最后，王阳明又说："知是心之本体，心自然会知。见到父母自然知道孝，见到兄弟自然知道恭敬，见到小孩子掉进井里自然产生恻隐。这些便是良知，不需要向外求索。如果良知展现，也没有私意诱惑，就是《孟子·尽心上》所说的'充其恻隐之心，而仁不可胜用矣。'但是对常人来说，不可能没有私意诱惑，所以，必须要用'致知''格物'的功夫，来战胜私欲显露天理。这样，人心的良知就再没有诱惑，能够全面展现，这就是致其知。只要知致就会意诚。"

　　在王阳明看来，只要有一颗心，这世界没有解决不了的事情。徐爱一琢磨，就犯迷糊，一心疑惑，就问："至善只求诸心，恐于天下事理有不能尽？"王阳明很是不屑，回答说："心即理也，天下又有心外之事、心外之力乎？"

　　徐爱一观察，发现侍奉父母的孝顺、服务君主的忠诚、朋友之间的诚信、治理百姓的仁爱，这里面也有大学问，需要真研究。

　　徐爱就向王阳明建议，王阳明回答徐爱曰："这种观点蒙蔽太久远了，岂是一两句话大家就能明白的。现在就你所问的问题说一下。比如，侍奉父母，难不成去父亲那里找一个孝的道理？服务君主，难不成去君主那里找一个忠的道理？交友、治民，难不成去友上、民上寻求信与仁的道理？一切都只在此心。心即理也。此心没有被私欲蒙蔽，就是天理，不须从外面添加一分。用这颗纯乎天理的心，去侍奉父母便是孝，去服务君便是忠，去交友、治民便是信与仁。只在自己这颗心上去人欲、存天理上用功就可以了。"

不得不说，王阳明的回答有些任性，不管什么问题，统统一个"心即理也"。其实，徐爱想问的是，天下事理是个大范围，既包括道德规范，也包括自然界具体事物，还包括社会、文化、历史以及制度。在徐爱看来，"至善"可以心内求答案，之外也可以心内找答案吗？而王阳明只告诉徐爱"心即理也"，把"理"一股脑儿全看作道德之理，不从正面论证心即理，而是从反面论证"至善"不在于心外之物。

按照王阳明观点，事情很简单，道理也很容易，或者理是内在的，或者理存在于外物。如何解决疑惑呢？一是去人欲，二是存天理。只要照方抓药，按时按量吃药，即可成功，真的这么容易吗？

知行是合一的

世上的事，都是"知之非艰，行之惟艰"，道理容易明白，但做起来难。在朱熹那里，知是知，行是行，可以二选一，因而他说："方其知之而行未之及，则知尚浅。"到了王阳明这里，合二为一，知与行就成了一件事，知与行就没有选择了，不存在理论与实践两个层面了，知即是行，行即是知。

最为经典的对话就是徐爱和王阳明的这段关于"知行合一"的对话，徐爱问道："如今的人们都知道做子女的应该孝敬父母，做兄长的应该疼爱弟弟，而实际上却没有人孝敬父母，没人疼爱弟弟。这就是说，知与行其实是两件事。"

面对徐爱的这个问题，王阳明这样回答：

"这是因为道理被私欲诱惑了，已经不是知行的本意了。未有知而不行者；知而不行，只是未知。圣人要做的就是教导人们，什么才是真正的知和行，并不是随便教导具体如何做就完事了。所以《大学》用'如好好色''如恶恶臭'告诉人们什么才是真正的知与行。这里的'好色'即是知，而'好好色'即是行。人们是在看见'好色'就喜欢了，而不是看见'好色'后，才心里起意去喜欢的。

闻到'恶臭'是知，讨厌'恶臭'是行。人们是在闻的时候，就知道'恶臭'不好，而不是闻到后，再决定不去闻。"

如果某个人的鼻子堵塞了，虽然看见恶臭就在面前，由于鼻子闻不到臭味，也不觉得多么难受。不觉得难受是因为这个人不知道恶臭。这和听说某人知孝、某人知悌一样，只有这个人确实孝敬父母和疼爱弟弟了，方可称他真正知孝知悌。不能是只晓得说些孝悌的话，便可称为知孝悌。又比如知痛，必然是自己痛了，才能知道痛。知道寒冷，必然是自己感觉到寒冷了。知道饥饿了，必然是自己感觉到饿了。知与行如何分得开？这便是知行的本意，哪能用私意分开。圣人教导人们，一定要做到这样，方可谓之知。不然，还是不知道。这是何等紧切着实的功夫。如今一定要说知行是两个事情，这是什么意思？某人要说是一个事情，又是什么意思？如果不知道立言宗旨。只管说一个两个，能有甚用？

徐爱接着说："古人说知与行是不同的两件事，也是人们见个分晓，一是明白知的功夫，二是明白行的功夫，这样功夫才有入手的地方。

王阳明继续回答："这样做却失了古人宗旨。一些人曾经说知是行的主意，行是知的功夫，知是行的开始，行是知的结果。如果深谙知行的道理，只说一个知，已自有行在。只说一个行，已自有知在。古人所以既说一个知，又说一个行者，只为世间有一种人，懵懵懂懂地任意去做，一点也不思考琢磨，完全是瞎行乱作。所以必说个知，方才行得是。又有一种人，天天茫茫荡荡悬空去思索，一点也不肯着实躬行，只是漫无目的空想，所以必说一个行，方才知得真。这是古人不得已，补偏救弊地说话。如果是真的明白知行本意，一句话就够了。现在的人非要把知行分两件事去做，以为必须先知，然后才能行。我如今就先去讲习讨论，做足知的功夫。等到知道真知了，然后再去做行的功夫。因而就会终身不行，也将终身不知。这不是小病痛，这种情况也不是一天了。我现在说的知行合一，正是对病的药。又不是我凿空杜撰。知行本体，原是如此。现今如果明白了宗旨，即便说知行是两件事也没问题，或者说知行只是一件事也没问题。如果不明白宗旨，即便说知行是一件事，也起不了什么用？只是闲说话罢了"。

这就是王阳明关于"知行合一"最精彩的论述，"知行合一"意思是知行是合一的，不是知行要合一。尤其是"未有知而不行者；知而不行，只是未知"在一定程度上，媲美存在主义克尔凯郭尔所说的"寻找一个对我而言是真理的真理，寻找一个我愿意为它而活、为它而死的理念"。

徐爱之所以对王阳明这么佩服，是经过实践的。在王阳明临去龙场的时候，徐爱三人去京城会考，徐爱落榜了。王阳明知道后，在龙场寂寞难耐的他就写信邀请徐爱到龙场来。到龙场后，王阳明亲自指导徐爱，结果第二年，徐爱就中了进士，真是立竿见影。徐爱的成功，成为王阳明最好的活广告，很快全国都知道王阳明在龙场，王阳明的"知行合一"也名传天下。

王阳明的"知行合一"不是一般哲学意义上认知和实践的关系，他的"知"是特指道德和思想，"行"则是道德履行和实际行动。正如王阳明自己所说，"知行原是两个字，说一个功夫。"在王阳明看来，"知是行的主意，行是知的功夫；知是行之始，行是知之成。""知之真切笃实处即是行，行之明觉精察处即是知。"

仔细和朱熹的"格物致知"比较一下，可以发现王阳明的"知行合一"就是针对朱熹这个观点而来的。有明显的打擂意思，"格物致知"只是告诉人们如何拥有知识，而没有告诉人们知识干什么用。无论是程朱理学还是陆九渊都处理得太简单了，在他们看来，应该"知先行后"，创新念头由于过分强调"知行"先后关系，把二者截然割裂。在生活中，多是事非经过不知道，这样就产生了悖论。"知先行后"就限制了人们在未知领域的行动，在一定程度上抑制了人们创新。

在大明朝，无论是程朱理学的"知先行后"还是王阳明的"知行合一"，都是维护皇帝地位的"官学"，道德都是第一位的，不允许有任何质疑。王阳明的"知行合一"的确在一定程度上纠正了朱熹"格物致知"的偏颇，也有利于道德修养的提高，不足之处是对客观知识重视不够，以至于后来王阳明的门徒随意废学，认为悟道就在一瞬间，哪里知道那一个瞬间是 N 多瞬间学习积淀而来，如果没有长期的积淀，那一瞬间永远不会有。关于王阳明"知行合一"的弊端，更有学者指出，明朝灭亡正是王阳明"知行合一"弊端所导致。这绝对是误解，其实王阳明"知行合一"中的"知"是"良知"，也即王阳明所强调的"致良知"，只是后人没有做到，先生何错之有！

一天，王阳明正在和弟子们论证"知行合一"的时候，京城使者来了，要王阳明接旨，这到底是福还是祸？

三、庐陵特区

庐陵是个地名，最经典的名句是"庐陵欧阳修也"，也就是说庐陵是欧阳修老先生的故乡。庐陵，对王阳明来说，是新的起点。在山花烂漫的季节，王阳明告别龙场，踏上了庐陵之路。这和他去龙场的时间和心情是完全不一样的，去龙场是没有出路，是为了问道取经，而去庐陵，则像学满出山的一个传道士。如果说龙场是王阳明悟道的道场，那庐陵就可以说是王阳明的官场试验特区，王阳明正是因为在庐陵的成功，才再次进京，进而实现平天下之理想。

再见，龙场

一听说京城来人了，王阳明习惯性地紧张了一下。一看是吏部使者，王阳明知道，这是吏部要给自己安排新工作的事情。当听到自己被调往庐陵当知县时，王阳明心情大好，知道自己三年的苦日子到头了。任命状一到，王阳明立即着手收拾行囊，并且很快就踏上了征程。

掰手指一算，王阳明离开京城已经三年了，这三年一是逃难，二是去龙场，三是在龙场，四是离开龙场。

王阳明在去龙场之前就在考虑如何离开了，所以告别龙场是王阳明去龙场最重要的命题。用一句通俗的话说，去就是为了离开。虽然王阳明一直研究《周易》，应该说是到了龙场才真正把玩了《周易》，之前的都是皮毛。

朝廷贬王阳明去龙场，王阳明是一百个不愿意去，左看看右望望，上询询下问问，挖空心思，结果差一点引来杀身之祸，一路逃命。到那个时候，王阳明才明白，面对朝廷和刘瑾，只有三条路：一是听命，乖乖去龙场赴任，尚有翻身的机会；二是亡命，就是一跑了之，从此再没有机会；三是没命，拒绝合作，既不赴任也不逃跑，那只能没命，命都没有了，还做什么圣人。

朝廷上刘瑾说了算，自己又不能与刘瑾和谐相处，也没有实力拿下刘瑾。按照《周易》的卦象，自己现在是"潜龙勿用"，也就是处于蛰伏期，需要老老实实地待着，积蓄力量，他日机会来了，一飞冲天，就是"飞龙在天"。

王阳明虽然一直要做圣人，但还是很爱很爱皇帝和朝廷的，只是皇帝和朝廷抛弃了王阳明。王阳明大有感慨，皇上啊皇上，不是我不爱您，而是您抛弃了我。但又能怎么样呢？没有王阳明，大明朝照样运转，王阳明却不能离开皇上啊，离开了皇上，他去哪呢？

处境艰难啊，皇上不爱，爸爸也帮不了，朋友也帮不上，靠谁都不如靠自己，《乾》卦的《象传》说过：天行健，君子自强不息！只有自强，才能有未来。

到了龙场，王阳明一不靠天帮助，二不等官府救济，带领自己的仆人开展大生产。第一是建房，第二是种粮，第三是办学堂。两年多的时间，弹指一挥间，现在要告别了。再也不用跟弟子解释是否会留在龙场了，现在要离开了，反而心里有些不舍，没有先前的那种干脆和洒脱，倒是有些婆婆妈妈。

龙场驿站现在风生水起，粮食也能自给自足了，龙岗书院也是声名远播。这两年，环境很艰苦，生活很充实，王阳明不由得想起了司马迁的《报任安书》，想起了"盖文王拘而演《周易》；仲尼厄而作《春秋》；屈原放逐，乃赋《离骚》；左丘失明，厥有《国语》；孙子膑脚，《兵法》修列；不韦迁蜀，世传《吕览》；韩非囚秦，《说难》《孤愤》；《诗》三百篇，大抵贤圣发愤之所为作也"。

太励志了，自己何尝不是呢？如果不是在龙场，如果不是这么艰难，如果不是……自己怎么能学会开荒、种地、浇园、砍柴、担水、做饭和睡眠，而且还能细心照顾三个生病的仆人。又怎么能学会苦中作乐，怎么能静下心，怎么能坚持下来，如何写出这么多《居夷诗》，又怎么能写出《五经臆说》，还有许多的记、序、文、信等各类文章。

这些都不是王阳明在龙场最大的收获，最大的收获是通过研究学习《周易》，王阳明打通了自己学术上的任督二脉，悟透了"格物致知"，创立了"知行合一"。

接到了吏部调令，这正是王阳明梦寐以求的，这个时候，王阳明却说不清是高兴还是悲伤。看看熟悉的"阳明小洞天""玩易窝""何陋轩""君子亭"，龙场的一花一草一木，这个时候似乎比先前更可爱，心里满是依恋和不舍，思绪汹涌澎湃，早已泪流满面。

这一刻，王阳明仰望天空，心是自由的。现在，王阳明重新获得了官场通行证，可以再次踏上梦想之路，哪怕只是小小的七品芝麻大的官。舞台再小，职位再低，总算有了用武之地，英雄没有用武之地那就不是英雄了，而是笼中虎。

庐陵虽小，也是一个县，只要兢兢业业，励精图治，也能实现梦想。感谢皇上，感谢朝廷，也要感谢刘瑾，我王阳明要踏上庐陵的征程了。我将离开龙场，不能常来龙场了。别了，我的龙岗书院！别了，我的弟子们！别了，我的龙场朋友们！别了，贵州官场朋友们！……

就这样，王阳明踏上了奔赴庐陵的征程。

正德五年（1510）除夕前，王阳明离开龙场至镇远，住镇远旅邸（今已无考），给龙场旧友门生写有一封书信《镇远旅邸书札》：

> 别时不胜凄惘，梦寐中尚在西麓，醒来却在数百里外也。相见未期，努力进修，以俟后会。即日已抵镇远，须臾舟行矣。相去益远，言之惨然。书院中诸友不能一一书谢，更俟后便相见，望出此问致千万意，守仁顿首。
>
> 高鸣凤、何廷远、陈寿宁劳远饯，别为致谢，千万千万！行时闻范希夷有恙，不及一问，诸友皆不及相别。出城时遇二三人于道傍，亦匆匆不暇详细，皆可为致情也。所买锡，可令王祥打大碗四个，每个重二斤，须要厚实大朴些方可，其余以为蔬楪。粗瓷碗买十余，水银摆锡箸买一二把。观上内房门，亦须为之寄去盐四斤半，用为酱料。朱氏昆季亦为道意。阎真士甚怜，其客方卧病，今遣马去迎他，可勉强来此调理。梨木板可收拾，令勿散失，区区欲刻一小书故也，千万千万！

文实、近仁、良丞、伯元诸友均此见意，不尽别寄也。仁白。

惟善秋元贤友。

汪原铭合积术凡乃可，千万千万！

张时裕、向子佩、越文实、邹近仁、范希夷、郝升之、汪原铭、陈良丞、汤伯元、陈宗鲁、叶子苍、易辅之、詹良丞、王世丞、袁邦彦、李良丞列位秋元贤友，不能尽列，幸意亮之。

这封信是王阳明的龙场告别书，情真意切，细心读读就能理解，不再解读。这封信读来别有感触，既有分别之时的无奈，也有温馨的祝福。信里最感人之处是对弟子日常琐事的交代与祝福，这里我们看到的不是高高在上的圣人，而是一个活生生的老师，甚至是一个婆婆妈妈的母亲。最后在信的结尾，把所有弟子的姓名一一列出，感受到浓浓师生之情，如今不要说老师记得学生的姓名，学生能记得住老师的姓名吗？

…………

三年前，王阳明来龙场是因为没有出路，为了问道取经。而三年后，王阳明离开龙场去庐陵，则像学满出山的高士，开始了他的传道之旅。

大家一起想静静

按照朝廷的规定，地方官员在接到吏部任命状那一天，赴任的日子就已经确定了。如果无故超过期限没有到任，每迟到一天，鞭笞十下，每过十天罪加一等，最严重的体罚是八十大板，超过半年，革职为民。在和龙场的弟子朋友道别后，王阳明就出发了。

离开贵州，王阳明就进入了湖南。王阳明是从贵州到江西赴任，根据朝廷规定，这个地方的赴任期限比中原地区长两三个月，故而王阳明的赴任旅程相对轻松一些，也就逍遥一下。

这个时候，王阳明心情愉悦，他不着急到庐陵上任，他可不想正月到庐陵，犯官场的大忌。历朝历代，都对官员赴任期限有严格要求，但总有官员不怕挨罚，故意拖延，巧妙避开正月、五月和九月。这是流传许久的官场禁忌，据说如果某个官员在这三个月份赴任都会倒霉，仕途不顺。究竟为什么在这三个月份上任会倒霉，好像谁也不知道，这是官场里的规矩，大家都在这样做。

由于过于神秘，许多人都进行了研究，结果还是没有结果。明朝郎瑛在专著《七修类稿》里进行了猜测，他认为这三个月分别是寅月、午月和戌月，按照金木水火土五行相生相克，这三个月都属于"火"，而臣子的"臣"，古音读作"商"。在五行里，"商"是金，根据五行相克，火克金，这三个月正好克作为皇帝臣子的官员，因而历代官员都避之唯恐不及。

老王家一直都和道教渊源深厚，王阳明不可能不知道这些，既然这样，何不在湖南多待些日子。王阳明乘船顺沅江东下，先后经过溆浦大江口、辰溪，在沅陵停船上岸。沅陵是当时辰州府的官府机关所在地，作为政治中心，经济和文化都相对发达，王阳明比较喜欢这里。

刚刚悟道成功，王阳明就好比一个学满下山的神仙，难免产生膨胀的感觉，认为整个世界都是错的，需要他来改正；整个世界都处在水深火热之中，他有义务来拯救。据《沅陵县志》记载，王阳明"喜郡人朴茂，留虎溪讲学，久之乃去"。不得不说，沅陵人谦虚了，这么抬举王阳明，当然一个圣人能屈尊再次停留讲学，实在荣幸，值得大书特书。

据记载，王阳明下榻在沅陵的西郊虎溪山。借住在山上的龙兴寺，虽然沅陵是辰州府的官府机关所在地，算是教育中心，竟然没一个书院，哪怕是王阳明在龙场所建龙岗书院那样的。龙兴寺就成了最合适的地方，于是王阳明就在龙兴寺开讲啦。

听说王阳明来沅陵了，当地官府和书生都十分激动，这么大的腕儿光临沅陵，实在让沅陵蓬荜生辉。用一句官方语言表述，王阳明到了沅陵，把沅陵人民的民智提升到一个新阶段，民智跨上一个新台阶，从此迈上了康庄大道。

沅陵各界这么客气，王阳明很是激动，他当地的弟子们更激动。当这些弟子听说王阳明要路过沅陵到庐陵赴任，弟子盼星星盼月亮，当老师真的到达后，他们都不敢相信是真的，几乎情绪失控，比今天粉丝见到偶像还要激动，而且他们是发自灵魂的。

看到自己的这些弟子以及沅陵各界，王阳明也很高兴，对大家说："谪居两年，找不到可以交流的人。没想到在归途中得到你们这帮朋友，我王某人太高兴啦！前些时候，我在贵阳文明书院给大家讲述了'知行合一'之教，引起很大的纷争，都搞不太明白。现在想想，有点后悔，当时有点浮躁。"

说到这里，王阳明微笑着问大家："大家说说，我在龙兴寺会给大家讲哪些内容？"

大家说法不一，有的说讲科举考试，有的说讲为官之道，有的说讲知行合一。王阳明一看不是自己想要的答案，笑着对大家说："都不对，告诉你们，今天我来这里就是与你们一起静坐！"

听王阳明这样一说，大家一下子惊呆了，以为听错了，惊讶地说："静坐！"

王阳明回答说："就是静坐！静坐干啥呢？就是自己开悟大道，敲开自己的心灵之门，发现自己心中的智慧之源。"

大家来到龙兴寺，都希望聆听王阳明的教诲，启迪自己的人生智慧，可以明事理，博取功名利禄……这倒好，教大家静坐，静坐谁不会啊，在家里自己就可以了，何必跑到龙兴寺呢？搞得大家还是一头雾水。

其实，"静"不仅仅是一种状态，还是一种修行。《大学》云，知止而后有定，定而后能静，静而后能安，安而后能虑，虑而后能得。诸葛亮在《诫子书》中说，"静以修心""宁静致远"。看来，大家都很喜欢"静静"哈，这事儿有意思，为啥呢？因为静出智慧，我们常说的"想静静"其实想的不是"静静"，而是智慧。

到了庐陵之后，王阳明担心弟子们理解偏差，专门写一封信解释，说我先前在龙兴寺所讲的静坐，不是佛家的坐禅入定。我之所以要求大家静坐，是因为我们凡夫俗子琐事太多，庶务缠身，连自己是谁都不了解，静坐的目的就是让大家练练静心的功夫，把心收起来。明道云：才学便须知有用力处，既学便须知有得力处。

龙兴寺讲学之后，王阳明离开沅陵到了武陵（今常德），武陵就是桃花源的发源地，不知道王阳明去寻找桃花源没有。在武陵，王阳明还是居住在寺院里，借住在潮音阁。在这里，他并没有浪费光阴，写下了《武陵潮音阁怀元明（湛若水）》《阁中坐雨》《雾夜》《僧斋》等诗篇。

离开武陵之后，王阳明乘船过洞庭湖，之后溯湘江南上。到渌口后，顺着渌水向东，进入萍乡。到萍乡后，王阳明又住在泗洲寺，并且写了《泗洲寺》，在诗中大发感慨："渌水西头泗洲寺，经过转眼又三年。"大有当年刘禹锡"前度刘郎今又来"的派头。

王阳明这一次路过湖南和第一次的心情完全不一样，这个时候心情愉悦，再就是那时只有几个仆人跟着，这一次，冀元亨和蒋信一直伴随在王阳明左右。尽管心情不错，由于路途实在曲折，这次赴任之旅还是用了两三个月的时间。

一天，在距离庐陵还有三个驿站时，王阳明停下来看看皇历，选了一个黄道吉日、吉辰和吉时作为上任的时刻，之后，派人到庐陵衙门送去一张牌票。

按照当时的惯例，王阳明的牌票应该这样写：

> 新任江西省吉安府庐陵县王姓为公务事。照得本县择于三月十八日某时上任。应用夫马，合先遣牌知会。为此仰役前去，着落兵房各该吏书照依开后夫马、轿、兵各数，一一遵行，毋得违误取究。须至票者。
>
> 计开：大轿几乘，中轿几乘，小轿几乘，坐马几匹，棕套几件。其余铺兵、吹手、伞夫、皂隶、执事各役等项，仍依旧例俱于某处伺候。右仰兵房书吏准此。

牌票很快就送到了庐陵衙门，庐陵衙门如何接待这位新来的知县呢？

心简单，世界就简单

在称赞某个地方的时候，我们喜欢甚至习惯使用"人杰地灵"这个词语，以此来拉近关系。提到庐陵的时候，是只能用这个词语，虽然"人杰地灵"很是俗套，但对庐陵来说准确到位。相信很多人第一次听说庐陵这个地方，都是从《醉翁亭记》里那句经典的——太守谓谁？庐陵欧阳修也。

也就是说，欧阳修是庐陵人，唐宋八大家之一。有这样一个人，再怎么着，庐陵也能称得上是文化之乡了。其实在庐陵（也就是今天的吉安），欧阳修只能算之一，还有许多许多文化名人。欧阳修之后，就是大文豪杨万里了，有一代诗宗之美誉。接下来就是文天祥了，高唱"人生自古谁无死，留取丹心照汗青"，永垂不朽。到了大明朝最有名的当数解缙，人称"解学士"。

在古代中国，隋唐以来，科举一直是立国之本。因而科举也就成了举国关注的焦点，在实行科举的一千多年里，庐陵这个地方，考取了三千名进士（天下第一），二十一名状元（天下第二，天下第一的苏州二十四名）。庐陵也由此获得了"三千进士冠华夏，文章节义堆花香"的美誉。

庐陵在科举史最精彩的篇章是明朝建文二年的庚辰科和永乐二年的甲申科，庐陵人居然鼎甲了。科举殿试的第一名称作"状元"，第二名称作"榜眼"，第三名称作"探花"，而"状元""榜眼""探花"合在一起叫作"三鼎甲"。所谓"鼎甲"其实就是今天我们常说的包揽了"状元""榜眼""探花"。

在中国历史上，这种科举团体夺魁的现象仅此一家。正是因为这样，庐陵出现了"一门九进士，父子探花状元，叔侄榜眼探花，隔河两宰相，五里三状元，九子十知州，十里九布政，百步两尚书"。庐陵因为出了这么多人才，获得了"江南望郡"的称号。

王阳明到达庐陵那一天，旌旗飘飘，锣鼓喧天，鞭炮齐鸣，庐陵人民热情欢迎王阳明进入庐陵。

庐陵不是龙场，庐陵是文化圣地，这里人才辈出，王阳明一个进士在这里真不算啥。人家庐陵人是见过世面的，状元都是一抓一大把的，当然不会因为一个进士来当知县，就激动得泪流满面了。

因而到庐陵后，王阳明只能谦虚地说，我是到庐陵来学习的！这是客套话，但在庐陵这里也是实话。就是要做圣人的王阳明在这里也不敢装大，所以只能说好好为庐陵人民服务，建设好庐陵，再接再厉，在前人的基础上一定要把庐陵的教育搞好。

说"把庐陵的教育搞好"，是客气话，古往今来，庐陵之所以能人才辈出，不排除有官府官员的功劳，但主要还是当地人的努力和付出。因而，庐陵的教育和王阳明关系不大，庐陵的政治才是王阳明的工作。

庐陵头上顶了一连串的桂冠，什么"吉州福地"、什么"江南望郡"、什么"金庐陵"、什么"文章节义之邦"……还有被誉为"江南四大书院"之一的白鹭洲书院。这一切的一切，在王知县的心目中，庐陵应该是文明之乡，礼仪之邦，再不济，也应该是道德之乡吧？

哪知道，王知县刚刚升堂的第一天，就大跌眼镜，几乎崩溃了。和所有的新任知县第一次升堂一样，王阳明的第一件事也是"画卯"点名，王知县手拿朱笔，佐贰官、首领官、杂官、六房典吏——点到，各部门官吏回应后，王知县随后在卯册上判一个"日"字。

按照惯例，新任知县都会发布一个公告——本县公告：凡庐陵县境的乡亲父老，有仇的报仇、有冤的申冤，有丢东西的，速到公堂，本县为你们主持公道。

可能王阳明的公告还没来得及贴出去，数千百姓就一下子冲进了县衙，哭天喊地，嚷嚷不休，根本听不清楚他们在讲什么，整个县衙顿时成了农贸市场。王阳明毕竟是见过世面的，在兵部待过，要不然，这么大阵势会被吓蒙的。王阳明太明白了，刚开始，老百姓群情激奋，说什么都没有用，多说无益，稍有言语不当就可能激起民变。

这些百姓越是哭喊，王阳明越是安静，一点儿都不着急，正好练习练习静坐。

当老百姓哭够了喊够了，累了饿了，王阳明才开始慢慢和他们交谈，让他们一一把诉状呈上来。很快，王阳明的办公桌上堆满了诉状，最后呈递诉状的是一些乡绅，每个人都有一捆。

王阳明再大的心脏，也担心闹民变啊，一旦发生了群体事件，他这个刚上任的七品芝麻官有可能又要下岗，所以得小心翼翼。王知县打开诉状一一阅读，读了半天，知道是怎么回事了，原来这帮老百姓是要求官府免去征收葛布摊派，当然老百姓也不是无理取闹，原因是庐陵这里不产葛布这种东西。王阳明也觉得老百姓的要求有道理，庐陵既然不产葛布，朝廷征收就毫无道理了，因而当即答应了百姓的请求。

王知县刚到任，庐陵就给他一个下马威，他还答应了请求，他做得到吗？

庐陵的诉讼之风

王知县答应了老百姓的请求，老百姓对王知县磕头作揖，千恩万谢，最后兴高采烈地回家了。老百姓高兴了，王知县开始郁闷了，庐陵这个地方怎么是这样啊？说好的"吉州福地"呢？说好的"江南望郡"？说好的"文章节义之邦"呢？

其实庐陵一直都是这样，并不因为王知县的到来而变好或者变得更坏。

和所有的新官上任一样，王阳明也是做了功课的，对庐陵的风俗民情进行了深入研究，读了好多文献，自认为对庐陵很了解，也听说过庐陵人喜欢告状，哪里想到第一次升堂，几千庐陵人当头一棒，用告状的方式迎接。看来，庐陵真没把王阳明当大腕儿。

庐陵是个特别的地方，是吉安府官府所在地，也是庐陵县官府所在地，还是广东、福建、湖南和江西四省的交通枢纽。由于是交通枢纽，庐陵就成了码头口子，来来往往，各色人都有，有官的，有商的，有道的，有佛的，更有江湖的……有江湖的地方就有是非，是非之地必然滋生各种不良社会风气，时间一长就成了习气。

庐陵的习气不太好，一般来说，穷山恶水出刁民，庐陵不应该这样啊，最起码不应该出刁民，但庐陵确实出刁民，而且早就有了。由于是文化之乡，这里人也讲究策略，不讲武斗讲文斗，大事小事，都喜欢告状。在许多人眼里，在中国的生存之道第一条就是民不与官斗，而且有一句金玉良言"屈死不告官"，庐陵就是不一样，他们喜欢告状也喜欢告官。

冰冻三尺，非一日之寒。庐陵这个样子，既是当地的风土人情使然，也有官场的问题。庐陵有"江南望郡""三千进士冠华夏，文章节义堆花香"之美誉，在科举时代，这么多的进士，必然产生一大批的绅士。

"绅士"是什么样的角色呢？"绅"本义是指束在腰间且一头下垂的大带子。这种大带子不是谁都可以束的，只有有身份的人才有资格，古代有身份的人束绅，故称绅士。后来用于泛指地方上有权有势的人。绅士在古代中国地位很高，尤其在地方官府，对地方的政治经济影响很大。

正是由于这种复杂的政治生态，官府也对庐陵老百姓采取了不负责任的态度。既然你们庐陵人都是刁民，官员作为官府负责人，其官最大学问也最大，因而有责任有义务教化庐陵人。庐陵的教化手段很特殊，既不加强思想教育也不采取司法教育，而是采取增加苛捐杂税。这样的官府也是难得一见的奇葩，一方面可以增加官府和领导者的收入；另一方面老百姓疲于奔命，也就没工夫打官司告状了。

那时候，江西在朝廷名声很臭，吉安府在江西官场的名声很臭，庐陵县在吉安府的名声最臭。根本原因就是打官司告状的太多了，《隋书·地理志》说："豫章之俗，颇同吴中，其君子善居室，小人勤耕稼。……俗少争讼，而尚歌舞。"说明在隋朝的时候，吉安这里的人还是"俗少争讼，而尚歌舞"。到了唐朝晚期，有一句关于筠、袁、赣、吉四州民风谚语：筠袁赣吉，脑后插笔。啥意思呢？就是这四个州的人不干什么正事，脑袋后面插支笔随时准备打官司。而到了宋朝更有过之而不及，《宋史·地理志》则说："尤好争讼，其气尚使之然耳。"

在两宋期间，江西的诉讼之风进一步发展，并从最初的民间自发演变到自觉，而且成了一项专门职业。既然成了职业就会有相关的教材，沈括就在《梦溪笔谈》中专门讲述了江西诉讼的事，江西有一本非常流行的关于诉讼的书——《邓思贤》，从书名来看，好像是人物传记，实际上是关于诉讼的专业教材。这本书之所以名叫《邓思贤》，是因为这本书的作者是邓思贤。邓思贤在这本书里，详细讲述了打官司的流程：如何写诉状、如何起诉、如何对答、如何辩驳……最让人不可思议的是，江西人居然把讼词编进了儿童启蒙教材，据诸晦香在《明斋小识》讲述，当地乡村私塾教师，很多都是用讼状做儿童启蒙识字教材。

由于江西名声在外，太祖武皇帝一直对江西的诉讼很关注，一再批评江西人"多好争讼，不遵法度"，还为此下诏进行教化。但好像效果不怎么样？洪武十八年的时候，就发生了郭和卿诬告事件。郭和卿是一个讼师，相当于今天的律师，受人之托，他到南京告御状，状告王迪渊等四十五人鱼肉百姓，横行乡里。通政司受理了这个案件，提审时命令原告和被告进行对质，郭和卿一句话都说不出来。郭和卿只得实话实说，是一个名叫周继奴的人委托自己诉讼的，被告人的姓名和所有的劣迹都是他提供的，自己是拿人钱财替人办事。

朱元璋获悉后，亲自主审这个案子，按照《大明律》，这样的案子也就是判个有期徒刑或者流放之类的刑罚，最高也就发配充军。该郭和卿倒霉，太祖不高兴，来一个"乱世用重典"，把郭和卿这帮人押回原籍，枭首示众，全家成年男性全部杀掉，所有女性流放到蛮荒之地。

事后，太祖再次对江西提出批评："天下十三布政司良民极广，其刁顽者虽有，惟江西有等顽民，奸顽到至极之处，变作痴愚。"

手法不可谓不狠毒，但效果好像并不怎么样，江西的诉讼之风还是今儿刮、明儿刮、后儿还刮。还是在庐陵这地方，一个王阳明的官场前辈，名叫许聪，官拜吉安知府。没上任的时候，听说吉安老百姓对种地发财都不感兴趣，最大的爱好是打官司，尤其喜欢告官。上任之前，许聪给朝廷打了一个报告，说江西这个地方文人贤士很多但各种流氓也不少。这些人不务正业，游手好闲，鱼肉乡里，喜欢打官司，每天呈送府台的有八九百件讼状，省里正在办理的也有三四千。一个案件，往往会牵连许多人，少则数十人，多则数百人上千人。这么多人关在大牢里，官府的负担很重，也影响社会的生产。

鉴于吉安的情况，许聪要求朝廷授给自己"便宜行事"的权力，所谓"便宜行事"，就是先斩后奏，结果朝廷居然授给他一个敕书。有了敕书，许聪到吉安后，放开手脚大干了一通，关了一批，杀了一批。后来因为抓捕了一个黄姓主管佛教的官员，这个人官虽小，但上面有人，他的师父和司礼监太监关系密切，再就是和吉安籍京官也不错。有这些人罩着，这个佛教人士一纸讼状，状告许聪涉嫌刑讯逼供、涉嫌受贿，许聪于是被调离吉安，之后被整死在监狱里。

一个手握尚方宝剑的知府，没能消除诉讼之风，结果身死人手，令人唏嘘。王阳明这个七品芝麻官，能实现他对百姓的诺言吗？

做官要为民做主

王阳明出身于官宦之家，一直把做圣人作为人生追求，但他并不是不食人间烟火，而且很接地气，他还懂得百姓辛酸。打发走这帮告状的百姓后，王阳明开始认真研究讼状，之后查看了庐陵的各种苛捐杂税，发现这里苛捐杂税名目繁多，而且很多名目都不符法律政策。

研究之后，王阳明坚定了自己的看法，"民不与官斗"是普通老百姓的生存智慧，不到万不得已他们是不会到衙门告状的，他们会权衡轻重。这个时候，王阳明怎么办，是动用衙役抓捕这帮暴民，还是免除他们的葛布赋税？

动用衙役抓捕，前辈许聪就是前车之鉴，自己能有多大的胜算？申请免除葛布赋税，一个刚刚赴任的知县，又有多大的可能性？这个时候，王阳明想起了《礼记·大学》的经典名句："大学之道，在明明德，在亲民，在止于至善。"

《大学》原本是《礼记》中的一篇普通文章，大文豪韩愈十分推崇，引起了读书人的关注。到了宋朝，这篇文章的地位进一步提高，程颐、程颢哥儿俩说此文是"孔子遗书，而初学入德之门"。到了朱熹，又把此文进一步高抬，把这篇文章和《中庸》《论语》《孟子》放到同等的高度，就是后来的《四书集注》。之后，地位又高升，经过理学大家真德秀进一步发挥，作为皇帝的讲义，《大学》由此飞黄腾达，成了科举时代的政治教科书。到了元朝和明朝，《四书集注》成了科举考试的圭臬，若要治国，必先读《大学》。

虽然王阳明一直做圣人，但对《大学》还是认真研究过的，尤其对"亲民"的见解。朱熹沿承程颐的说法，他认为"亲民"的意思是"新民"，就是让人去恶从善，重新开始自己的人生。朱老夫子典型的好为人师，以前的你是不正确的，要重新做人，见面就要教化。王阳明《大学》所讲的"亲民"和朱熹的解释不一样，《大学》里的亲民就是爱民，王圣人和朱夫子不同之处是，王守仁亲近老百姓，把老百姓当作自己和自己的亲人。就是所谓的"老吾老以及人之老，幼吾幼以及人之幼"，对官员来说就是为民做主，就是"当官不为民做主，不如回家卖红薯"。

刚上任就遇到麻烦事，多少影响心情，王阳明要为民做主，但这事不容易，好在王知县有绝招，写信！

王阳明写的不是信，而是一种谈判书，在信里说自己正德五年五月十八日刚到任，吉安府差郭孔茂就来县衙拘捕负责征税的官员陈江，命令按一定价格缴纳葛布捐银子。据调查，庐陵县从来不产葛布，再就是先前税赋也没有葛布这个名目。经了解，葛布捐是乱摊派，让本县缴纳一百零五两银子，已经连续三年了。不可接受的是，今年又增加了一百零五两银子，老百姓担心如果今年还征收，就成了永久税赋。

庐陵的情况大家都熟悉，"七山半水两分田，半分道路和庄园"，因为地处山区，所以除了户口、田赋外，庐陵还有杉木、楠木、烧炭、牲口等各项杂税，这些杂项以前折合三千四百九十八两银子，经过这几年递增，今年可能要到一万多两，相当于先前的三倍啊。再就是公差往来，就像过境的蝗虫，民不聊生。况且旱灾频发，瘟疫不断，几乎每个村子和巷子都有全家死亡的情况，侥幸活下来的，为生活所迫，都跑去烧杀抢掠。这些就是庐陵的现状，如果我不打报告申请免除葛布捐，恐怕会激起民愤，一旦发生暴乱，后果不敢想象，是谁都担当不起的。鉴于这种情况，请求免去庐陵的葛布捐。

大意就是这个情况，事情就是这个事情。本人体弱多病，来到庐陵之后未能深入到群众之间，有失职之嫌。身为一县的父母官，能眼睁睁地看着百姓生活窘困而坐视不管？作为朝廷的官员，心里明明清楚时弊所在而为了一己之利不愿说？当老百姓冲进县衙，而只是说好话安慰，又擅自答应免去葛布捐，虽说情况危急情有可原，但也是不妥的，没有体现官府的威严。

我这样一个人呢，对上不能让领导省心，对下也不能让老百姓高兴，那我还待在这个位置干什么？净给领导惹麻烦，而且有沽名钓誉之嫌，因而需要担责任！这些事如果因为本人失职造成严重后果，请求只处罚我王某人一人，罢免本人回老家种田，不要牵连其他人。

领导看了王阳明的信，没有选择啊！王阳明把情况都说了，成功了功劳是大家的，失败了他自己承担责任。再说了好不容易有人来做知县，如不同意，激起民变，后果要自己负责。如果同意了，有什么事，小王担着呢；再就是如果成功了，自己领导有方啊。小王也不是一般人，他父亲是状元王华，岳父是江西布政使，于是就同意了王阳明的请求，免除庐陵的葛布捐。

施政从改革文风开始

免除葛布捐的消息传来，整个庐陵的老百姓都拍手称快，称赞王知县有本事，一封信就把葛布捐给免除了。王阳明一下火起来了，成了庐陵的明星人物，都夸赞王知县是为民做主的好官。

上面免除葛布捐，在王阳明的意料之中，也就一百多两银子，征收的成本都比这多，对吉安府来说就是鸡肋，肯定会给个面子。吉安知府和王阳明都清楚，真正的挑战才刚刚开始，庐陵的问题是诉讼之风。

庐陵可不是养太平官的，你对老百姓客气，老百姓对你未必亲切，稍不如意就会告你，下面就看你王阳明如何施政了。庐陵为什么这么热爱打官司呢？就是庐陵做官的人太多了，那么多进士哪一个不是官员。你家有做官的，我家也有啊；你家是京官，我们是地方官，京官距离天子近，地方官天高皇帝远；你家有背景，我家有后台；你家有门子，我家有路子；就是你家的官大，也不见得我的关系不如你……

庐陵文化的繁荣，推动了科举的兴盛，科举毕竟是精英教育，而且有名额限制，能登上金字塔尖的毕竟是少数，大多数人都是垫脚石，不能登上金字塔尖，由于启蒙教材都是讼状，这帮人就成了"讼师"，甚至成了"讼棍"，他们的存在助长了"讼风"。

在一般人眼里，这帮讼师都是十恶不赦的坏人，吃了原告吃被告，但王阳明认为人都是可以教化的。王阳明曾经在《象祠记》中这样写道：吾于是盖有以信人性之善，天下无不可化之人也。王圣人的意思是，因此我有理由相信：人的本性是善良的，天下没有不能够感化的人。

王阳明在庐陵发布的第一个告示就是《告谕庐陵父老子弟书》，告示的主题是"息讼"，就是劝诫大家不要打官司。王阳明擅长写文章，这告示写得跟杂文一样，开篇就是夸，说"庐陵文献之地"；接着笔锋一转，"而以健讼称"，却以打官司名扬天下；最后说"甚为吾民羞之"，为你们感到丢人啊。

王阳明太明白读书人了，知道无论什么时候都不要和读书人讲道理，所以他说"知县不明，不能听断"，直白告诉庐陵人，我这个知县不聪明，不能明断是非，潜台词就是不要找我打官司，找我也会不讲道理的。再就是知县我体弱多病，所以和大家约定，不到事关人命的大事不要轻易打官司。前天丢只鸭，昨天丢只鸡，今天别家的狗朝你汪汪了，如果为这样的事打官司，小心打你们的屁股。就是要打官司，也只能是一件事，不得牵连其他的事，讼状不得超过两行，每行不得超过三十字。超过三十字的不予受理，而且对违者惩罚。此外，王阳明还动员德高望重的老人传达自己的告示精神，管好自家的人，一定不要打官司。

王知县新规，谁来打官司，接到讼状，不看内容，先数字数，字数超了，不受理。

这个知县不简单，施政不走寻常路，不升堂不办案，管理基层从改文风开始。

王知县的想法很好，庐陵人也不是一张告示就能治理好的，更不会因为王知县改文风就不打官司了。庐陵人对官司依旧热爱，但王知县有秘密武器——不放告，就是不受理。爱告不告，本知县不受理任何官司。方法很好，但不是长久之策，庐陵老百姓会骂街的，还会越级上告。

王阳明有自己的策略，不久，他又发布了一个告示，说庐陵现在瘟疫流行，人心惶惶，由于担心传染，至亲骨肉都不敢互相照顾，许多人不是死于瘟疫，而是被饿死的。之后，又把死亡的原因归罪于瘟疫，引起了更大恐慌。鉴于这种情况，本知县告诉各位父老劝告弟子，乡邻之间互相帮扶，对病人要不抛弃不放弃，按时喂粥喂药。官府已派遣医生对老人进行上门治疗慰问，但本知县担心他们流于形式，没有去做，请大家监督。家境贫困买不起药的，官府免费提供。对于敬老爱幼帮助别人的人家，本官将亲自到他们家里，对他们进行嘉奖。末了，王知县却说了一句，不过本知县现在正好也生病，担心传染给你们，不能亲自慰问你们，就委托父老代我慰问。

到这里，王阳明的施政方略已经很清晰了，第一步是给庐陵老百姓免除葛布捐，带来实实在在的实惠；第二步是改文风，通过改文风改变社会风气；第三步是倡导道义，在瘟疫之时，大打亲民牌，号召社会各界力量做好人做好事。

新官上任三把火，王阳明的这三把火一步一个脚印，循序渐进。王阳明倡导正能量，深得民心，同时也给自己争取了时间。其间，王阳明调查研究，了解了庐陵的真实情况，学习太祖朱元璋的方法，选定德高望重的做里正三老（即老吏、老幕、老胥），普通老百姓的婚姻、田土、斗殴、赌盗这些小事都交由他们处理，并进行劝导。这样一来，防患于未然，官司自然减少。

这样，王知县既获得了老百姓的支持，也达到了自己的目的。之后，王知县又得意地发一个告示。

现在告诉你们，本知县之所以不受理官司，并不是真的病到不能办公，是因为现在正是播种时节，你们正在忙着种田，如果受理官司，许多人会被牵连坐牢，这样就会错过春种，一年都没有收成。到时候，你们怎么过日子啊？必将靠借贷过日子。打官司打的就是钱，自然要四处请托送礼，这样助长刁风，危害深远。你们中间如果谁有大冤情，我自然能了解到，尽管我不一定能全部都知道，但有乡老可以具实呈报。如果呈报不实，本知县就治他们的罪。我来庐陵不久，也没给你们做什么，你们还不怎么信任我。官场施政方法都是先严刑峻法，然后实行德治，我不忍心这样做。本知县先实行德治，如果你们不听教化，那本知县也保护不了你们，你们好好考虑考虑，不要悔不当初。

这个告示贴出，极大震撼了庐陵，老百姓太感动了，这才是老百姓的父母官啊，王知县是真的对我们好啊！到县衙告状的哭着回家了，胜诉的人也骂讼师鼓捣自己。不久，庐陵监狱变得清静了许多。后来，王阳明实行了反诬告，就是你告我，我告你诬告我，如果没有十足的证据，轻易告状，还有可能坐牢。

告状的少了，庐陵自然就好了，王阳明也就安心了，王阳明接下来要干吗呢？

治县先治吏

庐陵是个穷地方，老百姓有点钱都花费在打官司上面了，哪里有闲钱缴纳各种捐税。庐陵知县最头疼的就是征收各种苛捐杂税，天天被上级领导提醒，年年被上级领导批评，一年三百六十五天，有三百六十天在征收捐税，还是收不上来，每年都欠缺，实在没办法了，知县只好自掏腰包。在庐陵这个穷地方，知县家的银子也不多啊。年年这样，岁岁如此，多大家业的知县也撑不下去，撑不下去就只好辞职而去。王阳明的前任王关，就是拿不出银子补缺口，挂印走人，回家卖红薯去了。

在庐陵做官本身就是一种风险，收不上来苛捐杂税赔死你，多如牛毛的讼状累死你，得罪有背景的人搞死你……王阳明算是一个能人，刚刚到任就打报告请求减免捐税，而且获批，这样就不用为银子着急；王阳明到庐陵实行新政，打官司不看内容，数字数，以字数判案，一下子解决打官司成风的弊病。但庐陵老百姓还是不快乐，生活依然窘迫，王知县哪能坐视不管。

在官场生活了这么多年，王阳明知道庐陵问题的症结所在，一切问题都是官吏造成的。治国必先治吏，治县也是如此，王阳明知道要想治理好庐陵，必须治理庐陵的吏治。如何治吏？从哪里入手？这个问题难不住王阳明，久经官场的，很清楚治吏必先治器，这里的"器"就是吏手里的工具，吏的工具就是各种执法凭证，说白了就是法律许可证。

王阳明着手整治的第一项是乱征收。庐陵作为四省交通枢纽，商业繁荣，船来车往，因而设置了许多关卡，征收过往车船税费。无疑那些负责征收税费的公差都是大爷，手把文书口称敕，哪里有什么制度，嘴就是规矩，说多少，不交钱，查扣。按照规定，船只过关时，只需凭借关文交付税费，即可通关；而没有关文的，不允许通关。但这些国家制度，在这些公差的变通下，只要交钱就可以通行，有关文不愿意多交钱的照样查扣，极度混乱。王知县知道后，发一个告示专门处理此事，说自己会进行微服私访，一旦发现公差违法，加倍惩罚，绝不宽恕。

整治了乱征收之后，王阳明开始着手治理乱摊派。只要官府存在，乱摊派就不可避免，可能是官府有官府的难处，但绝对是特权行为，或者说是耍流氓。在大明朝，庐陵不是法外之地，也会有乱摊派，而且还不少，王阳明本人也做过这样的事，老百姓对此怨声载道。

为此，王阳明专门写一个告示进行解释，说摊派这事啊，是逼不得已的，是上级领导的应急措施，也是没有办法的办法。现在官府有困难，你们老百姓应该力所能及，能帮就帮吧。你们坐视不管，还进行诋毁辱骂，这样有些过分。你们不能忘记了你们是大明的子民，你们设身处地为领导考虑考虑，大家都不容易。本知县难道不愿你们安居乐业？难道愿意用这些摊派骚扰你们？官府有官府的难处，现实情况就是这样，大家互相理解支持，都是逼不得已。现在，官府的急难已经过去了，本知县不好再对这样的行为进行追究了。这样的行为，必定是一些不法分子，打着官府的旗号，进行摊派。本知县保证，以后再有谁下乡征收，你们只管把他抓来，我自会处罚，你们就不要再对此事大发牢骚了。

交通要道，码头口子，加上庐陵民风彪悍，庐陵的治安状况一直很差。又遇上灾荒瘟疫，盗贼四出，防不胜防，而且越来越严重，庐陵县管不住，吉安府也束手无策。在其位谋其政，作为知县，王阳明责无旁贷。

为了解决庐陵的治安问题，王阳明多次微服私访，最后决定重新恢复里甲制度，实行"保甲法"。居住在城里的，十户人家作为一甲；居住在乡村的，以村为单位，自我保护。平时，乡邻之间要诚信相处；盗贼来的时候，互相救援。同时，辖区内的各级领导家的子弟家人有不良行为的，可能是执法不严造成的，也是家长教育不严所致。现在只要各管各家，洗心革面，做一个好青年，既往不咎。

王阳明是明白人，这些盗贼，哪个背后没有关系，和庐陵各级官员没有关联，还能存在？王知县四两拨千斤，对庐陵下辖各级领导进行管理，管住了大领导，小喽啰自然作鸟兽散。

王氏拆迁法

自从庐陵来个王知县，庐陵的水变绿了，天变蓝了，云变白了，社会风气好转了，老百姓也敢逛街了，庐陵人民好喜欢。王阳明的到来，给庐陵人民带来了福音，几乎成了庐陵的弥赛亚。

庐陵人每年都会举行赛神会，花费巨大，许多人家因此负债累累。别人家都在迎接，自己家不迎接，万一神仙不高兴，那不就倒霉了？王阳明知道后，就严禁举办赛神会，孔夫子就不迷信，还说过"未能事人，焉能事鬼"。就说先把身边的人照顾好，你们只要孝敬自己的父母、兄弟姐妹和睦相处、好好教育孩子，老天就会因此感动，保佑你们合家平安五谷丰登。

正当王阳明严禁大家搞赛神会的时候，庐陵大旱，火灾频发，大河小河与泉水都干涸了，搞得庐陵很紧张，以为是王知县禁止举办赛神会惹恼神仙，开始惩罚庐陵。为了打消老百姓的迷信思想，王阳明站出来，写《罪己书》，说庐陵大旱，是因为自己不称职，引起神人生气，不给庐陵降雨。这次大旱和你们没有任何关系，是因为王某人能力不行，我要进行赎罪，祈求老天息怒，本县决定斋戒吃素一个月，停止征收苛捐杂税，还释放一批轻刑犯人。王阳明还趁这次罪己的机会，再次呼吁庐陵人暂时不要打官司，消消火，不要与老天较劲。

天干地燥，小心火灾。大旱期间，王阳明派遣各有关部门下基层到一线注意防火，修建防火设备，严防发生火灾时有人趁火打劫。正所谓怕啥有啥，正当王知县带领庐陵人民做防火准备的时候，庐陵真的发生了一场大火。

大火发生后，王知县立即带领衙役赶赴现场。据《王阳明年谱》记载，奇怪的是，王知县到现场后却没有指挥各部门救火，而是祈祷。祷告大风改变方向，同时用鲜血来驱赶大火，之后居然发生了奇迹：大火立即灭掉。这事搞得很神乎，王知县一下子成了王大仙，一个知县不去救灾，却在求神仙。显然，《年谱》里记载有些吹捧，某些人在拉大旗作虎皮，搞个人崇拜，在造神。

但从灾后王知县发布的告示来看，事实并不是这样的，王知县在告示里说，大火烧毁一千多户房屋，极为痛心。这说明，王阳明的咒语并没有起多大的作用。

火灾发生后，王知县带领庐陵人民进行灾后重建。庐陵盛产木材，建筑多是就地取材，大火随风蔓延，大街两旁的一千多家店铺和房屋被大火吞噬，损失惨重。

王阳明在工部观过政，熟悉建筑和城市规划，他到现场一看，就知道是什么原因造成的。这次火灾之所以损失惨重，一是街道太狭窄，二是房屋之间太紧密，三是房屋架构太高，四是房屋之间没有砖墙隔离，五是没有设置防火巷。因而一旦发生大火，根本来不及扑救，只能眼睁睁看着。

在救灾现场，有人向王知县建议，一是街道两边商铺和住户各向后延展五尺，这样就能拓宽街道；二是房屋之间互相连接的，每户后退一尺，设置防火巷。王知县觉得这个方法太好了，当场同意，但回到县衙一想，这事太过仓促。如果按照这个方案，几乎整个庐陵都要拆掉重建，这要触动多少人的利益啊。

中国人向来重视土地房产，凡涉及此类纠纷，都比较棘手，必须要有耐心，尽量做到公平，才能做好拆迁。《大明律》就规定："凡夜无故入人家内者，杖八十。主家登时杀死者，勿论。"后来，吴承恩还把这些写进了《西游记》，孙悟空追打猪八戒，猪八戒躲进屋里，孙悟空用金箍棒把云栈洞的两扇门打烂。猪八戒大怒，跑出来大骂："你这个弼马温。着实惫懒！与你有甚相干，你把我大门打破？你且去看看律条，打进大门而入，该个杂犯死罪哩！"

连猪八戒都讲《大明律》，王阳明当然很明白。王知县清楚，普通老百姓最在乎眼前利益，而看不到将来利益，更考虑不到长远之计，往往在灾难发生的时候才追悔莫及。王知县高瞻远瞩，但老百姓不一定买账，哪怕已经触动了他们的灵魂，触动利益往往比触动灵魂要难。

经过深思熟虑，王知县公布了庐陵重建方案，凡是南北方向街道两旁的商铺住户，重建时各后退三尺，以拓宽街道；房屋相邻的，重建时后退二寸，用来隔断风火。每户要缴纳银子一钱，用于修建防火墙。所有沿街房屋，高度不得超过一丈五六，楼房不得超过二丈一二。同时，王知县还对庐陵的消防站进行了规划，在一些地方修建了蓄水池，以便在火灾发生时，能快速找到水源。

王知县的规划方案可谓科学合理，看来在工部没少下功夫。方案很好，但不是所有的人都满意。在拆迁的时候，军方和老百姓为了一条火巷互不相让，差一点发生械斗。

老百姓就到王知县这里告状，说庐陵这地方，军方太霸道，我们老百姓没法活了，请青天大老爷给我们做主，灭灭军方的威风。听了他们的讲述，王知县哈哈大笑，你们何必妄自菲薄呢？你们是王知县的子民，军队也是我王知县的子民，都要照章纳税，都要各司其责。军方也不容易，虽然我们吉安的军队比起边防军好一些，他们也是差役繁重，也半年多没发工资了。大家都不容易，互相理解，火巷的事，本县明天将亲赴现场查看，如果军方有问题，我一定会处罚他们的，绝不偏袒。

与严嵩谈"心"

圣人到哪里都不会客气，只要有机会就要好为人师，就是人迹罕至的龙场，王阳明还是建一个龙岗书院，没有机会也要创造机会为人师。来到庐陵，王阳明就成了王知县，从一个没有级别的贬职官员摇身一变成了庐陵的父母官。

庐陵是文化之乡，却不是官员的好地方。在王阳明之前，庐陵一直是官员的坟墓，无论是什么样的官员，只要来到庐陵，基本上就是仕途的终点。王阳明到庐陵来，也是没有办法的办法，没有选择的选择。

王阳明到庐陵后，不走寻常路，突破极限思维，终于打开局面，深受庐陵人喜爱。自从王知县来到庐陵，白鹭洲书院开始注意了，按照行政级别，王知县自然是庐陵水平最高的人，于是主动邀请王知县莅临，指导一下书院的教学工作。有这样大好事，王阳明当然不会客气，就到白鹭洲书院做起了兼职教授。

政务之余，王阳明最大的爱好就是讲课，由于白鹭洲书院距离稍远，身体不太好的王阳明，就在县衙旁边新建了一个书院——青原书院。

因为庐陵的成功，王阳明的名声更大了，引来更多的粉丝。一个名气很大的人也来了，这个人不是别人，乃是大名鼎鼎的严嵩。和王阳明一样，严嵩也是天才，十分聪明，平民出身，十九岁中举人，二十六岁中进士。殿试的时候，严嵩是二甲第二名，就是第五名，比王阳明还靠前两名，由于成绩出色，被选进了翰林院做庶吉士。正当严嵩准备甩开膀子大干的时候，爷爷去世了，不久母亲又去世了，只得回老家丁忧。严嵩是一个有追求的人，私生活非常检点，一辈子只娶一个媳妇，媳妇的年龄还比他大，而且脸上有麻子，但他一直不抛弃不放弃。就是后来，身居高位也没有包二奶，更没有养小三。

严嵩对王阳明有些崇拜，正德二年，王阳明去龙场，路过庐陵，严嵩获悉后，急急忙忙赶过来招待。两人都不如意，一个被贬，一个丁忧在家，喝酒论事，大有感慨，知己啊！于是乎，两人诗兴大发，严嵩当即赋诗一首：

> 下马柴门日已曛，灯前悲喜语同群。空洒岁晚无来客，远道情深独见君。瓦瓮细倾山郭酒，藜床闲卧石堂云。莫言古调只自爱，且诵新篇慰我闻。

严嵩能写诗，王阳明更是写诗高手，也赋诗一首：

古庙香灯几许年，增修还费大官钱。至今楚地多风雨，犹道山神驾铁船。

之后，王阳明去龙场，严嵩回家继续苦读。

两年后，王阳明到庐陵做知县，而且政绩显赫，深得老百姓的称赞。这个时候，严嵩又来了，听到庐陵老百姓对王阳明的夸赞，严嵩有些激动，又赋诗一首：

作宰庐陵县，阳明称古风。起废葺宫宇，节用恤癃恫。刻辞诏后来，庋石当庭中。已叹仁言博，兼怜书迹工。来游非在日，怀览意何穷。

老朋友来了，王知县非常高兴，就带着严嵩在自己的地盘上转悠了几天。三年不见，王阳明成了王知县，而严嵩还是那个苦读的严嵩，两人一番感慨。

严嵩邀请王阳明到分宜做客，之后，王阳明真的去了分宜，严嵩给王阳明当向导，游览了钤山。之后又到严嵩的钤山堂，两人分宾主落座，开始坐而论道。

在王知县面前，严嵩是小字辈，因而只能虚心请教，洗耳恭听。王阳明当然也不客气，他俩论道，主要是王阳明说，严嵩听。

话题离不开龙场，离不开王阳明悟道，王阳明一再和严嵩讲自己在龙场的那段经历，直到严嵩都会背诵。什么"致知"，什么"格物"，一边去，哥哥好好给你讲讲"知行合一"。兄弟你能想象哥哥我在龙场有多么不容易吗？没有吃的，没有住的，那日子啊，太艰难了。哥哥我从繁华的京城被贬到贵州龙场驿那个蛮荒之地，做一个没有级别的驿丞，物资的匮乏都好忍受，最难受的是没有书读，那个寂寞啊，所以只能天天冥思遐想，想着想着就觉得宇宙星空、世界上万事万物，都在自己心中，世界唯有一个"心"，后来我讲学，就讲这个"心"字。

…………

正当王阳明在庐陵大展身手的时候，刘瑾倒下了，根据调查的罪行，刘瑾被判处凌迟3357刀。按理说，王阳明应该庆祝一番，写几首诗解解气，或者写几篇揭发刘瑾的散文，认真查看了王阳明的作品集，没有发现此类作品。看来，王阳明真的不再生活在刘瑾的世界里，和刘瑾再无瓜葛。

刘瑾下台，朝廷拨乱反正，凡是刘瑾制定的制度全部废弃，凡是刘瑾反对的全部支持，凡是刘瑾支持的全部反对。第一个恢复的就是官员考核制度，因为这是官场洗牌的大好时机，各派势力趁机行动，提拔安排自己人。

按照制度，地方官员每三年要接受一次考核，可进京面见皇上，也可接受亲派御史的考核。鉴于当时的政治形势，要求到考核期的官员全部进京面见皇上。庐陵知县王阳明，正好符合条件，被要求进京面见皇帝，并接受吏部和督察员的考核。

接到进京考核的通知后，王阳明立即挂印，高兴地屁颠屁颠北上，哪里还顾得上庐陵。但毕竟是文化人，临了，又发表了一篇告别书。

大意就是我要走了，谢谢庐陵人民对我的支持。本人身体不好，没能做到事必躬亲，在这里对庐陵父老说声对不起。无论到哪里，我不会忘记你们，庐陵就是我的第二故乡。我真诚希望庐陵越来越好，希望你们的日子越来越富足。最后，我殷切期望，庐陵父老和平相处，多管孩子少上诉，这样才能生活富足。

四、用"心"布道天下

"卧治不庭，六月之间，百废俱兴"。这是好朋友湛若水对王阳明在庐陵的评价。这话虽有溢美之嫌，但基本是准确的。庐陵的六个月，王阳明的确很少升堂办案，但整个庐陵都在他心里。正是因为有了龙场的积淀，才有了庐陵的牛刀小试，更有了以后的游刃有余。离开庐陵，王阳明的心开始扩容，里面不再是一县一省，而是天下。如果说王阳明治庐陵是扫一室，那他再次回京城则是扫天下。

北京还是那个北京

正德六年（1511）十一月，北京的天气已经进入冰冻时期，但王阳明的心情犹如二月初春，回到了北京，进皇宫觐见了皇帝朱厚照。

大明门，还是那个大明门；皇宫，还是那个皇宫；皇帝，也还是那个皇帝，就连皇帝的下巴也没有丝毫变化，三年过去了，皇帝的胡子依然不敢长出来。

被贬三年，终于回到京城，心情满是激动，不至于泪流满面，但也会有刘禹锡一样的感叹，"前度王某今又来"。翻译成俗话就是，我王某人又回来啦。

与所有的人一样，王阳明也对这次考核抱有很大期望，希望是自己仕途的转机，毕竟庐陵太小了，"金鳞岂是池中物"，自己志在天下。

刘瑾当政的时候打乱了官员考核制度，朝廷进行了拨乱反正，因而这次进京面见皇帝的地方官员特别多。由于人数多，皇帝和都察院的工作量非常大，需要一一考核。哪些人要调回京城，哪些人要外放，哪些人要升官，哪些人要降级，哪些人官复原职，哪些人要原位不动。就是秉公办理也很麻烦，再加上各种条子各种招呼，李尚书的公子，马侍郎的侄子，蔡驸马的女婿，怎么办？

这么多事情，都察院长官很头疼，天天加班加点，进度依然很慢，王阳明很是着急，但着急也没有用啊，就只能安心等待了。

为了清静一点，王阳明没有在客栈住宿，而是借住在京城的大兴隆寺。毕竟在京城待了那些年，京城的知己故旧比较多，这次回京，王阳明心里忐忑，不愿见着这些老朋友，见面聊啥呢？聊孩子，自己没有；聊房子，在龙场建了一些，那和自己没有关系啊；聊官位，一个七品芝麻官，不好意思提；聊银子，自己口袋比脸还干净。

大兴隆寺，是佛家之地，跳出三界外不在五行中，朋友到了这里来，总不好意思聊那些世俗的东西吧，谈谈天，说说地，论论人生，讲讲学问……王阳明欢迎。在佛家圣地，什么刘瑾，什么官场，什么美女……一切都是浮云，王阳明最关心最感兴趣的是如何发扬自己的龙场之道。

一个晴朗的日子，老朋友储巏领一个年轻人来拜访王阳明。储巏在当时也算是文化界的大腕儿，自幼聪敏过人，有神童之称，五岁能过目成诵，九岁能写文章，十六岁考中秀才，主考官娄谅的弟弟娄谦当时断言，"他日必魁天下"。果然，储巏后来接连中了解元、会元和状元，创造了"三元及第"的奇迹。

储巏引见的这个人，不是别人，就是有着王阳明的子路之称的黄绾，也是第一个跳出来反对王阳明的弟子。黄绾，字宗贤，号石龙。从名字看，黄绾就是一个有格调的人，"宗贤"，崇尚贤人，人伴贤良品自高嘛。

年轻的黄绾见了王阳明，非常激动，第一次近距离接触偶像，差一点泪流满面，进行了自我介绍，说自己早就听说过王阳明的大名，对王阳明很是崇拜，也知道王阳明的"心"学，知道王阳明在这里，就找储巏引见。

和王阳明一样，黄绾也是从小读书，小时候师从儒学大师谢铎，虽然也是刻苦学习，不知道是天赋不力抑或不适合科举，愣是没有考取功名。后来靠祖上功德，在军界谋得一个差事——后军都督府都事（相当于秘书）。

之后，黄绾介绍了自己的学术研究方向。黄绾和王阳明交流了自己在孔孟之道方面的见解。王阳明一听，感觉不错，这年轻人有自己的见解，便高兴地说：

"不错啊，年轻人。孔孟之学早就绝迹了，你是从哪里听说的？"

王阳明这么一说，黄绾也是意外，王学霸也就这水平，虽然有点不屑但还是谨慎地说："虽粗有志，实未用功。"很明显，黄绾言外之意是，哪里哪里，一般般嘛，随便学学而已。

王阳明是老江湖了，什么样的人没见过？他故意这么一说，就是看看黄绾什么反应。听到黄绾这么一说，王阳明立即给了黄绾一点颜色，把学问提到人生理想的高度：小黄啊，做学问这事和知识积淀关系不大，主要看个人的志向怎么样。一个人最怕的是没有志向，有没有成就倒不怎么重要。

圣人和佛祖

听王阳明这么一说，黄绾一下子老实了。黄绾怎么也没想到，刚见面，王阳明就给自己上了一堂心学课，太高了！当即决定拜王阳明为师。两人这么一过招，王阳明也发现黄绾是个人才，这小子挺能忽悠人的，是绝佳传道之人。

黄绾的确没有辜负王阳明的期望，后来为了维护老师的"知行合一"之学，他多次和别人辩论，王阳明十分感动，称他"吾党之良，莫有及者"。黄绾的确是一个辩才，具有超强的煽动力，都能把不识字的人游说到老师那里听讲心学。

后来，朝廷有人上奏疏说黄绾这人不忠，黄绾亲自上奏疏给皇帝辩解，说自己对皇帝忠心耿耿，绝无二心。自己的忠心是有证据的，和岳飞一样，自己后背上也刺了"精忠报国"四个大字。听黄绾这么一说，朱厚熜很是激动，就委派南京有关部门核实一下，以便于表彰。有关部门也是秉着负责的态度，找到黄绾，扒光了衣服，愣是没有发现那四个字。黄绾玩笑开大发了，为天下所笑，成了一个大笑话。

黄绾崇拜王阳明，王阳明看上了黄绾的忽悠能力，两人一拍即合。

第二天，王阳明带着黄绾，高高兴兴地去拜访湛若水，见面一聊，发现棋逢对手，太难得了，仨人一块发誓，在学术的道路上互相提携互相引导，要做一辈子的好朋友。

幸福总是很短暂的，正当他们仨人庆祝的时候，吏部委任书下来了，王阳明被任命为南京刑部四川清吏司主事。

吏部这是啥意思？大家都明白，到南京不是闲置就是养老。王阳明对这事倒不是太看重，好歹这也是从六品，比庐陵知县升了半级，最起码达到了离京前级别。没啥，没啥，等于这四年绕着大明朝转半个圈，这一圈虽然吃尽苦头，但也收获满满啊。可以说，如果王阳明没有转这一圈，他未必能《明史》留名，更别说成为一个圣人了。

任命书下来了，王阳明也该赴任了，但湛若水和黄绾热情挽留。来一趟北京不容易，这一走，可能又要三年，面对湛若水和黄绾的挽留，王阳明找到了留下的理由，因而一再推迟南下的时间。王阳明留下的目的很明确，就是能和这俩哥们儿聊聊天、论论道，这年头朋友易得知音难觅，到南京又要一个人静坐了。

王阳明、黄绾以及湛若水仨人一起谈论世道和学问之道，大发感慨：人心不古，世风日下，圣人之学不明啊。

这些话都是万金油，放在啥时候都行，很早很早以前古人就发出过这样的感叹，到今天还是这样，让人纳闷的是，人心啥时候古过？

其实这些感叹都是药引子，后面才是重点，王阳明的重点是，学者想做圣人，应该怎样做？王阳明开出的药方是：圣人之心如明镜，纤翳自无所容，自不消磨刮；若常人之心，如斑垢驳杂之镜，须痛加刮磨一番，尽去其驳蚀，然后纤尘即见，才拂便去，亦自不消费力。到此已是识得仁体矣。

这段话似曾相识，想起了神秀大师的"身是菩提树，心如明镜台。时时勤拂拭，勿使惹尘埃"。这哪里是圣人啊，这不是佛祖吗？细细看又不是，王阳明说了，到这个境界，才算摸得着"仁体"，也就是刚刚进门的级别。

听王阳明这么一说，黄绾激动得稀里哗啦，终于找到真理了，要一辈子跟着他。后来，王阳明刚死，尸骨未寒，第一个跳出来反对王阳明学说的就是黄绾。

原因可能是，黄绾看了《六祖坛经》，读了慧能的"菩提本无树，明镜亦非台。本来无一物，何处惹尘埃"。结果顿悟了，明白心里本来无物的道理，不思善，不思恶，就能呈现本来面目，这才是心学的上乘，太符合"良知"之学了。从这里可以看出，王老师的"良知"之学哪里是什么儒学啊，而是禅学。至于"知行合一"，就更不是什么高深的学说了，也就是常识而已。刚开始黄某我也不相信王老师的学说，后来不但相信而且迷信甚至狂热，再后来在实践中，黄某我又发现王老师之学的弊端，全是空谈，净耍嘴，误人不浅。

就这样，几个人在论道的名义下活得非常幸福，时间也过得飞快，转眼到了春节。

王阳明不再是那个王阳明

在湛若水和黄绾的热情挽留下，王阳明在京城过了一个快乐祥和的新年。新年刚过，一个阳光灿烂的日子，王阳明居然接到了吏部的新任命：吏部验封清吏司主事。

吏部位居六部之首，极为重要，下面设置四个司：文选、验封、稽勋和考功。验封司主管位居第二，主管封爵、世职、恩荫、难荫、请封、捐封等事务。这是个好差事啊，有实权，大肥缺，许多人都打破头找门子找路子想进来。

这么个差事落到王阳明头上，肯定不是天上掉馅儿饼，有人在背后做了大量的幕后运作。幕后活动的正是湛若水和黄绾，他们二人背着王阳明暗地里活动。湛若水在京城有一定的影响力，但对官场的热情不大；黄绾有点能量，能说会道，为人仗义，在都督府上班，多少能帮上点忙。就凭他们两个想把王阳明留在京城，难度还是很大的，银子肯定是最有分量的工具。那个年代，都说刘瑾喜欢钱财，其实大家都一样，差别是数量的多少。

功夫不负有心人，七转八拐，他们最后通过乔宇，找到了皇帝和大太监张永面前的大红人——吏部尚书杨一清。乔宇和王阳明是老朋友，再就是王阳明和杨一清都是刘瑾的共同敌人，敌人的敌人就是朋友，杨一清就同意了，于是王阳明就留在了京城。

正月刚过，王阳明带着凭证到吏部报到，开始新的官场生涯，又和四年前一样了。但王阳明不再是那个王阳明了，不仅是年龄增加了，主要是悟道了，能读懂朝廷和人心了，也能看明白人性了，最为重要的是距离自己的圣人理想更近了。

在京城，王阳明也算老人了，六部已经先后转过工部、刑部和兵部，这次又到吏部。很多人都熟悉，要么是先前的同事，要么是文化圈里的朋友，再就是江南的老乡，还有就是自己的粉丝。由于主管验封工作，大伙都打趣地叫王阳明"王司封"，时间一长，王阳明也乐得其所，有时也自嘲，叫自己司封王某。

和地方官比起来，京官最大特点就是清闲。但并非真的无事可做，主要看你想不想在官场上高升，如果想进一步高升，那还是需要跑跑门子、找找路子、抱抱大腿、贴贴靠山……这倒不是说王阳明不想升官，只是他不喜欢这种很俗的方式，这一点和湛若水很像，黄绾就不一样，比较积极，善于寻找机会，但由于不是科举出身，在这些进士面前总觉得矮人一截，因而会亲近一些文化名人。

王阳明和湛若水因为志趣相投，黄绾因为需要，仨人经常相聚，在一起互相学习互相讨论，各自述说心得体会。王阳明和湛若水俩人有共同的追求，就是做一个不朽的圣人。要做圣人，必然好为人师，俩人找来黄绾一合计，一致举手同意，再次联手办圣人培训班。

别的不说，单单王阳明这个招牌就可吸引粉丝一片，四年前在京城就是一个角儿了，如今龙场悟道归来，又在庐陵大放异彩，而且头上还顶了"知行合一"的光环。湛若水的名气也不差，大儒陈白沙的衣钵传人，善于科举。再加上黄绾这样的传媒天才，想不火都难。消息一传出，大兴隆寺一下子人满为患，可是香火并不旺盛，因为他们是来向王阳明取经的，不是来拜佛祖的。

不久，国子监空了，学生都翘课跑到大兴隆寺听王阳明讲学。

这下子，朝廷有人坐不住了，但也无可奈何，人家王阳明没有违法，不好制止。怎么办？方法只要想还是有的，没有正的，有邪的。

尊德性抑或道问学

大兴隆寺火了，国子监却空了，国子监的主管领导第一个对王阳明不满，长此以往，国子监怎么办？按理说，你国子监和王阳明没有关系，爱怎么着就怎么着，但国子监是官府的，出身好啊，根正苗红，阳明培训班算什么啊？

在大明朝，无论是谁，也无论你做什么？第一要考虑的不是《大明律》，也不是皇帝，而是政治。王阳明这么大张旗鼓地开讲，忽悠这么多人去听课，就是典型的不讲政治。

王阳明办学，打的旗号是学术交流，宗旨是继承圣人之学。朝廷自然不好说什么，你说的孔夫子是盗版的、山寨的，我们才是纯正的、正宗的。朝廷研究过来研究过去，总算弄出了眉目：王阳明办学不是政治问题，是政治有问题。

骆宾王在《讨武曌檄》末尾有一句很有气势的话：试看今日之域中，竟是谁家之天下！这文章，王阳明应该读过，但未必能时刻记在心中，一心要做圣人，这没有错，出发点也是好的，但更应该记得大明朝是谁家的天下。

这好像不用问，大明朝人都知道，老朱家！大明朝的正统思想是什么？读过书的都知道，朱熹理学。

王阳明在大兴隆寺讲哪门子课呢？心学。

问题就在这里，大明朝的立国之本是朱熹理学，王阳明讲的却是心学，这是什么居心？大明朝官场都知道，心学的创始人是陆九渊，他和朱熹是一辈子的敌人，朱熹说理学是正确的，陆九渊说心学是正确的。在大宋朝的时候，他们之争纯属学术之争，和政治没有一毛钱的关系。

到了大明朝，朱熹理学成了钦定思想，是绝对正确的，不容置疑，哪怕是学术上的质疑也不允许。现在，王阳明居然在京城、在天子脚下大肆宣讲心学，这不是学术问题，而是政治有问题。

这种行为绝对不能存在，因为朝廷绝对不能容忍，果然，很快就有人来砸场子了。官府对付文人还是有法子的，只需要派几个文人即可，绝对不会动用城管之类或者社会小混混，这对文人没有效果，相反还会引发群体性事件。

有一天，王阳明正在和众弟子坐而论道的时候，他的两个弟子站了出来，站起来干什么？吵架！这两个弟子，一个是王舆庵，一个是徐成之。他们站起来看似是学术之争，纯属论道，但怎么看都觉得背后有政治因素，好像是朝廷派出的卧底。

这两人不是一般地吵架，而是严肃认真地吵架，好像经过排练，不温不火，妙就妙在吵架内容。王舆庵说陆九渊的心学是正确的，因为陆九渊专以尊德性为主，徐成之反对，说朱熹理学是正确的，因为朱熹专以道问学为主。两人谁也说不服谁，谁也搞不定对方，最后决定，找老师评理，这样就吵到了王阳明那里。

王阳明一听就知道这个是烫手山芋，不接吧，必然名声扫地，连这个问题都搞不明白，大师之名是浪得虚名；接吧，的确很烫手，怎么回答都不合适。这就好比父母吵架找孩子评理，孩子如何说？说爸爸有理得罪妈妈，说妈妈有理得罪爸爸，而且哪一个都得罪不起。

王阳明是讲心学的，他肯定认为陆九渊是正确的，不然他天天在那里扯什么。朱熹理学是立国之本，兹事体大，关系政治，极其敏感，极其尖锐，稍有失言，弄不好就是反朝廷反皇帝。

在官场这么多年，王阳明熟悉规矩，就来个官方式回答：是朱非陆，天下之论定久矣，久则难变也。虽微吾兄之争，舆庵亦岂能遽行其说乎？

王阳明的口径和大明朝官方一致：朱熹是正确的，陆九渊是错误的。王阳明也不认为这是最好的回答，但绝对是最安全的回答。

王阳明的回答一下引起了很大的风波，他没有说朱熹对也没有说陆九渊对，只是套用了官方说辞。这是明显的自保，王阳明没有出丑，徐成之当然不干，这谁不知道啊，还用问你吗？王舆庵更不满意，王老师你明明在讲陆九渊的心学，怎么还说陆九渊不对啊？

面对困局，王阳明开始使用法宝，写信。王阳明给徐成之写信，在信中说，陆九渊确实尊德性，但他并没有忽视读书啊；朱熹推崇道问学，但并不是不重视德性。

压力山大啊，王阳明没想到会栽在这样的小问题上，迫于当时的舆论压力，只得做第二次回答：朱熹的学说被朝廷推崇了几百年，自然是正确的；但陆九渊的学说四百年来一直遭受不公正待遇，也是不应该的，是时候给陆九渊洗冤了。

这下子，徐成之高兴得笑了，因为可以看笑话。王舆庵高兴得哭了，因为王老师终于给陆九渊正名了。

虽然王阳明没有否定朱熹学说的伟大正确，但承认了陆九渊学说的正确，就等于否定朱熹肯定陆九渊。王阳明公然承认陆九渊是正确的，还要给陆九渊洗冤，这不是要造反吗？陆九渊可是朱熹的死对头，这不是明摆着说朱熹是错误的吗？

　　王阳明这个观点一出，立即遭到朝野人士的群殴，有仇的没仇的，熟悉的陌生的……都上来了。这时候，好像谁不骂王阳明就不爱大明朝一样，谁不骂王阳明就不爱皇帝一样。这不是普通的学术问题，是意识形态，不是儿戏，这是大是大非的问题。

　　这个时候，即使朱厚照站出来替王阳明讲情都没用，因为王阳明一竿子打翻了一船人，尤其是那些吃朱熹饭的人，他们其实也知道是怎么回事，但是吃这碗饭，没办法，他们恨不得吃了王阳明。还有就是一帮学究，他们是真心喜欢朱熹，信仰了一辈子，现在突然说朱熹不正确，那还了得，更是放声号啕大哭，变天了，变天了，国将不国了。

　　这娄子捅大了，王阳明怎么收场？

道之所在即前方

　　真是居京大不易，刚到北京，刚刚开课就惹来这么多麻烦。既然开饭店，就不怕大肚汉，该来的都来吧，有些事躲是躲不过的，绕也绕不掉，不如直面迎接，就是死也死个明白。

　　倒王的人群中，不少还是王阳明的好朋友，甚至曾经是王阳明的崇拜者。诸如崔铣、汪俊和储巏等人，足见王阳明当时面临的压力之巨。听说王阳明力挺陆九渊，他们想把王阳明拉回来，遭到王阳明反对，他们爱之深恨之切，崔铣骂王阳明是"儒霸"，汪俊写信和王阳明断交，储巏则批评王阳明"不以师道自处"……

　　只是在书信中力挺了陆九渊一下，王阳明一下子成了大明朝的公敌，好朋友尚且如此，别人就更不要说了。王阳明很是伤心，这是怎么啦？自己没有错啊？越是这样，王阳明越是坚定自己的信心，一定要坚持下去，道之所在，虽千万人吾往矣。

　　疾风知劲草，板荡识诚臣。这时候还有人来拜访王阳明，太难得了。这个人正是帮王阳明留京的乔宇，和王阳明相比，乔宇现在是春风得意，刚刚升迁南京礼部尚书。

这里简单说一下明朝京城制度。明朝实行的是两京制，也就是一个朝廷两套班子，一套班子在北京，一套班子在南京。当年，朱元璋建立明朝时，定都南京。后来，朱棣发兵靖难，夺得了天下，不太光明正大，南京不是他的地盘，就迁都北京。尽管朱棣武力夺取了天下，但人心不服，尤其南京这帮朱允炆的死忠。他们不愿天天看到朱棣，朱棣也不愿看到他们，怎么办？于是就出现了两套班子的情况，级别一样，待遇一样。这样一来，愿意北上的去北京，不愿北上的留在南京，两全其美。差别是，凡是南京的中央机构前面要加上"南京"两字，尽管都是直接对皇帝负责，但南京的行文大多数不能直接呈递给皇上，要经北京相应机构转呈，自然受到北京机构的制约。距离皇帝远，南京的权力相对小一些。

在即将赴任时，乔宇到大兴隆寺和王阳明论道，乔宇的到来，王阳明很是兴奋，两人进行了一次深刻有趣的对话。

乔宇向王阳明请教如何治学，王阳明说："学贵专。"

乔宇说："对。我年少时爱好下棋，吃饭不知其味，躺在床上不想睡，眼睛看的是棋盘，耳朵听的还是棋，于是一年后打败家乡人，三年后全国没有我的对手。真的是学贵专啊！"

王阳明说："学贵精。"

乔宇说："对。长大后我爱好词章，字字寻求，句句斟酌。研读历史，考核诸子百家，刚开始比较喜欢唐宋大家文章，最后痴迷于汉魏大赋。真是学贵精啊！"

王阳明说："学贵正。"

乔宇说："对。中年时我开始爱好圣贤之道，这个时候就觉得下棋是多么无聊的事，文章也是不值一提的小事，我现在满心都是圣贤之道。王老师，您怎么看？"

王阳明说："可以啊！学习对弈是学问，学习写文章是学问，学习圣贤之道也是学问，都是学问，但结果就大不一样了。道，是大路，除此之外都是荆棘的小路，很少有人能从小路到达智慧的巅峰。故而，只有专心于大道的才能称为专；只有精心于大道的才能称为精。专心于下棋而不专心于大道，这样的专心就是沉湎；精心于文章写作而不精心于大道，这样的精心就是癖好！大道啊，既广又大，文章和技能来源于大道，而以文章和技能称能的人却远离了大道。大道博大精深，天地万物的生成发育都在里面，何况是文章和技能这样的雕虫小技呢？

人生，除了做学问学技能，还有处世之道，修心之道，进退之道。如果人生不和大道在一个方向上，还有什么意义？"

乔宇说："王老师，您说得太对了！我将终身铭记，只可惜知道得太晚了。"

王阳明说：悟道哪能这么容易啊！高富帅们不推崇学问很久了。古时候，卫武公五十九岁还诏告国人：不要以为我老了就把我抛弃了。乔尚书您的年纪只有卫武公的一半，前途不可限量啊，你绝对不比卫武公差，老朋友加油，我看好你哟。

获得王阳明的点拨，乔宇顿悟！之后，乔宇不再犹豫不再迷茫，而是高高兴兴回家收拾行李，直奔南京赴任。到南京后，乔宇一是尽心做好本职工作，二是尽心推广王阳明之学。

用一颗心去唤醒另一个颗心

乔宇这样的充其量只能算是同道中人，连粉丝都算不上，更别说死党忠党了。要说王阳明的死忠，不能不提郑一初。郑一初，和王阳明同朝为官，都察院御史，御史相当于今天的纪检委，这个工作就是操心的命，关心天下，关心朝廷，关心皇帝，关心大臣，关心苍生，于是今天揭发这个，明天检举那个，后天又骂皇帝不守规矩。

由于操劳过度，郑一初的身体一直不好。听说王阳明在大兴隆寺讲心学，郑一初就急忙跑了过来，向王阳明请教。

那一天，天气很好，晴空万里，郑一初见了王阳明，直奔主题问道："先生，圣学可至？"

都病成这样子了，不关心自己的身体，还对圣学之道如此关心，可见郑一初是一个操心的人。

面对郑一初的问题，王阳明回答得很坚决："可以！只要克制住自己的非分之想就可以。"

听到王阳明的回答，郑一初拼命学习，探本穷源，夜以继日。令王阳明十分感动，高兴地对郑一初说："你终于找到了智慧大道。"

听王阳明这一夸奖，郑一初更加发奋学习了，身体健康每况愈下，大伙劝郑一初注意身体："大道是没有休止的，差不多就行了。"

郑一初微微一笑，淡然地说："没办法啊，朝闻道夕死可矣！"

看到弟子这样努力，王阳明很是感动，弟子比自己还有信心，自己更加坚定圣人之路。不能让弟子发财，也不能让弟子升官，王阳明靠什么吸引弟子前来？王阳明的秘密武器是什么？其实很简单，就两个字：心静！

有一个叫王纯甫的弟子也很有意思，仕途高升，被朝廷任命为南京教育部门的领导。由于没有经验，内心不踏实，就到王阳明这里问道。

听说南京教育局领导来取经，王阳明说，我要思考一下！

见到王纯甫，王阳明抬出了孟子，用孟子的话忽悠王纯甫。

王阳明有智慧，王纯甫也不傻，听完王阳明的政治课，说了一句："王先生，我还没有完全明白，请继续教诲！"

之后，再次向王阳明请教说："我自己都未曾学过大道，现在去教育别人，这就是典型的渎职啊！敢问我拿什么教别人啊？"

王阳明回答说："学过习吧？自己怎么学习的就怎么教。"

王纯甫又问道："怎么学习呢？"

王阳明回答："教过别人吧？怎么教别人的就怎么学习。古时候的君子，自己先做到然后再要求别人做到。"

王纯甫接着问："学生各有特点，用我个人的学习感受去教他们，岂不是用一种方法去教授所有人吗？"

王阳明回答说："是啊，正是他们不一样，所以才用一种方法教。由于先天的原因，事物有大有小有长有短，但各自有特点，这符合规律。技术也是这个样子，制作弓箭和冶炼风马牛不相及，但各有各的用处，也是规律。铁匠和木匠，烧砖和砌墙，抹墙和泥墙，这些技术足以建房子，也是规律。于是，人们进行分类研究，发现这些都是技术。这些技术各有特长，共同的特点是有用。教育就是根据学生的特点进行培养，最高目的就是让学生各成其材。这一点，可以从孔子回答仁孝的方法借鉴，也可以从孟子讨论货色的方法学习。"

听完王阳明的回答，王纯甫说："照先生您这样说，岂不是教无定法啊？"

王阳明坚定地回答："教当然无定法！如果全天下只有一种教法，那就会只有制造弓箭就没有冶炼的，就只有木匠就没有烧砖的。圣人难道不想人人都成为圣人吗？然而每个人的天赋各不相同。于是，教育就根据学生的天赋进行培养，这是定法；共同目的是让学生各成其材，这是定法。因人施教，因为天赋不同；都培养成人才，因为天性相同。教育这件事，就是恢复学生天性罢了。从尧舜以来从没有改变，怎么能说没有定法呢！"

王阳明关于教育本质的论述可谓直指人心，教育不是别的，就是恢复孩子的天性，然后根据天性培养成才。啥是素质教育，这就是！天下高见，多有相合！这一点，古希腊哲学家苏格拉底和王阳明也是英雄所见略同，他说："我的母亲是个助产婆，我要追随她的脚步，我是个精神上的助产士，帮助别人产生他们自己的思想。"还有一个英雄是德国哲学家雅思贝尔斯，他说："什么是教育？教育就是一棵树摇动另一棵树，一朵云推动另一朵云，一个灵魂唤醒另一个灵魂。"

听了王阳明这些教诲后，王纯甫以为自己得到了葵花宝典，高高兴兴去南京赴任了。谁知道，王纯甫不仅和父亲相处不来，和南京的同事也是关系紧张，就写信向王阳明请教。

王阳明写信告诉王纯甫：要改变气质。气质居常无所见，惟当利害，经变故，遭屈辱，平时愤怒者到此能不愤怒，忧惶失措者到此能不忧惶失措，始是能有得力处，亦便是用力处。天下事虽万变，吾所以应之不出乎喜怒哀乐四者，此为学之要，而为政亦在其中矣。

那么，在王阳明眼中如此重要的"气质"到底是何物呢？

不动心之道

王阳明所说的"气质"，是指当人在遭受巨大变故、经历屈辱的时候，精神和心理状态不受影响，一切正常生活。这是一种境界，是历经磨难后的成熟，是千锤百炼后的精纯，平和、从容、镇定，宠辱不惊，物我皆忘，是一个人成熟和内心力量的外在展现。

"气质"不仅仅是一个概念，有具体的内涵，最早提出这个词的是张载，他是这样解释的，"气质犹人言性气，气有刚柔、缓速、清浊之气也，质，才也。气质是一物，若草木之生亦可言气质。"

　　"气质"一词至今仍是评价一个人极其重要的符号，在一定程度上和生理学与心理学所界定的人性很类同，人们常常说的长相不重要看气质，其实要表达的就是这个意思，"气质"接近于生命本质。

　　到底啥是"气质"？可以说，它是人类智慧和生命的根本，精神文明的物质形态。人与人之间的最大的差别不在于外形，而是内在的思想，决定思想的则是一呼一吸的气，诸如发动机动力的差别在排气量，人与人最大的差异其实也在排气量，即是"气"。

　　古人早就对"气"进行了深入研究，他们发现"气"是生命根本，管仲也在书中说："有气则生，无气则死，生者以其气。"庄子在《外篇》里说："人之生也，气之聚也，聚则为生，散而为死。"

　　曾子进一步探索，发现"气"还能修身养性。《论语》里曾子病重之际，孟敬子前去探望，曾子临终前不仅说出了"鸟之将死，其鸣也哀；人之将死，其言也善"，而且对孟敬子提出了修身的三个方面："动容貌""正颜色""出辞气"（《论语·泰伯》）。

　　孟子则认为"气"还是不动心之道。公孙丑问孟子："不动心有道乎？"孟子曰："有。"之后公孙丑和孟子又进行了讨论，详细解释了"志"与"气"的关系，最后孟子得出答案："我善养吾浩然之气。"公孙丑不明白，又问："敢问何谓浩然之气？"孟子回答说："难言也。其为气也，至大至刚，以直养而无害，则塞于天地之间。"

　　荀子进一步对"气"研究，得出："水火有气而无生，草木有生而无知，禽兽有知而无义，人有气、有生、有知，亦且有义。"

　　这世界有"气"的这么多，有的是有气没有生命，有的是有气有生命却没有知觉，有的有气有生命却没有道义，只有人有气有生命有知觉而且有道义。

　　继承古人传统，张载提出了："为学大益，在自求变化气质。"即是说，一个人如果要修身养性变化气质，如何改变呢？张载给出了具体方法："以礼规范身心，动作皆中礼；学者先须变化气质，变化气质和虚心相表里。"

为学之人第一要做的是"变化气质"，从哪里开始呢？第一用"礼"规范言行举止达到外在的变化，而"变化气质"和"虚心"互为表里，仅仅外表变化是不够的，内心变化才是真的变化。因而"变化气质"要从"虚心"开始，"虚心"是什么呢？就是心里不能有成见，需要归零或者清空，一个空间只有在清零或者清空的状态才能装进其他东西。即是通过身体外在改变来变化内心，通过内心变化来改变身体外在言行举止。

程颢说："学至气质变，方为有功。"

"气质"变化的标准是什么？就是能否做到不动心。

二程说："君子莫大于正其气，欲正其气，莫若正其志。其志既正，则虽热不烦，虽寒不栗，无所怒，无所喜，无所取，去就犹是，死生犹是，夫是之谓不动心。"（《遗书》二十五，《二程集》）

王阳明早在第二次科举不第的时候，就说出了："世以不得第为耻，吾以不得第动心为耻。"

"动心"和"不动心"说的是境界，这里的境界不是生理的境界，也不是心理的境界，而是道德的境界，这里的"不动心"是在良知指引下达到的。正如王阳明先生所说："信此良知忍耐去做，不管人非笑，不管人毁谤，不管人荣辱，任他功夫有进有退，我只是这致良知的主宰不息，久久自然有得力处，一切外事自能不动。"

在传统文化中，修身养性不是空洞的概念，而是体现在具体事情上，人只有在遭受巨大挫折、失败、苦难和屈辱的时候，才能看出一个人修养的水平。一个人经历种种劫难后，而身心依旧平和，依然淡定从容，无入而不自得，才算做到不动心。

由于王阳明在信中只是强调了"气质"的重要性，并没有给王纯甫提出具体的修炼路径，王纯甫虽然觉得很好但找不到着手处和用力处。参悟了一段时间后，王纯甫还是搞不明白，就给王阳明写信说："学以明善诚身，固也。但不知何者谓之善？原从何处得来？今在何处？"

王阳明回答："夫在物为理，处物为义，在性为善，因所指而异其名，实皆吾之心也。心外无物，心外无事，心外无理，心外无义，心外无善。"

一切问题，一切答案，都在心中！

除了王纯甫，还有一个学生，让王阳明感动，这个人叫方献夫，二十岁就中进士，而且获得实缺，被派到广西一个县做知县。方献夫比王阳明小十三岁，进入仕途比较早，官至吏部郎中，是王阳明的领导。但人家小方领导能放下架子，不耻下问，虽然官比王阳明大职务比王阳明高，但确实很谦虚，以弟子之礼拜师王阳明。

眼看王阳明在京城的影响越来越大，许多人坐不住了，尤其是那些朱熹的徒子徒孙，开始动手了。他们不好直接对王阳明下手，这样太明显，他们进行了剪王行动，先派遣湛若水出使安南（今越南）。第二年，有人开始弹劾黄绾，无奈之下，黄绾告病还乡。

这样，京城就剩王阳明一个人了，王阳明的圣学培训班就这样破产了，正如他送别湛若水诗里的最后一句所说："迟回歧路侧，孰知我心忧。"

官场指南圭臬

在朝廷那些人一直努力下，王阳明、湛若水和黄绾三人组合终于被拆散了。当他们把湛若水送出千里之外的时候，为了安慰一下受伤的王阳明，正德六年十月，朝廷给他升官一级，升任文选清吏司员外郎，官至六品。

正德七年（1512）三月，王阳明的官又升一级，升任考功清吏司郎中，正五品，这速度，半年升官一级。不可思议的是，到了这年的十二月，王阳明又升官了，升任南京太仆寺少卿，正四品，这是火箭般的速度。

王阳明回到京城仅仅两年，就是天天加班天天熬夜，也没做出什么惊天动地的业绩，况且还天天忙着论道、授业、解惑和传道。

总之王阳明的升迁没道理，没道理背后必有利益，就是背后必有人操盘。说白了，京城有人不愿天天看到王阳明，找个借口打发走人。

太仆寺掌管马匹饲养管理，一把手称作"卿"，副职称作"少卿"，也就是说王阳明是一个副职。说是南京太仆寺，其实官署在滁州。这个差距，从管人到管马，从北京一下子下放到滁州，从肥缺到清水衙门。

临近年底的时候，王阳明的弟子兼妹夫徐爱，在地方任职期满，回京接受考核。考功清吏司负责地方官员考核，这里正好是王阳明的地盘，由于王阳明要回南京太仆寺工作，为了能和徐爱在一起论道，于是利用关系安排徐爱为南京工部员外郎，一个从五品的官职。

这两人关系太亲近了，既是师徒关系，又是亲戚关系，而且是实在亲戚，大舅哥和妹夫。老家都是余姚，都好几年没有回家了，又都是去南京赴任，他们打算一起回老家看看，于是给朝廷打报告申请回乡省亲。

获准后，王阳明和徐爱到通州张家湾，乘船南下，高高兴兴踏上了回家之路。

两人都好多年没回家了，对家里的情况都不太清楚，家里情况实在没啥可聊的，再说了两个人都是要做圣人的人，哪能聊家长里短呢！要聊也要聊天下、聊人生，就是再不济也要聊聊学问。

在船上闲来无事，两人开始论道，两人都曾经在地方为官，《大学》是做官的教科书，于是就成了他们的话题，论的是《大学》宗旨，其实探讨为官之道。

两个科举出身的人一起探讨《大学》，别的不说，《大学》对他们来说太小意思，不要说背诵了，就是说梦话都能一字不落、一字不差地说出来。

庐陵的成功，使王阳明更加坚定了自己见解，《大学》里的"在亲民"只能是"亲"，而不是朱熹所说的"新"，于是趁机考考徐爱，让徐爱背诵一下。

徐爱背诵道："大学之道，在明明德，在新民……"

当徐爱说出"新民"两字的时候，王阳明立即说："新民！错了。想想到底是什么？"

徐爱一愣，停下说："先生，没错。是新民，《四书集注》里就是这样的，是钦定版本。"

王阳明一字一顿地说："一定是错的。错就错在朱熹，《大学》原本不是'新'，而是'亲'，是朱熹改动的。本朝尊奉朱熹，把《四书集注》作为科举大纲，你学的自然是'新'了。"

王阳明这么一说，徐爱一头雾水，有些迷糊。老师在旁边，不明白就要问，于是问道："在《大学》里，'在亲民'，朱熹说应该当作'新民'理解。在后面的一章也有'作新民'这么一说，这么看来，朱熹也是有根据的。先生您说应该遵从旧版本的'作亲民'，这有什么根据吗？"

王阳明微微点头，回答："当然是有根据的。'作新民'的'新'字是'自新'的意思，与'在新民'的'新'（的意思）不一样，这怎么能（是）证据呢？'作'字与'亲'字相对应，却不是'亲'字的意思。后面讲的'治国''平天下'之处，都对'新'字没作阐释和说明。比如说'君子贤其贤而亲其亲。小人乐其乐而利其利''如保赤子''民之所好好之，民之所恶恶之，此之谓民之父母'之类，都是'亲'字的意思。'亲民'犹如孟子所说'亲亲仁民'的意思。对他们'亲'就是对他们行'仁'的意思。老百姓之间不亲和，因而舜让契作为司徒官，敬慎地传布五种伦常的教，所以称之为'亲之也'。《尚书·尧典》中的'克明俊德'就是《大学》中的'明明德'，《尚书·尧典》中的'以亲九族'到'平章百姓，百姓昭明，协和万邦'，就是《大学》中的'亲民'，也就是'明明德于天下'。又如孔子说的'修己以安百姓'中，'修己'就是'明明德'。'安百姓'就是'亲民'。说'亲民'就是兼有教育和培养的意思。说'新民'意思就有些偏了。"

王阳明这一番引经据典，有理有据，逻辑顺畅，有文有真相。徐爱十分信服，觉得自己的老师又高大了许多，崇拜之情油然而生。据《王阳明年谱》记载，听了老师的讲解，徐爱踊跃痛快，如狂如醒者数日，胸中混沌复开。然后开始笃信王阳明之学是孔门嫡传，其他都是傍蹊小径，断港绝河矣。古人云，朝闻道夕死可矣，听了王阳明的大道，徐爱激动得手舞足蹈，和当初王阳明龙场悟道一样。

老师一番话，学生就激动成这样，可见大道的力量。最为不可思议之处是，徐爱几十年的信仰，居然这么不堪一击，分分钟灰飞烟灭。要么是王阳明太神奇，要么是徐爱头脑不正常，要么是大明朝的政治教育太脱离实际了。

到底《大学》里的"在亲民"是"新"还是"亲"，这个已经无从考究，除非把作者曾参找来，说不定他老人家也记不清了。无论是朱熹的"新"还是王阳明的"亲"，都已经和《大学》无关，在他们那里，《大学》只是工具，是他们布道的工具。

"在明明德，在亲民。"这句话，朱熹和王阳明看法不同，见解自然不一样。前半句，两人都没有意见，都认为是"天理"，争论之处在"在亲民"中的一个

"亲"字。

朱老夫子之所以认为应该是"新",是因为他宣称的是"存天理,灭人欲",就是说"天理"第一,"人欲"在"天理"面前什么都不是,强调老百姓要做顺民,朝廷需要啥样的就做啥样的。这就和朱熹的"格物致知"一样,只是一味强调知识的重要,但拥有知识干什么却不知道。结果个个满腹经纶,"一事无成百不堪",就会出现"饿死事小,失节事大"的现象。

王阳明认为应该是"亲",这和他的心学有关,他注重人的存在,说白了就是"人欲即天理",先要尊重人欲才能推广天理。这就像王阳明的"知行合一",用"天理"来实现"人欲",很实际,也很有效果。王阳明卧治庐陵就说明,只要你真心为了老百姓,老百姓自然拥护你,支持你。

朱熹的观点是:要做圣人,先要满腹经纶,不然没有资格,实际上许多人却满腹经纶做坏事。王阳明的观点则是,你想做圣人那就开始做吧,只要你按照圣人的标准去做,人人都能成为圣人。

什么样的人能成为圣人

和王阳明交流一番后,徐爱好像豁然开朗,更加坚定了自己做圣人的信念!

想想自己也能成为圣人,徐爱满心激动,但自己一思考老师的圣人修炼路径,就迷糊了,发现逻辑不通。孟老夫子说过:"尽其心者,知其性也,知其性则知天矣。"也即是说,只要尽心就可以知性,知性就可以知天。路径有了,怎么才能做到"知"呢?对于熟读四书的徐爱来说这不是问题,因为《中庸》已经给出了答案:或生而知之;或学而知之;或困而知之。

给出这些答案之后,《中庸》又说了:或安而行之;或利而行之;或勉强而行之。

这一下子,徐爱蒙圈了,迷糊了,重新梳理阳明先生观点,还是搞不懂,就问王阳明:"昨以先生之教推之'格物'之说,似乎亦见得大略。但朱子之训,其于《书》之'精一',《论语》之'博约',《孟子》之'尽心知性',皆有所证据，以是未能释然。"

先生曰："子夏笃信圣人，曾子反求诸己。笃信固亦是，然不如反求之切。今既不得于心，安可狃于旧闻，不求是当？就如朱子京尊信程子，至其不得于心处，亦何尝苟从？'精一''博约''尽心'本自与吾说吻合，但未之思耳。朱子'格物'之训，未免牵强附会，非其本旨。精是一之功，博是约之功。日仁既明知行合一之说，此可一言而喻。'尽心知性知天'是'生知安行'事，'存心养性事天'是'学知利行'事，'夭寿不贰，修身以俟'是'困知勉行'事。朱子错训'格物'，只为例看了此意，以'尽心知性'为'格物知至'，要初学便去做'生知安行'事，如何做得？"

王阳明费劲解释了半天，徐爱似懂非懂，最后居然还是傻傻分不清！徐爱是一个诚实的人，知之为知之不知为不知，不明白就继续弱弱地问："'尽心知性'何以为'生知安行'？"

王阳明先生回答说："性是心之体，天是性之原，尽心即是尽性。'惟天下至诚为能尽其性，知天地之化育。'存心者，心有未尽也。知天，如知州、知县之知，是自己分上事，已与天为一；事天，如子之事父，臣之事君，须是恭敬奉承，然后能无失，尚与天为二，此便是圣贤之别。至于'夭寿不贰其心'，乃是教学者一心为善，不可以穷通夭寿之故，便把为善的心变动了，只去修身以俟命；见得穷通寿夭有个命在，我亦不必以此动心。事天虽与天为二，已自见得个天在面前；俟命便是未曾见面，在此等候相似，此便是初学立心之始，有个困勉的意在。今却倒做了，所以使学者无下手处。"

徐爱明白了，后来顾东桥也和阳明先生探讨《大学》，阳明先生通过书信回答，因内容较长，现摘录如下：

来书云："所释《大学》古本，谓致其本体之知，此故孟子尽心之旨。朱子亦以虚灵知觉为此心之量。然尽心由于知性，致知在于格物。"

尽心由于知性，致知在于格物，此语然矣。而然推本吾子之意，则其所以为是语者，尚有未明也。朱子以"尽心、知性、知天"为格物、致知，以"存心、养性、事天"为诚意、正心、修身，以"夭寿不贰、修身以俟"为知至、仁尽、圣人之事。若鄙人之见，则与朱子正相反矣。夫"尽心、知性、知天"者，生知

300

安行，圣人之事也；"存心、养性、事天"者，学知利行，贤人之事也；"夭寿不贰，修身以俟"者，困知勉行，学者之事也。

按照王阳明的观点，人们的智慧有几个层次：第一个层次生而知之，属于天生的，这种智慧一般人学不来，只能仰慕；第二个层次学而知之，这类人对事物有兴趣，他们的智慧是通过后天学习得到的，可以学习；第三个层次困而知之，这类人身处困境，通过努力克服困难，最后也获得了智慧。其实，孔子早就进行了论述，他老人家曰："生而知之者，上也；学而知之者，次也；困而学之，又其次也；困而不学，民斯为下矣。"

王阳明和孔夫子想要表达的就是：王侯将相宁有种乎？一个人无论天赋如何，也不论出身如何，更不论是通过哪种方式获得智慧，只要有一颗圣人的心，只要一心追求圣贤就是圣贤。

王阳明说："生知安行，圣人之事也；学知利行，贤人之事也；困知勉行，学者之事也。"在现实生活中，许多人都是"困知勉行"，少部分是"学知利行"，只有极少数是"生知安行"。当然也可以把这三种层级看作为学的三重境界："困知勉行""学知利行""生知安行"！

作为一个普通人，可以顺着王阳明先生的观点给自己规划：先做学者，再做贤人，后做圣人。学海无涯苦作舟，韩愈感慨说："人非生而知之者，孰能无惑。"

有疑惑怎么办？问老师，于是乎，徐爱就再去问王阳明。

王阳明和徐爱一路论道，不一日就到了余姚。日后，徐爱把他们二人论道经过写成了文章，后来收录到《传习录》。

到余姚后，各回各家，快乐过年。

听说王阳明回来了，粉丝们挤破门，天天围着王阳明讨论学问，王阳明也乐得其所，和弟子们在余姚游山玩水之余讲讲学。

官拜弼马温

快乐的时光总是短暂的，圣人的日子也是如此，转眼间就要赴任了，王阳明一直想见见黄绾。炒作高手的黄绾不走寻常路，先生回来了，不来拜见，却通过书信迎接王阳明，而王阳明当然不会去见他，也是通过书信和他交流。

新年之后，王阳明带着徐爱一起到南京报到，朝廷南京办公区安排他到安徽滁州去管理马政。这一来，王阳明就和孙悟空一样，做了一个管马的官，虽然级别比孙悟空高一些，但也算是弼马温。

滁州地处南京西北，是南京的江北门户，地理位置重要。朱元璋定都南京后，为了保证军马的供应，就在滁州设立管理放牧繁殖军马的机构——太仆寺。那个时候，马匹是战略物资，极为重要，官府命令滁州军民养殖马牛，以保障军队需要。朱棣夺取天下之后，又在北京设立了太仆寺，原来的太仆寺就被称作南京太仆寺。

滁州是个好地方，有山有水有树林！欧阳修说过，"环滁皆山也"，就是说整个滁州处在大山怀抱之中。滁州山清水秀，风景宜人，蓝蓝的天空，白白的云，没有一丝雾霾，每个文人骚客到这里都会诗意盎然，于是乎都要写首诗。

名义上给王阳明升官，实际上就是送瘟神，在北京闹腾，把你赶到南京，还不放心，那就送到滁州。风景很好，适合写诗，也适合讲学，爱做什么做什么，反正也影响不了朝政。

朱棣迁都后，实行南京和北京两套班子，级别待遇一样，实际上，南京的机构多是形式大于意义。南京班子的官员有点事做的就是兵部尚书，还凑合有机会参赞军机，与太监、勋臣以及内外两个守备总理南京事务，其他一些部门基本就是一份报纸一杯茶，天天饮酒作诗写文章。

南京太仆寺就更没有事可做了，其实不只是南京太仆寺没事做，就是北京太仆寺也被御马监架空了，也是无所事事。王阳明的太仆寺少卿就成了闲职中尤其闲职者。

提起滁州，读书人都会想起欧阳修的《醉翁亭记》，正是欧阳老先生的这篇文章，琅琊山一下子从自然景观变成了人文景观，滁州一下子成了名地，琅琊山也成了名山。几百年后，一个曾经在欧阳老先生家乡庐陵为官的王阳明也来到了这里，他把琅琊山变成了讲学的大课堂，而琅琊山也从人文景观升级成心学圣地。正如王阳明晚年的掌门弟子钱德洪所说：滁州实为阳明先生的"讲学首地"。

听说偶像王阳明到滁州了，王阳明的粉丝欢呼雀跃，有马的骑马，有轿的坐轿，有船的划船，贫苦的就一盆一钵步行而来……一堆人从四面八方涌向滁州，滁州的客栈客满为患，餐饮服务业也都全员上岗，太仆寺一下子热闹起来。

看到这么多粉丝，王阳明也很激动，一一解答大伙的疑惑。和当年的欧阳修一样，王阳明也是经常带着一帮弟子游览琅琊山，每当月圆之夜，率众弟子围坐在龙潭吟诗唱歌，声音在群山之间回荡。

一些先前的弟子，听说王阳明在滁州，也不远千里来到王阳明身边。

弟子多了，麻烦就多，人上一百，形形色色。大家都崇拜王阳明，都是王阳明的弟子，但每个人的诉求点是不一样的。有的人拜王阳明是为了中科举，有的是为了解惑，有的是为了明理，有的是为了传道，有的是为了长见识，有的是为了拉关系找门子，有的是为了信仰，有的是为了永生……

还真是的，王阳明的一些弟子非常有意思，居然有些人喜欢阅读鬼故事，还有一些人喜欢阅读玄幻类的书籍，不知道有没有喜欢阅读穿越类图书的。也有人居然想问道成仙，他们认为信阳明得永生。

看到这帮弟子，王阳明大为感慨，想到了年轻时的自己，就和弟子们说："老师我年轻的时候和你们一样，你们痴迷的样子有我当年的神韵，就是对什么事物都好奇。现在想想，要不是突然有一天悟道成功，之后专心研究理学，说不定还和今天的你们一样，那我哪里能做了你们的老师啊。不过，你们喜欢就继续玩下去，我不想强制你们放弃这些爱好，事非经过不知道，没有亲身经历过，你们就不会知道什么是正确什么是错误，因而就不能走上正确的道路。"

面对众弟子的不同需要，王阳明采取的方法是以不变应万变。不管你万般需求，我只有一种教法，那就是——静坐。

有一个叫孟源的弟子，这个人贪图虚名自以为是，曾被王阳明多次点名批评。

一天，王阳明刚刚训斥过孟源。一个朋友和王阳明交流自己近日来的心得体会，并恳请王阳明给予指正。没等王阳明开口，孟源却在旁边插话了："你说的这些，正好让我孟某人找到了旧时的家当啊！"

看到孟源又出风头，王阳明当即训诫："你的老毛病又犯了！"

被老师当众训斥，孟源脸色难看，正打算为自己的行为辩护时，王阳明更严厉地说："你的老毛病又犯了！"

连续两次训诫，孟源老实了，低下了头，一声不吭。批评之后，王阳明又对孟源进行教育，通过比喻开导："好名是你一生大病根。譬如方丈地内，种此一大树，雨露之滋，土脉之力，只滋养得这个大根；四傍纵要种此嘉谷，上面被此树叶遮覆，下面被此树根盘结，如何生长得成？须用伐去此树，纤根勿留，方可种植嘉种。不然，任你耕耘培壅，只是滋养得此根。"

孟源问老师，怎么才能改掉自己这个毛病，王阳明用手一比画——静坐。

但孟源静坐之后，内心躁动不安，无法深入思考，感觉更难受，就问王阳明："先生，我在静坐时，思虑纷杂，不能强禁绝，怎么办？"

看到孟源开始入门了，王阳明内心喜悦，耐心回答："纷杂思虑，亦强禁绝不得。只就思虑萌动处省察克治。到天理精明后，有个物各付物的意思，自然精专无纷杂之念。《大学》所谓'知止而后有定'也。"

王阳明已经和自己的学术融为一体，一言一行都打上了烙印，即便教育弟子也是篇末点题"知止而后定"，做到了知行合一。

不得不佩服，王阳明"静坐"这一招的确够高、够狠、够硬！静坐是佛教的看家本领，一招鲜，吃遍天。佛教可以，王阳明能行吗？

道在路上

佛教弟子跳出三界外不在五行中，基本没有功名利禄烦恼，他们能静下心静坐，王阳明的弟子则不同，他们个个心有所求，都想从王阳明这里获得飞黄腾达的宝典。

当王阳明给出"静坐宝典"后，弟子们的确认真静坐了，不久就发现，静坐解决不了任何问题。一个名叫陈九川的弟子实在忍不住了，就问王阳明："先生，静坐用功，颇觉此心收敛，遇事不断了。旋起几个念头，去事省察。事过又循旧功，还觉有内外，打不作一片。"

王阳明历经磨难，早就预料到这种情景，耐心地回答说："此格物之说未透。心何尝有内外？即如惟睿，今在此讲论，又岂有一心在内照管？这听讲说时专敬，即是那静坐时心，功夫一贯，何须更起念头，人须在事上磨练，做功夫，乃有益。若只好静，遇事便乱，终无长进。那静时功夫，亦差似收敛，而实放溺也。"

别人看到的是热闹，王阳明看到的是人性，他知道大家来这里不是修行，不是旅游，也不是度假，而是有所求。每个人情况不一样，所以每个人的诉求点也不一样，麻烦之处在于有些人本身也不清楚自己的诉求点。一个人要想弄清楚自己的诉求点，首先要弄明白需要和欲望。

简单一点说，需要是系统内部缺失，比如人饿了要吃食物，冷了要添加衣物，不能满足这些，内部系统就不能运转，这是需要；欲望是系统外部缺失状态，比如窝头太难吃了要吃好吃的，身上的衣服太难看了要穿漂亮的，这是欲望。

怎么区别需要和欲望很重要，简单地说，需要必须满足，不满足生命就不能继续，满足需要的过程相当于做证明题；欲望可以取舍，到底是取还是舍？取舍的过程是做选择题的过程。如何区别这些弟子来滁州的目的？王阳明的方法就是让他们静坐，正如王阳明后来所回忆："吾昔居滁时，见诸生多务知解，口耳异同，无益于得，姑教之静坐。一时窥见光景，颇收近效。"

又说："教人为学，不可执一偏。初学时心猿意马，拴缚不定，其所思虑，多是人欲一边，姑且教之静坐、息思虑。久之，俟其心意稍定，只悬空静守如槁木死灰，亦无用，须教他省察克治。"

到这里，我们明白，王阳明教人的静坐，不是佛教的禅学。王阳明倡导的静坐是为了静心，让你认识你自己，让你自己明白你真正的诉求是什么；佛教的禅坐，是让你不起念头，什么都忘记，目的是跳出三界外不在五行中。在王阳明看来，佛教的禅坐让人不起念头是做不到的，那不合人性，不起念头本身就是一种念头，再就是如果仅仅是为了达到静的状态，那还有什么意义呢？因而，王阳明只是把静坐当作认知自我的一种方法，一种途径，一种方式。

先前在京城的时候，一个名叫梁仲用的人和王阳明论道。这个人志存高远，以维护大明朝太平和平定天下为己任，在官场上也是要雨得雨要风得风。这个人虽然有些狂妄，但也算是一个有点自知之明的人，熟读《鬼谷子》《韩非子》《孙子兵法》之类的书，也算是个自学成才的高手。

由于志存高远，因而对自我要求很高，梁仲用总觉得自己的毛病不少，尤其是话太多，没少招惹是非。套用儒家的逻辑，修身齐家治国平天下，梁仲用志在平天下，苦恼的是连自己的嘴都控制不住，何谈平天下。为了克服这个缺点，梁仲用给自己起了"默斋"这个名号，以此来警诫自己少说话甚至不说话，但最终还是没控制住。

梁仲用郁闷至极，就向王阳明请教沉默之道。听了梁仲用的述说，王阳明自我揶揄地说："太搞笑了吧。你向天下话最多的人请教沉默之道，这让我王某人情何以堪。沉默这事主要看你个人感受，如果你感觉到沉默很充实的话，当然可以一言不发。但别忘了，沉默也有四种风险。"

梁仲用一听沉默也有风险，一下子傻了，问道："哪四种呢？"

看到梁仲用一脸蒙圈的样子，王阳明慢慢地说："如果你有疑问而不知问，蔽而不知辩，只是自己哄自己闷着，这是愚蠢的沉默；如果你用沉默来讨好别人，这是狡猾的沉默；如果你担心别人看清你的底细，以沉默来掩饰自己的无能，这是欺骗人的沉默；如果你清楚内情别人布置陷阱陷害别人，以沉默来帮助坏人，那你就是沉默之贼了。"

王阳明这么说，是告诉梁仲用沉默和话多一样，都是交流的方法，既然是方法就有优劣，凡事只要对得起自己内心即可。到底是该说话还是该沉默，要根据具体情况而定。多数情况下，交流还是靠语言进行的，不交流如何做工作，不做工作怎么实现自己的理想呢。

有一天，有个名叫周莹的学生不远千里，从浙江永康赶到滁州求学。周莹曾经拜王阳明的弟子应元忠为师，总感觉应元忠是二道贩子，不是正宗的心学，听说王阳明在滁州讲学，就赶了过来。

一见面，王阳明问周莹："你是从应元忠那边过来的吧？"

周莹诚实回答说："是的！"

王阳明开门见山，直接问："应元忠是怎么教你的？"

一看王阳明给自己说话的机会，周莹马上开口说："也没有什么特别的方法，就是天天用希圣希贤之学教诲，防止我们沉溺于流俗。而且还说：'这就是我从阳明子那里学到的正宗方法。你们如果不相信我，就亲自到阳明子那里去看看！'我周莹于是不远千里来拜谒先生您。"

王阳明认真听完周莹的话，微笑着问："你现在来到这里了，还相信你老师应元忠的话吗？"

周莹坚定地说："相信！"

听到周莹坚定的回答，王阳明反问："相信了还来，这是为什么？"

周莹不假思索地说："是因为未得到学习的方法。"

周莹不假思索，王阳明也干脆地说："你现在已经得到学习的方法了，不需要向我学习了。"

听王阳明这一说，周莹一下子蒙了，半天才说："看在应老师的面上，希望先生不吝赐教。"

王阳明重复说："你现在已经得到学习的方法了，不需要向我学习了。"

周生悚然而起，茫然有间，曰："我周莹有点傻，真的没有得其方。先生就不要以忽悠周莹为乐了。恳请先生不吝赐教。"

见周莹这么坚持，王阳明继续问道："你是从永康来的，路程很远吧？"

周莹连忙点头，回答："有一千多里这么远。"

王阳明感慨地说："一千多里路，真的很远。是乘船来的吗？"

周莹如实回答："是的，我是先乘船，后来又换乘车而来。"

王阳明慢悠悠地说："那很辛苦啊。现在正值六月天，很热吧？"

周莹感叹说："先生，路上太热了。"

王阳明带着称赞的语气说："不容易啊。你来的时候带盘缠、仆人了吗？"

听到先生的赞赏，周莹略显忧伤地说："盘缠和仆人都带了。但仆人在半道病了，就把盘缠留给他治病了，我是借钱才来到滁州的。"

了解周莹的经历后，王阳明甚是感慨："你来滁州这么远这么劳累，真的太难了，为何没有半路回去？为什么非得一定要来呢？不会有人强迫你必须来吧？"

周莹眼光坚毅，回答："我周莹到这里投入先生门下，虽然劳苦艰难，但我很享受，我认为这是快乐的事。怎能因为一点劳苦就返回呢？哪里又需要别人的强迫呢？"

听过周莹的话，王阳明坦然地说："这就是我为什么说你已经领悟了学习之道。你的志向是投入我王某人的门下，于是就来到这里，而且不要别人的帮助。如果你想要学习圣贤之学，还能做不到？难道还需要别人的帮助？永康到滁州这么远，你乘船，又乘车，冒酷暑，最后来到这里，这又是谁教的方法啊？"

听王阳明这么一说，周莹醍醐灌顶，欢呼雀跃，恍然大悟，悟道原来这么简单。

悟道真的这样简单！王阳明不是在忽悠大家吧？一个人这么大老远跑来，你几句话就打发了。

在事上磨方立得住

表面看来，王阳明一直在忽悠人，除了忽悠还是忽悠，这样的人还是圣人，那真是人人皆可做圣人。但如果王阳明真的是忽悠人，为什么那么人多心甘情愿接受忽悠呢？那些人可没有傻子，而且都是精英中的精英。他们之所以赶着追随王阳明，都是有所求的，无事谁登三宝殿啊！

正当王阳明在滁州和众弟子逍遥的时候，他的职位又调动了，这一次官拜南京鸿胪寺卿。虽然级别还是正四品，但这是一把手，而且在南京办公，和滁州比起来，南京离政治中心北京更远。

老师升官了，弟子们也很高兴，多少能抬升自己的身份，面子也敞亮啊。因而王阳明赶赴南京的时候，弟子们为了能在老师心中留下好印象，都跟在后面相送，送了四五十里路还意犹未尽，一直送到长江北岸的江浦，第二天目送王阳明乘船过长江。

王阳明一再劝阻众弟子，希望弟子们不要再送了，但弟子们依然送了一程又一程。面对众弟子的依依不舍之情，王阳明深受感动，为此赋诗一首：

滁之水，入江流，江潮日复来滁州。相思若潮水，来往何时休？空相思，亦何益？

欲慰相思情，不如崇令德。掘地见泉水，随处无弗得。何必驱驰为？千里远相即。

君不见尧羹与舜墙？又不见孔与跖对面不相识？逆旅主人多殷勤，出门转盼成路人。

王阳明到南京，最高兴的是徐爱，这样又可以和老师天天论道了。虽然他们都算是明朝的高级公务员，但大明朝安排给他们的工作好像就是坐而论道，说白了就是互相忽悠，严肃认真地扯淡。王阳明算是教主级别的大忽悠，作为阳明教开山鼻祖，相当于儒家的孔夫子，徐爱当仁不让地扮演起顶门大弟子的角色，很有颜回的味道，负责日常的招生和教学活动。

到南京虽然官拜鸿胪寺卿，但公务依然不繁忙，传道依然是王阳明的乐趣所在。这个时候，徐爱的作用非常大，正是徐爱的积极热情，使得大家的情谊日渐浓厚。黄宗明、薛侃、马明衡、陆澄、季本、许相卿、王激、诸偁、林达、张寰、唐俞贤、饶文璧、刘观时、郑骝、周积、郭庆、栾惠、刘晓、何鳌、陈杰、杨杓、白说、彭一之、朱箙这一帮人，共同拜在阳明先生的门下，互相帮忙互相提携，形成了赶学比超的浓烈学习氛围。

弟子们求学心切，王阳明也是热情高涨，忙着传道授业解惑，经常和众弟子论学，经常探讨到深夜。

陆澄是一个好学生，不懂就问，他对静坐也是满腹不满，经过再三鼓劲，问王阳明："静时亦觉意思好，才遇事便有不同，如何？"

王阳明对陆澄看得清楚，就回答说："是徒知静养，而不用克己功夫也。如此，临事便要倾倒。人须在事上磨，方立得住，方能'静亦定，动亦定'。"

"定者，心之本体，天理也。动静，所遇之时也。"

弟子多了是非多，麻烦也就多。

一个朋友对王阳明说，那些从滁州一直跟随王阳明游学的弟子，大多是高谈阔论，大多是为了高论而高论，已经背离了王阳明先生的教诲。

一语惊醒梦中人，王阳明也深有体会，说道："吾年来欲惩末俗之卑污，引接学者多就高明一路，以救时弊。今见学者渐有流入空虚，为脱落新奇之论，吾已悔之矣。故南畿论学，只教学者存天理，去人欲，为省察克治实功。"

所谓的"末俗"就是今天所谓的"三俗"，也就是说，王阳明也一直在反"三俗"。王阳明为了反"三俗"，就搞一套阳春白雪来教化弟子，拯救时弊。哪里想到，大家却玩起了高雅，最后沦落成了无底线的炒作，王阳明十分后悔。因而在南京讲学，王阳明不得不拾人牙慧，再度炒起朱熹的"存天理灭人欲"冷饭。

即便如此，王阳明也不敢再教弟子静坐了，因为静坐稍不留神就滑向道教和佛教的怀抱，谁还跟着王阳明混啊。但如果一切都和朱熹一样，那样岂不回到了从前，在王阳明看来，朱熹的"存天理灭人欲"中"灭"字，太过残酷，缺乏人情关怀，很容易走极端，甚至会把正常的"人欲"都抹杀掉。其实合理的"人欲"也是"天理"，要去除不合理的"人欲"。

王阳明在南京讲学，主要讲的就是"存天理去人欲"，钱德洪后来回忆说："先生自南都以来，凡示学者，皆令存天理去人欲以为本。"

这个时候，王阳明的一个弟子陆澄收到一封家书，信中说他儿子病危，情况十分严重。收到信后，陆澄心情沉闷，十分难受。这也是人之常情，不郁闷就不正常了。大伙都过来劝慰：陆澄不哭，陆澄挺住，此刻我们都是一家人。

王阳明知道后，既不开导，也不宽慰，却探讨起了学问。王阳明对陆澄说："这个时候做什么都没有用，此时正宜用功，若此时放过，闲时讲学何用？人正要在此等时磨炼。"

陆澄有点伤心，回答说："是啊，先生，我也知道啊，可我控制不住自己的感情啊。"

看到陆澄伤心，王阳明鼓励说："父之爱子，自是至情，然天理亦自有个中和处，过即是私意。人于此处多认作天理当忧，则一向忧苦，不知已是'有所忧患不得其正'。"

听完老师的话，陆澄满脸疑惑地问："先生啊，我现在不知道如何是好，请先生告诉我怎样做。"

王阳明耐心说道："大抵七情所感，多只是过，少不及者。才过，便非心之本体，必须调停适中始得。就如父母之丧，人子岂不欲一哭便死，方快于心？然却曰'毁不灭性'，非圣人强制之也，天理本体自有分限，不可过也。人但要识得心体，自然增减分毫不得。"

凡事皆有一个度，不能过分，需要用一个适度方式处理。面对陆澄的烦恼，王阳明没有唱高调，也没有逃避，而是从人性入手，知性源于尽心，致知因为格物，最好的格物就是事上磨，所以王阳明教导弟子事上磨炼。

随心所欲不逾矩

人都是有欲望的，这一点，王阳明也不能免俗。欲望总是很难控制的，对王阳明来说也是如此。随心，不仅仅是想做什么就做什么，更是不想做什么就不做什么。

人可以不聪明，但一定要有智慧，而且要达到一定的境界，不该做的事不做，做该做的事。官处正四品，堂堂大明朝南京鸿胪寺的一把手，王阳明居然没事可做，要通过和众弟子谈天论道打发日子，实在是太无聊了。

也许是赋闲久了，也许是打坐久了，也许是达到境界了，总之，王阳明的心静了。这个时候，王阳明想起了朱熹，自己对朱熹一直是很崇拜的，也很敬畏的，自己从来没有对朱熹不敬过。即便有所冒犯，也是无意的，王阳明也明白，自己和朱夫子一切问题都是学术争论，对个人没有任何成见。

王阳明这两年推广自己的知行合一，等于挑战朱熹的权威，撼动朱熹的正统地位，这下子，朱熹的徒子徒孙不干了，纷纷跳出来和王阳明叫板，不遗余力对王阳明进行大加挞伐，甚至不惜进行人身攻击。

王阳明搞"知行合一"，这不变天了吗？长此以往，这天还是老朱家的吗？天下不姓朱了，这帮人到哪儿混饭吃呢？于是王阳明就成了大家的天然敌人。

面对吃朱熹饭的人的围攻，王阳明也对朱熹的学术进行了详细认真的研究。真是不研究不知道，一研究吓一跳，王阳明发现，其实晚年的朱熹也开始转向了心学。

王阳明欣喜若狂，原来朱熹也和我一样，也是心学中人啊。有了重大的发现，王阳明并没有立即对外发布自己的学术成果，而是选择了沉默，要等合适的时候对外发布。直到南赣之乱平定后，王阳明才发布自己的重要发现，结果迎来一阵板砖。

南京鸿胪寺卿位列九卿，位高权不重，其实就是奉旨休闲的职位，待了半年多，王阳明就腻味了。正德十年（1515）正月，王阳明给皇帝写奏疏——《自劾乞休疏》，提出辞职。

这一年，情况特殊，正值王阳明京察大考，这个时候，官员都是战战兢兢，生怕考核过不了关被降级。王鸿胪寺卿却不走寻常路，我行我素，却给皇帝写辞职报告。

述职报告，一般的官员都是只报喜不报忧，王阳明却是只报忧不报喜，说自己在官场十六年来，经常请假旷工。现在正值朝廷考察，而自己正是应该淘汰的官员。由于自己很幸运，官位不低，依然能侥幸漏网，但自己很清楚实在应该淘汰。除了旷工，还有诸多原因，第一是身体有病，第二是才能不够，第三是尸位素餐，第四是一个坏榜样。总而言之，言而总之，一句话，英明伟大的皇帝应该辞退自己。

不知道是朱厚照不想做伟大英明的皇帝，还是其他什么原因，朱厚照处理得很简单，就两个字：不允。

从奏疏来看，王阳明并不是虚情假意故作清高，而是言真意切，确实想辞官。但他还是想做圣人，短短二百多字奏疏两次提到"死且不朽"，生怕自己坏了自己名声。

这份辞职报告，有牢骚之意，也有真情。王阳明之所以要这样，其实是以退为进，他很清楚，在南京鸿胪寺卿位置上，自己的理想永无实现之日，也就是说自己的治国平天下就成了镜中花水中月。与其这样等死，倒不如来个爽快的，赶紧回家，到阳明洞追求自己的圣人之路去。

皇帝不答应，王阳明再牛，还是没有胆量撂挑子直接回家。王阳明照样按例考察，虽然在南京，也算京官，但还是需要进北京接受考核。王鸿胪寺卿官为四品，皇帝直接考核，王阳明照例给皇帝上奏疏，自评功过。最后，结果的结果正如王鸿胪寺卿预测的那样——考核通过，继续做南京鸿胪寺卿。

和官场不如意比起来，王阳明更为尴尬的是，年过四十膝下无子。儒家讲究，不孝有三无后为大，这无疑最令王阳明伤心。王阳明虽然不想追求子女成群，但一个都没有，实在说不过去。早就有人攻击王阳明，说王阳明没有生育能力，对一个生活在儒家社会的男人来说，没有比这更受侮辱的了。

不仅王阳明，他的三个弟弟也好不到哪里去，也都没有儿子。于是，在状元郎王华的主持下，王阳明过继堂弟王守信的第五子王正宪为后。

家事忙完，御史杨典上奏疏，推荐王阳明做国子监祭酒，朱厚照依然不同意。朱厚照不问政事，却忙着问鬼神，听身边人说乌思藏有一个活佛，能前知八百年后知八百载，朱厚照很好奇，就派太监刘允前去欢迎。活佛当然不是免费的，要有巨大的耗费，朝臣都反对，带头的就是朱厚照的老师梁储。

王阳明听说这事后，也写了一篇奏疏，叫《谏迎佛疏》。奏疏很长，两千多字，这样长的奏疏，王阳明有耐心写，朱厚照有没有耐心读都是问题。王阳明在奏疏中说，陛下您聪明智慧，做太子的时候就好佛道，早已声名大噪，天下人都知道。陛下登大位以来，偶然遇到多事之秋，天下不太平，您打算请佛道来拯救天下苍生，这是好事，但我们毕竟是中国，要请也要拜请尧舜，无论如何也不能拜请西方之佛啊？这实在与您身份不符，有损陛下的声誉啊。再就是拜请活佛劳民伤财，实在没必要。

写完后，王阳明拍拍屁股，想起了屁股上的伤疤，这个奏疏递上去，会不会再挨板子呢？王阳明实在没把握，万一再惹恼了朱厚照，又来一顿板子，发配蛮荒之地，如何是好？

奏疏写好了，给不给皇帝，是个问题？

实在没办法的时候，王阳明就把奏疏扔到一边，找地方静坐养心去了。一坐，王阳明释怀了，身在庙堂，为皇帝分忧，自己该写的奏疏已经写了，该做的已做，也践行了"知行合一"，至于给不给已经不重要了。

到了这年十月，王阳明又病了，于是上了一道《乞养病疏》，说自己病得更厉害了，无法为皇帝和国家尽忠，需要回家休养，一旦身体恢复，就一定回来服务皇帝。为了达到辞职的目的，王阳明大打亲情牌，说自己自幼丧母，由奶奶抚养成人，奶奶现在已经96岁，日夜盼自己回去，希望能见上最后一面。

无论王阳明怎么找理由，朱厚照一概不同意，一个要走，一个不让走，正当王阳明快绝望的时候，机遇来了。王阳明的政治生命完不了，才刚刚开始。

五、攻城从攻心开始

不想当将军的读书人不是好官员。读书人的追求就是修身齐家治国平天下，经过层层选拔出来的读书人，自然要治国平天下，所以一定想当将军。平天下，怎么平？如果天下太平，自然不需要平了，因而平天下就是用武力，于是最具恐吓力的杀人就成为首选。但传统的儒家向来推崇"用兵之道，攻心为上，攻城为下。心战为上，兵战为下"。一心要做圣人的王阳明会怎样做呢？是杀人呢，还是不杀人呢？

不想当厨子的圣人不是好元帅

我们是一个讲究吃的民族，孔圣人在《论语》就多次谈论关于吃的话题，先是提出了"食不厌精，脍不厌细"，进而"割不正，不食"，到最后的"席不正，不坐"。

老子更是提出了"治大国若烹小鲜"的高论。宋朝赵普曾经说自己半部《论语》治天下，老子则是一部菜谱治天下。看来，治国的最高境界，不是天天读经典背《论语》，而是照着菜谱施政。

看来，想在中国官场上大展宏图，仅仅通过了科举还是不够的，还要学会做菜，要做一名厨子，一名伟大的厨子。

王阳明一心要做圣人，成为圣人的三个条件是立德、立功和立言。这样一来，仅仅文能治国是不够的，还要武能平天下，最后还要著书立说。这三样对王阳明来说，最容易的就是著书立说，其次是治国，这在庐陵已经证明，剩下的就是平天下，这个真有点难度。

这倒不是说王阳明不是好厨子，而是没有机会，巧妇难为无米之炊，再好的厨子没有原料，也难为无米之炊。

坐冷板凳，吃闲饭，没有机会，没有希望，百无聊赖，王阳明就向朝廷提出了辞职，朝廷不同意，事情就僵持了起来。王阳明有他自己的考虑，与其被迫休假，不如回家传道；朝廷有朝廷的用意，培养干部不容易，朝廷正值多事之秋，随时都能派上用场。

果然！正德十一年（1516）九月，朝廷下诏，王阳明升任都察院左佥都御史，巡抚南赣、汀漳等地。

王阳明升官了，官至二品了，一下子又升了四级。自从庐陵到京城，几年来，王阳明无寸尺之功，基本碌碌无为，还能升官，真是天上掉下来了大馅儿饼。

这绝对不是馅儿饼，而是陷阱，哪有这么好的美事？

先不要看官职，看看这些地方就明白了，江西历来是是非之地，南部就更闹腾了，"南赣"不是江西南部的简称，而是"难干"的官方表达。而福建的汀州和漳州更不用说了，这些地方不是土匪窝子就是山大王集中地。尤其是最近几年，情况越来越严重，王阳明对江西很熟悉，出现这种情况，他一点都不意外，没啥大不了，就是庐陵的升级版。福建也不太平，汀州和漳州也是如此。

不知道谁这么缺德，这个时候想起来自己，拉自己去做炮灰，王阳明不想赴任。想想在龙场的日子，心里就哆嗦，夜里做梦还是龙场再现。所以就写了一道奏疏《辞新任乞以旧职致仕疏》。

从奏疏的名称可以看出，王阳明打算从南京太仆寺卿职位上退休。奏折写得还是相当不错，理由也相当充分，情感也相当真切，有人称这篇文章是《陈情表》第二。

王阳明辞去新任职位的理由来来回回就那么几条，其中三条是必备的，第一是身体不好，这是王阳明的万金油，因为他身体好像就没有健康过，这一招屡试不爽；第二是老祖母，母亲去世早，自己和奶奶情深，要尽孝，变化的是，去年96岁，今年97岁；第三条就是认怂，说什么才能不行，不堪重任，请皇帝另请高明。

有了这三条理由做底子，随便再凑一两条，就足够了。

一看就知道，王阳明是在和朝廷逗着玩呢。朝廷去年用不着王阳明的时候都不同意，今年用得着了，自然就更不会同意了。王阳明在试探朝廷的诚意，也知道朝廷不会批准，写完奏疏之后，直接回老家了。一是回家探望祖母，二是顺道休息调养身体。

王阳明回家了，赣南的情况越来越坏，形势危急，这下子，朝廷着急了。

十月，王阳明回到老家探望奶奶。王阳明前脚到家，朝廷的诏书后脚跟来。十月二十四这一天到达：

> 尔前去巡抚江西南安、赣州，福建汀州、漳州，广东南雄、韶州、惠州、潮州各府及湖广郴州地方。抚安军民，修理城池，禁革奸弊。一应地方贼情、军马、钱粮事宜，小则径自区画，大则奏请定夺。钦此。

朝廷认为王阳明嫌责任重大，权限小，于是扩大权限。圣旨很简洁，任务是：安抚军民，修理城池，禁革奸弊；有任务就有授权：贼情、军马、钱粮事宜，小则径自区画，大则奏请定夺。

接到这道圣旨后，王阳明依然没有着急，继续在老家享受生活，一方面和弟子们论论道，一方面给奶奶捶捶背揉揉肩，回忆一下童年。

朝廷却是十万火急，尤其是兵部，十一月十四日，王阳明收到兵部公文，大意是说赣南贼情紧急严重，内金都御史文森已经迁延误事。兵部担心王阳明看不透形势，又专门写批条警示王阳明："（文森）乃敢托疾避难，奏回养病。见今盗贼劫掠，民遭荼毒。万一王守仁因见地方有事，假托辞免，不无愈加误事？"

文森是何许人也？就是时任赣南巡抚，就是王阳明的前任。兵部公文，点名批评文森，说文森托病避难，不去赣南赴任，导致赣南混乱不堪。如果这时候王阳明一看情况不好，也不愿去，情况就更糟糕了。这个时候兵部怎么办？兵部跟王阳明交底，什么情况都和王阳明说。

说完情况后，兵部下命令："奉圣旨，既地方有事，王守仁着上紧去，不许辞避迟误，钦此。"

兵部这么做，也是被逼的，玩心眼玩不过王阳明，皇帝旨意又不敢不遵，所以就和王阳明来一个阳谋。啥都跟你王阳明说，你自己看着办。天天喊着忠君爱国，天天高唱我是大明朝的一块砖哪里需要哪里搬，现在皇帝需要你，朝廷需要你，王阳明，你是愿意来呢，还是不愿意来呢，决不强求。

兵部无非就是告诫王阳明，抗命不遵，后果很严重。

这么一点事，都推来挡去，王阳明情何以堪，大明朝廷情何以堪。兵部这一招，王阳明别无选择，只得出发。十二月初二，王阳明收到吏部最终任命文件：

> 该臣奏为乞恩辞免新任仍照旧职致仕事，奏奉圣旨：王守仁不准休致。南赣地方见今多事，着上紧前去，用心巡抚，钦此。

皇帝发话了：王守仁不准休致。

既然皇帝发话了，王阳明就坡下驴。王阳明矫情的无非是一点面子，摆一下谱，文人嘛，做事总要矜持一下，内心早就激动了。

在庐陵展示治国之才后，王阳明早已不满足所谓的"治大国若烹小鲜"的家常菜了，而是准备烹制一道平天下的大餐。

正所谓不想当厨子的圣人不是好元帅。赣南正乱，王阳明这个厨子是解牛的庖丁吗？

书生里面选将军

什么是天才政治家？天才政治家就是读半部《论语》就能治天下。什么是天才军事家？天才军事家就是读半部《孙子兵法》就能平天下。什么是圣人？圣人就是天才政治家和天才军事家。

王阳明就是这样的人，读过《论语》，也读过《孙子兵法》，而且基本都没有实践过，但愣是六个月摆平了庐陵。军事方面多少也有些名气，一是少年时代出过关吓走了两个鞑靼人，二是王越墓前演过兵，三是在兵部混过日子。

出名要趁早，王阳明也算是少年成名。土木堡之战，明朝依赖的勋贵军事人才被消灭殆尽，文官集团趁机上位，进一步强化了文官主导的巡抚军事制度。就是说，明朝的将军和元帅不再从军队中产生，而是从读书人中产生，就是书生带兵。

让书生带兵上战场，虽然比让男人生孩子容易一些，但也是外行领导内行，军队的战斗力可想而知。常言道，兵孬孬一个，将孬孬一窝。肩不能挑、手无缚鸡之力的文弱书生，能带出强兵？唯一能期盼的就是，这个书生是军事天才。但是，书生常有，而天才几百年才一遇。我们常常耻笑"瘸子里面选将军"，而"书生里面选将军"也就是五十步笑百步，后来大明朝在战场上一败再败原因大抵就在这里。

赣南大乱，最着急的是皇帝，责任最大的是兵部尚书，时任兵部尚书叫王琼。

这个王琼，也不简单。出身官宦世家，也算一个官二代，伯父王永寿曾官至南京工部尚书，父亲也官至知州。也曾年少轻狂，中举后到冠山游玩，看到元朝丞相吕思诚石洞，写了这样的诗句："丈夫生而果有志，何必临渊去羡鱼。"

这一点和王阳明要做圣人有异曲同工之妙，王琼是科举出身，但扬名官场的却是治理运河。用今天的视角看，就是一个典型的工科人才。

在做兵部尚书之前，王琼曾任职户部尚书。其间，有一个边防总兵编报虚假数据，企图冒领粮草供给。看到报表后，王琼把这个总兵请来，掰着手指头和这位总兵算账。王琼如数家珍，计算出这个总兵所辖部队的军士编制人数、已经领取的粮草数量、粮草的现存数量、地方诸郡岁供的粮草数量以及边卒岁采秋青数量。总兵本就是一介武人，哪里想到王尚书这么有文化，最后落个灰头土脸，领略了什么叫有文化真可怕。

这事一时传为佳话，朱厚照一看王琼这么有水平，就把王琼调到兵部做尚书。做了尚书后，王琼发现兵部的一个制度不合理，当时全国盗贼此起彼伏，为了鼓励将士平定叛乱，朝廷把斩杀敌人的人头数量作为考核将士的标准。

这个方案看似血腥，实际上特别有效，这个方案的制定者就是大名鼎鼎的商鞅，后来收录在《商君书》中。正是这个典型的"人头奖励政策"，把羸弱的秦军打造成了没有人性的野蛮之师，这个政策把秦国推上了巅峰，也彻底把秦国推进了万劫不复的深渊。

王琼看出了问题的症结，这项政策适用于敌我矛盾，但不适用于内部矛盾，就给皇帝上奏疏：这（人头奖励政策）是秦国的亡国政策。可以在边境上实行，在内地作战哪能以头颅数论功。目前江西、四川的官兵滥杀了成千上万平民百姓，纵容盗贼遗留祸患，都是人头奖励政策造成的。所以，从现在起，在内地征讨盗贼，只看是否荡平，不再计算斩获人头。

奏疏递上去，朱厚照也觉得有道理，就批准了。但王琼却因此得罪了军方人物，考核制度变了，所以当赣南盗贼四起的时候，王琼就无人可用了。这个时候，谁愿意去啊，先前做赣南巡抚多容易啊，虽然盗贼猖獗，但只要能砍几个人头就能升官发财。对一个手握兵权的巡抚大人来说，砍人头太容易了，砍不了盗贼的，可以砍普通老百姓的，反正官府是按人头奖励的。现在居然需要以能否平定叛乱作为升官发财的考核标准，这太不容易了，哪个盗贼没有两下子，砍盗贼的头都不容易，更不要说降服盗贼了，弄不好还会被盗贼砍头呢。

赣南成了是非之地，谁也不愿意去，王琼先是推荐了文森。文森不傻，知道自己水平，他平定不了盗贼，所以就装病，就给皇帝打辞职报告，一而再，再而三。搞得朱厚照十分不耐烦，就督促王琼重新推荐。

王琼选来选去，就选择了王阳明。王琼选王阳明，不是因为二人是本家，而是实在没人可选了，选择王阳明也不是真的看好他。那个时候，王阳明到处讲学，宣扬心学。儒家向来推崇仁义，强调"用兵之道，攻心为上，攻城为下。心战为上，兵战为下"。而这也契合了王琼的新政策，用兵不以杀人为功，而是以能否征服人心为准，从某方面说，正是因为这一点，王琼才选择了王阳明。

无论如何，不可否认的是，选择王阳明其实就是死马当活马医，啥意思，就是说王阳明干不好，也不能坏到哪儿去。

在王琼看来，自己推荐王阳明，等于是给王阳明一个机会，王阳明知道后可能都会感谢他八辈祖宗。谁知道王阳明不乐意，居然上折子辞职，王琼明白，王阳明这是文人的矜持，同时也是摆谱，争取更大主动权。

王阳明的折子上去后，朱厚照大发雷霆。皇帝发火后，王阳明知道时机成熟了，立即从杭州出发。王阳明身体不好，受不了车马劳顿，因而从水路去赣州赴任。

一路上还算顺利，到达江西万安的时候，出了一点情况，靠岸休息的时候，王阳明调查民情。附近的商船告诉王阳明，前面的水域经常有江洋大盗抢劫，这里是危险地段，商船都不敢经过。

听商船这么一说，王阳明对大伙说，我是新任赣南巡抚。商人一听很高兴，有巡抚大人在此，还害怕啥，但看到王阳明就几十个人，心一下又凉半截。王阳明看出了大家的意思，其实王阳明和大伙一样，内心也害怕，但他有方法。

王阳明把所有的商船组织起来，形成一个船队，同时挂上官船的旗号。在王阳明的组织下，几个毫不起眼的商船就成了一个威风凛凛的官府船队，行走在水面上还是颇为壮观的。

不久，水面上的盗贼果然出现了。危急时刻，正在赴任途中的王阳明怎么办？这个赶场的厨子命运如何？一个解牛的庖丁，会不会被牛顶死呢？

上兵伐心

牛人就是牛人，圣人就是不一般，面对危险谁都害怕，王阳明和一般人不一样的地方不是不害怕，而是有方法。看到对面的江洋大盗，王阳明也犯嘀咕，他也弄不清楚这些人到底有多大能量。但有一点是确定的，这些人都是大明的子民，也是自己的子民。

也就是说，王阳明是这帮人的领导，他们来打劫，就是下属来打劫领导。王阳明清楚这意味着什么，这帮盗贼也明白自己在做什么。用官方的语言，轻者算是犯上，重者就是造反，最轻也算是聚众上访。

与王阳明一样害怕的除了商船就是那一帮打劫的，这帮人也就是小打小闹的，抢个渔船劫个商船，弄点糊口东西。刚看到船队的时候，他们很兴奋，以为遇见大单了，可以好好发笔小财了。

意外的是这帮盗贼中，居然还有识字的人，看到旗号，知道船队是新任巡抚的官船。这帮盗贼一下子尿了，趴在那里一动不动，就好比趴活的黑车司机，好不容易来客人了，却是交警，真是一个害怕。

王阳明也发现了盗贼，刚开始也紧张得不行，后来发现盗贼一个一个趴在那里，居然不来抢劫。他们不主动，王阳明主动了，他走出船舱，对着岸边的盗贼喊话，说自己是新上任的赣南巡抚王守仁。

一听新任巡抚来了，盗贼呼啦啦都跪在岸边。王阳明大声问道："你们这是干什么？是聚众上访吗？"

听巡抚大人这么一问，盗贼立即配合，马上众声哭泣："饥荒流民，乞求赈济！"

看看这帮盗贼的样子，想起了鲁迅的话，中国社会大抵是由两种人构成，一种是做稳了奴才的人，一种是想做奴才而不得的人。刚刚还牛气冲天，见到一个所谓的巡抚，一下子就尿了，甚至尿裤子，立即跪地求饶。见了弱者就无恶不作，见到强者就跪地求饶，真是玷污了盗贼的声誉。

古人早就说过，"盗亦有道"，就是说盗贼也有操守也有职业道德。这帮人一点盗贼的气概都没有，没有操守，没有职业道德，他们烧杀抢掠，欺男霸女。连个盗贼都做不好，就是做了盗贼也是奴才，披着盗贼外衣的奴才。

看看这帮盗贼的样子，王阳明不愿见他们，就命令身边的人传话：本巡抚到赣州后，自然会派人慰问你们，你们要遵纪守法，不要胡作非为，自取灭亡。

盗贼听到巡抚大人谕令后，知道不会有事了，于是作鸟兽散。

事情就这样结束了，王阳明把一帮盗贼化于无形，不费一兵一卒，一切都既往不咎。这些盗贼可能曾经都是好人，做盗贼也是生活所迫，这都可以理解，或许从孟子的"人之初性本善"能找到一点合理的安慰，但那些被他们伤害的人和家庭怎么办？谁来负责？没办法，受害者只能自认倒霉，谁让他们生活在没有说理地方的时代。

这时候，王阳明也不想多事，自己也是泥菩萨过江，一切到了赣州再说。再就是，王阳明一心要做圣人，处处布道，时时拯救众生，这次无疑是最好的案例。

这次降服盗贼，让王阳明更加坚定了他的心学，天下没有不能拯救的人。没到赣州就热了一下身，心学也牛刀小试，王阳明很是得意。

但是，当王阳明到达赣州后，发现情况远比想象中差得多，如果龙场算作地狱的话，赣州则是加强版。赣南巡抚不是江西巡抚，掌管着江西省的南安、赣州，福建省的汀州、漳州，广东省的南雄、惠州、潮州以及湖广的郴州。地处四省交界，都是深山，环境倒是好，氧气充沛，还没有污染，但是有土匪、盗贼和瘴气。

有了降伏江洋大盗的经验，到了赣州之后，王阳明就开始复制自己的成功经验，就把各种劝诫文书传送各个贼穴。大意是说，尔等都是良民，都有向善之心，之所以走上打家劫舍的道路，都是生活所迫。现在，本巡抚谕令，只要尔等放下屠刀，改邪归正，一概既往不咎。本巡抚在赣州等待尔等的好消息。

谕令发出去了，王阳明在赣州没有等到好消息，反而情况越来越坏。情况越来越严重，这些人不仅不接受招安，大有蹬鼻子上脸之势。谢志珊、詹师富这几个大佬居然率部攻掠大庾岭，攻打南康和赣州，而且还砍了一些官员的脑袋。

大爷给你们改过的机会，当大爷是尿货啊，大爷也是耍过剑的，王巡抚很生气，决定进山围剿。王巡抚立即召集军事会议，商讨攻打策略以及攻打计划。意外的是，王巡抚的每次行动都落了空，大部队浩浩荡荡开进大山，都是一无所获，别说歼灭土匪，就连土匪的影子也看不到。但每当王巡抚的大部队刚刚撤出来，土匪们立马聚集起来，继续开展业务。

王阳明很纳闷，我的方案，土匪怎么就知道了呢，而且这么详细？参加会议的就这几个人啊？和我王某人玩心眼，这也太欺负人了吧。

经过多番监测，王阳明发现自己身边的一个老隶（相当于文书）的嫌疑最大，接下来，王阳明继续召开军事会议，说如何如何剿匪，说定在某月某日行动。过几天，又召开会议，却宣布取消上次的计划，重新制订方案。几天后，又是如法炮制，王阳明就这样一而再再而三地召开会议，一次又一次地否定。

一段时间后，王阳明虽然没有剿匪，但却查出来内奸。通过这一系列的试探，掌握了老隶的证据，一个夜黑风高的晚上，王阳明把老隶叫到自己卧室。

所有的人都是坏人？

赣州是一个奇特的地方，军匪一家，警匪一家，甚至连民匪都一家了，唯独这个巡抚大人是外人。就连自己身边的老文书居然也是间谍，王阳明虽然有些意外，但细想也在情理之中，毕竟整个赣州的老百姓都是土匪的耳目，巡抚衙门也食人间烟火，自然不可能是人间净地。

间谍居然是一个老文书，而不是手握实权的军方人士。看似意外，实则合理，一个老文书，一没有实权，二不引人注目。

老文书隐藏得很深，王阳明也不一般，发现间谍之后，并不进行大张旗鼓的惩治，而是把间谍叫到自己卧室。

老文书来到王阳明的卧室，不明就里，王阳明和他谈起了人生。天不怕地不怕，就怕和圣人谈话。不是怕别的，圣人一席话，三观要变化，这就要了亲命。

王阳明和一个老文书谈天气、谈人生、谈理想、谈三观、谈未来……

谈着谈着，王阳明突然话锋一转，对老文书说："现在有两条路摆在你的面前，一条是生路，一条是死路，你自己看着选择，一定要好好珍惜。"

老文书也是老江湖，当然不会被王阳明这突如其来的话吓蒙，而是慢条斯理地说："巡抚大人真会开玩笑。我一个行将入土的人，可不就是一条死路嘛。"

王阳明微微一笑，拿出了截获的情报，都是出自老文书之手。看到情报，老文书立即下跪，大声求饶。

对这样一个老文书，王阳明谈谈话就能解决，当然不会动刀子杀人。

王阳明对老文书说："不用求我，你的命运掌握在你自己的手中。"

面对生与死，老文书就把自己做间谍的事全部说出，王阳明一一记录在案。

王阳明也是讲信用之人，老文书和盘托出，王阳明许诺不处死老文书，而且让老文书做起双面间谍。

之后，王阳明就按照老文书提供的线索，把赣州城里的土匪联络点一一清除。

王阳明清楚，尽管揪出来内奸，定点清除了土匪联络点，但剿匪工作才刚刚开始，困难还在后面。想想都后怕，这么多天来，自己一直被土匪包围着，从老文书到赣州民众，都是土匪的人，这是为什么？

到底是怎么啦？信仰缺失，三观毁灭，生活所迫，抑或道德沦丧。

难道这些人天生就是如此，他们的理想就是做一名誉满全球名满天下的土匪，显然不是，因为在王阳明看来，人之初性本善。这些人和普通人一样，也有礼义廉耻，也有七情六欲，他们首先是普通的人，然后才是土匪。

为什么这里有土匪，而南京没有，京师也没有？无他，没有土匪生存的环境。老文书和赣州的民众之所以做间谍，除了兼职赚取薪水外，最主要的是生存环境，社会保障严重缺失。社会保障缺失之地，必有江湖，这一规律适用于世界上任何地方。

找到问题的症结，解决起来就容易了，老百姓做间谍，没有心甘情愿的，都是大环境造成的。可以确定的是，在剿匪的态度上，老百姓和朝廷是一致的，王阳明要做的就是团结大多数，和老百姓形成合力。

在这种形势下，王阳明把庐陵经验进一步发展，把"保甲法"升级成了"十家牌法"。所谓十家牌法，就是规定每十家为一牌，每家门前设置一小牌，牌上注明各家各户的人口、籍贯、年貌、行业等，各家各户轮流巡查，挨家挨户按照牌上标注的情况审查，一旦发现陌生面孔和形迹可疑之人之事，要立即报告官府一查究竟。如果其中一家隐匿盗贼，十家连坐。

这是典型的连坐法，同时也是一种鼓励告密的恶法。不由得想起了商鞅的"什伍连坐法"，此法规定：令民为什伍，而相牧司连坐。不告奸者腰斩，告奸者与斩敌首同赏，匿奸者与降敌同罚。这是典型的"人之初性本恶"，王阳明把所有的人都当作坏人，人与人之间只有利害，自己就生活在土匪和间谍的包围之中，如何才能保证自己安全，进而剿灭土匪？只有施行"十家牌法"。

如此看来，王阳明好像不是一个儒家之人，一是违背了人之初性本善；二是鼓励告密更是挑战了孔圣人强调为尊者讳；三是，"十家牌法"其实就是商鞅"什伍连坐法"的明朝版，一个读圣贤书长大的人怎么沦落成了法家子弟？

王阳明自有道理，这就是他超乎常人的地方，他不是儒家，也不是法家，他是圣人，在他手里，儒家也好，法家也罢，都不如"十家牌法"。所以在颁布"十家牌法"的时候，王阳明温情写道："吾亦岂忍以狡诈待尔良民。便欲防奸革弊，以保安尔良善，则又不得不然，父老子弟，其体此意。"

"十家牌法"实施以后，效果立竿见影。家中的盗贼成员再也不敢回来了，不像先前，经常回来炫富，大有荣归故里意味，现在谁还敢回来？前脚到家，后脚就有人报官。这样，土匪和赣州城立即断了联系。

虽然手法有点狠，但有效果，这样，王阳明就把赣州城里的所有人和自己捆绑成利益共同体，用今天的话说，叫作全民参与或者人民战争。把敌人和自己人完成切割后，下一步就是对敌人动手了。

工欲善其事，必先利其器。要想剿匪，必须有更强硬的拳头。很简单，就是要有一支强大的军队。作为赣南巡抚，掌管四省军事，调动福建、广东、湖广和江西四省兵力军队应该没问题。就是说，军队有，王阳明也能调动，但没有战斗力，一是警匪一窝，二是真的没有战斗力。

巧妇难为无米之炊，王阳明有心杀贼，可手中无兵，情况危急！

悲催的漳州土匪

"十家牌法"其实就是一种坚壁清野，就是把自己困在笼子里，把敌人饿死在笼子之外。这是对付土匪和海盗最经典的手法，屡试不爽。土匪和海盗都是一样的，都是无本买卖，既不种粮也不经商，但他们的生活却离不开普通民众和城市。

虽然土匪和官府天然不对等，但土匪有秘密武器，那就是到处都有他们的线人。"十家牌法"则很好地解决了这个问题，彻底和土匪进行了切割，这样一方面断绝了土匪的生活基础，另一方面加强了民众的生活保障。这样一来，王阳明就在赣州城建立了一个模范社区，进而加强了"礼义廉耻"的教育，尽管是星星之火，只要能获得广大民众的支持，依然可以燎原。

王阳明很清楚，自己的双向间谍和坚壁清野很快就会被土匪发觉，必须加快速度，否则一旦陷入持久战，就将前功尽弃。为了获得第一手资料，王阳明亲自到赣南山区进行实地考察，发现南安和赣州地处四省交界，山险林深，易守难攻。这里风景独好，可惜被土匪霸占，三占其一，他们神出鬼没，到处烧杀抢掠，贻害无穷。

了解情况后，王阳明剩下的只有眼泪了，赣南不相信眼泪，土匪更不相信。由于任职时间短，王阳明就近了解了赣州的情况，财政枯竭，兵力不仅少而且没有战斗力，卫所里军丁也是只有档案没有人，府县的机动快速反应部队是虚有其名。王阳明很清楚，赣州这些军队是靠不住的，这些年剿匪都靠外借"土兵""狼兵"这样的特种部队。所谓"土兵""狼兵"其实就是少数民族的军队，由于其骁勇善战，朝廷经常调动他们剿匪。

"土兵"和"狼兵"一来，土匪就玩失踪，一下子好像人间蒸发了。而"土兵"和"狼兵"前脚走，他们后脚就出来工作，很是敬业。他们敬业，当地官府领导就要快失业了。如此来来往往，劳民伤财，尤其赣州这样的地方，由于经常调用特种部队，本地的军队反而养成依赖心理。

面对敬业的土匪，王阳明决定重新组建民兵。王阳明手握兵权，这不是什么难事，他采取了三种方式：一是给四省的兵备下令，要求他们在现有的弩手、打手和机快等部队里，挑选骁勇绝群和胆力出众者。每个县都要挑选，多的可以挑选十几个，少的也要挑八九个，但一定是豪杰，宁缺毋滥。把这部分人训练成特种部队。二是高薪招募。江西和福建两省各自招募五六百人，广东和湖广两省招募四五百人，选拔其中优秀者作为将领。这部分人马当作机动部队。三是在原来部队里挑选出具有特别战斗力的，大概选出三分之二，委任该县最有能力的将领训练，专门用来守城。

这样，王巡抚的部队就有了，有了摧城拔寨的特种部队，也有了应急的快速反应部队，还有了看家的守城部队。关于军费的问题，王阳明一是从商税和各种罚没赃款中支取，二是把裁汰者的俸禄转移过来。

部队组建了，军费也有了，接下来就要上战场了，是骡子是马，要牵出来遛遛。王阳明的特种部队如何呢？

江西、福建、广东和湖广四省交界之地，土匪众多，大小无数，但也是有组织的。总体来说，形成气候的主要有六个：漳州詹师富、大帽山卢珂、大庾陈日龙、横水谢志珊、桶冈蓝天凤和浰头池仲容。

这六个人是当地土匪界的大腕，能在这样的环境中生存，并且逐步发展壮大，都不是一般人，哪一个也不是省油灯。拿哪一个开刀，这是个问题，还真不好选择。

正当王阳明考虑先对谁动刀的时候，詹师富就联合温火烧开始营业了，他们一点脸面都不给，太不拿新任巡抚当官员了。既然找上门了，那就拿他们俩动刀吧。

詹师富大本营在漳州，距离赣南巡抚驻地赣州很近，而且漳州没有屏障，无险可据。先前，一些赣南巡抚到任后，经过考察，都认为詹师富是个软柿子，就拿他动刀。好像哪一任巡抚不拿詹师富动刀，谁就无法在赣州站稳脚跟一样，长此以往，还形成了传统。赣南巡抚上任先打詹师富检验成色，合格留下，不合格拍屁股走人。如果哪一任赣南巡抚没有打过詹师富，你都不好意思说自己做过赣南巡抚。

于是就出现了这样的现象：赣南换巡抚，詹师富必挨刀。詹师富都产生了心理障碍，形成了条件反射，只要新任巡抚一到，自己就得挨刀，低调不行，老实也不行，玩失踪也不行，伸头是一刀，缩头也是一刀，原地不动还是一刀。还有没有王法啦？这日子真没法过了，怎么做都受伤，詹师富决定，与其被动挨打，不如主动出击，所以王阳明刚到，詹师富就拉着温火烧开展业务。

詹师富哪里知道王阳明正寻找目标呢，阴差阳错，王阳明就选择了詹师富，一来尊重传统，二来枪打出头鸟。其实大家都知道，詹师富是块硬骨头，不好啃。在这些年的反围剿中，詹师富的队伍得到了锻炼，战斗力也越来越强，成了土匪中的最强者。

王阳明不是普通巡抚，他是圣人，也读过兵书，同样是拿詹师富开刀，他采取的是"上兵伐谋"，其实就是"兵者诡道也"，也叫兵不厌诈。王阳明开始发布各类情报，情报很快通过间谍和双重间谍传到了土匪那里，但情报天天变，今天说先打江西，明天说先打福建，后天又说先打广东，最后又说兵力不足，要调动"土兵""狼兵"帮忙。

情报天天变，这些土匪大佬哈哈大笑，这个巡抚真不愧是读书人，就这样的，还想和我们较量，你也配？

在释放烟雾弹的同时，王阳明调动福建、广东和湖广三省兵力开始对漳州的詹师富、温火烧进行围攻。福建的军队自东向西进攻，同时封锁要道关口，切断土匪逃向福建和江西的路口；广东的军队自西向东，严防交通要道，防止土匪向西逃跑，同时切断和广东境内土匪的联系。按照计划，湖广是打扫战场的。两省军队同时行动，而且悄无声息，由于地缘的关系，福建军队很快就到达詹师富的大本营——长富村。

战斗随即打响，究竟结果如何，王阳明能出师大捷吗？

巡抚的心

王阳明在赣州运筹帷幄，天天发布军情动态，搞得各大土匪都麻木了，真的也没有人相信了。喊了多次狼来了之后，狼真的来了，而且悄无声息，第一个挨刀的还是詹师富。

当福建的军队抵达长富村的时候，詹师富正在悠闲呢，结果被打个措手不及，一看打不过，风紧扯呼——跑吧。詹师富带着队伍退回到象湖山，土匪有好几个据点，长富村只是詹师富的外围地盘，真正的堡垒是象湖山。

这一战，福建军队收获甚丰，砍下了432颗土匪人头，抓获土匪家属140多人，焚毁土匪400多间房屋，缴获大批马牛，而且仅仅牺牲了老人许六、打手黄富璘等六人。这一战可以称作是大捷，因为几乎摧毁了詹师富在长富村的基地，只得跑往山里打游击。詹师富一看情况不利，连忙逃跑，福建军队紧紧追赶，追到一个叫莲华石的地方，谁都无法打败对方，双方形成了对峙，这个时候广东军队也到了。

眼看功到垂成，广东军队来了，福建军队求功心切，生怕广东军队抢走了头功。尤其是胡琏的得力干将覃桓和县丞纪镛，贸然前进，结果被詹师富打一个伏击，死伤无数，最要命的是，覃桓战死，纪镛也被詹师富的人杀了，就连胡琏也身中两枪。这可是了不得的大事，覃桓是三品官员（卫指挥使相当于现在的省军区司令员），战死沙场，也算是大事故。

最为不可接受的是，广东军队的领导王春居然围观了整场战斗，完全中立，既不参与福建军队进攻詹师富，也不围堵詹师富的人马。和广东比起来，湖广连个人影子也没来。

这种情况，王阳明在战前就想到了，而且已经通过命令的方式下达给福建、广东和湖广："贼虽据险而守，尚可出其不意，掩其不备，则用邓艾破蜀之策，从间道以出。若贼果盘据持重，可以计困，难以兵克，则用充国破羌之谋，减冗兵以省费。务在防隐祸于显利之中，绝深奸于意料之外，此万全无失者也。"

王巡抚真是未雨绸缪，一再警告，结果当詹师富败退，退守象湖山的时候，还是被打得一败涂地。

这个时候，王阳明也到了前线，情况不容乐观，毕竟是第一次指挥战斗。作为新任巡抚，王阳明第一次剿匪，失败不起，不然如何立足啊？如果失败了，不仅土匪会笑，当地的老百姓也会笑，同僚也会笑的。

王阳明详细了解实地盘问，找到了失败原因，无奈地摇摇头，感慨道："人性啊，太可怕了！于是立即召开前线会议，呼吁大家建言献策。"

战事不顺，大家都互相推卸责任，不说自己不行，也不说自己有过错，只说土匪有多强悍。总而言之，言而总之，战败的原因不是我们多么无能，而是敌人太过强大。这些军官，最后形成了一个共同的建议：请巡抚大人向朝廷请调"狼兵"。等到秋后再来攻打。

看到大家在和自己踢皮球，王阳明勃然大怒，开始一一追究他们违反命令不听指挥之罪，要求他们戴罪立功。这些人一下子老实了，他们没有料到这个巡抚这么有方法，根本不听他们的忽悠。

接着，王阳明发表了重要讲话：意思很简单，你们不要忽悠我，军情瞬息万变，不要拿先前的案例来搪塞我。福建方面需要稍微进行整顿，大家都有立功赎罪的心情，最好进行速战。如果一开始就按照先前作战方案，攻其不备，出其不意，已经成功了。目前声势浩大，各路土匪必然互相抱团取暖，共同抵御我们，因而最好展示给他们一种不着急的样子。现在这个时候，还有人对外宣称乘机进攻土匪，只是仅仅知道我们的部队可以进攻，而不知道敌人不可以进攻。

广东方面的意思，想借助"狼兵"和"土兵"，等他们到了，然后进攻，可是在我们调集"狼兵"的时候，土匪也不会闲着啊。他们也在预判战斗时间，趁着这个时机，他们由怯弱变为勇敢，由弱变强。这时依然坚持求稳，就是坐失时机，是光知道我们的士兵没有进攻的能力，而不知道正是攻打土匪的好时候。

什么叫善于用兵？本巡抚给你讲讲。打仗这事，变化万千，没有固定不变，就看如何把握了。胜负之算，间不容发，哪能随便停滞不前？你们说目前人马太少，2000多人已经足够，本巡抚让你们看看，仗是怎么打的？

王阳明不是光说不练假把式，而是亲自上阵，他亲自带领精锐部队驻扎上杭，准备随时发动战争。到达上杭，王阳明秘密给各种渠道的间谍发布命令，说要在上杭举行表彰大会，对战斗英雄进行表彰，然后撤回各路人马，一切等到秋天再说。

消息很快散布出去，各路土匪哈哈大笑，原来新巡抚也是这样，都是老路子，新官上任三把火嘛，秋天再烧一把，明年再来一次，就算说得过去了。于是，詹师富就带着弟兄们庆祝了，放松了警惕。这倒不是詹师富太傻，而是习惯了，每次都是这样，新巡抚都要攻打自己，没有什么变化。他哪里知道，这个巡抚不一般，人家是要做圣人的。经验主义害死人啊。

詹师富放松了，王阳明却一直在秘密备战。

这个时候，王阳明派出了他的秘密武器——曾崇秀。这人是一个义官，所谓义官就是一种荣誉称号，就是一些家境富裕的协助官府做一些事，具有官员的身份，不要官府的薪水，和今天的义工有某些相似的地方。一般来说，这样的人都神通广大，和各色人都有来往，王阳明就派曾崇秀到詹师富的地盘刺探虚实。

获悉詹师富防备松懈，二月二十九日，王阳明挑选精兵，为了不被发现，士兵趁黑夜出发；为避免出声每人嘴里衔枚，兵分三路直奔象湖山。这一次，能否拿下詹师富呢？

求雨得雨

王阳明带领这两千人马快速行动，詹师富的人马还没有反应过来，就丢失了重要的关口，于是只得撤退到山头，用滚木垒石和王阳明的人拼死战斗。战斗十分激烈，能在漳州纵横这么多年，詹师富绝对不是浪得虚名的，从早晨七点一直战斗到下午一点。如果不是广东、福建和江西的救援部队及时赶到，谁胜谁败，真是未可知也。

象湖山攻下了，但詹师富跑路了，退守到可塘洞。王阳明大手一挥，宜将胜勇追穷寇，兵分五路，直捣可塘洞。这一次，詹师富无处可逃，被活捉。老大被捉了，下面的小喽啰一哄而散，有的投奔其他山头，有的回家做良民，有的逃到广东去了……

詹师富被活捉，极大地震撼了漳州黑道，这次是怎么啦，难道官府来真的啦？以前都是做做样子，现在居然连詹老大都抓起来了，漳州的日子不好混了。老大进去了，温火烧就成了整个漳州的新老大，因而也就成了下一个靶子。休整一段时间后，三月二十一日，王阳明开始对温火烧的总部箭灌发起总攻。经过十多次拉锯战，温火烧也被活捉。

就这样，不到两个月，危害数十年之久的漳州帮土匪就彻底销声匿迹。

拿下詹师富和温火烧，漳州平定，王阳明准备班师回赣州。这个时候，漳州从三月到四月滴雨未下，十分干旱，老百姓都请求王巡抚求雨。

王阳明当仁不让，就在自己的办公住所求雨，意外的是，居然下雨了，只是雨量不大。但等到王阳明班师回赣州那一天，一连下了三天，解决了旱情，老百姓十分高兴。

漳州真是王阳明的福地，要兵有兵，要雨得雨，要风得风，王阳明太顺利了。

但接下来，好像就令人伤心了，甚至沮丧。回到赣州后，王阳明最重要的事是给朝廷写奏折，把平定漳州的好消息告诉皇帝。在那时候，写奏折是一件苦差事，不仅没有计算机，要命的是要用毛笔一笔一画地写，而且要事无巨细。

漳州之战，打了这么多场，场场都要提到，谁指挥的，谁带队的，谁砍了几颗人头，谁的作用大，缴获了多少马牛、辎重和财物……时间、地点以及谁在场，都要交代清楚，一个不能落下，一个不能多报，如此下来，王阳明这道奏折写了足足五万字。

实话说，王阳明这奏折看着非常枯燥无味，好像是流水账，一点也找不到圣人的风采。奏折写得太长了，还没有文采，味同嚼蜡，很是怀疑是否出自王圣人之手。但的确出自王圣人之手，这倒不是王圣人不会写奏折，而是这样的奏章只能这样写，请功邀赏，本来就是"瓜田纳履，李下整冠"，让人生疑。

皇帝担心谎报军功，就派大臣进行勘验，由于谎报军功的太多，甚至夸大数倍，勘验费工费时。朝廷干脆直接打折，一下子砍掉一半，你报一百，朝廷给定五十，这已成了行规。朝廷对王阳明也是如此，直接给削减一半，九月份朝廷的嘉奖令下来了：

> 捷奏来闻，朕心大悦！除有功官军民快人等待查勘至日升赏外，升尔俸一级，赏银二十两，纻丝二表里。仍降敕奖励。

皇帝的意思很明确，王爱卿取得胜利，朕很开心。朕不会亏待你，爱卿平定漳州土匪有功，俸禄升一级，奖赏银子二十两，纻丝布料表里两套。另外特发奖状一张。至于那些剿匪杀敌有功之人的奖赏，等朝廷勘验之后再作定夺。

朱厚照真会过日子，他天天在豹房花天酒地，王阳明平定土匪仅仅赏赐二十两银子，他随便赏赐给道士、和尚、喇嘛和妓院的零头也比这多几倍。

无论怎么说，皇帝还是看到王阳明的贡献，王阳明要谢恩奏折，表面上是客客气气，实际上是一肚子苦水。王阳明大为不爽，我的奏折可是没有水分的，陛下你这样做，太不厚道了。别的不说，臣写这些奏折的功夫钱也不止二十两银子吧。

王阳明当然不能直说，只说自己没有做什么，都是前线士兵的功劳，自己只是做了领导工作。自己只做了这么一点点工作，皇上就给这么多赏赐，受之有愧。这样也好，那就是，自己这样没做多大贡献，就得这么丰厚奖赏，那么战功显赫的，封赏就丰厚了。古人说过："死马且买之，千里马将至矣。"

王阳明生气了，非要讨个明白。看来圣人也不能免俗啊，人心，人性，圣人也很难控制啊，圣人也是人啊！

好在王阳明不在乎这点赏钱，他是要做圣人的，漳州之战，他发现了太多的问题，一切问题的根源都是赏罚不明。俗话说，赏罚不明百事不成。据王阳明调研，两三年前，江西、福建和广东三省所有盗贼也就三千多人；他到任后进行摸底，已经将近数万之众，几乎是三年前的十倍多。鉴于这种状况，王阳明深入府州县做调查问卷，向官员了解、向父老请教、在路边调研、到田边地头询问……所有接受调查的人都有一个共同的认识：

> 盗贼之日滋，由于招抚之太滥；招抚之太滥，由于兵力之不足；兵力之不足，由于赏罚之不行。

什么原因呢？盗贼虽然性情残忍，但也害怕官府诛讨。现实情况是，盗贼烧杀抢掠官府不仅不去剿灭，反而去招抚，这样一来盗贼自然肆无忌惮。由于招抚过于泛滥，这些盗贼和官府在某种程度上达成了和谐，没有盗贼官府就没法立功，盗贼不出来抢劫官府就没有理由调动军队，不调动军队哪里捞取功名利禄？于是，官府和盗贼就成了好朋友，结成了利益同盟，大家互相帮忙互相利用。如此一来，盗贼知道官府不会太难为自己，民众知道官府不可靠，很多老百姓不堪其苦，距离盗贼近的人就去做了盗贼，距离稍远的就做了向导，城里面的就成为互相帮忙的好友，官府的人就做了间谍。这样一来，盗贼能不多吗？

盗贼一多，兵力自然不够用。再就是，南赣部队平常根本不训练，脆弱矫情，根本打不了仗，一到打仗，都想方设法逃脱，如果上级严加要求，也是磨磨蹭蹭，等他们到了案发之地，盗贼早就得胜而归。如果倒霉碰见盗贼还在作案，这些士兵比盗贼跑得还快，还没见到盗贼就败下阵来。用这样的部队去征讨盗贼，就好比用羊群去攻打猛虎。先前南赣征讨盗贼，就是发发文件，以免不作为被朝廷惩罚；名义上是剿匪，实际上是为了招抚拉皮条。赣南之兵"招抚"就能解决，而且还能获得好处，谁还会训练部队？如此，兵力自然不足。

吴起有云："法令不明，赏罚不信，虽有百万，何益于用？凡兵之情，畏我则不畏敌，畏敌则不畏我。"官府一味招抚，而不诛讨，战死的得不到封爵奖赏；逃跑的也不会受到杀戮之祸的处罚；谁都明白进攻有可能会死而后退不会有任何处罚，那谁还会冲锋陷阵呢？

目前南赣之兵，就是这个样子，都是"畏敌而不畏我"，用他们来冲锋陷阵，能取得胜利吗？所以说"兵力之不足，由于赏罚之不行"。但南赣真的是兵力不足吗？也不全是，这次漳州之战，詹师富拥有数万之众，官府仅仅两千精兵就取得大胜，说明南赣之兵还可以用。

目前班师不到两月，漳州的土匪又聚集起来了，王阳明于是向朝廷请求授予大军诛讨赏罚之权，朝廷会同意吗？

心向良知

平定詹师富的时候，福建和广东军队之间争功抢利、互相不配合，导致了第一次失败，要不是王阳明挽狂澜于既倒，很有可能走上前任的老路，打不过土匪就招抚，之后灰溜溜离开南赣官场。王阳明很清楚平定了詹师富，不是自己多么有能力，也不是自己部队战斗力强，而是因为足够幸运。

消灭了詹师富不代表漳州就太平了，更不意味着官府存在的问题就解决了，相反，还会因为这次胜利而掩盖一些问题。王阳明已经发现了这些问题，就是军队的指挥权有问题。王阳明是要做圣人的，一定要打造一支属于自己的军队，唯有如此方能平天下，否则一切只能纸上谈兵。王阳明就根据军队存在的问题，提出了一个整改方案：

习战之方，莫要于行伍；治众之法，莫先于分数。

将调集各兵，每二十五人编为一伍，伍有小甲；五十人为一队，队有总甲；二百人为一哨，哨有长，有协哨二人；四百人为一营，营有官，有参谋二人；一千二百人为一阵，阵有偏将；二千四百人为一军，军有副将、偏将无定员，临事而设。

小甲于各伍之中选才力优者为之，总甲于小甲之中选才力优者为之，哨长于千百户义官之中选才识优者为之。

副将得以罚偏将，偏将得以罚营官，营官得以罚哨长，哨长得以罚总甲，总甲得以罚小甲，小甲得以罚伍众：务使上下相维，大小相承，如身之使臂，臂之使指，自然举动齐一，治众如寡，庶几有制之兵矣。

编选既定，仍每五人给一牌，备列同伍二十五人姓名，使之连络习熟，谓之伍符。每队各置两牌，编立字号，一付总甲，一藏本院，谓之队符。每哨各置两牌，编立字号，一付哨长，一藏本院，谓之哨符，每营各置两牌，编立字号，一付营官，一藏本院，谓之营符。凡遇征调发符，比号而行，以防奸伪。

其诸缉养训练之方，旗鼓进退之节，务济实用行之。

这种模式无疑很高效，每二十五人为一个小单位，管住一人即可管住二十五人；依此类推，两千四百人，只需要管住一人即可，实在是高。细细看看，可以发现，王阳明的这种制度和目前的军队编制有很大的相似性，从人数上看，几乎和排连营团旅一模一样，据说排连营团旅编制模式是17世纪才发明的。这种军事管理模式，从管理学的角度看，是一种垂直型管理模式，也叫金字塔、直线管理模式。这种模式几乎是为军事管理而生，也算是很古老的管理模式，官府的管理模式就是从这种模式演变而来。责权利清晰准确，令出一门，上传下达，利于统一指挥和管理。这种模式天然要求最高领导者必须是全能者，无所不能，最好是圣人，无疑王阳明能胜任。

方案是好，但需要皇帝授权，毕竟事关军队，对朝廷和皇帝来说，军队无小事，绝对不允许任何人有任何的特权，皇帝必须绝对控制，百分百控制，不留一丝死角。王阳明的这个方案，无论是出于什么动机，都难免"李下整冠、瓜田纳履"，赣南巡抚要求朝廷授予自己提督南安、赣州、漳州和汀州的大权，同时要求授予旗牌以及便宜行事权力，大臣会怎么看，皇帝会怎么想？

王阳明上奏疏的这个月，正好是朝廷殿试揭榜的日子，王阳明可谓丰收的时候，这边打胜仗，那边他的弟子蔡宗兖、许相卿、季本、薛侃、陆澄同举进士。获悉这些弟子中进士之后，王阳明给他们寄语："入仕之始，意况未免摇动，如絮在风中，若非粘泥贴网，亦自主张未得。不知诸友却何如？想平时功夫，亦须有得力处耳。"

官场是一个大染缸，也是一个销魂窟，进入官场必然接受一次次人性大考验，刚进去难免意志动摇，就好比是风中的花絮，如果没有定力或者加入官僚之网，恐怕不能立住脚。王阳明很是担心这些弟子的情况，看看他们的情况如何，是否保持了独立人格抑或加入了官僚网络，同时希望他们加强学习，在事上磨炼，抵挡住各种诱惑，找到精神寄托，找到工作的信仰。

与其说这些寄语是说给众弟子的，倒不如说是说给王阳明自己的。

尤其是王阳明这样在带兵征讨的人，一举一动，都有人关注，不同人从不同角度，不同立场，不同政见，不同利益，会看到不同的王阳明。有成绩会招致非议，没有成绩会下岗，怎么办？其实很简单，就是努力做好自己的本职工作，不能不解释，但绝不要掩饰，该说的说，不该说的一个字都不提，只需一心向善，一心为公，我本将心向明月，不管明月到底照你心，还是照沟渠。

权力使用准则

除了弟子中举，还有一件让王阳明更高兴的事，那就是徐爱在雪上买了一块田地，田地收入主要用来朋友之间聚会，时刻等候着王阳明过去和众弟子一起过耕田舞剑读书的生活。获悉后，王阳明很是高兴，用幽默喜兴的手法给徐爱写了两首诗赞扬徐爱。

其中一首《闻曰仁买田霅上携同志待予归》，写得非常有意思，也写出了自己的内心，说好大家一起到霅上种田，你挑水来，我浇园。虽说是新垦的荒地要多费工夫，秋收不多但税负也轻一些，如果田地收成不够吃的，就学会钓鱼，以此来填饱肚子，吃喝不愁了，大家一起到河堤树林里散步，岂不美哉。

这里说说霅上，这个字属于生僻字，和"炸"一个读音，是地名，是浙江省湖州市的别称，"霅上茗芽因客煮"说的就是湖州的茶叶。

田园总在心间，政务却缠绕身边。想想远方，看看当下，王阳明横下了心，一切都是为朝廷着想，他也知道朝廷最终会同意，奏疏上交之后，就开始准备军费。常言道，大炮一响，黄金万两。打仗就是打钱，没钱你打啥，土匪为啥能打，因为能抢到钱，你官府军总不能也去抢吧。王阳明很清楚户部是最穷的部门，哪一任户部尚书不是铁公鸡？韩文就是例子，连皇帝老子都不能从户部要来钱，更不要说一个临时巡抚了，不向你要税收就谢天谢地了。

这个时候，只能靠自己，南赣这些地方都是靠赈灾过日子，府库早已空空如也，就是侥幸不被土匪洗劫那也转移到了官员的腰包。怎么办？王阳明有的是办法，他盯上了盐商。自古以来，盐都是专卖，都是官府垄断，凡是官府垄断的都是暴利行业。江西没有自己的盐厂，都是销售广州的盐，王阳明决定在赣州设立盐厂，扩大销售范围，但是税收提高一倍，高出部分当作军费，到荡平盗贼停止。王阳明的奏折到了朝廷，如石沉大海！大家都明白，皇帝害怕土匪，更害怕手握大权的大臣，于是拒绝了王阳明的请求。

其实朝廷想多了，王阳明想要的不过是赏罚大权，绝对不是兵权，更没其他非分之想，所谓的野心也就是做一个圣人。由于表述不准确，引来了争议，王阳明不气馁，继续上奏折，对当时战场上的赏罚制度提出质疑，提出"赏不逾时，罚不后事"，如何才能做得到呢？就是朝廷授予自己大军诛赏之法，责而行之于平时，授予自己令旗令牌等，便宜行事之权。王阳明也算是明白人，知道大臣和皇帝心中有疙瘩，于是自己打开窗户说亮话，陛下和各位同僚放心，只要皇帝授予自己军队的赏罚大权、令旗令牌以及便宜行事，王阳明今天立下军令状：

> 如是而兵有不精，贼有不灭，臣等亦无以逃其死矣！

王阳明这么一说，朝臣反而不好意思了，这个时候，王阳明的伯乐王琼开始站出来。王琼建议朝廷同意王阳明的奏请。皇帝和朝廷其实不想同意，王阳明不是好选择，但找不到比王阳明好的选择，于是半推半就同意了。皇帝还是不放心，打算派一个叫毕真的太监到赣州做监军，监视王阳明。王琼知道后，立即和皇帝讨论，说兵法最忌讳遥控，王阳明在前线大战，却需要一个待在省城的太监来做决策，这肯定不行。朱厚照一想，也觉得有道理，这事才算定下来。

在左躲右闪之后，授权在扭捏之中下来了：

> 管领兵快人等官员，不问文职武职，若在军前违期，并逗遛退缩者，俱听军法从事。生擒盗贼，鞫问明白，亦听就行斩首示众。

不管怎么样，王阳明终于获得授权了，权限清晰明确。王阳明的权限是：军方人员，不管文职武职，如果打仗时违章乱纪，军法从事；活捉的盗贼，审问明白，斩首示众。有了这些权限，王阳明就有了尚方宝剑，而且这些生杀予夺大权就在王阳明手里，大家应该心里有数。

有了这个大权，王阳明就有了权力，可以做主了，自己就能说了算了，就能为自己的承诺提供保障了。王阳明很快发布了一道《抚谕贼巢》，文章写得那是一个好，这才是王圣人的水平！

王阳明毕竟是要做一个圣人，不是一个纯粹的官员，圣人第一要做的是拯救众生，官员第一要做的是结果，王阳明是先礼后兵而不是为了结果大开杀戒。为了达到不战而屈人之兵，开篇就把土匪当作一个正常的人，跟他们谈荣辱观、谈价值观、谈人生观、谈礼义廉耻……无论怎么说，王巡抚是真诚的，直入人心，设身处地为土匪设想，给他们洗心革面的机会。就是说，你心向善，给你机会；你愿意一条路走到黑，我王巡抚可以南调两广"狼兵"，可以西调湖湘"土兵"，亲率大军围剿你们，一年剿灭不了，就两年，两年不成，就三年，直到剿灭为止。无论是人力、物力、财力，我都用之不竭，你们呢？你们能耗得起吗？现在有两条路摆在你们面前，一条是生路，一条是死路，你们是选择生路呢，还是选择死路呢？本巡抚决不强求。

不作死就不会死

王巡抚再次出招了，一如既往的劝诫，给所有的人都留一条生路，因为王巡抚的主要目的是荡平土匪而不是砍人头，所以他最喜欢的是攻心而不是摧城拔寨杀人。

在获得生杀予夺大权之后，王巡抚的劝诫更有威慑力。王阳明对自己的属下和部队严格要求，"但有擅动地方一草一木者，照依军令斩首示众"。王巡抚当然不是一味地婆口苦心劝说，而是胡萝卜加大棒，一方面谆谆善诱，另一方面则是屠刀高举。正如他在谕令中所说："今谓我全无杀人之心，亦是诳尔；若谓必欲杀尔，又非吾之本心。你们这帮罪大恶极之人，我不是不想杀你们，但也不是必须要杀你们，至于杀还是不杀，就看你们的选择了。"末了，王巡抚再次劝慰，声泪俱下："民吾同胞，尔等皆吾赤子，吾终不能抚恤尔等，而至于杀尔，痛哉！痛哉！兴言至此，不觉泪下。"

王巡抚大打温情牌，你们不要逼我杀人，你们都是我的同胞，都是我的子民，如果我最终不能庇护安抚你们，反而要杀你们，这是怎样一个痛心了得！说到这里，本巡抚已潸然泪下。

王阳明就是王阳明，不是一般人，写文章都把自己写哭了，足见他的诚意。这么多年的历练，王阳明掌握了人与人交流的秘密武器，那就是——真诚。这个武器的杀伤力随着级别的升高成数量级增加，一个巡抚能放下架子和土匪交流，而且一切都是为土匪着想，讲三观谈正能量，土匪能不感动？

正如王阳明所说，土匪也是人，也有荣辱之心，他们也明白事理，知道谁真正对他们好。王阳明的告谕发出不久，广东的黄金巢、卢珂和郑志高三个土匪老大带领自己的兄弟来投奔王阳明，从此以后就跟着王巡抚成为官府的公务员，愿效死以报。

有土匪愿意投靠王阳明，也有土匪不屑，就是死也要做一个顶天立地的土匪。比如谢志珊，就是一个了不得的土匪，他不屑于屁颠屁颠地跟在王巡抚后面，丢不起那人，他是有野心的。谢志珊，志在天下，而不是仅仅混个一官半职，那太没出息了，与其做个小吏，还不如做一个合格的土匪。

在官府口中，谢志珊被称为"大贼首"，也就是土匪中的土匪，土匪界精神领袖。在土匪界，谢志珊号称"征南王"，看看这个称号，就知道人家是高端大气上档次，绝非一般打家劫舍的土匪所能比的，人家是有追求的。既然都做"王"了，如何会把一个巡抚放在眼里！再就是，谢志珊位居土匪的金字塔尖，下面还有一大批兄弟，光是能叫上名号的就有钟明贵、萧规模、陈曰能和高快马等人，这些人被官府称作大贼。也就是说，即便谢志珊打算金盆洗手，也要看看下面这帮兄弟乐不乐意，屁股决定脑袋。最后就是，他们有战斗力，而且是匪强马壮，他们很清楚官府的实力，根本不是他们的对手，如果投降，岂不太屃了。

其实，就是他们愿意投靠，王阳明也不一定愿意接受，一是他们罪大恶极，哪一个都是罪不容诛，都是死几回都不为过的主儿；二是这么多人怎么安排啊？三是大权在握，怎能不打仗？

所以当王阳明发布告谕的时候，谢志珊和他的弟兄们正忙着备战，大张旗鼓地秣马厉兵，同时还打造吕公车。吕公车是专门用来攻城的器械，据说威力极大，吕公车立起来有数层楼高，士兵藏在里面，外面用皮革包裹，用牛拉或人推前进，一般是出其不意推至城下。由于吕公车和城一样高，士兵可直接越过城墙，进入城内和敌人战斗。吕公车确实很牛，但在历史上都成了靶子，没起多大作用。

谢志珊不愧"大贼首"的称号，当他获悉广东官兵被调遣去府江执行任务，就打算攻打南康，趁机进入防守空虚的广东境内。单单这个行动方案，就知道谢志珊不是浪得虚名，而是有真谋略。

正是我无杀贼意贼有杀我心，王巡抚没有选择了，只能带兵出击了。这个时候，说什么都没有用了，讲道家不行，讲佛家也不行，儒家也不行，讲心学也不行，只有拼拳头了。王阳明能选择的就是先打哪一个，在哪里打，如何打？

湖广巡抚都御史陈金提议先打桶冈，广东、江西、湖广三省夹击谢志珊，王阳明一看就明白了，这是典型的部门主义，是为自己考虑；这样的方案，广东肯定不能接受，广东希望先打南康大庾；江西当然也不接受，江西肯定想先打横水和左溪。

怎么办？王阳明亮出了自己的方案：土匪是大家共同的敌人，但每个省的情况各有不同，因而难免有着不同的利益诉求。比如说湖广省，从他们的角度来说，桶冈是盗贼的咽喉之处，而横水、左溪则是盗贼的心腹之处。而从江西省的角度来说，横水、左溪就是盗贼的心腹之处，而桶冈只是羽翼。可以看出，无论是湖广还是江西，横水、左溪都是盗贼的心腹之处，我们现在讨论不对盗贼的心腹之处进行攻击，却打算与湖广夹攻桶冈，这样就导致我们腹背受敌，如何取胜？再就是，从目前的形势看，横水盗贼看我们的兵力还没有集合在一起，认为我们动兵时间还远着呢，必定认为我们先打桶冈，因而就会准备不足。我们应该趁机突然袭击横水，必能成功，之后兵临桶冈，就可轻松平定盗贼。

朝廷授权王阳明提督南、赣、漳、汀等处军务，有便宜行事之权。也就是说，这里王阳明说了算，于是就先打横水、左溪。之后，王阳明表面上大张旗鼓地讲学，暗地里开始排兵布阵，密授方略。

谢志珊也不是一般人物，当初王阳明四处散播攻他和蓝天凤的时候，却突然攻打了詹师富。在王阳明攻打詹师富的时候，谢志珊却攻打了南康，尽管最后失败而归。

这一回，谢志珊会真的相信王阳明不攻打他吗？

土匪的道

谢志珊和王阳明，都不是一般人，一个是土匪中的精英，一个是读书人中的极品，这两个人对阵，无招胜有招，表面上看去风平浪静，而实际上暗潮涌动。

翻遍所有关于谢志珊和王阳明对阵的资料，好像谢志珊什么都没做，专门等着王阳明上门做切割的鱼肉。其实，谢志珊也知道大局，王阳明是江西南部、福建西北部暂时巡抚，级别很高，实权不大，既调动不了江西的所有力量，也号令不了福建，广东也就做做样子，湖广连面子都不给。谢志珊的地盘在横水，这个地方和福建无关，自然不会派人；和湖广有点关系，但桶冈才是湖广的心头大患，所以不会和王阳明联合用兵；和广东就更没关系了，广东关心的是浰头的池仲容兄弟。实在不济，谢志珊相信自己那些潜伏在王阳明身边的人也会帮自己的。

这些看得见和看不见的确实是难题，王阳明三下五除二，轻松摆平。正如谢志珊的判断，王阳明不是谢志珊的对手，但接下来，王阳明按照自己的节奏开始了战斗，讲学是战斗，聊天也是战斗，排兵布阵更是战斗，也就是说王阳明的战斗随时随地。

谢志珊只看得到了看得见的战斗，没有看到看不见的战斗，所以当他无忧无虑地潇洒的时候，王阳明已经派出四百人潜伏到谢志珊的身边。如此看来，好像谢志珊很傻，王阳明派四百人到他身边，谢志珊都没有发觉，其实，谢志珊一点都不傻，只是情况太特殊。

这正是王阳明高明之处，这四百人身份特殊，这些人可能是谢志珊的喽啰，可能是谢志珊的兄弟，可能是谢志珊的朋友，可能是谢志珊的战友，可能是谢志珊的眼线，可能是谢志珊的合作伙伴……但这些人同时还有另外一个身份，那就是王巡抚的下属。这四百人打入谢志珊那里干什么？有一点可以确定，绝对不是给谢志珊帮忙的，也不帮闲，而是有特殊任务。

正当谢志珊毫无准备的时候，十月初七这天，王阳明兵分十路，突然行动。

官兵从正面开始进攻，动静很大，但人数不多，攻击力也不怎么样。谢志珊久经沙场，一看不由得笑了：王阳明就这样啊！于是大手一挥，带着弟兄下山战斗。

正当谢志珊带着兄弟们和官兵展开战斗的时候，突然听到身后有人高喊：我们已经占领谢志珊的老巢！正在战斗的谢志珊和其他土匪听到这么一嗓子，立即崩溃，四下逃散。投降的投降，战死的战死，逃跑的逃跑，横水就这样不复存在。

这么强的土匪，就被一句话打败了。其实，打败土匪的不是一句话，而是力量，诛心的力量，这句话，就诛了他们的心。王阳明来一个这样的阵势，谢志珊一下子被打蒙了，他打造的吕公车也派不上用场了。

谢志珊不是死要面子的人，他懂得留得青山在不愁没柴烧，带领部分兄弟一路撤退，最后安全抵达蓝天凤的桶冈。

这么轻松就拿下了横水和左溪，王阳明手下的将领来劲了，大家立功心切，纷纷主动请缨，要将剩勇追穷寇。王阳明还是和往常一样淡定，挥挥手，说道："不急，不急。"

之后，王阳明亲自对桶冈进行了考察，发现这个地方很特殊，整个地形就像一个木桶的形状，因而叫桶冈。这里不仅地形险要，而且蓝天凤他们居高临下，易守难攻。如果强攻，他们更容易齐心合力，团结起来，很难对付。这个时候，最好静下来，和他们和平相处，这样，他们就会有矛盾，一有矛盾，机会就来了。

谢志珊到达蓝天凤的老巢桶冈后，王阳明好像消失了，他们左等王阳明不来打，右等王阳明也不来打……正当他们失去耐心的时候，王阳明终于有动静了，派人来招抚了，来人不是外人，是蓝天凤、谢志珊他们的朋友。

这一点，蓝天凤、谢志珊都很意外，不过，王阳明什么时候也没如他们所愿过。当然，一切都是真诚的，而且都是为他们着想的，王阳明本就是写文章的高手，心学圣人，所以很容易攻破他们的心理防线，有人喜极而泣，恨不得立即跟王阳明混日子。但有的人却不同意，谁啊？谢志珊带来的兄弟，一是他们知道王阳明不会放过他们，二是他们的兄弟被王阳明的人杀了。

怎么办？他们决定内部讨论，就这样反反复复，一直没有讨论出结果。越是讨论，越是伤感情，最后结果没出来，感情却有裂痕了。敌人内部有裂痕了，王阳明开始行动了。

按照谢志珊、蓝天凤的打算，准备到十一月投降，但王阳明等不及了，尤其是邢珣和伍文定，他们趁着下雨开始进攻了。

按理说，桶冈还是能抵挡一阵子的，在蓝天凤的带领下，桶冈土匪自力更生，开荒种田，能基本满足自己需求，每当官府围剿的时候，他们就闭门不出，官府耗不过他们，就只有撤退，他们因而取得了一次又一次反围剿胜利。因此，按照桶冈的情况，蓝天凤这些打下的家底，不说十年，一年半载肯定没问题，但由于人心涣散，早就没有战斗力了，所以一触即溃。

一看大势已去，谢志珊、蓝天凤和龚规模等自缚投降。

战斗结束，王阳明开始提审谢志珊。王阳明和谢志珊不一定谈得上惺惺相惜，但王阳明对谢志珊还是蛮尊重的，他是要看看一个大贼首有没有良知。

谢志珊被带上来，王阳明问道："你的队伍是怎么发展这么大的？（汝何得党类之众若此？）"

谢志珊感叹道："也不容易。"

王阳明很是好奇，就接着又问："为什么？"

谢志珊平静地说："平生见世上好汉，断不轻易放过；多方勾致之，或纵其酒，或助其急，待其相德，与之吐实，无不应矣。"

谢志珊的确厉害，爱惜人才，只要是人才想尽一切办法也要拿下，多方下手：好色的给你美女，爱财的给你金钱，爱酒的给你美酒，有困难帮助你解决，真诚相待，坦诚相见，没有拿不下的。

听到谢志珊这么一说，王阳明大为震撼，一个土匪不讲抢劫，不讲杀人，却强调人才，推崇道德，这太可怕了。王阳明先后多次对他的门人说："吾儒一生求朋友之益，岂异是哉？"也就是说，谢志珊是个人物，虽然是盗贼，但他行事风格和我们儒家推崇的一样，这太不可思议了，王阳明会如何处置呢？

六、人欲就是天理

朱熹老夫子强调"存天理灭人欲"，如果能实现当然好，但在世俗的世界中，根本不可能。人食五谷杂粮，必然有七情六欲，这和天要下雨、娘要嫁人一样，改变不了的，更无法消灭。说什么"饿死事极小，失节事极大"，更是扯淡，一个快要被饿死的人，还会和你谈礼义廉耻，这个人不是圣人，就是皇帝。那些民众为什么冒着砍头的风险，也愿意跟着土匪混，为什么？能满足人欲！其实，人欲就是天理，不能满足人欲，会有人跟你混吗？连拥护者都没有，还谈什么治国平天下，更不要说做圣人了。王阳明平天下的过程就是满足人欲的过程，这也是他为什么感叹"破山中贼易，破心中贼难"的原因。

在中国，无论什么东西只要皇帝喜欢，就会上升到国家高度，一旦上升到国家高度，就会被扭曲，无论是多么好的东西只要被扭曲就会贻害无穷。朱熹的"遏人欲而存天理"理论多好，非常温和，只是要求"遏制"一下人欲，但经过几朝皇帝的努力，也进一步发展，先是演化成"去人欲存天理"，再演变成"灭人欲存天理"，这哪里是关于"人欲"的问题，简直就是去人性化。

拜巡抚得幸福

圣人提审土匪，会审什么呢？从他们之间的对话来看，圣人关注的不是杀多少人，干多少票，做了哪些罪大恶极的事，而是谢志珊的队伍是怎么发展壮大的。

当谢志珊说出他的秘密武器后，王阳明越琢磨越觉得谢志珊不简单，土匪也有这么厉害的，以前觉得詹师富有两把刷子，这次和谢志珊打仗，才发现，哪个行业都有佼佼者，也许就是所谓的三百六十行，行行出状元。

谢志珊这个人太恐怖了，他想拉谁下水就拉谁下水，从来没有失手。比自己的心学还厉害，无所不用其极，自己也就对一些高素质的人有诱惑力，谢志珊则是全盘通杀。

细细琢磨，王阳明发现，谢志珊的手法也没啥高明之处，为什么总能屡试不爽呢？根源不在手法是否高明，而是因为每个人都有软弱之处，说白了就是每个人都有欲望，有欲望就有软弱之处。每个人都有欲望，而且欲壑难填，穷人想富裕，富裕之后要名要利要才要色，之后还要权，再之后要荣誉、成就……平民想做官，做官后想做大官，最后要做皇帝，做了皇帝还想长生不老，长生不老想成仙，人的欲望哪有满足之时啊？

看看谢志珊的手法，王阳明想起了宋朝的梁山招聘的方法，越想越后怕，王阳明脸一黑，手一挥："推出去，斩了。"

关于王阳明斩杀谢志珊，《明儒学案》高攀龙语录记录了一个故事。

有人问钱德洪，说："阳明先生择才，始终得其用，何术而能然？"

钱德洪回答说："吾师用人，不专取其才，而先信其心。其心可托，其才自为我用。世人喜用人之才，而不察其心，其才止足以自利其身已矣，故无成功。"

高攀龙评价此事，说："此言是用才之诀也。然人之心地不明，如何察得人心术？人不患无才，识进则才进，不患无量，见大则量大，皆得之于学也。"

这正契合了王阳明的心学，身之主宰便是心，心之所发便是意，意之本体便是知，意之所在便是物。说白了，这一切都是一个"意"，有"意"才有"识"，有"识"才有"才"。有才之后，见见世面，就有了情怀，就可以为社会服务了。

王巡抚出师大捷，先后平定了横水和桶冈，给朝廷写了一篇长长的剿匪成绩单：

在大明皇帝的伟大英明领导下，在兵部的正确指导下，赣南巡抚王守仁协调江西、湖广、广东以及福建四省，在各有关部门的通力配合下，对四省交界的盗贼土匪展开了剿匪行动。

在南赣巡抚的统一领导下，各级部门对辖区的大小盗贼土匪的情况进行了摸排检查，然后会同监军、参议、领兵都指挥、知府、知县、县丞、随征参谋、同知、推官以及千户联合行动，重点对横水和桶冈等土匪聚集地区展开行动，坚决消灭臭名昭著和罪恶滔天的土匪。

据统计，这次赣南剿匪行动，总共出动了监军副使杨璋，参议黄宏，领兵都指挥许清，指挥使郏文，知府邢珣、季敩、伍文定、唐淳，知县王天与、张戬，指挥余恩、冯翔，县丞舒富，随征参谋等官，指挥谢泉、冯廷瑞、姚玺，同知朱宪，推官危寿、徐文英，知县陈允谐、黄文鸳、宋瑢、陆澂，千户陈伟、高睿等各级官员三十多人，官兵数万人、衙役数千人、捕快数百人，攻破了土匪巢穴80多处，活捉斩杀横水头领谢志珊、谢志田等人，桶冈盗贼头领蓝天凤、蓝八等人，鸡湖盗贼头领唐洪、新溪盗贼头领刘允昌等共86人，活捉斩杀从贼3618人，俘获盗贼家属2336人，解救被盗贼俘虏的男工和妇女83人，缴获牛马骡680头（匹），缴获各类器械2131件，缴获金银183两8钱1分。所有这些都已命令有关部门登记造册，以备有关部门检验审核。

说完这些，王阳明转移话题，开始叙述蓝天凤和谢志珊的历史，这俩人为非作歹十多年，盘踞千里，祸害数个郡县，假冒王号，图谋不轨。他们二人破坏力极大，流毒极深，朝廷先前曾经包夹剿灭，却未能损害他们一根毫毛，之后屡次招抚，却养虎为患，使得他们日益强大。

接着，王阳明再次转移话题，在这种情况下，我王某人驱兵不过万人，费用不到三万两，两个月之内，俘获六千多人，摧毁土匪据点84处，土匪盗贼头目全部被杀，没留一个吃饭的活口。

那么，问题来了，是我王某人比先前的领导更有贤能吗？显然不是，一切的一切都是仰仗朝廷的恩泽，是因为朝廷处置得当；是朝廷授予我王某人便宜行事的权力，任命我做南赣巡抚，故而可以自由伸缩，可以根据形势进，可以根据形势退，没有丝毫掣肘，可以所向披靡。

常言说，运筹帷幄之中，决胜千里之外。其实就是这次剿匪的最好注脚，"运筹帷幄"出自朝廷之命，"决胜千里"则是朝廷威信，功劳大多数是朝廷的。战斗不是一个人的，除了朝廷，这些官员，鞍前马后，或者监军督饷，或者领兵出征，个个出生入死，历经艰险，有功劳也有苦劳，没有他们的英勇奋战和默默努力，就没有这次的重大胜利。

之后，就是邀功请赏，王阳明请求皇帝朱厚照能在朝廷上进行奖赏，激发前线兄弟们的战斗激情，如此一来，盗贼自然悄无声息地消失了，老百姓就安生了，地方官府就安定了，国家就安定了。

各位看官，我们的王阳明不仅会写文章，会带兵打仗，还会做人，更是会做官。之所以能取得成绩，是皇帝伟大英明，是朝廷同人谋划得当，是兵部领导有方，是前线的兄弟们英勇无畏。总而言之，功劳是大家的，自己只是一个协调员，既没有雄谋大略，也没冲锋陷阵，所以也没什么功劳。

这份汇报，皇帝高兴，朝廷满意，兵部喜欢，同僚欢喜，剿匪一线的战友们欢欣鼓舞，于是朝廷就同意了王阳明所奏。

接着，王阳明班师南康，当地的百姓获悉后，沿途顶香列队迎接膜拜，好比粉丝迎接明星偶像。王阳明足迹经过的州、县、隘、所各级官府，当地的老百姓都给王阳明修建了活人祠堂，每逢重要节日都祭拜；而王阳明没有去过的地方，也把王阳明肖像供奉在祠堂，过年的时候一起祭拜。

就这样，拜巡抚，得平安幸福，成为南赣的一种风潮，于是乎，一个造神运动拉开了大幕。

按照一般的套路，故事到这里该大结局了，王阳明可以班师了，可他偏偏不，因为大学之道是"止于至善"。虽然土匪剿灭了，朝廷和官府也已经排座座分果果了，王阳明可以开始下一个工作了，但他认为工作还没彻底，就是送佛还没送上西天，除恶还没有务尽。

王阳明很清楚，土匪盗贼被剿灭了，但适合他们生长的环境和土壤依然存在，只要官府军队一撤走，他们马上就会死灰复燃，卷土重来，继续祸国殃民。

横水、桶冈这一带，经过土匪盗贼多年的杀戮洗劫，民不聊生，有钱的人家在县买房定居，穷苦人家背井离乡，田地要么被土匪耕种，要么被土匪强制荒废作为缓冲地带。尤其是上犹、大庾和南康三县交界的治坪周围，三县鞭长莫及，成了治外之地，成了盗贼土匪聚集之地。

为了朝廷的长治久安，为了官府，为了百姓，王阳明综合各方意见，向朝廷奏请设置一个新县，而且起了一个儒家意味的名字：崇义县！新县由上犹县的崇义、上堡、雁湖三里，南康县的隆平、尚德二里，大庾县的义安里建县构成，县官府设置在崇义里的横水。

王阳明的用意很明确，把县官府设在土匪的老巢——横水，目的就是让人民"崇义"，就是崇拜"义"，而不是崇拜"恶"。

奏疏到了朝廷，内阁同意，皇帝批准，崇义县从此诞生了。

谢志珊倒下了，横水也成了崇义县的官府所在地，王阳明下一个目标又是谁，又会是谁？

长得像土匪就是土匪

到了这个时候，明白人都知道，王阳明的下一个目标就是广东三浰的池仲容兄弟，为什么，因为只剩下他们兄弟三个了。这一个，才是王阳明真正的对手。正如王阳明自己所说，池仲容乃是"数千年巨寇，三省群盗祸根"。

承蒙王阳明瞧得起，池仲容也的确不是一般人，但这话还是有点夸张，说池仲容是"数千年巨寇"肯定是名不副实，远的不说，单单元朝末年的那几个，比如本朝太祖朱元璋、张士诚、刘福通、陈友谅、方国珍，池仲容给他们提鞋都跟不上脚步。再就是说池仲容是"三省群盗祸根"，这话有道理，但并不完全如此，池仲容之所以要造反，是因为除了造反就剩下造反了，横竖都是死，不如去造反。

池仲容兄弟三人，老大池仲容，老二池仲安，老三池仲宁。就凭这名字，就知道他们的父母是多么想给孩子一个想要的生活，和普通人的父母一样，他们不求自己的孩子闻达于诸侯，只求孩子生活平安如意。从孩子的名字看，他们的父母绝对是遵纪守法的人，也期望自己的孩子遵纪守法，过上平静安宁的生活。

作为父母都是这样，希望自己的孩子平安幸福。但这只能是理想，平安不是你想买就能买，也不是你想要就能要的，一切都取决于社会大环境。但社会并没有给他们安宁的机会，因而他们只能既不安也不宁，更不容。

池仲容之所以和他们父母的初衷背道而驰，不是因为他们兄弟三人不孝顺，也不是他们不遵纪守法，也不是他们不忠于皇帝，而是有人诬告他们。池仲容兄弟出生在一个山区，靠山吃山靠水吃水，山里的孩子，不是打柴就是打猎，这些都需要体力，由于职业的原因，兄弟几人个个身强体壮。

据记载，池仲容身体强壮，能手搏猛虎，快捷如猿猴，父子四人共同努力打柴打猎，还是积攒了一些家财的。

人和人之间没有仇恨，但都喜欢钱，尤其喜欢别人的钱，自己的钱在"别人"那里，能安心吗？于是各种手段轮番上演，古今中外概莫能外。知道你有钱的人一般不是外人，不是亲戚就是朋友，最惦记你的钱的就是这些人。诬告池仲容兄弟的就是他们的朋友，他们曾经帮过的朋友。朋友之所以诬告，就是因为池仲容家里太有钱了，他心里难受。而官府也是这样，所以一旦有人举报，作为社会公平的最后保障——官府既没有调查也没有取证，更没有走司法程序，直接把他们抓了起来。

原因不是别的，因为池家多少是有钱的人家，在当地也算一个大户，谁不想吃大户呢？官府也乐得有人诬告，正好趁机捞一笔。

其实这也不能全赖别人和官府，池仲容本人也应负有一定责任——他长了一脸大胡子。一个猎人，还长一脸大胡子，好事做没做过不知道，但要是说他做过坏事，肯定没有人会怀疑。常言道，长得丑像贼头，大胡须像土匪，于是，官府就认定池仲容不是好人，肯定干过杀人越货的坏事，就把他投进了监狱。

池家人就四处托人找关系，最后官府决定宽大处理，可以取保候审，条件是拿出很多银子，而且还要监视居住，早请示晚汇报，每天要写思想总结。

这不是欺人太甚吗？长一脸大胡子就是坏人吗？这是什么世道，还有没有王法了？难道就因为哥几个的名字，就认为哥几个一辈子祈求平安容忍一切，不敢造次吗？这不太欺负人了吗？

一怒之下，池仲容兄弟三人就带着一群家丁杀到诬告自己的仇人家里，进行了大屠杀，之后，就带着这帮人上山了。

池仲容造反了！

官府很高兴，一是他们的判断太准确了，一脸大胡子，一看就不是好人；二是官府每年能从朝廷那里申请大笔的剿匪费用，雁过拔毛，大家都能捞一笔；三是剿匪能立功，可以因此升官发财。

就这样，池仲容兄弟偏离了父母给他们设计好的生活，走向了另一方向。

这条路，没有回头路，只能一直走下去，要么和本朝太祖一样，重新建立一个朝代；要么被朝廷镇压，成为别人功劳簿上的数字。

池仲容当然不想成为后者，但可以确定的是他也成不了前者。

上山之后，池仲容扯起大旗，另立年号，成立一个属于自己的王国。池仲容把"劫富济贫"作为口号，旗帜上面是一条红色蜈蚣，所有人都用红布扎头作为标志，池仲容自称"金龙霸王"（不知道是不是和蜈蚣有关系）。造反这事，风险大。很快，池仲容就接待了第一拨来考察的官兵。

在池仲容的"盛情"招待下，官兵丢盔弃甲，一溜烟逃回县城。以后，池仲容陆续接待了第二拨、第三拨以至第 N 拨官兵，虽然每次开头不一样，但结果都一样。

就这样，在和官府的较量中，池仲容的队伍越来越大，短短几个月，就从最初的十几个人几杆枪发展成了上千人的队伍。从此以后，三浰不再是官府的地盘，既然官府不管，池仲容就当仁不让，接手了官府的工作。如此一来，池仲容就成了这块地盘的老大。

人就是这样，人心不足，在自己的地盘上当了老大还不满足，还想拥有更大的地盘，结果麻烦就来了。

到达智慧彼岸的路

有人把池仲容和詹师富、陈曰能、谢志珊、高快马他们放在一起，称他们是农民起义。这对池仲容来说，绝对是侮辱，他恨不得张口大骂：你才是农民，你们全家都是农民。

这倒不是池仲容瞧不上农民兄弟，更没有歧视农民兄弟的意思，而是弄错了他的职业。人家池仲容是正儿八经的猎人家庭，而且根正苗红，能空手搏虎，敏捷如猿猴，再就是打猎还是一种技巧活，有技术含量，不是仅仅有力量就能从事的。

打猎首先是一种靠实力生存的职业，是典型的丛林法则，没有三纲，也没有五常，也没有亲情和人情，不是我干掉你，就是你吃掉我，没有什么大道理和国情。再就是打猎其实是一种很讲究方法和策略的工作，尤其讲究团队配合，既需要猎狗、猎鹰的帮忙，也需要借助各种工具。仅仅这些还不够，还要大家的配合协调，根据实力和情况，运用围猎、巡猎、伏猎、隐蔽、设套、陷阱、引诱等。

这些打猎的手段稍微转换一下，就是打仗的策略。所以，对池仲容兄弟来说，造反没什么大不了，不都是打吗，不过是猎物不同罢了。造反后，池仲容打起仗来顺风顺水，官府很纳闷，池仲容怎么这么厉害，好像是军事专业的，把这些兵部科班出身的打得落花流水。

盗亦有道乎？有！而打猎同样如此，也有道。这里的道不是别的，就是我们今天所强调的职业道德，就是有所为有所不为而后可以有为。猎人一般来说有六种规矩：

第一，严禁屠杀猎犬猎鹰。猎犬和猎鹰都是猎人的帮手，同甘苦同患难，属于团队成员，因而这一条最严格，如果某个猎人捕杀了自己或别人的猎犬猎鹰，就会遭到同行的唾弃，因为你丧失了一个猎人最起码的底线。

第二，严禁捕杀三春鸟兽。这是一个古老的传统，因为春夏两季是鸟兽交配、孵卵、育幼的时期，如果这个时候捕猎，就等于竭泽而渔。正如《吕氏春秋·义赏》所记载："竭泽而渔，岂不获得，而明年无鱼。"打猎也是如此，如果捕猎三春鸟兽，那么明年就没有鸟兽可打了。当然，凡事都不是这么绝对，如果遇到饥荒年月，非要捕杀三春鸟兽，要遵循以下原则：只捕杀成年雄性鸟兽，严禁捕杀雌鸟兽，尤其是怀孕的、孵卵的、有崽的雌鸟兽，更严禁捕杀当年出生的幼雏。

第三，不捕杀喜鹊、家燕、鸳鸯等吉祥或有美好寓意的鸟兽。猎人也是人，和普通人一样，只是职业不同，他们也喜欢吉庆祥和。他们认为捕杀这些鸟兽不吉利。

第四，对猎物一定要心怀敬畏。猎人杀掉猎物之后，一定要真诚祈祷猎物来世投个好胎，然后割下猎物身体上某一个部分留在现场，意为让猎物魂归大自然。

第五，掏鸟蛋也有规矩。如果鸟窝只有一个蛋或者两个蛋，这样的鸟窝不能掏。如果一窝有三个蛋，可以掏一个；有四个，也只能掏一个；有五个，可以掏两个。总之，最少要留两个，否则鸟就会放弃这窝蛋而弃巢离开。

第六，见者有份。这条最有智慧。凡是参与了狩猎，不论是人还是动物，就有他的一份。猎犬和猎鹰也有份。

看似这是打猎的规矩，实际是人类的大智慧，人们常说三百六十行，行行出状元，其实这里状元不是别的，正是智慧。就是无论你做什么，只要努力去做，都能到达智慧的彼岸，这和西方的条条大路通罗马有异曲同工之妙。

王阳明从小立志做圣人，为的就是到达智慧的彼岸；而池仲容并没有这么高大上的志向，但他通过打猎，也到达了智慧的彼岸。

和官府多次交流之后，池仲容发现，和官府官兵打仗比打猎容易多了。第一，官兵不像猎物那样拼命，每次打仗都比自己先前打猎轻松；第二，原来官府和自己是一家的，可以互相配合捞取利益。

池仲容刚开始造反是被逼无奈，造反之后，觉得造反真不赖，妙不可言。造反之前，自己就是三孙子，见谁都矮一辈；造反后，自己成了大爷，谁都对自己客客气气的，就连什么知县啊、知府啊，甚至巡抚都对自己客气了，大家都是称兄道弟的，这些人上任都是要拜拜山头的，希望在他们的任上给给面子。

这样一来，池仲容就成了实际上的老大，倍儿有尊严感。接下来，他开始打算如何更有面子。池仲容于是开始在自己的地盘上招兵买马，不断扩大势力范围。凡是池仲容势力所到之处，一是撵走官府，二是打土豪分田地，三是建立自己的管理机构。

一看池大胡子造反发财了，大伙都一拥而上，都来跟着池老大造反。几个月，就聚集了好几千人，这么多人，得多少钱才够分啊？大家冒着砍头的风险来投奔你池大胡子，不是为了信仰，也不是为了理想，更不是志愿帮忙的，大家有一个共同的目标：发财！

财富就那么多，人越来越多，每个人得到的就会越来越少，这样下去，造反就没有了吸引力，如果没有新的财路，只有死路一条。池仲容毕竟是猎人中的猎人，有自己独特的眼光和智慧，一定要带着兄弟们发财。

池仲容开始把他的打猎智慧运用到队伍管理之中，一方面向兄弟们宣扬掏鸟蛋的智慧，一方面开始号召弟兄们开源。在池仲容的领导下，三浰的兄弟们斗志昂扬，开荒种地，炼铁造兵器，既打败了官府的围剿，也发展了自己的工农业体系。

池仲容这个人会统战，联络其他地方的造反者，大家形成攻守联盟，形成利益共同体。一些大的业务，池仲容就联合其他造反者一起去发财。

在池仲容的组织和领导下，打赢了一些很有影响的战斗。池仲容先后联络各地兄弟攻打过龙川、翁源、始兴、会昌等县城，还活捉了河源主簿（相当于今天的县长助理）、龙南县知县，俘虏南安府经历（相当于今天的常务副市长），杀死信丰所千户（相当于今天的市级军区负责人）。

本来大家和谐相处，池仲容撕破脸面，明朝官府开始调动大军攻打池仲容，结果都被池仲容打得落荒而逃，池仲容也因此名震天下。

地盘大了，池仲容也开始摆谱了，尽管自称"金龙霸王"，却俨然一个皇帝，对手下的兄弟进行了赏封。池仲容高高在上，分封池仲安、池仲宁、李鉴、高允贤、高飞甲、黄尚琦为元帅。元帅下面设置总督和总兵等职务，把三浰划分成38个寨，每个寨都有领导。

金鳞岂是池中物，一遇风云变化龙。金龙都不是池中物，何况金龙霸王呢？池仲容自然心怀天下，要做天下的霸王。

哪里知道，池仲容刚刚攻打新丰之后，王阳明就到任了。打猎的状元遇见了读书的圣人，故事才刚刚开始。

猎人和圣人

在王阳明就任赣南巡抚之前，池仲容一直很低调，听取高人的建议，采取了当朝太祖的"高筑墙，广积粮，缓称王"的策略。明眼人都知道池仲容志向远大，朝廷也早就注意到了，而且做了广泛的准备。朝廷担心的不是詹师富、谢志珊、蓝天凤、高快马和陈曰能等人，这些属于志大才疏之辈，表面上造反了也扯旗称王了，实际上干的还是土匪的买卖，也就是烧杀抢掠，不会威胁到皇帝。

四省交界的造反者中，朝廷最放心不下的就是池仲容。正如王阳明在《平浰头碑》中所说，浰头伪贼，虽亦剽劫掳掠是资，而实怀僭拟割据之志。就是说和别的盗贼比起来，池仲容胸怀大志，有争夺天下的野心。

虽然池仲容一直在山里，但他的信息已经传遍朝廷，朝廷的官员都有耳闻。

王阳明虽然名满朝廷，但在池仲容那里却没有人知道。这倒不是说池仲容的情报工作不到位，毕竟朝廷的大臣这么多，池仲容哪里清楚皇帝会派谁来南赣做巡抚呢？

王阳明出发的时候就开始琢磨如何对付池仲容了，王阳明到了赣州，池仲容对王阳明还是一无所知。当池仲容收到王巡抚发来的招降书才知道，南赣的巡抚又换人了，这对池仲容来说，也太正常了，这个地方的官不好做。

池仲容向自己的线人了解王阳明的情况，线人告诉他，说新巡抚是个读书人，特别会读书。池仲容很纳闷，这不是废话吗，不读书能做官，做巡抚的哪一个书都读得很好。作为猎人出身的池仲容无法理解读书到底有什么用，栽在自己手里的读书人还少吗？这一个不还是上一个吗？还能逃脱我猎人的手心！

身边的人还是提醒池仲容，这个王巡抚不一样。池仲容很不耐烦：哈哈哈，没啥大不了，哪个巡抚上任第一件事都是招降咱们，也不是第一次了，没啥，看看大哥我怎么收拾他。

池仲容艺高人胆大，他不理王阳明的招降，但有人很积极，比如池仲容身边的黄金巢、卢珂和郑志高。这仨人，居然去投降，太丢人了，而且还是自己周围的，在池仲容看来，这是打自己的脸，以后还怎么出去笼络别的土匪？还怎么在道上呼风唤雨啊？

其实，这几个人也不傻，他们的处境最为尴尬：一是力量弱小。既打不过官府也打不过池仲容，谁都可以来打自己。二是处境艰难。他们几个几乎成了官府和池仲容的缓冲地带，他们的地盘成了战场，受伤的总是他们。三是他们和池仲容之间都有过节。他们很清楚，官府不会放任他们不管，池仲容也早有吞并他们之心，怎么都是被吞并，不如主动抱大腿，权衡之后，他们选择了抱王阳明的大腿。

尽管池仲容不屑于王阳明的招降，但这仨人投靠了王阳明，还是极大动摇了池仲容的军心。毕竟很多人都是很俗的人，没什么大志向，大家投奔池仲容为的就是弄些银子日后娶个媳妇买些田地过日子，没有什么做皇帝封侯拜相的追求。所以一听说官府招降，这些人都十分激动，因为一旦被招降，自己摇身一变就成为官府的人了，最重要的是自己这些年抢掠的不义之财也洗白了。

身边的人开始鼓动池仲容也去投降，池仲容是有大志向大情怀的人，哪里会为这一点利益放弃自己的理想，坚决不同意，于是对兄弟们说："我等做贼，已非一年。官府来招，亦非一次。其言未足凭信。且待黄金巢等到官后果无他说，我等遣人出投，亦未为晚。"

大伙听池仲容这么一说，觉得还是老大水平高，不然人家怎么能做老大呢？但是到了十月十二日，王阳明带兵攻下横水后，池仲容终于意识到情况不妙，知道这个读书人比以前那些读书人厉害，开始有点害怕了。

池仲容一着急，天使哥哥就来了，这个天使不是别人，正是池仲容昔日道上的兄弟——黄金巢。池仲容也很纳闷，这哥们儿不是投靠官府了吗？怎么又到我的地盘来了，难不成准备再造反？见了面才知道，黄金巢是拿着王阳明的招降书来统战自己的。

降还是战，这是一个问题。池仲容有些犹豫了，于是就找来自己的智囊高参高飞甲商议对策。池仲容面带愁容，对高飞甲说："官军既破横水，必乘胜直捣桶冈，次即及浰头矣，奈何？"

高飞甲好似胸有成竹，慢悠悠地说道："前督抚曾遣人来招安，且闻黄金巢等已蒙署官录用，不若亦遣一人出投。一则缓其来攻，二则窥觑虚实。若官军势果强盛，招安果系实情，又作计较。不然，留仲安在彼处亦好潜为内应，一面令人守险，多备木石，以防掩袭。"

说实话，这水平不怎么样。用这招和王阳明斗心眼，实在是下策，王阳明阅人无数，啥样的人没见过，这等小儿科的伎俩，不是小瞧王圣人的智商吗？不过，在当时的情况下，池仲容手里能打的牌也不多。池仲容觉得高飞甲的建议不错，就按高飞甲的建议，派遣二弟池仲安带领二百老弱之人前去横水投靠王阳明。

池仲安到达横水后，对王阳明大表忠心，哭得稀里哗啦，发誓从此洗心革面做一个善良的人，做一个有益于国家和人民的人，以后跟着王巡抚抛头颅洒热血，杀贼立功。

这个时候，横水的谢志珊已经逃往蓝天凤的桶冈，下一步就是攻打桶冈。王阳明就对池仲安说："汝既是真心纳降，本院即日加兵桶冈。汝可引本部兵往上新地屯扎。如桶冈贼奔逸，到彼用心截杀，将首级来献，便算你功。"

王阳明知道池仲安不一定是真心，因而就派他到桶冈西面截杀逃向湖广的残余土匪。王阳明这样做，一是显示自己很重用池仲安，让他放心；二是巧妙防备了池仲安。这个位置距离池仲安的根据地很远，即使发生意外，池仲安既无法和根据地形成合力，也无法逃回去。

破心中贼难

池仲容有智慧，王阳明也是世事洞明人情练达。池仲安带着二百多老弱病残的土匪来投靠，要说一点诚意都没有，肯定是假的，再怎么着池仲容也不会拿自己的亲弟弟做人质；但要说真有诚意，除了池仲容之外，估计不会有第二个人相信。池仲安来投降，到底是怎么回事，大家都心知肚明，表面上池仲容非常有"诚意"，亲弟弟都来投靠了，其实是来打探王阳明虚实的，一旦王阳明对三浰用兵，这些人就是内应，就是安插在敌人内部的一把利剑。

既然池仲容多一个心眼，王阳明当然也不缺心眼，于是就把池仲安派到和池仲容无法联络的地方去战斗。

在王阳明运筹领导下，桶冈很快被拿下。消息很快传到池仲容的耳朵里，这下子，池仲容真的紧张了，摸胡子的频率越来越高，坐立不安啊。

自己出道十几年来，这样的情况还是第一次出现，看看自己周边的这些兄弟，不由得思绪万千，詹师富被杀、温火烧被杀、谢志珊被杀、蓝天凤被杀、高快马被杀、陈曰能被杀……

只有招降的黄金巢、卢珂和郑志高还活着，路在哪里啊？池仲容不能理解的是，一个文弱的读书人咋就这么厉害？

池仲容疑惑，王阳明也纳闷，不同的是，池仲容只关心王阳明，王阳明则心怀天下众生。到南赣这一年多来，王阳明出生入死，遇到过江洋人盗，斗过内贼，破过山中之贼……眼瞧着一个个盗贼倒下，尸横遍野，杀了詹师富，还有温火烧；杀了温火烧，还有高快马；杀了高快马，还有陈曰能；杀了陈曰能，还有蓝天凤；费尽九牛二虎之力杀了蓝天凤，还有一个谢志珊；当王阳明几乎耗尽全部能量杀掉谢志珊，还有一个更难对付的池仲容。

是什么让他们前仆后继，一个倒下了，另一个又站起来了？是什么让他们不顾生命，勇往直前？是什么让他们内心这么有力量？为什么可以消灭他们，却不能打败他们？

王阳明在给自己的一个弟子杨骥（仕德）写信时，表达了内心的无奈："破山中贼易，破心中贼难！"

在王巡抚看来，消灭山中贼很容易，但是要消灭产生盗贼的心中思想根源却很难。"山中贼"具体，可以找得到，只要下功夫就能消灭；"心中贼"无影无形，却又时刻存在，摸不着，看不见，找不到着力点。

其实，发现"心中贼"说难也难，说不难也不难，说白了，"心中贼"就是过度的欲望。说到"破山中贼易，灭心中贼难"，不由得想起来王阳明的粉丝吴承恩在《西游记》中的一首诗：

> 争名夺利几时休？早起迟眠不自由！
> 骑着驴骡思骏马，官居宰相望王侯。
> 只愁衣食耽劳碌，何怕阎君就取勾？
> 继子荫孙图富贵，更无一个肯回头。

所有的欲望总结起来就是"争名夺利、争权夺利"，人类经过这么多年的演化，欲望和高科技一样在飞速前进，科技越是发展，人类的欲望就越大，这就是"心中贼"难破的根源所在。"心中贼"不破，"山中贼"就会永远存在，"破山中贼"外求，"破心中贼"则需要内求，就是对自己欲望之心进行立规矩，一定要心有敬畏，要知止，明白哪些可为，哪些不可为，修炼人格，提升格局，做到随心所欲不逾矩，给自己的内心找到可以停泊的精神港湾。

在即将围剿三浰的时候，王阳明给自己的弟子薛侃提笔写了一封信，在信中和弟子先说形势：即日已抵龙南，明日入巢，四路皆如期并进，贼有必破之势矣。

接着说一下自己在横水的成功经验，说自己围剿横水之时曾经给自己另一个弟子杨骥（杨仕德）写信说："破山中贼易，破心中贼难。"

然后又说道："区区剪除鼠窃，何足为异？"就是说，围剿这些蟊头小贼小事一桩，不值得一提。

什么是王阳明心中真正的大事呢？王阳明说："若诸贤扫荡心腹之寇，以收廓清平定之功，此诚大丈夫不世之伟绩。"就是弟子们如果能扫荡了心中之贼，那才是真正的大事，那才是"大丈夫不世之伟绩"。

然后，王阳明展望战局，志得意满，满怀信心说道："数日来，谅已得必胜之策，奏捷有期矣，何喜如之！"

再就是作为老师，一定教训学生，王阳明教导薛侃，梁日孚和杨仕德都是有梦想有追求，而且志向远大积极上进，你们可以一起努力学习。

薛侃和王阳明的关系不只是师生，还有其他关系，薛侃虽说是王阳明的弟子，王阳明却聘请薛侃做自己儿子王正宪的老师，同时薛侃还是王阳明的高级助理，在一定程度上扮演着师爷的角色。

由于王阳明身在南康，赣州的日常琐事都是薛侃处理，薛侃就成了常务副巡抚，因而表示亲切的慰问。末了，王阳明和薛侃谈谈私人家事，王阳明殷切希望薛侃薛老师时时督促指导孩子的学习和成长。

身在前线，王阳明必须时刻盘算排兵布阵，一心考虑战事。尽管王阳明一再强调"破山中贼易，破心中贼难"，但现实中，他最大的工作和挑战依然是"山中贼"，对他威胁最大的还是"山中贼"，至于"心中贼"还是有点高大上，有点遥远。

理想很丰满，现实很骨感，虽然一再高谈"破山中贼易，破心中贼难"，但是却很担心山中贼复仇。正德十三年二月，为了安全起见，我们的王圣人还是把自己的军队转移到更为安全的小溪驿。因为小溪驿的老百姓为了保护家园，他们自发修建城池，形成了一个据点，这里比较安全，于是王圣人就驻扎在这里。

到小溪驿驻扎了一个月后，王阳明的身体越来越差，咳嗽不止，疮疽痛肿，手足麻痹。再就是他想到了更深层的问题，担心功高震主，更担心自己的心中之贼，自己是不是也会越来越膨胀，自己是不是也会成为山中之贼？

在经过激烈的斗争后，王阳明决定上疏朝廷请求辞职，冠冕堂皇的理由是生病了。我们都懂得，自从格竹之后，王阳明就没有健康过，所以健康成了最好的理由。另外一个理由是，古人说，绵弱之人，不堪重任；福薄之人，难于成功；

王阳明自认为自己二者兼备，所以要辞职。

只是不知道，朝廷会不会同意王阳明的请求。

游戏都是有规则的

王阳明以身体健康和福薄为由请辞，明眼人都知道，王阳明这是忽悠人，他给弟子的信中已经说了：破山中贼易。朝廷就是要求破山中贼就够了，所以朝廷不讲理，直接否决。

被朝廷拒绝后，王阳明也乐得其所。当初打下桶冈后，大家激情高涨，不少人主动请缨攻打三浰。正当大家都认为王阳明应该谋划攻打池仲容的时候，王阳明却派人带上美酒和牛肉到三浰犒赏池仲容，对池仲容派人协助官府攻打桶冈表示感谢。

池仲容来者不拒，热情隆重地接待了来使。来使首先宣读了王阳明的招降书，之后高度赞扬了池仲容兄弟顾大局识大体：在这种情况下，你派遣弟弟池仲安投靠官府，非常有诚意，而且在剿灭桶冈战役中，池仲安英勇杀敌，立下了赫赫战功。王赣州知道你接受招抚的诚意，特派本人前来犒赏你们。希望你们接受朝廷招抚，以后忠君爱国，做一个对社会有用的人。

听到王阳明这么相信自己，池仲容笑成了一朵花。

来使到三浰当然不仅仅是犒赏，还有其他任务，看起来好像是来三浰旅游的，东瞅瞅西瞧瞧，实际上是打探虚实，搜集三浰的情报。

来使看到池仲容的地盘上都在忙着备战，就责问池仲容：既然阁下愿意接受王赣州的招抚，为何还在进行战争准备，这是什么逻辑？难道你还信不过王赣州吗？

池仲容表情尴尬，连忙否认，说："请大人相信兄弟我的真诚。您肯定误会了，兄弟我绝对不是怀疑王赣州，而是防备两个敌人。兄弟我之前获得可靠消息，龙川的卢珂那小子要来偷袭我。大人您是知道的，卢珂出身土匪，他可是什么都做得出来的，我不得不防啊。请您和王赣州相信，兄弟我备战只是防备卢珂，绝对不是和王赣州作战。"

这里的卢珂就是因为读了王阳明的《告土匪书》，感动得稀里哗啦，之后带领 3000 名兄弟投靠了王阳明。为了防备池仲容扩张，王阳明就委派卢珂继续回到根据地，做好和池仲容战斗的准备，所以池仲容的理由也并不是空穴来风。

使者就把在三浰看到的情况汇报给了王阳明，大家都认为王阳明会大发雷霆，立即派人攻打三浰。谁料到，王阳明听完汇报，非常生气，要不是已做圣人好多年，肯定破口大骂卢珂。当即修书一封，在信中严词训斥卢珂公报私仇，破坏团结，捏造事实，诬告池仲容。

王阳明正愁找不着理由靠近池仲容呢，这下好了，可以借着收拾卢珂的名义进驻龙川，王阳明当即派人伐树开道，进军龙川，攻打目标好像就是卢珂。

消息很快通过或明或暗的各种渠道传到了池大胡子的耳朵里，池仲容对王阳明处罚卢珂很高兴但也很害怕，高兴的是他们只是说一声，王阳明就收拾了卢珂，害怕的是王阳明如此对待卢珂，又如何保证他们投降之后的安危。

一般人看来，嘴上没毛办事不牢，池仲容可是一个大胡子，办事应该非常靠谱了，但还是不够啊。他认为自己的胡子长，自己就有智慧了，可以一方面假投降，一方面积极备战，一个偷袭就可大败王阳明。池仲容的愿景美不胜收，但现实危如累卵，甚至凄凄惨惨。

池大胡子的一举一动，王阳明了然于胸，而聪明的池大胡子只看到了王阳明让他看到的。从兵法上讲，王阳明是知己知彼，而池大胡子只知己不知彼，高下立见。

历史上和生活中有一个有趣的现象：越是缺心眼的人越喜欢耍心眼，越是不聪明的人越喜欢装聪明，越是智慧的人看上去越愚笨。池仲容和王阳明就是如此，池仲容只是看到了王阳明愿意让他看到的，而王阳明背地里的运筹帷幄调兵遣将，已经磨刀霍霍了，池仲容居然毫不知情。

池仲容已经完全被王阳明迷惑了，已经无法运用打猎的智慧来做事了，他弄不清楚王阳明到底想怎么对付自己，或者说他已经相信王阳明了。池仲容已经失去理性了，他认为距离近些，更容易看清真相，这个时候，他想起了安插在王阳明内部的弟弟池仲安。于是，池仲容给弟弟修书一封，授权弟弟去拜见王阳明谈谈合作的问题，感谢王阳明的厚爱，对外宣称：和王赣州谈谈招安后的待遇问题。

接到哥哥的信后，池仲安就去拜见王阳明。池仲安到达王阳明那里后，恰巧卢珂也前来汇报池仲容的情况。卢珂告诉王阳明，池仲容根本没有归顺之意，暗地里一直在积极备战。

池仲安和卢珂，一个来谈判招降，一个来告对方的密，这两人居然在王阳明那里见面了，这下子不好办了，池仲安也不傻，你王阳明口口声声收拾卢珂，结果卢珂在这里如上宾，如何解释？

这样的两人，无论如何都是不能见面的，尤其不能在王阳明那里见面，他们偏偏见面了，王阳明怎么办？

和谈还是欺骗

池仲安来谈判，卢珂来告密，这样的人居然能在王阳明的会客厅里见面了，王阳明是不是太不靠谱啦？作为南赣巡抚，王阳明显然不可能只有一个会客厅，也不至于只有一处办公的地方，在什么地方见什么人，什么人应该在什么地方见，这一切都在王阳明的绝对控制之下，为什么会发生这样的纰漏呢？

这二人的见和不见，都是王阳明说了算，至于是见还是不见，要看怎样对王阳明更有利。

池仲安先卢珂等人一步到达王阳明那里，正当他和王阳明相谈甚欢的时候，卢珂来了。王阳明先中止了和池仲安的会谈，听取卢珂的汇报，获悉池仲容表面上假投降，背地里积极备战后，王阳明当即想起了三国时的周瑜和黄盖，打算利用卢珂来平定三浰，于是低声对卢珂说："吾姑毁状，汝当再来；来则受杖三十，系数旬，乃可。"

这是啥节奏？演戏！王阳明要和卢珂演一出周瑜打黄盖的好戏。王阳明告诉卢珂，池仲安在我这里呢，你趁着我和他谈话的时候再来一次，把刚才的内容再说一遍。这一次我会打你三十大板，几十天之后，我们就大功告成了。

看来王阳明对三十大板有某种特殊记忆，好像成了一种思维定式，因为自己屁股上被打了三十大板，留下了心理阴影，所以惩罚卢珂，第一念头就是三十大板。

听到王阳明这个策略，卢珂当即答应。

王阳明继续和池仲安谈话，卢珂正当其时地进来汇报池仲容的情况，王阳明看到卢珂进来，先是制止卢珂不要讲话。一看池仲安在场，卢珂大惊小怪地对王阳明说："池仲容他们根本就没有归顺朝廷之意，他们是假投降，一直在进行积极备战。"

王阳明当即大怒："尔等擅兵仇杀投招之人，罪已当死；今又造此不根之言，乘机诬陷；且池仲容等方遣其弟领兵报效，诚心向化，安得有此。"

王阳明命令人把卢珂绑了起来，非要推出去斩首示众。巡抚要杀卢珂，消息很快传遍军营，池仲安的手下欢呼雀跃，一起来到王阳明这里诉说卢珂的罪恶，要求王阳明给他们做主。

一看王阳明要杀卢珂，众人都过来求情，王阳明故意给众人面子：看在卢珂也是忠君爱国的分儿上，就免除死罪，但活罪难逃，重打三十大板。

这都是演戏，王阳明早已跟打板子的人打过招呼，意思一下就行了。

之后，王阳明把卢珂投进大牢。王阳明是一个做事认真的人，就连演戏也很严谨，把卢珂关进大牢之后，张榜公布卢珂的罪状，说不仅要处死卢珂，还要把卢珂的随从抓捕起来全部处死。

其实，当天夜里，王阳明到监狱里面见卢珂。命令卢珂派人捎信到龙川，让龙川的兄弟们好好备战，只等一声令下，随时积极配合官府攻打三浰。

各种关于卢珂的情报很快就传到池仲容的耳朵里，池仲容也收到了弟弟池仲安的情报。看到这些，池仲容不由得哈哈大笑，背地里安排弟弟集结队伍，随时准备战斗。

池仲容两面三刀，王阳明继续装傻，仅表面上显得很真诚，背地里也放松了对池仲安的监控，基本任由池仲安折腾。

转眼到了腊月，到年底了，两个问题摆在王阳明面前，是先过年呢，还是先拿下池仲容？

王阳明深知池仲容的实力，硬拼是拿不下的，再说了一个读书人和一个猎人比力气，那不是有点缺智慧吗？应该攻其所短，那就继续玩心眼吧，而且一定不能心急，耐心地和池仲容要要。

这个时候，好像除了王阳明之外，大伙都知道池仲容是假投降，大家摩拳擦掌，希望王阳明一声令下，一鼓作气拿下池仲容好回家过一个快乐祥和的新年。在大家的期待中，王阳明召开了军事会议，大伙都以为是战前动员，最起码也是战前准备，王阳明却对大伙宣布："今大征已毕，时和年丰，可令民家盛作鼓乐、大张灯会乐之，亦数十年一奇事也。"

王阳明的示谕遍贴城中。督抚军门示：向来贼寇抢掠，时出寇掠，官府兴兵转饷，骚扰地方，民不聊生。今南安贼巢，尽皆扫荡，而浰头新民皆又诚心归化，地方自此可以无虞。民久劳苦，亦宜暂休息为乐。乘此时和年丰，听民间张灯鼓乐，以彰一时太平之盛。

王巡抚的意思很明确，今年的大战争已经结束，我们在战场上取得了丰硕成果，各位领导和指战员英勇奋战，敢于拼搏，取得了数十年未有之奇迹。现在快过年了，天下马上就太平了，各家各户一定好好庆祝，举办各种舞会、晚会，歌颂我们伟大的时代，开启太平的未来，还要张灯结彩，举办大型灯会，畅享太平年。

想法超好，但如果没有乐户，即专业的音乐人员，一切也都是白搭。乐户大多住在龟角尾，那里也不太平，王阳明接着说："乐户多住龟角尾，恐招盗，曷迁入城来。"

王阳明摆出一副有条件要过大年，没条件创造条件也要过大年的架势，就是无论如何都要过大年。赣州的大街小巷到处弥漫着喜庆的氛围，处处亮灯鸣鼓，俨然天下太平的年景。

池仲容也获得了王阳明好好过年的消息，王阳明要过一个好年，意味着池仲容也能过一个好年，因而池仲容很是高兴。十多天后，王阳明传唤池仲安，对他说："你们兄弟诚心向化，本院深嘉。听说卢珂人员最众，虽然卢珂本身被关在监狱里，但他的同党肯定心怀怨恨。会发生什么情况真不好说，现在放你的假，暂时回到三浰帮助你哥哥防守卢珂。同时给你哥哥带个话，小心严备不可懈弛失事。"

除了放池仲安回三浰，王阳明又派两个代表雷济和黄表到三浰给池仲容颁发皇历，并派遣指挥余恩一路护送他们，以防盗贼袭击。王阳明其实就是送挂历，寓意三浰已是朝廷的地盘，池仲容已经接受朝廷招抚。

尽管王阳明一直对外宣称好好过年，池仲容心里还是很担忧的，余恩和黄表来了之后，池仲容悬着的心才落地。最令池仲容感动的是，余恩和黄表不再怀疑他的投降诚意，而且还关切战备情况，以防卢珂突然袭击。

王阳明的这次送挂历行动打动了池仲容，池仲容基本就相信了王阳明，觉得王阳明是一个可靠的人。雷济和黄表此行有特殊任务，那就是游说池仲容，混熟后，就问池仲容："王巡抚这个人咋样？"

池仲容张口就说："王巡抚是一个诚信的好人，是一个为国为民的好官。兄弟我要是早遇到王巡抚，早就归化官府了。"

雷济接着就说："既然王巡抚对你这么好，又送牛又送羊，还送挂历，犒劳有加啊！说实话，你为王巡抚做了什么贡献了吗？好像没有。这样的话，你是不是有些失礼？"

池仲容只能点头。

雷济趁机说："我知道兄弟你是一个讲礼节的人，这个时候，你是不是应该到赣州面见一下王巡抚，表达一下谢意呢？你还有什么犹豫的呢？你所担心的卢珂正被关在大牢里，他会怎么想呢？他一直都认为你有谋反之心，他如果这个时候说你谋反，要求官府派人来抓捕你，你怎么办？与其被动受制于卢珂，不如你主动出击，主动到赣州面见王巡抚，如此卢珂的阴谋就不攻自破，他只有死路一条了。"

雷济的说辞真有道理，池仲容会听从这个读书人的建议吗？

猎人成了猎物

不管池仲容承不承认，在和王阳明的较量中他已经处于下风了，而且越来越被动，已经到了不能决定自己的命运的地步。

在王阳明的运筹之下，池仲容按部就班地走向王阳明设计的道路，尽管池仲容心有不甘，尽管池仲容不服气，尽管这不公平，但打猎出身的池仲容明白，这何尝不是一场打猎呢？只是猎手和猎物转换了，多年的猎手成了猎物。

雷济让池仲容选择是否面见王阳明，表面上是客客气气，池仲容可以选择去，也可以选择不去，而实际上，雷济的潜台词是：池仲容，你是愿意去呢，还是不愿意去呢？绝不强求。

其实这个时候，池仲容还有选择吗？去，有可能死；不去，肯定死。不说了，都是泪啊，池仲容那叫一个难受啊！曾经有一个美好的招降机会摆在他的面前，他没有好好珍惜，结果黄金巢、卢珂和郑志高投降了。伤心啊，难过啊，如果上帝再给一次机会的话，池仲容会怎么办呢？他一定会说，王阳明，我杀了你。

但现实情况告诉池仲容，他只有一条路，那就是从了王阳明。

王阳明刚刚到赣州的时候，池仲容想干什么就干什么，投降可以，杀人也可以，就是杀王阳明也可以。因为那个时候池仲容才是真正的主宰，贼多兵少，王阳明势单力薄，但现在情况变了，整个四省交界之地，同行中只剩下池仲容一根独苗。昔日的同盟也成了敌人，卢珂、郑志高这些当年的马仔都成了王阳明的人，今非昔比啊。

这个时候，不仅王阳明派来的人给池仲容洗脑，就连自己的兄弟也开始有意无意地劝导哥哥从了王阳明。心理学研究证明，周围的人持续对一个人进行洗脑，一个星期即可成功。

远有王阳明压顶，近有兄弟劝导；外有卢珂包围，内有下属反水；再就是还有两个职业说客，池仲容终于也认为投靠王阳明是最好的选择。

尽管池仲容已经决定下山接受招降，但总不能大张旗鼓地宣扬，这样太丢人了，总得给自己找一个冠冕堂皇的理由。人类有时候很虚伪，明明内心非常想做某件事，但总要表现得非常扭捏。临下山之前，池仲容召开了全山代表大会，会议由军师高飞甲主持，池仲容对众兄弟发表了讲话："若要伸，先用屈。输得自己，赢得他人。赣州伎俩，亦须亲往勘破。"

明明是去谈判投降细节，话到了池仲容嘴里就立马变得十分高大上，兄弟们是做大事的，要能屈能伸，我们这次的屈，是为了将来更大的伸。舍得孩子才能套得住狼。王阳明的鬼蜮伎俩，只有大哥我亲到现场才能识破。兄弟们，我不在的日子里，你们要听从二当家的号令，齐心协力守护家园，你们在山里等待我的好消息，家里的事就拜托兄弟们了！

池仲容虽然决定要投降，还是不放心王阳明，于是就挑选了93个英勇善战的亲信一起上路以备不测。其实，池仲容这个举动完全是多此一举，一个投降的人，就是人为刀俎我为鱼肉，何必呢？别说带 93 人，就是 2000 人，结局都是一样的。池仲容的举动，加剧了王阳明对他的不信任，也为自己埋下了祸根。

一切准备停当后，留下池仲安和池仲宁主持山寨的工作，池仲容就带着 93 个兄弟奔着赣州出发了。

余恩先池仲容一步回到赣州，向王阳明禀告情况。

获知池仲容将来赣州，王阳明秘密派人传令沿途各县及时上报池仲容的行踪，以防有变。随后，王阳明又派遣千户孟俊到龙川，召集卢珂、郑志高和陈家英的人马，为攻打三浰做准备。由于调集部队要途经三浰，担心池仲安他们怀疑，王阳明写了一个密牌：卢珂等擅兵仇陷过恶，仰龙川县，密拘三家党属，解至本院问究。

孟俊路过三浰时，三浰土匪一路盘问，孟俊就把王阳明的牌子出示给他们看。而且一再嘱咐他们："此官府秘密事情万勿泄露。"

土匪信以为真，哪里想到官府也会骗人，于是争相跪拜，而且争着拿出酒肉献给孟俊，积极做向导，他们以为孟俊去捉拿他们的敌人，哪里知道他们是在给自己掘墓！

在王阳明的安排下，池仲容一路人马安全抵达赣州。到达赣州后，池仲容并没有直接去拜见王阳明，而是先驻扎到校场，之后才去面见王阳明。

见面后，王阳明高度赞扬了池仲容的举动，称赞他顾大局识大体，能顺势而为，皇帝和朝廷很高兴，自己代表皇帝和朝廷对他的到来表示热烈欢迎。王阳明嘘寒问暖，尤其关注山寨的防守工作做得怎么样，询问池仲容这次前来带来多少随从。

池仲容很高兴，也很激动，说："随从不多，也就九十多人。"

王阳明也很高兴，说："既然是九十多人，必须挑一个宽敞的地方安顿你们。你们旅途劳顿，一定要安排好。"

回头对身边的军官说："哪里最为适合安顿他们？"

中军官说："只有祥符寺。地儿最宽敞，房屋也很整齐。"

王阳明接着说："那就安排他们到祥符寺居住吧。一定要招待好山寨里来的兄弟们，让他们吃好、喝好、玩好……"

王阳明又问池仲容："兄弟们现在驻扎在哪里？"

中军官不等池仲容反应过来，抢着回答："他们驻扎在教场。"

听说池仲容的人马驻扎在教场，王阳明脸色一变，对池仲容说："你们都是本巡抚的新民，到赣州不来见我，却驻扎在教场，莫非疑心本巡抚吗？"

看到王阳明生气，池仲容急忙磕头说："不是这个意思，兄弟们是就近找空地休息，一切听从老爷您的安排，没有其他的意思。"

看到池仲容的样子，王阳明严肃地说："本院今日给你洗雪，复为良民也非容易。你若悔过自新，学好做人，本院还有扶持你处。"

一个山寨中的老大，进城后，事事都要点头哈腰，都说做官好，这做官倒不如做一个盗贼自由，池仲容一时不明白，究竟是做盗贼好还是做官好。

在王阳明的安排下，池仲容一帮人就住到祥符寺，这里的房子的确比山寨好多了，还有许多人陪伴左右，王阳明还派人送来了米薪酒肉。先前随池仲安投诚的兄弟听说老大来了，都赶过来拜见。

那些陪伴池仲容的人，带领他们整天出入赣州各大娱乐场所，花天酒地。池仲容的那帮兄弟虽然也曾来过城里逍遥，但从没有现在这样舒心。在游玩中，池仲容果然发现，官军果然解散了，大街小巷都是张灯结彩，一片祥和的节日氛围，池仲容由此确信王阳明不会再对自己用兵了。

王阳明真的这么客气，花钱请池仲容带一帮兄弟进城游玩吗？

七、大学问之道

山中贼有形，心中贼无形。战胜敌人容易，战胜自己不容易。战胜山中贼很难，战胜心中之贼是一件难上加难的事。人心是最大的学问，人心是最大的政治，而《大学》就是一部研究人心和政治的宝典，明白了《大学》，就明白了人心，就知道了人性，尽其心则知其性，知其性则知天，如此天下则无不可为之事。

山寨遇见正版

一个读书人会这么大方吗？池仲容自己也不相信，为了进一步确定自己的判断，池仲容花银两买通狱卒，亲自到监狱里查看卢珂等人的情况。卢珂果然被关在监狱里，而且戴着沉重的枷锁。

狱卒对池仲容说："王巡抚已下命令，拘其家属，一同审判，不日问斩。"

到这里，池仲容完全相信了王阳明，激动地说："我的事，今日始得万全也。从此以后，俺也是官府的人了！"

为了笼络池仲容等人，王阳明找来裁缝给他们量身定做了长袍和靴子，叮嘱陪同人员教授他们官场礼仪。随后又给他们一些布帛，故意不明确都是给谁的，结果这帮人互相抢了起来，闹得不可开交，甚至扬言决斗。

这正是人性，一些值不了几个钱的长袍、靴子和布帛，就把这帮人的欲望调动起来，开始内斗。几天前，他们都是生死与共的兄弟，现在竟然为了这些破玩意儿发生争执，要是为了国家、为了事业、为了家庭、为了兄弟、为了自己心爱的女人，这些都可以，都值得，可他们现在在做什么呢？

池仲容看到这种情况，内心十分痛苦，他不明白，这帮兄弟在山寨都是头头脑脑，位高权重，可谓八面威风，为什么一进城就变啦？王阳明仅仅派人教大家做官的礼仪，为啥大家都觉得自己是官员了，连站立多年的膝盖都迅速打弯了，学会了下跪，山寨在正版面前，真的就这么不堪一击吗？当年本朝太祖朱元璋是如何解决这个问题的，他的山寨是如何打败正版的？

池仲容越想越害怕，是非之地不可久留，于是向王阳明提出回家过年，一切问题等年后再谈。王阳明当然知道池仲容的心思，好不容易才把他弄来，哪能轻易放走。

经过几天相处，王阳明也发现池仲容野心不小，属于站着就能挣钱的人，他志在天下，断不是一个官帽就能摆平的人。再就是他的那帮兄弟无法无天惯了，匪性难改，见了钱财就夺，见了好东西就要，见了美女就抢，吃啥啥没够，干啥啥不成，一帮这样的人即将成为大明朝的官员，后果不堪想象。

王阳明暗下决心，一定要除掉池仲容。其实不止王阳明，短短几天，这帮人已经把赣州祸害得不得安宁，城里的老百姓更是怨声载道，纷纷骂街，说王阳明："此养寇贻害。"

其实，这事还不能太赖池仲容他们，毕竟在山寨的环境里生活习惯了，进入到正版的环境，就不兼容了，容易引起矛盾。土匪的世界王阳明不懂，但土匪也不懂王阳明管理下的赣州，这个时候是不讲道理的，唯推崇实力。

所以当池仲容来辞别的时候，王阳明"真诚"挽留，说："今天都腊月二十四了，小年都过了，从这里到三浰有八九天的路程。等你到家年都过去了，也就是说你今年不能回家过年了。再说了，过年的时候，你还不得过来给本巡抚拜年祝贺吗？你现在回去，就是来回折腾。何况赣州今岁灯会非常盛大，你们留下看看灯，看看美女，不也是很快乐的事吗？何不正月回去！"

王阳明故意提到灯会，池仲容也是一个喜欢热闹的人，他下面的那帮兄弟就更甭说了，天天灯红酒绿，乐不思蜀，谁还想回到三浰的大山里啊？听王阳明这么一说，大伙一致央求池仲容听从王阳明的建议，过了年再回山里，这个时候，池仲容已经没有选择了，只得同意。

池仲容的那帮兄弟过足了瘾，天天出入赣州各大妓院和娱乐场所，搞得王阳明的那些陪同人员天天忙着帮他们筹集银子，哪里还记得自己是山里的人。

转眼间，到了新年，池仲容带领这帮兄弟和其他官员一样随班入贺行礼。新年贺礼结束之后，池仲容再次到王阳明那里，要求回家。

王阳明对池仲容说："你着哪门子急啊。你们刚刚给本巡抚拜过年，本巡抚还没来得及犒赏你们呢。为何现在就离开啊？初二这一天，本巡抚已经有安排，初三一定给你们一些薄赏。再等一两天。"

打发走池仲容之后，王阳明连夜释放了卢珂、郑志高等人，命令他们快速回家发兵。随后，王阳明命令下属摆宴席设羊酒，还携带一些美女前去助兴，这下子可乐坏了池仲容的那帮兄弟，整整喝了一天的酒。

正月初三，王阳明判断卢珂、郑志高等已到家，所派遣各县军队应该完成集结，于是开始给池仲容他们发一个邀请牌令：可爱的池仲容及其他兄弟，欢迎大家明天到本巡抚的军门领赏，由于人多，希望各位兄弟能遵守秩序，不要大声喧哗。领赏之后，三叩首就出来，然后一起到兵备道叩谢，之后参加聚餐。

看到王阳明的牌令，池仲容的那帮兄弟高兴坏了，能领赏还有酒喝，王巡抚真是太好了，便一起高高兴兴前去赴宴。他们哪里知道这是一次"鸿门宴"，之所以加引号，是因为鸿门宴的赢家是客人，而这次赢家是主人，实际上王阳明摆设的是"断头宴"。

池仲容和他的这帮人还都被蒙在鼓里，以为王阳明真的请他们喝酒，一个个都服从命令听指挥，结果全部被活捉，之后，王阳明一声令下，这些人全部被砍头。

可以找千种理由为王阳明辩护，也不论王阳明杀他们之后做了什么，但有一点是不能否认的，就是王阳明杀降！仅此一点，王阳明就足以被绑到十字架上。一个读书人，如此言而无信，更何况他还是一些人心中的圣人，圣人尚且如此，那普通人就不值得一提了。

王阳明号称最懂《大学》，《大学》一再强调"与国人交止于信"，小小平民之间的交往都讲究"信"，一个圣人，一个读书人，一个官员，居然如此大张旗鼓地不讲信用，他给这块土地带来的绝对不是善，而是恶之花。

不要说王阳明之后进行了自我绝食，即便为此杀身成仁，亦不足以弥补他所犯下的大错，这应该是王阳明一生的耻辱。

之后，王阳明采取了更为惨烈的行动。

欲望不同不相为谋

据有关文献记载，杀掉池仲容这帮人，王阳明倍感伤心，叹息最终未能感化池仲容。到了初三下午四点的时候依然不愿吃任何东西，之后头晕难受，呕吐不已。

看来，王阳明伤心是肯定的，他不是为池仲容伤心，而是为了自己，他是一个想名垂青史的人，他很清楚这一笔肯定会被载入史册，而他的杀降之名也会永世相随。这个时候，他不得不做做样子，向世人展示自己圣人的一面。虽然王阳明一直立志做一个圣人，但他的行为更像官员，一个典型的政客。

这一点在王阳明接下来的行为中暴露无遗。

杀掉池仲容的当天晚上，王阳明给所辖军队下达攻打三浰的命令，之后亲自率领部队从龙南、冷水直捣三浰。

虽然池仲容被杀了，但三浰的战备工作还是相当不错，官府的军队遇到池仲容设置的阻水石障碍，一时无法前进。这个时候，王阳明挑选精英突击队，亲自带领小分队冲锋在前，大部队后面跟进。在王阳明的带领指挥下，很快就突破了阻水石障碍，居然一个都没有被淹死。

大部队很快就到了三浰的寨门前，大门修建得极为坚固，大部队一筹莫展。王阳明从大部队中挑选一百人，带着旗帜和炮火从后山进攻。很快，就听到后山炮火四起，官府旗帜漫山遍野，守门的兄弟以为被攻破了，就四下逃跑了，大门随即被攻破。

由于兄弟们从赣州传来的都是好消息，说王阳明已经罢兵了，然后就是池仲容和那帮兄弟在赣州逍遥的美事。山里的弟兄早就等不及了，天天盼星星盼月亮，盼望王阳明来招降他们。尽管池仲安一再强调加强战备工作，其实，三浰防守非常松懈，兄弟们一直等着招降，到城里谋个一官半差，哪里想到官府居然带着大队人马来屠杀他们。

正当山寨的人们期盼王阳明的时候，王阳明带着军队来了，他来这里不是犒赏，也不是协助他们防守卢珂，而是一场屠杀。正是因为他们对王阳明太信任了，王阳明隐瞒了诛杀池仲容的消息，所以军队势如破竹，如入无人之境，很快攻破三浰，拿下三十八寨，杀死了大小头领五十八人，杀死所谓的从贼两千多人。

山里的人很快觉得不对劲，王阳明靠不住，他们立即组织队伍战斗，且战且退，撤退到最深远的九连山。九连山绵延数百里，四面陡绝，盗贼熟悉地形，占据了有利地位。王阳明的部队无法推进，经过细致研究，王阳明挑选出七百精锐部队，换成盗贼的衣服，冒充溃逃的盗贼，趁着天黑到山崖下面喊话。盗贼以为是自己山里的兄弟，就开始接应他们，官兵一到山上，立马堵住盗贼的后路，随即从上向下发起攻击，一举拿下九连山。

王阳明亲自出马招降了九连山的大哥张仲全，至此，四省匪患告一段落。

之后，王阳明上疏朝廷，建议在三浰设置平和县，以求长治久安。在这里大开杀戒，还想祈求和平，可能吗？

王阳明自己也清楚，杀是杀不出和平的，但他为了追求所谓的平天下，还是大开了杀戒。四省交界的地方，凡是有王阳明足迹的地方基本都有王阳明的庙宇，但平和县没有，为什么没有，大家懂得。其实，就是设置了平和县，那里一直到明朝灭亡，也一直没有和平，一直祸患不断。

但这不是王圣人要考虑的问题，他要的是结果，他要的是平天下。

王阳明已经很不容易了，横行四省数十年的匪患，谁都束手无策，王阳明来到赣州，仅仅一年的时间，既没有调广西的"狼兵"，也没有调湘西的"土兵"，也没有向官府多要军饷，愣是靠着一颗智慧的脑袋平定了匪患。

在王阳明到赣州之前，就有人提出了三省联合夹攻土匪之策，王阳明觉得这事不靠谱，便说："这样大举夹攻，恐怕消灭不了盗贼。"因而一到赣州，王阳明立即了解情况，迅速上疏：

如果朝廷信得过我王某人，请求朝廷授权我赏罚大权，可以便宜行事，行动无掣肘，可以相机行动，一个山寨可以攻打，就攻打一个山寨；一个巢穴可以扑灭，就扑灭一个巢穴。根据盗贼的罪恶大小，采取是剿灭还是招抚的策略，这样一来就可以节省征调部队的费用。就这样日剪月削，可以消灭殆尽。这种方法如果用古人给小孩子拔牙的比喻，就是牙齿拔掉了，小孩子还没有感觉到。

相反，如果采取大规模的夹攻，确实能解朝廷心头之恨，但是如果盗贼有两万人的话，就需要调令十万军队；然后就是粮草和军费筹备，几个月才能准备好。这么大动静，天下人都知道，所以军队还没出发，盗贼早已逃散，最后杀戮的不过是一些老弱病残和胁从的小喽啰。再就是，"狼兵"过境，不比盗贼好到哪儿去。福建、广东、江西和湖广都不太平，如果再大举进攻，老百姓将如何活命啊？这就是拔掉一颗牙，人死了。

如此看来，王阳明虽然没有上过战场，但非常有战略眼光。当奏疏到朝廷的时候，晚了，朝廷已经同意了三省夹攻的方案，已经批准执行。

谁都知道，三省夹攻方案是一个扯淡的方案，好比九龙治水，各管一段，怎么可能剿灭盗贼。

江西的南安，那里大庾山、桶冈有盗贼，和湖广桂东、桂阳交界，这适合江西和湖广联合执法，和广东没啥关系。江西赣州南面的三浰有盗贼，三浰和广东的龙川交界，只适合江西和广东联合行动，和湖广没啥关系。广东乐昌盗贼、惠州盗贼，和湖广的宜章县、临武县交界，只适合广东和湖广合作，没有江西啥事。

各省有各省的小算盘，没人从大局出发，各人自扫门前雪，莫管他人瓦上霜，没有共同利益，如何合作？这怎么三省夹攻？

正确的方案不被采纳，却要执行错误的方案，王阳明怎么办？

干得好不挡别人的道

不怕神一样的对手，就怕猪一样的队友，打比赛如此，打仗就更是这样了。打比赛的输赢也就是荣誉或金钱的得失，可是打仗的输赢则是生死的大问题，因而问题很严重，不得不重视。

王阳明最在意的倒不是队友的水平如何，而是队友到底跟谁一心。因为虽然大家都是朱厚照的臣子，都是大明朝的子民，但却坐在不同的位置，根据屁股决定脑袋的原理，屁股不同，利益就不一样，所以就不能同心同德。和不一心的队友合作，等于增加了一个敌人，而且是内部的敌人，随时都处在危险中。

朝廷虽然任命王阳明巡抚南、赣、汀、漳等地，也是名义上的国家队教练，但大家都知道王阳明是临时的，级别也不比江西、福建、广东和湖广四省巡抚高，总不能四省交界的巡抚领导四省正牌的巡抚吧？再说了，就是王阳明拿鸡毛当令箭，谁会听从他的命令呢？

管不了别人，就得管好自己。王阳明采取了服从朝廷的命令走自己的路，就是说，既然你朝廷有统一方略，我就在这个方略下行动，第一战攻打詹师富，就是完全按照朝廷方略行动，结果福建和广东互相不配合，差一点失败。此战过后，王阳明上疏朝廷，请求授予自己便宜行事之权，朝廷也明白怎么回事，他们知道要剿匪，就必须给王阳明权力。

有了朝廷的授权，王阳明稳扎稳打，很快就攻下桶冈。在攻打桶冈之前，王阳明照会湖广联合攻打桶冈，但等攻下桶冈，湖广的部队才刚刚到。到了攻打三浰的时候，王阳明还是提前告知了广东，彻底摧毁各大山头之后，广东的军队连一个影子也没到。

按理说，这些功劳都是王阳明的，但功劳簿少不了这些省的名单，如果仅仅排坐坐分果果就算了，他们对王阳明也是大有怨言。他们怨恨王阳明不是他们分享的成果少，而是王阳明抢走了他们的风头，为患十几年，你不到一年就全部剿灭，是你太有本事还是我们太无能？再就是这些盗贼和他们亦敌亦友，他们之间互相利用，互相发财，王阳明倒好，一下子断了他们的财源。

这样一来，王阳明就成了他们共同的敌人，对一些官员来说，他们在官场上不追求有多大前途，他们做官只追求"钱"途。

这些情况，王阳明早就料到，正如王阳明在攻打三浰之前写给弟子薛侃的信中所说："即日已抵龙南，明日入巢，四路兵皆已如期并进，贼有必破之势。某向在横水，尝寄书仕德云：'破山中贼易，破心中贼难。'区区剪除鼠窃，何足为异？若诸贤扫荡心腹之寇，以收廓清平定之功，此诚大丈夫不世之伟绩。数日来谅已得必胜之策，捷奏有期矣。何喜如之！"

王阳明对一切情况都了然于胸，他知道这些盗贼不会闹出多大动静，平定这些小小的盗贼，何足挂齿。他知道真正的盗贼在人心，"破山中贼易，破心中贼难"，如果大家能荡平自己心中之贼，这才是真正的大丈夫不世之伟绩。他对山中贼有办法，对心中贼也已经有了必胜之策，所以王阳明很高兴，大声说捷奏有期了！再也没有比这更让人高兴的事了。

果然是这样，荡平所有的盗贼之后，王阳明也荡平了自己的心中之贼。

王阳明不争功，不代表他没有是非观念，再就是即使他不争功，也要为那些跟着他出生入死的人争取应有的功劳。

平定三浰之后，王阳明又开始了十分辛苦的写奏疏工作，他向来注重事实，因而每次的奏疏都是又细又长，自己辛苦，读奏疏的人也辛苦，但为了堵住别人的嘴，也只得如此。

和往常一样，王阳明依旧把平定三浰的头功让给皇帝。虽然他把头功让出，但他还是如实述说了当时的情况：正如王阳明在奏疏中所说，我的前任们"无可奈何，亦惟苟且招安，以幸无事"；其实这样做并不能救遭受荼毒的老百姓，反而是对盗贼包庇纵容，进而狼狈为奸。我王阳明到了之后，带着一帮训练不足的军队，在物资费用缺乏的情况，不到两个月的时间，就攻破那些盗贼，消除四省数十年之患。是因为王阳明长得帅能力超群吗？非也！完全是皇帝伟大英明，朝廷威德和庙堂成算。

其实，到底是怎么取胜的，王阳明很清楚。正如王阳明所说，成功是因为权责专一清晰，失败是因为政出多头。就拿平定四省盗贼来说，先前曾经联合夹攻两次，多次单独围剿，结果都没成功，而王阳明却成功了。两次对比一下可以发现，从兵力来说，先前兵力强大，人数数万，而这次兵力虚弱仅有数千；从时间来说，以前都是以年为周期，而这次两个月就结束战斗；从费用来说，差别就更明显了，以前都是倍增，而这次不到先前的十分之一；最后从人事方面来说，先前都是智谋老练之人，而这次是才学疏浅的王某人。就这样的配置，居然平定了盗贼，何哉？就是朝廷之上主事者运筹帷幄，是你们授给了我赏罚之权又任命我为南赣提督，是你们取消了对我遥控兵权，是你们给了我便宜处置的权限和时间上的宽松。

王阳明在奏疏中一再强调功劳是皇帝的、是朝廷的、是四省的，唯独不是他自己的。正如王阳明所说，自己偶然获得皇帝任命，结果幸运成功！自己本是一个凡庸之人，缪当重任，结果还荡平了盗贼，主要是兵部给了自己没有期限只求成功的条件。

王阳明成功了，功劳大家都有份，既不夸功，也不诿过，而是大家一起来喝酒。最高明的是他把首功给了皇帝，把成功的原因归于对自己有知遇之恩的兵部，如此一来，谁能不支持王阳明？

史上最给力的一堂启蒙课

平定四省土匪后，王阳明距离圣人越来越近了，按照立德，立功，立言三不朽的标准，王阳明就差一个"立言"了。

王阳明从小就立志做一个"圣人"，这无疑是一个高大上的理想，由于太过高远，许多人都是嗤之以鼻。其实就连王阳明本人刚开始也是一种冲动，顺口说了出来，结果覆水难收，只得就此一路下去，搞得自己骑虎难下，反正大家都知道自己要做圣人了，与其骑虎难下不如骑虎不下，我就要做圣人，就这样一步一步走了下来。谁能想到，经过几十年的努力，居然就差一个"立言"就能实现理想了。这对王阳明来说，就是：天空飘来五个字，那都不是事儿。

王阳明一生爱读书讲学，正如他自己所说："读书讲学，此最吾所好。今虽干戈扰攘中，四方有来学者，吾亦未尝拒之。"

孟圣人早就说过，穷则独善其身，达则兼善天下。自从拜先贤孔圣人那一天起，每个读书人都进入了一个轨道：修身→齐家→治国→平天下。就是说，只要你读书，就要接受这个规矩，最高追求是平天下，次之是治国，再次之是齐家，最起码的是修身。

治理天下，要讲究"文治武功"，王阳明平定四省盗贼，已经完成武力平定天下，就是常说的武功，剩下的就是"文治"了，只有文治才能长久。这道理，汉朝就有人知道了，一个不怎么读书的皇帝居然接受了，这个皇帝就是刘邦。和本朝太祖一样，也是布衣天子，都是依靠武力夺取天下，因而都不怎么瞧得起读书人。

一个叫陆贾的书生天天在刘邦面前说书论诗，言必称《诗》《书》，希望刘邦能读点书。刘邦很是不爽，你什么意思，嫌我读书少，读书少不还做皇帝啦？实在忍受不了了，就破口大骂："乃公居马上而得之，安事诗书！"啥意思，就是你天天说读书读书，你看看老子的天下不都是骑在马上抛头颅洒热血拼出来的吗？有哪一寸天下是靠《诗》《书》得到的。

刘邦牛，陆贾也不是普通人，有读书人的脊梁，最起码不缺钙，就大声说："居马上得之，宁可以马上治之乎？且汤武逆取而以顺守之，文武并用，长久之术也。昔者吴王夫差、智伯极武而亡；秦任刑法不变，卒灭赵氏。乡使秦已并天下，行仁义，法先圣，陛下安得而有之？"就是说，你刘邦可以马上得天下，能马上守天下吗？

陆贾这一反问，戳到了刘邦的痛楚，刘邦非常不高兴，但觉得陆贾说得对，就对他说："试为我著秦所以失天下，吾所以得之者何，及古成败之国。"

陆贾后来的确给刘邦弄了一系列治国之策，到了汉武帝刘彻，最终确立了"罢黜百家，独尊儒术"的策略，后来又一代一代演变成了儒家的"修身齐家治国平天下"。

王阳明虽然立志要做圣人，向来主张教化第一，诛心为上，杀人为下。但在平定盗贼的过程中也没少杀人，杀人确实是一个好手段。平天下是为了人心啊，哪能都杀了，杀人简单，但诛心不易！

真正的高手是诛心，不是杀人。王阳明很清楚，盗贼猖獗，屡剿不灭，主要原因不是盗贼本身多坏，而是民风不善，根在教化不够，也就是教育不够啊。大明朝的政治教育工作没有做好，现在稍稍平定盗贼，老百姓刚刚脱离兵火之灾，应该对老百姓进行开导教育，提倡新风尚，做新时代的明朝人。

其实，王阳明的工作不比陆贾轻松多少，尽管刘邦是皇帝，但是他有所求，对天下很在意，因而能接受陆贾的建议，老百姓没有什么顾忌，反正都是老百姓，已经一无所有，死有时候比活着还容易，所以并不好入手。

为官一任，要安民一方，王阳明随即发布告谕，要求自己辖区所属各州县要树立榜样，互相诫勉，同时大力兴办社学（古时候，五十家为一社，一个社要建立一所学校，简称社学。相当于今天的小学），聘请私塾先生教书，弘扬《诗》《礼》，传承文化，重建新家风。再就是在公共场合，长官来了，一定要懂规矩，要叉手拱立。教书先生要不厌其烦，循循善诱，这样下去，一个和谐的新江西将很快出现。

王阳明不简单之处在于，他不仅仅口头强调，而且实际去做，真的知行合一。不是下下文件，喊喊口号，自己回巡抚衙门睡大觉去了，而是亲自实践。这么一个巡抚，居然亲自给社学的孩子讲启蒙课，可以说是最给力的一堂课。

这一课的标题是"训蒙大意示教读刘伯颂等"，就是说王阳明这堂课是示范课，王阳明既是给孩子启蒙，同时也是教书先生示范如何启蒙。王阳明告诉那些私塾先生，现在教育孩子，要把"孝悌忠信、礼义廉耻"作为政治任务来抓，社学不教"孝悌忠信、礼义廉耻"就是不讲政治，就是不忠于皇帝。

王阳明是教育高人，他很清楚，政治只是教育的一部分，重要的是培育孩子如何提升自己的内涵。当然这不容易做到，要用歌诗来诱发孩子的兴趣，启发孩子做一个有志向的人；之后就是引导孩子学习礼法礼仪，培养孩子的仪表，鼓励孩子做一个举止得体的人；再之后就是培育孩子读书的兴趣，以此开启他们自己寻找智慧之路，做一个智慧的人。

接着，王阳明对当时大明朝的教育提出批评，当今的人都认为歌诗习礼不切实际，已经过时了，这是非常荒谬的，是末俗庸鄙的看法，这不足以正确理解古人开设教育的本意啊！儿童嘛，爱玩不喜欢拘束，这是天性，正如草木刚开始发芽，如果环境舒畅，就枝粗叶顺；如果进行摧残干扰，就枝黄叶枯。所以啊，凡是用诗歌诱发孩子，不仅仅能培养孩子的志向，还能让孩子尽情玩耍，通过唱歌吟诗释放孩子的天性，同时通过音节把孩子内心的忧郁压抑排解出来。引导孩子学习礼法，也不仅仅是礼仪的培养，主要是通过这些礼节活动，让孩子们血脉畅通，强筋健骨。培养孩子读书的兴趣，也不仅仅是开启感觉知觉，主要是让孩子有耐心，静下来，不浮躁，通过读书进一步强化他们的志向。

如果私塾先生一味地对孩子严加约束，而不知道用礼法引导；为了追求聪明，而忽略了教育他们向善。这样一来，孩子就会把学校当作囹圄而不愿进去，把老师看作贼寇敌人而不愿见，这样怎么能教育好他们呢？

再给力的一堂课当然也不能解决所有问题，教育不仅仅是学习的事，还事关家国天下，王阳明后来在《送别省吾林都宪序》中指出："今夫天下之不治，由于士风之衰暴，学术之不明；无豪杰之士者为之倡焉耳。"

学术风气无小事，学术风气决定着官场风气，官场风气决定着社会风气，学术问题核心在于学习，学习的问题解决了，所有的问题都解决了。王阳明从改变学术风气开始，倡导学术新风气，为了能延续下去，又拟定了《教约》。在许多人看来，学习是一件痛苦的事，怎么才能让学习变成一件快乐的事，王阳明在《教约》中说，"凡习礼歌诗之类，皆所以常存童子之心，使其乐习不倦，而无暇及邪僻。"

常存童子之心，有几层意思，一是常保赤子之心，二是快乐之心，三是好奇之心，四是求知之心！总结起来就是：快乐学习和终身学习！正如王阳明在《送别省吾林都宪序》中所说："省吾忠信仁爱之质得之于天者既与人殊，而其好学之心，又能老而不倦若此，其德之日以新，而业之日以广也，何疑乎！"这里的"好学""达德""老而不倦"即是快乐学习和终身学习。

这水平，这见解，高，实在是高。一个词，给力！

真真看不出这是一个能带兵打仗的人，这是一个能动刀子的人，这是一个刚刚放下屠刀的人，这就是王阳明，他还会再举起屠刀吗？

心在最高处

做人不易，做名人不易，做圣人更不易。要进得了学堂，中得了皇榜；上得了厅堂，下得了牢房；挨得起板子，经得起外放；斗得过海盗，打得过流氓，最后还要能安民一方。

平定三浰之后，王阳明有更高的追求，他很清楚仅仅依靠武力平定了三浰是无法一劳永逸的，需要有后进政策措施保证，否则匪患会死灰复燃。最有效的措施就是在这里设县。不仅王阳明看得到，惠州知府陈祥也打报告："地广山多，必立县以镇之，庶乎久安长治之道，可图也，否则萌孽不旋踵而复生。"

既然大家都有这个想法，当年五月初一，王阳明给朱厚照上奏疏，请求添设平和县，在奏疏中详细说明了设置平和县的重要意义。朝廷觉得有道理，就批准了王阳明的奏请，设置平和县。

六月，朝廷给王阳明嘉奖，升都察院右副都御史，荫子锦衣卫，世袭百户。

官又升了，那个过继的儿子不用参加科举考试直接做锦衣卫，而且待遇也提高了，还是世袭的。

这要是一般人不乐开花才怪呢，而王阳明却是请辞，上奏疏坚决请求朝廷撤销对自己的嘉奖。

对王阳明来说，这也不是第一次请求撤销嘉奖了。平定横水、桶冈的时候，朝廷嘉奖，王阳明上疏辞免曰："臣过蒙国恩，授以巡抚之寄。时臣方抱病请告，偶值前官有托疾避难之嫌，朝廷谴之简书，臣遂狼狈莅事。当是时，兵耗财匮，盗炽民穷，束手无策。朝廷念民命之颠危，虑臣力之薄劣，本兵议假臣以赏罚，则从之；议给臣以旗牌，则从之；议改臣以提督，则从之；授之方略，而不拘以制；责其成功，而不限以时；由是臣得以伸缩如志，举动自由，一鼓而破横水，再鼓而灭桶冈。振旅复举，又一鼓而破三浰，再鼓而下九连。皆本兵之议，朝廷之断也。臣亦何功之有，而敢冒承其赏乎？况臣福过灾生，已尝恳疏求告；今乃求退获进，引咎蒙赉，其如赏功之典何？"

这倒不是王阳明不爱功名利禄，而是他瞧不上，所谓将军赶路不追小兔。他有大情怀，有大志向，他是要做圣人的，怎么会为了这一点功名利禄而心有戚戚，感恩戴德，哭得稀里哗啦？

王阳明也知道，无论他怎么请辞，朝廷也是不会同意的，本来嘛，那一点东西也没啥意思，大家都做一个人情，一来显得朝廷不亏待任何有功之人，二来也显得王阳明高风亮节，一来一往，双赢。

尽管经常出入贼穴，出生入死，王阳明也未能得到安宁，他的一些弟子依然跟在他身边，诸如薛侃、欧阳德、梁焯……王阳明天天忙得不亦乐乎，要处理巡抚的政务，要研究平定盗贼的方略，要实施安民政策，还要天天给身边的这些弟子讲课，怎是一个"累"字了得。

现在，王阳明差一步就成为圣人了，从来没有这么接近圣人，要说王阳明一点都不激动，肯定是假的，毕竟他也是人。王阳明等这一步，已经等了三十多年了，眼看就要实现了，内心那是一个激动。

再怎么说也是一个读书人，王阳明总得要斯文一些，要憋得住啊。王阳明是控制控制再控制，最后还是没有控制住。

急于做圣人，王阳明在"立言"这一步还是走得有点快。

论的是《大学》，行的是"心学"

对任何一个接受传统教育成长起来的人，对自己生活中的一切能自我摧毁三观而另立门户，都不太容易，毕竟都是读圣贤书长大的，你总不敢另创门派单独开店吧？所谓的圣贤，其实是皇帝和朝廷树立榜样，是因为朝廷的支持，他们才是圣人，一旦离开了朝廷的支持，他就什么也不是，孟子就是一个典型的例子。就因为说了一句"君为轻"，便被朱元璋清出文庙，传世经典《孟子》也被删减得一塌糊涂。

圣贤都是为朝廷服务的，而且必须获得皇帝的认可。孔圣人的儒家学说，从创立到获得官方认可，前前后后，四百多年。再就是，圣人是排他的，确立儒家的代价是罢黜百家，圣人只有儒家一家，再无分店。

自汉朝以来，被皇家认可的圣人，也就朱熹一个。朱熹成名，一是把《大学》从《礼记》中单独拿出来，进一步推崇，放到了和《中庸》《论语》《孟子》一样的高度；二是提出了"存天理灭人欲"思想。

如果能在这个时候，发现朱熹理论的不足，不说惊世骇俗，最起码也是真知灼见，可以扬名立万了。

《大学》在朱熹的推动下，成了历朝历代的政治纲领，而"存天理灭人欲"则成了衡量臣子忠诚与否的标准。王阳明一直觉得朱熹的《大学章句》存有不妥，尤其是那句"大学之道，在明明德，在亲民，在止于至善"。朱熹认为这里"亲"是"新"，就是大学之道是通过明德教育，让老百姓革新洗面重新做人；王阳明则认为这里的"亲"就是"亲"，即大学之道是通过明德教育，让为官者亲近老百姓。

刚刚灭山中之贼，王阳明还没有来得及清闲两天，弟子们一起聚集过来，求知问道，天天围在王阳明身边。班师回到赣州后，王阳明也清闲了，于是专门和弟子们论道，和大家一起探寻《大学》的本旨，根据众人的认知，指示众弟子入道的方法。

一般来说，王阳明的心学发轫于陆九渊，其实王阳明和陆九渊还是有一定差别的。陆九渊的理论原发于《孟子》，强调"先立乎其大者""先发明人之本心"，之后进行格物致知；王阳明的理论出发点则是《论语》，沿着孔子的路子，《传习录》风格和《论语》几乎一模一样，用意很明确就是要做圣人。除了《论语》，王阳明还注重《大学》，用意很显然。

《大学》是朱熹奠定圣人地位的理论基础，并把《大学》定位四书之首，而且把《大学》作为儒学的教典和纲领，是私塾教育最先开始讲授的教材，影响力极大。想要战胜朱熹，必然先从动摇朱熹的理论基础开始，于是，王阳明就在《大学》上下功夫，颠覆朱熹的理论，摧毁朱熹的正统地位。

正所谓拿着红旗打红旗，既然朱熹拿着《大学》一统江湖，奠定圣人地位，我王某人也拿着《大学》开始造反，用《大学》否定《大学》。

看似很难，其实也不难。有一句话，叫作"见仁见智"，鲁迅曾经说过，"一部红楼梦，道学家看到了淫，经学家看到了易，才子佳人看到了缠绵，革命家看到了排满，流言家看到了宫闱秘事"。

王阳明当然能看到和朱熹不一样的《大学》，早在龙场的时候，王阳明就怀疑朱熹的《大学章句》不是圣人之学的本旨，为了探索《大学》本旨，王阳明就自己手抄古本《大学》。

用心研究手抄本《大学》之后，真是不读不知道，一读吓一跳，《大学》原来简明易懂，易学好用，朱熹把《大学》搞复杂了，哪有那么高深玄妙。王阳明以郑玄《大学》为准，发现《大学》通顺且符合逻辑，根本没有朱熹所说的"阙文"现象，也没有所谓的"错简"。

那么问题来了，既然王阳明认为《大学》既没有"阙文"也没有"错简"，那么朱熹给《大学》的"移其文，补其传"就属于画蛇添足了。既然朱熹多此一举，那么朱熹关于《大学》之旨是"格物"就是不妥的，就是"支离"。

鉴于此，为了弘扬真正的《大学》之道，于是王阳明在《大学古本序》中说："大学之要，诚意而已矣；诚意之功，格物而已矣。"既然"诚意"如此重要，那什么是"诚意"呢？

《大学》自己的官方答案是："所谓诚其意者，毋自欺也，如恶恶臭、如好好色，此之谓自慊。"王阳明也给出了答案，一是"为学功夫有深浅，初时若不着实用意去好善恶恶，如何能为善去恶？这便是着实用意便是诚意。"二是《大学古本旁释》中"修身惟在于诚意，故特揭诚意以示人修身之要。诚意只是慎独，功夫只在格物上用，犹《中庸》之'戒惧'也。"

简单地说，诚意无论是"毋自欺"还是"为善去恶""慎独""戒惧"，本意是保存善意去除恶意，也即是一切行动以"善"为导向。

大家都知道《大学》的核心就是"三纲""八目"，既然朱熹的"格物"主题是旁枝末节，那么王阳明的"诚意"就是正题，是不是就可以只讲"诚意"不讲"格物"呢？

当然不可以，因为如果没有"格物"只讲"诚意"就是空中楼阁，只有方向而没有力量，只能飘在空中。相反，如果只讲"格物"而不讲"诚意"就是盲人骑瞎马，有力量却没有方向。

钦定教材《大学》有问题了，贻害无穷，再也不能让危害继续下去了，是可忍孰不可忍？教材问题无小事，小了说也事关国家教育，大了说就是事关天下兴亡，所以一定要行动，不能坐视不管。

一个要做圣人的人，怎能袖手旁观，为了以正视听，避免误人子弟，王阳明删去了朱熹关于《大学》的分章补传，并且在一旁加上了自己的见解，用来指导读书人，让他们走正道，这就是王阳明的《大学古本旁释》。这部著作在当时掀起了一个学术风暴，影响极大，在王阳明的宣传推动下，著名学者湛若水和方献夫都开始把古本《大学》作为正宗，看到这个局面，王阳明内心很是激动了一把。

而如今，王阳明把《大学》刻录成书，这样一来，王阳明就把自己的见解在旁边作了注释，公开发行，成了钦定教材《大学》的教学参考书，就成为了芸芸读书人的教材，这无疑是和朱熹打擂。

表面上，王阳明没有和朱熹叫板，只是重新出版古本《大学》，实际上大家都明白，王阳明只不过通过古本《大学》颠覆朱熹。颠覆了朱熹，就给自己的学术理论正名了，朱熹是通过"格物"主导，王阳明则是通过"诚意"主导，看似是学术讨论，无关理学心学，其实大有玄机。

稍稍思考一下，会发现"格物"是朱熹理学的基础，如果否定了"格物"就否定了朱熹的理学。而王阳明倡导的"诚意"，表面上是"诚意"，其实说的是心学，以"诚意"为主导，就是把"诚意"作为自己心学体系的基石，同时也把朱熹的理学体系收编到自己的心学体系。

朱子晚年定论

新版《大学》刊行后，一时洛阳纸贵，王阳明赢得赞声一片，美誉刷爆了朋友圈。

《大学》新版的成功极大激励了王阳明，趁着这次东风，王阳明紧接着刻录了《朱子晚年定论》。在王阳明看来，《朱子晚年定论》意义重大，在一定程度上比剿灭山中之贼更为重要，因为剿匪平乱就像救火，只是一时之举。而《朱子晚年定论》则能"破心中贼"，防患于未然，能永久解决贼患。

为了天下太平，为了大明帝国，为了自己的圣人之梦，这个时候，王阳明不避嫌了，不担心流言蜚语了，不担心板砖了，甚至不担心朝廷的板子了，亲自作序，在序言中分享自己的心灵鸡汤，说自己在贬官龙场的时候，身处困境，如何动心忍性，历经坎坷，最终悟道成功。

悟道之后，王阳明运用所悟之道对六经、《四子》之类经典著作进行了理论验证，发现都是正确的。唯独和朱熹的学说存在互相矛盾之处，在自己心里形成了挥之不去的疙瘩，几乎成了心理阴影。甚至都对朱熹的伟大产生了怀疑，难道这么伟大的人也会犯这样简单的错误？

那个时候，王阳明深处龙场，既没有高人可请教，也没有资料可参考，只能把疑问留在心里。从庐陵回到京城后，王阳明搜集了朱熹的所有著作进行研究，希望能找到明白的答案。

功夫不负有心人，经过多次分析研究和实践，王阳明取得了重大发现，朱熹的学术果然有问题，和《大学》有古版和新版一样，朱熹也有两个版本，一个版本是中年未定之朱子，一个是晚年定论之朱子。

如此一来，朱熹一下子成了真假美猴王，到底哪一个才是真正的朱熹呢？是中年的还是晚年的，这个谁说了算呢？只有王阳明！

在王阳明的精心炮制下，经过多次研究和讨论，从故纸堆里扒拉出一些朱熹晚年书信中和心学有关的言论，然后结集出版，于是《朱子晚年定论》横空出世！

王阳明把这些内容称作朱熹学术的最终定论，即是说朱熹晚年之前和心学矛盾的学术论点都是错误的。这样，《朱子晚年定论》几乎就是朱熹的忏悔书了，就是说，朱熹在晚年的时候已经发现了自己的错误，觉得自己的理学是错误的，悔恨莫及，大有如果上帝再给自己一次机会的话肯定会对心学说"我爱你"的意思。

显然，王阳明把自己在南赣剿匪的成功经验搬到了学术界，用打仗的手法来解决学术问题，原文引用朱熹的观点来否定朱熹的观点，确实很有效果。这绝对不是一般书呆子能想到和做到的，可是，这是学术的事，我们常说，文无第一武无第二，学术界和战场就是公鸡和公鸭比赛唱歌。

这就是王阳明高明的地方，无论他怎么说，朱熹都不能从坟墓爬出来和他辩论，所以只要找到一些可以佐证自己观点的材料，即可以对朱熹进行审判，进行盖棺定论。这个时候，王阳明说什么就是什么，这招够高，也够狠！

暂且不说朱熹是不是真的后悔了，即便真的后悔了，也没什么大事，也不丢人。哲学界充满了早年观点和晚年观点截然相反的哲学家，好像没有哪一个哲学家对此后悔不已，更没有哲学家进行道歉，王阳明在《朱子晚年定论》中，说朱熹"大悟旧说之非"，甚至"痛悔极艾，至以为自诳诳人之罪不可胜赎"。

王阳明只是发现了朱熹对心学有很深的研究，这些观点和王阳明心学是相契合的，其实这并不能证明朱熹认定心学是正确的，更不能由此认定朱熹抛弃了自己的理学，很有可能是朱熹对理学的进一步延伸，也就是说王阳明只看到了朱熹著作中和他相同的观点，而没有看到和他不同的地方，属于典型的断章取义为自己所用。

这招其实就是以朱熹之矛攻击朱熹之盾，借用朱熹的话表达自己的观点，让质疑者和反对者无话可说，这样一来，王阳明就得出了他想要的结果——朱子晚年定论。于是乎，王阳明就权威了，既收服了朱熹，也超越了朱熹，成为新圣人！

到这里，王阳明扭捏地说："予既自幸其说之不谬于朱子，又喜朱子先得我心之同然。"就是说，我既庆幸自己的学说不和朱熹的矛盾，又高兴朱熹比我先一步悟道心学。

看似，王阳明取胜了，实际上并没有掀起多大浪花。毕竟朱熹流行了几百年，已经深入基因，再就是，王阳明这么一说，一下子捅了马蜂窝。

"传习"一录传后世

这样一来，朱熹的粉丝便群起而攻之，这是典型的山头主义，他们争论的目的不是为了真相真理，而是为了利益，他们也知道王阳明说的有一定道理，但他们为了自己的利益，攻其一点不及其余，说王阳明不讲政治，王阳明由此陷入了困境。

这个时候，朝廷嘉奖令下来了，王阳明剿匪有功，儿子可以做锦衣卫，世袭百户。比上次的二十两银子好多了，王阳明并不在意这些，上疏拒绝：封妻荫子这种打破常规之事，自己内心不安，受之有愧。现在自己疾病缠身，已经没有时间报答皇帝的隆恩。因而请求皇帝收回成命，撤销荫子的待遇。

奏疏递到朝廷，朝廷理都没理这茬儿。

官场不太顺心，王阳明在学术方面却是顺风顺水。八月，王阳明的弟子薛侃在赣州出版了一本重要著作——《传习录》。

书名《传习录》显然经过精心筛选，而且大有学问，"传习"一词出自《论语·学而》。《论语·学而》记载了曾子的一段话："吾日三省吾身：为人谋而不忠乎？与朋友交而不信乎？传不习乎？"这段话大意是，"我每天多次反省：做事业的时候是否敬业？与人们交往的时候是否诚信？学过的知识是否进行实践？"

"传习"一词就是源于"传不习乎"，这里的"传"指老师传授的知识，"习"意为实践，合起来就是从老师那里学到知识要进行实践。曾子"传习"思想契合了王阳明的"知行合一"，所以，书名不是好，是非常好。

《传习录》这本书在体例方面没有创新，就是模仿孔老二的《论语》的语录体，所不同的是主角不同，《论语》记录的是孔子及其弟子的问答，主角是孔子和他的弟子们，《传习录》记录的是王阳明及其弟子的问答，主角是王阳明和他的弟子们。

薛侃的这个版本是第一版，是 1.0，内容比较少，只有今天流行版本的上篇，包括徐爱记录的第一卷和两篇序、薛侃记录的第一卷以及陆澄记录的第一卷；《传习录》的中篇是嘉靖初年，南大吉出版的书信体版本，算是 2.0；《传习录》下篇是王阳明去世后，王阳明的弟子钱德洪收集众多弟子记录编辑而成，这部分没有经过王阳明把关，因而有的地方比较混乱，算是不成功的 3.0。

最早有意识记录王阳明语录的是徐爱，后来几乎所有的弟子都记录王阳明的语录。刚开始，王阳明十分担心，就对弟子说：

"圣贤教人如医用药，皆因病立方，酌其虚实温凉阴阳内外而时时加减之，要在去病，初无定说。若拘执一方，守为成训，鲜不杀人矣，他日误己误人，某之罪过可复追赎乎？"

面对王阳明的担心，徐爱说："如子之言，即又拘执一方，复失先生之意矣。孔子谓子贡尝曰'予欲无言'，他日则曰'吾与回言终日'，又何言之不一邪？盖子贡专求圣人于言语之间，故孔子以无言警之，使之实体诸心，以求自得；颜子于孔子之言，默识心通无不在己，故与之言终日，若决江河而之海也。故孔子于子贡之无言不为少，于颜子之终日言不为多，各当其可而已。今备录先生之语，固非先生之所欲，使吾侪常在先生之门，亦何事于此？惟或有时而去侧，同门之友又皆离群索居。当是之时，仪刑既远而规切无闻，如爱之驽劣，非得先生之言时时对越警发之，其不摧堕废者几希矣。吾侪于先生之言，苟徒入耳出口，不体诸身，则爱之录此，实先生之罪人矣；使能得之言意之表，而诚诸践履之实，则斯录也，固先生终日言之之心也，可少乎哉？"

薛侃要出版《传习录》用意非常明确，就是重新解释《大学》，"《大学》工夫即是明明德；明明德只是个诚意；诚意的工夫只是个格物致知。……诚意之极便是至善。"这明显和朱熹的"新版"《大学》不一样，朱熹的《大学》强调先去格物，之后再添加一个"敬"，如此才能形成完整逻辑，回到身心上来。王阳明版本的《大学》直接从八目找根据，按照一个倒推逻辑，很快找到了"诚意"。而朱熹，按照"格物、致知、诚意、正心、修身、齐家、治国、平天下"的逻辑，强调"格物"，"至善，则事理当然之极也。言明明德、新民，皆当至于至善之地而不迁，盖必其有以尽夫天理之极。"不能形成完整逻辑，找不到身心，只得拉来"敬"做辅助。

这样一来，王阳明的逻辑就简洁明了，找到"诚意"，以"诚意"为出发点，就形成了闭环，就是一个完整逻辑了。看起来好像是玩文字游戏，其实这是一个逻辑问题，正如《大学》所说：知所先后，则近道矣！

按照朱熹的理论，格物是第一位的，一切以物为核心，就会只追求结果，社会物化，而不顾道德人心，任命就会纠结，社会价值就紊乱。王阳明的以诚意为起点，一切都从内心出发，一切的格物，都是为了内心，所有的格物都是为了为善去恶。这样，道德人心就在一条线上，如此，任命内心平定，家庭和睦，社会和谐。

关于"心"与"理"到底哪一个重要，明朝早就开始讨论了，王阳明的师爷吴与弼反对朱熹的理论，呼吁"整理心下"，恢复儒学躬行实践的传统，不能纯粹纸上谈兵。到后来，社会价值紊乱，道德滑坡，大师胡居仁提出"心与理一"的学说，强调"以主忠信为先，以求放心为要"，目的就是为了"正人心"，反对朱熹的"即物穷理"。

王阳明的"心即理"中的"理"就是"至善"，"知行合一"其实就是以"至善"为目的。如此一来，王阳明的"知行合一"就颠覆了朱熹的"知先行后"，首重"格心"，其次才是"格物"。这样，王阳明的教育融学习实践于一体，一切学习都是为了做人，要追求真善美，更要追求独立自主的人格，进而德行知识统一；朱熹的先学习知识然后做人，人固然是物质的，人和万物的区别就是在独立灵魂，过度追求知识就会迷失自我，就会丧失人格。

在一定程度上，《传习录》的出版流通，成了王阳明和心学的活广告，可谓"传习一录永流传"。

痛失徐爱

提到《传习录》，必然要提到一个人，这个人就是王阳明的大弟子兼妹夫——

徐爱。最初开始记录王阳明语录的就是徐爱，最早集结成卷的也是徐爱，最早跟随王阳明一起求学问道的还是徐爱，而《传习录》刊行的时候，斯人已经离开这个世界。

看到《传习录》，王阳明肝肠寸断，徐爱的声音还在耳边，徐爱的样子还在眼前，徐爱的志向……除了伤心，还是伤心，再就是无尽的伤心。

毕竟徐爱才三十二岁，正可谓，好人不长命，祸害一万年。王阳明想起了徐爱曾经和自己说过的一件事，徐爱说自己不能长寿，王阳明很是诧异，就问原因。徐爱告诉王阳明，他到湖南衡山游玩的时候，做过一个梦，梦见一个老僧。老僧抚摸徐爱后背，说道："你和颜渊同德。"接着，老僧又说："你也和颜渊同寿。"醒来后，发觉是一个梦。

之后，徐爱心事重重，一时难以释怀。王阳明就劝解徐爱说："就是一个梦！你老是怀疑啥，这样不好！"

徐爱回答说："此亦可奈何？只希望能早日告疾回到先生身边，希望能从事先生之教，朝有所闻，夕死可矣！"

这是一个梦，尽管只是一个梦，徐爱却当了真，就是一直把自己当作颜渊，也一直把王阳明当作孔子。王阳明也未曾料到，徐爱一梦居然成真，真的在三十二岁这年去世，而颜渊也是在三十二岁去世的。

于是，王阳明大发感慨，徐爱先前说的，是梦吗？徐爱去世，真的是真的吗？徐爱去世，真的是梦吗？徐爱先前的梦，真的是梦吗？

呜呼哀哉，呜呼痛哉！

王阳明越是思念就越痛苦，回想起了和徐爱在一起的美好记忆。

徐爱曾经对王阳明说："道之不明，几百年矣。今幸有所见，而又卒无所成，不亦尤可痛乎？愿先生早归阳明之麓，与二三子讲明斯道，以诚身淑后。"

听完徐爱的话，王阳明也深有感触，说："这是我王某人的志向啊！"

当初，王阳明从南京鸿胪寺卿转任南赣巡抚的时候，回家后一再磨蹭，曾打算从此终老家乡，不再外出做官。

在这个时候，徐爱过来了，他对王阳明说："未可。目前，外面正纷纷议论南赣的事，先生还是到那里赴任吧！我与二三子暂时帮着运转下去，等待先生了事回来。"

徐爱说到做到，王阳明到南赣赴任后，徐爱就辞去公职到阳明山主持书院的工作。想起来徐爱这些往事，王阳明内心伤痛，都是泪啊，不由得大发感慨，即便我王某人这个时候回到阳明山，还有谁能和我一起为了志向而奋斗！即便那二三子也已经离群索居了，我布道，谁来听啊？我倡导，谁来附和啊？我有新知，谁来问啊？我有疑惑，谁来帮我思考啊？

伤心啊，没有了徐爱，我的余生还有什么欢乐可言？没有了徐爱，我这一辈子就没有什么长进了，徐爱的前途无量啊！如果上天让我死，就让我死，何必让我亲爱的徐爱死啊？上天为什么对我这样残酷啊？这个世界上，我的朋友中，还有谁能像徐爱这样深入地了解我、这样笃实地追随我？

徐爱的去世极大地打击了王阳明，他哽咽两天，不吃不喝，大家都十分担心，前来劝慰。王阳明难掩悲痛："我的志向远大，恐怕自己到死的时候不能实现，那个时候就委托徐爱，现在，徐爱已经不在了！徐爱也有大志向，我很清楚，幸好我没有死，怎么能忍心不让志向实现啊？所以，为了徐爱，为了他的志向，我开始勉强吃饭。"

人生真正的意义在兴趣，如果失去了兴趣，就会迷失，就会堕落，就会无力，自然就忒没意思了。当生命只剩下一再的痛苦，内心体味的只是煎熬，生命就失去了价值，没有活下去的动力。因为徐爱，王阳明找到了人生的兴趣，找到了活下去的动力。

想到了徐爱，想到了徐爱的志向，王阳明给自己找到了活下去的意义。最要紧的事，就是尽快平定南赣匪患，然后挥一挥手，告别南赣，回到自己的地盘阳明山。王阳明希望那个时候，还能有两三个人跟随在自己左右，求知论道，互相切磋。唯一的追求，就是能像徐爱活着一样，即便整个世界都不把自己当根葱，也一样欢乐，也一样坚持自己的志向。

后来，有一天，王阳明讲课后，突然想起徐爱，内心极为悲痛，忧伤地说："怎样才能让徐曰仁在九泉听到这些话啊！"

为了让徐爱听到自己的话，王阳明带领弟子一起到徐爱的墓前，敬酒告慰，用祭奠的方式上课。听到王阳明的话，看到王阳明的行为，弟子们无不动容，心有戚戚，潸然泪下。

准圣人遇见准皇帝

徐爱去世了，王阳明很悲痛，但还是要继续活下去的，因为他还有使命。到南赣这几年来，王阳明可谓风光无限，要雨得雨，要风得风，战场上的常胜将军，官场上的连升，文化方面也是大丰收，向后刊行古本《大学》《朱子晚年定论》以及《传习录》。

这样一来，王阳明就完成了儒家强调的修身齐家治国平天下，而且还做到了立言、立功，基本达到了圣人的标准，成为了准圣人！王阳明距离圣人就差一个立德了，从孔子以来，从来没有人这么接近，王阳明是第一个，就差一步，王阳明就成了王圣人。

这样的事，王阳明想想都激动，老是激动也不行，圣人还没成功，阳明仍需努力！悲痛之余，王阳明重拾生活的信心，直奔圣人——开始传道授业解惑。

在为科举而读书的时代，王阳明的成功绝对是一个现象级人物，是很功利，看到王阳明的成功，弟子们就像车条从四方聚集过来，人数越来越多，先前的地方已经容不下了，于是开始修建濂溪书院。

平定南赣土匪之后，王阳明已成为弟子心目中的男神，王阳明却很低调，从不摆谱，而且还能温暖地和弟子们相处。有一天，王阳明摆宴招待众弟子，端出美食，拿出好酒，酒喝干，再斟满，不醉不还。

众弟子吃好喝好后，王阳明还客气地说："面对你们的热情，老师我无以为报，以此相报！"

听到老师这样说，众弟子既激动又疑惑，个个泪流满面，询问是什么原因。

王阳明回答说："我王某人刚开始开坛讲学的时候，担心误导了你们，每当对你们进行赏罚，都不敢肆意，常常担心有愧于你们。等到和你们相处久了，就又觉得先前的赏罚还没有到位，于是我考虑我错在哪里以便改正。直至后来我水平高升，登堂行事，发现没有误人子弟，这个时候，我内心才稍稍安慰。这即是诸君对我最大的帮助，你们以后不必事事都要感谢我，要谢就谢你们自己！"

老师真诚给弟子们道歉，请求弟子们原谅当初水平不够，耽误了弟子们，一个老师从自身反省，令人动容。尤其是王老师已经这个水平，这个地位，居然还这么心存敬畏，弟子们个个深受警醒，更加敬畏王阳明！

平定南赣山中土匪，只是破掉了山中之贼，老百姓的心中之贼仍在，一旦有合适的土壤，盗贼定然会再次兴起。这个时候，王阳明要破南赣的山中之贼，也要破南赣的心中之贼，为了长治久安，当然也是实现自己的"平天下"，也即是我们所说的"世界和平"。

如果说，平定土匪算是王阳明"武能马上定乾坤"的"武"，那么作为读书人，王阳明下一步一定要展示他的"文"，即是"提笔安天下"。按照李斯的"以吏为师"，作为南赣的巡抚，王阳明官最大，学问自然最大，当然要担当起南赣的教化责任，事实上，王阳明确实是最大的官，同时学问也最大，当然责无旁贷，于是王阳明提笔写文章：

> 顷者顽卒倡乱，震惊远迩。父老子弟，甚忧苦骚动。彼冥顽无知，逆天叛伦，自求诛戮，究言思之，实足悯悼。然亦岂独冥顽者之罪，有司抚养之有缺，训迪之无方，均有责焉。虽然，父老之所以倡率饬励于平日，无乃亦有所未至欤？今倡乱渠魁，皆就擒灭，胁从无辜，悉已宽贷，地方虽以宁复，然创今图后，父老所以教约其子弟者，自此不可以不豫。故今特为保甲之法，以相警戒。聊属父老，其率子弟慎行之。务和尔邻里，齐尔姻族，德义相劝，过失相规，敦礼让之风，成淳厚之俗。

经济基础决定上层建筑，王阳明的文章再好，如果食不果腹衣不蔽体，老百姓靠着文章是活不下去的。这年十一月，根据户部当初回复，南赣暂行的盐税条例三年期满，要恢复先前的政策。南赣这个地区采用广盐，由于利润空间小，利润空间大的淮盐必然会进入，于是就推高盐价，因而这个地方的老百姓就常常生活在高盐价的痛苦之中。

当地连年闹土匪，加上连年兵饷，老百姓已经一贫如洗，这个时候再停止盐税暂行条例，他们如何生活？老百姓已经如此贫困，如果还继续向他们伸手，就是逼迫他们去当盗贼。王阳明因而向朝廷建议，不仅不能取消南赣采用广盐的暂行条例，而且还要作为正式条例，上升到国家法律。

朝廷考虑到南赣的情况，听从了王阳明的建议，而且还对王阳明进行了犒赏。因为剿匪有功，朝廷赏赐王阳明荫子锦衣卫、世袭副千户，这是极高的待遇。锦衣卫就是皇帝身边的人，一般人没有资格做，皇帝这样赏赐王阳明，就是把王阳明当作自己人了，就是说从今天起，大明朝是我朱厚照的，也有你王阳明的一份，好好加油！

朝廷精明，王阳明也鸡贼，他当然知道其中的利害关系，当即上疏谢绝，说这个赏赐太贵重了，自己受之有愧，再就是自己重病缠身，报效时日不多了，还望皇帝赏赐给更有价值的人。

往往在生病的时刻，人就容易想家，这是人性使然，王阳明想奶奶了。王阳明以健康为由，提出辞职！

朝廷不同意辞职，于是王阳明给自己的顶头上司王琼写信，说奶奶病危，日夜痛苦，方寸已乱，无法主持工作。现在南赣匪乱已基本剿灭，江西形势一片大好，希望尽忠之后，给自己一个尽孝的机会。希望老大同意自己的请求，另请高人，让自己能扛着脑袋回家孝敬奶奶。

收到王阳明的辞职信，王琼气不打一处来，说道："王阳明是真糊涂还是揣着明白装糊涂啊，你真不知道我派你到江西的用意吗？你以为我真的是让你到江西剿匪吗，那几个土匪还能用得着你这宰牛刀，我是另有用意啊！"

和朝廷一样，王琼也拒绝了王阳明的请求，发一道公文：不准致仕！

同样也没搭理王阳明。

王阳明在赣州着急要做圣人的时候，江西南昌却有一个人着急要做皇帝，这个人就是朱宸濠。王阳明这个圣人要面临两个皇帝的尴尬局面，王阳明该如何站队？

没过几天，福建突然发生了兵变，朝廷下旨王阳明前去平叛。接到圣旨，王阳明立即出发，哪知道刚到江西丰城，获悉朱宸濠造反了，这下如何是好，王阳明该咋办呢？

【下卷】

王阳明

一心平天下

唐文立——著

中国出版集团　现代出版社

目录 / Contents

第三篇

诛　心

一、天子宁有种耶

细细溯源，可以发现宁王家真厉害，在某一个时间段，真具备做皇帝的条件，可惜错过了。有些事一旦错过就不再，但是到了朱宸濠这一代吧，虽然出身于王府之家，但浑身上下无论是长相还是气场都透着浓烈的江湖味。可能是遗传了本朝太祖武皇帝的造反基因，也可能是江西这方水土改变了宁王家的家风，总之朱宸濠非要和谢志珊、池仲容一样造反。谢志珊是被逼无路可走，朱宸濠是有路不走，非要做皇帝，这事真不靠谱。

潜伏的王爷

关于朱宸濠的出身，史书有记载："其母，故娼也。"也就是说，朱宸濠的母亲曾经是风月场的美女。

朱宸濠的祖上是宁王朱权，乃是太祖高皇帝的儿子。一个可以和朱棣相提并论的人，《明通鉴》记载，"太祖诸子，燕王善战，宁王善谋"。

在哥哥朱棣的算计下，朱权和朱棣一起造反，成功之后，被迁到南昌。之后，朱棣及其子孙接连敲打朱权，万般无奈，朱权决定远离政治。深受父亲朱元璋的影响，朱权内心深处也有一个皇帝梦，但骨子里有股文艺范。之后，朱权一头扎进了宗教圈、文化圈和娱乐圈，而且混得风生水起，还给自己起了一个名号——大明奇士。

至于皇帝，朱权觉得做皇帝这个事应该交给子孙，这一点朱权继承了老爸朱元璋的衣钵：要想皇帝坐得住，多娶媳妇生孩子。

经过深思熟虑，朱权告诫子孙，在目前的形势下，我们这一脉暂时做不了皇帝，但只要多生儿子，希望还是有的，所以你们要想方设法多娶媳妇多生儿子。

不幸的是，朱权的王位继承人朱盘烒去世。老年丧子，朱权难免心有戚戚，朱权本来很看重自己这个继承人的，为了让儿子接受更好的教育，聘请了以儒雅闻名的湖州人胡虚白作为朱盘烒的老师。然而天不遂人愿，朱权和老爸朱元璋一样，老年丧子，只得把位子传给孙子朱奠培，就是朱宸濠的爷爷。

朱奠培和爷爷朱权一样善文辞，进了风月场，如鱼得水，混得风生水起，在南昌城算是一号人物。不仅他是如此，就连他的子孙都是如此，个个都在风月场里风生水起。

所谓有其父必有其子，朱奠培的儿子朱觐钧更是青出于蓝而胜于蓝，别的不说，在风月场里绝对不输老爸。

朱奠培到风月场目的只是潜伏，是为了保护自己，一切都是逢场作戏。朱觐钧到风月场，是认真的，不仅和风月场里美女做戏，而且还带回王府当媳妇。

由于和风月场渊源深厚，以至于许多人都认为朱觐钧的儿子朱宸濠是婊子养的。其实，人家这是才子佳人的故事，到了有些人眼里，就成了嫖客和妓女的关系，朱宸濠本来是唯美爱情的结晶，一下子就成了婊子养的。

虽然都在谨遵多娶媳妇生儿子，但朱觐钧极为低产。朱觐钧编内编外的媳妇很多，却是广种薄收，一辈子只生了一子二女。

儿子就是朱宸濠。

据说，朱宸濠出生的时候，他的爷爷，也就是朱奠培，这个老先生做了一个梦。朱奠培梦到一条蛇到王府里咬人，把王府的人都吃完了，而且还把自己咬伤了。一下子把朱奠培惊醒了，朱奠培就思考，这个噩梦，是啥意思，是啥征兆啊？正当朱奠培苦思冥想的时候，仆人来报：冯针儿生一个胖小子。

这里要交代一下冯针儿是何许人也，此人就是朱觐钧从风月场里娶回来的小妾，朱奠培很是看不上儿子这一德性，风月场就是逢场作戏，哪里能当真，一当真你就输了。但儿子朱觐钧就是当真了，因而朱奠培一直对此事耿耿于怀。第二天，一些乌鸦在王府屋顶上嘎嘎乱叫，一听朱觐钧从风月场里娶回的美女生孩子了，朱奠培气不打一处来，歇斯底里地喊道：倒霉孩子，掐死他，我不要见到他。

谁也不知道，老宁王为什么不待见这个未曾谋面的孙子。父命难违，朱觐钧就来一个狸猫换王子，派人把朱宸濠送到外面，就告诉朱奠培已经将其掐死。几个月后，朱觐钧告诉父亲朱奠培，自己其他小妾生了一个儿子，于是就把朱宸濠带回了王府。

朱奠培不喜欢归不喜欢，但朱觐钧就这一个儿子，按照祖制，王位只能传给朱宸濠。宁王府将来的继承者，自然要聘请名师教授，朱宸濠也聪明，在文辞方面颇有成就。父亲重视儿子的教育，母亲当然也重视。

冯针儿告诉儿子，老娘当年是南昌风月场里的头牌，也是柳叶弯眉樱桃口谁人见了都乐意瞅，和你老娘上床的男人都排成了长龙，说句大话，几乎可以绕南昌城一圈。老娘是水平低，要没有两把刷子，咋能吸引了你父亲。你老娘是出身不好，凭老娘的能力，嫁给了皇帝也就成张太皇太后（朱高炽原配）那样的人，可惜啊，娘只嫁给了一个藩王。不过，这也没啥，只要儿子你能做皇帝，老娘不还是太后，也还有机会做一个像张太皇太后那样的人。只要儿子你做了皇帝，谁还敢说你娘是妓女。人嘛，都不能免俗，老娘一辈子阅人无数，看透了其中道道儿，没啥，总结起来四个字：名利才色。能超脱这四样的人，老娘没有见过，别看一些人表面上正经起来都是人，但一旦不正经起来都不是人，所以用此四项，可以拿下任何你想拿下的人。

听了母亲的教导，朱宸濠豁然开朗，风月场也有高人啊，于是决定做一个皇帝。

官场里的神棍

或许正如朱奠培所梦，朱宸濠是一条龙，是太祖武皇帝基因再现，骨子里就是要做皇帝，和朱元璋一样，替祖辈朱权复仇，把属于自己家的江山拿回来。现在经过老娘这么一教导，朱宸濠真的感觉自己能做皇帝。

大明朝，朱棣做皇帝之后，一个藩王有做皇帝之心，不新鲜；若要说一个藩王从来没想过要做皇帝，那才新鲜。一个朱元璋的子孙，一点做皇帝的想法都没有，到了天堂，如何向朱元璋汇报工作啊！

朱宸濠不是生下来就立志做皇帝的，他想做皇帝一开始也是朦胧的。不怕没好事就怕没好人，当身边的人知道了朱宸濠的想法后，消息就慢慢在江西道教圈里传开。由于朱权当年和张宇初的渊源，道教和宁王府也就有一种特殊的情缘，道教的人对宁王府也有一种特殊的情感。

当道教的人听说朱宸濠想做皇帝，道教上上下下就开始围绕朱宸濠做皇帝找证据了。

很快道教提出了科学假说，其实就是谶纬，命题是：朱宸濠和真龙天子的距离。

"怎么证明朱宸濠能做皇帝？"在江西道教界成为热点话题，大家都苦苦追求。有道友提出反对意见，认为这是伪命题，根本不可能。有道友未置可否，就是凑凑热闹。很快有两个道友对外宣称，他找到了因果关系，朱宸濠就是真龙天子。

这两个道友，一个叫李自然，一个叫李日芳。

李自然，看看这名字，就是搞"科学"的，而且是自然科学。在大明朝，这类人物就是科学家，在王府里，就是大仙，混到皇帝身边就成了国师。这位大神是从面相的角度进行证明的，他到了宁王府，先给宁王相面，伏地顿首，说朱宸濠长相奇异，有天子相，是太祖转世。

李日芳，这个名字正常点，不像道家人，但也有特点。这位大神和李自然不一样，他是从风水角度进行证明的，他抛出的论点是：城东南有天子气。稍微有点风水知识的人都非常熟悉这个命题，都好几千年了，从春秋时期楚国开始传开，到秦朝，到汉朝，又到大明朝，太俗套了，一点也不新鲜。这命题看似老套，实际有新意，李日芳仅仅加了一个字，就化腐朽为神奇，给予这个命题新活力，妙就妙在"城"这个字。因为宁王府就在南昌城的东南，"城东南有天子气"，就是说宁王府要出天子。

大神就这水平，不比街边的算命先生高明啊，太小儿科了，街头大妈和小学生也不会相信，这也能忽悠了宁王府的主人朱宸濠？事实告诉我们，忽悠住了，而且深信不疑。这倒不是李自然和李日芳多高明，而是他们的背景太高大上了，鬼神背后撑腰，最不可思议的是鬼神居然想和朱宸濠尿到一个壶里了。

鬼神出没，谁敢挡道。鬼神，历史悠久，是我们绕不开的一个难题。当年孔老夫子，就采取沉默，"子不语怪力乱神"，只是不说，信不信由你。之后，有了皇帝，神就开始登堂入室，进入了皇宫以及各级官府部门，于是中国皇宫和官场里就出现了一类人——神棍。

历朝历代，在官场和民间都活跃着一个群体，这帮人以修炼成仙为幌子，层次较低用相面术和看风水游走于民间，上点台阶的用方术游走于达官显贵，顶级的则用养生术和房中术获得帝王的青睐甚至成为国师。

不要小瞧这类人的能力和影响力，这帮人用他们的特殊方法和手段影响着历史走向。"东南有天子气"就是这帮人提出的，这一句话不仅灭了大秦朝，之后一直祸害我们，像幽灵一样，时不时就出来兴风作浪。手法既不高明，也不神奇，但只要一提出，就有人深信不疑，无论多聪明的人都无法抵挡。这不是朱宸濠有多笨，当年秦始皇也被徐福等神棍忽悠得死在路上，之后汉武帝也被神棍折腾身亡，唐太宗也是被神棍忽悠死的……

什么原因？跟着好人学好人，跟着巫婆跳大神。

身边有两个大神，朱宸濠还能淡定得了，只能和大神共舞。

一天，李日芳说，宁王府的天子气太盛，容易引人耳目，一旦朝廷知道了，后患无穷，要挡一下。在这位大神的指导下，朱宸濠赶紧在宁王府修建了阳春书院，以防朝廷的大神发现了"天子气"。

后来，朱宸濠伟大母亲冯针儿去世，这位李日芳大神看准了南昌西山青岚龙口穴，说那里是龙脉，朱宸濠只要把母亲葬在那里，肯定能做皇帝。其实，不独李日芳大神认为这里是风水宝地，朝廷大神早就发现了，而且还列为禁地，任何人都不准葬在这里。还好，朱厚照不务正业，否则朱宸濠葬完母亲就会成为刀下鬼。

朱宸濠本就有做皇帝的野心，经过这两位大神一忽悠，还真觉得自己就能做皇帝了。

天子宁有种耶

朱宸濠拿自己和朱厚照一比，发现，自己的确比朱厚照更适合做皇帝，都是老朱家子孙，为什么非得你们家做皇帝啊？再说了，当年你们家也是抢太子家的，而且我们家还是主力呢，说好的平分江山也没兑现，现在也该轮到我们家做皇帝了。

理想很丰满，现实很骨感。当皇帝不是想做就能做，是需要实力的，尤其是军事实力，安重荣说过，天子兵强马壮者当为之，宁有种耶！

想做皇帝其实不难，只要兵强马壮即可，朱宸濠回头看看，身边只有可怜的几十个护卫，兵无一个。这些人看家护院还勉强，对付一般小蟊贼还好，土匪来了，就会作鸟兽散。朱宸濠明白，这个时候想做皇帝，就好比站在井底仰望星空，四十五度是看不到的，只有昂着头才能看到。遥想当年，先祖朱权多威武牛叉，甲兵八万，战车六千，还有蒙古骑兵。再看看现在，一代不如一代啊，现在混得连一个兵都没有了。

这样的家底子，还想做皇帝，做做梦还可以，当真就有点傻了。

做皇帝可以，兵从哪里来？很简单，招募！从古至今，招募军队，都是官府的专利。你一个藩王算哪根葱，招兵干吗？想造反啊！估计兵还没招到，人就被砍了。

宁王府先前可是有兵的，怎么没有了呢？都是皇帝找借口给削减了。既然皇帝能削减，为什么不能给恢复呢？这个主意不错，就让皇帝给恢复得了，答案简单，皇帝有这么傻吗？

朱宸濠想起了老妈的教导，谁都不傻，一旦见到了"名利才色"，能保持清醒的就不多了。只要"名利才色"打头阵，一些前门办不了的事，后门都能办。于是乎，朱宸濠就踏上了后门之路，不知道朱宸濠想过没有，历史上有谁能通过走后门做了皇帝。

朱祐樘做皇帝还算兢兢业业，国家还算凑合得过去，朱宸濠提着猪头也是找不着庙门，没有取得多大进展。朱厚照做皇帝后，政风大变，整个朝廷一下子成了市场经济，从皇帝朱厚照到太监刘瑾，都有一个共同的嗜好——爱钱。无论什么事，"提钱"好说，除了皇帝，好像没有拿钱办不成的事。

看到这种情况，朱宸濠激动万分，苍天有眼啊，我的皇帝梦有希望了。

朱宸濠带着两万两黄金找到了刘瑾，看到黄金，刘瑾也很直接，凡是咱家能办的直接说。朱宸濠对刘瑾说，刘公公，您知道，我在南昌，那里匪患四起、地痞流氓横行、盗贼猖獗，这个时候我不能为国出力，不能天天麻烦国家给王府保驾，所以希望恢复一下王府的护卫，也算是给国家减轻负担，不给皇帝添麻烦。

多大点事，刘瑾当即同意，而且还下发了批文，恢复宁王府护卫屯田。

拿到了批文，朱宸濠激动得要哭了，睡觉都把批文带在身边。

然而好日子都很短暂，几年后，安化王造反，接着刘瑾被剐。朱厚照紧张了，藩王拥有护卫太危险了，裁撤！这样一来，朱宸濠又成光杆司令了。

有了上一次走后门的经验，朱宸濠照方抓药，想方设法筹钱，凑够之后把黄金送给了一个叫钱宁的锦衣卫头头。看看这名字，就知道这人的德性，钱宁，钱宁，有钱就安宁。

对钱宁来说，钱不仅是祖传的，几乎是深入基因。只要金钱到位，啥事都好办，看到朱宸濠送来的黄金，钱宁说，以后有事你说话，只要哥能办到的，一句话。

有了钱宁的支持，朱宸濠的护卫招募权又回来了，机不可失时不再来，抓紧行动：招兵！

朱宸濠的招聘启事挂出去了，却招来了一批偷过鸡、摸过狗、看过妇女解个手的闲散无赖，再就是打过家、劫过舍、鄱阳湖里干过票，总之没有招到好人。

凑合吧，万事开头难，慢慢会有人才来的。后来真来一个还能凑合的，这个人叫刘养正，考过科举，中过举人，没取得啥成就，读过兵书，都是纸上谈兵，最擅长扯淡。只能矬子里选将军，朱宸濠任命刘养正做 CEO。再后来，终于来一个高学历的，叫李士实，正儿八经的科举出身，曾经官至侍郎（副部长）。估计朝廷混不下去了，退休回家，一看朱宸濠招人，闲着也是闲着，到这里混口饭吃。

人才紧缺，这样的在江西也不多，朱宸濠把这俩人当作宝贝，看作自己的卧龙和凤雏。其实就俩饭桶，连吃货都不够格。

做皇帝总要有谋士啊，汉高祖有张良，刘备有诸葛亮，太祖武皇帝有刘伯温，太宗朱棣有姚广孝，我朱宸濠也要有一个谋士啊。谋士到哪找呢？经过多方推荐，朱宸濠决定聘请唐伯虎做他的谋士，但唐伯虎会答应吗？

才子的政治情怀

当目标锁定唐伯虎后，朱宸濠修书一封，派人带上礼金前去苏州。

自从弘治十二年（1499）科场弊案后，唐伯虎觉得自惭形秽，无颜再见家乡父老，没有到浙江赴任，而是开始游览大好河山。唐伯虎从苏州乘船出发，第一站是镇江，本来下一站是南京的，因为登上金山遥望南京，一时诸多回忆涌上心头，感慨万千，就放弃了重游故地的念头。于是从镇江沿运河北上扬州，游览瘦西湖等名胜，接下来乘船沿江而上，过南京、芜湖、九江，然后游览庐山。

游览庐山之后，唐伯虎继续溯江而上，到黄州游赤壁，观看赤壁战场遗址，并作《赤壁图》。接下来，沿江进入湖南，游洞庭湖登岳阳楼，之后又到衡阳，登南岳衡山。再之后，东入福建，游览福建名胜武夷山和仙游九鲤湖，据说唐伯虎在九鲤湖梦见了九鲤仙，还赠送他墨一担，从此文思大进。后来，唐伯虎还在家里修建梦墨亭，以纪念他和九鲤仙的梦交之事。

从福建出来，唐伯虎进入了浙江，先游览南北雁荡山，接着渡海游览普陀山，之后游杭州西湖。然后，沿着富春江、新安江而上，进入安徽，登黄山，游九华山。

这一点，唐伯虎和王阳明一样都在失意的时候上九华山，但目的不一样，结果自然不可同日而语。王阳明上九华山悟道成功，开启新征程，唐伯虎则有借着旅游消愁的味道，结果是愁更愁。

一圈旅游后，唐伯虎囊中空空如也，这个时候，他想起了家，再无颜见家乡父老，也得回去啊。到家后，境况更惨，但凡值钱的物件都被妻子典卖了，历经长途跋涉，再加上家庭变故，唐伯虎大病一场。

当初离乡进京赶考，左邻右舍投来的都是艳羡目光，个个恨不得和唐伯虎有亲戚关系；如今落魄归来，收到的都是冷眼和鄙夷，唐伯虎几乎就是失败的代名词，成了失败的样板。短短两年，唐伯虎从天堂跌到了地狱，享受了鲜花和掌声，也经历了世态炎凉。生活还要继续，为了给自己找一个活下去的理由，唐伯虎写了一些人情冷暖的劝世警世诗歌，诸如《百忍歌》：

百忍歌，百忍歌，人生不忍将奈何？我今与汝歌百忍，汝当拍手笑呵呵！朝也忍，暮也忍。耻也忍，辱也忍。苦也忍，痛也忍。饥也忍，寒也忍。欺也忍，怒也忍。是也忍，非也忍。方寸之间当自省。……心花散，性地稳，得到此时梦初醒。君不见如来割身痛也忍，孔子绝粮饥也忍，韩信胯下辱也忍，闵子单衣寒也忍，师德唾面羞也忍，不疑诬金欺也忍，张公九世百般忍。好也忍，歹也忍，都向心头自思忖。囫囵吞却栗棘蓬，凭时方识真根本！

读了唐大才子落魄时的诗作，再看看唐大才子几年前春风得意时的诗作，可以发现，人都是变化的，"人穷志短，马瘦毛长"就是这个道理。想当初，唐大才子豪情万丈，才情四溢，曾经给吏部吴天官写过这样一封信：

若肆目五山，总辔辽野，横披六合，纵驰八极。无事悼情，慷慨然诺。壮气云蒸，列志风合。戮长猊，令赤海。断修蛇，使丹岳。功成事遂，身毙名立。斯亦人士之一快，而寅之素斯也！

这就是才子们的通病，自以为只要文章好就可以横行天下，太过于崇拜才情。只能过顺风顺水的日子，一旦遇到挫折，就立即乱了方寸，忘了自己的人生理想和追求，过于在意别人的眼睛和嘴巴。成功的时候，盛气凌人，目空一切，失意之后就放浪形骸，正如唐伯虎的《闲中歌》所描述：

人生七十古来有，处世谁能得长久？光阴真是过隙驹，绿鬓看看成皓首。积金到斗都是闲，几人买断鬼门关。不将樽酒送歌舞，徒把铅汞烧金丹。白日升天无此理，毕竟有生还有死。眼前富贵一杆棋，身后功名半张纸。古稀彭祖寿最多，八百岁后还如何？请君与我舞且歌，生死寿夭皆由他。

两篇文章，两段境遇，看似唐伯虎看透一切，实际上拿不起放不下。三十八岁时，唐伯虎买下一块地，修建了桃花庵。唐伯虎为自己的桃花庵写了一首诗，诗名就叫《桃花庵歌》：

> 桃花坞里桃花庵，桃花庵里桃花仙。桃花仙人种桃树，又摘桃花换酒钱。酒醒只在花前坐，酒醉还来花下眠。半醒半醉日复日，花落花开年复年。但愿老死花酒间，不愿鞠躬车马前。车尘马足贵者趣，酒盏花枝贫者缘。若将富贵比贫者，一在平地一在天。若将贫贱比车马，他得驱驰我得闲。别人笑我忒疯癫，我笑别人看不穿。不见五陵豪杰墓，无花无酒锄作田。

这首诗被认为是唐伯虎诗作里最好的一首，"但愿老死花酒间，不愿鞠躬车马前"让许多读书人肃然起敬，觉得唐大才子是一个高尚的人，一个脱离低级趣味的人。尤其"别人笑我忒疯癫，我笑别人看不穿"这句，更是广为流传，都以为唐伯虎洞明世事了。实际上，并不是，他始终没有迈过"名"这一道坎。这一点在唐伯虎后来的《对月歌》中有体现：

> 李白前时原有月，惟有李白诗能说。李白如今已仙去，月在青天几圆缺。今人犹歌李白诗，明月还如李白时。我学李白对明月，月与李白安能知？李白能诗复能酒，我今百杯复千首。我愧虽无李白才，料应月不嫌我丑。我也不登天子船，我也不上长安眠。姑苏城外一茅屋，万树桃花月满天。

这首诗表面上是羡慕李白，实际上说明唐伯虎是个官迷，这一点和李白一样。在诗歌里大呼"我也不登天子船，我也不上长安眠"，实际情况是没有机会和资格。

因而，当宁王的邀请信送到唐伯虎面前的时候，唐伯虎难掩兴奋，忘记了政治的风险，也不顾老朋友祝枝山提醒劝诫，立即赶赴南昌。就这样，唐伯虎第二次踏上了官场之旅，只是不知道这一次是上一次的重演，还是功成名就名垂青史？

混混儿和皇帝的距离

如果从名气来说，唐伯虎至少甩王阳明三条街，一时成为许多人心中的偶像，许多读书人对唐伯虎都有些崇拜，就连大名鼎鼎的宁王朱宸濠也不能免俗。只是读书人的崇拜是发自内心的、源自肺腑的，而朱宸濠则是从实用出发，崇拜唐伯虎可以助自己一臂之力。

朱宸濠对唐伯虎很是客气，专程派人携带重金上门聘请，邀请唐大才子共谋大事。

唐伯虎是一个有情操的人，他在《桃花庵》里面已经说过，"但愿老死花酒间，不愿鞠躬车马前"。人家唐大才子说了，现在只爱美女和美酒，什么金钱和大事，和兄弟无关，兄弟不愿伺候人。陶渊明不愿为五斗米折腰，唐某人也不愿权贵车马前鞠躬。

接到朱宸濠的亲笔信，唐伯虎酒杯一扔，大呼，男子汉当建功立业，哪能沉醉花酒间，背起包袱直奔南昌。

唐伯虎到南昌后，朱宸濠盛情接待，把唐伯虎当作贵客，三天一小饮五天一大宴。为了留住唐伯虎，朱宸濠还专门给唐伯虎修建别馆（别墅的古称），唐伯虎天天在那里和南昌文人相唱和，日子过得真是一个潇洒了得。

面对朱宸濠的盛情款待，唐伯虎很是激动，于是乎就为宁王写首诗。诗的名字是《书赠宁王》：

> 信口吟成四韵诗，自家计较说和谁。白头也好簪花朵，明月难将照酒后。得一日闲无量福，做千年调笑人痴。是非满目纷纷事，问我如何总不知。

失意人遇见满志人，一切都翻篇了，从现在起，要重新开始，为理想而努力。

唐伯虎到南昌不是为了和南昌文人以文会友的，也不是为了喝酒，也不是为了泡妞，更不是为了捧朱宸濠的场，他是要实现自己的政治理想，说白了就是想做官，而且是做大官。

唐伯虎的理想是做大官，朱宸濠的理想是做皇帝，二者相辅相成，相得益彰，简直是绝配。多好的一对组合，二人联手打天下，一个做皇帝，一个做宰相，天生一对地造一双，千古奇缘啊。

人间的事，往往是看上去越完美越命薄。

唐伯虎和朱宸濠的组合也未能走出这个宿命。唐伯虎有才情，但却没有明确的志向，属于才大志疏型的人；朱宸濠有野心有追求，但却一没有情怀二没有能力，典型的志大才疏之人。

古往今来，凡是能成大事的人，一定是个有情怀的人，一个心怀天下的人，一个大善的人。他们练达人情洞明世事，他们志存高远，他们顺势而为，他们替天行道，最重要的是他们与民同利，关键还要能操控民心。刘邦是这样的，曹操是这样的，赵匡胤是这样的，大明朝的太祖也是这样的……

朱宸濠可能是受老妈影响至深，只练达了人情洞明了世事，看不明白天下大势，更不知道替天行道，遑论与民同利了。

在老娘"名利才色"理论的指导下，朱宸濠的确畅行无阻。整车的黄金运到京城，黄金开道无往不利，朱宸濠在京城攻城略地，想结交谁就结交谁，和皇帝朱祐樘身边的红人李广成为哥们儿，朱厚照做皇帝后又和刘瑾成为兄弟，这帮人为朱宸濠摇旗呐喊，鼓吹朱宸濠的贤能。之后又贿赂太学生，宣传朱宸濠的孝行，天下皆知，连皇帝都下旨褒奖朱宸濠的孝行。

一下子，朱宸濠成了名人，大明朝最孝顺的人。一个有了名的人，下一步自然追求利。

在黄金炮弹助力下，朱宸濠和京城各路高官关系打得火热，在这些人的有意或者无意的帮助下，朱宸濠重新争取回来了护卫权，也就是说，宁王府可以拥有武装了。这对志在做皇帝的朱宸濠至关重要，因为拥有了军权，做皇帝还会远吗？

朱厚照不像皇帝样，为所欲为，怨声载道，大失民心。这个时候，想做皇帝的朱宸濠应该站出来，心怀天下，替天行道，谋划如何得天下。

朱宸濠确实站出来了，只是他不是替天行道，而是为自己谋利。他关心的是王府的大小，而不是天下。不得不说，朱宸濠扩大王府是有手段的，他看中了一块地，就派人到别人住宅附近放火，一定保证大火蔓延烧到房屋，大火烧到房屋时，朱宸濠还会派人救火，只是这个救火队一定在快烧成灰烬的时候施救，在施救的过程中一定把房屋捎带拆除。这样一来，哪里还有钉子户。

这一套手法下来，不留痕迹，不留把柄。别说你告到江西布政司那里，就是告到北京也要有证据啊。宁王烧你的房子了吗？没有。只是王府的临时工烤火时不小心引起了火灾，宁王已经把临时工辞退了。宁王拆你的房子了吗？没有。不仅没有，宁王知道后，第一时间赶到现场，还亲自指挥救火呢，不然会更严重。宁王霸占你的地产了吗？没有。宁王是为了帮助你，让你的损失降到最低，已经找相关单位进行估值，之后到王府领取相关银子即可。

除了处处与民争利，朱宸濠还和江西当地的黑社会、土匪、江洋大盗勾结起来，沆瀣一气。江洋大盗胡十三、凌十一和闵廿四等人都是宁王府上的常客，经常联手打家劫舍，在鄱阳湖中抢劫客商货物。

看看朱宸濠这些行为，这哪里像是一个做皇帝的派头，历史上刘邦、刘备、赵匡胤以及朱宸濠的祖上朱元璋一再被人称之为流氓，但有一条是真的，他们都是一些行侠仗义之人。而朱宸濠呢？称他为流氓都有些高抬，充其量是一个混混儿，一个混混儿想做皇帝，距离太远了，差距就是皇帝和混混儿之间的距离。

在南昌待一段时间之后，唐伯虎逐渐了解了朱宸濠，知道朱宸濠不是一个可以托付的人，和这样的人在一起等于送死。已经错过一次了，唐伯虎知道不能再错了，是非之地不宜久留，怎么办呢？

才子的政治末路

每个人都有"才子"情结，这也是曹植、李白以及唐伯虎名传千古的原因所在。有意思的是无论历史上还是在生活中，"才子"和"书呆子"好像两面一体，才子的命运都很悲催，几乎没有一个人生辉煌腾达的。

南朝的谢灵运，也是一个才子，他曾经说："天下才有一石，曹子建（曹植）独占八斗，我得一斗，天下共分一斗。"按照谢才子的这套标准，天下第一才子非曹植莫属，因为天下之才他独占八斗。据传，这才高八斗的才子曾经被哥哥曹丕逼着七步写诗，如果七步写不出诗就要砍脑袋，好在才高，写出了传世的《七步诗》。谢才子自然是天下二号才子，什么事，沾了"二"好像都有些傻里傻气，所以这位二号才子就没有一号才子那么好的运气了，正是因为恃才傲物，居然被砍了头。看来才高并不一定是好事。

其他的人命运好多了，原因是才气小，共分一斗。所以嘛，才再高也不至于砍头。谢灵运之后，如果李白排第二，估计没人敢排第一。李白之后，如果从才气和人们推崇的角度来看，唐伯虎就脱颖而出。

李白和唐伯虎二人看似风马牛不相及，但如果细细看看他们的履历，他们竟然有这么多的相似之处，而且几乎是一样的命运。也许这就是唐伯虎为何这么推崇李白的原因所在吧。

当年"安史之乱"爆发，李白和一帮诗人在庐山避难。永王李璘听说后，就盛情邀请李白到他那里。当时李白也正处在政治上失意时刻，一边想终老山林，一边又想在政治上有一番作为，两难选择，接到永王邀请，李白欣然前往。李白说过"生不用封万户侯，但愿一识韩荆州"，显然这是矫情，都不愿封万户侯了，还认识韩荆州干吗？后来又说"安能摧眉折腰事权贵，使我不得开心颜"，这更当不得真，因为李璘一封信，李白颠颠过去了。后来，永王失败，李白跟着倒霉，被捕入狱，最后流放。

李白的遭遇，唐大才子想必烂熟于心，他知道自己绝不能做第二个李白，他知道如果真的和朱宸濠在一起，就不止入狱了，甚至可能掉脑袋。怎么办呢？答案只有一个：离开！

说着容易，做起来难，再说了，宁王会答应吗？宁王可是有手腕的，一个手无缚鸡之力的才子和一个混混儿比拼，要是比赛写文章写诗，唐伯虎肯定完胜，但朱宸濠会同意吗？这个时候最好的办法就是让宁王讨厌自己，赶自己走，但如何能做到呢？

唐伯虎不愧是才子，他知道宁王之所以看中自己，是因为自己有才，对他做皇帝有帮助。如果一旦自己的才能不在了，也就没有用处了，宁王自然不会白养了，一定会赶自己走的。

怎么才能做到对宁王毫无用处呢？自废武功是最好的办法，一个文人如何自废武功，当然不是断手切脚，而是头脑变傻。到这里，唐大才子明白如何自救了，那就是装疯。傻子装聪明不容易，聪明人装傻更难，如何才能装得逼真，那就是喝酒。

接下来，唐伯虎只做一件事，第一是喝酒，第二还是喝酒，加倍地喝酒，玩命地喝酒。酒喝多了，人就疯了，而且疯得很彻底。

很快，唐伯虎喝酒喝疯的消息不胫而走，传到了朱宸濠那里，朱宸濠不相信，别逗了，他那么喜欢喝酒的人，还能喝醉？喝都喝不醉，哪里又会发疯？文人的世界你们不懂，人家那是行为艺术。

过一段时间后，唐伯虎疯得更厉害了，光着身子到处跑，还到妓院闹事，今天酒后调戏了立春院头牌，明天酒后辱骂了立夏院的头牌，后天酒后又打了立秋院的头牌，大后天酒后又咬伤了立冬院的头牌。整个南昌风月场被唐伯虎祸害得无法正常营业，城管来了没有用，警察来也没办法，谁敢动宁王府里的贵客啊。这还不算，唐伯虎还骂街，居然骂宁王朱宸濠。

为了测试唐伯虎是不是装疯，朱宸濠派人偷看，真是不看不知道，一看吓一跳，唐伯虎独自一人盘腿坐在那里自娱自乐地玩弄下体呢。不会吧，这样的一个才子，多少风月场里美女眼里的男神，咋能如此不堪，斯文扫地啊。一看有人来，唐伯虎起身就追，一边追一边骂。就这样，唐伯虎开始了在南昌没羞没臊的日子。

幸亏大明朝的媒体不够发达，没有狗仔专门跟着唐伯虎，不然，唐伯虎岂不天天霸占头条新闻。

唐伯虎没羞没臊，天天玩行为艺术，长此以往，朱宸濠受不了了，本以为请个大仙来了，不料却是一个"二货"。实在忍无可忍了，朱宸濠对身边的人说："孰谓唐生贤，真一狂生耳！"大手一挥，哪里来哪里去，赶紧送回苏州。

历经这番没羞没臊之后，唐伯虎回到了苏州，再次开始了自己的潦倒生活，五年后，朱宸濠造反，后来秋后算账，唐伯虎平安无事。一代才子，政治命运如此悲催，幸乎，悲乎？

正德十二年（1517），即唐伯虎离开南昌三年后，王阳明奉旨做赣南巡抚。

朱宸濠知道这个消息，激动得要疯了，王阳明才是我的最佳拍档，快快邀请王阳明。

王的城

在大明朝，"溥天之下，莫非王土；率土之滨，莫非王臣"是绝对的金科玉律，天下是皇帝的，天下之人都是皇帝的。江西是不是？天下都是，江西当然是。南昌是不是？南昌嘛，这个？好像也是。但在南昌，好像是宁王说了算。

江西之名，源于唐朝的江南西道。江西是一个特殊的地方，这里有中国第一江长江和中国第一大淡水湖鄱阳湖，在这里，江和湖相遇了，于是就有了江湖之说，所以江西就是江湖之地。在大明朝，这里不仅是自然的江湖还是社会的江湖，更是官场的江湖。赣江由南向北横贯江西全省，所以江西简称为"赣"，南部简称"南赣"，中部简称"中赣"，北部简称"北赣"。在江西做官，南部"南赣"是真的"难干"，北部是"白干"，中部因为有宁王朱宸濠，堂堂二品大员也就是"中赣"的谐音"中干"。即便王阳明到江西，也要低头，也要赔着笑脸和朱宸濠周旋。

江西都是皇帝的，南昌难道不是？在法理上，南昌的确是皇帝的，在现实中，南昌却是宁王朱宸濠的地盘。看起来这个逻辑有点乱。大明朝从刘瑾以后，在江西和南昌做过官的人都懂这个逻辑，不然就会身处"赣"地，却无法"干"工作。

故事从南昌知府祝瀚开始，祝瀚是成化年间的进士，弘治年间到南昌做知府，先后在南昌待了20年，算是看着宁王邪恶成长的。

王府和南昌府是两个系统，属于不同部门领导，王府管不了南昌府，当然南昌府也管不了王府。根据相关规定，宁王府毕竟地处南昌，地盘的政事归南昌府管辖。如此看来，南昌府好像占点优势，再有规定，二者可以互相监督，由于王府是朱家自己人，皇帝偏向王府。

正是如此，朱宸濠利用和皇帝的血缘关系，很快崛起，成为江西一股重要的力量，地方官员都唯恐避之不及，尽量井水不犯河水。有些事是躲不掉的，同在一块地上，早晚会相遇的。

果然祝瀚和朱宸濠因为鸟事产生了交集。

一天，南昌府发生了一件轰动全城的鸟事。宁王朱宸濠最爱的宠物，一只名贵丹顶鹤出巡失联。宁王牛，人家的宠物也牛，丹顶鹤的脖子上挂着宁王府的牌子，鹤到哪里如同宁王驾到，见到鹤如同见到宁王本人。

因而，这只鹤也就成了南昌府的一景，到哪里都能引起围观，经常出现交通堵塞。南昌府交警部门经常为此事烦恼，多次给宁王府下达劝诫通知书，尽量少让这只鸟外出。由于官太小，宁王府理都不理，惹烦了，就说："让你们家知府过来谈。"

现在好，这只鸟失联了。朱宸濠派出王府人员四处寻找，到处张贴"寻鸟启事"，为此多次和城管部门发生激烈冲突，把整个南昌城搅和得鸡飞狗跳。

祝瀚虽然对此事有意见，但是王府的鸟丢了，人家合法寻找，没有理由干涉。

后来居然找着了，只不过是在一条中华田园犬的嘴里。这只丹顶鹤耍大牌惯了，以为在南昌没人敢动自己一根汗毛，就到处游荡。哪里想到会遇到一条土中华田园犬，它可不知道宁王是谁，也不知道这丹顶鹤是多大的腕儿，它看到的是一顿美食，几下子就把丹顶鹤扑倒，然后大快朵颐。

宁王的挚爱成了一条中华田园犬的美食，这事必须要讨个说法。于是，宁王府的人就借着这档子鸟事到了南昌府。宁王府的人扭送狗的主人到南昌府讨说法，要求南昌知府祝瀚主持公道。

祝瀚听完汇报，对宁王府的人说，空口无凭，无法断案。先写个状子递上来，我一定主持公道。

当宁王府递上状子后，祝瀚开堂审理。要求双方根据程序提交证据，之后，祝瀚命令带罪狗上堂。

然后，祝瀚就根据状子内容，严肃认真地审理，并做好笔录。最后，祝瀚提笔批注："鹤虽带牌，犬不识字。禽兽相争，何与人事？"

祝瀚在弘治年间就来南昌了，算是半个南昌人了，他很熟悉南昌特点。按理说，祝瀚应该知道如何同朱宸濠打交道了，知道南昌的危险，因为这里是宁王的地盘，谁不和宁王搞好关系，就得走人，祝瀚竟然拿自己的仕途和朱宸濠斗法。

得罪朱宸濠，祝瀚知道自己无法在南昌待下去了，于是辞官回乡。

后来，安化王朱寘鐇造反，杨一清和太监张永联手做了刘瑾，随后大明朝官场发生最强地震，江西官场人事也发生了变化。一个名叫张嵿的人到江西任职布政右使，不知是天意，是朝廷故意，还是巧合，张嵿也是浙江人，而且还是萧山人，和祝瀚是一个县的，还是同年。这个人和祝瀚一样，同样是王阳明的浙江老乡。张嵿和祝瀚都是萧山人，一方水土养一方人，两个浙江萧山人，一个样子，都和歪门邪道有不共戴天之仇。

张嵿是一个从基层做起的官员，有才有德，曾经在上饶做过知县，对江西的情况有了解。刘瑾当政时，他能顶住压力，秉公办案。因而刘瑾一倒台，张嵿就获得重用，先到南雄做知府。

刘瑾倒台后，朝廷用心良苦，但这禁不住朱厚照的折腾，刘瑾倒下，朱厚照伸手扶起了钱宁。这个时候，官场的护官符更新了，加强版的，想在京城安稳做官要靠钱宁，而在江西做官安稳则要靠"王宁"（宁王安宁）。

稍稍过渡一下，朝廷即派张嵿到江西担任布政右使，即是希望整顿一下江西的官场，带来一些新意。和祝瀚比起来，张嵿算是南昌的新人，他能 hold 住江西官场吗？能 hold 住南昌地盘吗？能 hold 住宁王吗？

赣官难干

张嵿是正德八年（1513）到南昌的，那个时候，朱宸濠已经基本掌控了南昌。

南昌的大小官员必须唯朱宸濠马首是瞻，否则后果很严重。这一切，都发生在张嵿进入江西之后。

正德八年六月，南昌左卫指挥戴宜升官了，官至两广守备。因为没有在第一时间到宁王府报喜，送的礼也不多，朱宸濠很是不爽，当即命人把戴宜打死。之后，朱宸濠贪占了戴宜所有财产，把戴宜的女儿赏给身边哥们儿做妾，把戴宜的儿子监禁起来，直到朱宸濠造反失败才被放出。

堂堂朝廷命官，朱宸濠说杀就杀，事后啥事都没有。南昌震惊，江西震惊，朝廷没有丝毫动静。

八月，都察院右佥都御使王哲到江西做巡抚，朱宸濠看上了王哲，就拉王哲入伙，王哲瞧不上朱宸濠，没给面子。后来，朱宸濠邀请王哲到王府做客。回到寓所后，王哲暴卒，留下了大大的问号。王哲到底是真病死，还是被朱宸濠毒死，没有答案。官场圈里流传，王哲是宁王毒死的。

赣官不好干，不仅是身在江西的官员，就是身在外地的江西籍官员也难幸免。江西铅山籍京官费宏，当年朱宸濠通过刘瑾、钱宁恢复护卫屯田，费宏担心朱宸濠祸害自己的家乡，就在这件事上投了反对票。朱宸濠因此对费宏怀恨在心，视之为眼中钉肉中刺，急欲除之而后快，就通过钱宁等人，逼迫费宏辞官回乡。

朱宸濠派人一路跟踪费宏，当费宏船过鄱阳湖时，暗地里派人混入船中放火，船上所有行李被焚烧一空。看到费宏所乘船只变成灰烬之后，王府的人才回王府禀告朱宸濠，听到报告后，朱宸濠这才解恨。之后，朱宸濠直接指令铅山的李镇、周伯龄、吴三八等人骚扰费宏的家乡，挖掘费宏的祖坟，抢劫费宏的左邻右舍，对费氏家族大肆报复。

赣官难干，浙江人不怕，这时候，浙江人胡世宁又站出来了。

胡世宁是谁啊？当年和王阳明一起考乡试，一起中举的那个帅哥。

和王阳明一样，都和江西有缘，胡世宁在正德七年擢升江西兵备副使，官至正四品，也与王阳明级别一样。胡世宁在江西期间发现了朱宸濠有造反的迹象，在正德十年冒险给朝廷上疏："江西之盗，剿抚二说相持，臣愚以为无难决也。已抚者不诛，再叛者毋赦，初起者亟剿，如是而已。顾江西患非盗贼。宁府威日张，不逞之徒群聚而导以非法，上下诸司承奉太过。数假火灾夺民廛地，采办扰旁郡，蹂籍遍穷乡。臣恐良民不安，皆起为盗。臣下畏祸，多怀二心，礼乐刑政渐不自朝廷出矣。"

胡世宁的奏疏，话中有话，好一个"江西患非盗贼。宁府威日张"。就是说江西之患不在盗贼，而在"王府"，盗匪只是为利益，王府要的是天下。

奏疏事关军事，后来批转到了陆完那里，陆完和朱宸濠私交甚笃，于是透露给宁王。朱宸濠获悉胡世宁弹劾自己后，上疏辩解，说胡世宁是小人，离间自己和皇帝的关系，然后罗列胡世宁所谓的罪状，打算借助钱宁之手除掉胡世宁，但未能如愿，最后找借口抓捕胡世宁入狱。

这次事件大概发生在张嵊到南昌之后，刚到江西时，张嵊任职布政右使，只是负责琐事，大事都是一把手布政左使负责。布政使相当于一省的行政首长，古时候以"左"为尊，这个布政右使就相当于常务副手。张嵊和宁王倒也相安无事，宁王甚至认为张嵊可以成为自己人，所以朝廷给张嵊升官，朱宸濠没有通过钱宁拖后腿。

后来，张嵊做了布政左使，江西第一行政首长，江西的行政事务自然由他掌控。

仗着朝廷有钱宁，朱宸濠开始在土地方面行动了，通过各种没节操的手段强取豪夺老百姓的田产和房产，最终却需要布政使的同意才有效，尤其关于扩建王府。

县官不如现管，钱宁能管住北京，却管不住张嵊。朱宸濠就向张嵊打报告，要进行王府扩建，希望布政使大人批点土地。

申请报告递给了张嵊，张嵊一看不符合制度，直接拒了。

朱宸濠大为光火，你一个布政左使牛气啥！我是高皇帝子孙，论辈分，皇帝也得喊我爷爷呢。在北京，钱宁和我是哥们儿，不想在江西混了。为了表示自己的心情，朱宸濠派人给张嵊送去了礼物。

张嵊也很意外，自己和宁王不是一路人，他给自己送哪门子礼啊。张嵊一再推却，来人却说，张大人必须收下，否则自己不好交代。却之不恭受之有愧，张嵊就收下了礼品。

打开一看，礼品只有四样东西：大枣、梨子、生姜和芥菜。

张嵊明白了，宁王这是撵我离开江西啊，四样水果蔬菜，合起来就是早（枣）离（梨）疆（姜）界（芥）。

张嵊对来人说，我知道了，宁王这是希望我早点离开江西地界。但我是有职业道德的，作为臣子我只听皇帝的，你们家老大管不了我的事。

天下是皇帝的还是朱家的

于是，张嵩照单收下，水果分分吃了，姜和芥菜一起炒了当菜吃。之后，张嵩对宁王也是"关怀备至"，把朱宸濠非法的一举一动统统报告给朝廷，这下子严重了，如果哪一天朱厚照知道了，那麻烦就大了。

消息传到朱宸濠那里，朱宸濠通过钱宁找个理由，把张嵩调回京城，担任光禄大夫，做一个闲职。

看似张嵩日子不容易，他的顶头上司江西巡抚就更不容易。先是巡抚王哲到宁王府赴宴归来暴卒，事出有因，至于具体是啥原因，那个时候科学技术还解决不了，因而最后不了了之。王哲死了，江西不能没有领导，朝廷经过严肃认真筛选，选派一个叫董杰的人到江西做巡抚，仅过八个月，董杰也死了，什么原因，还是一个谜团。官场里的人都明白，大家都明哲保身，这事说不好，不好说，不说好。

这个时候杨廷和回家丁忧，朱厚照的老师梁储主政。选来选去，梁储终于找到了一个合适人选——河南布政使孙燧。孙燧，这个名字，很熟悉嘛，和胡世宁一样，也是和王阳明一起参加乡试，一起中举的帅哥。

朝廷当即下诏，擢升孙燧为都察院右副都御使，这是虚职，是级别，预示着要到地方做一把手。果然，都察院右副都御使后面跟着一个职务——江西巡抚。

大明朝官场里几乎没人不知道朱宸濠的野心，这个节骨眼上，江西的情况大家都清楚，危险之地，是死地。与朱宸濠合作？道不同不相为谋。不合作，死路一条。

这个时候提拔孙燧，表面上皇恩浩荡是对孙燧多年忠诚为国的褒奖，实际上，大伙都明白，一是因为朝里没人；二是因为为官清正人缘不好；三是实在没人可选了。

为什么是江西，为什么是我，为什么这个时候？孙燧肯定也有不平，背地里也会暗骂哪个缺德鬼推荐的自己，但他受的教育决定了他不能退缩。

据明史记载，孙燧接到任命，说了一句："是当死生以之矣。"看到这句"死

416

生以之"，很多人会想到林则徐的"苟利国家生死以"，好像是林则徐学习孙燧的，其实这句话最早是春秋时期的子产所说，面对众人的质疑，他说："苟利社稷，死生以之。"

这些人都是有担当的，无论在什么情况下，他们都不退缩。有些人在讲述这些人的故事，说在危急关头，他们站了出来，实际上他们一直站在那里，不是他们站出来了，而是大多数人蹲了下去。孙燧也是这样的，不是他站出来了，而是他没有蹲下，所以朝廷看到了他。

接到圣旨后，孙燧把老婆和孩子叫到面前，告诉他们："朝廷下诏了，我将到江西担任巡抚，江西的情况危险，在国家利益面前，我个人的生死就微不足道了。"

夫人面带忧伤，弱弱地问："老爷，咱们辞官，回归故里，不去可以吗？"

孙燧抬起头，坚定地说："不行！我堂堂朝廷命官，哪里需要哪里去，现在国家有事，正是我报效的时候，我不能退缩。忠于皇帝、国家，不仅嘴上说，还要躬身去做，我到江西任职！"

孙燧随即开始做准备，第一件事是做交接工作，第二件事遣散家里的用人，第三件事派人护送妻子和孩子回浙江老家，身边只留下两个书童。孙燧、其老婆和孩子都知道到江西意味着什么，人最难受的不是死别，因为死别是没有办法的事；最伤心的是生离，明明知道此去永不再见，却不得不分离。

一切安排停当之后，孙燧带着两个书童出发了，他自己心里清楚，这一去没有回头路。一路无事，顺利到达南昌。

意外的是，到了南昌，朱宸濠居然举行了盛大的欢迎仪式，见面之后嘘寒问暖，高度赞扬了孙燧的职业精神，说表面上看来天下是皇帝的，实际是老朱家的，皇帝也是太祖武皇帝的子孙，一定要犒劳孙燧为老朱家所做的贡献。

朱宸濠话中有话，暗示天下是朱家的，至于皇帝嘛，这个可以选择，所以要求孙燧忠于朱家，那就应该听命于朱宸濠。这个逻辑很有意思，他的意思就是大明朝看起来好像是国企，其实是家族企业，为国家工作就是为朱家工作，当然也是为我朱宸濠工作。

这样一来，孙燧又多了一个领导，孙燧当然不愿意，他受皇帝之命，只听从皇帝，别人一概不认。毕竟初次见面，礼节要得体到位，双方互相打哈哈。之后，朱宸濠不仅隔三岔五派人送钱送礼，还经常到孙燧的省官府拜访，对孙燧那是一个热情了得。没有无缘无故的爱，盛情之下必有所求，孙燧很清楚，作为朝廷官员，不能和朱宸濠勾肩搭背，更不能沆瀣一气。

孙燧明白朱宸濠这是拉自己入伙，拿人家的手短，吃人家的嘴软，宁王的东西不是可以随便要的，拿人钱财替人消灾，朱宸濠要做皇帝，你怎么帮他消灾，是要造反，如果现在贪图小恩小惠，将来不仅要被砍头还要遗臭万年。再说了，朱宸濠也不是这个料，于是把朱宸濠送来的钱和礼物照单退回，而且委婉拒绝了朱宸濠的拜访。

在江西的官场，不与朱宸濠合作，等于得罪了江西的官场，孙燧的工作如何开展，命运如何？

为道谋？为帝谋？

作为一省大员，孙燧守土有责，自然不能眼看着朱宸濠不管，就开始对朱宸濠进行密切监视。慢慢地，孙燧发现工作越来越难开展，作为朝廷命官，江西的官员总是有意无意地和自己不在一个调上。

刚开始，孙燧经常给朱宸濠上政治课，讲"人之初，性本善"、讲"三纲五常"、讲"君臣大义"、讲"修身齐家治国平天下"……孙燧严肃认真，朱宸濠很是不屑，听过之后，都是哈哈大笑。

孙燧给朱宸濠上政治课，典型的鸡同鸭讲，两个不同星球的人说话。孙燧从小到大接受的教育都是如何做一个臣子，梦想就是一个超级打工仔，从未敢想过做老板。朱宸濠从小到大接受的是太祖朱元璋制定的教子书，核心就是"望子成龙"以及如何驾驭臣民，没有"三纲五常"和"忠君爱国"教育。

听完孙燧的政治课，朱宸濠觉得孙燧搞错对象了，"三纲五常"是讲给你们这些人听的，这些课不是讲给朱家子孙的，用这些洗脑的东西忽悠我，有意思吗？给我讲课，可以，可以讲讲帝王之道，讲讲天下，拿出你的"隆中对"，这才是好朋友、好伙伴。

经过一段时间的试探，俩人互相搞不定，一个坚持道统，一个坚持做皇帝。

既然道理讲不通，那就来点手段吧。孙燧是朝廷命官，是江西名义上的老大，做事限制比较多，一切行动必须有理有据，否则被朱宸濠抓住把柄，鹿死谁手就不好说了。孙燧能用的没有什么高招，只能使用最原始的手法——告状。朱宸濠当然不能当面锣对面鼓和孙燧斗争，他在暗处，轻轻启动安插在官府的耳目，孙燧就完全在掌握之中。

孙燧很是纳闷，有些事还没做朱宸濠就知道了，有些极为私密的事朱宸濠也能知道，很显然，孙燧身边有内奸，有朱宸濠的人。经过多年的经营，整个江西省，除了个别朝廷派来的官员，大部分都和朱宸濠眉来眼去，勾肩搭背，有着说不清道不明的利益。

胡世宁在奏疏中说过，江西的最大匪盗不在深山，而是宁王。就是说，土匪在深山，但老大却在巡抚身边。孙燧在江西的日子不容易，束手束脚，在夹缝中开展工作，他开始对朱宸濠进行秘密调查。

经调查，孙燧掌握了朱宸濠大量不法之事，一一写成奏折呈递给朝廷。奏疏写了一大堆，大多半路失联。孙燧给朝廷的奏疏虽然最终没有到达皇帝手里，但朱宸濠也需要费精力经过多方打点才能摆平，但老是这样你来我往，朱宸濠也受不了。

委婉的不行，朱宸濠开始给孙燧一点告诫，今天派人尾随跟踪，明天派人踹踹门，后天派人砸砸窗户……面对这般骚扰，孙燧也是有苦难言，封疆大吏，守土有责，只能留在这里工作。

劝诫行不通，告状也解决不了问题，孙燧就开始做一些力所能及的防范。

一看，孙燧怎么都不行，不愿入伙，不愿合作，还告黑状，怎么暗示都不愿走。暗示不行，朱宸濠决定给孙燧明说，又玩起了老手法，把给张岪的那一套，如法炮制，于是派人给孙燧送礼。

孙燧收到礼物，打开一看，四样礼物：大枣、梨子、生姜和芥菜。在官场混这么多年了，这个用意孙燧还是明白的，知道朱宸濠这是撵自己走，四样礼物的意思是让自己"早离疆界"。看到是这四样礼物，孙燧也很直接，俩字：拒收。

哪里来的哪里去，我只听皇帝的。

老子说过："民不畏死，奈何以死惧之？"一个安排好后事的人，送来四样水果蔬菜就能解决问题，这也太小瞧人了，孙燧已经铁心要和朱宸濠战斗到底了，只要朱宸濠不放弃造反，孙燧就会一直和朱宸濠斗争下去。

孙燧和朱宸濠斗争不是因为个人恩怨，俩人从未有私人瓜葛，他们之争看起来是谁做皇帝，其实是大道之争。这里的大道对孙燧来说其实就是一种信仰，道统不仅仅是皇帝，还有天命，他做的不单是忠于皇帝，还是替天行道，为了保证道统传承，可以为之献出生命；而道统对朱宸濠来说一文不值，在他的理念里，哪有那么多道理，谁兵强马壮谁做皇帝，当年太祖高皇帝和朱棣哪有道统，不都是兵强马壮而已。所以做人要活络，你一个读书人跟着谁都是打工，干吗那么死心眼，跟着哥混，可以做更大的官，何必一棵树上吊死。

德不孤，必有邻。在孙燧苦苦坚持了两年后，他的同年、同乡、同僚王阳明也到江西来了。

来自宁王府的问候

王阳明和孙燧一样，到江西也是做巡抚，当然不是接替孙燧的，只不过是江西的一部分——南赣巡抚。南赣巡抚，看似只是一部分，实际权力不小，由于匪患严重，"四省三司，听其节制"。四省是指江西、福建、广东和湖广，三司是指承宣布政使司、提刑按察使司、都指挥使司。也就是说，南赣巡抚可以调动四省巡抚，号令三个中央直属部门。

好像冥冥注定，三个同年中举的人接二连三地来到江西，胡世宁来了，孙燧来了，王阳明也来了。胡世宁第一次把朱宸濠的野心公之于众，提醒了朝廷，尤其提醒了兵部尚书王琼。江西风光虽好，但风云叵测，需要提前布局，选来选去，最后就剩下王阳明可选择了。当王琼对王阳明进行研究后，发现王阳明正是自己所苦苦寻找的人，于是就选择了王阳明。

一个省居然要设置两个巡抚，足见江西的特殊。江西的情况不是一天形成的，

420

王阳明来了也不会一下子变好，也不会立即变坏。

王阳明到江西来，祝福的人少，高兴的人多，最起码有两个人高兴：一个是江西巡抚孙燧，一个是宁王朱宸濠。

孙燧高兴，终于来一个帮手了，毕竟王阳明既是老乡，又是同年，还是同僚，现在一起到江西扛大刀，这就是铁关系。朱宸濠也很高兴，唐伯虎走了，他正需要一个能撑得住场面的人才，现在王阳明来了。

江西对王阳明来说，是生命中绕不开的地方，十七岁那年到南昌娶媳妇，后来又到庐陵做知县，现在又到南赣做巡抚。出身官宦之家，又在江西官场做过官，王阳明深知江西的官场特色。

王阳明和宁王也是渊源深厚，娶媳妇那阵子，岳父是江西布政司参议，和宁王不说关系好，也不至于没有往来，即使和宁王未曾谋面，最起码也听说过。就是娶媳妇那阵子忙着修道练书法，两耳不闻窗外事，后来带着媳妇回家的时候，去娄谅那里问道，也应该耳闻宁王朱宸濠之事。

宁王朱宸濠和娄谅是亲戚，还是实在亲戚，朱宸濠纳娶娄谅的孙女娄素珍做正妃。娶一个大家闺秀做王妃，单从这一点来说，朱宸濠的层次的确比其父朱觐钧高大上，也说明朱宸濠私生活方面比其父洁身自好。否则，儒学之家绝对不会把自己家孩子嫁给一个恶棍的。

从王阳明和朱宸濠的出生时间可知，王阳明比朱宸濠大七岁，也就是说那个时候朱宸濠才是一个十岁的孩子，一个懵懵懂懂的可爱小王子。朱宸濠十岁，娄素珍只能比朱宸濠年轻，最有可能是六七岁。也就是说，王阳明到娄谅那里问道求学之际，娄素珍也就是一个蹦蹦跳跳的花样女孩儿。

而今，王阳明再一次与他们一起生活在江西这个地方。王阳明四十六岁，也不是当初的"愤青"了，官拜南赣巡抚、名满天下的大宗师；宁王朱宸濠也三十九岁了，不是当初懵懵懂懂的小王子了，而是一个一心要做皇帝的"大人物"了。娄素珍也从一个清纯可爱的小女孩儿，成了宁王的正妃，孩子的母亲。

一晃就是三十年啊，谁都不是当年的那个人，各有各的追求，也就没有了当年的纯真，剩下的只有利益。

王阳明清楚，朱宸濠明白，他们俩必有交集，未必见面，来往必须有。

王阳明不会主动，因为在政治层面上他没有见朱宸濠的必要，所以即使王阳明想见朱宸濠也不会行动。朱宸濠就不同了，无论是政治层面还是日常生活，他都需要王阳明，所以只得主动联络王阳明。

一个藩王要见一个巡抚，政治上向来忌讳，而且本身就是为了政治，朱宸濠需要一个漂亮的理由。于是朱宸濠找来刘养正和李士实商讨，经过讨论，他们发现了一个最高明的理由——崇拜王阳明。

方案是个好方案，谁去执行？朱宸濠回头看看李士实和刘养正，李士实看了看刘养正，刘养正看了看李士实，于是俩人一起互相指着对方，之后，朱宸濠说，你俩一起去！于是乎，李士实和刘养正带着朱宸濠的亲笔信出发了。

只是不知道，朱宸濠这个他们自认为高明的方案能不能请动王阳明。

圣人和王爷的见与不见

在刘养正离开宁王府的时候，消息早就传遍整个江西官场：南赣巡抚王阳明将要到宁王府讲学，将和宁王纵论天下大势，和娄妃叙叙旧……

小道消息因为抄近路，速度比较快。刘养正还没到赣州，消息就已经传遍了赣州城：王巡抚和宁王见面，这事儿靠谱吗？

面对汹涌而来的消息，王阳明决定静坐，不是不想回答，而是没法回答：说和宁王见面吧，自己确实没有收到宁王的邀请，万一自己的话说出去了，最后宁王没有邀请，岂不丢人。再就是身为南赣巡抚，自己的职责是剿匪而不是和王爷论道。说不见面吧，等于把路堵死了，万一以后必须见面，怎么办？到时候岂不打自己的嘴。

谣言止于真相。这事对王阳明来说没有真相，因为他什么都不知道，所以只能听消息满天飞。

刘养正和李士实进了王阳明官邸后，反而一下子安静了，大家都在静观其变，看看王阳明如何出招，到底是见宁王还是不见宁王。

王阳明和宁王的见与不见，表面看来是一个学术问题，实际上是一个政治问题。宁王府对外发布的消息看似是一个学术交流，他们实际上是把此事当作政治问题处理的，这件事一开始就是一个政治问题。王阳明当然清楚这是一个政治问题，不论宁王包装得再好，背后都是政治，如果单纯从学术角度来说，也是一个学术实践的好机会。

圣人都有一个癖好，就是他们认为自己就是救世主，他们都无所不能，天下就没有他们做不了的事。这些人看似狂妄自大，其实这是圣人密码，因为只有这样，他们才能调动自己所有能力去做事，虽然也会一次次失败，但他们是最终的胜利者。

俗话说得好，"肉有五花三层，人分三六九等"。不得不服，这句俗话确实说得好，前半句是从生物学角度着眼的，后半句则是从社会学角度入手的，一句俗话有这么多道理在里面，焉能不好？俗话为啥能说得好，就是因为俗，为什么这么俗，是因为俗话是俗人说的话。

俗人都如此有水平，圣人岂不更有水平？按照这个理论推导，圣人说的话是圣话。而实际上，圣人的话叫作道理。为啥叫道理？因为无论是什么事，多大的事，明不明白的事，他们都能扯上大道之理，王阳明就是如此。

圣人都是有使命的，他们到人间是救世的，在他们眼里，众生平等唯我独尊。王阳明就是如此，尤其在研究人心的时候，就是这个范儿。王阳明的弟子陆澄曾经写信请教什么是良知。陆澄，就是因为儿子生病而内心烦躁的那位，王阳明教导他要趁机练功夫，一切随心，做有用的事。

王阳明写信答疑：良知即是道。良知之在人心，不但圣贤，虽常人亦无不如此。若无有物欲牵蔽，但循着真知发用流行将去，即无不是道。但在常人多为物欲牵蔽，不能循得良知。如数公者，天质既自清明，自少物欲为之牵蔽，则其良知之发用流行处，自然是多，自然违道不远。学者学循此良知而已。

这段话可以简单地表述为：良知就是科学真理，有规律可循。在良知这个问题上，圣贤和俗人一样，都不能跳出三界外不在五行中，都有私心。只要不被欲望蒙蔽，谁都能发现良知之道。

王阳明接着论述了良知在哪里的问题，盖良知之在人心，亘万古、塞宇宙而无不同。只要明白了良知在人心，就能"不虑而知""恒易以知险""不学而能""恒简以知阻"……为啥能如此有水平呢？就是因为懂得了"良知在人心"。

王阳明对朱宸濠反而好奇了，若不因为政治的原因，他真想去看看这个宁王到底是个啥样的人。

刘养正和李士实终于来了。

王阳明对这次来访早已做好接待准备，双方都明白彼此的目的，谈话从问候开始，其实双方是在严肃认真地扯淡。

刘养正和李士实宣称代表王爷和王妃来看望王大人，希望王大人在江西工作顺利，需要王爷帮忙的地方说一声。王阳明让刘养正和李士实代好给王爷和王妃，自己有皇命在身，不能到王府问好。

别看刘养正和李士实在宁王府里都是话痨，见到了王阳明，都还是有些紧张，一下子都不会说话了。

刘养正和李士实是带着政治任务来见王阳明的，绕来绕去早晚会谈正题，王阳明最擅长打坐，和他比淡定，刘养正和李士实尚欠火候。

刘养正恭敬地说："先生您是当代的圣人，王爷和我都很崇拜先生，希望拜在先生的门下。"

王阳明接过话头，略带笑容地说："是这样啊，那王某人太荣幸了，欢迎你们前来。"

刘养正绕了半天，王阳明一下子推回去了："你们如果真的喜欢圣人之学，那就到我王某人身边来吧。"朱宸濠和刘养正显然不会来。

一看刘养正和王阳明不是一个重量级的，李士实接着出手。

李士实凑过来说："现在皇帝没有皇帝样，比桀纣还过分，百姓苦之久矣。宁王仁厚尊师重教，乃今世商汤、周武王。宁王现在想请您到王府讲明正学，讲讲天下大势。"

王阳明镇定地说道："宁王如果真的这么崇拜我，那就请他舍去王爵，来跟着我王某人剿匪。"

李士实说道："先生此言差矣，而今之世，宁王革命顺乎天应乎人。只是，身边还差宁王自己的伊尹和姜尚。现在只要得到先生您，就一切大功告成。"

王阳明听后，淡定地说："李进士如何能说这大逆不道之话。我王某人告诉你，现在不是桀纣的时代，也没什么汤武之人，顺乎天应乎人也就忽悠不明真相之人，如果真的有人造反，我王某人就仗节死义。"

局面一下子紧张了，李士实和刘养正也更紧张了，不知道如何处理。

一看王阳明着急了，李士实开始转换话题："王先生，咱们不谈风云，不谈天下大势，咱们谈学术，谈谈圣人之道。王爷是真心崇拜您，希望您到王府一叙，到时候，让王爷也感受一下圣人的智慧雨露。"

面对刘养正的盛情邀请，王阳明多少是有点心动的，这倒不是王阳明不知道危险，因为他有一颗好奇的心，他去不是为了见宁王本人，而是为了看看宁王的心。

刘养正不愿撕破脸，王阳明也不愿意，毕竟在江西的地盘上，有些事还要宁王来协调。思来想去，王阳明做出一个决定，就派自己的一个得意弟子到宁王府，明着是传教布道，其实是做刺探工作。

派个代表给王爷上政治课

王阳明想来想去，目光定在了濂溪书院的主教冀元亨身上。

这个冀元亨是谁呢？

冀元亨，字惟乾，湖南武陵人。名字就很有特色，名叫"元亨"，字叫"惟乾"，合起来就是《周易》乾卦的卦辞，原文："乾。元亨利贞。"

这个人和他的名字一样有特点，王阳明众多弟子中，是王阳明本传所附的唯一一个。史书记载，"守仁弟子盈天下"，这么多弟子，仅仅附了一个冀元亨，足见冀元亨和王阳明的关系。王阳明和冀元亨的关系为啥这么特殊，是因为众多弟子中，"惟冀元亨尝与守仁共患难"。

正德元年，王阳明仗义执言，结果被打屁股，之后下狱，最后被流放到龙场担任驿丞。正当王阳明苦苦支撑的时候，冀元亨听说王阳明在龙场，就和蒋信一起跋山涉水来到龙场，开始跟从王阳明学习。

之后，王阳明任职庐陵，冀元亨也一路跟随到庐陵，一是跟着王阳明求学问道，二是协助王阳明处理一些事务。后来，王阳明回京，冀元亨回武陵老家备考科举之事。

正德十一年（1516），湖广举行乡试，冀元亨参加科考。湖广那一年乡试的考题是"格物致知"，一看就知道是考查《大学》，典型的考朱熹的那一套理论，没什么新意，但契合政治主题。

科考第一要务就是政治正确，一旦政治出现了问题，试卷答得再好也是零分，甚至会带来牢狱之灾。这太正常不过了，国考自然要讲政治，只要从朱熹的关于《大学》注解入手就不会跑题，只要不跑题，就是政治正确。

王阳明这位弟子是怎么答题的呢？

冀元亨一看题目，"格物致知"，出自《大学》，显然要从钦定的朱熹《四书集注》里找理论。阳明先生当年为了"格物致知"，按照朱熹的理论进行了实践，格了一段时间的竹子，结果差一点病死，什么收获也没有，这说明朱熹理论并不妥。冀元亨其实也知道，乡试考场上不是讲理的地方，首先是政治正确，如果一味讲理而不讲政治就可能从此失去仕途之路，思来想去，冀元亨心一横，吾爱吾师吾更爱真理，何况朱熹并不是自己的老师，于是就不按照朱熹的《四书集注》进行答卷，而是按王阳明先生的新观点进行了答卷。

在大明朝，天下是朱家的，同是姓朱的缘故，朱熹的地位被推崇到极致，因而与朱熹有关的问题都是政治问题，来不得半点闪失和儿戏。冀元亨竟然不把朱熹当回事，往小了说是学术态度问题，往大了说是政治问题，以后大明朝官场就没有你冀元亨的立锥之地。

冀元亨如此答卷，有些玩大发了，放在今天绝对是零分作文。令人不可思议的是，后来居然中举了。

这样的观点居然能获得通过，确实有点不可思议。原因不是别的，是主考官。判卷的时候，发现这样一份试卷，大家都惊呆了，怎么不是朱熹，而是王阳明？主考官一看，大加赞赏，说文章写得好，当场拍板应该录取，面对大家的疑惑，一旦有政治问题，自己承担。

就这样，冀元亨中举了。冀元亨不走寻常路答卷，一举成名，等于给王阳明的理论做了一次较好的宣传。

好事成双，就在冀元亨中举之后，王阳明升官了，官至南赣巡抚。

王阳明到赣州任职，冀元亨也从湖广来到了江西，再次回到了老师的身边。

王阳明先来推崇攻城为下攻心为上，他到赣州第一件事不是立即剿匪，而是重建濂溪书院。这正是王阳明的高明之处，他建书院，就是为了减少监狱。不要小瞧一个书院的作用，法国大作家雨果说过："多建一所学校，就少建一座监狱。"美国大作家马克·吐温也说过："你每关闭一所学校，你就必须开设一座监狱。"由此可见，智慧是相通的，而且不分古代现代，不分东方西方，不分中国外国，也不分种族。

这里说道一下濂溪书院，濂溪不是指河流小溪，而是周敦颐的号，周敦颐是宋明理学的祖师爷。全国的濂溪书院很多，赣州这所最具特色，因为濂溪先生周敦颐曾经做过虔州通判，虔州就是赣州，通判相当于今天地级市副市长。周敦颐在赣州做官的时候，程颐和程颢哥俩在这里跟着周敦颐学习，后来二人成为大儒名儒，而赣州也跟着沾光，后人就在赣州建立书院。

书院建好后，一直是冀元亨主管教学工作，能把书院交给冀元亨，足见王阳明对冀元亨的信任。

来而不往非礼也。面对朱宸濠写信问学，王阳明无法拒绝，圣人之学有教无类，那就派一个代表去释疑解惑，人选很重要，王阳明就派了濂溪书院的首席教官——冀元亨。

稍作准备，冀元亨和刘养正等一起踏上了南昌之路，只是不知道这一去结果如何。

哪儿来的到哪儿去

朱宸濠盼星星盼月亮，王阳明还是没有来，最后来一个代表——冀元亨。

这个结果虽然双方都不很满意，但却都能接受。

王阳明之所以派冀元亨到宁王府去，显然是经过深思熟虑的。朱宸濠派刘养正到赣州打着的是求学问道的旗号，既然你们是问道，我本人走不开，派一个能够代表我水平的人物给你们布道，这个时候，冀元亨显然是最合适的人选。理由如下：第一，冀元亨乡试的时候用王阳明的观点答卷，之后成功中举，有成功的经验；第二，冀元亨是赣州濂溪书院的主教，水平绝对过硬；第三，冀元亨最懂王阳明心学，可以拿朱宸濠当一次小白鼠，看看朱宸濠的良知在不在人心；第四，冀元亨是"当仁，不让于师"的人，能坚持真理，乡试的时候，为了忠于真理，竟然用老师的理论答卷，足见其对真理的执着。

王阳明有自己的私心，宁王也有自己的小算盘，朱宸濠当然希望王阳明能到他身边，王阳明不来，来一个徒弟，他也能接受。无论谁来，都是王阳明派遣的，这样，王阳明就和朱宸濠有了联系，就算上了朱宸濠的船，有些事就说不清了。

在大明朝官场上闯荡十多年，王阳明当然知道其中水有多深，这事由不得他，朱宸濠发出邀请，他怎么都说不清。宁王盛情邀请，总得给个面子，万事留一线，江湖好相见。

大家都知道朱宸濠要造反，但他毕竟还没有反，说他造反需要有证据。造反不是造谣，在大明朝，说某人造谣风险不大，说某人造反问题就严重多了，造谣最多挨板子，造反是要砍脑袋的，王阳明当然不能说朱宸濠造反。王阳明如果公开说朱宸濠要造反，朱宸濠因种种原因放弃造反，如此一来，朱宸濠还是大明朝的宁王，皇亲国戚，他肯定会告王阳明的御状，做皇帝不一定行，收拾一个江西巡抚还是绰绰有余的。

现在天下人都知道朱宸濠有谋逆之心，王阳明也知道，和一般人关注的不一样，王阳明打算从心学的角度进行剖析，看看朱宸濠的心里有没有良知。如果有良知，那就看看是什么欲望蒙蔽了他的良知，能通过什么方法才能去除掉心里的欲望，让良知重新占领心的高地。王阳明派遣冀元亨去宁王府，就是让冀元亨传达一下自己的心学，让朱宸濠领略心学威力，能知难而退，放弃造反。再就是，如果朱宸濠继续执迷不悟，冀元亨也顺道摸摸宁王的家底子，为将来剿匪早做打算。

尽管来的是冀元亨，朱宸濠依旧高调接待，极力散布冀元亨的消息，整个南昌都知道王阳明高徒冀元亨到宁王府来了。王阳明和宁王走到一块了，这是啥节奏，整个江西官场都在围观，等着看戏。

朱宸濠把冀元亨当贵客，冀元亨也不客气，来者不拒，给吃就吃，给喝就喝，给美女也逢场作戏……冀元亨一点都不把自己当外人，就当宁王府是自己的家，他不客气，宁王受不了，这哪是高人啊，简直吃货一个。

朱宸濠就招来李士实和刘养正研究，他俩说，冀元亨肯定有才，王阳明不可能收一个吃货做自己的弟子，如果真的是吃货，怎么能做濂溪书院的主教？他俩提醒朱宸濠，冀元亨是故意的，试探一下看看。

朱宸濠虽然一心想做皇帝，但曾经也是一个文艺青年，也曾认真读过书，能吟诗作对也能舞文弄墨，不然如何能娶到娄素珍这样的大家闺秀。于是，朱宸濠开始和冀元亨论道，朱宸濠纵论天下大势，大谈帝王之术，指点江山，俨然他就是皇帝。冀元亨当然知道他的意思，既不附和朱宸濠的观点也不辩驳朱宸濠的观点，采取你讲你的我说我的，朱宸濠讲天下势，讲王道，讲帝王之术……冀元亨则讲自己的王阳明之学，典型的鸡同鸭讲，没有矛盾，当然也没有交集，无论如何也聊不到一块。

聊了半天，一点进展都没有，朱宸濠实在没脾气，就对身边的人说："冀元亨就是一个书呆子，不可理喻。"

生气归生气，朱宸濠惦记着王阳明，因而还得和冀元亨聊天，聊着聊着，还真找着了共同话题。有一天，不知道朱宸濠从哪里找到张载的一篇名叫《西铭》的文章。这篇文章仅有 250 字，从"乾坤"开始，讲到"天地"再到"父母"，最后讲到"个体"，按照今天的观点，就是从宇宙（乾坤）讲到天地讲到父母，最后是个体，典型的"天人合一"。

张载立志"为天地立心，为生民立命，为往圣继绝学，为万世开太平"，因而此文主要讲述君臣之义的，就是君君、臣臣、父父、子子。冀元亨一看机会来了，趁机给朱宸濠上政治课。

上政治课是冀元亨的拿手好戏，于是严肃认真地给朱宸濠讲课，声情并茂地讲述君臣之义。冀元亨借用《西铭》"天人合一"讲解君臣一体，反复讲"君臣之义"，讲完一遍，接着又讲一遍。朱宸濠的鼻子都气歪了，但也不好发作，毕竟是公共场合，再怎么也不能公开反对君臣之义，所以只能忍着。

看到朱宸濠难受的样子，冀元亨就假装朱宸濠没听懂，就再讲一遍。

实在忍受不了，朱宸濠就想插话，一看朱宸濠想插话，冀元亨就立即打断，反问朱宸濠"君臣一体"对不对？朱宸濠没有选择，只能点头。

之后，朱宸濠发现冀元亨的确胆子够大，就对身边的人说："这个儒生胆子真大，竟然敢在我面前谈论君臣之道！这样的人就是一个愤青，除了会骂街做不了大事，不是我们需要的人，哪里来的送回哪里去。"

看完冀元亨的表演，朱宸濠知道王阳明和自己不是一路人，拉拢不过来，这个时候也没必要得罪王阳明，不如顺水推舟做个人情，送他千里之外，不留麻烦。

离别之际，朱宸濠送给了冀元亨许多财物，冀元亨也不客气，全部收下，之后顺手捐给了官府。冀元亨安全离开了宁王府，回到了赣州，就把自己在朱宸濠那里所见的情况汇报给了王阳明：朱宸濠肯定会造反的，先生您要早做准备，以防不测。

大家都知道朱宸濠要造反，但他还没反时，他就是皇亲国戚，堂堂大明朝的宁王，谁敢不礼让三分。所以，朱宸濠还是宁王，王阳明还是南赣巡抚，两人依然客客气气，但私下都在做准备，都把对方当作自己的敌人。

和朱宸濠秘密准备造反一样，王阳明也在秘密准备如何对付朱宸濠，两个高手都在行动，谁对谁都不会客气。

事情还远没结束，好戏在后面呢。

二、朱宸濠"革命"

《周易·革·象辞》中说"汤武革命，顺乎天而应乎人"。朱宸濠想做皇帝，由于他爹爹不是皇帝，他爹爹的爹爹也不是皇帝，因而只有通过"革命"来实现。因为"革命"要"顺乎天应乎人"，显然朱宸濠既不顺乎天也不应乎人，他希望能和平做皇帝，朱厚照显然不愿意。于是乎，他就怪招迭出，先是把自己的儿子送给朱厚照做儿子，朱厚照不同意，生孩子的事他不愿别人帮忙，这事他倾向于自力更生。之后，朱宸濠又把自己打造成最孝顺的王爷，引起了朱厚照的怀疑，一个王爷要名声干吗，是不是有野心？后来通过内部消息，朱宸濠准备趁着朱厚照外出时刺杀他，因朱厚照改变行程而失败，实在无路可走了，朱宸濠决定"革命"。

宁王府里的无间道

冀元亨很执着，朱宸濠也是不撞南墙不回头，由于经常在宁王府给朱宸濠上政治课，朱宸濠终于经受不住冀元亨，就礼送冀元亨离开宁王府。

在正常人眼里，冀元亨不是圣人派来的天使，而是瘟神。因而，朱宸濠要不惜一切代价把冀元亨送走。

朱宸濠出于某种目的送给冀元亨大批礼物，冀元亨不能拒绝也不能接受，于是挥一挥手，把所有的礼物都送给了宁王府里的各种官员。

冀元亨的追求是，轻轻地我走了，正如我轻轻地来，挥一挥衣袖，作别宁王府里的云彩，不带走一针一线。

冀元亨确实什么都没从宁王府带走，但却把心留在了宁王府。冀元亨对朱宸濠天天谆谆教导，一再大讲君臣之道，差一点给朱宸濠留下心理阴影。

朱宸濠自幼接受的教育是"太祖教子书"，立志做一个皇帝，而且对梦想执着，冀元亨的政治课无论多么动之以情晓之以理，都无法打动他，不能让他放弃做皇帝。

朱宸濠道行深，有定力，能禁得住冀元亨的轮番催眠，时刻保持清醒，无论冀元亨怎么说，朱宸濠就是要做皇帝。

落花有意流水无情，冀元亨本希望通过政治课打动朱宸濠，结果朱宸濠礼送冀元亨离开南昌。无心插柳柳成荫，冀元亨的政治课却打动了朱宸濠身边的人：典宝阎顺和内官陈宣、刘良。冀元亨确实没有辜负王阳明所托，真正做到了：人在，心在；人不在，心也在。

这三个人自幼接受儒家教育，是读着圣贤书长大的，在他们的思维中，君君、臣臣、父父、子子是天条，绝对不可触犯，连想都不敢想。先前听朱宸濠、刘养正和李士实一帮人瞎忽悠，也跟着他们瞎起哄，冀元亨来了之后，尤其听了冀元亨的政治课之后，他们的心找到了，又回到了从前，发现朱宸濠做皇帝太不靠谱。

你一个藩王，不务正业，却要做皇帝，你做你的皇帝就罢了，还拉着我们。我们都是吃皇粮的，要忠于皇帝忠于国家，经过商议，他们做出一个决定：到北京告朱宸濠的御状。

乖乖隆地洞，宁王府里出大事了，朱宸濠和朱厚照玩无间道，所谓上行下效，下面的人仿照着与朱宸濠玩起了无间道，朱宸濠情何以堪？自己造反还没有开始，自己的下属却造了自己的反，以后还咋混啊。

这几个人都是朱宸濠身边的人，不一般，身份特殊。"典宝"是官职，掌管印玺，掌管着朱宸濠的大印，对宁王府的情况一清二楚，这样的人去揭发朱宸濠谋反，材料绝对充分，不由得你不信。"内官"也是官职，就是宁王的左右秘书，朱宸濠一言一行，他们都在现场，都是目击证人。他们联手告状，有图有真相，板上钉钉，朱宸濠绝对没有狡辩的余地。

当阎顺、陈宣和刘良进京后，朱宸濠立即派遣刘吉带着重金进京，打点钱宁、臧贤等人。其中臧贤一千两、钱宁两千两、张雄和张锐各一千两。这几个人联手出击，这帮进京告御状的人就惨了，衙门一个一个地跑，这个推给那个，那个推给这个，好不容易找到了主管的，结果老大出差了。之后，材料一堆一堆地往上递，证人一个一个地问话做笔录，最后的结果是：回去等结果。

大明朝是一个奇葩的时代，宁王府里上演了无间道，朱宸濠的身边人揭发了朱宸濠造反，而朝廷更有意思，重演了无间道，朱厚照的身边人为了金钱，背叛了朱厚照，生生把朱宸濠造反的事给压住了。如果说朱宸濠身边的人揭发朱宸濠是缺乏职业道德，但却是为了国家的大义，那朝廷当政者就不仅仅是缺乏职业道德了，而是不忠和背叛，往大了说就是祸国殃民。就这样，这件本可以在萌芽状态扑灭的事关国家安危的大事，在金钱和相关利益集团的操作下竟然蒙混过去，接下来就是祸国殃民。

阎顺、陈宣和刘良左等，没有结果；右等，结果没下来；最后结果下来了：阎顺、陈宣和刘良揭发宁王朱宸濠造反一事，经过有关部门调查，得出如下结论：尔等揭发，事出有因，查无实据。现在举国和谐，国泰民安，你们理应和宁王保持一致，却疑神疑鬼，过度敏感，听风就是雨，有离间皇亲之嫌。念在尔等也是一片忠心，从轻发落，发配尔等到孝陵替先皇守灵。

这样的事，钱宁这帮人愣是给摆平了，要不人家怎么叫钱宁呢？对得起这个名号，多大的事，只要有钱就有安宁。

阎顺等人本该被嘉奖的，结果却被发配给先皇守灵去了。告状的被处置了，朱宸濠自然安然无恙，既没问罪也没有惩罚，甚至连诫勉谈话也没有。如此一来，朱宸濠的胆子就更大了，开始了更大胆的行动。

南昌无战事

获悉阎顺、陈宣和刘良进京揭发自己，朱宸濠几乎崩溃了，最亲近的人背叛了自己，自己相信了不该相信的人，内心感到万分沮丧，朱宸濠甚至开始怀疑人生了。朱宸濠很清楚，一旦皇帝知道自己造反，自己的生命也就结束了，皇帝梦害人啊。

没想到花点银子，万事大吉，朱宸濠于是觉得自己想做皇帝没有错，只是自己用错了人。朱宸濠摸摸脑袋，问题太严重了，这样的事绝对不允许再次发生，一定彻查，揪出阎顺他们幕后的主使。

经过多方排查，朱宸濠查出了幕后主使——承奉周仪和典仗查武。承奉这个官职比较特殊，一般人不知道，这是明朝特设的，就是藩王府的宦官。典仗也是专为藩王府特设的官职，主管藩王府的仪仗队工作。这俩人和阎顺等人比起来，和朱宸濠的关系更密切，他们和朱宸濠几乎是零距离，周仪作为宁王府的宦官一把手，负责管理朱宸濠每晚的房事，而查武基本就是朱宸濠的贴身侍卫，这两人在某种程度上掌握着朱宸濠的生与死。

朱宸濠不明白，自己和他们一无仇二无怨，而且对他们不薄，自己也就是想做皇帝，再说了自己做皇帝后，他们不都跟着沾光，干吗对自己下这么狠的手。既然你们不仁，那我朱宸濠就不义了，立即派出自己的暗杀队。

暗杀队出动，锤杀了周仪全家60多人，并连带杀害了查武等数百人。如此大规模杀人，朝廷既然没有丝毫反应，足见朱宸濠准备得多么充分以及朱厚照多么不务正业。

这次内讧之后，朱宸濠加快了脚步，开始四处招兵买马。

令朱宸濠意外的是，在南昌府的地盘上招兵买马也会有人砸场子。招兵买马玩的是银子，但钱从哪里来是个问题，朱宸濠虽然贵为王爷，但朝廷并没有给他收取赋税的权力，因而朱宸濠挣钱除了联合土匪打劫，路子还真不多。

最光明正大的就是朝廷同意的收取祭葬银两，也就是祭祀费用和丧葬费用，而且还要征得地方官府的同意。为了获得银子，朱宸濠不惜屈尊，向南昌知府郑瓛提出增加祭葬银两，郑瓛没给面子，直接拒绝。

在江西居然不给朱宸濠面子，朱宸濠很生气，后果自然很严重。小小南昌知府，竟敢不拿宁王当大腕，于是决定给他点颜色看看，朱宸濠调动自己山上和江湖的朋友吴十三、闵廿四、闵廿八、凌十一等人带着山上和江湖上兄弟去打劫南昌所辖新建县的库银。

吴十三这帮人出身江洋大盗，横行鄱阳湖，在江西赫赫有名。和朱宸濠来往密切，有共同的利益，他们分工明确，凌十一外出打劫，朱宸濠提供保护，按一定比例分成。凌十一经常在鄱阳湖打劫，官府早就盯上了，只要凌十一一出动，官府也就跟着行动。凌十一的打劫地点总是离朱宸濠的祖坟墓地很近，完活之后，很快就能逃进朱宸濠的祖坟。皇亲坟地，官府鞭长莫及。

为啥不打劫南昌府而是选择打劫新建县？这是有讲究的：一、南昌是江西省各路官员和巡抚驻地，轻易不敢动手；二、南昌也是南昌府官府驻地；三、新建县是南昌所辖县中最富的，守备也相对薄弱；四、正好也是郑瓛的地盘。

行动一举成功，一下子抢劫了七千多两银子，朱宸濠几乎乐开了花。朱宸濠此举，一举多得：一是得到了银子；二是收拾了郑瓛；三是让江西官场知道谁才是江西的老大。

正当朱宸濠扬扬得意的时候，郑瓛的下属，南昌府捕快一把手聂凤抓住了新建抢劫案窝主何顺。抓到衙门后，稍稍用刑，何顺就一五一十啥都说了，而且也把朱宸濠供出来了。

朱宸濠获悉后，大为光火，自己苦心经营的部队，竟然被一个捕快给端了老巢，是可忍孰不可忍，自己的嫡系部队居然被捕快给收拾了，丢不起人啊。于是派自己王牌特工抓捕了聂凤，对聂凤进行严刑拷打，要求聂凤诬告郑瓛公报私仇，说郑瓛栽赃陷害宁王。之后，朱宸濠捏造文书上奏朝廷诬告郑瓛，在钱宁等人的操作下，郑瓛被按察司抓捕收监。

一个捕快居然能打败自己嫡系，朱宸濠很是受伤，想做皇帝咋就这么难呢？都是老朱家子孙，朱厚照这样的人和和平平顺顺利利就做了皇帝，而自己却要如此费心机，多次被人举报揭发，世界太不公平了。

令朱宸濠没有想到的，接下来更麻烦了，因为孙燧出手了。

不合作的地方官

朱宸濠在准备造反，孙燧也一直在布局，时刻盯着朱宸濠。

孙燧真不容易，在如此险恶的江西官场中坚持了四年，居然还能活着，这本身就是一个奇迹。尽管好朋友王阳明也来江西了，但两人好像互相帮不上多大的忙，都只能在精神上支持对方。

王阳明毕竟在赣州，他的主要工作是剿匪，至于朱宸濠谋反之事，他也是心有余而力不足，只能派冀元亨到宁王府讲讲君臣大义，给朱宸濠上上政治课。朱宸濠不听，王阳明也没有办法，南昌毕竟不是他的辖区，因而他不用直面这棘手局面。

真的猛士，敢于直面惨淡的人生，敢于正视淋漓的鲜血。孙燧早已做好了准备，接到诏书那一刻，他就知道自己只有一条路——不成功便成仁。

正当孙燧苦苦支撑的时候，正德十二年（1517），许逵调任江西按察副使。许逵疾恶如仇，虽是进士出身，却骁勇善战，做知县的时候，多次攻打流寇，取得不俗战绩，被朝廷连升两级。来到南昌后，许逵赠给好友给事中张汉卿一部《文天祥集》，但里面并没有书信。张汉卿明白许逵的用意，于是对身边的人说："朱宸濠一定会造反，许逵恐怕要做文天祥吧！"

到任南昌后，许逵好像一个官场菜鸟，根本不把朱宸濠当回事，秉公执法，经常抓捕宁王府的人，搞得朱宸濠也很头疼。许逵这样做官，自然得罪了朱宸濠。一段时日后，孙燧发现南昌也不都是朱宸濠的人，新来的按察副使许逵忠勇耿直，对朱宸濠不太感冒。

于是，孙燧和许逵俩人经常在一起商议，他们知道，朱宸濠造反只是时间问题，要早早进行防范，南昌到处都是他的耳目，不能大张旗鼓进行防范。孙燧提出打造"平安江西"，借口江西盗匪问题严重对南昌周围的进贤、南康、瑞州等城池进行加固，以防朱宸濠，把建昌县一分为二为建昌和安义两县。同时上疏朝廷，建议恢复饶州和抚州两州的兵备，由于众所周知的原因未获批准。重重加强了九江的防御工事建设。为了防止朱宸濠造反抢劫兵器，孙燧也是通过假借平定土匪之名，把兵器辎重等物品转移到其他州郡。

有一天，许逵和孙燧讨论如何防范朱宸濠，许逵对孙燧说："朱宸濠之所以敢如此暴戾，就是仗着朝中权臣。权臣之所以帮着他，是因为他送给了他们重贿。而朱宸濠行重贿的借口就是江西匪患严重，现在我们全力剿匪，只要土匪没有了，朱宸濠的根基就不存在了，这样朱宸濠这帮人就作鸟兽散。"

孙燧紧紧握住了许逵的手说："兄弟你说得太对了，朱宸濠和土匪相依为命。朱宸濠这些年就是靠着坐地分赃才弄些银子，然后用银子铺路打点朝廷权贵，最后再以匪乱为名扩充自己的军力。现在只要我们把江西土匪剿灭了，朱宸濠就没有银子来源了，没有银子，他还能折腾吗？"

这个时候，南赣的好消息接连传来，王阳明势如破竹，逐个剿灭了四省交界的土匪。没有了南赣土匪的遥相呼应，南昌和鄱阳湖的土匪显得有些势单力薄，孙燧和许逵直接盯着这帮人就行了，不用再担心南部土匪背后攻击。

正德十四年（1519），江西发大水。俗话说，贼不能见月黑夜。江洋大盗也见不得大水，一看江西发大水了，机会难得，凌十一赶紧联络吴十三、闵廿四等人，决定到鄱阳湖上干一票。

当凌十一这帮人出动的时候，孙燧和许逵也尾随出发。

由于有朱宸濠在背后撑腰，凌十一他们这帮人根本不把孙燧和许逵放在眼里，依旧我行我素，不收敛，不收手。

为了能一举全部抓捕，孙燧和许逵决定从江外进行围捕。

凌十一他们抢到财物后，优哉游哉地回去的时候，孙燧他们出现了，一看孙燧动真格的，凌十一他们立即逃跑。凌十一他们在前面跑，孙燧就在后面追，追着追着，看见这帮人逃进了宁王府祖坟墓地。

一看这帮人进去了，孙燧就在外面等着，对他们进行围捕，最终抓捕了凌十一、吴十三他们。抓住之后，孙燧和许逵立即进行突击审讯，这些土匪非常有职业道德，无论怎么严刑拷打，只字不提朱宸濠。

审讯之后，孙燧就把这帮人关进了监狱。

听到凌十一和吴十三被抓，朱宸濠急坏了，他知道凭这帮人的职业道德，在严刑拷打下，没几人能坚持到最后，能经得起一次，哪里还能经得起两次、三次……让这帮人不供出自己的方法有两种，一是救出他们，二是灭口。

经过权衡，朱宸濠决定解救，因为这帮人都是自己的骨干，再就是自己需要人心，如果对这帮人进行灭口，谁还跟着自己混啊。朱宸濠认为劫狱是最好的选择，于是开始动用安插在江西官场的一些人员，在内外的配合下，朱宸濠居然劫狱成功，救出来了凌十一和吴十三。

江西发生了劫狱大案，举国震惊，江西巡抚孙燧立即把劫狱案来龙去脉通报给兵部。兵部尚书王琼知道后，亲自督办此事，要求限期破案。

拿钱摆不平的事

这时候，朱宸濠潜心栽培的陆完已经调任吏部尚书，兵部尚书已换成了王琼。陆完事事配合朱宸濠，与朱宸濠沆瀣一气，不仅对朱宸濠的违法之事听之任之，而且尽力帮忙。

王琼和朱宸濠素无瓜葛，互不相欠，一切秉公执法，公事公办。王琼是成化二十年（1484）进士，混到这个时候，也是三十多年的官场老油条了，什么事必须做，什么不能做，什么可做可不做；什么人可以得罪，什么人不能得罪，什么可无可不无……王琼心里明镜一样。

朱宸濠和钱宁、江彬打得火热，王琼也对钱宁、江彬恭敬有加，大家同朝为官，有时候需要有个照应，互相给个面子。王琼很明白，钱宁、江彬和朱宸濠的关系就是钱的关系，没有钱一切免谈；不管是谁，只要给足够多的钱，钱宁和江彬就和他关系好；他们和谁都过不去，就是和钱没有仇。

王琼早早就关注朱宸濠了，他知道朱宸濠早晚要造反，"捉奸捉双，捉贼捉赃"，这事必须要有证据。造反是大事，找证据也是需要实力的，朱宸濠能打开宁王府让你进去查找？必须做准备，尤其是做好军事准备，军队要能打仗、打胜仗。这也就是，王琼举荐王阳明到南赣做巡抚的其中要义之一，就是做好提前准备，对朱宸濠进行战略上的包围。

王阳明、孙燧和郑瓛都向王琼上报过朱宸濠和盗贼关系密切的事情，由于没有确实证据，王琼也不好动手。现在情况不同了，江西发生了凌十一、吴十三劫狱大案，朗朗乾坤，竟然能发生这样的大事，朱厚照情何以堪，朝廷情何以堪，兵部情何以堪，王琼情何以堪。

兵部王尚书督办，朱宸濠知道情况不妙，正常派人送钱找钱宁、江彬，但他们也是爱莫能助。他们可以替皇帝做主，却管不了兵部的事，县官不如现管，再说了，他们不至于为了一点钱和王尚书过不去。

朱宸濠也很纳闷，什么年代了，居然还有花钱摆不平的事。没办法，凌

十一、吴十三劫狱的事就是花钱摆不平。

朱宸濠很清楚留给自己的时间不多了，一旦王琼抓住了凌十一、吴十三，后果不堪设想，那麻烦就大了。

朝廷有麻烦，江西也不安宁，自从凌十一和吴十三劫狱后，孙燧接连给朝廷上疏，一连上了七道奏疏，都是关于朱宸濠谋反之事的。

朱宸濠不能理解孙燧，你一个老朱家的打工仔，干吗这么死脑筋，谁做皇帝你不都是干活，偏偏非要在一棵树上吊死。孙燧也不能理解朱宸濠，堂堂的大明朝王爷，不愿意做王爷，甘心去做土匪，想必是做王爷没有做土匪有意思。

这个宁王，不仅和土匪关系好，还是穿着王袍的土匪，最令人不解的是，他还培养土匪。正所谓：土匪培训哪家强？中国江西找宁王！

朱宸濠擅长培养土匪，但王阳明来了，土匪的好日子就到头了，短短两年，南赣天下太平了。

正当朱宸濠不知所措的时候，驿道传来绝密消息，朱厚照要到山东泰安等地巡游。不知道是朱宸濠发神经还是哪位大神瞎指点，居然打算趁着朱厚照出行的时候实行暗杀。以朱宸濠当时的实力，这样的事只能意淫，但朱宸濠当真了。为了摆脱暗杀的嫌疑，朱宸濠大搞娱乐活动，为此专门在王府搭建了一个大大的舞台，由随臧贤学习音乐的秦荣担任导演，在王府举行声势浩大的演唱会。

这是典型的笨贼作案，欲盖弥彰。好比《淮南子》里的楚国书生，看到螳螂可以用树叶隐身，就以为树叶也能隐藏自己。拿着树叶问妻子能不能看见自己，妻子被问烦了，就说看不见，书生大为高兴，就拿着树叶去偷东西，结果被扭送官府。朱宸濠还不如这个书生，书生多少还去做了，而朱宸濠根本没有机会做，因为朱厚照突然取消了出巡计划，朱宸濠的计划全部泡汤，空喜欢一场。

恐怖袭击计划失败后，朱宸濠找人商议，方法总比困难多，有人提议发动起义，有人提议发动政变，有人提议采取和平路线……刚提出和平路线就被大伙嘲笑了半天，大家都骂这个人脑残。当这个人把方法告诉了朱宸濠，朱宸濠对大家说："你们才脑残，你们全家都脑残。这个方案太好了，本王要通过和平方式做皇帝。"

朱宸濠的谋士一下子都傻眼了，武力都做不了皇帝，和平还能做皇帝，宁王是不是脑子坏了，邪路走不通，你还想通过正路成功？既然你要和平，就看看你怎么做吧。

王爷和皇帝比孝顺

在某种意义上，朱宸濠是一个向往和平的人，他也希望自己能通过和平手段做皇帝；只要通过和平手段，朱宸濠甚至可以做出让步，自己不做皇帝，而是做皇帝的爹——让自己的儿子做皇帝。这想法，是不是有点白日梦，是不是太天真了？

非也，非也！朱宸濠这个想法在当时还是有一点道理的，为什么呢？因为朱厚照做皇帝十多年了，快三十岁的人了，居然还没有亲生的儿子。朱厚照虽然没有亲生儿子，但却认领了一大堆干儿子，正德七年（1517），他一下子就认了一百二十七个。大太监钱宁和江彬也是朱厚照的干儿子，这两个儿子的年龄都比干老子朱厚照大不少。

朱厚照可以把这些不相干的人认作干儿子，是不是也可以把老朱家的子孙认作儿子呢？李士实就向朱宸濠建议，把朱宸濠的儿子送给朱厚照做儿子。李士实和朱宸濠想到一起了，问题是朱宸濠比朱厚照辈分高好几辈。按照辈分，朱厚照应该叫朱宸濠爷爷，如果朱宸濠的儿子做朱厚照的儿子，那就是叔叔做了侄子的儿子，这太没操守，太没底线了。

这事当然不能直接说，朱厚照也不傻，叔叔要做侄子的儿子，是何居心？

朱宸濠采取曲径通幽的手法，不说自己要做皇帝，也不说让自己的儿子做朱厚照的儿子，而是要大张旗鼓地和朱厚照 PK 谁孝顺。

一个王爷居然和皇帝比孝顺，太荒唐了，太无厘头了，天底下不说空前绝后，反正也不太多。此事甚荒唐，必有蹊跷，无厘头背后必有利益。

朱宸濠当然不会直接向朱厚照叫板，他知道那样做，自己会死得很惨，朱宸濠另辟蹊径：把自己包装成一个天底下最孝顺的人。

朱宸濠最擅长的手法就是砸钱，为了让朱厚照知道自己孝顺，朱宸濠送给钱宁和臧贤金钱，这俩人拿人钱财替人消灾，就经常在朱厚照耳边聒噪，大加赞扬朱宸濠，说朱宸濠如何如何孝顺，如何如何勤政。这俩人，光惦记着钱，忘了对着朱厚照说这些，就是对着瘸子说短，对着秃子说亮，犯了大忌，好在朱厚照也是一个心眼大的人。

听了他们盛赞，朱厚照居然还下诏盛赞朱宸濠。为了褒奖朱宸濠孝顺，朱厚照"用异色龙笺，加金报赐"，就是朱厚照赏赐给朱宸濠皇帝专用的异色书信办公用纸。这个待遇极高，按照大明朝的惯例，"异色龙笺"一般是赏赐给监国的书信办公用纸。

收到朱厚照赏赐的书信用纸，朱宸濠十分激动，以为朱厚照把自己当监国对待了，那就是说，自己的儿子做朱厚照的儿子有戏了。朱宸濠举行了大型的庆祝活动，列仗接受大家的祝贺，之后胁迫江西巡抚、江西镇守，南昌的童生、秀才、举人，南昌的绅士名人给朝廷上奏褒奖朱宸濠的孝行。

这是朱宸濠设下的一个局，儒家向来强调"不孝有三，无后为大"，给朱厚照出难题，一个皇帝，没有后人，不仅仅是不孝这么简单了，还事关江山社稷。老朱家的江山社稷，不能断送在朱厚照手里。所以，朱厚照必须要有儿子，如果没儿子，就是不孝，就对不起列祖列宗。

朱宸濠用意很明确，逼着朱厚照弄儿子。弄儿子这事，不是想弄就能弄的，需要时间和能力。如果朱厚照不弄儿子，就是不孝，不孝之人如何能做皇帝。按照正常的逻辑，如果朱厚照还想做皇帝，那就必须有儿子，实在生不了，是不是可以领养一个？

做不了皇帝就做皇帝的爹

在朱厚照有意无意的推动下，朱宸濠几乎成了大明朝最孝顺的人，成了感动大明朝的孝顺明星。

朱宸濠成了大明星，朱厚照成了陪衬，而且是反面教材。古人常说的不孝有三应该是：生不敬孝，一不孝也；死不礼葬，二不孝也；无后绝祀，三不孝也。

按照这个标准，在大明朝，朱宸濠绝对是一个孝子，虽然母亲出身不好，但朱宸濠十分孝顺，在母亲活着的时候朱宸濠好生伺候着，母亲死后朱宸濠冒险把母亲葬在风水宝地，最后朱宸濠有三个儿子。

什么事都怕比，本来没啥，朱厚照拿自己和朱宸濠一比较，发现了问题。怎么宁王孝顺了，自己却不孝顺了，成了反面教材，自己没儿子啊。朱厚照很是郁闷，顺手打开了奏疏，打开一个是夸奖朱宸濠孝顺的，打开一个也是称赞朱宸濠孝顺的，打开一个还是盛赞朱宸濠孝顺的，打开一个仍是礼赞朱宸濠孝顺的……

朱厚照不能理解，为什么这么多人称赞朱宸濠，朱宸濠真的有这么好吗？但朱厚照仔细想想，朱宸濠这个人的确不错，别的不说，这么多藩王中也就他对自己好，不仅从不教育自己，而且还想着法子给自己送东西。

事实的确是这样，当年，朱宸濠为了和朱厚照拉关系，获悉朱厚照喜欢在皇宫挂灯的嗜好后，朱宸濠立即花费重金聘请能工巧匠制作宫灯，根据春夏秋冬四个季节不同制作不同的灯，一下子制作了四百多个。这些灯外形奇美，相当漂亮。为了讨得朱厚照的欢心，朱宸濠不仅送灯，还派人亲自到皇宫把灯悬挂起来。

之后，隔三岔五，朱宸濠就给朱厚照进献一些茶芽、方物、金银、玩器等稀奇珍巧的玩物，表面上看为了讨得朱厚照的欢心，其实朱宸濠是借给朱厚照进献之名建立一个信息驿道。朱宸濠打造的这条驿道，比朝廷的驿道标准还高，设置有健步、快马，京城发生大事小情必须在十一二天内报给朱宸濠，效率比朝廷的一个月提高了一倍。通过这条特殊的驿道，朱宸濠不仅可以掌握京城里的大事小情，而且可以了解朱厚照的起居饮食情况。

有了这条驿道，朱宸濠可以随时了解京城动静，一旦获悉朝廷对自己动手，可以立即起兵对抗。

看到朱宸濠对自己这样好，朱厚照很高兴，宁王比自己身边的这些老头子好多了，不仅不动辄教育自己，而且还给自己制作宫灯。这些灯制作精良，看起来很美，朱厚照很是开心，没事就欣赏欣赏。后来不知道是什么原因，这些灯引起了火灾，把乾清宫烧了个精光。朱厚照是一个喜欢热闹的人，只要热闹了，他才不管乾清宫的事。

为了获取朱厚照的信任，朱宸濠给朝廷上疏，弹劾藩王皇室宗族"巧索民财，肆其横暴"，请求朱厚照下旨整治这些弊政，还主动请缨，愿意替皇帝惩治这些不法之人。其实，朱宸濠这是贼喊捉贼，他自己的所作所为比这些人还有过之而无不及。

正是因为获得了朱厚照的信赖，朱宸濠才能通过陆完和钱宁操作恢复自己的护卫兵权。同是藩王，鲁王就没有这样的好运了，鲁王的一个孙子被错误卷进了一桩谋反案，结果不仅被定罪，而且被剥夺王位，废为庶人。让人大跌眼镜的是，定罪的根据是鲁王的孙子箭法精准和具有野战指挥的能力。

朱厚照当时十分宠幸音乐家臧贤，朱宸濠知道后，就派遣自己的音乐官秦荣到臧贤那里学习音乐，为了和臧贤搞好关系，朱宸濠送给臧贤万两白银和一只金丝宝壶。

有一天，朱厚照到臧贤家里喝酒，臧贤十分激动，就把朱宸濠送给自己的那个宝壶拿出来盛酒。

臧贤拿着宝壶给朱厚照倒酒。朱厚照看到宝壶，十分惊讶，这个壶真漂亮，怎么如此精致，不由得问道："老臧啊，这个壶真漂亮，你是从哪里弄的？"

听到皇帝问起宝壶，臧贤一下吓呆了，死的心都有，真是不作死就不会死，瞎显摆啥啊。现在皇帝追问了，怎么办？只能如实回答："这宝壶是朱宸濠为了讨好自己送来的，不知道陛下喜欢，要是早知道陛下喜欢早就送过去了，既然陛下喜欢，那就送给陛下。"

听臧贤这么一说，朱厚照有点酸溜溜，不满地说："这么好的宝壶，宁王为什么不进献给我啊？"

这个时候，朱厚照比较宠幸身边一个名叫小刘的太监，他来得晚，地位不高，朱宸濠没把他当回事。正因没有给他送过礼，使他十分不爽，早就对朱宸濠有意见。当时没有说话，等回到皇宫，他就凑过来对朱厚照笑着说："陛下您尚且惦记着宁王的那点东西，宁王难道不惦记着您这么多的东西！陛下还记得那些推荐宁王的奏疏吗？"

听身边的小太监一说，朱厚照终于明白了，朱宸濠对自己这么好不是爱自己，而是有所图啊。朱厚照十分生气，江彬、钱宁和臧贤，你们都是啥人啊，朕对你们这么好，你们却背着朕勾结朱宸濠。

朱厚照大怒，你们之所以称赞朱宸濠，是因为朱宸濠给你们好处了，那朱宸濠到底为了啥呢？朱厚照很纳闷："百官贤当升，宁王贤欲何为？且将置我何地耶？"

正当朱厚照搞不透朱宸濠的用意时，有人向朱厚照提议，召见朱宸濠的儿子到太庙上香。用意很明确，朱宸濠愿意在儿子方面帮朱厚照一把，你不是没有儿子吗？我儿子多，就给你一个，管他差不差辈分，不都是太祖武皇帝的子孙吗？一笔还能写出两个"朱"吗？

朱宸濠的确是一个奇葩，竟然把自己的儿子送给孙子做儿子。为了皇帝之位，爷爷都给孙子低头了，还把自己的儿子送给孙子做儿子。

朱厚照好像明白朱宸濠的良苦用心了，实际上他还是没有明白，朱厚照只是认为朱宸濠太热心了，太过关心自己的生育能力了。朱厚照觉得有点不对劲，你朱宸濠，一个王爷，搞什么孝顺不孝顺，还把儿子弄到京城，到底想干吗，这事不好啊。

生儿子还是自力更生好

朱厚照很是不高兴，坚决拒绝了朱宸濠的好意，啥意思，我没有生育能力，这不搞笑吗？这天下还有我办不成的事，别的事别人帮帮忙或许可以，唯独生儿子这事绝不接受外援，一定要自力更生。

为了证明自己的能力，正德十三年（1518）立春，朱厚照在宣府的镇国府举行了自己导演的"进春"仪式。正常的"进春"仪式，一般是在立春前一天，在京城各部官员准备好春山、宝座、芒神、土牛，具体方案由礼部负责。立春这一天，文武百官身穿官服，在相关官员引导下，把"春山、宝座、芒神、土牛"敬献给皇帝，强调农本。朱厚照进行了创新，在立春这一天，他安排人准备了数十辆马车，车里装满了妇女与和尚，每个妇女手里都拿着彩球。马车行进的时候，朱厚照让妇女手里的彩球就与和尚的光头互相碰撞，彩球撞不过光头，落了一地。

看到这滑稽场面，朱厚照笑得前仰后合，却忘记了自己"进春"的本意。

朱厚照身边从不缺少女人，只是他纵欲过度，经常喝得烂醉。朱厚照有一个癖好，一旦他喝多的时候就必须枕着钱宁睡觉，钱宁就成了他的枕头。一旦早朝，朱厚照没有在，左等右等不见皇帝，大家最高兴的就是看见钱宁睡眼惺忪地走出来，因为钱宁都出来了，皇帝还会远吗？

朱厚照老是枕着钱宁睡觉，还能生出儿子？

这样一来，朱宸濠做皇帝爹的梦想又破碎了，做皇帝难，做皇帝的爹也不容易。

不怕没好事，就怕没好人。谁都知道，朱厚照最宠幸的两个人，一个是江彬，一个是钱宁。这俩人就争宠，江彬看到朱厚照赐给朱宸濠"异色龙笺"，很是担心，皇帝赏赐朱宸濠"异色龙笺"，意味着朱宸濠在某种程度上就是监国，尤其是一旦朱厚照真的过继朱宸濠的儿子做太子，朱厚照死后，朱宸濠就成了监国，成了实际上的皇帝。到那时，朱宸濠自然宠幸钱宁，自己如何混啊？江彬决定不能让朱宸濠的阴谋得逞。

皇帝身边是非多，虽然朱厚照喜欢枕着钱宁睡觉，但朱厚照最宠幸的却是江彬。

这是因为，江彬这个人不仅会讨得朱厚照的欢心，最重要的是江彬还能冲锋陷阵，还能帮朱厚照打老虎。据记载，有一次，朱厚照情趣来了，想抓老虎玩玩。朱厚照毕竟不是武松，老虎也不知道他是皇帝，老虎也不客气，全力以赴，朱厚照招架不住，就喊钱宁上来帮忙，钱宁吓得哆哆嗦嗦，不敢上去。正当老虎扑向朱厚照的时候，江彬挺身而出，才得以控制住局面。之后，朱厚照还嗔怪江彬多事，开玩笑说："不就是老虎吗？自己就能解决了，哪里还用得着你帮忙？真是的。"其实，朱厚照内心还是很感激江彬的，因而也就更加宠幸江彬了。

看到朱厚照宠幸江彬，钱宁自然不爽，他不敢和朱厚照计较，就对江彬撒气，两个人为了在朱厚照面前争宠，成了不共戴天的仇人。

正当江彬和钱宁争风吃醋的时候，一个叫张忠的太监出现了，他的出现给朱宸濠带来了大麻烦，他打算投靠江彬的阵营，帮助江彬打倒钱宁。

江彬和钱宁是朱厚照宠幸的主力，张忠也就是替补，有他们在，张忠就只能屁颠屁颠地跟着打下手。张忠知道只有干掉钱宁，自己才有机会，单凭自己不行，联合江彬是最好的选择。为了拉拢江彬，张忠就在朱厚照面前说钱宁和臧贤的坏话。

张忠对朱厚照说："陛下，钱宁和臧贤为什么称赞宁王，您觉得这是什么意图？"

朱厚照回答说："也是啊。这是何居心？朕思考好久了，一直没搞明白。推荐文武百官是为了升官，他们推荐宁王是干啥啊？"

张忠一看朱厚照起疑心了，赶紧说："钱宁、臧贤称赞宁王孝顺，就是嘲笑您不孝顺，因为陛下您还没生儿子。他们称赞宁王勤政，是讥讽陛下您不勤政啊！陛下，您被他们忽悠了啊。"

朱厚照如梦初醒，一拍大腿："对啊，你说得太对了。"

一看朱厚照生气了，张忠借势火上浇油，趁机说："钱宁、臧贤交通宁王，其意未可测也。"

朱厚照越想越生气，细思极恐，大骂："臧贤、钱宁和宁王居心不良，他们太坏了，看朕怎么收拾他们。"

朱厚照立即下诏，撤销宁王府的驻京办，同时驱逐宁王府所有在京的人员，一个机构都不留，一个人都不能剩。

朱厚照一道诏书，朱宸濠辛辛苦苦数十年的经营一下子灰飞烟灭，眨眼之间回到了解放前。朱宸濠怎是一个"失望"了得，太不容易了，为了做皇帝，可谓费尽心机，为什么收获的都是失败？

这事没有答案，朱宸濠觉得自己想做皇帝是正确的，只是方法不对头，所以需要继续努力坚持。

朱宸濠决定对自己先前的方法进行梳理，看看问题出在哪里？虽然朱厚照一道诏书摧毁了自己多年心血，但还是应该感谢朱厚照的，如果不是他这么不务正业，自己如何能看到希望，如何能恢复护卫，如何有自己的武装？想到了自己的武装，朱宸濠心情好多了。

一道奏疏

皇帝开始对臧贤、钱宁和宁王动手了，消息很快飞出了皇宫，传遍了朝廷。

落井下石的不止张忠一个，还有一个，也是太监，叫张锐。这个人先前和朱宸濠也有来往，也是金钱方面的合作伙伴，是钱宁在后宫的重要战略合作伙伴。张锐负责京城的监控和保卫工作，因而总能在第一时间获悉皇帝和京城的大事小情。

和往常不一样，张锐获悉朱厚照发现朱宸濠和钱宁的阴谋后，他没有立即把消息传递给宁王在京城的眼线，而是立即和他们切割，一转身站到了朱厚照这边。

张锐还知道，这个时候，一个叫萧淮的御史呈递了一份关于朱宸濠谋反的奏疏。为了表达一下自己的忠心，张锐告诉朱厚照，说一个叫萧淮的御史呈送了关于朱宸濠谋反的奏疏，钱宁把它隐瞒了起来。

朱厚照知道后，就去质问钱宁，为什么扣押大臣奏疏。面对朱厚照，钱宁似乎胸有成竹："陛下，这不是什么大事，一个御史看你和宁王关系密切，故意挑拨皇室之间的亲情。"

到这个时候了，朱厚照当然不会相信钱宁了，不以为然地说道："这事你放心，朕自然会查明的，不会诬赖一个好人，也不会放过一个坏人。"

钱宁无法隐瞒，只得把这道奏疏递给了朱厚照。

真是不看不知道，一看吓一跳，朱厚照看完萧淮的奏疏，脸色都变了。这个萧淮萧御史到底在奏疏里写了什么，居然能让朱厚照这样的人都大惊失色。

朱厚照下诏裁撤宁王府驻京办之后，萧淮认为皇帝开始对宁王动手了，于是就连天加夜，好几宿都不睡觉，把宁王的不法之事一一写进奏疏，没想到奏疏递给钱宁之后，居然被扣押了。

不得不说，这个萧御史很聪明，很会揣度圣意，而且恰到好处，不早不晚，就在这个时候。太早了，不仅皇帝看不到，很可能自己也会因此而丢官；太晚了，自然会被别人抢功。

正如萧御史在奏疏中所说，最近谨遵圣旨，宁王府之人无正当之事不得延留京城，臣从这里看到了陛下的伟大和英明，也看到了陛下的用意所在。

先揣度圣意拍马屁，接下来，萧御史开始说实话了："既然陛下您行动了，微臣我就没有理由再保持沉默，我早就观察到朱宸濠不遵祖训，包藏祸心，杀害了许多无辜之人，抢夺侵占老百姓的财产。再就是朱宸濠残害忠良之臣，招纳一大批亡命之徒，他还私造兵器，他在图谋不轨啊。"

讲完这些事之后，萧御史开始讲人讲官场："朱宸濠啊，不仅图谋不轨，而且还和朝廷上的一些官员，拉拉扯扯，勾肩搭背，诸如退休回家的侍郎李士实、前任江西镇守太监毕真……至于那些趋炎附势的就更数不胜数了。陛下啊，这些人就是我大明朝今天的乱臣贼子，事关江山社稷，不是小事啊。"

最后，萧御史提建议："为今之计，请求陛下根据情况轻重，该抓捕到京城的就抓捕到京城，该罢官的罢官，该降职的降职。布政使郑岳和副使胡世宁，都被这厮陷害，现在应该立即起用他们，让更多的人看清形势，即便朱宸濠造反也没什么大不了的。"

萧淮这道奏疏好比一颗重磅炸弹，朱厚照震惊，朝廷震惊，各路各派官员更是震惊：这事怎么看，怎么站，下一步怎么办？

张忠还是急先锋，第一个站出来，对朱厚照说："削他。"

朱厚照当即同意："对。一定要削去朱宸濠的护卫，不然后患无穷。"

紧接着，萧淮又上疏举报，说宁王府的人没有遵旨撤走，仍有许多侦察人员留在京城，只是这些侦查人员已经转入地下，他们大多隐藏在臧贤的家里。

一听又是臧贤，朱厚照很是不爽，立即下旨，敕命校尉去搜查臧贤的家。校尉到了臧贤家，没有抓到宁王的侦探，却意外发现，臧贤的住宅机关重重，屋中有屋，墙中有墙，前面是橱柜遮挡，后面是通往外面的巷子。当校尉搜查臧贤家的时候，朱宸濠的侦察人员林华，从夹墙中逃跑。

校尉搜查没有抓到证据，回去对朱厚照说："形迹可疑。"

看来，这校尉也是读书人，很会玩文字游戏，这四个字太狠了。

看到皇帝抓住了朱宸濠的谋逆行为，江彬和张忠高度关注，极力称赞皇帝英明伟大，同时希望严惩不贷。这是因为他们输不起，一旦朱宸濠没事，他们好日子就到头了，因而他们希望内阁下旨责备江西的主要领导人，命令他们武力解决朱宸濠之事。

情况明朗了，朱厚照将朱宸濠涉嫌造反之事交给内阁处理。杨廷和虽然和朱宸濠没有多深的交往，但要说一点好处没拿朱宸濠的也不可能。再就是杨廷和是首辅大臣，朱宸濠之事都是在杨廷和当政时发生的，如果出大事了，再怎么着，总要负领导责任。因而从自身的角度，杨廷和希望大事化小小事化了。

首辅杨廷和给朱厚照讲了一下朱瞻基当年平定汉王朱高煦造反的故事。叔叔汉王朱高煦造反的时候，朱瞻基带兵御驾亲征，朱高煦直接就投降，朱瞻基饶他不死，只是废为庶人。另一个叔叔赵王朱高燧坦诚自己参与造反谋划，但没有行动；朱瞻基就把一些参奏他的副本给他看看，警告一下了事。

讲完朱瞻基的故事，杨廷和建议朱厚照学习朱瞻基好榜样，借鉴朱瞻基处置朱高燧的方法处置朱宸濠。宁王这事说大就大说小就小，陛下派一个皇亲带几个高级别官员到南昌警告一下，然后撤销宁王护卫就得了。无疑这种处罚太过宽松，毕竟朱宸濠已经在积极准备造反，这样的处罚，释放的是什么信号？如果朱宸濠理解错了皇帝的想法，后果是很严重的。

乌合之众

至于杨廷和怎么处置朱宸濠，朱厚照没怎么当回事，他根本没把朱宸濠放在眼里，别说没造反，就是造反也没啥，到时候，朕可以御驾亲征嘛。

当杨廷和提出方案后，朱厚照就批准了。方案通过，选派谁去江西倒成了问题，谁都不傻，江西那个地方，活着去容易，活着回来不容易。

内阁讨论来讨论去，最后皇亲选定驸马崔元，大臣选定都御史顾寿，内阁于是下诏。

崔元接到诏书后，很是不解，就派人到王琼那里打探消息：刚才接到皇帝诏书，明天早晨到皇宫，到底是什么事？

王琼不是内阁成员，崔元不知道啥事，他也不知道。

王琼就去问杨廷和："皇帝召见崔元是什么事？"

杨廷和表现得很惊讶："对啊，皇帝这个时候召见崔元是什么事啊？"

看到杨廷和在演戏，王琼微笑着说："杨大人就别忽悠我了，说说吧。"

杨廷和知道不说不行，忸怩作态地说："这事嘛，要从宣德年间说起，那时候皇帝怀疑朱高燧造反，就派遣驸马袁泰前去宣谕，竟然解除误会，这次恐怕也是这个意思。"

第二天，王琼到左顺门的时候，看见崔元领取圣旨，就对杨廷和说："这样的大事，为何不在朝廷宣读？"

崔元只得留下来，在朝廷当众领旨。

圣旨内容如下：

> 萧淮所言，关系宗社大计，朕念亲亲，不忍加兵，特遣太监赖义、驸马都尉崔元、都御史顾寿往谕，革其护卫。

崔元领旨出发后，杨廷和又命令兵部做好战斗准备，以便应对江西可能出现的情况。

接到杨廷和的命令，王琼对杨廷和说："这件事一定要做好保密工作。给事中孙懋和易赞俩人建议派兵掌控长江，以防江西流贼外窜。这道奏疏早早就呈递上来了，由于众所周知的原因，一直压到现在，现在请求内阁按照奏疏上面的建议行事，没有比这更好的军事预备方案了。"

听到王琼的分析，杨廷和沉默不语。

朝廷在行动，朱宸濠在京城的间谍人员也忙得不亦乐乎，天天关注朝廷动向，及时传回南昌。

这个时候，由于利益不同，京城谣言四起，说啥的都有：有的说朝廷要对宁王动手了，有的说朝廷不会处分宁王只是革其护卫，有的说朝廷采取处置刘瑾的手法收拾宁王，有的说兵部开始调兵了……

朱宸濠在京城间谍不少，但高水平的不多，不能看清时局，听到朝廷一些不利于宁王的消息后，就连夜写信通报。

因为朱宸濠有特殊驿道，崔元虽然出发比朱宸濠的间谍早，崔元还没到半路，朱宸濠就收到京城的消息。接到京城消息这天，正值朱宸濠生日。

在江西，只要是朱宸濠的事，再小的事都要当作大事，何况是朱宸濠的生日，宁王府为其大操大办。生日宴会由宁王府的大明星秦荣策划导演，为了把生日宴会办得高大上，宁王府四处大发请柬，江西的主要领导、南昌的主要领导、江西名流、江西绅士悉数参加；宗教界朋友、江湖界的大佬、艺术界名流……一个都不能少。

宴会十分热闹，官府领导孙燧虽然和朱宸濠交恶，但总得给个面子，带头祝贺朱宸濠生日快乐。之后，各路人马纷纷送上祝福，艺术界人士登台表演给朱宸濠送上祝福、宗教界的朋友更是预言朱宸濠红运到头……

这个时候，京城消息来了，朱宸濠知道后，大惊失色，心情一下子降到冰点，福兮？祸兮？朱宸濠搞不太明白，在他看来，朝廷派使者来江西，就是用当年驸马蔡震收拾刘瑾的方法重演，自己的日子到头了。这倒不是朱宸濠糊涂，因为当时只有抄藩王府押解宫眷，才会派遣驸马和重要大臣前去，他没有想起来朱瞻基处理赵王朱高燧的事，所以才会做出错误判断。由此看来，没有知识多可怕。

朱宸濠很是迷惑，担心自己判断失误，宴会结束后就秘密召集李士实、刘养正等人前来商议。听完朱宸濠讲述后，刘养正发言：“情况紧急，明天各部门来王府答谢的时候，就可以揭竿而起。”

常言道，三个臭皮匠赛过诸葛亮，从朱宸濠这件事可以看出，实际上，三个臭皮匠放在一起，还是臭皮匠，而且是更臭的皮匠。朱宸濠、李士实和刘养正这三人就是臭皮匠，正是这几个臭皮匠，把杨廷和好不容易才争取的一个方案给破坏了。正是刘养正的这番话，坚定了朱宸濠造反的决心。刘养正这样的人，郁郁不得志，典型的愤青，书没有读好，科举没有混个功名，却总觉得自己本事通天，只是报国无门。

这样的人和杨廷和一比，就发现，科举还真是一个好制度。科举制度，有时候有本事的人可能考不进去，但一点本事没有的人肯定考不进去，刘养正和杨廷和就是典型的代表。人家杨廷和不一般，从小就是神童，之后科举一路畅通，然后仕途顺利，最后拜相登阁，担任内阁首辅大臣。杨廷和能做到这些，自然不是浪得虚名，朱宸濠处置方案就极具智慧，不料却被刘养正这个愤青给搅局了，非要造反，结果身死人手。

在大家的一致支持下，作为三个臭皮匠中的领导，朱宸濠决定造反，于是连夜调集自己的部队，焦急地等待天亮，等待明天行事。

皇帝是抱养的

京城消息传来，李士实为啥一言不发，再怎么着他也是三个臭皮匠中经历最丰富的，毕竟在大明朝的官场里混了那么多年，官场的道道应该懂，也曾经官至刑部侍郎。为什么一到真格，他却怂得一塌糊涂，一言不发。

其实这正是李士实的精明之处，他常以姜子牙、诸葛亮自居，好像整个宁王府就他最聪明，所以当朱宸濠和刘养正都同意造反了，他不敢提出异议，万一自己判断有错，岂不连机会都没有了。他清楚朱宸濠和刘养正的判断有可能有错，但起码有机会，可如果相信朝廷是善良的，简直就是坐以待毙。

真的决定造反了，朱宸濠反而有些犹豫了，他还是有些担心自己的实力，尤其是军事实力，赣州的王阳明和孙燧都不好对付。王阳明毕竟在赣州，而孙燧就在南昌，所以明天必须除掉孙燧。

为了确保行动成功，朱宸濠把凌十一、杨清、闵廿四、张洁等人找来，面授机宜，让他们明天身上暗藏凶器站在自己身边，只要一声令下，立即行动。

这些方案安排好后，朱宸濠想了又想，发现基本没有遗漏，这个时候天也快亮了。

朱宸濠整装出发，来到了大厅，等候一个时刻的到来。

不一会儿，有人来报，巡抚孙燧和副使许逵到了，三司官员也到了，宗教界的朋友也到了，江湖界的朋友也到了……然后，朱宸濠一一接待，之后分宾主落座。

这时候，朱宸濠站起来对大家讲话："告诉大家一个消息，当今皇帝不是先皇的儿子，孝宗被太监李广糊弄，抱养了一个民间子，我祖宗不血食者十四年。为什么这么说呢？是太后告诉我的。大家有不少人见过当今皇帝，他没有胡子，外面老朱家子孙哪能没胡子，所以他是从外面抱养的。"

朱宸濠刚讲完，下面一下子议论起来，不会吧，宁王怎么这样八卦，太狗血了，难道是明朝版的狸猫换太子。朱宸濠之所以说朱厚照是抱养的，意图就是从血统上否定朱厚照做皇帝的合法性。因为天下是朱家的，朱厚照不是朱家子孙，当然不能做皇帝。其实朱宸濠的出身也不怎么样，历史记载说是婢子养的，但在法理上，婢子养的也比抱养的更有法律效力，这就是朱宸濠为了否定朱厚照，开头就强调朱厚照是抱养的原因所在。

朱宸濠挥手示意大家安静，接着又说："太后娘娘有密旨，命令我起兵。"

这次议论声更大，大家都极其疑惑："不会吧，什么太后娘娘密旨，真的吗？"

不容大家有反应的时间，朱宸濠大声说："尔等官员知大义否？"

一听朱宸濠和大家讲大义，大家都笑了，讲大义，你也配，应该大家给你讲吧。

正当朱宸濠准备继续忽悠的时候，江西巡抚孙燧站了起来，这倒不是孙燧爱出头，是因为他的头就在那里，他只是没有退让，因为他是江西巡抚，他守土有责，江西是他的地盘，如果这里出事了，皇帝肯定拿他是问，所以孙燧必须站出来。

孙燧对朱宸濠说："既然宁王说有太后娘娘的密旨，那就请宁王取出来让大家瞧瞧。"

朱宸濠只是信口开河，之所以这样说，纯粹是为了忽悠大家。他哪里想到孙燧会认真，他自然拿不出来。

朱宸濠不去拿所谓的太后密旨，继续对孙燧说："再问你一遍，我起兵监国，你愿意保驾吗？"

孙燧大声说："天无二日，民无二王，此是大义，不知其他。"

朱宸濠一挥手，凌十一等人立即行动，扑倒孙燧，捆绑起来。

一看孙燧被扑倒，许逵立即冲了上来和朱宸濠争论。捆好孙燧后，朱宸濠便转头问许逵："许副使明白大义吗？有什么话要说？"

许逵大声说："我许某人只有一片对皇帝的赤心！"

听许逵这么一说，朱宸濠大怒说："你以为我不能杀你吗？"

许逵大声说："你能杀我，但皇帝能杀你。你是反贼，当碎尸万段，你后悔都来不及了。"

朱宸濠当即命令把孙燧、许逵俩人推出去斩首，然后把他们俩的人头悬挂在南昌城门上。

其实那天，在场官员众多，只有孙燧、许逵二人站了出来，其他人为了保全性命，集体保持了沉默。

斩杀孙燧和许逵之后，朱宸濠略带温情地看着剩下的官员，温和地询问："大家知道大义吗？"

这个时候，只有沉默，一点声音都没有，大家既没有同意也没有否定，其实这也是没法子的事，在面对死亡的威胁时，没几个人能超脱。

在朱宸濠看来，没有人反对，就表示同意，接下来就派人接手江西和南昌官场，他的军队迅速占领了巡抚衙门，控制了南昌各个军事据点，接管了整个南昌，各项工作逐步开展。

朱宸濠知道，打江山不是杀人就能解决的，需要更多的粉丝，于是开始对朝廷官员进行统战工作。这个时候，朱宸濠又想起了老娘的教诲，对朝廷官员实行胡萝卜加大棒政策，采取两种手段：愿意一起造反的，立即升官；不同意造反的，立即抓进监狱。

尽管如此，只有四成的人跟着朱宸濠造反，六成的人却选择了进监狱。大家用生命和自由做出了选择，不愿跟着朱宸濠，一方面是朝廷政治教育的成功；另一方面则是大家觉得朱宸濠成不了大事，没啥前途，跟他造反等于送死，而且还连累家人，而进监狱，虽然也有可能死，但起码不连累自己的家人。这四成选择一起造反的人，很多都是江西本地或者家小都在江西的，属于无奈之举。

口号喊了，人也杀了，朱宸濠造反已是箭在弦上，不得不发。

和自己的老祖宗一样，朱宸濠当然不说自己是造反，而是借口朱厚照不是朱家子孙，而且荒淫无道，为了祖宗的江山社稷，他起兵捍卫大明朝朱家的江山社稷。

如此一来，朱宸濠就是老朱家的正牌代理人，"替天行道"自然非他莫属，既然朱厚照是伪朱家子孙，作为正宗的朱家子孙朱宸濠自然要打倒抱养的朱厚照。

怎么才能打倒，需要队伍，朱宸濠既然开张了，当然需要组建团队。朱宸濠自然是皇帝，然后开始封官：

朱宸濠封的第一个官职居然是太监，分封刘吉以及余钦、万锐等为太监，朱宸濠这样做，估计是从播撒龙种的角度考虑的，历史造反者造反后的第一件事就是播撒龙种。第二个官职是太师，封李士实为太师；接下来封刘养正、南浦驿为国师；再之后封闵廿四、凌十一等各为都指挥；封参政王伦为兵部尚书。

当时有人请求朱宸濠做皇帝，僭称大号，改元顺德。而刘养正、李士实各合议称："起事之初，未可遽称大号改易正朔。待至南京正位，然后称号改年，布告天下，岂不为好？"

朱宸濠听从了刘养正和李士实的建议，没称皇帝，没立皇帝号，也没另立年号，只是不再用正德年号，直接用大明己卯纪年。

就这样，一个草台班子就成立了，朱宸濠的南昌官府成立了，战争也就从此开始。朱宸濠不能容忍朱厚照的朝廷，同样，朱厚照的朝廷也不能允许朱宸濠的南昌官府存在。

三、心和心的战争

王阳明追求的是圣人之道，朱宸濠追求的是帝王之道，道不同不相为谋，注定两人走不到一起。再就是屁股决定脑袋，王阳明坐在南赣巡抚的位置上，他心里必然是忠于皇帝忠于朝廷，他还想再进一步，做一个圣人；朱宸濠作为宁王府的主人，按理也应该忠于皇帝忠于朝廷，但他还想再进一步，做一个皇帝；这也没啥，问题是他们俩生活在大明朝的蓝天下，他们有一个共同的皇帝，正如朱宸濠听不进冀元亨的政治课一样，王阳明也不会同意朱宸濠做皇帝。他们不可能合作，他们之间只有战争，根据王阳明的理论，朱宸濠之所以如此，是因为心中有贼，所以他们的战争在某种意义上就是一场心与心的战争。

王阳明去哪儿了

朱宸濠造反当天杀了不合作的江西巡抚孙燧，而同在江西做巡抚的王阳明却不见了踪影，这不免令人生疑，朱宸濠造反了，王阳明在没在现场，如果王阳明在现场会是什么样的情况？如果朱宸濠在造反当天也杀了王阳明会是什么样的结局？

据史书记载，朱宸濠造反当天，王阳明的确没在现场，正是因为王阳明没在现场，朱宸濠很快被王阳明活捉，朱宸濠的皇帝梦也就呜呼哀哉了。

于是就有人说，历史捉弄了朱宸濠，和朱宸濠开了一个玩笑，如果朱宸濠邀请王阳明参加自己的生日宴会，造反时即便不杀王阳明，最起码可以软禁起来，这样一来，朱宸濠对阵朱厚照，鹿死谁手还不好说。其实这事，真是高看朱宸濠了，他连局势都看不明白，把鸡毛蒜皮的小事看成惊天动地的大事，匆忙造反，哪里会考虑到王阳明的重要性。

其实历史真没有那么无厘头，历史一直很严肃，而且一板一眼，所有的事情都是严格按照逻辑运行的，绝对不允许有任何不合逻辑的事情发生。但为啥人们总能在历史中看到关公战秦琼之类的无厘头，这是因为我们只看到了历史的皮毛，犹如盲人摸象，只看到一点，而没有看到全面的立体的历史，一旦我们真正了解了整个事件的来龙去脉，就会发现历史很真实。

王阳明没有在朱宸濠造反的现场，王阳明在哪里呢？整个大明朝都疑惑，朱宸濠也疑惑，王阳明去哪儿啦？

朝廷疑惑的是，朱宸濠造反了，王阳明在哪里，赶快去平叛。朱宸濠疑惑的是，王阳明在哪里，自己做皇帝了，王阳明快来捧场啊，即使不来捧场，也要捆起来，不能让他捣乱。这时候，朝廷和朱宸濠不约而同地做了一件相同的事：全民寻找王阳明。

这个时候，朝廷的效率凸显了，别的不说，全国官员出行信息驿站连网，只要地方官员找到驿站查询一下近日的接待安排，就知道有没有官府大员路过自己的地盘。最先发现王阳明行踪的是丰城知县顾佖，他到丰城驿站一看，王阳明将在六月十五日到达丰城县。

丰城县是南昌府的下辖县，距离南昌只有一百多里，而这个时候的南昌已成了朱宸濠的大本营。丰城危急啊，果不其然，朱宸濠在第二天就派一个叫王前的人到丰城招降顾佖，结果被顾佖给打跑了。之后，顾佖接待了王阳明，并把朱宸濠在南昌造反的事告诉了他。获悉朱宸濠造反了，王阳明知道丰城是危险之地不能久留，立即掉转船头，返回吉安，到那里再做决定。

谁能料想到，在这个情况危急时候，王阳明居然正靠近贼窝啊，简直是自投罗网，如果顾佖不及时发现王阳明，后果不堪设想。

顾佖找到了王阳明，南昌的朱宸濠也发现了王阳明的行踪，他也通过驿站知道了王阳明的行踪，于是立即命内官喻才带人前去抓捕王阳明。

有人会有疑问，朱宸濠造反之前举办了声势浩大的生日宴会，遍邀江西官场的大腕，有没有邀请王阳明，或者王阳明为什么没有参加。王阳明作为南赣巡抚怎么不在赣州，他到南昌干什么，是参加朱宸濠的生日宴会吗？其实，王阳明这个时候到丰城只是恰巧路过，和朱宸濠一点关系都没有。

原来，正德十四年六月初五，王阳明接到圣旨："福州三卫军人进贵等胁众谋反，特命尔暂去彼处地方会同查议处置，参奏定夺，钦此。"江西的事还没完全搞定，福建又发生兵变，命令他立即出发前去平叛，根本就没有提到他回余姚看奶奶的事情。王阳明尽管有一百个不愿意，但也不敢抗旨不遵，只得奉旨。形势紧急，六月初九，王阳明仅仅带领夫人、养子和幕士萧禹、雷济等人就出发了。

王阳明正着急赶往福建，哪里想到朱宸濠在这个节骨眼上造反了，自己差一点儿送上门，想想都后怕啊。这个局势，福建去不成了，怎么办？

若是一般官员，王阳明可以直接掉转船头回自己的根据地赣州，毕竟自己只是南赣巡抚，南昌不是自己的地盘，他任何责任都没有，说得再彻底一点，他现在是奉命去福建，江西都和他没有一毛钱的关系，朱宸濠造反了，王阳明只需表示一下就可以了，这个时候王阳明其实就是路人甲。

朱厚照这样的皇帝，要说王阳明没有一点儿想法，肯定是假的，意见归意见，朱厚照毕竟是大明朝的皇帝，作为臣子，自己必须尽忠，有事说事，不能造反。经过朱厚照这些年的折腾，不说民心失尽，有意见的肯定不是少数，失望的也不是少数，绝望的也有一批，如今宁王振臂一呼应者云集，就是明证。现在宁王扯起了大旗，是不是要冒险跟着宁王一起打天下呢，一旦成功，那就是开国元勋，名震千古流芳百世啊！

王阳明毕竟是王阳明，一个一心要做圣人的人，他肯定不愿做路人甲，作为朝廷官员，他要忠于职守，这是最基本的职业道德。食君之禄，忠君之事，这点丝毫不能含糊。

王阳明当机立断，命令掉转船头，回吉安。

这个时候，南风正猛，赣江是南北走向，回吉安是逆流而上，在一个靠风帆行船的时代，王阳明束手无措，而宁王府的内官喻才正在赶来，王阳明的命运会如何，大明朝的命运又会如何？

让上天把风停了

王阳明在船上，南风正急，追兵就到，船不能前行，心急如焚，怎么办？

情况危急，王阳明命悬一线，大明朝命悬一线，要是普通人肯定麻爪了，只剩下呼天抢地，叫天骂娘了。圣人就是圣人，王阳明没有慌，取出案台摆上香，点燃后哭天抢地，口中念念有词："天若哀悯生灵，许我匡扶社稷，愿即反风。若无意斯民，守仁无生望矣。"

在今天看来，这绝对是一个无厘头的闹剧，但在那个时候，绝对是严肃的，是认真的，是神圣的，是真诚的。情况危急，靠谁都不如靠自己，不问自己问苍天，靠谱吗？

这次靠谱，王阳明祈祷之后，不一会儿，风停了。这样一来，王阳明正如《圣经》中的神一样，王阳明说，风要停，一祈祷，风就停了。这就是传说中的如有天助。风为什么会停？是因为该停了，风的停与不停，和王阳明的祈祷没有一点关系，就是王阳明不祈祷，风也会停。王阳明祈祷后，风停了，就是巧合，和王阳明是不是圣人，一点关系都没有。

风停了，可以开船了，王阳明心情大好，于是前去催促开船。意外的是，船家死活都不愿意开船，好不容易求天告地，才把风停了，船家却不愿意开船，世上最窝火的事莫过于此啊。船家给的理由很简单，因为宁王的追兵马上就到了。王阳明一听气不打一处来，不是追兵来了，怎么会着急让你们开船。大怒的王阳明拔出剑，割下船家的耳朵，逼着他们开船。

圣人不发火，不要以为是佛祖！圣人很生气，后果很严重，小则掉耳朵，大则砍脑袋。船家终于开船了，但速度很慢，王阳明很是着急，只是这个时候，王阳明没有再摆香炉祈祷上苍，等到夜里，王阳明来了一个金蝉脱壳。

王阳明很清楚，这个速度行船，游山玩水很适合，这不是逃命是送命。危急时刻，王阳明想到了金蝉脱壳，就脱下自己的衣服，让身边的随从穿上，然后带着幕士萧禹和雷济跳到了一个渔船上，快速离开。

王阳明离开大船不久，朱宸濠的内官喻才就追上了。喻才带人上船盘查，看到王阳明大喜，仔细一瞧，原来是假冒的，杀之无用，带着人就走了。

躲过了喻才的追杀，王阳明并没有脱离危险，乘坐渔船快速赶往吉安。经过四天四夜的紧奔快跑，王阳明一行人终于到达了吉安府。

在逃命的过程中，王阳明就开始对朱宸濠动手了，他很清楚，朱宸濠突然造反，太过仓促，朝廷必然措手不及。朱宸濠的目的就是做皇帝，因而他的行军计划必然是南京和北京，由于朱宸濠突然起义，这两个地方肯定没有做好应对措施。这两个地方事关江山社稷，一旦朱宸濠攻下任何一个，后果无法想象，即便不江山易主，也是生灵涂炭。

现在朱宸濠已经造反，生米成熟饭，没有道理可以讲，除非靠武力，否则没有什么能阻止他出兵南京或者北京。王阳明现在没兵没将，甚至自身都不保，当然无法采用武力手段阻止朱宸濠，他知道只能用虚虚实实的手法来拖延朱宸濠，就是尽量拖住朱宸濠，让他在江西多耗一些时间，为南京和北京争取时间。

这个道理，好像并不高大上，一般人都能看出来，也能想出来，但能不能做，敢不敢做就不好说了。方法易找，执行艰难。怎么办呢？王阳明灵机一动，决定和朱宸濠玩一下心眼，把自己对付土匪那一套用到朱宸濠身上。

王阳明的方法大胆而疯狂：伪造圣旨！

这和朱宸濠造反是一样的罪，都是要砍头的，王阳明为什么要这样做？一个卸了任的南赣巡抚，一个被派往福建平叛的人，一个过路的路人甲，朱宸濠造反了，和他真没多大的关系，就是食君之禄，忠君之事，也不必这样做，完全可以打报告申请，等待朝廷授权，就是后来贻误战机，也不是自己的责任。

王阳明就是王阳明，他知道只有这样做才能拖住朱宸濠，只有拖住了朱宸濠才能为后来的战斗赢取先机，一旦错过了这个机会，有可能就全盘皆输。当然王阳明也深知这样做的风险所在，但他知道这样做正确，他就这样做了，而且他也必须这样做，这才是王阳明，这才是所谓的"知行合一"。确如王阳明所说："未有知而不行者；知而不行，只是未知！"

危急时刻，王阳明考虑的是用正确的方法做正确的事，勇于带头，敢于担当，而不是考虑个人的安危和得失，这才是真正的"事不避难，义不逃责"。遇到难事不逃避，再难的事都有解决的办法，知道正确的方法就按正确的去做，不计个人得失。

王阳明当即行动，在渔船上和幕士商议，第一是伪造圣旨命令两广和湖广都御史带部队在要害之地做好埋伏，随时做好伏击朱宸濠军队的准备；第二是伪造了两广机密火牌，火牌内容是，"提督两广军务都御史杨为机密军务事：准兵部咨及都察院右副都御史颜咨俱为前事，本院带领狼达官兵四十八万，齐往江西公干。……若临期缺乏误事，定行依照军法斩首。"

伪造完毕，王阳明当即命令雷济赶快去两广、湖广飞报，同时四处传播，表面是给两广和湖广下命令，实际上是想让朱宸濠知道。朱宸濠果然比湖广和两广的都御史提前获得消息，朱宸濠一下子疑惑了，原来朝廷早就知道我要造反，准备做得这样充分，什么时候出江西，朱宸濠犹豫不决：是出发呢，还是不出发呢？

朱宸濠在犹豫中，王阳明则是匆忙赶往吉安，接下来是什么样子，王阳明也不清楚，假传圣旨，伪造机密火牌，严格起来，哪一个都是砍头之罪，朱厚照会放过他吗？

和朱宸濠比比耐心

经过四天四夜的惊心动魄，王阳明在六月十八日到达了吉安。吉安知府伍文定带领吉安府和庐陵县的主要领导已经等候多时，见到王阳明，伍文定十分高兴，王阳明来了，救星就来了，也就找到了组织。朱宸濠造反，伍文定压力最大，南昌府和吉安府交界，距离最近，朱宸濠第二天就派人来招降，还派人来侵扰，伍文定实在招架不了。

见到了王阳明，伍文定就揪住不放，向王阳明汇报情况，说现在江西没有领导，希望王大人留下来，到吉安商讨对策，主持平叛工作，稳定局势。王阳明到庐陵的消息很快传播出去，附近的百姓和军队蜂拥而至，高呼王大人，请求王阳明留下来。和王阳明第一次到庐陵一样，百姓都是热情欢迎，只是这次是真诚的。

吉安府驻地在庐陵，王阳明十分熟悉这里的情况，对这里也有感情，面对同僚、百姓和军人的盛情，王阳明无法拒绝，于是就和伍文定一起进入吉安府，抚慰军民。

进入庐陵后，王阳明立即草拟奏疏，把朱宸濠造反之事以及自己所采取的措施一一禀告。王阳明也很鸡贼，他知道自己虽然对朝廷和皇帝是一片真心，但皇帝和朝廷会怎么想，真没把握，所以他在奏疏里大唱高调。

王阳明说，陛下啊，朱宸濠造反时，正值我王某人奉旨前往福建，本来打算直接去福建。但这个时候，天下之事莫急于君父之难，如果朱宸濠兵出江西顺流东下，万一南京又没有做好防卫准备，攻了了南京，他肯定乘胜向北京进军，十天半个月的时间，就能动摇京城。这样，且不管朱宸濠能否真的取胜，如果一旦真的如此，后果不堪设想，这事关乎天下安危，我王某人一想到这里，就痛心寒骨，无论是人情还是君臣之义，我都不忍舍之而去。于是，就和吉安知府伍文定入城抚慰军民，之后指挥吉安府和庐陵官员征集军粮，征召民兵。同时我王某人积极约见当地退休官员和知名乡绅，和他们商讨应敌之策，把涣散的人心聚集起来。但情况依然危急，请求陛下急速出兵。

唱完高调，王阳明开始诉说自己的情况。陛下啊，您知道我王某人一向体弱多病，经常给您写请假条。您也知道朱宸濠造反乃是地方官府的责任，本来就不是我王某人的责任。我带病去福建，本来就是打算顺道回一趟老家。这事，我在出发之前已向朝廷打过报告的。现在碰到国家危急之事，我恐怕失去最好的时机，所以暂时留下来，希望能纾国难。我在吉安府主持工作就是要稳定一下局势，希望朝廷早早派遣能人强将来主持工作，我好到福建平定军事叛乱，然后回家看一下我的父亲。我这样做，进不避嫌，退不避罪，一切都是为了百姓，为了陛下您，如果有不妥之处，请陛下您酌情处理。

王阳明这一段陈述，该讲的不该讲的都讲了，该做的不该做的都做了，情况就是这个情况，事情就是这个事情，假传圣旨了，伪造机密火牌了，陛下您看着办吧。

最后，王阳明分析了大局势，按照朱宸濠谋略，他就是要做皇帝，必然一路向北京进军，一旦向北进军受阻，他必然回头进攻江苏和浙江，然后向南侵扰湖北和湖南，之后霸据南京切断南北通道，再利用福建和两广的资源作为后备。如果不立即控制局面，急速派遣重兵，必将追悔莫及啊。

拟好奏疏，王阳明立即用八百里加急发出，这道奏疏的名字是"飞报宁王谋反疏"。

奏疏发出后，王阳明很清楚，无论自己在奏疏里把情况说得多严重，朝廷都有自己的节奏，即便特事特办，也是鞭长莫及。这时候万事靠自己，便宜行事是法宝。王阳明在奏疏中说这么多，就是为了争取"便宜行事"的权力。

于是，王阳明立即会同吉安知府伍文定商讨措施，经过商讨，决定还是伪造圣旨。王阳明以朝廷的名义发布檄文，列出朱宸濠的罪状，号召天下各地起兵勤王。之后，王阳明命令巡按御史谢源、伍希儒和纪功在丰城县布下疑兵，四处派人张贴朝廷官府的各类公文，同时用兵部的名义发布命令，提督军务都御史杨为机密军务事，准兵部咨该本部题奉圣旨：许泰、郤永分领边军四万，从凤阳等处陆路径扑南昌；刘晖、桂勇分领京边官军四万，从徐州、淮安等处水陆并进，分袭南昌；王守仁领兵二万，杨旦等领兵八万，秦金等领兵六万，各从信地分道并进，刻期夹攻南昌。务要遵照方略，并心协谋，依期速进；毋得彼先此后，致误事机。钦此。

王阳明是高手，造假的高手，如此逼真，尤其是"王守仁领兵二万"，不多也不少，这个数据比较合理，不由得朱宸濠不相信。其实那个时候，王阳明没有一兵一卒，孤家寡人一个。"务要遵照方略"和"毋得彼先此后"更显得真实，说明朝廷早就掌握了朱宸濠的动机，一旦他谋反，各种方案当即执行。

这些还不算，王阳明还以遵奉机密圣旨为根据，故意找檄文中命令各路人马缓慢出发，等待朱宸濠离开南昌，然后进行前后夹击。最高妙的一招是，王阳明在檄文里还说宁王的智囊李士实、刘养正等人私下秘密给本职写信，宁王得力干将凌十一、闵廿四也各密差心腹前来本职处递投降状。

檄文一说，天下皆知了，为了迷惑朱宸濠，王阳明还伪造了李士实和刘养正里通朝廷的投降书、凌十一和闵廿四的投降密状，伪造完毕，王阳明派自己的心腹雷济和龙光设计找一些能力超强的快递小哥，让他们使这些投降书和投降密状有意无意落在朱宸濠的手里。

王阳明这样做，大家都觉得不可思议，朱宸濠又不傻，他能相信吗？龙光很是怀疑，就问王阳明："事济否？"

面对龙光的狐疑，王阳明慢悠悠地说："未论济与不济，且言疑与不疑。"

龙光略带疑惑地说："疑固不免。"

王阳明面带自信，淡定地说："但得渠一疑，事济矣。"

王阳明的手法的确高明，他要的不是朱宸濠真的相信自己身边的人背叛了，他要的是疑心，只要朱宸濠一有疑心，就会延缓行动，如此一来，王阳明的目的就达到了。王阳明高明，朱宸濠是不是真的会像王阳明判断的那样，对自己的人进行怀疑呢？

给皇帝上上政治课

王阳明清楚，朱宸濠不是一般人，要想在他那里进行离间必须做足功课，否则可能会功亏一篑。王阳明想起了《韩非子·说难》中的一句话："凡说之难，在知所说之心。"也就是说游说君王的最大难处，在于掌握君王的心思。

一直推崇心学的王阳明当然深谙此道，他能读懂朱宸濠的心思，朱宸濠自己刚刚造了朱厚照的反，最担心的是有人造自己的反。把握朱宸濠的这一心思后，王阳明以朝廷的口吻伪造了一封给刘养正的回信，一并交给快递小哥，然后王阳明命令雷济等人去寻找那些和朱宸濠来往密切的人，然后多给他们金银财宝，让他们秘密去宁王府报告李士实、刘养正、凌十一和闵廿四等人早已投靠朝廷。

友谊感情在金钱面前很脆弱，朱宸濠的这些朋友听从了金钱的命令，他们偷偷向朱宸濠做了汇报。

当快递小哥快到南昌的时候，朱宸濠也正好从秘密战线知道了情况。朱宸濠获悉后，对自己这些朋友大加赏赐，之后派出四路人马跟踪捉拿王阳明派来送信的人。当朱宸濠看到了投降书和投降密状后，更加怀疑了，把抓到送信的差人进行严刑拷打，仔细询问相关情况后，朱宸濠知道不论他们几个是否真的投降，都绝对不能留下活口，当即杀死王阳明派来送信的差人。

尽管朱宸濠不相信李士实和刘养正他们会投降，但还是怀疑了，不再敢相信他们了，也就对他们的建议有些怀疑了。当李士实、刘养正、凌十一和闵廿四越是催促朱宸濠出兵江西，朱宸濠就越是怀疑他们真的投靠朝廷了，就越不接受他们的谋略，于是拖延起来了。

如果真的以为王阳明只是和朱宸濠玩玩心理战，那就错了。表面上看，王阳明故意蛊惑朱宸濠的人心，而实际上，王阳明真的在用反间计。此外，王阳明派遣雷济和龙光把刘养正的家人从福安接到吉安厚加看养，然后秘密派遣刘养正的家人给刘养正通报信息。即便是李士实，王阳明派人找到其家属，写了一封信给他，王阳明在信中故意说："吾只应敕旨聚兵为名而已。宁王事成败未卜。吾安得遽与为敌乎。"

王阳明这些谋略看似轻松，好像很随意，其实形势危急，王阳明一直是战战兢兢如履薄冰。当时朱宸濠势力正盛，王阳明极为担心六月十九日的奏疏被拦截，于是在六月二十一日又再次上报，为了保证奏疏能到达朝廷，王阳明专门派自己得力门客前去上报。

王阳明在第二次上奏疏的时候，夹带了一封辞职信，王阳明在信中说："我以父亲年老祖母去世，屡屡上疏请求回家休养，但一直未蒙怜准。近来奉命带兵去福建，本打算顺道回家看看。没想到刚到中途，碰见了宁王朱宸濠反叛。此系国家大变，臣子之义不容舍之而去。再就是整个江西省抚巡方面等官，一个人都没有。为了支撑大局，我留了下来。但我想我奶奶了，母亲去世早我都是奶奶一手带大的，却临死都没见上一面，内心极为悲伤。我的父亲年纪也大了，因为奶奶去世哭泣过度，一卧不起。我现在扶病带领军队来往于广信和南昌之间，离家很近，我想抽时间回家看看。"

这封信说的都是实情，王阳明却不一定是真的想辞职，因为皇帝能不能收到奏疏都不知道，所以这道奏疏在某种意义上是为了麻痹朱宸濠。朱宸濠耳目遍布朝廷，王阳明此举就是说真就是真，说假就是假，就是为了忽悠朱宸濠。

这道奏疏的命运不错，虽历经坎坷，最后到达了朝廷，朱厚照也阅读了王阳明这道奏疏。王阳明这道奏疏，言辞恳切，情真意切，朱厚照当然不会同意，看了看，随手批阅："著督兵讨贼，所奏省亲事，待贼平之日说。"

一天后，六月二十二日，朱宸濠官府委派参政季敩和南昌府学教授赵承芳到吉安招降，他们拿着朱宸濠颁布的圣旨带领十二名旗军旗校官浩浩荡荡地出发了，刚到墨潭就被绑起来，之后被送到王阳明的营门，然后军法处置。处置了这帮人后，王阳明又上一道奏疏，在这道奏疏里，王阳明就不客气了，直接给皇帝上起了政治课：

> 臣闻多难兴邦，殷忧启圣。陛下在位一十四年，屡经变难，民心骚动。尚尔巡游不已，致宗室谋动干戈，冀窃大宝。且今天下之觊觎，岂特一宁王；天下之奸雄，岂特在宗室。言念及此，凛骨寒心。昔汉武帝有轮台之悔，而天下向治；唐德宗下奉天之诏，而士民感泣。伏望皇上痛自刻责，易辙改弦，罢出奸谀以回天下豪杰之心，绝迹巡游以杜天下奸雄之望，定立国本，励精求治，则太平尚有可图，群臣不胜幸甚。

这不是给皇帝上政治课吗？王阳明这次的奏疏可谓逆天，刚开头还很客气，我听说"多难兴邦，殷忧启圣"，但不能是这样的难和这样的忧。陛下您在位十四年了，都做什么了。屡屡经历这样的劫难，不要说藩王蠢蠢欲动了，就连普通百姓也是内心骚动不已。都这样子了，您还天天到处游玩不已，终于导致了宗室造反这样的大事，他们意在夺取天下。现在看来，觊觎陛下宝座的，岂止宁王一个人；天下有造反之心的奸雄，何止是宗室啊。情况严重啊，陛下啊，您要长点心。先前汉武帝有轮台之悔，而天下向治；唐德宗下奉天之诏，而士民感泣。希望陛下以汉武帝、唐德宗为榜样，"痛自刻责，易辙改弦，罢出奸谀以回天下豪杰之心"。

王阳明他忒大胆了吧，十三年前，王阳明只是委婉地替戴铣、蒋钦说句公道话，结果惹恼了朱厚照，被扒光屁股，打了三十廷杖，之后又被流放到贵州龙场驿。这一次当众给皇帝难堪，朱厚照会怎么收拾王阳明呢？

朝廷里的潜规则

朱宸濠造反了，大家都知道，就是没人说，朱宸濠的耳目肯定不说，他们巴不得朱宸濠马上进入北京，如此一来，他们就是开国元勋；投机取巧的也不说，他们在审时度势，谁对自己有利就站在谁那边；混日子的也不说，当一天和尚撞一天钟，只要有钟可撞就行了；忠于朝廷的也不说，因为还没有证据，不然就会被戴上"挑拨皇亲"的帽子，轻则挨板子重则丢命……

没有新闻就是好新闻，群臣无事可奏，自然是天下太平，国泰民安。生活在这么好的时代，感谢皇帝，感谢朝廷，大家一起祝福，一起祈祷吧。因而朝堂里一如既往地和谐，一如既往地大唱赞歌。

正当大家沉浸在盛世其乐融融的时候，兵部尚书王琼打破了平静，把大家拉回到现实。王琼严肃地宣布："告诉大家一个不好的消息，刚刚接到南畿巡抚李克嗣飞报，宁王朱宸濠造反了。我建议立即到左顺门开会讨论这件事。"

一般来说，战争时期才会在左顺门设午朝，相当于战时指挥所，目的是应对瞬息万变的军情。这个时候，需要皇帝出面主持会议，皇帝去哪里啦？没人知道，这事要问钱宁，因为朱厚照最喜欢枕着钱宁睡觉。

找到朱厚照后，禀告了情况，朱厚照当即在左顺门商讨对策。作为兵部尚书，王琼先做情况介绍，并做形势分析，然后大家各抒己见。但是当王琼说完后，朝廷众人，你看看我，我看看你，然后齐刷刷瞅向了王琼。

王琼在朝为官多年，哪能不知道这些人心里想的是什么，不是他们没有意见，而是他们不敢说，他们之所以不敢说，是因为没有保障。王琼明白自己是兵部尚书，这时候，自己必须站出来，于是王琼对大家说："竖子素行不义，今仓卒举乱，殆不足虑。都御史王守仁据上游蹑之，成擒必矣。"

这王尚书靠谱吗？朱宸濠多牛啊，王阳明是谁啊？就是那个王华的儿子吧，听说读书不错，忽悠人也有一套，在南赣干得也不错，的确收拾了一批土匪，但朱宸濠毕竟不是山大王，那是多年储备，岂是一个名不见经传的王阳明所能对付得了的。王尚书这话也许就是自我安慰，让大家宽宽心，当不得真。

一看大家还是有点放不开，王琼再次说："诸君勿忧，吾用王伯安赣州，正为今日，贼旦夕擒耳。不久当有捷报耳。"

看到王琼这么胸有成竹，而且给朱宸濠定性为谋反，王琼这么一定性，堵住了众人的嘴，谁敢乱说，和朱宸濠同罪。官方给朱宸濠定性为谋反，就是说朱宸濠是叛乱分子，在大明朝人人可得而诛之。王琼在这件事上做得非常好，朱允炆当年就是在给朱棣叛乱定性上犹豫不决，最后失去了天下。

朝廷给朱宸濠定性了，正义之士开始张嘴说话了，大家开始声讨朱宸濠，即便是那些和朱宸濠有来往的人也表态。这样一来，王琼就占据了道德制高点和法理制高点。王琼确实对朱宸濠谋反早有准备，顷刻之间，兵部就给朝廷上了十三道奏疏。

第一道奏疏，内容很简单，就是请求朝廷削去朱宸濠的属籍，朱宸濠不再是皇亲国戚，而是反贼；第二道奏疏请求朝廷急速派兵南下平叛，命令方寿祥防江都，御史俞谏率淮兵翊南都，南京户部尚书王鸿儒负责军饷供给；第三道奏疏请求任命王阳明率南赣兵由临、吉和都御史秦金率湖兵由荆、瑞会南昌，李克嗣镇守镇江，许廷光镇守浙江，业兰镇守仪真，遏制朱宸濠东下。同时传檄江西诸路，如果哪一个忠臣义士，能带兵活捉朱宸濠，封侯。……

王琼这十三道奏疏，朝廷全部下诏执行。

朝廷准备好了，兵部准备好了，王阳明也准备得差不多了。

在朝廷忙着调兵遣将之际，朱宸濠却留在南昌看风景，看看身边的这几个人到底背叛自己没有，十几天后，也就是七月初三这天，朱宸濠看到了朝廷发布的真正的檄文，这个时候，他发现自己的团队没有内奸，这是一个团结的和谐的有战斗力有追求的团队，这样的队伍必将攻无不克战无不胜。

出发前，朱宸濠安排自己家宗室宜春王朱栱檫和万锐等人带领一万多人马留守南昌，派遣潘鹏拿着自己的檄文前去安庆劝降，派遣季敩到吉安劝降，自己则带领自己家宗室朱栱栟、李士实和刘养正等人大部队出鄱阳湖顺长江东下。

就这样，朱宸濠带着自己的部队和皇帝梦想出发了。他的实际兵力也就六万人，号称十万，任命刘吉为监军，王纶参赞军务，任命指挥葛江为都督，总一百四十余队，分五哨。出鄱阳，过九江，令师夔守之，直趋安庆。

朱宸濠出发了，王阳明也开始行动了。

战争一触即发，但什么时候打，如何打，在哪里打？朱宸濠有朱宸濠的算盘，王阳明有王阳明的算盘，他们都希望按照自己的方略进行，到底谁才能决定呢？

天下尽反，我辈固当如此做

朱宸濠刚刚造反的时候，声势浩大，实力不容小觑，而且影响巨大，天下为之震动。在这个特殊的关头，并不是朱宸濠的实力真的有多大，主要是对人心的影响，尤其那些有异见、有想法、有能力的人，一看朱宸濠造反了，他们也就跟着起来了。

一个朱宸濠不可怕，两个也不可怕，三个也好对付，甚至十个也能处置。就怕是一个倒下了，千百个朱宸濠又站起来了，那就麻烦了，形成了风气，谁也控制不了局面。有一句话说得好，站在风口，就是猪也能飞起来。就是说，风起来了，即便是屌丝也能做皇帝，这就是为什么历朝历代的开国皇帝都是布衣。藩王造反是有成功案例的，朱棣就是这样做皇帝的，何况是朱宸濠呢？

王阳明看得明白，必须避开朱宸濠的锋芒，千万不能对着干，尤其不能和朱宸濠发生武力冲突。尽管王阳明回到了吉安，也召集了各路人马，他清楚这些人就是乌合之众，也就打打山里的土匪、杀杀鄱阳湖里的大盗还凑合，如果和朱宸濠的军队打仗，等于找死。

朱宸濠造反后，王阳明一直都很忙，先是忙着逃命，接着忙着伪造各种圣旨、檄文和火牌，到吉安后忙着给朝廷上奏疏，然后开始在吉安管辖的地方进行军事布防，就是唯独不带军队去南昌平叛。

为什么不去平叛，不是王阳明不想去，而是没法去，没那个能力，非不为也，实不能也。那个时候，王阳明不仅不敢带军队去南昌平叛朱宸濠，反而十分担心朱宸濠带着部队攻打吉安，每天都在煎熬中度过。

在这期间，流言四起，说什么的都有。有人说王阳明是胆小鬼，有人说王阳明没能力，有人说王阳明只能打土匪，有人说王阳明和朱宸濠互通款曲……

嘴是两张皮，想往哪儿移就往哪儿移。有会说的，有不会听，舌头根子压死人，唾沫星子淹死人，朱宸濠造反了，王阳明这个身份，必须顾及大局势。王阳明的弟子邹守益听到传言，说朱宸濠诱惑叶芳，他们联手夹攻吉安，吉安一下子危急起来。

这里要说叶芳是何许人也？

叶芳原来是一个峒酋，所谓"峒酋"就是山里的头头，说白了就是土匪头子。叶芳的实力也不小，手下有一万多个兄弟。王阳明在南赣平定的时候，叶芳服从命令听指挥，因而对叶芳进行了招抚，没有杀叶芳，叶芳也因此感恩戴德，甚至把王阳明当作再生父母。

土匪毕竟是土匪，没有读过圣贤书，没有接受过严肃的朝廷教育，他们只讲究利益，没有道义，只要利益到位，礼义廉耻一边去。这个时候朱宸濠向叶芳许诺高官厚禄，谁能保证叶芳不动心？

如果叶芳禁受不住诱惑，和朱宸濠联手，他从南边进攻吉安，朱宸濠从北边进攻吉安，吉安肯定沦陷，王阳明还能淡定吗？

正是由于担心吉安，担心自己，担心王阳明，王阳明的弟子邹守益来见王阳明："先生，听说朱宸濠诱惑叶芳一起夹击吉安。"

王阳明淡定地说："叶芳必不叛。诸贼旧以茅为屋，叛则焚之。我过其巢，许其伐巨木创屋万余。今其党各千余，不肯焚矣。"

大家都在怀疑叶芳，王阳明却如此肯定，认定叶芳不会背叛自己。王阳明的自信从哪里来的？显然不是从圣贤书里，也不是从叶芳的长相，也不是从自己的人品，也不是从自己的学识水平，更不是从朝廷和皇帝，而是叶芳自己的行动。王阳明在南赣平叛，见多识广，山里的土匪都是用茅草搭建房屋，为的是方便反叛，一旦造反，一把火烧了就走。而叶芳则不是这样的，他带领山里的兄弟们砍伐了巨型树木建造了一万多间房屋。叶芳和他弟兄们就住在那里，肯定舍不得烧掉。

邹守益焦急地说："他跟从朱宸濠，有希望封拜，哪里能用寻常思维来考虑？"

王阳明分析得有道理，邹守益的担心也有道理，那些房屋确实不错，可是如果他跟着朱宸濠，立马可以拜将封侯，岂能用寻常道理来判断。邹守益这样一说，王阳明也觉得是这个道理。

危急时刻，面对这种局势，王阳明默然良久曰："天下尽反，我辈固当如此做。"

王阳明清楚，这不仅仅是担心叶芳，还在担心自己会不会加入朱宸濠的阵营，所以这个时候，自己必须站出来表明自己的立场，就是不管别人怎么说，我王某人绝对不造反。给那些支持朝廷的人吃一颗定心丸，同时也给那些脚踩两只船的人一个警告，让那些暗通朱宸濠的人断了念想。

其实，不只是邹守益没有信心，王阳明自己也含糊，但他有底线有操守，总之有一条，不管别人造不造反，就是所有的人都造反了，我王阳明也绝对不造反。他的弟子邹守益听了后，点了点头，一时胸中豁然开朗，坚定信念跟着王阳明。

第二天早晨，邹守益再次见王阳明，说道："昨天夜里认真考虑一下，朱宸濠如果派人逮住我老父亲怎么办啊？现在我已派人告诉他老人家了，让他急速到别的地方躲起来。"

王阳明自己的弟子都这样犹豫不决，不要说其他人，当王阳明给他吃了定心丸后，他就知道怎么做了。后来，王阳明的另一个弟子钱德洪这样评价这句话："平宸濠不难，难在倡义。"钱德洪这句话翻译过来就是，不怕没好事，就怕没好人。

当大家都知道王阳明的决心后，情况就清晰了，事情就好办了，因为王阳明已经把人心统一起来了。

人心齐，泰山移，何况一个朱宸濠。

把宁王拽回南昌

朱宸濠出发十天后，七月十三日，王阳明带领临时组合的部队从吉安出发，同时命令临江知府戴德孺、袁州知府徐琏、赣州知府邢珣、瑞州通判胡尧元与童琦、南安推官徐文英、赣州都指挥余恩、新淦知县李美、泰和知县李楫、宁都知县王天与、万安知县王冕，各自带着所有兵力按时到樟树会合。

看到这一系列名单，挺吓人的，四个知府、两个通判、一个推官、一个都指挥和四个知县。这么多官员，阵势浩大，但每个知府只带了五百士兵，合起来才两千人马，赣州都指挥才带了四百人，剩下这些官员每人才带了一百多人。

也就是说，王阳明前后忙活了半个多月，想尽办法，用尽手段，满打满算才调集了三千多人的部队。这点人马，和朱宸濠的十万大军比起来，真不够塞牙缝的，如果真的和朱宸濠对垒，也就够朱宸濠练手的。

各路人马到齐后，王阳明在樟树举行了浩大的誓师大会。誓师现场，王阳明斩杀了一些不服号令和违犯军纪的士兵，以此来祭旗。看到这个场面，军士吓得大腿发抖，不敢仰视，真正领略了王阳明治军的严格。

誓师大会后，下一步就是打仗，大家开始了讨论。多数人都认为，朱宸濠谋反后，在南昌待了半个月才出发，肯定对南昌做了充分的防卫准备，现在去打南昌，胜算不大，最好在长江上和朱宸濠进行决战。这个时候，朱宸濠的大部队已经抵达安庆，安庆危急，一旦安庆被攻破，南京就危险了。因此大家都认为应该急速派兵去解救安庆。

面对众人的讨论，王阳明淡定地说："今南康、九江皆为贼据，我兵若越二城，直趋安庆，贼必回军死门，使我腹背受敌也。莫若先破南昌，贼失内据，势必归援。如此，则安庆之围自解，而贼成擒矣。"

王阳明虽然在南赣平定了许多土匪，但那都是以强胜弱，几乎拥有了所有的资源，取得胜利不奇怪，不胜利才奇怪。这次对阵朱宸濠才是真正意义上的带兵打仗，王阳明也是第一次，这么大的阵势，驾驭起来并不容易。

王阳明有自己的秘密武器，那就是岳飞的用兵之道。关于如何用兵如神，岳飞说过这样一句话："兵法之常，运用之妙，存乎一心。"关于这句话，毛泽东在《论持久战》里这样评论，古人所谓"运用之妙，存乎一心"，这个"妙"，我们叫作灵活性，这是聪明的指挥员的创新。

看来，伟大的军事家都是心有灵犀一点通的，岳飞这样，毛泽东这样，王阳明也是如此，他们都掌握了"运用之妙，存乎一心"的精妙之处。

关于在哪里和朱宸濠决战，王阳明力排众议，决定在南昌和朱宸濠决战。那个时候，朱宸濠已经攻下了南康和九江，如果去救援安庆，必然要绕过南昌、南康和九江，这需要长途跋涉，可能还没有到安庆，朱宸濠都已经攻下南京了。即便没有攻下安庆，在安庆和朱宸濠战斗，人家是以逸待劳，占据优势，三千疲惫之师和六万蓄势待发之师，怎么打？再就是，朱宸濠带出去的这六万人，都是精锐，王阳明的三千乌合之众，根本就不是对手。

而如果在南昌决战，形势就大不一样了，朱宸濠把精锐部队都带出去了，南昌肯定空虚。有人会有疑惑，朱宸濠出发时，王阳明不是在吉安吗？朱宸濠怎么没把王阳明当回事？怎么不收拾了王阳明再出发，或者即便不收拾王阳明也应该留下足够兵力对付王阳明。

实际情况是，朱宸濠也确实把王阳明当回事，留下了一万多守兵。但对王阳明来说，以他的军事实力，只有打南昌才有胜算，如果真的听从大家的建议，绕道去救援安庆，和朱宸濠的精锐部队一决雌雄，无疑真的就是书生意气，太过教条化了。而攻打南昌，在军事方面是避实击虚，胜算更大；在政治方面，影响力更大，夺取了朱宸濠的大本营，对朱宸濠的部队几乎是毁灭性的打击，这些多是南昌人，如何接受得了，这样就达到围魏救赵的效果。

王阳明对众人说，现在南昌空虚，我们全力以赴攻打南昌，朱宸濠获悉后，必然回头来救南昌。朱宸濠之所以必然回来救南昌，是因为他攻打安庆受挫，他肯定不愿意接受安庆没攻下老窝南昌也丢了的局面。可能他刚回兵来救，我们就攻下南昌了，如此一来，我们既攻下了南昌，也解了安庆之围，朱宸濠就成了丧家犬。之后，我们在半路设伏，肯定就能打败朱宸濠，一举拿下他。

军事方案既定，王阳明带着五千士兵就出发了。王阳明从情报获悉，叛军在新旧厂设下了埋伏，当即命令奉新知县刘守绪夜里带兵从小道攻打，朱宸濠的军队一击即破。七月十七日，大部队到了市汊后，王阳明做了攻打南昌城的详细安排，把自己手里的人马分成十三哨，分别攻打南昌的十三个城门，也即是谁带着多少部队，攻打哪个地方，如何攻打……

心学大师打仗和别人肯定不一样，哪能上来就是武力呢？总要先玩玩心理学吧，不然会被别人笑话的。

打仗是心力活

和当初剿匪一样，王阳明在武力攻打南昌之前，先打了一场心理战。

七月十八日，王阳明发布了《告示在城官兵书》《示谕江西布按三司从逆官员》，说是给官兵的告示，其实包括了普通老百姓、宁王府的留守人员以及投靠朱宸濠的朝廷官员。

想必大家现在都知道宁王造反作乱了，这事人神共愤，按照《大明律》必须诛杀。但南昌城里的宗支君王仪宾都是被胁迫的，例如钟宁王无罪被朱宸濠削爵，建安王父子俱被朱宸濠残害而死，至于普通军民人等或覆宗灭族，或倾家荡产，或勒取子女，皆对朱宸濠恨入骨髓，敢怒而不敢言，你们参加造反，都不是本心。你们都是我大明朝的子民，都是受害者，本大人我王某人仰仗朝廷威灵，调集两广并本省狼达汉土官兵二十余万，很快就到南昌，我这次只追究首恶朱宸濠，和普通老百姓没有关系。希望城里相关人看到告示，宗支郡王仪宾各闭门自保，商贾买卖如故，军民弃甲投戈，该干吗干吗，不要惊慌害怕。如果宁王府的守城校尉、把守人员愿意打开城门欢迎或者起兵协助朝廷捉拿造反者，本大人很是欢迎，而且一定保举你们升官发财。如果还有人执迷不悟，紧闭城门，准备对抗朝廷者，必杀不赦。现在是你们做出选择的时候了。最后奉劝，我善良的军民啊，赶快去恶从善，为了宁王的事，落得身首异处，株连九族，不值得啊。我快来了，我马上就来了。

这就是王阳明高明的地方，这些告示的统战水平非常高，他很懂那些参与造反者的心理，他知道这个时候不能树敌，尤其不能把所有的士兵和城里的老百姓当作敌人，否则一下子就把他们全部推给了朱宸濠，一定要争取过来，即便争取不过来，也要他们保持中立。

正如《孙子兵法》所说，静如处子，动如脱兔。王阳明说行动就行动，十八日发完告示，十九日就发兵攻打南昌，二十日凌晨，各路部队都准时达到指定地方，在南昌外围集结完毕，只待一声令下。

王阳明在南赣和土匪没少打仗，但攻城还是第一次，他也不太清楚自己那些小广告宣传单效果到底如何，更不清楚攻城和拔寨有什么不同。这个时候，只能知行合一，把从兵书获得的知识运用到战场上了，外加岳飞的"运用之妙，存乎一心"。

攻城前，王阳明对自己的队伍并不是多放心，他知道自己这七拼八凑的队伍，无论是战术素养还是纪律都远远不够，但这个时候，素养的问题已经无法解决了，但纪律还是可以加强的。于是，王阳明对自己的队伍下达了攻城令："一鼓附城，二鼓登，三鼓不登诛，四鼓不登斩其队将。"

岳飞说过："文官不爱财，武官不惜死，则天下太平矣！"王阳明的这个命令，就抓住了"武官不惜死"，就是只要攻城令一下，必须向前冲，一声鼓响必须到城下，二声鼓响必须登上城墙，三声鼓响还没登上城墙砍头，四声鼓响还没登上城墙斩杀队长。在这种情况下，因为不登城被自己人杀死，那就是贪生怕死，一文不值，不仅丢人还会被钉在耻辱柱上；如果登城而死，那就是为国捐躯，既光荣还享受烈士待遇，家人也就成了烈属。

再就是，这些士兵都见过王阳明斩杀违反纪律的士兵，这事谁敢拿脑袋做实验啊。不登城是死，登城有可能死，横竖都是死，而且登上城墙还可能有活路，选哪一条路，这不需要王阳明明说，大家都知道。因而王阳明的士兵拼命为了活命向前冲，他们知道只要打进去，不仅不会死，还能立功升官发财。

城外面的拼命往里冲，城内则是另外一番景象，他们恰巧和城外相反。他们不了解城外的情况，只知道精锐部队都被朱宸濠带走了，仅仅留下了一万多人马，王巡抚在小广告宣传单里说，他带二十万人马来攻城，宁王虽然号称十万，也就六万，力量太悬殊了，根本不是一个重量级的，和王阳明对抗只有死路一条。再就是王巡抚还在小广告宣传单里说了，大家都是被逼迫的，只要不再参与宁王的队伍，就是大明子民，如果协助官兵攻城、打开城门欢迎，还能升官发财。

就这样，在王阳明的运作下，城外的人想进去，城里的人很欢迎。

七月二十日黎明时刻，王阳明的军队开始攻城。尽管许多人都是无心应战，一看到王阳明稀稀拉拉的人马，守城士兵顿时骂大街，就这点人马，好意思说二十万，小广告的宣传太虚假了，太坑爹了。不为别的，就是单单为了虚假宣传也要和他们打一仗，于是，为了荣誉，朱宸濠的死忠开始抵抗，但人心早已涣散，哪里抵挡得住，王阳明的大军轻松攻破了南昌。

王阳明的军队攻入南昌后，活捉了朱桸橼、万锐等一千多人，宁王府留下的宫眷很有节操，点火自焚。之后，王阳明进入南昌，一方面打扫战场，查封府库所有物品，收缴各类印信；另一方面安抚民心，同时兑现了自己在小广告宣传单上的承诺，释放所有的胁从造反之人。

攻打南昌，在外人看起来太容易了，有谁知道王阳明背后做了多少谋略准备，正所谓上兵伐谋，轻松拿下南昌，展现了王阳明的伐谋之高明。最为高明的是，王阳明践行诺言，宣传单上的承诺全部兑现，南昌的人心一下安定。不仅如此，还吸引了一大批朱宸濠的将领前来投降。

三下五除二，王阳明轻轻松松就把南昌搞定了，朱宸濠该怎么办呢？

一切都在心中

攻下南昌后，王阳明随后也进入了南昌，拿下南昌，在王阳明心里，什么都是花，睁开眼是花，闭上眼也是花，南昌只不过是花的另一种形式，朱宸濠也是一种花，自己何尝不是花……

花花世界，哪里都有花，关键是心中有没有花。

王阳明曾经和朋友一起到余姚的南镇游玩，一个朋友指着岩中花树，问："此花在山中自开自落，与我心体有何相干？"

王阳明回答说："你未看此花时，此花与你心同归于寂，你看此花时，此花的颜色一时明白起来，便知此花原不在你心外。"

这就是王阳明经典看花故事，也叫"岩中花树"，正是因为说了这句话，后来被上纲上线，王阳明也被当作唯心主义的典型靶子来批，而且看花故事还成了高中政治课的反面例子。简单地说，王阳明在这里想要表达的是心和花的关系，就是说，当心和花没有相遇的时候，他们两个没有啥关系，心里没有花，花也不会出现在心里；而一旦镜子和物体相遇了，心里就有花了，花的颜色形状也就在镜子里展现出来了，这个时候，心就会因为花而发生感情变化，花朵鲜艳心情愉悦舒畅，花朵凋零心情也随之惆怅。

其实，这里无关唯心唯物，也无关风云风月，仅仅是一个认知的问题。由王阳明的心与花就不由自主回想起古希腊的普罗塔哥拉，他最著名的哲学命题是："人是万物的尺度，是存在者存在的尺度，也是非存在者不存在的尺度。"

正如《金刚经》中的一个话语模式：如来说世界，亦非世界，是名世界。就是说，这个世界到底是什么模样，这是没有结果的，因为任何一种描述都是借助一定的测量手段，而手段都是局限的。如果用物理术语来说，看花的过程就是测量的过程，用量子力学的基础知识来解释，如果没有事先确定一个物理量的测量方式，那么谈论这个物理量就没有意义。

现代量子力学应该和王阳明相同的感受，爱因斯坦曾经调侃量子力学哥本哈根学派说，当没有看见月亮的时候，月亮还存在吗？套用王阳明的话回答，答案是这样的：你未看月亮时，月亮便归于枯寂；当你看月亮时，月亮才明亮起来。

王阳明举这个例子，他要说明的是当心遇到花，心里有没有花以及心情因为花而产生变化的问题，而不是花存不存在的问题，也即是王阳明所强调的心即理，一是心里变化之理，二是认知之理。任何观测者都不能独立于被观测事物之外，故而任何一种观测都必然影响到被观测者，所以我们所体验的一切，不全是客观世界的真实模样，而是我们和客观世界互动的结果。

到南昌后，王阳明入主都察院，天天坐在那里办公，而且打开中门，让整个南昌的老百姓都可以看到前后，也可以看到自己这朵花。王阳明清楚，只要老百姓看到自己这朵花，就知道王大人在他们心里，和他们在一起。

南昌，王阳明睁眼看花，闭眼也是花，这是因为王阳明在关注人心和人性，尤其朱宸濠和他的那帮士兵。政务之余，王阳明就和南昌的名流雅士坐而论道，既是为了弘道，也是为了稳定人心。由于拿下南昌，吉安的老百姓想不明白，就认为王阳明可能和朱宸濠有一腿："王公之戈，未知何向？"就是说，不要看王阳明拿下了南昌，他到底和谁是一伙的，还不好说。王阳明的一个弟子黄弘纲听到了，就到都察院告诉王阳明，王阳明听了呵呵一笑，不做回答。

长江，朱宸濠睁眼想的是南昌，闭眼想的还是南昌。朱宸濠一心要夺江山做皇帝，他身在长江，身边有江也有山，而他却关注南昌，关注南昌的王阳明。这个时候，朱宸濠是怎么也笑不出来的，至于王阳明是不是和他一伙的，他最清楚，但清楚有什么用。

朱宸濠七月初九就抵达了安庆黄石矶，他当时并未打算攻打安庆，目标是南京，仅仅路过安庆而已。但安庆知府张文锦和守备杨锐却不愿意，他们很是热情，非要和朱宸濠过过招，就命令士兵登上城墙大声辱骂朱宸濠，内容也就是朱宸濠就是婊子养的之类的。朱宸濠孝名满天下，哪里容忍得住，立即命令徐钦攻打安庆。

显然，安庆不是软柿子，徐钦攻城受阻，之后派人去诱降，也失败。七月十二日，朱宸濠为攻打安庆挠头的时候，他的干将罗朝纪、宋钦和胡通镇等人趁乱逃跑，全力以赴还打不下安庆，战将跑掉一些后，就更没有希望了。

对朱宸濠来说，没有最坏消息只有更坏的消息，七月十五日，朱宸濠接到万锐的加急信，王阳明已带领部队到丰城，直逼南昌。

怎么这个样子啊？怎么这么不顺，安庆还没打下，自己的根据地就被王阳明包围了，朱宸濠心里满是焦虑。现在是进无可进，一旦南昌丢了，就会退无可退，怎么办？朱宸濠就找来李士实等人商议。

一听说南昌危急，朱宸濠当即就打算带兵回去救南昌。但李士实不同意，他对朱宸濠说："千万不能走回头路，南昌无足轻重，必须径往南京，既登大宝，则江西自服，还在乎一个南昌？"

李士实的这个建议，很多人都认为非常高明，甚至认为是一个可以改变历史的大智慧，错就错在朱宸濠。如果朱宸濠接受了李士实的这个建议，大军一挥东下攻南京，拿下南京，在那里登基做皇帝，就是第二个朱棣。其实这是典型的事后诸葛亮式扯淡，一点都不靠谱。

连安庆都拿不下的队伍，还指望他们拿下南京，也太小瞧大明朝的军队了。攻打安庆受挫，一下子就跑了这么多将领，南昌一旦被王阳明拿下还会跑一些，照这个样子，到南京还能剩下多少人，能不能形成队伍都是未知数。再说了，很可能等到朱宸濠带部队还没到南京城的时候，南京就主动出击了。

再就是，打南昌的是王阳明，拿下南昌，王阳明会在那里一动不动天天坐而论道抬头看花？

在众人的建议下，朱宸濠立即撤兵回救南昌，但依然把军队转移到沅子港。考虑到南昌对自己的重要性，朱宸濠当即抽调两万精兵直驱南昌，然后自己带着所有的人随后也跟着回南昌。

这样一来，朱宸濠就完全按照王阳明设计的路线前行，也难怪吉安有人怀疑王阳明，搞不清他到底是和谁一伙的。看到朱宸濠这么配合王阳明，一般人还真搞不明白，他俩是不是在演双簧？

至于王阳明和朱宸濠到底是不是一伙的，还要看接下来，他们之间是否还是这么默契？

力量来自人心

朱宸濠要返回南昌，王阳明很快获得消息了，看到朱宸濠按照自己的规划行进，王阳明既高兴又着急，高兴是因为自己的方案是正确的，着急是因为朝廷调动的各路勤王军队还看不到影子，朱宸濠却又带着大部队回来了。

当朱宸濠行军到黄家渡的时候，获悉南昌已经失守后，就率部队驻扎在那里，商讨如何进攻南昌。

王阳明何尝不清楚，江西的事就是自己的事，谁会当回事，谁都不傻，大家都是来打秋风的，以旅游为目的，顺道建功立业。这个时候谁都靠不住，还是靠自己，王阳明召集将领商讨对策，朱宸濠又回来了，我们怎么办？

大多数人都认为，朱宸濠人多势众，力量悬殊太大，最好的办法是"敛兵入城，坚壁待援"，等各路人马都到齐了再和朱宸濠开战。

这是一般人的想法，王阳明对大伙说："不是这样的，朱宸濠他们听说老窝被攻破，已经闻风丧胆。再就是朱宸濠虽然人多势众，但从未遇见过大敌，只是用事成之后封官许愿来引诱大家。今进不得逞，退无所归，大家已经看不到任何希望了，都是极度消极沮丧。这个时候，只要我们带领精锐部队袭击朱宸濠的疲惫部队，一旦挫败了他们的锐气，他们将不战而溃，这就是所谓先声有夺人之气也。"

话可以大说，但做事要踏实，用军事术语表述就是"战略上藐视敌人，战术上重视敌人"，王阳明说的就是战略，但战术就没有这么简单了，尽管拿下南昌了，王阳明的军队并没有一下子多起来，还是攻城的这帮人。不仅人数少，而且这些人几乎没有正规军，都是各府县临时凑起来的，都是杂牌军。

为了显示人多势众，王阳明就变魔术，到处布置疑兵，显示实力强大，这可以欺骗外人，但欺骗不了自己。其实，在说大话方面，王阳明比朱宸濠还牛，朱宸濠也仅仅把六万人吹嘘成十万人，王阳明则大气得多，愣是把几千人说成二十多万人。别的不说，单单从说大话来看，朱宸濠就比王阳明差了好几个层次。

王阳明也清楚，他和朱宸濠，打的主要是心理战。朱宸濠之所以能集聚人气，无非就是事成之后的高官厚禄，但现在他出师不利，却带着大部队又回到了原点。这个时候，朱宸濠先前的激励措施就成了镜中花水中月，再跟着他能得到什么？希望一下子破灭了，对许多人来说，就是心死。哀莫大于心死，一支心死的部队能有多大战斗力？这就是王阳明为什么敢用区区几千人对阵朱宸濠的几万人，因为没有希望就没有力量，有希望就是力量。

力量从哪里来？只能从人这里来。王阳明的队伍再有希望，毕竟人数太少，因而还是很紧张的，唯一的办法就是把这些人的能量发挥到极致。在这方面，王阳明是高手，于是，他就和伍文定一起研究战略战术。

正当王阳明为部队着急的时候，抚州知府陈槐和进贤知县刘源清带着自己的部队来了。不论多少，有总比没有强。

七月二十二日，王阳明开始排兵布阵，派遣伍文定、邢珣、徐琏、戴德孺这几个知府大人各领兵五百，分道并进，击其不意。又遣余恩带兵四百，往来鄱阳湖上引诱朱宸濠。陈槐、胡尧元、童琦、谈储、王暐、徐文英、李美、李楫、王冕、王轼、刘守绪、刘源清等一帮知县级别的，每个人只能带领一百余士兵，四面张疑设伏，等候时机联合伍文定攻击朱宸濠。分布既定，各路乘夜疾进。

从这个布阵可以看出，王阳明的主力部队才五百人，其他也就一百多人的样子，足见王阳明的人马是多么的少。

吉安知府伍文定带领五百人迎战朱宸濠的两万精锐，这不是闹笑话，也不是故意诱敌深入，而是就这么多人。这仗肯定没法打，王阳明高明就高明在这里，他知道没法打，所以就不让伍文定和朱宸濠正面打，而是采取调虎离山计。怎么调虎呢？朱宸濠的队伍原本是夺天下的，希望得到高官厚禄，结果接连受挫，又返回到了原点，高官的希望是越来越渺茫了，抢点财物就成了最后最现实的事了。王阳明决定从这方面下手，就让伍文定和余恩带上一大批财物，这不是见面礼，而是诱饵。

战斗打响后，伍文定打头阵，他引走一部分部队后，余恩接着再来引诱。邢珣绕到朱宸濠的后面。徐琏、戴德孺从两边吸引朱宸濠。

就这样，王阳明的两千四百人和朱宸濠的两万人开始战斗了，只能庆幸在夜里开战，谁都看不清谁；再次应该庆幸是在鄱阳湖里战斗，人数的优势不能充分发挥。

伍文定、余恩刚和朱宸濠一打照面，发现朱宸濠的队伍士气高昂，决定故意败北。他们一路逃，一路丢东西，朱宸濠的队伍知道爵位已经没希望，好不容易造回反，做不了高官就发点小财吧，于是一哄而上抢财物去了，没人顾上打仗了。所谓将军赶路不追小兔，打仗最忌讳抢夺财物，一旦抢夺财物，队伍就会混乱，导致前后脱节。

看到朱宸濠的队伍忙着抢财物，邢珣从后面进攻，伍文定和余恩回头进攻，徐琏、戴德孺从两侧发起进攻。看到四面都是敌人，朱宸濠的队伍一下子溃散，撤退到八字脑。

这一战，大大出乎朱宸濠的意料，是什么原因，这么多人怎么打也不至于败啊？估计是奖赏不够，朱宸濠召开了动员大会，提出只要敢于冲锋陷阵，一定加倍奖赏。俗话说，重赏之下，必有勇夫，不知道这个规则能否在下一场战争中起到决定作用。

王失机

除了重赏队伍之外，朱宸濠又把九江和南康的队伍抽调过来，准备和王阳明在鄱阳湖决一死战。朱宸濠这个做法实在没啥高明之处，他好像不是打仗，而是在开演唱会，以为只要人多场面大，就一定能战胜王阳明。实际上，战场上讲究的是战略和战术，不仅仅是人多，更多的是智慧。

和朱宸濠完全相反，在朱宸濠从九江和南康抽调队伍支援八字脑的时候，王阳明愣是从几千人调出一部分队伍，派抚州陈槐带领四百人与饶州知府林瑊的队伍合并一起攻打九江；另外派遣广信知府周朝佐前去攻打南康。王阳明派人去打九江和南康倒不是和朱宸濠斗气，而是战局需要，他清楚九江是所有外援的入口，不拿下九江，外援进不来；南康是朱宸濠的后方，如果不收复南康，则无法切断朱宸濠和土匪的秘密通道。

七月二十五日，双方准备好后，在鄱阳湖再次开战。

朱宸濠亲自压阵，率领大部队向王阳明的队伍发起攻击。

这一次，王阳明和朱宸濠还是不一样，朱宸濠现场督师，王阳明则稳坐在南昌都察院，在办公室里和朋友、弟子谈天说地论人性，说人说心说大道。一副优哉游哉的样子，大有当年淝水之战谢安的样子。情报到了，接过来看看，顺手批一下，然后继续聊天。

这是装给别人看的，恰恰说明了王阳明内心的紧张，这就是淝水之战的翻版，王阳明也是全部模仿谢安，他正是通过这种方式来释放紧张。因为敌我力量相差太大，几乎所有的人都不自信，都是高度紧张，王阳明明白，只要他表现出一点紧张，哪怕是流露一丝紧张，就会像海啸一样迅速传播，人心将在瞬间被击溃，后果不堪设想。虽然是模仿谢安，但也相当不错了，王阳明所处的情景一点也不比谢安好，甚至更严重。

相对王阳明在办公室里喝喝茶、论论道、谈谈人心相比，伍文定他们在鄱阳湖上就狼狈多了。朱宸濠的队伍比伍文定的多很多，根本不在一个级别，在朱宸濠的重赏之下，士兵一看到伍文定就那一点人，个个争先恐后，大喊，兄弟们冲啊，直奔伍文定的队伍。

伍文定的队伍根本抵挡不住，被朱宸濠的部队打得七零八落，有些人还跳湖求生。看到这个局面，伍文定当机立断，亲自到铳炮船舱指挥，命令手下用火铳枪打死全部后退和跳湖求生的士兵。伍文定这招立竿见影，队伍一下子稳住了，没人再敢后退，没人再敢逃跑，也没人再敢跳湖了，一个一个都拼死战斗。

由于太过投入战斗，太过关心铳炮的威力，伍文定的胡子居然被铳炮之火烧着了。一看伍文定的胡子烧着了，通信兵就把这事通过加急文书报告给了王阳明：伍文定的胡子烧着了，队伍却在后退。

听到伍文定的胡子都烧着了，接着不就烧到眉毛了吗？太危急了，大家都十分惊恐，王阳明却淡淡地说："适闻对敌小却，此兵家常事，不足介意。"

火烧了胡子，伍文定依然淡定指挥，湖上局势很快发生了逆转，伍文定的铳炮击中了朱宸濠的副船，副船燃起了大火。朱宸濠的指挥中心就设置在这里，朱宸濠的队伍一看指挥中心起火了，军心大乱，队伍溃乱，跳水淹死者无数。看到朱宸濠的队伍大乱，伍文定他们乘势追击，杀死、活捉两千多人。

朱宸濠只得带着队伍继续后撤，当后撤到八字脑的时候，朱宸濠停船问到哪里啦？下属回答：黄石矶。由于朱宸濠的队伍都是南方人，南方许多人"h""w"分不清，经常把"黄"读成"王"，为了区分，他们一般说"黄"是大肚子，说"王"是三横一竖。因而这个下属就把"黄石矶"读成"王石矶"，而朱宸濠则误听成"王失机"。

朱宸濠十分气恨下属把"黄石矶"读成"王失机"，以为下属嘲笑自己已经失去机会，于是就把这个下属砍头了。冲这一点，就可以看出朱宸濠不能成大事，他不能调剂自己的心情，别说下属是无意读成"王失机"，就是有意，能有多大事，再就是下属又没有明确说"王"就是朱宸濠啊，朱宸濠纯属自己找拧。因为这里的"王"也有可能是王阳明啊，朱宸濠就是自作多情，所以只能空余恨。

最后，朱宸濠终于在一个名叫"樵舍"的地点驻扎了下来，之所以在此驻扎，或许就是借助樵舍的谐音"巧设"，朱宸濠准备在这里巧设机关。后来的事实证明，朱宸濠确实在樵舍巧设机关了。朱宸濠巧设的机关就是用铁链把所有的船连在一起，便于发挥他的人数优势。为了能在樵舍打一个翻身仗，朱宸濠拿出了所有的金银赏赐给大伙。朱宸濠当众宣布："当先者，千金；受伤者，百金。"赏金不可谓不厚，但是逃跑者极多。

到这里不由自主地回想起三国时的曹操，朱宸濠难道没有读过书？朱宸濠确实应该读过书的，不知道他都读过哪些书，估计他没有读过《三国志》，没有读过《后汉书》，没有读过《资治通鉴》，也没有读过《三国演义》，但凡这几本书，只要读过其中的一本，就应该知道曹操的教训，就不会把所有的船只连在一起。

一个要做皇帝的人，无论如何都应该读一些历史书，最起码应该读读《资治通鉴》，读不懂的话，也要读读白话文的《三国演义》。

朱宸濠不着调，王阳明却很清楚，既然你朱宸濠来曹操这一套，王阳明也很简单，照方抓药，采取火攻。王阳明派伍文定秘密准备了火攻所需的物资，命令邢珣带领队伍从左翼放火，徐琏、戴德孺带领队伍从右翼放火，余恩埋伏起来，等着合围朱宸濠。

朱宸濠真的是第二个曹操吗？王阳明能在鄱阳湖上烧掉朱宸濠的船只吗？

决战鄱阳湖

七月二十六日，队伍按照王阳明的命令行动，简单得不能再简单，也就是找准风向，点燃满载易燃物品的船只开始进攻，风助火势，把朱宸濠的战船引燃，然后发动全面进攻。

这一天早晨，朱宸濠终于迈出了一生中最重要的一步，实现了自己的人生梦想——做皇帝。这天早晨，朱宸濠按照皇帝的仪式早朝，接受群臣的朝拜。这是朱宸濠人生的巅峰，也是他人生谢幕的开始。

只是朱宸濠的早朝有些紧张，一般来说第一次早朝，应该以奖赏为主，他却和群臣讨论如何惩处那些打仗不拼命的人，命令把这些人推出去斩首。但有些大臣不同意，于是就开始了争论，正当朱宸濠和自己的群臣争论的时候，有人急慌慌来报："陛下，大事不好！火，起火了。"

看到战船起火，朱宸濠当即组织众人救火，然后开始战斗。许多资料都记载，王阳明和朱宸濠的鄱阳湖之战，一把大火就击溃了朱宸濠，轻松结束战斗。

结果是对的，但过程一点儿都不轻松，而且还相当危急。如果不是一个人的出现，如果这个人不是站在王阳明的一边，后果就很难预料了，这个人就是叶芳。

鄱阳湖大战之前，叶芳秘密派人告诉王阳明：之前和朱宸濠勾肩搭背，就是为了迷惑他的。今天的事，生死唯命。

王阳明听了后，大为高兴，随即派人带着叶芳到鄱阳湖参战。叶芳的队伍开着船浩浩荡荡进了战场，看到叶芳的到来，高兴的不只是王阳明的队伍，朱宸濠最高兴，他最殷切希望叶芳加入他的队伍。朱宸濠以为叶芳是来帮助他的，因为他们都是反对朱厚照的，敌人的敌人应该是同一个战壕里的战友，他哪里想到叶芳已经是他对手王阳明的合伙人了，叶芳是来向他开炮的。

朱宸濠对叶芳没有丝毫的防备，叶芳突然发动猛攻，朱宸濠的队伍猝不及防。再就是叶芳有一万多人的队伍，毕竟人多势众，朱宸濠的队伍终于抵抗不住，逐步溃败。

正如蔡文在《平宁藩事略》中所记载，大难之平，芳与有力。不然，逆兵众且强，独以民卒之脆弱涣散，安能当其锋哉？

就是说鄱阳湖之战，叶芳功不可没，如果没有叶芳，朱宸濠兵多且强，单单王阳明的那些脆弱涣散的临时民兵，怎么能是对手？

战争结束后，叶芳到南昌面见王阳明，王阳明对叶芳说："我向朝廷给你请功，用官职来犒劳你，怎么样？"

叶芳则回答："我叶芳是土人，不乐拘束，就愿得金帛做一个富家翁。"

也就是说，叶芳来参战不为功名，只为金钱，也谈不上情谊。因而叶芳这个时候来助阵，很多地方都很微妙，不论怎么说，王阳明判断正确了。这就是王阳明高明的地方，叶芳的来与不来不在叶芳而在于王阳明，只要王阳明掌控局势，叶芳肯定会支持自己。

叶芳肯定多次陷入两难选择，经过无数次心理斗争，一会儿倾向和朱宸濠打天下，做一个开国元勋；一会儿想起王阳明对自己的好。看到局势明朗后，叶芳最终义无反顾加入了王阳明的队伍，一起攻打朱宸濠。

正是叶芳的加入，朱宸濠彻底溃败了。眼看不行了，朱宸濠就跟自己的妃嫔哭着告别，大有霸王别姬的场景，只是朱宸濠没有写诗，而且告别的不是一个而是一批妃嫔。告别之后，朱宸濠带着人逃跑了，这些妃嫔则一起跳水求死。

虽然都是失败者，藩王就是不如霸王，不够爷们儿，也没有英雄气概。

覆巢之下无完卵，都战败了，还有活路吗？能跑得了吗？

朱宸濠和曹操一样把战船连起来，同样被火烧，曹操有自己的华容道，朱宸濠却没有自己的华容道。王阳明早就做好布局，朱宸濠和他的世子，以及他们的骨干人员李士实、刘养正、刘吉等数百人被万安知县王冕一网打尽。

上苍并不总是眷顾姓朱的，当年朱元璋和陈友谅在鄱阳湖大战，朱元璋取得决定性胜利，奠定了大明朝的基础。这一次朱宸濠和王阳明在鄱阳湖决战，风水轮流转，姓王的取得了胜利，维护了大明朝的基础。

鄱阳湖上惊天动地的时候，王阳明却没在现场，他依旧坐在南昌都察院里，在那里喝茶、论道、谈人性、说人心、讲大道。

接到鄱阳湖大捷的捷报后，众人都欣喜若狂，激动不已。只有王阳明，还是那副表情，不惊不喜，依然平静地说："适闻宁王已擒，想来这封捷报不是假情报，但死伤太众。"

这么大的事，王阳明就做这些评论，之后又接着给弟子们讲学。

当事人这么淡定，旁观者开始激动了，大家一直叹服，这才是高人，是真正的心学大师。

在外人看来，这场战争太过容易了，王阳明太神奇了，王阳明是当世诸葛亮，这些都不是王阳明想要的，王阳明对诸葛亮不感冒，他想做圣人。只有王阳明自己清楚，和朱宸濠这一仗打得有多难，这些事冷暖自知，七情六欲一点都不能展现给大家，如果当初有点流露，可能被捉拿的就是王阳明了，他知道他只能展现给众人一个表情，一个一直很酷的表情，做到这一点真的很难，不仅需要定力，还需要大心脏，更需要一种坚韧不拔的神经。

朱宸濠一直想和王阳明见面，这次终于如愿以偿，这肯定不是朱宸濠所希望的，但现在只有这一种方式了。王阳明也知道自己要和朱宸濠见面了，这次不用纠结见还是不见了，而是必须见，关键是怎么见。不过，无论怎么见，现在都是王阳明说了算。

一场战争结束，另一场战争开始

在王冕的押解下，朱宸濠又回到了南昌，只是这一次不比先前，先前南昌是王（宁王）的城，现在南昌也是王（王阳明）的城，只是彼王非此王，先前的王是宁王，现在王是王阳明。

整个南昌都在期待这个时候朱宸濠是个什么样子，听说朱宸濠即将被押解回南昌，万人空巷，大家都来到大街上，一睹今日的朱宸濠。

押解朱宸濠的大道两边站满了军队，队伍整齐，军容威严，民众也有秩序地分列在大街两旁，所有的人都在等着围观。

朱宸濠终于出场了，这个时候，没有鲜花，也没有掌声，只有白眼和愤怒。朱宸濠不是坐着囚车进来的，也不是戴着枷锁进来的，更不是被士兵押着双手进来的……总之，朱宸濠的出现方式，绝对亮瞎人们的眼睛，因为他是骑着马进入南昌，还有牵马的，就差没有挑担的。

这太令看热闹的人失望了，但再怎么说朱宸濠也是皇族，就是造反也是政治犯，在某种程度上还是要照顾的。

朱宸濠骑在马上，依然是很有腔调，端着王爷的架子，一点也看不出这是一个朝廷重犯。不仅外人看不出来，就连朱宸濠自己也不觉得自己是犯人，他依然认为自己是王爷，天下是朱家的，他也姓朱，所以他还是天下的主人，这天下除了太祖武皇帝的直系后人，其他的人都是打工仔。

正是仗着血统的优越性，朱宸濠飘飘然悠悠然地进入南昌城，远远看见了王阳明，他没有丝毫的愧疚和失意，反而带着微笑和王阳明打招呼："此我家事，何劳费心如此！"

朱宸濠用意很明确，天下是我们老朱家的，皇帝只要姓朱就行了，换皇帝是老朱家自己的家事，你一个姓王的瞎掺和啥，是不是有点多管闲事。

面对朱宸濠的微笑，王阳明一如既往地要酷，因为无论如何，他都笑不起来。天下是皇帝的，只是皇帝姓朱，并不代表姓朱的都可以做皇帝。谁做皇帝，确实不是王阳明能管得了的事，但通过叛乱做皇帝，作为臣子，王阳明有义务平叛。只因为你朱宸濠想做皇帝，就杀死了孙燧、许逵，就让数万生灵涂炭，这绝对不行。

王阳明一声令下，士兵立即把朱宸濠拉下马，迅速绑起来，听候处理。

到这个时候，朱宸濠终于意识到自己不再是王爷了，而是一个囚犯了，还是一个重刑犯。随即，朱宸濠就尿了，再也没有进城时的霸气了，一点男子汉的雄霸之气都没有，竟然开始求饶："王先生啊，我知道我做错事了，现在我愿意削除所有护卫，做一个老百姓，可以吗？"

王阳明面无表情，说了四个字："有国法在！"

造反在任何时候都是大罪，都是事关国家存亡的大事，哪里是朱宸濠所说的家事，再就是即便是家事那也有家规，你朱宸濠所作所为符合朱元璋制定的家规吗？显然不符合，朱元璋当年在分封藩王的时候就考虑了隐患，为此朱元璋亲自编写了《永鉴录》和《御制纪非录》，里面详细记录了历代藩王的恶劣行径和教训，然后下发给各地藩王学习，目的就是告诫他们要忠心为国，不要重蹈覆辙。结果，却接连出现了朱棣、朱高煦、朱寘鐇和朱宸濠造反。

王阳明何尝不清楚，朱宸濠这是显摆自己的血统，这有用吗？你和我谈家事，你朱宸濠也配，一个连家规都不遵守的人，有何资格谈家事，你的所作所为已经是国事了，王阳明只能和他讲国法。

听到王阳明和他讲国法，朱宸濠很清楚等待自己的将是国法的严惩，这个时候，朱宸濠的确心有戚戚，想起了自己的王妃娄素珍，于是就对王阳明说："王先生啊，我媳妇娄妃，是一个贤妃啊。从开始到现在，她都一直苦苦劝说我不要造反，面对她的苦口婆心我什么都听不进去，先前投水自杀，希望王先生派人安葬一下她。"

娄妃就是王阳明老师娄谅的孙女，和王阳明也是颇有渊源，谁曾料想最后竟是以这样的方式见面。娄素珍出身书香门第，爷爷娄谅是大儒，深受家学熏陶，她无法接受朱宸濠的谋反，因而一直劝说朱宸濠，按理说她应该没什么错误，但她知道无论是生还是死都要有尊严，如果不能有尊严地活着，她宁愿有尊严地死去。这样的一个女子，朱宸濠差着几条街呢，王阳明也深为娄妃所感动，派人厚葬了娄妃。

朱宸濠被拿下后，王阳明以为战争结束了，就开始做后续处理。在整理朱宸濠的文书材料时，王阳明发现了许多账本，上面记录了何时何地送给某某某多少金钱和物品，显然一旦把这些目录上交朝廷，不知道又会有多少人因此失去生命，王阳明曾经受过牵连之苦，就命人把这些材料付之一炬。这一把火，保护了多少人，多少家庭没有家破人亡。王阳明这样做，值得点赞，高风亮节，但后来，那些目录上的人却反咬一口，令王阳明百口莫辩。

原因无他，因为王阳明知道得太多了，随时威胁着他们，正如《明通鉴》所记录的，朱宸濠造反之前，为了拉拢朝臣下水，他给所有的人送礼，多者累及数万，少亦以千计。李士实曾经质疑朱宸濠这样花钱太浪费了，朱宸濠哈哈大笑说："此为我寄之库耳！"

王阳明对外说烧掉了，天知道他是不是选择性烧掉，如此一来，大家岂不成了王阳明的傀儡？所以大家都对王阳明心怀芥蒂，不是这些人多坏，而是这些人不够安全。

七月二十七日，王阳明彻底平定朱宸濠之乱。王阳明踌躇满志，开始写奏疏、写总结、打报告，给有功人员请功讨封，同时也把所有参与叛乱之人的罪状一一胪列。就这样，朱宸濠费尽心机筹备数十年，从叛乱到平定，前后不到一个半月。朱宸濠造反之初，王阳明孤身一人，兵无一个将无一员，几经奔波才躲过追杀，在逃亡途中，王阳明积极展开平叛。那个时候，他和朝廷处于失联状态，但他不等不靠，不和朝廷谈条件，不向朝廷要政策，自己积极努力营造大局，从孤身一人愣是凭借一己之力力挽狂澜于既倒。

王阳明很高兴，也很愉悦，现在平定了朱宸濠，天下太平了。只需做好总结工作，押解朱宸濠进京，到朝廷完成交接，自己就可以请假回家休息了。王阳明一向以算无失策著称，这一次，王大人失算了，正当他忙着写奏疏、写总结，准备押解朱宸濠进京的时候，圣旨到了，朱厚照要御驾亲征。

接到圣旨，王阳明搞不明白，朱宸濠都被抓住了，皇帝还御驾亲征，征谁啊？

四、正德皇帝的德

大家都说，有钱，就是任性。这里的任性其实就是典型的暴发户心态，所谓任性就是烧钱，估计连败家都算不上。在我们生活的地方，最任性的肯定不是有钱的，而是有权的，他们才是真的任性，他们说怎么着就得怎么着，说一不二。当权力二起来，谁也挡不住，有人说，流氓会武术挡不住，这太高看流氓了，真正挡不住的是权力之中的至高者，这才真正挡不住。典型代表，历代都有，都是青出于蓝而胜于蓝，大明朝最任性的，非朱厚照莫属。

皇帝要御驾亲征

朱宸濠造反后，兵部召开紧急会议商讨如何派兵遣将前去征讨，讨论过来讨论过去，会议开了好几天，一直都没有结果。

别看朱厚照对江山社稷不上心，对朝政也不闻不问，但他对战争极其感兴趣，一听到战争，就浑身激动，恨不得立即带领一干人马杀奔过去。

看到兵部这么为难，朱厚照没有耐心了，多大的事啊，不就是打仗吗？兵部办事太拖拉，一点效率都没有，朱厚照当即给兵部下诏："不必命将，朕当亲率六师，奉天征讨。"皇帝不高兴了，你们兵部为了调兵遣将，煞费苦心地讨论，现在不用讨论了，也不用选派将领了，朕亲自率领大部队，奉天征讨。

看看这皇帝，多威武，多霸气，多爷们儿。这行为，真对得起他的谥号——明武宗。

叛乱发生了，皇帝积极主动，多好的事，殊不知大明朝的大臣们最担心的事，就是皇帝御驾亲征。一提起御驾亲征，朝臣们就会想起土木堡之变，正是因为明英宗朱祁镇听信太监王振谗言，御驾亲征，结果被瓦剌活捉，这件事给大明朝的朝臣留下了严重的心理阴影。不能提御驾亲征，一提御驾亲征大臣们就想起朱祁镇被活捉，就极为恐惧，就担心皇帝再次被活捉。如此一来，作为朝臣就有玩忽职守的嫌疑。

恰恰和大臣相反，朱厚照一点心理阴影都没有，他很崇尚武力，希望自己有朝一日能到广阔的草原上大展雄风，开创不朽之大业，建立赫赫军功，成为太祖武皇帝朱元璋和太宗朱棣那样的皇帝。为了像当年的朱棣那样，朱厚照也来一个天子守国门，直接到前方一线——宣府。宣府是明朝面对蒙古各部的军事重镇，是蒙古入侵的第一道防线。

朱厚照和朱棣天子守国门不一样，朱棣主要拿"天子守国门"做政治宣传，目的是迁都北京，而朱厚照是真的到宣府守国门。为了能长期守在那里，朱厚照花费重金修建镇国府，之后，朱厚照就常住那里。住在镇国府后，朱厚照终于远离喧嚣，再也听不到朝臣喋喋不休的劝谏了。为了防止朝臣撵到宣府进谏，朱厚照给朝臣下命令，所有的朝臣一律不许到宣府来，有什么事通过他身边的太监传达，豹房的随从可以随时进出。

有些人有些事就是经不起念叨，正当朱厚照一心要到前线守国门的时候，果然有麻烦了。正德十二年（1517）十月，蒙古鞑靼小王子巴图孟克带兵五万侵犯边境。这个时候距离小王子第一次入侵大明朝已经过去了二十年，小王子也成了老王子，先前和朱厚照的爹爹对阵算是小王子，现在和朱厚照对阵就是老王子对着小皇帝了。

弘治十年（1497），小王子入侵，边关告急，朱祐樘十分着急，召开御前会议，号召大家征战。二十年后，小王子来袭，巧合的是朱厚照那时正在阳和卫游玩，堂堂大明朝皇帝不在皇宫里处理政事，跑到前线游玩啥呢？

事情要从这年八月说起，那时候朱厚照一时兴起非要到宣府游玩，担心朝臣追赶，就乔装打扮，偷偷到昌平的居庸关。居庸关守将是御史张钦，这个人非同一般，恪尽职守，看到朱厚照来了，就问皇帝干吗去，朱厚照说出关狩猎。张钦说关外危险，游客止步，陛下请回。张钦知道口头劝谏肯定是无效的，采取的就是紧闭居庸关城门，把朱厚照拒之门外，然后苦苦进谏朱厚照，请求他回京城！看到城门紧闭，朱厚照无奈，只得回去。

毕竟是皇帝，几天后，朱厚照命令张钦到白羊口巡查，张钦一走，再次趁着夜色溜出京城。为了摆脱那些讨厌的大臣，朱厚照用谷大用取代张钦，让谷大用留守居庸关，阻止朝臣追出来进谏。

获悉蒙古鞑靼小王子来犯，朱厚照十分兴奋，甚至是激动。

小王子大军从榆林入侵，大同总兵王勋带领迎战，结果被围困在应州。

朱厚照不急不慌，沉着稳重，着手部署战略：大同总兵官王勋、副总兵官张輗、游击孙镇率军驻守大同城；辽东左参将萧滓，率军驻守聚落堡；宣府游击时春，率军驻守天城卫；副总兵陶羔、参将杨玉、延绥参将杭雄，率军驻守阳和卫；副总兵朱銮，率军驻守平虏卫；游击周政率军驻守威远堡。

命令这些部队限期集结，随时听候调遣！

看看这战略部署，说明朱厚照还是有一定水平的，他很懂军事，绝对不是瞎指挥。

朱厚照的部署很好，但这些将领却不听从他的，因为"将在外君命有所不受"，再就是大明朝有制度，调兵遣将是兵部的事，是有程序和大印的，没有兵部的谕令，皇帝也要一边待着去。这个问题对朱厚照来说，就是空中飘来五个字，那都不是事儿。朱厚照一道诏书，封自己一个官职：总督军务威武大将军总兵官。

这官职太牛气啦，总督军务，就是说军中所有的事，不分大小巨细，他全管着，有了这身份后，朱厚照就开始行使号令了。

九月二十五日，朱厚照发布命令后，带着人马去狩猎，遇到极端天气，暴雨夹杂冰雹，冰雹极大，还砸死了一个随从。当晚，天边出现了一颗红色的大流星，大流星旁边还跟着几颗小流星。当时人都很迷信，看到这个极端天气，认为这里将有大灾，朱厚照觉得不宜久留，决定移驾大同。

阳和卫一点都不好，天降冰雹，还有扫帚星，既不阳光明媚也不和煦如春。朱厚照要去大同，大同可是鞑靼进攻的重点，那里难道会天下大同吗？朱厚照这次移驾大同到底是福还是祸？

朱寿是谁？

不知彼时是上天显灵，还是巧合，就在朱厚照离开阳和卫的第二天，蒙古鞑靼的骑兵就包围了阳和卫。也就是说，如果朱厚照稍微迟缓一点，就会发生震惊历史的"阳和卫之变"，大明朝的历史又会有很多可写的东西。

战斗就此打响，十月初一，朱厚照移驾至顺圣川。鞑靼兵分几路，其中一路骑兵围攻孙天堡，大同总兵官王勋、副总兵官张锐、游击孙镇率所部与之战于孙天堡。

情况危急，朱厚照再次调兵遣将：宣府游击时春、辽东左参将萧滓驰援王勋，游击周政、副总兵朱銮和大同右卫参将麻循、平房城参将高时尾追敌人，紧急调遣宣府总兵朱振，参将左钦、都勋、庞阴，游击靳英勒兵与诸军在阳和卫会合。参将江桓、张晨作为后应。

战争在十月初二全面打响，先是王勋和蒙古骑兵发生了遭遇战，蒙古骑兵只是路过，之后去了应州方向。初三，王勋和张锐、孙镇、陈钰又和蒙古骑兵遭遇，进行了激烈战斗，各有损伤。傍晚时候，蒙古骑兵撤退一部分，王勋他们仍然被蒙古骑兵包围。初四凌晨天降大雾，蒙古骑兵撤退，王勋和张锐带领部队快速撤进应州。这时候，朱銮和徐辅带领救援部队赶来了。

十月初五，王勋、张锐、朱銮等出城与蒙古骑兵在涧子村大战。萧滓、时春、周政、麻循等也率领部队到达应州，由于蒙古骑兵分割包围，各路人马无法会合。朱厚照也率太监张永、魏彬、张忠，都督朱（江）彬及振杰、王钦、勋英、隆雄，参将郑骠等人带兵从阳和卫方向前来救援，这样，明朝各路人马都到齐。当天战斗极为惨烈，大明朝各路人马合力殊死拼杀，才稍稍逼退蒙古骑兵，大部队趁机会合。这个时候，已经是黑夜，蒙古骑兵主动撤退，明朝各路人马没有进城，而是在战场上扎营驻扎，朱厚照当天也住在军营中。这个时候，大明军队在力量上和蒙古骑兵相当，一场决战即将开始。

十月初六，鞑靼骑兵发起进攻，朱厚照坐镇一线指挥大军作战。这场战斗十分激烈，先是蒙古骑兵占据优势，几乎包围了大明朝军队，一看情况危急，朱厚照亲自带部队去救援，就这样双方反反复复，大小战斗打了一百多场，从清晨打到傍晚，血战十多回，最后蒙古骑兵撤退。

第二天，朱厚照带领大明朝军队一路向西追击，蒙古骑兵且战且退，明朝军队一直追至平虏堡和朔州附近。大部队正要开战，天突然刮起了大风，天昏地暗，白天一下子成了黑夜，只得作罢。

在朱厚照英明正确的指挥下，明朝军队众志成城，终于打败了蒙古鞑靼骑兵。朱厚照当即命令王勋和巡抚金都、御史胡瓒向朝廷奏捷报，邀功请赏，一定要在捷报上奏明在总督军务威武大将军总兵官朱寿指挥下，各路大军奋勇杀敌，取得了大胜利。

朱厚照亲自参战的这场战争，因为主要战斗是在应州进行的，所以历史上称为"应州大捷"。

战争结束后，朱厚照并没有回京城，而是接着游玩，直到三个月后才回京城。

回京城之前，朱厚照下诏，令文武百官在正月初六这天到德胜门外迎接凯旋的总督军务威武大将军总兵官朱寿。为了场面壮观好看，朱厚照命令出城迎接大臣必须身着"曳撒大帽鸾带服色"衣服，这种款式的衣服是朱厚照设计的，至于这款衣服到底是啥样的，现在已经无法知道。

正德十三年（1518）正月初六，正值农历新年，为了迎接凯旋的朱厚照，德胜门外搭起数十座彩棚，到处贴满了九宫字体歌功颂德的标语和随风招展的各色龙旗，这倒不是因为朝臣爱拍马屁，而是因为"上（朱厚照）意（指示）具彩帐数十，彩联（旗帜和标语）数千，皆金织字（绣金字）。序词唯称'威武大将军'，不敢及尊号（皇帝名号）"。

可以想象当时的境况，和今天粉丝迎接自己的明星偶像差不多，但不同的是，这是国家大事，不是儿戏。一切按照皇帝要求做，只是朱厚照太不靠谱，说好的上午进城，群臣早早到德胜门外，左等不来，右等还不来，夜幕降临，还是不见皇帝影子。正当群臣以为朱厚照放鸽子的时候，忽然看见前方"火毬起，戈矛前烟气直上，乃知驾至"，大家伙赶紧趴下磕头，山呼万岁。

千呼万唤始出来，朱厚照出场了，大家伙看见"上戎装，乘赤马，佩剑而来，边骑簇拥"。场面甚是威武，在众人簇拥下，朱厚照来到了主彩棚前面，翻身下马，坐好后接受群臣的朝拜。

之后，为了对朱厚照凯旋表示祝贺，大学士内阁首辅杨廷和捧着酒杯，梁储拿着酒瓶斟酒，蒋冕捧果盘，毛纪擎伞花。看看这场面，绝对可以和当红的明星相媲美。没办法，权力就是傲慢，古往今来都是如此，这么多官老爷顶着寒风冒着雨雪趴在地上叩头，也是颇为滑稽的，也只有皇帝能做到，想想这样的场面，就想对他们说，官老爷你们也有这个时候。

朱厚照喝完酒，只说了一句话："朕在榆河亲斩虏首一级，亦知之乎？"

杨廷和等只好对以："皇上圣武，臣民不胜庆幸。"

说完这句话，朱厚照"遂驰马，由东华门入，宿于豹房"。

这个时候，天降雨雪，坑苦了那些年老体弱的大臣，深一脚浅一脚，许多大臣都跌倒了，到半夜后才出京城，有些人几乎累垮了。

不久，朱厚照对应州参战人员进行表彰，下诏封总督军务威武大将军总兵官，封镇国公爵，岁克俸米五千石，统率六军。

朱厚照对自己真是不薄，还给自己每年发放五千石的俸禄，感觉这不是一个皇帝，而是一个职业经理人，什么便宜都占。朱厚照的荒唐行径，终于引起了朝臣的愤怒，这帮从小接受儒家教育的人，哪里能接受朱厚照这样一个过家家皇帝，他把治国当作儿戏，随性、率性、任性。这哪里是皇帝，简直是混世魔王，先是几个大臣上奏疏抗议朱厚照的这种做法。说陛下啊，好歹您是大明朝的皇帝，您这样做违背祖制破坏礼乐，长此以往国将不国，大明朝危险了，这不是明摆着糟践自己吗？

在明朝，老朱家的人就是牛，有个性，朱宸濠放着王爷不愿做宁愿做土匪，而朱厚照则是放着皇帝不做，非要做一个公侯、太师。

梁储、毛纪上疏道："公虽贵，人臣耳。陛下承祖宗业，为天下君，奈何谬自贬损。既封国公，则将授以诰券，追封三代。祖宗在天之灵亦肯如陛下贬损否？况铁券必有免死之文，陛下寿福无疆，何甘自菲薄，蒙此不祥之辞。名既不正，言自不顺。臣等断不敢阿意苟从，取他日戮身亡家之祸也。"有大臣在奏疏里质问，请问陛下朱寿到底是谁？世上有没有这个人，我怎么从来没有见过呢？还有大臣用极为严厉的口吻逼问：皇上是九五之尊的天子，却降尊纡贵封自己去当什么公侯、太师，那列祖列宗岂不是也得受贬蒙羞？！

面对滔天质疑声，朱厚照不理不问，依然我行我素，就是任性。

君臣斗

皇帝为啥这么任性，是因为这些大臣除了劝谏还是劝谏，最多只能以死进谏。既不能骂街也不能动手，更不能罢免皇帝，所以，皇帝自然不会把他们当回事。这就是朱厚照经常和大臣玩捉迷藏的原因所在，朱厚照一不高兴就跑了，然后朝臣死乞白赖请求他回来。

当然面对皇帝，朝臣也不是一点办法没有，皇帝毕竟是一个人，他们是一个团队，几乎所有的职能部门全部掌握在朝臣手中。如果他们真的想和皇帝掰掰手腕，有些时候，皇帝还是得让步的。

朝臣里最厉害的部门就是史官，皇帝的一言一行都是由他们来记录，一般来说朝廷都设有"起居注官"，这类官员的工作就是每天带着纸和笔，跟在皇帝后面，把皇帝每天的言行举止一一记录下来。起居注官基本上随时随地陪伴皇帝身边，晚上除外，因为他们也要出宫的，晚上的一般由太监代笔。这个工作不是好差事，和皇帝在一起，天天如履薄冰战战兢兢，一旦写错了就是大罪。他们的工作一个月一总结，装订成册，叫作《××皇帝起居注》。等这个皇帝驾崩了，继任的皇帝要根据起居注内容编写上一个皇帝的实录，叫作《×（朝代）××（皇帝的庙号）实录》。

不要小瞧了这些起居注官员，如何写可掌握在他们手中，尤其在场人员很少的时候，他们可以发挥的空间就多了。有人会疑惑，他们乱写，皇帝就不管他们。因为一般来说，皇帝是不允许看当朝史书的，就是说皇帝不能干涉史官的工作。如果皇帝非要看，也没办法，但起居注官会如实记录 ×× 皇帝 ×× 时间查看了当朝史书，如此一来就会在历史上留下恶名。大凡爱惜名声的皇帝都不会看自己的历史，但也有那些不咋样的皇帝，篡改历史，诸如唐太宗李世民、宋太宗赵炅、明太祖朱元璋和明成祖朱棣。

朱厚照虽然不务正业，但却没有篡改历史的恶行，否则名声会更臭。由于朱厚照经常偷偷溜出皇宫，搞得起居注官经常找不着他，因而也只能凑合记录。这次大战鞑靼小王子，就没带着起居注官，因而对这场战斗记录是："是役也，斩虏首十六级，而我军者（死）者五十二人，重伤者五百六十三人，乘舆几陷。"

就是说这场战斗，双方将近十万人参战，打了整整一天，朱厚照带领明军英勇杀敌，结果杀了十六个鞑靼人，而明朝则死了五十二人，五百六十三人重伤，而且朱厚照座驾多次陷入危险境地。

稍微正常一点的人就知道这个记录有问题，这么多人，不要说是战场打仗了，就是赤手空拳打斗，也不能只有这么一点死伤。为什么这样，就是记录时缩水了，为什么？因为起居注官没在现场，什么事不能皇帝一人说了算，需要证人和证据，找不到咋办，就是进行打折处理，对数据进行挤泡沫，结果当然就不合理了。也即是说，朱厚照被起居注官黑了，应州大捷也被黑了，如果按照《明武宗实录》的记载，这不是一场大捷而是一场大败，但清朝修的《明史》对应州大捷的评价是"是后岁犯边，然不敢大入"。这说明，这场战斗中鞑靼人没有占到多大便宜。《明史》能评价这么高，很不容易的，因为清朝把朱厚照当作恶人的典型，皇子贝勒骂街都是骂对方是朱厚照，你是朱厚照，你才是朱厚照，你全家都是朱厚照。

不仅如此，就连朱厚照亲口说的自己亲手杀死一个敌人，朝臣也不相信，到处说朱厚照吹牛撒谎，搞得朱厚照也没办法，因为没有证据，谁让你不带起居注官呢。当然这也不能全赖起居注官，作为皇帝，你没一点职业道德，有何资格要求下属有职业道德呢？

一方是不务正业的皇帝，一方是兢兢业业的朝臣。

朱厚照追求自由，一心追求快乐，总想摆脱束缚，释放个性。在他看来，朕不就是喜欢出去游玩吗？玩玩就能误国误民，能有多大的事，还能丢掉江山社稷，你们这些读书人就喜欢危言耸听，动辄上纲上线，至于嘛！

朝臣则认为，皇帝是天之骄子，贵为九五之君，哪能不爱惜自己，整天和那帮太监一起厮混，有伤大雅。皇帝如此，让臣子情何以堪，让一个吊儿郎当的人做自己的最高领导，总觉得有点不舒服，怎么办？那就是设法改变。于是乎，这帮大臣，就开始给朱厚照上政治课，讲道理，讲祖宗制度，讲为君之道，讲着讲着，朱厚照不耐烦了，又要外出。

正德十四年（1519）春天，在皇宫待烦的朱厚照，想到江南游玩，就下一道诏令，委派总督军务威武大将总兵官镇国公朱寿出巡。

一看，朱厚照又要折腾，而且有些人还知道，朱宸濠准备趁着朱厚照这次出巡下手，所以这些忠于职守、极具职业道德的臣子们开始进谏，而且是拼命进谏。

带头进谏的是翰林院，状元出身、时任翰林院修撰的舒芬率领翰林院编修崔桐，庶吉士江晖、王廷陈、马汝骥、曹嘉及汪应轸联名上疏反对：

"古代帝王之所以要巡幸狩猎，是为了协调声律度数，统一度量、访求遗老，询问民生疾苦、罢黜庸吏、提拔贤才，考察各级官员业绩，给予升降，使得他们位居合适职位，因此诸侯则有所畏惧，百姓却生活安康。像陛下那样的出巡，不过是和秦始皇、汉武帝相似，放纵私心寻欢作乐而已，是不能实现巡幸狩猎之礼……"

之后是兵部进谏，兵部职方司武选郎中黄巩、员外郎陆震随后即联名上疏劝阻：

"陛下临政多年来，祖先的纲纪法度先坏于逆贼刘瑾，其次坏于佞幸之辈，再次坏于边疆将帅战事不利，纲常大义荡然无余了。天下只知有权臣，却不知道有天子，动乱的根本已经形成，祸变将要发生……"

再之后是吏部、礼部进谏。

吏部考功司员外郎夏良胜与礼部主事万潮、太常寺博士陈九川联名上疏：

"现在东南的祸患，不仅是江淮等地；西北的忧愁，就近在京师。宗庙祭祀的牌位不能长期虚空；对太后的孝敬赡养不能长期荒废；后宫后妃的怀孕征祥，仍可早日达成；繁重的国家政务，不能全盘推诿。镇国称号，传闻于天下，恐怕会是产生祸乱的根源；边境将士的归属，是在宫禁附近，皇上您忘了身边的祸患了吗？若继续巡行游乐，臣等将不知死于何处了。"

最后就是个体单独行动，群臣不约而同地进谏。

群臣的大量进谏开始，吏部郎中张衍瑞等十四人、刑部郎中陆俸等五十三人的奏疏随后呈上。之后礼部郎中姜龙等十六人、兵部郎中孙凤等十六人分两批奏疏又相继呈上。

太医院医士徐鏊亦以医道进谏：

"养生之道，好如燃烧的蜡烛，房屋遮蔽则燃烧坚固，大风吹过则流泪。陛下轻视您的万乘之躯，却放纵于嬉戏游乐、骑马射箭、捉鱼猎兽。近来又不畏惧远游，冒着寒暑涉水，饮食又不调和，菜肴无选择，实在不是养生之道啊。何况南方潮湿，容易生病。请求您以国家社稷为重，不要从事鞍马、醉酒之事，喜不要伤心，怒不要伤肝，欲不要伤肾，劳不要伤脾，请享受密室安逸，而躲避暴风祸患。这是臣最大的心愿。"

…………

这些奏疏，每一道读来都令人动容，让人感动，这么好的下属，这么好的职业道德，只是不知道他们的老板朱厚照看到后会是啥感受？

荒唐的尽头是悲怆

朱厚照和大臣的矛盾不是一般人能理解的，不务正业和敬业的矛盾，实际上皇帝和臣子之间的互相掌控，只是朱厚照用荒唐的行为展现了出来。多数人甚至当时的人，都认为，朱厚照被身边的那帮太监给祸害了，其实这是低看了朱厚照，高看了那帮太监，朱厚照自己清楚得很，他只是想平衡朝廷权力布局。大明朝自土木堡之变以后，先前的皇帝、功勋贵族和文人官僚三股势力均衡模式被打破，现在只剩下了皇帝和文人官僚，皇帝凭借一己之力和整个文官集团对抗，多少有些力不从心，有点蚍蜉撼大树。

朱厚照很对得起他老爹对他的评价——东宫聪明，其实他不仅聪明而且还有点精明，但绝对称不上智慧。朱厚照是一个有追求的人，他的理想就是做一个像太祖武皇帝那样的皇帝，横扫大漠，笑傲塞北，一雪土木堡之变之耻。而土木堡之变后，大明朝的武官和功勋贵族基本全军覆没，文官集团趁机掌握了大权，而朱厚照的理想在某个方面就是挑战整个文官集团，因而朱厚照一旦有类似的行动，必然遭到文官集团暴风雨般的反对。他们清楚，朱厚照的战略一旦实现，他们的利益必然不能保证，所以他们拼命反对加强军队建设，这种情况一直到明朝灭亡，都没能改变，在某种程度上成了明朝灭亡的决定原因。

权力之争，展现的方式有许多种，最费厄泼赖的是阳谋解决，其次是阴谋，再次是诡计，最后是不择手段。朱厚照愣是在这些手段之外创新，自己发明了一种荒唐的形式，就是无论如何折腾大臣都必须按照自己的意志做事。大臣们当然不同意，于是就把朱厚照逼到了死角，就好比把小孩子逼急了，就会用嘴咬人，朱厚照是皇帝，他不会像泰森那样，他打屁股。

读过奏疏后，朱厚照勃然大怒，他最讨厌倒不是带头的翰林院这帮人，而是吏部、礼部和太医，当即下令锦衣卫抓捕夏良胜、万潮、陈九川、黄巩、陆震、徐鏊，而舒芬、张衍瑞等一百零七名大臣则被罚在午门外下跪五天。正当朱厚照处罚这帮上奏疏朝臣的时候，大理寺正周叙等十人，行人司副余廷瓒等二十人，工部主事林大辂、何遵、蒋山卿一起联名上书进谏。

怎么回事？和皇帝对着干，不拿皇帝当老大啊！这次不是大怒，是暴怒，当即命令周叙、余廷瓒、林大辂等人，与夏良胜等六人一同在阙下罚跪五日，而且给他们戴上刑具。白天在午门外下跪，天黑后，再押解监狱中。这样京城出现了一道极为荒诞的风景，每天早晨一百多位官员从大牢出发，浩浩荡荡到午门外下跪，天黑收工，一起回监狱。

这种情况下，除了大学士杨廷和与户部尚书石玠上疏求救，剩下的没人给这一百多人求情，估计是不敢。京城的老百姓看不下去了，见到那些上朝的大臣，就纷纷向他们投石块，以此来侮辱他们，比今天的砸鸡蛋和投西红柿暴力多了。这帮人极为害怕，到了朝堂，也顾不上看朱厚照的脸色，请朱厚照下诏禁止进谏，通政司不再接受奏疏，如此一来，想进谏也不行了，皇帝不接受了。

正当那帮大臣下跪的时候，又出了灵异事件，禁苑南海子中的水涌出四尺多高，桥下七根铁柱看起来就像被刀斩断了。金吾卫都指挥佥事张英看到了，他说："这是变乱的征兆，皇帝外出一定不吉利。"

为了忠于职守拯救大明江山社稷，张英决定舍生求义，他裸露上身，把利刀放在胸前，包裹数升土带在身上，手持进谏奏疏，拦住朱厚照的车驾下跪大哭，当即用刀刺破胸膛，鲜血直流。锦衣卫看到张英在皇帝面前动刀子，当即冲过去按住他，捆绑后送入诏狱。之后，有人问张英为什么裹土？张英回答说："恐怕玷污了朝廷，撒土掩血罢了。"

朱厚照听说后，当即下令杖刑八十下，张英当即身亡。

张英之死，点燃了所有朝臣的怒火，那些没有被罚跪的大臣不去上朝了，而是和那些被罚跪的朝臣一起下跪。这个场面出乎朱厚照的意外，他就派身边的人去劝说那些人，别跪了，回家待着去吧，可有些人不愿意。

朱厚照越想越生气，不就是出去玩玩嘛，多大事，为什么非要搞得这么僵，非要逼着我出手，于是下令，凡是不愿意回家的，每人打三十廷杖，前后有十一人丧命在廷杖之下。好在王阳明没在京城，否则，他也会跟着上疏，那后果就不好说了，别说建功立业了，甚至有可能一命呜呼。

不过，王阳明确实关注了此事，他曾经给在北京的弟子朱节写信了解情况：

> 人自京来，闻车驾已还朝，甚幸甚幸！但闻不久且将南巡，不知所指何地？亦复果然否？区区所处剥床以肤，莫知为措，尚忆孙氏园中之言乎？京师人情事势何似？便间望写示曲折。

王阳明写信的目的一是了解京城的情况，二是了解有关朱宸濠的情况。"京师人情事势"就是关注京城士大夫的动向和风气，同时借《周易》"剥"卦说自己所处的情况是"剥床以肤"，因为象言"剥床以肤，切近灾也"，这信写得跟情报一样，一般人还看不明白，其中"孙氏园中之言"更是隐晦，更不是一般人所能知道的，但王阳明和朱节肯定知道是什么，联系当时的形势，这句隐语应该是朱宸濠即将造反的事。

廷杖后，杨廷和带领所有内阁大学士全体请求辞职，朱厚照折腾的目的是让他们服从，哪里知道有些读书人，既不服也不从，而且还要撂挑子，当然不批准。朱厚照没有料到，自己去旅游能闹这么大的动静，因而只得暂缓，耽搁了几个月。

正当朝臣为了阻止朱厚照出巡而进行拼命劝谏的时候，其实更大的危机已经笼罩了大明朝。

果然，这年六月，朱宸濠谋反了，正所谓荒唐的尽头必然是悲怆。在朱厚照看来却未必是这样的，他看到的是出去游玩的机会，终于等来了，于是不再接受任何进谏，只是不知道这次能不能成行？

顽主

当朱厚照获悉宁王朱宸濠谋反后，既不着急也不紧张，更不向苍天祖先祈祷，而是觉得这是一个展现自己威武的大好秀场，所以必须到一线去。

看到兵部在那里讨论派遣谁去平定朱宸濠，朱厚照很是不爽，朕不就在这里吗？这么一个能征善战的大神就在你们头上，为什么不抬头看看啊，找啥找，有啥需要讨论的，向朕这里看。尽管朱厚照心急如焚，但兵部尚书王琼就是无视朱厚照的存在，朱厚照连派遣的大名单都没进入，也就是说根本不在讨论范围，没有理他这茬。

实在耐不住了。正德十四年（1519）七月二十六日，朱厚照给兵部下命令，他派遣"总督军务威武大将军总兵官，后军都督府太师镇国公朱寿"做元帅，任命安边伯朱（许）泰做威武副将军，担任前部正印先锋官；任命宁晋伯刘聚做威武副将军，任命左都督朱（刘）晖为平贼将军，他们将率领军队奔向南京和江西平叛。

按照大明朝的制度，有些事不是皇帝想怎么着就怎么着，即便是皇帝也需要内阁下诏，就是下发公文，如果内阁不下诏，皇帝也不得行动。朱厚照任命之后，需要内阁下诏确认，大学士杨廷和、蒋冕看到朱厚照如此荒唐，都称病告假，不上朝，皇帝爱怎么着就怎么着。朱厚照当然不会傻到这个地步，杨廷和与蒋冕找不到，他就找自己的老师梁储。

朱厚照就让老师梁储草拟诏书，梁储知道朱厚照的用意，不仅不同意起草诏书，反而劝谏朱厚照取消御驾亲征。

看到梁储不配合自己，还给自己上政治课，朱厚照震怒，手剑立曰："不草敕，齿此剑。"

看到朱厚照暴怒，要用剑砍自己，梁储脱下帽子解开衣带，伏地涕泣曰："臣有罪，今日就死，他日陛下犹悯臣，若遂草敕，他日陛下觉而怒曰：'储无礼，以臣名君。'臣罪不可赦。"

朱厚照知道，无论如何，自己这次出征是无法获得内阁的同意了，他脑筋一动，突发奇想，既然杨廷和你们向朕告假，那朕也向你们请假，于是他留给杨廷和一封请假信，大意就是：杨大人好好管理朝政，朕御驾亲征去了，您在北京等待朕的好消息吧。

请假信交给太监后，朱厚照就带着大部队出发了。而朱厚照从北京出发的这一天，王阳明的军队活捉了朱宸濠，战斗已经结束，其实已经没有必要再出兵了。

这一次，朱厚照担心上次那一幕重演，呼啦啦午门外跪满了大臣，成何体统，知道的是因为进谏，不知道的还以为是丐帮开会呢。绝对吸取上次的教训，为了避免再次发生群体性下跪事件，朱厚照直接下诏："再言之，极刑之。"

就是说，这次同意也得同意，不同意也得同意，而且不允许进谏，上次不同意还允许说，这次连说也不给机会说，谁说就砍谁脑袋。这招确实有效，果然没人敢再进谏，再敬业也不敢轻易拿着脑袋做赌注，再说了为了这样的皇帝也不值得。

一切准备停当后，正德十四年（1519）七月二十二日，朱宸濠谋反已经被活捉二十五天，朱宸濠已经吃了二十五天的绿色监狱套餐。这一天，朱厚照率领京城卫成部队、边军和锦衣卫从京城出发前去平定朱宸濠，准确地说，应该是"总督军务威武大将军总兵官，后军都督府太师镇国公朱寿"。

只是这位朱寿太过特殊，名义上是大将军，实际是皇帝。按照明朝制度，出师是不允许携带家眷的，由于打的旗号是大将军，朱厚照也不好意思明目张胆地带着，就和自己最为宠爱的刘姓女子相约在运河见面，就是朱厚照从陆路出发，刘姓女子从通州潞河出发。

说起这个刘姓女子，故事还是蛮荒唐的。一般来说，皇帝身边的女子都是层层筛选的，经过多轮才艺表演，逐级淘汰，最后定下来的都是德艺双馨而且貌美的。但这个刘姓女子来路特殊，她是朱厚照挖墙脚挖来的，出身文艺世家，祖上就是乐户，老爹是刘良。不过在那时候，文艺世家可不是什么高尚的职业，绝对不是引人注目的职业，而是引人侧目的行业，属于下三烂，在酒席上不能入座正席。因为出身乐户之家，就嫁给了同是乐户出身的乐工杨腾。

在没有遇到朱厚照之前，他们也是恩爱幸福的一家，日子不是大红大紫，但也乐得自在。正德十三年（1518），朱厚照到山西游玩，当地举行了盛大的文艺表演，朱厚照盯上了一个演职人员，这个女子"色娇而善讴"，就是长得漂亮歌唱得也好。看到这个美女，朱厚照极为喜欢，就从杨腾那里挖过来，直接带回北京了，史书记载"饮食起居必与谐"，就是同吃同睡，双宿双飞。京剧《游龙戏凤》（也叫《梅龙镇》）说的就是朱厚照和这个美女的故事，只不过进行了文艺美化。

朱厚照特别喜欢这个美女，对刘美女百依百顺言听计从。身边的侍臣和太监惹朱厚照发火的时候，都是暗地里找刘美女吹枕边风，只要她微笑一下，就万事大吉，不会有任何处罚。于是，朱厚照身边的人都叫刘美女"刘娘娘"。不仅朱厚照身边的人把刘美女当回事，朱厚照也是如此，他经常带着刘美女到处招摇过市，恨不得让全天下的人都知道，凡是赏赐给自己的东西，都会写上："威武大将军镇国总督及夫人刘氏。"

朱厚照和刘娘娘感情深厚，俩人如胶似漆，一日不见如隔三秋，哪里忍受得了离别之苦。为了表示自己和朱厚照同在，刘姓女子从头上拔下一支簪子，作为他们相见的信物。刘姓女子在朱厚照面前撒娇，嗲嗲地说："见簪后才去。"

朱厚照把簪子当作宝贝，就放在贴身的衣服里，之后，骑着马带着大部队出发了。向来多动的朱厚照，骑上马就加鞭飞驰，结果路过卢沟桥的时候，簪子丢了。朱厚照发现簪子不见了，十分着急，就命令随从立即寻找，大部队一连找了三天三夜，依然没有找到。

众人忙着找簪子的时候，朱厚照已经到了保定府，直隶巡抚都御史伍符设宴招待。朱厚照早就听说伍符酒量大，就想和伍符拼拼酒，俩人约定藏阄定输赢，谁输了谁喝酒。都是酒场老手了，当然不玩最弱智的猜有无和左右手，而是高级的猜数，就是大概有七八筹，藏阄人随手一抓，让对方猜，猜对数目就算赢。不用说，朱厚照肯定是藏阄人。

刚开始，伍符还有点拘谨，三杯酒下肚后，就忘了身份，胆子就慢慢放开了，也不把朱厚照当回事了。伍符毕竟是从基层走出来的，历经锻炼，酒场高手，不仅能喝还能玩酒令，藏阄对他来说就是小儿科，随时都能出老千。朱厚照喝的都是霸王酒，哪里有人敢和他较真儿啊。喝高的伍符，就把朱厚照当作普通酒友，所谓赌场无父子酒场无君臣，谁输了都要喝酒。朱厚照虽然职业道德很差，但酒德不错，愿赌服输，输了就喝。

但老是输，朱厚照就不干了，他搞不明白，先前和谁都是赢，今天怎么老是输。实在没办法了，朱厚照就开始耍赖，随手抓几个向地上一扔，让伍符猜，这样一来，伍符就再也猜不对了，只要伍符一猜，朱厚照就随手一扔，所以伍符只得喝酒，直到喝得东倒西歪，朱厚照才善罢甘休。

喝完酒，朱厚照继续出发。

四天后，大部队到了涿州，这个时候，传来一个消息，对朝廷来说是好消息，对朱厚照来说可是坏消息。朱厚照接到王阳明的捷报，王阳明已经在四天前平定了叛乱，而且活捉朱宸濠。看到捷报，朱厚照暴跳如雷，大骂王阳明抢了自己头功。为了使自己南下名正言顺，朱厚照把王阳明的捷报秘而不发，继续带着大部队前进。

获得消息后，朱厚照快马加鞭，很快就到了临清。到那里之后，山东的大小官员都前来陪伴朱厚照，跟在朱厚照身边。几天后，朱厚照下令山东摆宴席招待自己，不知道是什么原因，宴席不丰盛，有点凑合，最要命的是忘记了给朱厚照摆放筷子。朱厚照看到后，笑着说："为什么这样慢待我啊？"

酒宴开始后，巡抚王珝敬酒的步子有点慢，朱厚照把王珝看了一遍。朱厚照这么一看，王珝吓得直哆嗦，以为皇帝不高兴。于是，第二天就再次摆宴席招待。其间，都御史龚弘给皇帝敬酒，自报姓名，担心皇帝把自己当作王珝，江彬看到了十分生气，就打算给王珝和龚弘定罪，朱厚照不同意。

当然，朱厚照偶尔也干点正事，也是在山东，太监黎鉴的家人作奸犯科，被有关部门依法处置。为了营救家人，黎鉴有点害怕，就送一些东西，不久又去讨还，没有得逞。黎鉴仗势欺人，用头去撞人，而且打斗起来，之后，黎鉴到朱厚照面前哭泣告状。朱厚照对黎鉴说："必汝有求不遂耳，巡抚何敢辄辱汝也。"从这件事看，朱厚照绝对是明白人，他身边的人，他是很清楚的，只有欺负别人的份儿，哪里会被别人欺负。

这个时候，他想念刘姓女子了，于是就派太监宣召刘姓女子南下，到临清和自己相见。刘姓女子没有看到自己给朱厚照的那个簪子，她不愿意去，就委婉地说："不见簪，不信，不敢赴。"

刘娘娘不来，朱厚照相思成灾，忍受不了，怎么办？

妾喜金屋善远乌

朱厚照虽然已经年过三十，青春荷尔蒙依然激情四射，难耐相思之苦，他突破重重护卫，神不知鬼不觉地溜出了驻地，然后一个人到运河雇一个小船，直奔通州。

九月十七日，天刚刚亮，突然有人发现，皇帝不见了，一下子急坏了所有跟班的，尤其是江彬。当时朱厚照的所有侍从，不论是外勤保卫的还是内勤服侍的，没有一个人知道皇帝干吗去了。皇帝不见了，天大的事，一旦皇帝有任何闪失，他们都将脑袋搬家，这些官员就在一起研究，一研究发现，皇帝肯定是赶往通州接刘娘娘去了，急忙派人去追，已经撵不上了。

不知道这是不是爱情的力量，一个皇帝为了一个女人，竟然不顾个人安危，不顾江山社稷，独自一人乘坐小船日夜兼行，亲自到通州潞河迎接刘美人。如果纯粹从爱情的角度来看，这太感动人了，刘娘娘一定会感动得稀里哗啦的。

这纯粹是过家家，哪里是一个皇帝的德行，作为一军之帅，竟然如此儿戏，竟然为了个人之私，丢下大部队一个人去接自己的心上人，按律是要砍头的。好在战斗已经结束，他纯粹是打秋风的，不然他真的就成了别人的盘中餐。

如果说朱厚照冒险，不远几百里到通州接心上人是因为爱情，确实成了一段爱情佳话，只是在接刘娘娘到临清的路上，又有新情况了。

这个情况，如果从爱情角度来说，也是佳话一段，只是把爱情一词放在朱厚照身上多少有点玷污。这个经历说明朱厚照眼里没有爱情，只有荷尔蒙。

正是在接刘娘娘去临清的道上，朱厚照遇见一个官船，一个赴任官员的船只。看到官船，朱厚照很好奇，没想到在大运河还能见到自己的臣子，既然遇见了，就是缘分，朱厚照就想到船上临幸一下。

这个船的主人是湖广布政参议林文缵，刚刚升任，正在赴任的路上，赶巧碰见朱厚照回通州接心爱的美女。倒霉就倒霉在这个时候碰见了朱厚照，林文缵这个人也是有故事的，而且是一个很感人的励志故事。

林文缵算是出身书香门第，他的父亲林玠，字廷圭，号静庵，乡试举人，在天顺七年（1463）进京参加会试，结果名落孙山。两年后，成化元年（1465）朝廷设恩科，林玠再次进京参加，不幸的是到半路生病了，只得返回，到家不久病死，之后妻子生了一个男孩儿，就是林文缵。

为了实现丈夫的遗愿，林文缵母王氏每以"父殁时以未第进士为恨"激励文缵，希望儿子帮丈夫实现梦想，经常假借父亲的话督促林文缵奋发读书。同时，林文缵的叔叔林瑭更是倾心教导，林文缵也是刻苦学习天天向上，最后学业大成。弘治十八年，林文缵考中进士，奉皇帝之命修撰《孝庙实录》，完成之后，朝廷任命林文缵为南京兵部主事。正德六年（1511）补刑部员外郎中，负责详核周藩宫戚间的事，事无巨细，获得众人信服。林文缵在殿考时，获得了"克勤克慎，惟明惟允"的赞誉。因为政绩突出，正德十四年（1519）升湖广布政司参议，于是奉命上任，哪里想到在这里遇见了朱厚照，这一年，林文缵55岁，朱厚照32岁。

他们俩在运河相遇，其实也是一种缘分，用佛家的话说，叫作前世的因缘。他们两个，一个是皇帝，一个臣子；一个是皇二代，一个是屌丝；一个天生就是皇帝，一个是经过艰辛奋斗跃了龙门……他们看似风马牛不相及，不具备可比性，但他们有一个共同的爱好：喜欢年轻漂亮的美女！

这点可以这么说，上有所好，下必甚焉。朱厚照领兵出征都带着美女，更为不能接受的是，他居然为了美女，把大部队一扔，独自离开军营到通州接美女。皇帝都这样，臣子多少也要学习点，不然皇帝会生气的。所以嘛，这林文缵上任的时候，也学习皇帝，也带上了一个美女，不如皇帝大气，皇帝的叫娘娘，林文缵的只能叫小妾，但是很年轻，只有19岁。

朱厚照看到林文缵的船，靠近之后，就跳了上去。

林文缵一看皇帝来了，刚开始肯定被吓蒙了，以为是幻觉，仔细看看下巴，没有胡子，肯定是皇帝，于是跪下请安。

朱厚照根本就没理林文缵，直接走进船舱，进去一看，乐开了花，哈哈，里面还有美女，大笑："林爱卿啊，古人金屋藏娇，你这船舱藏娇啊。"

说完后，朱厚照盯上了这个小妾，目不转睛，越看越喜欢，不由得说："还是你们读书人有眼光，会找美女，不仅漂亮，还有气质，难怪朕找不着好美女，原来都被你们这帮读书人搞回家了。这么漂亮，朕带走了。"

听说皇帝要带走自己的小妾，林文缵立即趴在地上说："陛下啊，使不得啊，千万使不得啊，这样会乱了君臣之道啊！"

朱厚照对林文缵叱道："不要上纲上线，不就是一个美女，你到湖广到处都是。这个朕是要定了，放心吧，我会给她幸福的。"

林文缵说，陛下，臣也能给她幸福。

朱厚照不耐烦地说："你都这么大年纪了，拿什么给她幸福。"

正当林文缵还想再说的时候，看到自己的小妾已经和朱厚照手牵手了，只得趴在地上请安。

小妾用行为告诉林文缵，妾喜金屋善远乌。

为了天下太平

拉上林文缵的小妾后，朱厚照继续乘船顺着运河南下。

九月廿四，这一天是朱厚照的生日，也叫万寿节。尽管朱厚照在运河的船上，但京城的文武百官依然不敢怠慢，早早起来，到奉天门外，远远高呼万岁，大唱生日歌，祝朱厚照生日快乐，万寿无疆。谁能知道，这竟然是朱厚照的最后一个生日，高喊的万寿无疆，是多么大的讽刺。

这一天，朱厚照的船行过德州，由于急于南下，并没有在这里泊船停靠，而是继续向临清前进。

之所以着急前进，是因为朱厚照担心大臣让他回京城，其实到达临清的那天他就收到了王阳明的奏疏，知道朱宸濠已经被捉拿，王阳明正把朱宸濠往北京押解。朱厚照获悉后不仅不高兴，反而大怒，当即给王阳明下诏：不许再发捷报。

朱厚照不让发，是因为朱寿大将军正在出征的路上，再就是好不容易才有机会出来一趟，这样的机会太难得了，不回去，就是不回去，朱大将军这次是要建功立业的。朱厚照当即下诏阻止王阳明到北京献俘，在那里等着，朕一定要亲临前线，在诏书里说："元恶虽擒，逆党未尽，不捕必遗后患。"

王阳明说皇帝不用来了，因为他已经捉拿住了造反头子朱宸濠；朱厚照说自己必须去，是因为虽然逮住造反的头子，但是他的同党没有除尽，不抓捕起来肯定有后患，所以必须去。

看到诏书，为了阻止朱厚照，王阳明再次上奏疏说，陛下啊，您就放心吧。现在朱宸濠已经被活捉，同党也都逮捕归案，从贼也都扫灭了，从福建和广东调来的军队也各回原单位，即便受到侵扰的老百姓也都人心安定。

臣私下以为，朱宸濠想做皇帝，蓄谋已久，做足了准备，招募了一些亡命之徒。朱宸濠当初造反的时候就料到陛下必将亲征，他提前沿途埋伏了一些诸如英布和荆轲之类的亡命之徒，等陛下一旦路过那里，他们就趁机行动，后果不堪设想。

好在现在朱宸濠已经被擒，最好的办法就是把朱宸濠押解到午门外，进行审判。陛下现在什么都不用管了，直接交给各有关部门进行处理就行了，您就靖好吧。您真的不用来，路上土匪盗贼出没，万一出了意外，臣死有遗憾啊。

面对王阳明的好心，朱厚照全当作了驴肝肺，不仅不领情，还大发雷霆：你们这帮文人，还有说理的地方吗？朕一有想法，你们就和朕讲道理，这不许做那不许做；朕和你们讲道理，你们就和朕讲国情，说什么黎民百姓天下苍生；朕和你们讲国情，你们和朕讲国法，说什么家有家规国有国法，陛下也要自重；朕和你们讲国法，你们就和朕讲江山，说什么都要以江山社稷为重；朕和你们讲江山，你们就和朕讲天下太平，说什么太平压倒一切；朕和你们讲天下太平，你们却和朕说天下到处都是流氓土匪……既然到处都是流氓土匪，那朕就亲征，荡除他们，还大明朝子民一个清平世界朗朗乾坤！

朱厚照坚持南下，王阳明没有办法了，因为对手是皇帝，说什么都没有用，他可以随意虐你千百遍，你必须时刻待他如初恋。可以说王阳明一生没有打败的对手就是皇帝，他可以打败所有的对手，包括山中贼、心中贼，唯独没能打败皇帝，因为皇帝太任性了。

这个时候，王阳明已经不再留恋官位了，他在上捷报的时候，已经请求回家休息了，朱厚照依旧不批准。皇帝不批准，王阳明很是不满，就给兵部尚书王琼写信发牢骚，诉苦衷："一开始我就上疏请求回家一趟，以报答祖母养育之恩，希望见上她最后一面。后来朱宸濠谋反，最终不及一见，给我留下了终生之痛。今老父衰疾，情况越来越严重，而地方庆幸无事，你们何惜一举手投足之劳，而不愿意成全我呢？"

这倒不是王琼不愿意，而是他也做不了主，皇帝不同意，王琼也没辙。这点，王阳明很清楚，谁都奈何不了皇帝。

王阳明知道奈何不了皇帝，也就无法顾上整个大明朝的苍生了，这个太难了，那就尽量给江西的苍生谋点幸福。江西已经经不起折腾了，先是土匪，再是朱宸濠，如果皇帝再来，江西就真的成为江湖了。

王阳明对朱厚照太清楚了，他哪里是皇帝，简直就是魔鬼，他和身边的小伙伴就是蝗虫，走一路祸害一路，最好的办法就是不让他们进入江西。王阳明的想法不错，但能不能把朱厚照挡在江西之外，还真不好说，因为朱厚照谁的也不听。

"朱大将军"

不只是王阳明劝谏朱厚照不要南下，好多人都劝谏，随驾出征的梁储和蒋冕，在刚刚接到王阳明的捷报时，就跪求朱厚照回京，朱厚照根本不听。杨廷和也一连上了多道奏疏，希望朱厚照回京，朱厚照一概置之不理。

王阳明太了解朱厚照和他那帮伙伴了，根本就不是讲道理的主儿，个个都是争名夺利之徒，没一个人关心天下苍生，其中朱厚照尤其为甚。朱厚照之所以一意孤行南下，除了好玩，很重要的一个目的就是为了钱，这个他当然没法说出口。

朱厚照是聪明人，也是精明人，他懂得算计，一个刘瑾，他获得了天文数字的财富。他不能不想象，一个太监都搞到这么多财富，一个藩王会有多少钱，没法想象啊，每每想到这里，朱厚照都无法抑制内心的激动。

上次安化王造反，朱厚照没能亲自出征，结果被杨一清和张永抢去了功劳和金钱，朱厚照很是后悔。所以朱宸濠造反后，朱厚照无论如何都要御驾亲征，谁劝谏都不听，一定要御驾亲征。

当朱厚照获知王阳明已经拿下朱宸濠之后，不仅没有喜悦，反而很是不高兴，他一是生气王阳明抢去了头功，二是担心王阳明吞并了朱宸濠的财物。为此，朱厚照紧急派遣张永带领两千人马快速南下江西。

王阳明也基本看懂了朱厚照的心思，他于是不再上捷报，他想出了阻挡朱厚照不来江西的办法，那就是把朱宸濠带出江西。只要把朱宸濠带出江西，朱厚照就没有理由再来江西了。

王阳明有智慧，朱厚照身边也有高人，一段时间收不到王阳明的捷报后。张忠和许泰觉得有点不对劲，他们以为王阳明最靠不住，他不上奏疏很有可能已经按照自己的方式行动了，王阳明最擅长找朝廷的漏洞，万一他找到了漏洞，他们就会白跑一趟。张忠就把自己的担心告诉了朱厚照，朱厚照是聪明人，张忠一提醒，他觉得非常有可能。

朱厚照对王阳明不一定很熟悉，肯定不陌生，毕竟王阳明的状元老爸曾经是朱厚照老爸的老师，多少有点渊源。再就是王阳明也不是一般人，朱厚照做皇帝后，王阳明也没少闹动静，上奏疏，打廷杖，发配贵州，之后任职庐陵，再之后官拜滁州弼马温，这次到江西露大脸了。王阳明做事讲究方法，擅长在规矩里翻跟头，总能找出他想要的理由。

于是，朱厚照当即派张忠和许泰快马去江西，一定要把王阳明留在江西，千万不能让他把朱宸濠带出江西。朕还要和朱宸濠在鄱阳湖决战呢？万一王阳明把朱宸濠带到了北京，那多大煞风景，而且那些金银财宝岂不都落在王阳明的腰包里。

这里简单说一下许泰，许泰出身习武世家，他的曾祖父许成因战功被封为永新伯；一个武人能官至伯爵，也算是功成名就了。作为永新伯的后人，许泰也算是将门出身，许泰的祖父许贵，承袭武职，官至羽林军左卫指挥使。许泰的父亲许宁，从军立功，官职是锦衣卫千户，后来提拔为署都指挥佥事，在一线守护国门。

到了许泰这一代，也算是积了阴德，祖坟冒青烟，先是子承父职，做羽林前卫指挥使，后来居然考中了武状元。中状元后，官也升了，官至署都指挥同知，不久又升任副总兵，协守宣府。也许是该着许泰走运，他协守宣府的时候，朱厚照经常来，一来二往就熟悉了。

熟悉后，许泰和朱厚照关系也升级了，二人从君臣关系升级为父子关系，当然不是许泰升级做爸爸，而是许泰降级做儿子，做了朱厚照的干儿子。朱厚照向来尚武，看到武状元许泰后，很是喜欢，就认作儿子，而且赐姓"朱"。许泰一下子光荣了，成为了皇帝身边的红人，正所谓"近朱者赤"。

因为认朱厚照做了爸爸，许泰就和爸爸身边的人热络起来了，尤其和张忠关系最好，这俩人沆瀣一气，坏事做尽，好事一件不做。

在朱宸濠造反之前，他们俩和朱宸濠暗送秋波，没少捞好处，金银财宝没少拿朱宸濠的。现在朱宸濠造反了，而且被王阳明活捉了，一旦朱宸濠供出他们俩，后果不堪设想啊，轻者发配，重者脑袋搬家。

许泰和张忠一听朱厚照命令他俩去江西拦截王阳明，阻止王阳明离开江西进京献俘，立即屁颠屁颠地跑了过去。王阳明阻挡不了朱厚照御驾亲征，只是不知道他们能不能阻止得了王阳明进京献俘？

五、我是王守仁

皇帝要御驾亲征，王阳明惹不起，躲不起，只得面对。这个时候怎么办？在古代和皇帝较劲，就好比刀尖上翻跟头，不仅需要智慧还需要胆量。单单一个皇帝还好说，最不好对付的是皇帝身边的宵小，这些人没有礼义廉耻，没有原则没有底线，只有利益，为了利益无所不用其极，对他们，王阳明却能胜似闲庭信步，王阳明是怎么做到的呢？

你不讲道理我不按规矩

朱厚照虽然对朝臣一直说御驾亲征，但实际上打的旗号是"总督军务威武大将军总兵官，后军都督府太师镇国公朱寿"，朱厚照发布命令都是用大将军朱寿的名义。朱厚照发给王阳明的号令，也是以威武大将军朱寿的名义，由于身份是大将军，最高级别是手牌，而不能用圣旨，这规矩朱厚照还是懂的，所以他给干儿子许泰和太监张忠的是手牌。

在许泰和张忠眼里，只要是皇帝下达的命令，即便是鸡毛也是令箭，更别说是手牌。他们俩拿到了手牌之后，先派遣锦衣卫急速南下南昌，阻止王阳明北上献俘。

锦衣卫真对得起自己的恶名，行动起来效率极高，十多天的时间就到了南昌。这些锦衣卫向来无法无天，除了皇帝，谁也不放在眼里，因为他们的顶头上司是皇帝，别人管不了他们。这次行动还有皇帝的手牌，准确地说是威武大将军的手牌，这对锦衣卫来说，没啥区别，在他们看来无论是朱厚照还是朱寿大将军都是一个人，都是皇帝。

锦衣卫到了南昌，直奔都察院，高举威武大将军手牌，要王阳明接旨，命令王阳明交出朱宸濠。

看到锦衣卫手持威武大将军朱寿的手牌，王阳明知道朱厚照已经御驾亲征了，自己最担心的事还是发生了。锦衣卫来了，拿着朱大将军的手牌来了，在某种意义上就是皇帝的圣旨，此事非同小可。

一看锦衣卫来，王阳明的弟子们都极为紧张，在大明朝锦衣卫就是官员的天敌，当官的见到锦衣卫都哆嗦，都替王阳明捏把汗，担心锦衣卫对王阳明下手。听说锦衣卫手持威武大将军的手牌来了，王阳明显得很淡定，一点都不紧张，对身边的弟子说："不见他们，和他们要要。"

看到王阳明不拿锦衣卫当大腕，弟子们都紧张得要死，就对王阳明说："先生啊，您长点心吧，很明显，威武大将军就是皇帝。威武大将军的手牌和皇帝圣旨是一样一样的，都是一个人发出的，所以不可慢待，要盛情款待。"

王阳明还是不当回事，缓缓地说道："你们都糊涂了吗？难道不知道手牌和圣旨的级别了吗？手牌就是手牌，谁的手牌都是手牌，怎么能和圣旨一个级别呢？大将军也就是一品的级别，怎能和皇帝相提并论，再说了，大将军是武官，我是文官，文武官员不是一个系统，他也管不着我，我为什么要迎接？"

王阳明越是淡定，弟子们就越紧张，劝道："先生啊，这道理谁不知道啊，皇帝是讲理的主儿吗？威武大将军就是皇帝，先生在这里偷换概念，肯定会得罪皇上的，得罪了皇上，后果很严重啊。"

弟子讲得其实很有道理，朱厚照确实干过秋后算账的龌龊事。就在一年前，正德十三年（1518），朱厚照的祖母去世，大丧期间，朱厚照依然到昌平处强抢民女。这个时候，永平（今秦皇岛、唐山一带）知府毛思义担心朱厚照到自己的地盘胡作非为，就贴出一个安民布告："大丧未举，车驾必不远出。非有文书。妄称驾至扰民者，治以法。"

布告很明确，就是说现在大丧，皇帝不可能外出。如果没有公文介绍信，妄自打着皇帝名号扰民的，都是冒充的，一旦发现直接砍头。毛思义这招绝对到位，朱厚照看到后，不敢外出了，他也怕毛思义砍他的脑袋，不久就找一个借口，派锦衣卫把毛思义下狱，关了半年后，发配到云南做官去了。

王阳明当然清楚朱厚照的为人，面对众人的劝说，感叹说："当父母有不当的言行举止，做儿子的在不能劝说也不能阻止的时候，最好的办法就是跟在父母身边哭泣，哪里能忍心奉迎他们的错误行为呢！"

不仅王阳明的弟子劝谏，江西的官场同僚也来劝谏王阳明，大家一片苦心，王阳明不得已就派出自己的一名下属前去迎接锦衣卫。

和王阳明不一样，这个下属很懂官场潜规则，就问王阳明："锦衣卫奉御差来南昌，我们应该怎么表示一下心意？"

王阳明很不情愿，咬咬牙说："可以表示一下，但不要超过五两银子。"

下属一听，当时就对王阳明说："太少了吧，恐怕他们拒绝接受，到时候就不好办了。"

王阳明不紧不慢，接着说："那就随他们便了。"

情况如那位下属所预料，锦衣卫一看这么一点钱，当时就勃然大怒："王阳明这是打发要饭的叫花子啊，朱宸濠多肥啊，他从中捞了那么多金银财宝，就拿这一点给我们，不行，绝对不行。这不是侮辱我们锦衣卫吗？连这点银子都要的话，以后还怎么在江湖上混啊。"

锦衣卫拒绝接受王阳明这五两银子，不止嫌钱少，主要是丢不起这人，于是拂袖而去。

锦衣卫很生气，后果很可怕，王阳明和锦衣卫打过交道，他知道锦衣卫得罪不起。

第二天，锦衣卫来辞别的时候，王阳明紧紧握住锦衣卫的手，动情地说："下官在正德初年，下锦衣狱甚久，和贵衙门官相处极多。从来没有见到像你们这样轻财重义的人，你们太让我感动了，在物欲横流的今天，还有你们这样的人，大明朝有希望了，你们就是大明朝的脊梁，有你们在，大明朝就会屹立不倒。昨天那微薄的几两银子乃是区区鄙意，不是别的，只求礼备。后来听闻你们不收，令我惶愧，我怎么这么庸俗呢，怎么能用庸俗的礼仪接待你们这样的人呢？诚惶诚恐，下官这样的读书人都这样庸俗，而你们却依然公正廉洁，实在令我们汗颜啊！"

下官没有其他的本事，单只会做几篇文章。他日一定给你们写文章，赞扬你们的事迹，令后世的锦衣卫知道有你们这样的人，让他们以你们为榜样。"

王阳明这一出悲情戏，令锦衣卫措手不及，王阳明给他们戴高帽，盛赞他们，他们总不能反对吧，总不能当众说自己不是玩意吧。刚开始他们也知道王阳明在玩心眼，他们哪见过这样的场面，听着听着就被王阳明的真诚打动了，居然被王阳明的话深深感动了。

锦衣卫也紧紧握住了王阳明的手，动情地说："我们和王大人一样，都是吃皇帝的饭给皇帝办差，必须坚持全心全意为皇帝服务，做到权为皇帝所用、情为皇帝所系、利为皇帝所谋，公正廉洁是我们的本分。和王大人说实话，我们也期盼政通人和、国泰民安、天下太平，我们是奉命带走朱宸濠的，既然您不愿交，我们也不勉强，尽管我们没能完成陛下交给我们的任务，但王大人您让我们感动了，这就够啦。最后，提醒下王大人，我们走了，还会有人来要朱宸濠，请王大人做好准备。"

王阳明也任性

看到锦衣卫被自己忽悠了，王阳明故意显得惊异，疑惑地问他们："他们要朱宸濠干吗？朱宸濠是我王某人擒拿的，按制度应该是我进京献俘，怎么还要交给别人？"

这个问题，锦衣卫回答不了王阳明，他们只是奉命办事，至于到底为什么，最终解释权在朱厚照那里。这事还用得着朱厚照解释吗？早在八月十六日，王阳明就接到了兵部咨文，咨文有两个消息：一个是好消息，一个是坏消息。好消息是自己被任命为江西巡抚，坏消息是皇帝要御驾亲征。

王阳明自己也清楚，朱厚照就是想以朱宸濠为借口到江西来，自己无法阻止朱厚照南巡，但可以想方设法阻止他到江西来，最好的办法就是把朱宸濠带出江西，只要把朱宸濠带出了江西，皇帝就没有理由和借口到江西祸害了。

朱厚照毕竟是皇帝，和皇帝斗心眼一定要有理有据，绝对不可拼命蛮干，一味拼命蛮干，不仅解决不了问题，反而激化矛盾，甚至会搭上自己的性命。经历上次三十廷杖和年初京城劝谏事件，王阳明采取了更为有理有据的方法。第二天，就给皇帝上了《请止亲征疏》，在奏疏中说"平贼献俘，固国家之常典，亦臣子之职分。臣谨于九月十一日亲自量带官军，将宸濠并逆贼情重人犯督解赴阙"。

谁都知道，王阳明这道奏疏一点作用都没有，朱厚照肯定不会采纳，王阳明当然清楚。这正是王阳明的高明之处，他很清楚朱厚照这次亲征没有带内阁，无法草拟诏书，即便朱厚照不同意也要周转到京城，然后再下发到南昌。王阳明估算，奏疏从南昌出发，到朱厚照手里最少也需要半个月，之后再周转到京城，最少需要二十天。之后通过内阁同意，再到皇帝那里，然后再到南昌又需要二十天左右。这样一来一回，需要四五十天，也就是说在九月十一日之前，皇帝圣旨无论如何也到不了南昌。

这样一来，王阳明就可以在九月十一日押解着朱宸濠踏上进京献俘之路了，即便朱厚照不同意，也没办法，因为王阳明已经奏明了，他将在九月十一日进京献俘，而且这样做是有根据的，是国家之常典，也是做臣子的职分。面对王阳明，朱厚照真没有什么好办法，这就是朱厚照接到《请止亲征疏》后，紧急派遣锦衣卫南下南昌的原因所在。

王阳明此举有两个用意，一是如果朱厚照真的御驾亲征，那就抓紧处理江西事务，争取在九月十一日启程；二是如果朱厚照放弃了御驾亲征，他就等圣旨到了再做计议。

锦衣卫的速度超出了王阳明的预料，他知道朱厚照已经御驾亲征，而且知道朱厚照他们想要朱宸濠，还打算释放朱宸濠，然后再次在鄱阳湖进行决战。王阳明当然不能眼看着发生这样荒唐的事，于是在九月十二日带着朱宸濠启程。

为了避免与张忠、许泰他们在鄱阳湖相遇，王阳明放弃走水路，选择走陆路，从南昌向西北的广信，然后进入浙江的衢州，到杭州，顺着京杭大运河一路进京。

不管不问，王阳明任性地带着朱宸濠进京献俘了，其实，王阳明这样做还是冒了很大风险的，毕竟论任性，他和朱厚照还差好几个数量级呢。

果然，出发十二天后，王阳明带着朱宸濠到达广信的时候，接连收到张忠、许泰和张永发来揭帖、手本，命令王阳明停止进京献俘，立即回南昌等候命令。

张忠、许泰一开始也很温和，只是说关于江西的情况不能光凭你王阳明一家之言，你坚持进京献俘就是"固执己见"，这样很不好，一切情况，我们要到那里实地调查，然后再定夺。我们和王大人一样体恤民情，鉴于此，朱大将军并不亲临江西，只带一些各有关部门的领导到南昌了解实际情况。

王阳明知道他们的德行，说人话不干人事，但不能明说。王阳明拿出对付锦衣卫的那套方法，戴高帽，称赞张忠、许泰他们"忧国爱民"天下人皆知，自己很是感动，朝廷恩惠一定惠及身处水深火热之中的江西大小民众。关于自己献俘这件事，王阳明是这样解释的，"本职纵使复回省城，亦安能少效一筹，不过往返道途，违误奏过程期，有损无益"，再就是我已经把献俘行期先行上奏，现在朝廷没有反对，我王某人必须执行，不敢耽误。

一看王阳明不听命令，张永也发来揭帖，张永在揭帖中称："今照圣驾亲率六师，奉天征讨，已临山东、南直隶境界，所据前项人犯，宜合比常加谨防守调摄，待候驾临江西省下之日，查勘起谋根由明白，应否起解斩首枭挂等项，就彼处分定夺。若不再行移文知会，诚恐地方官员不知事理，不行奏请明旨，挪移他处，或擅自起解，致使临难对证，有误事机，难以悔罪。"

事态明显严重了，前几次，张忠和许泰都是打着朱大将军的旗号，这次是打着朱厚照的名号，先简单介绍一下皇帝的情况和行程，接着要求王阳明留在江西候驾。之后解释为什么用皇帝的名义，是因为有些官员不听话，不明事理，做事不请示，私自转移朝廷钦犯，擅自押解，如果有差池，后果很严重。

看到张永的揭帖，王阳明还有办法，兵来将挡水来土掩，他清楚张永他们最关心的两件事：一个是朱宸濠，一个是宁王府的财产，王阳明一一给张永回复。最后，关于献俘，王阳明再次说明理由，他说："本职亲解宁王，先已奏闻朝廷，定有起程日期，岂敢久滞因循，不即解献，违慢疏虞，罪将焉逃？"

回复张永的揭帖后，王阳明又来一个举动，请求兵部鉴定自己收到的这些揭帖和手本，到底是真的还是假的。明显，王阳明是在装糊涂，他当然知道真假，装糊涂也要有理由，王阳明的理由是：一是这些揭帖和手本违背了"祖宗旧章成宪"，所以无法判断真假；二是如果真的是皇帝的意思，但也必须有兵部的知会公文，但我没有收到兵部的公文。

鉴于以上原因，所以无法辨别真假，因而就无法执行，万一有人假传圣旨，乘机作乱，就是我王某人死了，也无法弥补。故而，"除奉钦差总督军务威武大将军总兵官后军都督府太师镇国公朱寿帖，曾奉朝旨，相应遵奉，其余悉遵旧章施行外"。就是说，王阳明除了先前朝廷发布的明旨照章遵从，即"钦差总督军务威武大将军总兵官后军都督府太师镇国公朱寿"，其他的一律按照祖宗制度执行。

王阳明说得有道理，也符合制度，但张永、张忠和许泰会善罢甘休吗？王阳明究竟能否把朱宸濠带出江西呢？

朱宸濠成了奇货

王阳明确实有智慧，他在法理上为自己的行为找到了近乎完美的理由，但张永、张忠和许泰有一个是讲理的主儿吗？他们只讲利益，其他的一概不管，和他们的主子一样任性，当张忠和许泰获知王阳明带着朱宸濠进京献俘去了，他们派人一路追赶过去。

上次来的是皇帝直接派来的锦衣卫，这次是张忠派来的两个东厂太监，两个太监见面一点不客气，口称奉圣旨前来办差，命令王阳明交出朱宸濠。

王阳明很清楚太监比锦衣卫更难对付，因为锦衣卫还会考虑一下将来，总要给自己的子孙留一点后路，多少要积点德；太监无根无求，只追求当世利益，无所不用其极，绝对不留一点后路。

王阳明阅人无数，深知人性之道，瘸子面前别说短，矮子面前别说矬，秃子面前别说亮，太监面前别说恶。宁可与君子为仇，也不可得罪小人，因为君子都是明着来，小人则是无所不用其极，太监就是这样。因为你无法想象太监的恶，所以不要揭发他们的恶，千万不能和他们当面为仇，需要手段和技巧。大凡恶人，也不是没有软肋，人生在世，名利二字，不要名的人一定逐利，因而所谓恶人都是好利之徒，他们把利益看得比生命都重要，和恶人打交道，只要说明利害，让他们选择即可，他们会根据利益最大化原则做出选择。

尽管他们是恶人，却要把他们当作好人来对待，王阳明礼节性地在酒楼上摆一桌酒席，热情严肃地招待了他们。

见到两位太监，王阳明没有用对付锦衣卫那一套，既不戴高帽，也不嘘寒问暖，直奔主题："我王某人是见过世面的，不要动辄拿着皇帝旗号吓唬人，你们和我说实话，朱宸濠这事，到底是你们领导张忠的意思，还是皇上的意思？"

两个太监当然不敢说是张忠的主意，如果说是张忠的，那他们就是假传圣旨了，于是冰冷冷地说："这还用说，当然是陛下的意思。"

王阳明盯着两个太监，慢声细语地说："陛下这么着急要朱宸濠，恐怕是有所关注吧，你们知道陛下最关心朱宸濠什么吗？"

两太监一听话题涉及皇帝，立马谨慎起来，一起摇头："不知道，我们做奴才的，只知道奉命行事，不敢妄自揣度圣意。"

王阳明看到两个太监很世故，故意把语调变得不可琢磨："当年刘瑾之事，想必你们知道，陛下还是关注……"

王阳明故意顿了顿，不说了，俩太监当即蒙了，他们搞不懂王阳明想做什么，他们真担心王阳明知道皇上心里所想。

看到俩太监蒙了，王阳明不绕弯子了，直接说："我王某人猜测，皇上最关心的就是朱宸濠的金银财物，大明朝谁都知道朱宸濠朋友遍布朝廷，朱宸濠交朋友就是金钱开路，宫里的人谁没拿过朱宸濠的金子？我王某人进入宁王府后搜到了一些账目，里面详细记录了某年某月某日因何事给某人多少钱，某人帮助做了哪些事。这些事，你们也该有耳闻吧？"

听王阳明这一样说，俩太监一下子老实了，不再趾高气扬，而是毕恭毕敬。

王阳明知道，他们俩也是朱宸濠朋友圈里的，没少从朱宸濠那里领取金银财物。看到他们俩老实了，王阳明屏退身边的人，从袖口里取出两个小册子，一个是朱宸濠记录的账目，一个是朱宸濠和他们来往的信件，也即是说，朱宸濠的造反，也有他们的功劳。

之后，王阳明把小册子交给他们说："现在交给你们，你们看着处理，如何？"

这俩太监拿到账册之后，只顾关心自己的安危，哪里还关心朱宸濠，就急忙跟王阳明告别，回去向张忠报告去了。

俩太监走后，王阳明加快了速度，他知道必须趁着朱厚照没有到江西，尽快把朱宸濠带出江西，一旦朱厚照到了江西，自己所有的努力都白费了。

接到俩太监的报告后，张忠还是不死心，另派两个人撵了过去。

当第二拨人撵上王阳明的时候，王阳明已经把朱宸濠带到了杭州。

来人依然很牛，没有最牛，只有更牛。比皇上还不客气，口口声声称自己是奉旨而来，要把朱宸濠带走。这阵势当然吓不住王阳明，他什么样场面没见过，能有多大事，别说张忠、许泰，就是皇帝，他也有过交锋。

来人要带走朱宸濠，王阳明欣然同意，不就是带走朱宸濠吗？没关系，谁都可以带走，但要有理有据，签字画押，再就是不准假冒，如果发现假冒就地正法。这些奉命办事的人，哪里愿意承担砍头的责任，他们一看王阳明不愿意交出朱宸濠，也就不再勉强，他们清楚王阳明不好对付，就回去复命了。

历经千辛万苦，一路争夺，王阳明总算把朱宸濠带到了杭州，但下一步怎么办？王阳明当然想继续献俘，希望把皇帝堵在半路上，但朱厚照会同意吗？

又是一场交易

说完张忠和王阳明的斗法后，现在要说说老张家另外一个太监——张永。提起张永，估计连张忠都会骂街，同是姓张，同是太监，同是朱厚照身边的人，人生际遇差别咋就这么大呢？

张永也曾是老虎，"八虎"之一，正德五年（1510），安化王朱寘鐇叛乱的时候，朝廷任命张永做监军，镇压安化王朱寘鐇之后，他联合杨一清，一举拿下刘瑾。别的不说，张永一辈子就做这一件事，这个名字，注定历史留名。没办法，张永就是运气好，宁王造反，他又来了，这一回是先锋官，但大元帅是皇帝，这地位也够高了。

好事没有到此为止，后面的才让人惊喜。

王阳明到达杭州的时候，张永也已经到杭州多日，和张忠死乞白赖要朱宸濠不同，张永不去找王阳明讨要，不仅不讨要，他明明知道王阳明到杭州了，连理都不理。这倒不是说，张永对朱宸濠不感兴趣，实际上把朱宸濠留在江西就是张永的主意，而且他还做了朱厚照在鄱阳湖大战朱宸濠预案。这样的一个人，他能希望王阳明把朱宸濠带出江西，只是他比张忠、许泰更为高明，更难对付罢了。

张永为什么急匆匆带两千人马到杭州，肯定不仅仅是为了给朱厚照旅游打前站，有更为重要的战略目的，他很清楚王阳明《请止亲征疏》用意所在。他知道王阳明在和他们玩心眼，明白王阳明的用意所在，就是用献俘阻止朱厚照御驾亲征。王阳明在巧妙利用时间差，瞒天过海，既不抗旨又做了自己想做的事。

在当时，王阳明从南昌献俘有两条路可走，一条是走水路，从鄱阳湖到长江，过九江，一路南下到南京，之后到镇江顺着运河一路北上；另一条是走陆路，从南昌到广信，到浙江的衢州，然后到杭州，顺着运河北上。

到这里，我们就清楚，朱厚照为什么兵分两路了，一路是张忠和许泰沿长江而上，过鄱阳湖到南昌，一路是张永从陆路到杭州，而且还带领两千人马。从这件事来看，朱厚照的脑子还是真有点智慧的，他还是能掌控大局的。从张忠和张永对王阳明不同的态度来看，朱厚照对他们二人的工作分工应该是不同的，张忠应该是负责围追王阳明的，张永是负责堵截王阳明的。这就是，张忠为什么一而再再而三地派人要求王阳明把朱宸濠带回南昌，即便王阳明带着朱宸濠到了杭州，张永也是不闻不问，两人分工不同，如果王阳明真的带着朱宸濠离开杭州北上，张永肯定不愿意。

到了杭州，王阳明也犹豫了，他觉得一个人和这么大一个集团对抗，太力不从心了，自己生死是小事，万一朱宸濠又被带回江西，那自己的罪过就大了。对抗不了怎么办？是宁为玉碎不为瓦全，还是妥协投降？王阳明经过慎重思考，他决定从恶人中找好人，找出一个合作伙伴。

找谁呢？朱厚照最好，但不可能，没有直接对话的机会；张忠和许泰，这俩人不靠谱，人品太坏；这样就只剩下张永了。

由于张永联合杨一清收拾了刘瑾，名声不错，算是太监中的好人。但王阳明一直瞧不上他，曾经在给父亲的信中这样写道：张永用事，势渐难测。一门二伯，两都督，都指挥、指挥十数，千百户数十，甲第坟园店舍，京城之外，连亘数里。城中卅余处，处处门面，动以百计。檐楹相望，宫室土木之盛，古未有也。大臣趋承奔走，渐复如刘瑾时事。其深奸老滑，甚于贼瑾。而归怨于上，市恩于下，尚未知其志之所存终将何如。

由于是在家书中，因此所表达的应该是王阳明的真实想法。如此看来，张永比刘瑾更坏，影响更为恶劣，家人霸占了高官爵位，占有大量田产、不动产，宫室土木，前无古人。再就是干涉朝政，和朝廷官员勾肩搭背，眉来眼去，很有可能成为第二个刘瑾。张永比刘瑾更加奸猾，把恶名推给皇帝朝廷，把恩惠归于个人，他的野心有多大，真不好说。

正是因为如此，王阳明后来力求到南京任职，哪怕是一个闲职，也要远离北京这个是非之地。再之后，王阳明到赣州做巡抚，再之后平叛朱宸濠，哪里想到张永又来了。

人生就是这样，有些人，越是不想见，就越是有机会见面，躲都躲不掉，而且是必须见，不见还不行。王阳明一心想远离张永，在杭州却不得不相见，而且还要主动去求见，王阳明情何以堪，没办法，因为王阳明身上担负着江西人民的重托。这个时候，个人的尊严和这么多人的幸福比起来，王阳明决定低头，主动向张永示好。

一个读书人违背自己的内心去见一个自己不愿见的人，做出这么大的让步，内心要做多少次斗争啊，一次次，每一次都是伤害，否定，否定，肯定，否定，肯定，再否定，肯定，否定，最后豁出去了。这个时候，起作用的不是礼义廉耻，也不是仁义道德，更不是大明朝的政治课，而是江西那些身处水深火热之中的百姓，是他们给了王阳明力量，这就是王阳明所说的良知。知道了，而且还去做了，这叫"知行合一"。

这个时候，王阳明所在意的已经不是面子了，而是一种交易。王阳明清楚和恶人打交道，不要谈世界观、人生观和价值观，只谈人性，谈交易……鼓足勇气后，王阳明前去面见张永，只是王阳明这种"我本将心向明月"的举动，能不能如愿以偿，是不是会得到"奈何明月照沟渠"的尴尬？

我是王守仁

为了江西百姓，王阳明豁出去了，亲自到张永在杭州的住所。

张永听说王阳明来了，不见，要求王阳明带着朱宸濠回南昌，然后释放朱宸濠，让朱宸濠和朱厚照在鄱阳湖进行大决战，以实现朱厚照的不朽之功。王阳明当然不同意，要是同意的话，自己何必这么辛辛苦苦把朱宸濠带到杭州呢？

王阳明毕竟不是普通的读书人，张永想不见他，想让他乖乖回去，哪有这么容易？张永不让见，王阳明想见，怎么办？

张永的门口有士兵守卫，没有张永的吩咐，是很难进去的。一般来说，守门人都是不讲理的，他们只对自己的主人负责，他们是不会听从外人命令的。一听张永不愿见，王阳明直接进入，守门士兵伸手拦截，王阳明大声斥责他们，说自己是江西巡抚王守仁，奉旨进京献俘，现在要见张公公商议国事，谁若阻拦，后果很严重。

士兵也早听说王阳明大名，又听说是商议国事，知道自己承担不起后果，就让王阳明进去了。

王阳明进入大院之后，没有直接闯进张永的内室，而是站在院子里大声喊话："我是王守仁，来和你商议国家大事，为什么拒绝和我见面！给个理由先！"

王阳明之所以有这么大的勇气，正是因为他心中有正气，有正能量，背后是数以万计的江西老百姓，这就是孟子所说的浩然之气。王阳明这样做，一不为名，二不为利，三不为色，四不为才，就是一种担当，一种责任，一种使命。

王阳明的气场太强大了，张永被震慑住了，是啊，有什么理由不见呢？张永号称太监里最爱国的，最忠于皇帝的，现在王阳明亲自登门来商谈国家大事，你却避而不见，这是什么道理，难道张永先前所展示的都是欺世盗名，都是演戏？

张永只得出来接见王阳明，见面后，王阳明直接对张永说："江西的老百姓，被朱宸濠盘剥祸害这么多年，今经大乱，接着又发生了旱灾，又供京边军饷，困苦既极，已经没有生路。如果陛下再带着大队人马到江西，没有活路的老百姓必逃聚山谷为乱。先前那些跟着朱宸濠一起造反的多是被胁迫，现在极有可能因为穷迫所激，奸党群起，天下遂成土崩之势。这个时候，再来兴兵定乱，不亦难乎？"

王阳明不和张永讲别的，只讲大局，因为张永是大局中的人，属于既得利益者，如果不希望大局崩坏，那就维护大局。否则一旦大局突变，天下大乱，你很难置身事外，而且还要失去一切。

张永是官场老油子，他什么都清楚，对王阳明所说举双手赞同，依然打着官腔说："吾之此出，为群小在君侧，欲调护左右，以默辅圣躬，非为掩功来也。"

张永打官腔纯属找借口，搞笑，不是为了抢功，为什么跑到杭州，为什么躲着不见王阳明。

王阳明当然不揭穿张永，顺着话说："我王某人知道张公公忠勇体国，忠君爱民，一心为了大明天下。"

张永听后，很是舒服，就对王阳明说："还是王巡抚了解洒家啊。陛下，您是了解的，他要做什么，有谁能阻挡得了，所以嘛，您如果真的为了江西的百姓，就听洒家的。皇上还是好说话的，但顺其意而行，犹可挽回，若逆其意，徒激群小之怒，无救于天下大计矣。"

说完之后，张永望着王阳明，用手一指尚在江上的朱宸濠："此宜归我！"

听到张永这么说，王阳明也很爽快，当即说道："我何用此。"

就这样，一次伟大的交易，在热烈不真诚的交谈后，达成协议。

王阳明把朱宸濠转交给张永，绝不是有些资料记载的那样，张永的人品好，太监中的好人。其实，王阳明一点都信不过张永，此实为无可奈何之举。因为那时张永手持"大将军"（即朱寿）钧帖，这个钧帖是明旨，效力和圣旨一样，王阳明必须遵守。

有圣旨在，王阳明还有什么话可说，再怎么着，他也不敢抗旨啊。既然无路可走，那就与张永合作，顺水推舟做个人情，把朱宸濠交给张永。当然，这种转交，不是送礼，可以随意进行，毕竟是国家大事，不是儿戏，一切都有可遵循的法定程序，王阳明为此专门写了一篇《案行浙江按察司交割逆犯暂留养病》公文。据王阳明在公文中所说，交接之时，王阳明与张永会同监军御史以及浙江都、布、按三司官员，大家在场记录做证，把朱宸濠等人犯、宁王府各类账册、公文等逐一交查明白，同时呈给兵部查照知会。

到这里，王阳明的进京献俘就此结束，面对这个结果，王阳明不服气，不情愿，心有不甘……他又会怎么做呢？

是去见皇帝呢，还是不去见皇帝呢？

一心要进京献俘的王阳明，到杭州后，俘虏不得不转交给张永。这个时候，按照朱厚照的意思，王阳明应该和张永一起回到南昌等候皇帝的大驾，进京献俘不成的王阳明，这个时候，真的是无颜再见江西父老啊！

在大明朝，除了皇帝，王阳明和谁都敢斗斗智慧，比比脑筋，偏偏对手就是皇帝。王阳明郁闷至极，空有一身本领，满脑子智慧，一个都不能用，一筹莫展，唯一能做的事就是伤心，放肆地伤心，然后找一个安静的地方给自己疗疗伤。

王阳明能看懂大局，什么都知道，也清楚自己一味地进京献俘，实际就是螳臂当车，明知不可为而为之，只管耕耘不问收获，为求尽力尽心，为官一任对得起一方百姓。

王阳明更清楚的是，做好事光有好心还是不够的，还要有高明的技巧。王阳明这次进京献俘，就是让江西父老不再遭受浩劫，但如果方法不当，不仅不能办成好事，反而可能办坏事，甚至搭上自己的身家性命。故而，王阳明在《案行浙江按察司交割逆犯暂留养病》中对皇帝和各部门做了我为什么要进京献俘的说明。

第一，是叙说情况。本职我觉得，既然奉总督军门钧帖，亲自押解朱宸濠前去面见皇上受到了节制，如果我这个时候又退还省城，坐待驾临，恐怕涉嫌迟谩皇帝，而且耽误了上奏约定的行程日期。

第二，还是老方法，我王某人身体有病。前段时间为了献俘，我扶病日夜前进，行至浙江杭州府这里后，病情愈加沉重，不能支持，只得请医调治。在治病期间，适逢遇见了钦差提督赞画机密军务御用监太监张永奉命前来江西体勘朱宸濠等反逆事情，及查理库藏、宫眷等事。张永在准钧帖中称："宸濠等待亲临地方，覆审明白，具奉军门定夺。"既然有这么多原因，那我就和张永做了交接手续。

第三，我想家了。本职先前曾因父亲年老和祖母去世，多次上疏乞求休假，但一直未蒙允许。后来奉旨扶病去福建处理兵变，暗自打算趁着去福建的时候，顺便回趟家，了却心头之事，因为从福建冒罪逃回老家，也就是十多天，这些事我已经如实具奏。哪里想到行至中途遇见朱宸濠造反，只得留下来，现在本职我知道自己的病势日重，很难轻易痊愈。目前的行事，前进献俘既有不能，退回愈有不可，若再迟延，很有可能既完成不了献俘，也无法回家看望家人。

第四，我汇报一下我下一步的计划，现在请求本职暂留杭州当地，请医调治，等病情稍稍好转，再根据情况确定。我现在大致是这样计划的，一是按照张永的钧帖仍然回省城；二是仍然前进献俘，沿途迎驾；最后也可能给皇上具本乞恩养病。

细细读读，可以看出，王阳明所谓的生病，其实只是托词，他确实有病，但绝对没有他在奏疏中所说的那样严重。王阳明当时主要的病不在身体而是在心里，他心受伤了，他一心尽忠，忠于国家，忠于皇帝，谁料到皇帝根本不领情，不仅不领情，甚至还要治罪，王阳明能不伤心吗？

王阳明之所以要留在杭州治病，是因为他当时也没有了方向，他需要静一静，疗疗伤，研究一下下一步怎么办。关于下一步怎么办，王阳明把他能做的都说了，他想做的事，他不想做的事，其实就等于没说，也就是说，病好之后，只有天才知道王阳明会做什么。这正是王阳明高明的地方，把自己可能做的事，都做了报告，朝廷和皇帝一旦怪罪下来，他可以说，我王某人都报告了啊，一下推得干干净净，一点责任都没有。

给自己留足后路之后，王阳明到西湖养病去了。

在养病期间，王阳明难抒情怀，就写诗打发日子，正如他给这些诗写的序，"十月至杭，王师遣人追宸濠，复还江西。是日遂谢病退居西湖"。在困难寂寥的日子，诗是王阳明心中的希望，是昭示王阳明前进的明灯。

甲马驱驰已四年，秋风归路更茫然。惭无国手医民病，空有官衔縻俸钱。

百战西江方底定，六飞南向尚淹留。何人真有回天力，诸老能无取日谋？

百战归来一病身，可看时事更愁人。

山僧对我笑，长见说归山。如何十年别，依旧不曾闲？

百战深秋始罢兵，六师冬尽尚南征。

明朝且就君平卜，要使吾心不负初。

这些诗句，诉说了王阳明现实中的困苦，现实太困苦了，他就想像陶渊明一样进入深山，然而，当他真的归隐到西湖养病的时候，他依然万般忧虑在心头，还是夜不能寐。为什么呢？就是王阳明六根未净，尘缘未了，他放不下的是百战后的江西和仍在征途的皇帝。他可以轻松破山中贼，破王爷，甚至破自己心中贼，但却奈何不了皇帝，正如他曾经感慨的，劝阻皇帝好比螳臂难以当车，心有补天志，却没有回天之力。这个时候，王阳明想起了朝廷的"诸老"，诸如杨廷和、梁储和蒋冕他们，我王阳明人微言轻，无法劝阻皇帝御驾亲征，你们这些朝中的阁老，难道也没办法吗？

在杭州待了半个月后，王阳明又出发了，他没有直接从陆路回江西，而是顺着运河北上，尽管皇帝并不待见他，他还是想去见一下皇帝，当面劝谏一下，希望朱厚照停下御驾亲征的步伐。

大明朝没有说理的地方

顺着运河北上，到镇江停了下来，王阳明停下来不是不想去见皇帝了，而是需要高人指导。也就是说，王阳明在西湖思索了半个多月，依然没能厘清自己的行动方案。

到了镇江后，王阳明想起了杨一清，王阳明和杨一清，也算是渊源深厚，王阳明从庐陵任上升迁到南京吏部主事，之后，时任吏部尚书杨一清把王阳明从南京调到吏部验封司主事。也就是说，王阳明第二次回到北京，应该感谢杨一清，之后王阳明也是几经转折，到滁州做弼马温，到南京做太仆寺卿。

　　到了正德十一年（1516）九月，朝廷下诏，王阳明升任都察院左佥都御史，巡抚南赣、汀漳等地，王阳明从此踏上了扬名立万之路。同是这一年，杨一清就流年不顺，由于杨一清经常劝谏朱厚照，说朱厚照这不对那有错，而朱厚照的这些行为都是钱宁、江彬等人蛊惑的，因而他们就在朱厚照耳边说杨一清的坏话。刚开始，朱厚照还能不相信，什么事都怕时间，时间久了，朱厚照也认为杨一清有毛病，就横挑鼻子竖挑眼。

　　正德十一年，实在忍受不了钱宁、江彬等人的构陷，杨一清上疏请求回家养老，朱厚照于是顺水推舟，就同意了杨一清的请求。离开北京后，杨一清就一直居住在镇江，在那里看日出日落，看云卷云舒，没事的时候就望望北京，想想往事，想着有朝一日再回朝。

　　镇江不仅有金山寺，有米醋，还有高人杨一清。先前，王阳明到镇江，一是要去金山寺，二是品尝镇江米醋。这一次，多一件事，那就是拜访杨一清。

　　王阳明要去拜访杨一清，有多方面的原因。

　　一方面，杨一清曾经是王阳明的顶头上司，路过老领导的家门，无论是从礼节上还是人情上都应该去。

　　另一方面，杨一清和张永关系不错，王阳明之所以愿意和张永做交易，多少有杨一清的情分在里面，这次趁机到杨一清那里说说情况。

　　最后就是，形势太烂太乱，王阳明都迷糊了。而杨一清在家待业，所谓当局者迷，旁观者清，显然置身事外的杨一清也许看得更清晰，因而王阳明前去拜访，请求杨一清支支着，指指路。

　　一个曾经入阁拜相的人，杨一清对大明朝的官场太熟悉了，他什么都知道，身在江湖，心在庙堂，天下大势，他看得很清楚。可以说，没人比杨一清更能摸透潜规则了，他了解朱厚照，也了解张永，也了解钱宁、江彬之流，就是对王阳明也是门儿清。

　　见到王阳明后，杨一清高度赞扬了王阳明，说他忠勇爱国，可嘉可奖，是国之幸事，天下之幸事。面对王阳明的问题，杨一清跟王阳明谈天下大势，说皇帝秉性，最后交底说："无论你去不去，都见不到皇帝。因为皇帝有他特定的目的，在目的没有达到之前，绝对不是你想见就能见，想劝就能劝的。而今之计，最好的选择就是回南昌主持大局，这样才是对江西负责的最好方法。"

杨一清还告诉王阳明，先前朱宸濠在你手里，名正言顺，去献俘。现在俘都没有了，还去干什么，献什么呢？万一惹得皇帝不高兴，轻者一顿廷杖，很是丢人，不是献俘而是献世了；重者，可能砍了脑袋，这样献俘就成了献身。

无论是杨一清还是王阳明，他们都清楚，朱厚照之所以任性御驾亲征，肯定不是他一个人在行动，而是一个团队，这些人都是利益攸关者。眼看着朱宸濠到手了，功名利禄到手了，金银财宝到手了，你一个劲儿去劝阻，就是挡道，挡住别人升官发财之道，谁能放过你啊。

所以从这个意义看，历史往往是悲情的。因为历史规律显示，一个国家的命运，在关键的时候往往掌握在一小撮贪得无厌的无耻无能之徒手里，正是因为他们的胡作非为，历史在多数时候都是朝着错误方向行进的，给国家，给人民，甚至给人类带来了一次次灾难。需要思考的是，这一小撮人是如何有机会操弄国家权柄的，是谁授予权柄给他们的，如何能规避这样的事情，让历史不再重演，让历史超越轮回，一直按着文明的方向前进？

和杨一清交流后，王阳明似乎什么都明白了，但心里依然难以接受，大明朝还有说理的地方吗？事实已经告诉他，没有；而且事实正在告诉他，还没有；不仅如此，事实还将继续告诉他，依然没有。

正当王阳明在镇江郁闷徘徊，不知道下一步怎么走的时候，朱厚照已经进入了徐州境内。这个时候，江彬小心翼翼地把钱宁勾结朱宸濠谋反之事告诉了朱厚照，听完江彬的话，朱厚照说道："这个狡猾奴才，我早就开始怀疑他了。"

朱厚照下令抓捕钱宁，命令锦衣卫查抄钱宁的家，查获"玉带二千五百束，黄金十余万两，白金三千箱，胡椒数千两"。

胡椒？确实是胡椒！胡椒出现在这里，有点搞笑，有人会纳闷，钱宁又不是开调料店的，他弄这么多胡椒干吗？简单说一下，那个时候，胡椒是稀缺品，可以当作硬通货，也可以当银子使用，这就是钱宁弄这么多胡椒的原因所在。之后，朱厚照命人将钱宁关押在临清。

处理完钱宁之后，朱厚照一路南下，终于在十二月初一到达了扬州。

听说皇帝来了，扬州老百姓并没有欢天喜地，也没有感受到皇恩浩荡，反而是人心惶惶，犹如土匪进城。之所以这样，是因为朱厚照色名远播，恶名远扬，谁都知道他好美女这口。

扬州人就是聪明，早早听说朱厚照要来了，整个扬州有女儿的都急慌慌将女儿嫁了出去，几乎是一夜之间，光棍全部脱光了。这样一来，扬州就没有剩女了，爱好抢掠处女和寡妇的朱厚照会怎么办呢？

皇帝到风月场体验生活

朱厚照到了扬州后，第二天就带着一帮人到扬州城西打猎去了，而且上瘾了，一发不可收拾。之后，天天带领一帮人去打猎，都忘记了找美女。

大臣们看不惯了，皇上太不像话了，打着御驾亲征的幌子，却到处游山玩水，到扬州天天打猎，长此以往，天下怎么办？大家联合劝谏，朱厚照根本不听。大臣实在没办法了，想起了刘娘娘，就请求刘娘娘吹吹枕边风，劝说朱厚照。

果然，枕边风威力无比，大臣们要死要活都没效果，刘娘娘几句悄悄话，万事大吉，朱厚照决定不打猎了。

不打猎之后，朱厚照开始了钓鱼，他很擅长钓鱼，以前经常带着钱宁、江彬和一帮太监去钓鱼。朱厚照有一个嗜好，每当钓上来一条鱼，他就现场拍卖，价高者得之。

朱厚照到扬州后，扬州知府蒋瑶只给朱厚照安排了日常之用的器具，没有多余的馈赠。不光江彬不满意，就连朱厚照也觉得有点寒酸了。刚到扬州的时候，江彬就打着皇帝旗号征用富贵人家的房子做自己的副将军府，知府蒋瑶坚决不同意。江彬大发雷霆，把蒋瑶关进一间房子里，对蒋瑶进行毒打侮辱，而且还威胁用皇帝御赐的铜瓜击碎蒋瑶的脑袋，蒋瑶大义凛然，不被淫威屈服。仅仅这一点，就值得给蒋瑶点个赞，多么有尊严的人啊，有原则，有底线，就是皇帝，也不拍马屁，也不贿赂。

朱厚照在钓鱼方面，的确有点水平，很快就钓上来一条大鱼。周围的随从人员，一看朱厚照钓上来一条大鱼，大家一起鼓掌，甚至有人喊万岁威武。

看到大伙这么兴奋，朱厚照哈哈大笑，开玩笑说："朕钓的这条鱼，得值五百两银子吧？"

大家一起起哄，都说肯定要超过五百两银子。说者无意，听者有心，江彬开始犯坏了，他要报复蒋瑶，回头对蒋瑶说："蒋知府，你把皇上钓上来的这条鱼买了。我知道你抠门，不用你自己的钱，用扬州府的库银，怎么样？"

经江彬提议，朱厚照也跟着说："蒋爱卿，要不你买回去吧？回去炖了给扬州百姓喝喝，让他们也感受一下朕的恩惠。"

皇帝发话了，蒋瑶只得同意，爽快地说："不就五百两银子吗？没问题。"

之后，蒋瑶回去了，看到蒋瑶回去了，江彬和朱厚照乐得哈哈大笑。

一段时间后，蒋瑶回来了，只见蒋瑶怀里抱着一堆东西来了，他媳妇的簪子、玉石耳环和一些衣服。蒋瑶对朱厚照说："陛下啊，扬州府库没有钱，臣家里值钱的东西都给您带来了。"

看到蒋瑶这个样子，朱厚照也笑了起来，拍着蒋瑶的肩膀，让他回家去。

到这里，不由得想，朱厚照到底是一个什么样的皇帝，如果他真的十恶不赦，为什么一个知府都敢这样对待他？我们一直称赞的康乾盛世，他们俩多次南巡，每次花费不菲，地方官员都是战战兢兢地伺候着，稍有不慎，就会被处分。

朱厚照和江彬明里暗里给蒋瑶传递信号，蒋瑶揣着明白装糊涂，愣是不理他们的茬。实在憋不住了，朱厚照开口了："蒋爱卿啊，朕听说扬州的琼花非常好看，维扬一株花，四海无同类。朕打算看看，你给朕安排下。"

面对皇帝的要求，蒋瑶回答说："陛下，您要看琼花啊？自从宋徽宗、宋钦宗被掳走后，这花就绝种了，现在没法献给陛下。"

朱厚照只得作罢，接着又索要一些特产，蒋瑶一一回绝，说这些东西都不是扬州所产。

最后，朱厚照生气了，生气地说："苎白布，亦非扬产耶？"

这下子，蒋瑶无话可说了，只得进献五百匹苎白布。

不管怎么说，朱厚照的扬州没有白来，最起码蒋瑶进献了五百匹苎白布，但朱厚照很是不高兴。扬州之行太郁闷了，都说扬州有美女，结果都是结婚的，连寡妇都没有，怎么办？不能白来啊，扬州这么浪漫的地方，不见见美女，太遗憾了，朱厚照想起了"二十四桥明月夜，玉人何处教吹箫"，对，到风月场看看去！

朱厚照对风月场是很熟悉的，他喜欢到那里寻欢作乐，由于经常去，大臣们经常劝谏，最后索性在皇宫开设了一家妓院。毕竟是皇家妓院，无论是规模还是装潢都极尽奢华。有所不同的是，皇家妓院的工作人员都是后宫人员，让老太监和宫女扮演老鸨，妓院的工作人员都是一些宫女假扮。一看到朱厚照，老鸨一声令下，那些"妓女"蜂拥而上，前簇后拥，拽衣服、架胳膊、抬腿，朱厚照很是享受，然后大家轮流劝酒。如果这天"妓女"把朱厚照灌醉了，朱厚照就会临幸此地，在此下榻。

于是乎，十二月十八日，在扬州知府蒋瑶的陪同下，大明皇帝朱厚照陛下视察了扬州立春院，立春院的姑娘们听说皇帝来了，个个激动得热泪直流，争先恐后地要为皇帝提供服务。

自从盘古开天地，三皇五帝至于今，皇帝光明正大逛窑子，朱厚照还是第一个，虽然这并不可喜可贺，也不值得大书特书，但的确是一件可以载入历史的事情。

中国人历来有名人情结，喜欢追星，大凡是名人和明星用过的、看过的，个个都是身价倍增。这扬州的妓院也是这样，因为大明皇帝朱厚照临幸过，是御用过的，所以那里的美女个个身价暴涨。估计，风月场里的美女都把祖师爷管仲挪一边去，开始供奉朱厚照。

正当朱厚照到扬州妓院逍遥的时候，王阳明的日子却烦透了，这个话题要从江西说起。

南昌城的罪与罚

王阳明闹心的是南昌，张忠和许泰根本没有遵守不带军马的承诺，他们带来了大批人马，遍布南昌的大街小巷。

张忠和许泰到南昌就是奔着朱宸濠来的，经过围追堵截，王阳明愣是把朱宸濠带到了杭州，最不可接受的是，王阳明居然把朱宸濠交给了他们的竞争对手张永。他们大发雷霆，发誓一定要让王阳明知道他们的厉害，老虎不发威以为他们是病猫呢。

在王阳明还没回南昌的时候，他们就开始对王阳明出招了。

这个时候，张永也带着朱宸濠回到了南昌，和张忠、许泰不一样，还没到江西，张永就名垂青史，一个太监两次平叛藩王，不仅在明朝历史上，就是在中国历史上也是前无古人后无来者。

张永口口声称，自己陪皇帝南下，不是为了抢功，谁都知道这是此地无银三百两。不为了抢功，为什么阻止王阳明进京献俘？不为了抢功，为什么在杭州避而不见王阳明？不为了抢功，为什么要将朱宸濠据为己有？

张永就是好运，想什么有什么，想要功劳的时候，王阳明愣是把朱宸濠送到面前；想要利益的时候，整个南昌和宁王府都是由他来盘查数据，有些数目就是他说了算；想要收买人心的时候，朱宸濠所有信件都在他那里，可以说想整治谁就整治谁。

和张永比起来，张忠、许泰他们俩就没有这么好的运气了，他们到南昌，专门为抢功而来的，先前打算从王阳明手里抢来朱宸濠，然后找理由把王阳明抓起来，这样，他们就成了平定朱宸濠之乱的第一功臣，名垂青史，但王阳明不理他们。当王阳明把朱宸濠交给张永后，更加催化他们心中人性之恶，他们一时报复不了王阳明，就收拾了前来拜谒的伍文定。

作为平定朱宸濠之乱的主角，伍文定在江西已经是一个大腕了，张忠和许泰来了，老大王阳明不在，作为助手，客人来了，伍文定就去嘘寒问暖，尽一下地主之谊。张忠正在气头上，一看是伍文定就来气，当即命人把伍文定捆起来，然后一顿暴打。

伍文定虽然读书出身，但膂力强大，善于骑射，带过兵，打过仗。朱宸濠之战的决定性战役都是他一手指挥的，胡子都烧着时，依然临危不惧，镇定作战。

伍文定向来看不起张忠、许泰这帮人，当即破口大骂："吾不恤九族，为国家平大贼，何罪？汝天子腹心，屈辱忠义，为逆贼报仇，法当斩。"

听到伍文定大骂自己，张忠火冒三丈，一下子把伍文定推倒在地上。伍文定依然骂声不止，要求张忠解除自己的职务，张忠当然没有这个权力。

收拾过伍文定，张忠、许泰又把王阳明的弟子冀元亨抓了起来，罪名是勾结朱宸濠。当初从宁王府回来后，王阳明担心冀元亨遭到朱宸濠的陷害，派人保护冀元亨回湘西老家。后来朱宸濠造反，冀元亨从老家赶过来协助老师平叛。哪里想到，现在倒成了内奸。

为了诬陷王阳明和朱宸濠互相勾结，因为只要找到王阳明和朱宸濠之间的证据，王阳明就是谋反之罪，如此一来，王阳明就成了罪犯，平定朱宸濠的功劳自然非他们莫属。

为达到目的，张忠、许泰多次严加询问朱宸濠，让朱宸濠交代和王阳明的关系。朱宸濠也不傻，他知道王阳明不好惹，就把王阳明的弟子冀元亨推了出来："仅仅有过一次来往，就是王阳明派冀元亨到王府讲学。"

这看似无关王阳明，其实最直接，这也是朱宸濠的阴险之处，看似实事求是，实际上是栽赃陷害。朱宸濠被王阳明打败，心里当然恨王阳明，于是就通过陷害冀元亨来报复王阳明，认为只要冀元亨通敌的罪证坐实，王阳明肯定跑不掉。在当时的情况下，有几人能忍受得了大明朝的酷刑，一旦冀元亨屈打成招，说了王阳明，王阳明肯定是百口莫辩。

获悉后，张忠欣喜若狂，立即派人抓捕冀元亨，进行严刑拷打，进行刑讯逼供。这个才是对王阳明最大的伤害和威胁，因为张忠、许泰无所不用其极，冀元亨毕竟是血肉之躯，他能不能坚持住，能坚持多久，一旦哪天忍受不了，屈打成招，王阳明咋办？

之后，张忠、许泰又把雷济、龙光和萧禹这几个王阳明的得力助手抓了起来，因为这几个人当初为了执行反间计，避免不了要和李士实、刘养正、闵廿四等人来往。当时为了取信于他们，必然有些真的东西，自然会留下一些证据，这个时候，却成了通敌的罪证。

收拾过这些人之后，张忠、许泰又开始围绕王阳明做文章，于是他们制造混乱，鼓惑士兵，说带着兄弟们不远万里来南昌，为的就是建功立业，升官发财，眼看着就要实现，王阳明却把朱宸濠带出了江西，一下子什么都没有了，王阳明就是我们最大的敌人，兄弟们，一定要报仇。现在王阳明新任江西巡抚，兄弟们就给他点颜色看看，出了事，有我们的朱大将军在后面撑腰呢！

这帮当兵的，本来就无法无天惯了，现在有人背后撑腰，还有就是，吃不饱。

于是乎，这帮士兵，打着天子之师的旗号，到处横征暴敛，巧取豪夺，把南昌城闹得鸡飞狗跳，满城风雨。

俗话说，兵熊熊一个，将熊熊一窝。同理，兵坏坏一个，将坏坏一窝。这个推理放在张忠和许泰身上，极为准确，他们俩极为贪婪，手下的士兵更为贪婪。

这些年，江西一直闹土匪，然后就是朱宸濠谋反，接着又发生严重旱灾，历经浩劫之后，江西真的是啥都没有了，生灵涂炭，百姓生活在水深火热之中。张忠、许泰又一下子带来这么多军队，别的不说，单单衣食住行，就够江西喝一壶了。经过这么多年折腾，江西早就没有余粮了，哪里供养得起这么多人啊！问题是这些人，他们到江西可不仅仅是旅游，他们都是想建功立业，并且趁机捞一把。

江西老百姓不能理解，这难道不是朝廷的军队吗？说好的保家卫国呢？说好的仁义之师呢？张忠、许泰和他们的军队比江西土匪更坏，比朱宸濠更祸国殃民，他们就是蝗虫过境，但凡他们所经之地，必然搜刮殆尽，寸草不生。

这样一来，民怨四起，群情汹汹，眼看着就要失控。

六、九华山上见天心

智者自救，圣者渡人，王阳明是一个智者，也是一个圣人。智者是生活在现实世界的，要面对柴米油盐酱醋茶，也要面对琴棋书画诗酒花，这些都容易沉沦，所以需要自救；圣人是超现实的，是不食人间烟火的，是有使命的，职责就是拯救人类。作为智者和圣人的合体，王阳明就生活在现实和超现实之中，所以他纠结郁闷的是，作为一个智者，却充满了困惑；作为一个圣人，他要度别人，也要度自己。

我必须残忍，才能善良

王阳明和杨一清交流之后，虽然明白了，但心里依然不甘，不愿意接受现实。烦心的王阳明在镇江磨蹭一段时间后，看到形势越来越坏，对自己也越来越不利，于是动身返回江西南昌。

到了南昌，看到混乱的局面，王阳明束手无策，张忠、许泰虽然不是他的顶头上司，但有皇帝令牌在手，也是太上皇级别的，得罪不起。

按照大明朝的规矩，王阳明回到南昌应该主动去拜见钦差大臣张忠、许泰，张忠、许泰就打算利用这次拜见，给王阳明一个下马威。他们特意把王阳明的位置摆放在卑微的旁席，让王阳明坐在那里，以此羞辱王阳明。

王阳明来到之后，一看张忠、许泰的摆放座位，就明白是怎么回事了。王阳明理都不理他们，直接走到主座位置坐了下来，然后招呼张忠、许泰到卑微的旁席坐下，并称赞张忠、许泰太客气了，给自己留主座。

张忠、许泰刚开始被王阳明搞蒙了，他们没有想到王阳明会如此不客气，回过神来后，他们极为生气，甚至破口大骂王阳明不讲究规矩。

面对辱骂，王阳明相当淡定，平静地跟他们说："各位大人息怒，大家都是官场之人，我王某人是按照官场正常礼仪行事，不知道有何不妥？你们官居高位，难道会不知道这些礼仪？"

张忠、许泰被问得哑口无言，王阳明之所以如此，主要是若给他们诸多主动权，一旦局势被他们控制，后果不堪设想。张忠和许泰唯恐天下不乱，乱了正中他们下怀，他们可以"建功立业"，抢掠钱财。

王阳明清楚要想善良，必须先对敌人行狠，否则是无法善良的。面对瘟神，说好话是送不走的，必须要斗争，要有手腕。

王阳明联合张永，开始追究那些和朱宸濠有来往的朝廷官员，当然是选择性地追究，第一个被追究的是陆完。消息一公布，举国震惊，吏部尚书居然和朱宸濠沆瀣一气，人性啊！

陆完出事后，张忠、许泰也紧张，他们也都没少拿朱宸濠的银子，也有书信来往，现在如何是好？现在朱宸濠被张永和王阳明控制了，天知道他们会做出什么来。

为了能对抗张忠、许泰，尽快把这对瘟神送出江西，王阳明开始对自己身边和张忠有勾结的人动手。王阳明出了一个奇招，公开审判一个叫王鼐的人。

王鼐不是一般人，他和朱宸濠有勾结，也和张忠有来往，也算是王阳明信得过的人，平叛朱宸濠期间，王阳明的奏疏都委派王鼐送往京城。

朱宸濠谋反之初，王阳明委派王鼐前去京城送奏疏，王鼐左找理由右找借口，千般推托，就是不愿意去。情况反常，王阳明一看就知道有问题，细细一分析，发现王鼐和朱宸濠有互通的嫌疑。本来，王阳明还有些犹豫是否派王鼐，当王阳明发现他和朱宸濠暗中勾结后，将计就计，坚决派他前去。

因为最危险的人就是最安全的人，正是因为他和朱宸濠有关联，才能安全通过朱宸濠的地盘，才能把奏折送到京城。王阳明严令王鼐去京城送奏疏，如果不愿意，军法处置。面对军令，王鼐只能硬着头皮去。

也许有人疑惑，王阳明是不是有点傻，一旦王藕直接投靠朱宸濠，岂不耽误大事？这正是王阳明的高明之处，王阳明是谁，心学圣人，他能读懂朱宸濠的心，他很清楚当时朱宸濠和自己恰恰相反，王阳明最想把奏疏送到京城，而朱宸濠最想获得京城的消息。这个情况下，王藕来了，路过朱宸濠的地盘，肯定会与朱宸濠联络，看到王藕，朱宸濠也认为王藕最合适，只有王藕才能安全往返江西和京城之间！

如果你以为，王阳明只派王藕一个人前去，那就大错特错了，王藕只是明线，还有暗线，两线同时进行，暗线才是自己人，主要是为监控王藕，以防不测。果然，在捉住朱宸濠后，王阳明派遣王藕去京城报送重要文件和捷报，王藕没有直接去皇帝那里，而是绕道先去了张忠那里。和张忠捏造一些军中情况，说王阳明和朱宸濠勾结在一起，说王阳明有谋乱之心，差一点发生了大事。

好在，王阳明对王藕已经做了防备，当王藕从张忠那里出来后，早已做好准备的暗线人员，直接把奏疏、捷报连同王藕一起拦截回来，来一个瓮中捉鳖。这个情况，出乎张忠的意料，张忠做梦也没想到王阳明如此高明。

所以当张忠、许泰把冀元亨投进大牢的时候，王阳明果断打出了王藕这张牌。张忠、许泰对冀元亨严刑拷打，希望能屈打成招，进而诬告王阳明谋反，一旦成功，王阳明就会被下狱砍头。这样一来，不仅张忠、许泰勾结朱宸濠的事没人知道了，他们俩还将因捉拿王阳明有功加官晋爵。

敌人向自己动刀子了，王阳明当然不会客气，肯定不会对他们心慈手软，他知道对敌人的仁慈就是对自己的残忍，想想朱宸濠之乱死去的战友、黎民百姓、自己的祖母、弟子兼妹夫徐爱和大牢中的冀元亨……王阳明发布公告，公开审判王藕，而且追究王藕和张忠捏造谣言的责任，一切依照《大明律》，公事公办，不徇私情，一定严惩不贷。

让敌人爱上自己

王阳明公审王藕，张忠当然不能坐以待毙，他们就加紧祸害南昌的步伐，到处挑起纷争，抢掠百姓财物，民怨四起。但江西人也不是好惹的，好多人都朝里有关系，未必把张忠、许泰放在眼里，因而发生了许多纷争，经常有人到都察院告状，搞得王阳明极为狼狈。

形势很严峻，稍有不慎就会出大事，江西人不是好惹的，大不了上山去。一旦发生暴乱，王阳明就会被问责，作为江西巡抚，守土有责，这个地方出问题了，王阳明肯定难辞其咎。实在没有办法了，王阳明只得发挥自己的优势，写文章，写一篇告示，这篇告示声情并茂，极为感人，泪点低得不能读。

王阳明开篇先对民说："尔等困苦已极，本院才短知穷，坐视而不能救，徒含羞负愧，言之实切痛心。"

面对自己管辖的老百姓，王阳明很是体谅，因为无法帮助他们，相当动情，进行自我批评，说自己才智不够，备感羞愧，说起来，都是泪啊！

接着，王阳明又对军队做了极大谅解，说："京城边防官军，他们跋山涉水，驱身不远万里来南昌，大家无非都是为朝廷之事。他们抛父母，弃妻子，顶风霜，冒寒暑，四处奔波，常常一年都不能一顾其家，其中的疾苦，也是不能提啊，一提都是泪啊，难道他们乐于常驻这里吗？况且我们南方气候潮湿，尤其不适宜北方人居住，目前春气渐动，瘴疫即将发作，他们待久了也想回家啊，倍加思念故乡。"

之后，王阳明又耐心和南昌老百姓交流，尔等居民啊，在抱怨自己不得安宁之苦的时候，也应该考虑这些官军久离乡土，他们也有抛弃家室之苦。这个时候，我们要多考虑主客之情，不要心怀怨恨之意，朱宸濠之事解决之后，凡是遭兵困的老百姓，朝廷必然给予相应的补偿。目前军马塞城，虽有有关部门供应，仍不能满足需要；难免发生一些纷争，不要动辄就诉诸词讼，大家应该忍让，大事化小小事化了；也不要动辄告状，认命吧，忍耐吧。

最后，王阳明遗憾地说："本院心有余而力不足，只能把自己对你们的关切之情告知你们，希望你们能理解，能接受。"

王阳明发布这个告谕，与其说是劝诫老百姓忍耐，接受命运安排，倒不如说劝诫他自己。他实在没有可退之路，但在那个形势下，他只能退。

现实情况是，王阳明越是退缩，张忠和许泰就越是步步紧逼，情况越来越复杂。

虽然王阳明在十一月曾经发布告谕，要求南昌百姓面对侵扰，第一是忍耐，第二是忍耐，第三还是忍耐。但南昌老百姓总有忍不住的时候，于是就发生了诸多纷争，大明朝还是有法律的，江西人更是喜欢通过法律解决问题。

如此一来，王阳明的都察院热闹了，天天人满为患，有递交状纸的、有喊冤的、有静坐示威的……王阳明焦头烂额，他很清楚问题的症结所在，于是接连发布四个告示：第一个是成立纠察队，专门针对军队不法行为；第二个告示是整治假借国家之名抢夺民财的行为；最后两个告示是禁止打官司。

告示一出，王阳明秉公执法，治安一下好转，收拾了一批违法犯纪者。

一看这些问题难不住王阳明，张忠和许泰就又来一招，鼓动士兵辱骂王阳明。

南昌都察院门口出现了一道极为不和谐的一幕，一群士兵站在那里整齐划一地骂街，骂的不是别人，正是都察院的老大王阳明。

这些士兵，有预谋、有组织、有训练，长官一声令下后，官话骂、家乡话骂、南昌话骂，一轮接着一轮，有节奏有气势，怎么难听怎么骂，怎么恶毒怎么骂，怎么下作怎么骂……

王阳明不是朱宸濠，断然不会为了这些骂声而大动干戈的，你骂你的，我看我的花，我下我的棋，我论我的道。总之，我自岿然不动，就不上你的当。

这就是智慧，对方辱骂你，就是为了让你生气发怒，进而失去理智。如果你不生气，置之不理，就不会上对方的当，这是报复辱骂的最好最高明的手段。

面对京军和边军的辱骂，王阳明以为他们是要东西，派人前去犒劳，张忠和许泰命令士兵不准接受犒劳。之后，王阳明不仅不生气，反而好生招待。当骂街士兵口渴的时候，王阳明派人送水过去；饿的时候，王阳明派人送去饭菜，并说江西困难，兄弟们多多担待。王阳明外出视察，遇见北方来的士兵，一定下车嘘寒问暖；有士兵生病了，王阳明派人找郎中医治；有士兵染病去世了，王阳明还给准备棺材，而且亲自去吊唁……

王阳明是多次经历过生死的人，也是身在他乡，自己和这些士兵一样，都是为了朝廷为了皇帝，一看这些士兵，他就想到了龙场，想到了那个时候的自己，以及那三个异乡人，心有戚戚。王阳明对待这些士兵，是发自内心的，源自肺腑的，没有丝毫的做作。再怎么说，王阳明也是江西巡抚，一个这样级别的人，真诚对待这些底层士兵，士兵哪里能不感动呢？

与其说是王阳明的人格魅力打动了士兵，倒不如说是王阳明的真诚感染了他们，世界上感染力最强的就是真诚。看到王阳明这么真诚地对待自己，士兵也动容，他们也在反思，王大人不是坏人啊！我们没见过这么好的坏人，如果王大人这样的人算坏人的话，我们就喜欢这样的坏人。

士兵也不傻，他们很快转换态度了，他们不骂王阳明了，一看到王阳明从都察院出来，一起大喊："王都堂，我们爱你。"

王巡抚也能秀肌肉

这下子轮到张忠和许泰傻眼了，怎么回事？派这些士兵去骂王阳明，骂着骂着，都成了王阳明的粉丝。看到自己的士兵居然和王阳明打得火热，张忠和许泰百思不得其解，王阳明是用什么手法迷惑这些士兵的呢？

张忠和许泰以己度人，一致认定，王阳明的手法并不高明，肯定是自己常用的那一套，钱财诱惑。这么多士兵，得花费多大一笔钱，这么大一笔钱，王阳明是从哪里弄到的呢？于是，张忠和许泰会心一笑，那就是王阳明私吞了宁王朱宸濠的财富。

想到了财富，张忠和许泰两眼发直，于是发疯一般直奔王阳明的都察院。

到了都察院门口，张忠和许泰要王阳明出来对话，质问王阳明："据相关证人证据，宁王府富厚甲天下，你平定了朱宸濠，这些金银珠宝都去哪里啦？"

听到张忠和许泰质问，王阳明一点都不紧张，也不愤怒，很淡定地回答："这事我也听说了，宁王府的确富厚甲天下，我曾经也认为会有大批金银财宝。但我王某人进去后，没有找到金银财宝，只找到了一些账本，原来朱宸濠把金银财宝拿到京师贿赂朝廷官员去了。账本就在我手里，二位感兴趣，咱们就对对账？"

张忠、许泰他们和朱宸濠关系最铁，都是朱宸濠重点行贿对象，他们之所以急匆匆跑到南昌，有一个重要的目的就是消灭他们的罪证。

张忠、许泰当然不敢和王阳明在金银财宝方面较真儿，他们也不会对王阳明善罢甘休。张忠、许泰他们，派人骂王阳明结果被感化，这次查账也没查出问题，还差点被拐进去，一看王阳明瘦弱的身材，他们俩一对眼，那就欺负你。

一般来说，小人都极为精明，他们善于算计，能在瞬间做出评估，得出利益最大化方案。作为小人中的杰出代表，张忠、许泰在这方面首屈一指，他们说王阳明的江西地方队伍平定朱宸濠之乱，肯定英勇善战，于是当众提议，让他们带领的混编御林军边防军与王阳明的江西队伍展开一次射箭比赛。

张忠、许泰的部队个个都是大明帝国的精英，属于最为精锐的部队，精英中的精英；反观王阳明的江西联队，其实就是杂牌军，有衙役、有捕快、有新兵、有土匪……用今天竞技体育比喻的话，张忠、许泰的部队就是国家队，王阳明的就是业余队，充其量是省队，双方根本不在一个级别。

士兵比赛中，张忠、许泰的军队毕竟是大明朝的精锐，基本上十中八九，而王阳明的江西人马，接连不中。张忠、许泰扬扬得意，满面嘲笑地问王阳明："王巡抚啊，你的人马这个样子，你是怎么平定朱宸濠的，看来传言不假，一个知县即可平叛朱宸濠！要不王巡抚也来比一下？"

这不是明摆着欺负人吗？这太监太不拿王阳明当大腕了，王阳明可不是吃素的，曾经居庸关外大战鞑靼人，熟读兵书，果核演过兵，王越墓前练过八卦阵，南赣打过土匪，南昌平过朱宸濠……

于是王阳明只得拿起弓箭，挽弓拈箭，唰唰唰连发三箭，箭箭射中红心，一看王巡抚的箭法这么给力，这些纯爷儿们大声欢呼，报以热烈的掌声。王阳明的箭法令士兵们大为振奋，这不仅仅是对太监的胜利，而是纯爷儿们战胜了假爷儿们，张忠再也爷儿们不起来了。

让张忠、许泰郁闷的是，这些叫好声都是从自己队伍传出来的，这太监也纳闷，一个书生，他不好好读书，却会射箭。本来借机给这个书生一个下马威的，没想到给他提供了一个秀场。

看到自己队伍成了王阳明的粉丝，张忠、许泰有点害怕，俩人说："我们的军队都成了王阳明的粉丝了，如何是好啊！"

张忠、许泰表演结束了，轮到王阳明登场了，明人不做暗事，不搞阴谋诡计，做一个巡抚该做的事，做一个普通人该做的事，说白了就是做人事，就是回归人性，如果这也算玩心眼的话，这叫阳谋。

当时冬至节将近，想想南昌一年的沧桑，王阳明命令冬至这天，全城举行祭奠。由于刚刚经历朱宸濠之乱，南昌几经浩劫，死者最多，冬至这天整个南昌都沉陷一片哀悼之中，哭声祈祷声绵延不绝。这时候，张忠、许泰可能没有感觉，但他们的军队深受感染，都是娘生父母养的，他们远离故土、远离亲人，新年将至……他们个个心有戚戚，潸然泪下，一起请求张忠、许泰撤兵回家。

到这个节骨眼上了，张忠、许泰坚持不住了，就是不怕王阳明，也要当心自己的部队，万一发生了兵变，后果不堪设想。在某些时候，小人和小孩比较像，在外面打架一旦打不过别人，就会回家找自己家大人帮忙。张忠、许泰就是这样，一看玩不过王阳明，于是一起跑到朱厚照那里求救去了，只是不知道朱厚照能不能替他们出头收拾王阳明。

和猪相关的都不好惹

在张忠、许泰和王阳明较劲的时候，朱厚照也没闲着，他也在较劲，只是他较劲的对象比较神奇，不是一般的物件，而是一种神物——肥头大耳的猪。

朱厚照之所以和这神物较劲，有两个原因，一是，猪和他的姓是同一个读音；二是，他的属相是猪。如此一来，朱厚照和神物真是渊源深厚，如果从神话的角度看，朱厚照很有可能就是神猪下凡。

因而，朱厚照认为自己和猪真有说不清的关系，一想到民间老百姓天天杀猪、吃猪肉，朱厚照就心里发毛，总觉得不是一件吉利的事。朱厚照看到这些兄弟姐妹天天惨遭屠戮，心有戚戚焉，自己作为猪在人间的形象代言人，自己有责任，有义务，也有使命拯救他们。

十二月十九日，朱厚照到了扬州仪真（今仪征），突然心血来潮，要给自己的本尊报仇，于是下诏全国禁止养猪和杀猪。

据《明武宗实录》记载："正德十四年十二月乙卯，上至仪真。时上巡幸所至，禁民间畜猪，远近屠杀殆尽，田家有产者，悉投诸水。是岁，仪真丁祀，有司家羊代之……养猪之家，易卖宰杀，固系寻常。但当爵本命，既而又姓，虽然字异，实乃音同，况兼食之随生疮疾。宜当禁革，如若故违，本犯并连当房家小发遣极边卫，永远充军。"

皇上就是皇上，可以随便任性，想怎么着就怎么着，就是要禁止民间养猪，而且远近都要全部屠杀。当时有一家人，老母猪刚下小猪崽，也该着这帮小猪崽倒霉，正好赶上朱厚照禁止养猪令，只得把这帮小猪崽全部扔到水里淹死。

这一年，仪真举行丁祀，就是祭拜孔子，当地有关部门揣度圣意，就用羊头代替猪头做祭品。

养猪这事，是祖辈流传的，历朝历代都是合法的，怎么到朱厚照这里就不行了呢？总得要给个说法，朱厚照做了解释，我为什么要禁止养猪呢？首先朕本命是猪；其次我也姓朱，虽然不是同一个字，但读音是一样的；最后就是从全民健康角度来说，吃了猪肉之后就会长疮害病，患上猪流感，所以应当禁止。如果有人违反了禁令，朕就会责成有关部门，把主犯连同家人一起发配到荒凉的边疆，永远充军。

"发边充军"一直都是相当严厉的重罪，朱厚照居然用来处罚养猪，可见朱厚照的重视程度。根据《大明律》规定，流罪分三等，分别为2000里、2500里和3000里。这么遥远的距离，交通不便，还要风餐露宿，多数流放充军的人都会因为承受不了长途跋涉，再加上水土不服，而染病客死他乡，即便侥幸活了下来，也只能终老边疆，不得返乡。

面对"禁猪令"，老百姓没有选择，谁也不愿意因为养猪而全家充军。禁令发布后，从长江以北到北京，一时间天下无猪，如果按照朱厚照的逻辑推理，"无猪"读音就是"无主"，岂不更严重。

其实，不只朱厚照对猪敏感，太祖武皇帝好像也敏感。做了皇帝后，朱元璋把在神州大地上消失了一百年之久的避讳制度死灰复燃，因为自己姓朱，所以第一要避讳的就是"猪"字。由于"猪"和"朱"是同一个读音，于是乎凡是和"猪"有关的都成了禁忌，诸如养猪、杀猪、劁猪、吃猪……这些都要避讳。

怎么办？好在老祖先发明的汉字丰富，猪除了可以用"猪"表示，还有"彘""豕"等表示。书面语容易改，而且使用范围不大，好解决。但口语就不容易了，都几千年了，融进了基因，说梦话都是"猪"，可是皇帝要改，就得改，你不改，皇帝给你换脑袋。上有政策，下有对策，皇帝不让叫"猪"，老百姓有方法，就根据猪的特点，取名"万里哼"，此后杀猪就叫"杀万里哼"，吃猪就是"吃万里哼"。此外，据《明会典》记载，朱元璋的媳妇马皇后逝世，大明治丧委员会规定："自闻讣日为始，在京禁屠宰四十九日，在外三日。"后来，大明朝廷有一个奇葩的规定，就是皇室发生丧事，民间不准杀猪。

当然，朱厚照这种荒唐奇葩的政策肯定不会持续太久，大明朝还是有能人的，还是有人敢逆龙鳞的，这个人就是杨廷和。两个月后，正德十五年（1520）二月初，杨廷和给朱厚照上了一道《请免禁杀猪疏》，杨廷和不激烈不偏见不执着，他从科学和民生角度，对朱厚照的理由逐个进行辩论，建议皇帝废除禁猪令，重新昭告天下，允许老百姓养猪。三月，礼部也给朱厚照上奏，说国家正常祭典必须猪牛羊三牲齐备，如今猪已绝迹，祭典无法正常进行，因而请求朱厚照更改禁猪令。

面对种种压力，朱厚照后来只得作罢，悄悄取消禁令，只是"内批仍用豕"，但在皇帝经过的地方一定回避。就这样，朱厚照这道奇葩的禁令，三个月后寿终正寝，却贻笑后人数百年，甚至是贻笑万年。

当然，对朱厚照来说，这不算是啥事，因为他善于做一些贻笑后世的事，如果和后来的事比起来，这个禁猪令根本不算事，充其量算一个笑话，后面的事才是真的包袱，相声演员的包袱让人都能笑哭了，而朱厚照的包袱则是让人哭笑了。

有些人来到世上是为了生活，有的人是为了搞笑，朱厚照显然属于后者。伟大不朽的事，每个人只能做一点点，奇葩搞笑的事也是如此，朱厚照也是如此，他只负责搞笑，策划的事都是身边的人负责，比如张忠、许泰、江彬……

最有职业道德的太监

在仪真，朱厚照除了和猪较劲，其他的就是本色出演。朱厚照先是到新闸打鱼，平生第一次看到了长江，被震撼了，命令江彬代表自己祭祀长江。第二天，朱厚照要求当地官府官员安排他走基层，到普通百姓家走访，了解民生。

朱厚照最喜欢这样的活动，他哪里是调研，实际上是借机寻花问柳。江彬他们熟悉朱厚照的秉性，早都做好了安排，当朱厚照到一户叫黄昌本的家里时，看到了满屋子的风月场美眉。看到这么多美女，朱厚照哈哈大笑，狠狠表扬了江彬他们。

看到了美女，朱厚照乐得合不拢嘴，一点都不客气，从中挑了一半送到自己龙船上。之后，朱厚照带着这帮美女渡江去了南京。

到了南京之后，朱厚照按照常规仪式祭祀了太庙，参拜了自己的偶像——太祖武皇帝朱元璋。祭拜后，朱厚照想起了朱宸濠，他这次御驾亲征，目的很明确就是建立赫赫功绩，为镇国公朱寿获得更多的功名利禄。

朱宸濠在张永手里，而这个时候，朱厚照困于多方劝谏，加上众多美女的陪伴，逐步打消了去鄱阳湖大战朱宸濠的奇葩想法。因而带着刘娘娘在南京到处游玩，准备在南京过年。

朱厚照就命令张永把朱宸濠带到南京，这个时候，张永基本处理好朱宸濠在南昌的相关事宜，接到朱大将军的命令，张永和王阳明交接一下工作，之后督促张忠、许泰尽快回到皇帝身边，然后就带着朱宸濠赶往南京。

获悉张永快把朱宸濠押解到南京的时候，朱厚照立即和禁卫军戎装出城数十里迎接，之后把朱宸濠排列在大将军镇国公朱寿大队人马之前，摆出一副到南京给天子献俘的样子，大有凯旋之意。

进入南京后，朱厚照既不举行盛大的献俘仪式，也不派人对朱宸濠进行严加审讯，而是当即把朱宸濠关押起来。朱厚照这样对待朱宸濠，许多人都搞不明白，朱宸濠谋反这么大的事，皇上怎么好像一点也不感兴趣，一点都不当回事，既不把张忠、许泰从南昌撤回来，也不召王阳明来南京做总结，进行表彰。什么原因？不是朱厚照无视朱宸濠的存在，而是觉得朱宸濠这事功劳簿上没有大将军朱寿的丰功伟绩，因而十分不高兴，就把朱宸濠拖起来。

朱厚照不着急处置朱宸濠，张永着急了，正所谓皇帝不急太监急。

虽然张永也是太监，太监特点他也基本具备，但多少有点职业道德，还记得当年净身进宫的理想。今天的人提起太监，就很恶心，觉得上不了台面，其实在大明朝，净身做太监是一些有为青年的上升渠道之一。所以在某种程度上，净身进宫也算是有为青年。和许多净身的青年一样，王振、刘瑾、张忠他们都满怀理想和爱国爱皇帝的热情，后来一个个竟然都犯下了重罪，几乎是塌方式的，范围如此之大，让人震撼，到底是什么原因，就是那不合理的太监制度。刘瑾之后，有张忠，张忠之后有冯忠，再之后就是魏忠贤。

张永算是其中相对自律的，多少记得自己的理想，有一点职业道德，还知道为皇帝为大明朝做事。

张永这次着急，值得点赞，确实是为了皇帝，为了国家，为了天下苍生，事情还要从朱宸濠说起。抓住了朱宸濠，就相当于打开了大明朝朝廷的潘多拉魔盒，朱宸濠事关国体，兹事体大，朝廷这么多人和朱宸濠有来往，一旦追查出来，就是掉脑袋的事。

朱宸濠被抓后，朝廷人人自危，普通大臣只能求助上苍，祈求平安；而极个别手握重权的人，他们会束手就擒吗？会坐以待毙吗？钱宁被抓，陆完被抓，王鼏被公审，下一个会是谁？江彬、张忠，还是许泰？

其实，那个时候，大家都清楚是谁，唯独朱厚照不知道。

这三个人都不一般，江彬手握重兵，六万大军在手，大手一挥，随时可以造反。张忠和许泰也都有自己的队伍，逼急了，都有造反的可能。

先前，朱宸濠在南昌的时候，张忠、许泰之所以对王阳明步步紧逼，就是为了掩盖他们和朱宸濠的罪恶交易，因为只要他们找到王阳明和朱宸濠交往的证据，就可以反败为胜，从叛贼变成功臣，从而加官晋爵，名垂青史。

当张永把朱宸濠带走后，他们的希望落空了，没有了朱宸濠，他们再也无法诬告王阳明，也就无法给自己洗白了，一旦朱宸濠供出他们之间的关系，后果不堪设想，张忠、许泰接近疯狂。这个时候，张忠恨王阳明，更恨张永，大骂张永不是好太监，没有一点太监的做派。一个太监不和太监做朋友，天天与那帮读书人搅在一起，先是联合杨一清陷害了刘瑾，现在又联合王阳明对付我张忠，张永你对得起太监的称号吗？

疯狂的不仅仅是张忠、许泰，还有江彬，因为他和朱宸濠关系也相当密切。现在张永把朱宸濠带到南京了，接下来就是审判，朱宸濠会怎么说，只有天知道，如果供出来，钱宁就是他的榜样，甚至比钱宁还惨。

兔子急了咬人，狗急了跳墙，一个手握重兵的人，急了，会是什么样子呢？

谁是最危险的人

朱宸濠被带到了南京，来往书信、贿赂账单以及其他资料也一起到达，那些和朱宸濠关系密切的人，人人自危，谁都知道，这意味着什么。

最着急的是江彬，他先前寄希望在张忠、许泰身上，希望他们搞到朱宸濠，只要朱宸濠到手，他们就能完全掌控局面，既可以销毁他们和朱宸濠之间的所有罪证，同时也可以利用朱宸濠打压自己的敌人。哪里想到，王阳明把朱宸濠交给了张永，这样一来，他们的命运就掌控在张永和王阳明手里。

江彬他们很清楚，张永还好说，毕竟都是朱厚照的小伙伴，大家之间都有交易，有些事可大可小；王阳明和他们可不是一路人，道不同不相为谋，有些证据一旦被王阳明掌握，就是你死我活的斗争。

这就是张忠、许泰在南昌对王阳明围追堵截穷追猛打的原因所在，他们就是打算置王阳明于死地。张忠、许泰为了除掉王阳明，也是蛮拼的，无所不用其极，无原则，无底线……但都被王阳明一一化解。

现在，张永把朱宸濠带到了南京，意味着朱宸濠的末日到了，朱宸濠会不会不管不顾，兄弟我横竖都是死，江彬、张忠和许泰你们用了我这么多银子，你们这帮王八蛋也别想安生，于是交代出所有和他有来往的人。

这正是江彬、张忠和许泰最担心的，但他们确实没有什么好办法，因为朱宸濠不在他们手里。如果他们能在公审之前拿下王阳明，证明朱宸濠和王阳明有关联，不仅可以趁机拿下王阳明，还可从张永那里抢过朱宸濠来，这样，他们就可以反败为胜，他们不仅平安无事，还有不朽之功，名垂青史。

江彬他们能看懂形势，张永和王阳明当然也清楚，他们之间不是过家家玩游戏，而是一种政治斗争，谁都输不起。到了南京后，张永开始忙碌了，先是觐见朱厚照，汇报一下江西的形势，谈谈王阳明在平叛中的功劳，论论张忠、许泰在江西的所作所为，说说自己在江西主持工作的功劳。

张永苦口婆心劝说朱厚照，无非就是告诉朱厚照，王阳明是一个靠谱的人，可以托付重任的人，不要理会张忠、许泰抹黑王阳明的言论。张永这样维护王阳明的利益，不一定是张永喜欢王阳明，而是他们有共同的利益，自从王阳明把朱宸濠交给他那一刻起，他们就形成了实际上的利益联盟。

重中之重，张永着重提醒、着重注意提防那些和朱宸濠联盟的人，这，当然是有所指的——江彬。

朱厚照当然明白，只是这个时候，朱厚照最关心的是大将军朱寿功劳问题，再就是朱厚照觉得自己和江彬的关系太铁了，现在常说的四大铁：一起同过窗、一起扛过枪、一起嫖过娼、一起分过赃，他们俩除了没有一起同过窗，其他的全部一起干过。

这样的哥们儿，朱厚照太信任了，在他看来，就是全天下的人都谋反了，江彬也不会。以朱厚照的思维，江彬和朱宸濠之间就是银子，没有其他的，现在朱宸濠被抓了，就没事了。

事情没有这样简单，任何事一旦扯上谋反，就没有小事，也就不是私人感情，而是国家大事，一切要按照国家法律来办。

这一点，张永和江彬都比朱厚照清楚，江彬知道自己的危险就在眼前，张永知道江彬的危险就是朱厚照的危险，一旦江彬不愿意坐以待毙，手握六万重兵的他万一大逆不道，后果不堪设想。

张永知道自己无法和江彬对抗，于是就去找南京兵部尚书乔宇商讨。张永之所以去找乔宇，是有渊源的，乔宇是杨一清的弟子，鉴于张永和杨一清的关系，乔宇对张永还是蛮尊重的，唱高调说就是他们有共同的价值观，通俗地说他们有共同的利益。他们俩商议后，决定给江彬一个下马威。

作为南京兵部尚书，自从获悉朱厚照到南京那一刻起，乔宇就紧张万分。为了保证皇帝在南京的安全，乔宇先是召集相关部门官员开会，讨论如何安排皇帝的安全保障工作，做出应对各种突发情况的预案。再就是提防江彬，乔宇早就耳闻江彬和朱宸濠过从甚密，担心江彬做出极端行为。

朱厚照这次御驾亲征，身边的侍卫都是江彬从西北带来的彪形大汉，他们只听命于江彬，就连朱厚照也无法号令他们。为了保证朱厚照的安全，威慑江彬，让他不敢轻举妄动，乔宇从苏州、南京等地招募了一批身材短小精悍的武林高手，皇帝一到南京，这些武林高手就跟随在朱厚照外围，以便随时救驾。

乔宇明白，江彬也不傻，不是被吓大的，要想威慑江彬，必须动真格。一天，乔宇提出一个建议，让江彬的西北大汉和江南小男人比赛一下，以武会友，比赛第二，友谊第一。朱厚照向来喜欢热闹，一听说有热闹，非常高兴。江彬一看那些穷矮矬的江南小男人，暗自窃喜，就凭这帮屌丝还想逆天哪！

比赛开始后，江南武林高手，虽然身材短小，但个个武功高强，身手矫健，几下子就撂倒了江彬的那些高富帅。看到这个情形，江彬大跌眼镜，一下子老实了，不敢在乔宇面前飞扬跋扈了。

江彬也很纳闷，你乔宇算哪根葱啊？怎么也敢在我面前装起大尾巴狼了，不给你点颜色瞧瞧，你不知道本尊的厉害。江彬飞扬跋扈，是有实力的，他背靠朱厚照这棵大树，大明朝谁敢不给面子啊？当然，大明朝官员的靠山都是朱厚照，除了朱厚照，主要是江彬的职位，第一，他是东厂厂主，第二，拿下钱宁后顺带接管了钱宁的锦衣卫指挥使，第三，江彬还是威武副将军。

最厉害的当属威武副将军，因为威武大将军就是朱厚照，也就是说，在那时候，朱厚照是天下第一，江彬就是天下第二。到这里，明白了吧，江彬为什么这样任性，因为他是大明朝真正的一人之下，万人之上。

江彬，这样的一个人，自然是不会忍受乔宇的，很快，江彬就开始行动了。

一天，城门官急匆匆到乔宇这里汇报：江彬索要城门钥匙，给，还是不给？

功劳簿成了剧本

这是个问题，乔宇当即惊呆了。江彬这是要干什么啊？城门钥匙意味着什么，乔宇很清楚。一般来说，城门都是白天开门，晚上关闭，一旦有紧急情况，必须上报兵部，经过同意方可打开。江彬索要钥匙，就是可以随时打开城门，他在夜里打开城门干什么，是带着皇帝夜游，还是带领他的人马进城图谋不轨？再说了，他日夜和皇帝在一起，皇帝上哪里，他在后面跟着就行了，此事蹊跷，必有隐情。

也就是说，江彬想做皇帝不愿做的事情。按照朱厚照的秉性，按照江彬和朱厚照的关系，什么样的事他会不同意呢？好像除了对朱厚照动手，几乎没有朱厚照不同意的。

情况蹊跷，事情危急，乔宇当即命令："不给。违令者，斩！"

乔宇不仅不给，还下命令把各个城门的钥匙统统上交到兵部，由他本人统一管理。

江彬很生气，就再次前去索要，严词质问乔宇。

乔宇神态淡定，坚定地回答："作为城门守护者，一定要非常严谨负责。城门钥匙，更是重中之重，谁敢来索要？就是有人敢来索要，也不敢给啊！别说是你了，就是手捧圣旨也不行。"

江彬听后，大为恼怒，就是不信邪，看看你乔宇怕不怕圣旨，于是就伪造圣旨，一天顶着十几道圣旨前去索要钥匙。江彬挖空心思伪造圣旨，每次都不一样，一次比一次严厉，乔宇就俩字："不给！"江彬实在没辙了，对乔宇发狠话："我到皇帝面前告你的黑状，小样的，堂堂的威武副将军还治不了一个南京兵部尚书！"

这个时候，又一个太监站了出来，南京守备王伟。南京守备是一个特殊职务，节制南京诸卫所，及南京留守、防护事务，算是南京兵部的上级，一般是皇帝信得过的太监。这个太监和张永一样，也是一个有职业道德的人，他身份特殊，曾经是朱厚照的陪读。朱厚照做皇帝后，为了更好地掌控南京，就委派王伟坐镇。王伟不负重托，兢兢业业，尽职尽责，和乔宇配合默契，工作也是蛮拼的。

王伟和乔宇一样，都对朱厚照很负责，他们一样担心江彬，所以当江彬抹黑乔宇的时候，王伟就从中斡旋，给乔宇开脱，因而无论江彬怎么告黑状，乔宇都能安然无恙。朱厚照之所以这样信任王伟，是因为王伟曾经是朱厚照的伴读，和江彬比起来，王伟才更铁，因为他们一起同过窗。

正当王伟天天忙着给乔宇解围的时候，张忠、许泰也从南昌来到了南京。

一个江彬，就已经够张永和乔宇招架了，现在一下子又来两人，有了帮手，他们立即开始全面反击。江彬一方面继续攻击乔宇，另一方面指使张忠、许泰继续对王阳明下狠手。

他们三个人之所以敢大张旗鼓地对王阳明不择手段地攻击，是因为朱厚照对王阳明也不满，一是不满王阳明动辄就上政治课，二是不满王阳明的不合作态度。正是王阳明的不合作，使得朱厚照无法到鄱阳湖大战朱宸濠，建功立业，名垂青史，实现做伟大皇帝的梦想。

在某些方面，王阳明成了朱厚照和江彬、张忠、许泰他们共同的敌人，正是因为这样，张忠、许泰到南京后，就开始在朱厚照面前抹黑王阳明。

先是栽赃陷害，四处散播谣言，而且还给皇帝上奏疏，张忠、许泰主要从六个方面黑王阳明。

一是说朱宸濠当年准备把孙燧撵走，就给萧敬、张锐和陆完写信，朱宸濠在信中说，首选用汤沐、梁宸来代替孙燧，如果他们俩不行，王守仁亦可。这事湖口一知县可以做证。

二是说王阳明曾经派遣得意弟子冀元亨拜见朱宸濠，王阳明和朱宸濠有不可告人的勾当。

三是说王阳明之所以赶上朱宸濠谋反，是因为他应邀参加朱宸濠的生日宴会。

四是说王阳明起义兵平定朱宸濠不是本意，而是受到退休都御史王懋中、知府伍文定激将。

五是说王阳明攻破城池后，纵兵焚掠，而且杀人太多，这事南昌的好多人都可做证。

六是说朱宸濠没有多大本事，一个知县即可拿下，可见平定朱宸濠是很容易的，王阳明没有多少功劳。

张忠、许泰这么一说，朱厚照当然也会琢磨，他肯定会想王阳明到底有没有这么大的功绩，王阳明一直阻止自己御驾亲征是何居心。好在张永之前已经做了汇报，不然王阳明就摊上事了，摊上大事了。朱厚照对王阳明不太感兴趣，但他对功劳感兴趣，他这趟御驾亲征，不是为了江山社稷，也不是为了黎民百姓，而是为了大将军朱寿的功名利禄。

早在南昌的时候，张永就提醒王阳明，一定要把皇帝的功劳加进去。王阳明获悉后，当即照办，王阳明清楚除了张永所说的要写进去，没说的也要写进去，比如张永。写奏折本就是苦差事，硬把不相干的人写进去，而且还要重点突出，这不是典型的欺君罔上吗？王阳明是一百个不愿意，但必须去做。更有难度的是，还要合乎逻辑，从小读圣贤书长大的王阳明，耳濡目染的都是仁义礼智信，现在居然在皇上的压力之下作假，这是什么世道？

但皇上就好这口，王阳明只得去做，这哪里是写奏疏，简直就是编戏，写了改，改了写，很是费工夫。

王阳明一开始在奏疏里写在英明伟大的皇上领导下平定了朱宸濠之乱，张永一看，当即给否了，这样写肯定不行。为啥？朱厚照不乐意，一个皇帝御驾亲征，战场都没上，如何说得过去，多少得给点战场上的戏份儿。战场上戏份儿有限，给朱厚照一大块，再给张忠一块，再给许泰一块，最后张永抓住了朱宸濠，那王阳明在干吗？伍文定在干吗？江西联军在干吗？

邪恶从不单独行动

当然，张忠、许泰不会仅仅限于这样抹黑，他俩哪里有这么善良，这只是开胃菜，下面的才是大头。他们和江彬一样，多次伪造圣旨，以朱厚照名义诏令王阳明到南京来，趁机半路除掉王阳明。

这些事情，张永早就知道了，他离开江西的时候，跟王阳明交代，什么时候到南京见皇帝，不要听皇帝的，更不要听张忠、许泰他们的，要听我的，没有我的信，绝对不能启程去南京。

张忠、许泰联合江彬伪造圣旨，派人送到江西南昌假传圣旨，王阳明接到后顺手一放，不动身；第二次派人假传圣旨，王阳明还是不动身；第三次派人假传圣旨，王阳明依然不动身……张忠、许泰真的有耐心，居然一而再再而三地假传圣旨，一下子干了一二十次，王阳明则是"任尔风吹雨打，我自岿然不动"。

一看无法把王阳明骗出来，经过严格认真的研究，他们几个决定使出杀手锏——告御状，其实就是诬告。他们说王阳明有造反之心，早晚必反，让朱厚照早作准备。

朱厚照也不傻，他当然不会轻易相信，就说："根据你们的说法，这事好像有可能，但怎么验证王阳明造反呢？"

江彬趁机说："王守仁在杭州，陛下那时候在扬州，他却不去见您。"

朱厚照一听，很不高兴："我去！这也算造反啊？你们这是逗我玩，还是脑袋有问题啊？"

张忠说："陛下，请您严肃点，我们这是严肃地和您讨论国家大事。陛下如果不相信，尝试召王守仁一下，他必不来。因为王守仁心中就没有皇帝！"

张忠为什么敢说这样的大话呢？是因为他曾经多次假借皇帝之名传唤王阳明，王阳明理都不理，如果皇上传唤，王阳明再不听从的话，那就是欺君罔上，如此一来，王阳明的心怀谋逆之罪就跑不掉了。一旦把谋反的帽子扣在了王阳明头上，他们就可以趁机除掉王阳明，实现他们的勾当。

张忠哪里知道，王阳明也是有内部消息的，皇上做什么没做什么，张永都一一告诉他了。

在江彬、张忠等人怂恿下，朱厚照当即给王阳明下诏，检验一下王阳明是不是有谋反之心。张永知道后，立即派遣幕士顺天和检校钱秉直急速去南昌告知王阳明，由于提前获得了内部消息，王阳明接到诏书后，立即动身。

张忠、许泰一看王阳明真的动身了，他们着急了，万一王阳明真的到了南京，他们情何以堪。天天觍着脸，说王阳明有谋反之心，皇帝也召不来，结果朱厚照一下诏书，王阳明颠颠来了。要不要脸，不重要了，万一王阳明把他们假传圣旨的事一一禀告皇帝，有谋反之心的主角就不是王阳明了，而是他们，如此一来，不仅会丢脸甚至还会丢脑袋。

为了不丢脑袋不丢脸，于是，他们立即换一副面孔。笑着对朱厚照说："陛下，还是您高明，王阳明果然没有谋反之心。现在江西刚刚经历朱宸濠之乱，满目疮痍，百废待兴，正需要重建，这个时候让他来南京，就是让人知道朱宸濠叛乱是他平定的，就是表彰他的功劳。这样一来，王阳明就抢了陛下您的风头，同时陛下您的功劳也会被王阳明抢走。"

朱厚照别的不担心，就关心功劳，听他们这一忽悠，觉得有道理，就问张忠："这样出尔反尔，不好吧？朕下诏让王阳明来，现在又不让来，总得给个理由吧？"

张忠、许泰对朱厚照说："陛下，这事您就不用操心了，交给我们吧。"

王阳明一心爱国，张忠、许泰真相信，但为了自己利益故意抹黑，朱厚照是真不相信，他故意同意张忠、许泰的请求。有了朱厚照的同意，张忠、许泰他们用朱厚照的名义给王阳明下一份诏书，派人前去堵截王阳明，最后在芜湖那里堵截到了王阳明。大意是说，皇上现在又没工夫见你了，你可以先在芜湖这里休息一下，游游山玩玩水，当然也可以回南昌。

所以当张忠、许泰派人下诏书的同时，朱厚照也派遣一些锦衣卫跟了过去，锦衣卫跟过去干吗？这个大家都懂的，监控王阳明。

张忠、许泰就够难对付的了，现在朱厚照也加入了，最头疼的是锦衣卫又来了，王阳明怎么办？是直接去南京面见朱厚照，还是退回南昌，抑或是跑路？

九华山上问佛祖

接到这道诏书，王阳明无可奈何，皇帝让来就得来，皇帝不让见就不能去见。这事在大明朝就没地儿说理，表面上王阳明是江西巡抚、封疆大吏；而实际上看来，王阳明不是朝廷大臣，而是马戏团的猴子，可以任意被耍，还不能有丝毫的怨言，否则就是有谋反之心。

这个时候虽然身在官场，王阳明早已解脱了。早年在龙场的时候，王阳明就看透了官场之道，做官无非就是为了五斗米，愿意为五斗米折腰就快快乐乐，不愿意就回家种地，千万不要难为自己。

看透不看破，这才是高人。王阳明正是如此，他平定朱宸濠，他收拾江西残局，他和张忠、许泰斗法……他做这些，并不是为了讨好皇帝，也不是为了头上乌纱帽，更不是为了功名利禄，而是为了江西的黎民百姓，为了天下苍生，为了大明朝的江山社稷。

尽管这一切在别人看来，王阳明只是一厢情愿，但王阳明就是喜欢，他就是这样的人，这样的秉性，这样的担当，不为威权折腰，也不为皇帝让步，他只去做他认为正确的事。用今天的眼光看来，王阳明作为人类的一分子，他有责任关心他人，并竭尽所能去帮助他人，对他人和社会有所贡献。的确，王阳明这样做极其有意义，给社会带来了正能量，保护了弱势群体，但他自己并不能从中获得幸福，相反还会带来无尽的麻烦，但这就是生命的意义。

接到诏书，王阳明面临两难选择，他想去南京但皇帝不让去了，南昌他不想回但皇帝想让他回。生活中许多事许多时候，我们都会面临两难选择，许多人都苦苦挣扎在二选一的痛苦之中，一生不能解脱，甚至有人用生命做出选择，其实两难选择也有绝招，那就是——去你大爷的。

这是干吗呀，不带这么欺负人的，有意思吗？大爷不伺候了，大爷一不去南京，二不回南昌，三也不在芜湖游山玩水，大爷去九华山问佛去。

王阳明不打辞职报告，也不办理交接手续，直奔九华山。这是王阳明第二次到九华山，上一次纯粹旅游，顺带解决一些人生困惑；这一次大有不同，心境也极为困顿，是无路之路，希望能给漂泊的心找一个归宿。

显然，这个期望太高，九华山不能帮他解决，别说九华山，就是西天灵山也解决不了。即便王阳明当面问佛祖，佛祖也只能回答：我也没辙。其实，王阳明也明白，他去九华山，主要是为了让朱厚照放心。

王阳明弟子遍天下，九华山当地就有一些，当这些弟子听说王阳明来了，都激动得要哭，个个争先恐后给王阳明当导游。王阳明也乐得其所，在弟子陪同下彻底放下一切，尽情游览九华山。

文人游山有毛病，动辄就诗兴大发，随时随地都要写，王阳明也不能免俗，也不能例外，当他重游李白曾经下榻过的"太白书堂"时，再也控制不了诗兴。尽管诗兴大发，王阳明还是有自知之明的，他知道他的诗是不能和李白相提并论的，于是在一首诗中这样写道："从来题诗李白好，渠于此山亦潦草！"也就是说，题诗方面李白是老大，看到李白题诗，我也附庸一下，兄弟我在这里涂鸦一下，我在这里写诗，不是为了留名，也不是为了和李白争锋，而是向李白致敬。

到了九华山，值得王阳明致敬的当然不止李白一个，还有一个大咖，这个大咖就是地藏王金乔觉。当王阳明和弟子到东崖的时候，被东崖吸引住了，东崖也叫插霄峰，意为直插云霄，山峰高耸，两侧悬崖孤削，金乔觉当年就是在这里静坐修炼的。

向李白致敬后，王阳明决定向地藏王菩萨金乔觉致敬，于是就在金乔觉打坐的地方静坐。到这里后，王阳明站在悬崖边上，鞋子一半悬在空中，十分危险，稍有不慎就会掉下悬崖。其实这就是王阳明当时的处境，很危险，稍有不慎就会跌进万丈深渊，只不过这是看得见的悬崖，官场则是看不见的悬崖。

看到王阳明半只脚露出悬崖，他的弟子们脸色大变，两腿打战，心都提到了嗓子眼。这些弟子和朋友，既担心王阳明失足掉进悬崖，更担心王阳明跳下悬崖。人生就是这样，当你觉得无路可走的时候，如果你站在悬崖边上，就会发现，其实还是有生路可走的。

也正是在悬崖边上一站，王阳明想起李白和佛教的金乔觉，更想起了自己的圣人梦，人没有什么放不下的，包括生死，王阳明一下子贯通了儒释道，这不是信口雌黄，而是有诗为证：

> 尽日岩头坐落花，不知何处是吾家。
> 静听谷鸟迁乔木，闲看林蜂散午衙。
> 翠壁泉声穿乱石，碧潭云影透晴纱。
> 痴儿公事真难了，须知吾生自有涯。

好一个"痴儿公事真难了"，一切都看透了，却不看破，时刻清楚自己是谁，知道自己的身份，知道自己的担当，更要知道自己的处境。

王阳明在东崖打坐，消息一经传出，九华山轰动，王阳明多大的腕儿啊，到九华山来了，和尚都前来拜访。当年，实庵和尚正是因为王阳明给他写了一段文字，一下子成了名人，成了名和尚。这些和尚也不能免俗，都希望王阳明提携自己，提高一下知名度。

其中一个叫周金的和尚和王阳明打成了一片。这个和尚不是在九华山出的家，而是来自少林——禅宗的发源地，就居住在九华山东崖，近水楼台先得月。王阳明就赠周金一首偈子，是这样写的："不向少林面壁，却来九华看山。锡杖打翻龙虎，只履踏倒巉岩。这个泼皮和尚，如何留在世间？呵呵，会得时，与你一棒，会不得时，且放在黑漆桶里偷闲。正德庚辰三月八日，阳明山人王守仁书。"

看看落款，王阳明竟然以山人自居，这说明王阳明对禅宗对道教是多么的喜欢和向往。而这个和尚，经王阳明一写，也成了名和尚，也修成正果了。嘉靖七年（1528），周金和尚从九华山回到罗汉寺。有一天，周金对大家说："千圣本不差，弥陀是释迦。问我还乡路，日午坐牛车。"说完这些话，周金两足交叉置于左右股上，就是佛教的跏趺，之后去世。

从这首偈子来看，王阳明已经入境了，后人称赞道："谁道阳明不是禅，周金一偈已居然。"这个时候，王阳明写了一篇《九华山赋》，在结尾这样写道："九华之矫矫兮，吾将于此巢兮。"

难道，王阳明真的要常住九华山，成为金乔觉第二吗？

身在三界外，心在庙堂中

王阳明没事就到东崖静坐，就像金乔觉当年一样，所不同的是金乔觉很孤单，形单影只，王阳明则不同，身边总是有人跟随。王阳明在前面静坐，后面跟着一群人，有坐的，也有站的，还有跑腿的，这些都是自己人，不是弟子就是粉丝。这群人之外，还有一些外人，他们就是令人闻风丧胆的锦衣卫，他们到这里不是为了追星，也不是为了追捕，而是为了监视王阳明，他们到这里是因为工作。

一看锦衣卫天天跟在身边，王阳明当即明白，自己的处境正如东崖前这悬崖，自己不能再向前了，哪怕是半步也不行，半只脚就是万丈深渊，索性放开了，无所谓了，不仅打坐，还穿上袈裟，天天与庙里的和尚一起吃斋念经。看到王阳明这样投入，这些锦衣卫也有些紧张了，王大人难道要皈依空门，王大人真的皈依空门，国家怎么办，朝廷怎么办，皇帝怎么办？

情况不妙，锦衣卫赶紧给朱厚照打报告："陛下啊，形势不对劲，王阳明没有造反之心，他现在好像看破了红尘，很有可能要皈依空门，下一步怎么办？"

看到锦衣卫的汇报，朱厚照哈哈大笑："朕和王守仁的信任问题解除了，王守仁啊，就是一学道的人，召之即来挥之即去，哪里会谋反？"

这是典型的中国式君臣关系，皇帝可以虐大臣千万遍，大臣必须随时待之如初恋。春风得意时，居庙堂之高则忧其民；失意时，处江湖之远则忧其君；实在无路走，就归隐山林，到道教佛教圣地寻找慰藉，静静煲一锅心灵鸡汤，慢慢喝下，之后满血复活。

因此王阳明即便身在三界之外的九华山，依然心在朝廷。这一点，还是有诗为证：

> 巨壑中藏万玉林，大剑长枪攒武库。有如智者深韬藏，复如淑女避谗妒。暗然避世不求知，卑己尊人羞逞露。何人不道九华奇，奇中之奇人未知。我欲穷搜尽拈出，秘藏恐是天所私。

读完这首诗，还要感谢锦衣卫，一说明那时候没有文字狱，二说明锦衣卫是有水平的。王阳明这首诗里，有剑有枪有武库，有智慧有谋略，如果是别有用心或者水平不够，完全可在这首诗上做文章，去证明王阳明有谋反之心。

其实，正是这首诗才证明了王阳明的一片忠心。表面上看来，王阳明谈兵论战，大发牢骚，其实正是自证清白。

智者自救，圣者度人，王阳明是一个智者，也是一个圣人。用一句流行的话说，智者是地球的土产，圣人则是来自其他星球。智者是生活在现实世界的，要面对柴米油盐酱醋茶，也要面对琴棋书画诗酒花，这些都容易沉沦，所以需要自救；圣人是超现实的，是不食人间烟火的，是有使命的，职责就是拯救人类。

作为智者和圣人的合体，王阳明就生活在现实和超现实之中，所以他纠结，他是郁闷的，作为一个智者，却充满了困惑；作为一个圣人，他要度别人，也要度自己。这王阳明得有多大的心脏啊，不仅要装下所有的委屈，还要装满智慧，因为他不仅要指引自己前进，还要带领世人前进。

正因为这样，锦衣卫才放过王阳明。名人就是不一样，王阳明在东崖静坐修炼，那里就成了风景名胜。就是锦衣卫当年窥视王阳明坐的那块平坦巨石也成名了，成为了一块名石头，被人称作"锦衣石"，看风景的地方也成了一处风景。

外人看来，王阳明这次九华山看风景，其实更是看人心，看皇帝的，看张忠、许泰、江彬的，看张永的，看身边人的，更看自己的。实际上，在九华山上，王阳明在"究天人之际，通古今之变，成一家之言"。正是在这里，王阳明真正融通了儒释道，打通了自己的任督二脉。

这个时候，王阳明在九华山的当地弟子，也在苦苦挽留王阳明，希望王阳明在九华山办书院讲学，而王阳明当时也有这个意思。王阳明愿意留在九华山，王阳明的弟子很激动，九华山的道士很激动，九华山的和尚也很激动，甚至整个九华山都在激动，这样的大师留在九华山，是他们的福音，也是九华山的荣耀。

听说王阳明一心向道后，张永也开始担心，万一王阳明真的做了道士，自己少了一个帮手，于是极力劝谏朱厚照："陛下啊，王守仁是一个大忠臣。王守仁听说大家都来争夺他平定宁王之乱的功劳，他现在打算弃官到九华山做道士。这可怎么办啊？"

听到张永的劝谏，朱厚照顺水推舟，给张永一个人情，当即下诏，命令王阳明到南京来。

王阳明接到诏书，一切都改变了，不骂张忠、许泰了，不骂江彬了，甚至也不发牢骚了，更不提在九华山定居的事了。但王阳明多少也有些犹豫，就找来弟子们商议，对弟子说："皇上召我去南京，我是去呢，还是不去呢？你们说说你们的想法和建议？"

弟子们听王阳明这么一说，大概清楚了他的意思，于是建议说："先生啊，我们都没做过官，不知道官场之道，这事我们不好说。您是去呢，还是不去呢？我们绝对支持。"

"听取"了弟子们的建议后，王阳明当即动身前往南京面见圣上，只是不知道王阳明此行是凶是吉，能不能见到朱厚照？

七、良知到底是什么

一个外国人说，中国人从来不缺智慧，最缺良知。事实真的如此吗？孟老夫子给"良知"的定义是：所不虑而知者，良知也。王阳明王圣人给"良知"的定义是：知善知恶是良知。按照两个圣人给"良知"的定义，中国真不缺良知，而实际上，从古至今，我们一直都在感叹：人心不古。让人纳闷的是，人心什么时候古过啊？之所以如此，是因为邪恶从不单独行动，它们都是成群结队。这就是良知缺失的根本所在，良知不仅仅是智慧，还要有胆量有魄力有方法执行。现实情况下，良知往往是单兵作战，俗话说双拳难敌四手，好汉架不住人多，王阳明如何用良知迎战以朱厚照为领导的邪恶团伙呢？是当面锣对面鼓地战斗，还是阳奉阴违，抑或是另辟蹊径——阳奉阳违。

圣人读不懂皇帝

一个一心要做圣人的人，皇帝一纸诏书就击溃了心理防线，立即原形毕露，近乎癫狂，开始心里的裸奔。朱厚照虐王阳明千万遍，只要轻轻一纸呼唤，王阳明马上激动万分，忘记理想，忘记追求，忘记终老九华山的诺言，这个有点让人大跌眼镜。

这倒不是王阳明没有节操，没有底线，没有原则，而是生活在这块土地上，他能选择的实在太少。在我们生活的这块土地上，出路不多，不外乎两条，揭竿而起造反和走科举之路做官。一是不好好读书，做个流氓，将来造反，成了能做个皇帝，或许被招降做个官，当然也可能被砍头；二是读书，做文化人，然后做官，来管理抑或镇压流氓，说白了就是做奴才。

做流氓很容易也简单，只要胆子大不怕死就行了，但世界上又有几个不怕死的呢？而做奴才就不容易了，不是你想做就能做的，是有条件的，只有符合条件之后才可以。尽管做奴才很不容易，但是比做暴民安全得多，所以大多数人还是选择了做奴才，竞争很是激烈。

王阳明是高人，不走寻常路，他另辟蹊径，一不做流氓二不做奴才，他要做一个圣人。其实这是唱高调，给自己戴高帽，按照圣人的"立德、立功、立言"三不朽的标准，第一，要想立德自然就不能造反，谁见过流氓还能德行天下的？第二，要想立功，必然要先成为朝廷的人，否则功从何来，谁来认证？第三，要想立言，就更需要朝廷的支持了，如果不能和朝廷保持一个声音，必然被禁止。

立志做圣人，其实就是要做一个超级官员，一个不受朝廷约束的官员，说白了就是一个可以号令主人的奴才。这个理想太大，不容易做到，最起码在大明朝做不到，朱厚照也不允许他的朝堂有个这样的人存在。

在朱厚照眼里，无论是谁，都是打工仔，都是干活的，只有听话和不听话之分，没有高低贵贱之分，也没有圣人和普通人的区别。再次诏令王阳明到南京，还是为了测试王阳明的忠心，看看王阳明是不是真的召之即来挥之即去。

当王阳明在九华山接到诏书，欣喜若狂，以为朱厚照这次真的要召见自己了，所以急匆匆赶赴南京。当王阳明到了南京新河口的时候，又接到了诏书，皇帝又不愿见了，诏令王阳明立即返回江西。

这个时候，王阳明真的有点心灰意冷，无可奈何，皇帝就在眼前，就是见不了。是皇帝不愿见，还是有人故意从中作梗？王阳明坚定认为是江彬、张忠、许泰他们从中阻拦，主谋应该是江彬，因为一旦他见了皇帝，就会把江彬和朱宸濠之间的勾当一一告诉朱厚照。这样一来，江彬就和朱宸濠同罪，都是谋反之人。

王阳明对江彬恨之入骨，希望押着江彬到朱厚照面前，当众把江彬祸国殃民、祸害江山社稷之罪告知天下，通过处死江彬来告慰天下。这只能是王阳明一厢情愿，不要说江彬会不会束手被擒，就是朱厚照也未必同意，因为江彬和朱厚照有共同的利益，共同谋取平定朱宸濠之功。

看不透这一点，王阳明除了郁闷还是郁闷，天天夜里默默静坐，凄凉、孤独、寂寥，唯有江中水波拍案之声相伴。原以为在九华山贯通了，可以宠辱不惊了，可以去留无意了，可以不悲不喜了，世俗的世界应该没有自己解决不了的事，哪知道刚下山就遭朱厚照这么一无厘头，还是无解。

长夜漫漫，无心睡眠，万般无奈的王阳明感慨道："以一身蒙谤，死即死耳，如老亲何？"也就是说我王某人被一帮人诬陷诽谤到这样的境地，死就死了，无所谓了，我就担心我的老父亲怎么办啊！

发完感叹，王阳明回头对自己的门人说："此时若有一孔可以窃父而逃，吾亦终身长往不悔矣。"

可以看出，王圣人是多么无奈，内心是多么的无助，多么的失落，多么的忧郁，所以这个时候王阳明想爸爸了。人在外面不如意的时候，就是想家，想自己的父母，主要是想给无助的心找一个休憩的港湾，以期从这里获得坚强的力量。

但因为有君命在身，没有皇帝允许，王阳明不能擅离职守，无论怎么想念爸爸，也不能回家看看，只能苦苦思念，苦苦支撑。

王阳明也在不停地反思，自己的理想是做一个圣人，一般都是皇帝祭拜圣人，现在自己想见皇帝一面都没机会，这是多么大的讽刺啊！理解自己的人，明白自己的苦衷，知道自己在圣人的路上前进；不理解自己的人，一定会认为自己是个官迷，天天忙着升官发财。

为什么非要这样啊，皇帝不见不行吗？就是见了又能如何？正当王阳明迷惑的时候，朱厚照的诏书又到了，这次诏书是什么内容呢？这次真的是召见王阳明吗？

我为什么要做官

这次诏书不是召见王阳明，而是诏令王阳明立即回江西。接到诏书，王阳明才算真的知道皇帝是一个什么样的人。作为一个皇帝，他需要一些忠诚能干的大臣，而不是一些争功争宠和捣乱的大臣，更不需要青史留名的大臣。皇帝就是皇帝，皇帝不见自己，自有他的道理，作为一个臣子，就是皇帝的一块砖，哪里需要哪里搬，现在皇帝把自己往江西搬，就要乐呵呵地前去，绝对不能有任何的想法。

到这里，王阳明才算真正明白了朱厚照，才算是真正接近了人性，接触到了人心，逐步靠近了良知。经过朱厚照这么来来往往几次非见面对话，王阳明明白了，皇帝第一要考虑的是天下，用人的第一标准是忠诚，第二标准是听话，第三标准才是才能，至于人品，根本就不在皇帝考虑的范围内。

辛辛苦苦追寻了四十九年，总算知了天命，这天下本来就没有好人与坏人之分，也没有善恶之分，只有以利益为导向的人，只有在其位谋其政的人。这是所有人思考问题的出发点，明白了这一点，就能理解别人为什么这么做，为什么这样对自己。

接到诏书，王阳明也有想法，但自己在其位谋其政，作为朝廷的官员，作为皇帝的臣子，自己必须听从皇帝的诏令，皇帝诏令回江西，就要回江西；作为江西的父母官，自己有责任有使命让江西的老百姓过上好日子。

王阳明当即启程返回江西，第一站是江西的九江，到了九江后，王阳明就去了庐山。

王阳明这样的人，向来爱山爱水，又到了自己的地盘，没有理由不去。

在当地官员的陪同下，王阳明登上了庐山，登庐山必然去秀峰，到庐山不去秀峰等于没去。提到秀峰就不能不提大诗仙李白，提到李白就会想起那首《望庐山瀑布》："日照香炉生紫烟，遥看瀑布挂前川。飞流直下三千尺，疑是银河落九天。"

这里的庐山瀑布，也叫开先瀑布，除了瀑布，还有一处名胜——开先寺。开先寺就是今天的秀峰寺，在清朝康熙之前一直叫开先寺，后来康熙南巡到这里，把寺名改成了秀峰，而且亲自题写寺名。

正德十五年（1520）正月三十，王阳明登上了秀峰，来到了开先寺，在开先寺的读书台刻碑记功，正文是：

> 正德己卯，六月乙亥，宸濠以南昌叛，称兵向阙。破南康、九江，攻安庆，远近震动。

七月辛亥，臣守仁以列郡之兵复南昌，宸濠擒，余党悉定。当是时，天子闻变赫怒，亲统六师临讨，遂俘宸濠以归。

　　于赫皇威，神武不杀。如霆之震，靡击而折。神器有归，孰敢窥窃。天鉴于宸濠，式昭皇灵，以嘉靖我邦国。

　　正德庚辰正月晦，都督军务都御史，王守仁书。从征官属列于左方。

　　王阳明是给平定朱宸濠之乱刻碑记功，按照正常的方式，这块石碑应该刻在南昌或者鄱阳湖畔，只有在那里才有意义，一是彰显皇帝的英明，彰显朝廷的恩泽；二是警告那些心怀不轨的人，朱宸濠就是他们的下场。但王阳明却在开先寺的读书台刻碑记功，这肯定不是王阳明疏忽，应该是故意为之，王阳明很清楚，当时的形势绝对不允许他如实上报功劳簿，为了给自己和那帮活着的、死去的、坐牢的、受辱的兄弟一个交代，他有责任留下最真实的记录，哪怕这份功劳簿只能存在一个寺庙里。

　　这个碑文最让人崇拜的是"嘉靖我邦国"这句话，因为一年后，朱厚照驾崩，朱厚熜即位，年号就是"嘉靖"。不知道是冥冥中注定，还是王阳明有先见之明，抑或巧合，总之是王阳明最先发明"嘉靖"这个词，可以称作"嘉靖之父"吧。这样一来，王阳明就有了先见之明，就可以前知八百年后知八百载，那么多汉字，王阳明居然能知道，太牛了。在人们看来，王阳明就是活神仙，一下子就得道了，就升天了，就成了圣人。

　　其实这就是一种巧合，没有那么深不可测，王阳明也没那么神奇，后文会对此事详细讲述。

　　开先寺的方丈一看王阳明来了，激动万分，泪流满面，请求王阳明给予指导，恳请王阳明给开先寺留点墨宝。

　　看到方丈这么热情，王阳明稍作推迟，之后大笔一挥，唰唰点点，点点唰唰，写下了《重游开先寺戏题》这首诗：

　　　　中丞不解了公事，到处看山复寻寺。
　　　　尚为妻孥守俸钱，至今未得休官去。

> 三月开花两度来，寺僧倦客门未开。
>
> 山灵似嫌俗士驾，溪风拦路吹人回。
>
> 君不见富贵中人如中酒，折腰解酲须五斗？
>
> 未妨适意山水间，浮名于我亦何有？

表面是一首戏谑诗，实际是王阳明的真情流露，也就是说我王某人有点不务正业，不微服察民情，也不坐高堂申冤，而是游山逛寺。其实我也不是什么高尚之人，和大家一样，我也是在为老婆挣点首饰钱，给孩子挣点奶粉钱，所以到现在还在官位上奔波，兄弟们啊，生活不易啊，大家且活且珍惜。

这诗是写给身边人看的，也是写给远在南京的皇帝看的，就是说我王某人没有什么大志向，就是俗人一枚，喜爱老婆孩子热炕头，也爱金钱和美女，也爱游山玩水……

每个人都有放不下的

对一般人来说，到九江不能不去庐山；对读书人来说，到庐山不能不去白鹿洞书院；对王阳明来说，作为普通人，他要去庐山，作为读书人他自然要去白鹿洞书院，如果说起和白鹿洞书院的某种渊源，他更是必须去。

这里简单介绍一下白鹿洞书院。白鹿洞书院曾经和嵩阳书院、岳麓书院、石鼓书院合称四大书院，驰名天下誉满乾坤，是多少读书人心中的圣地。白鹿洞书院最早可追溯到唐朝的李渤，这个李渤就是苏轼在《石钟山游记》里提到的那位敲石头的老兄。

李渤年轻的时候和哥哥李涉一起在庐山的白鹿洞、栖贤寺读书学习，为了打发苦读时光，李渤养了一个宠物白鹿陪伴自己。一般人都是带着宠物外出，李渤和一般人不一样，他是跟着宠物外出，白鹿到哪里李渤就跟到哪里。久而久之，人们看到白鹿就知道李渤要来了，就称李渤为白鹿先生，他读书的地方就被称作"白鹿洞"。

后来，李渤科举成功，做了官，而且还回到了九江做官。故地重游，李渤就在那里建立一所书院，就是白鹿洞书院雏形。五代十国时期，南唐官府在李渤读书的地方修建了学馆，名字叫"庐山国学"，也称作"白鹿国学"。由于官府大力扶植，庐山国学几乎和当时的金陵国子监齐名。北宋时期，白鹿洞书院名满天下，号称四大书院之首。

再后来，白鹿洞书院毁于战乱。南宋淳熙六年（1179），朱熹主政江西，着手重建白鹿洞书院，把白鹿洞书院推上了巅峰。重建一所学院，当然不是修房子这样简单，房子只是硬件，起决定作用的是软件，为了保障白鹿洞书院的长久发展，朱熹在修建好房屋后，又做了许多工作。

一是筹措学田。作为读书人，朱熹很清楚书院的发展必须要有物资和资金保障，因而他不仅为白鹿洞书院划拨了学田，还筹措一些资金。

二是置办教材。这里的教材既包括教材也包括一般图书，为了尽快给书院筹集到图书，朱熹向各界发出捐赠请求，同时自己动手编著了一些图书。

三是聘请名师。刚开始，朱熹聘请许多名人做院长，结果都不满意，实在没办法了，朱熹亲自兼任院长，亲自给学子上课。

四是招生。朱熹亲自撰写招生简章，面向全国发榜招生。

五是制定书院规章制度。这些规章制度就是著名的《白鹿洞书院揭示》，它不仅仅是白鹿洞书院的规章制度，也是后世书院、学院的规章制度，几乎成了1911年科举制度废除之前整个国家的教育大纲。

六是设置课程。朱熹把四书作为基础课程，此外，《诗经》《尚书》《礼记》《春秋》《易经》也是学习内容。

为了让后人记住修建白鹿洞书院这件事，朱熹邀请当时学术大腕吕祖谦写篇文章纪念一下，吕祖谦也很热情，欣然答应。为了写好，两人多次互通书信，商讨遣词造句，之后定稿。

听说白鹿洞书院开课后，那时另一个学界大咖陆九渊慕名从金溪来取经，听说陆九渊来了，朱熹很是高兴，当即请陆九渊登台授课。陆九渊也不客气，当仁不让，讲了《论语》中的"君子喻于义，小人喻于利"。听陆老师这么一讲，许多学子都激动得流下了眼泪，朱熹也对陆九渊的课大加赞赏：陆先生，讲得太深刻了，太好了，太感人了，我朱某人惭愧啊，一定把陆先生的讲课铭记心中。

事后，朱熹邀请陆九渊把讲稿整理成文字，这就是闻名于世的《白鹿洞书院讲义》。朱熹请人把讲义刻在石碑上，规定为白鹿洞书院学子必读之文，还亲自给讲义写了"跋"。

朱熹重建白鹿洞书院，陆九渊前来，朱熹邀请陆九渊登台讲课，然后朱熹对陆九渊大加赞赏。看起来，一切都很平淡，没啥啊，文人之间惺惺相惜嘛。

其实，熟悉理学的人都知道，朱熹和陆九渊并不是看起来那么和谐，朱熹推崇理学，陆九渊则推崇心学，分歧很大。为了调和二人，吕祖谦就把二人邀请到铅山，希望他们冰释前嫌，携手前进，不料他们却在铅山鹅湖围绕"教人之法"进行了激烈辩论。

朱熹强调"格物致知"，格物就是要研究事物之理，致知就是研究到极限，主张多读书，多观察事物，根据经验，加以分析、综合与归纳，然后得出结论。陆九渊兄弟强调"心即理"，他们认为格物就是体认本心，只要"发明本心"，万事万物的道理自然贯通，不必多读书。

朱熹说陆九渊的学术过于简洁，而陆九渊则说朱熹的学术有些支离破碎，于是乎他们成了学敌——学术上的敌人。但这仅仅存在于学术上，他们并没有因此而成私敌。陆九渊主动到白鹿洞书院，朱熹居然大度地给这位小自己9岁的学敌提供一个秀场，让陆九渊在自己的地盘出风头，这就是大家风范，这就是我们所谓的谦谦君子之风。这就是，有学派，而无门派；有学者，而无学阀。

来到白鹿洞书院，王阳明思绪万千，他想起了朱熹，想起自己的《朱子晚年定论》以及因此带来的风波。当在东碑廊里看到了《二贤洞教》碑文，更是心有戚戚，是啊，朱熹和陆九渊都是相通的，他们是一样一样的，早异晚同，殊途同归啊。如果早生四百年多好，那个时候，自己就可以在这里和朱熹坐而论道，《二贤洞教》就会成为《三贤洞教》，也可与朱熹严肃认真地讨论心学，看看朱老夫子晚年到底是不是真的成为心学之人了。

如果真的和朱老夫子探讨了，事情就明朗了，王阳明也就不用再来一个《朱子晚年定论》了。其实，王阳明的《朱子晚年定论》就是一篇学术论文，一切都是在学术的范围里讨论的，文中的观点既不激烈也不过分，不料却引起了朝野震动，被扣上了反官府反体制反朱家的政治帽子，几乎成了政治事件。王阳明的观点，根本没有当年陆九渊和朱熹辩论的激烈，即便那样，朱熹对陆九渊的心学也很是推崇，都是从学术角度讨论，当事人都能容忍接受，大明朝怎么就不行了？当事人都愿意进行讨论，后世徒子徒孙却给画上了框框，连讨论都不允，不知道是何道理？

想想过去，想想先贤，再回头看看自己的处境，王阳明在这里久久徘徊，不舍得离开，不愿离开，不忍离开……

为了天下太平

白鹿洞书院对王阳明来说，不仅仅是一座书院，还有一种情怀，因为这里有朱熹的痕迹，也有陆九渊的掠影，王阳明要想实现自己的圣人理想，必须要越过朱熹这座高山。想想朱熹，王阳明又想起了朱厚照，怎么自己老是和老朱家的人较劲啊，是冥冥中注定，还是巧合，怎么自己都摊上了。

连皇帝都见不到，还想超越朱熹，是不是有点天真？王阳明想着想着就笑了。对白鹿洞书院再有不舍，还是要离开的，出了白鹿洞书院，王阳明就回到了现实，就清楚了自己的身份，自己是大明朝的官员，江西的巡抚。

大明朝的官员就要忠于朝廷忠于皇帝，心怀天下；江西巡抚要对江西的黎民百姓负责，给江西百姓一个和平的环境。面对现实总是痛苦的，王阳明去九华山，表面上是逃避，其实是在寻找应对现实之策。

正是在九华山的经历，王阳明明白了，无论是佛家强调"爱众生"，还是道家强调"贵生"，甚或是儒家强调"仁者爱人"，他们都有一个共同的东西——爱。

从九华山下来后，王阳明依然寸步难行，皇帝没见到，被耍一回后，乖乖再回江西。这个时候，王阳明当然郁闷，当然心情不爽，怎么办？找皇帝说理，见不着；骂皇帝，没有这个胆量；辞官还乡，又不忍心……实在没办法了，王阳明就趁着游山玩水之际写诗发泄情绪。

无奈之际，王阳明也有退缩情绪，"人生得休且复休"正是此时的心声，但也仅仅是牢骚。当看到开先寺风景，触景生情，心情有所变化，感慨道："断拟罢官来住此"，就是说，皇帝听信谗言，不高兴用我王某人了，就到这里来定居，闲看云卷云舒，静观花开花落。这样的心态虽然不是进取，但已不是退缩了，而是记得自己的身份和处境。

做官不自由，人在官场，身不由己，官不是想做就能做的，当然也不是想不做就不做的。王阳明也很清楚，只有留在官场才有资本和实力与江彬、张忠之流斗争，一旦自己离开了官场，就将成为任人宰割的羔羊，江彬就会诬陷自己是朱宸濠的余党。这样一来，不仅不能忠君报国，连自己的安危也无法保证。

虽然王阳明一再调侃自己，说什么"痴儿公事真难了""中丞不解了公事"，还说是自己做官不为别的，就是给老婆孩子挣点钱，明眼人都能看出来，这是忽悠外人，给自己解闷。接着王阳明想起了神秀的那首"身是菩提树，心如明镜台。时时勤拂拭，勿使惹尘埃"，于是写了这首"始信心非明镜台，须知明镜亦尘埃。人人有个圆圈在，莫向蒲团坐死灰"。

猛一看来，一定认为是哪位高僧的大作，一不小心王阳明又跑到佛教里去了，内心矛盾，无法解决，自己也有一个圆圈在，自己的圆圈就是对天下苍生的爱，也包括对皇帝的爱。一旦自己跑回老家，江彬之流趁机造反，谁来收拾残局？放不下啊，放下很容易，当放下就永远拿不起来了，自己就有可能成为千古罪人了。

对皇帝的见与不见，既重要也不重要，需要自己忠诚的除了皇帝，还有大明朝的江山社稷，还有大明朝的子民，还有他直接管辖的江西父老。

大明朝经不起折腾了，江西更经不起了，所以一到九江，王阳明立即就去检阅九江军队，要求当地官府做好防卫工作，当前的工作就是要搞好稳定，稳定压倒一切，一定要稳定，不能乱，一乱百姓就遭殃。

之后，王阳明又游览了庐山的东林寺。东林是佛教净土宗的发源之地，东晋慧远和尚在这里建寺。王阳明写下了《庐山东林寺次韵》：

> 东林日暮更登山，峰顶高僧有兰若。云萝磴道石参差，水声深涧树高下。远公学佛却援儒，渊明嗜酒不入社。我亦爱山仍恋官，同是乾坤避人者。

这首诗展露了王阳明的心迹，就是说兄弟我为什么临近日暮攀登东林寺呢？因为峰顶有高僧，有智慧，可以和他共同论道修行。就是想像远公那样从佛家那里借鉴一些有用的来发展儒家的理论，我也有点像陶渊明，但没有他那么高的境界，我是个俗人，是他们两个的结合体，兄弟我爱山更爱做官。

乍一看来，王阳明好像是一个官迷，其实他是看透不看破，而是另有追求——做一个圣人。

为生民请命

在南京，王阳明被皇帝呼来唤去，甚至连宠物都不如；但在九江，王阳明是绝对的老大，尽管王大人和蔼可亲，但人人都唯唯诺诺，小心谨慎。只要王阳明一出动，前簇后拥，也是蛮有气场的，所有的下属和士兵都必须唯命是从，不敢有丝毫的怠慢。

这是为什么呢？道理很简单，也很复杂。说简单，大家敬畏的不是某个人，而是他头上的帽子和屁股下的位子。说复杂，除了看得见的东西，还有人性的东西，任何事一涉及人性，就说不清了。

安定好九江的局势后，王阳明起身回南昌。

一路南下，看到的是饿殍遍野，田园荒废，王阳明心有感触。这几年，江西命运多舛，先是赣南的匪乱，接着是朱宸濠叛乱，再就是张忠、许泰的人祸，朝廷大军的侵扰，还有天灾……民不聊生。

到南昌后，王阳明立即给朱厚照上疏请求宽免税租，朱厚照根本不理王阳明这个茬，他还惦记着朱宸濠的银子呢？怎么可能宽免税租。

不知道是上天故意报复大明朝，还是惩罚江西的官员，这一年又大旱，从王阳明三月回来到五月，整个江西都没下雨，禾苗干枯而死。谁都知道，最先受到大旱冲击的不是大明朝，也不是江西的官员，而是江西的老百姓。

生存权是最高人权，从丛林法则和生物本性来说也是合理的，任何生物都有权利采取一切的手段来延续自己的生命，这点无可厚非。在生存不能保证的情况下，人类文明的成果一文不值，什么三纲五常，什么天地君亲师，都抵不上一顿饭。这一点，王阳明很清楚，自己有责任为生民请命，如果不给生民请命，生民就会为了活命而自己行动，他们采取什么行动呢？都清楚，一无技术，二无余粮，三无保障，只有造反一条路。

江西之地，向来不太平，赣南有匪乱，赣北有江洋大盗，赣中有朱宸濠造反。尤其是朱宸濠造反，影响恶劣，做了一个很坏的示范。许多老百姓，一看姓朱的都造反了，看来天意不在老朱家那边了，再就是宁王衣食无忧，都去造反，我们这些随时都会被饿死的人干吗还等着饿死，反了他去。

这样的情况在江西太多，派军队镇压都顾不上。这些人未必是真的想造反，很多都是为了填饱肚子，杀再多的人也没有用，横竖都是死，与其饿死，不如造反而死，最起码还能多活几天。

作为江西巡抚，王阳明到处努力，尽力筹措，让老百姓有点生的希望。但正当王阳明四处安抚民众之际，朝廷各部的使者来了，他们不是下基层送温暖的，而是来催租税的，是来拔毛的。

江西大局这么不好，帮忙的一个没有，捣乱的成堆，撂挑子不干啦？这不是王阳明的作风，但继续做更不容易，巧妇难为无米之炊。

江西早已一无所有，但从上到下都在惦记着江西。皇帝朱厚照在惦记着，江彬在惦记着，张忠在惦记着，许泰在惦记着，各有关部门也在惦记着……就是没有人来帮忙的，想到这里，王阳明明白了，他们之所以惦记江西，就是惦记着朱宸濠的那些银子……

好办了，王阳明当即找来巡按御史唐龙、朱节商讨，经过多方讨论，他们决定给朝廷上疏，说江西境况危急，到处缺钱，尤其拖欠了朝廷款项，再穷不能穷朝廷。鉴于这种情况，江西领导班子决定把朱宸濠的财产变成官银，以此代民缴纳，同时救江西民众于水火之中。恳请朝廷批准，如若同意，则天下大幸，江西大幸。

先生上疏略曰："日者流移之民，闻官军将去，稍稍胁息，延望归寻故业，足未入境，而颈已系于追求者之手矣！夫荒旱极矣，而因之以变乱；变乱极矣，而又加之以师旅；师旅极矣，而又加之以供馈。益之以诛求，亟之以征敛。当是之时，有目者不忍观，有耳者不忍闻，又从而劋其膏血，有人心者尚忍乎？宽恤之虚文，不若蠲租之实惠；赈济之难及，不若免税之易行。今不免租税，不息诛求，而徒曰宽恤赈济，是夺其口中之食，而曰吾将疗汝之饥；劋其腹肾之肉，而曰吾将救汝之死：凡有血气者，皆将不信之矣。"

朱宸濠的财产，万众瞩目，大家都在盯着，尤其是朱厚照，早就准备收入囊中了，张永、张忠、许泰……哪一个不是垂涎欲滴。王阳明居然给充公了，胆子忒大了吧？这是虎口夺食，是鳄鱼嘴里抢猎物，天子碗里挑肉吃，竟然敢动皇帝的奶酪？后果很严重。

王阳明当然知道其中利害，这事办妥之后，朱厚照一怪罪下来，自己肯定坚持不住，立即上疏请求回家。朱厚照接到奏疏，一看，十分生气，这个王阳明啊，动了朕的银子，朕还没追究他的责任，他还来劲了。真想一下子撵他回家，转念一想，银子没了，王阳明再一走，平定朱宸濠的功劳簿上可能都没自己了，既生气又无可奈何，只得把奏疏随手一放，不同意。

结果在王阳明的意料之中，正当王阳明为旱灾操心的时候，江西又出大事了——发大水了。这个倒霉劲，刚刚大旱，现在又发大水，为什么又是江西？

在当时，很多人都会认为，这是天谴。天谴，谴谁？大家都知道，但谁都不敢说，也都不愿说，王阳明揽到了自己头上，于是上疏自我弹劾，逐一述说自己的四宗罪。

王阳明先对大水的情况做介绍，自春入夏，雨水连绵，江湖涨溢，经月不退。整个江西，从南部的赣州，一路向北，经过吉安、临川、瑞金、广信、抚州、南昌、九江、南康，沿江各地，无不被害。黍苗沦没，室庐漂荡，鱼鳖之民聚栖于木杪，商旅之舟经行于闾巷，溃城决堤，千里为壑，烟火断绝，惟闻哭声。询之父老，皆谓数十年所未有也。

伏惟皇上轸灾恤变，别选贤能，代臣巡抚。即不以臣为显戮，削其禄秩，黜还田里，以为人臣不职之戒，庶亦有位知警，民困可息，天变可弭，人怒可泄：而臣亦死无憾矣。

王阳明准备不干了，不是不想干，也不是不愿干，而是没法干，一没有人和，二没有地利，三没有天时。请皇帝另请高明，皇帝会同意吗？

王阳明的"心"和罗钦顺的"气"

朱厚照接到王阳明奏疏，一看又是要辞官，朱厚照很是不爽，真想一下子让王阳明回老家。转念一想，平定朱宸濠的功劳簿上还没有自己的功劳，再就是，江西又发大水了。如果这个时候一气让王阳明回家，王阳明一走，谁来收拾乱局？再就是，经过几次试探，王阳明是一个忠诚的人，是一个可靠的人，所以，朱厚照无论如何也不能让王阳明回家。

当然，王阳明也不是真心辞职，只是希望通过自己的自我批评，让朱厚照能有所明白，开始心怀天下，体恤民情。王阳明自己也清楚不会有什么结果，说了也白说，但还是要说的，对朱厚照来说没什么，对王阳明来说是不一样的，做是职责所在，不做就是失职。

王阳明是高明的，得了便宜不卖乖，指桑骂槐批评了皇帝之后，立即在行动上和皇帝保持一致。朱厚照在你的地盘巡游视察，我王某人也在自己的地盘视察，巡抚嘛，就是巡视安抚。皇帝南下，我也南下，王阳明决定到赣州看看。

果然，安插在王阳明身边的锦衣卫，立即给朱厚照打报告，说王阳明和陛下终于在一个节奏上了，接到报告后，朱厚照很是欣慰，觉得王阳明是一个可爱的人。

同样是巡视，朱厚照和王阳明的目的是不一样的，朱厚照主要是为功名利禄，王阳明则是真的为天下太平。当然，王阳明也清楚自己没能力让天下太平，作为江西的巡抚，王阳明有能力让江西平安。

这几年来，王阳明先后平定了南赣的土匪和宁王朱宸濠叛乱，在江西，谁还敢造反？谁还敢做土匪？经过王阳明这几年的经营，江西匪乱基本平定，王阳明的巡视，其实就是做给皇帝看，表明自己的忠心，顺带安抚百姓。

王阳明南下巡查悠然自得，第一站是吉安府永新县的玉笥大秀宫，大秀宫是道教圣地之一，据说是道教神仙居住之地。王阳明到这里，显然不是为了安抚百姓，要么是为了修仙成道，要么就是为了谈天论道，抑或是为了度假休闲。

当天，王阳明下榻大秀宫，第二天又在云储住宿一晚。

三天后，王阳明到了吉安，王巡抚来了，吉安热情隆重接待。在吉安知府和相关负责人的陪同下，王阳明到风景名胜青原山进行调研。看到黄庭坚的诗，王巡抚也是诗兴大发，和了黄庭坚的诗，并且顺手书写了碑文纪念。

　　之后，王阳明到了泰和县，在这里收到了江西学界大咖罗钦顺的问学书信。罗钦顺比王阳明大七岁，早七年中进士。和王阳明一样，罗钦顺也是出身官宦之家，都是官二代。同时，罗钦顺也是极其会读书，相当会学习的人，在科举考试方面还要略胜王阳明一筹，头年乡试第一名，成为了解元，在人才济济的江西考区，那是相当了不得的，接着次年到京城参加会试，最后殿试一甲第三名，高中探花。

　　罗钦顺在当时也是了不得的学术界大腕，有"江右大儒"之美誉，几乎可以和王阳明比肩。王阳明传承了陆九渊的心学，而罗钦顺则是顺着朱熹理学进行了适当的改造，创建了气学，提出了"理"为"气之理"，"气"才是宇宙的万物之本，"通天地，亘古今，无非一气而已"。罗钦顺的观点在一定程度上和古希腊米利都学派的阿那克西美尼的观点类似，万物的本源是气，灵魂是气，火是稀薄化了的气，凝聚的时候，气就变为水，再凝聚就变为土，最后变为石头。

　　在罗钦顺看来，宇宙变化是"万古自如"，有其恒定的规律，也没有主宰的力量，人的主观精神"人心"更是决定不了；"人心"的变化比较杂乱，和生命同生同灭的，和宇宙不在一个层次上。宇宙是独立人心之外的，而人心的精神活动则是在宇宙规律范围之内。

　　王阳明心学说的是"心即理"，强调"心外无理""心外无物"。这样一来，"心"和"气"就有了分别，"心""气"自然就不顺了，由此二人之间就产生了矛盾。

　　王阳明和罗钦顺两人关系十分有意思，私人关系非常好，生活中的好朋友，互相欣赏，正如王阳明所写的"道义之交深，文字之会密"，但在学术上却是"论敌"，罗钦顺这次来信就是和王阳明掰扯《朱子晚年定论》。论争的就是围绕《大学》展开的，核心就是"格物致知"。

　　面对罗钦顺对自己"格物"之论的质疑，王阳明这样说道：格物者，《大学》之实下手处，彻首彻尾，自始学至圣人，只此工夫而已。非但入门之际，有此一段也。夫正心、诚意、致知、格物，皆所以修身而格物者，其所以用力日可见之地。

故格物者，格其心之物也，格其意之物也，格其知之物也；正心者，正其物之心也；诚意者，诚其物之意也；致知者，致其物之知也：此岂有内外彼此之分哉？

理一而已。以其理之凝聚而言则谓之性，以其凝聚之主宰而言则谓之心，以其主宰之发动而言则谓之意，以其发动之明觉而言则谓之知，以其明觉之感应而言则谓之物。故就物而言谓之格，就知而言谓之致，就意而言谓之诚，就心而言谓之正。正者，正此也；诚者，诚此也；致者，致此也；格者，格此也。皆所谓穷理以尽性也。天下无性外之理，无性外之物。学之不明，皆由世之儒者认理为外，认物为外，而不知义外之说，孟子盖尝辟之。乃至袭陷其内而不觉，岂非亦有似是而难明者欤？不可以不察也。

这次论道，王阳明先从《大学》入手，论证"正心""诚意""致知""格物"之关系，发现"心""意""知""物"是认知的不同层次，本就是一个"理"。而"理"也是一个整体，从理凝聚的角度说是"性"，从凝聚之主宰而言是"心"，从主宰之发动而言是"意"，从发动之明觉而言是"知"，从明觉之感应而言是"物"。而要想认知"物"就需要从"格"入手，进而"致知""诚意""正心"……形成了完整的逻辑环路。

到这时候，王阳明才真正打通了自己学术的任督二脉，融通了《孟子》和《大学》理论，阳明先生的思想用力处也由先前的"诚意"上升到"致知"，也开始在"知"方面下功夫。

王阳明意思是，"格物致知"追求的不仅仅是掌握事物的原本原理加以运用，还要有一个能够控制心，要有正确的态度，即所谓的良知。否则越是掌握了事物的规律，就越是坏事，就成了精英之贼，就是王阳明所说的，差之毫厘谬以千里。

良知如此重要，那什么是良知呢？

良知发现之旅

说到"良知"就要提到孟子，这老人家最喜欢谈"心"。什么《孟子·尽心》，还常说"本心""良心"；这还不算，他还更进一步提出了"良知"："人之所不学而能者，其良能也；所不虑而知者，其良知也。"

如此看来，孟老夫子不仅第一个提出了"良知"，而且给出了"概念"，最为让人关注的是"不学"和"不虑"。我们常说"人非生而知之""三思后行"，老先生却说"不学""不虑"。这是不是有点不科学？其实也是有道理的，只是角度不同，"不学""不虑"是本能的角度，讲究先验，"人非生而知之""三思后行"是从本领的角度，讲究经验。

孟老夫子用"不学""不虑"告诉我们人的先验的情绪和直觉的情感，加上一个"良"，意在说明人在不经过环境熏陶和教育培训天然就具有的道德意识和道德意志。

孟子之后，王阳明继承并发扬了"良知"思想，在他看来，"良知"是主体天然就有的内在特质："心自然会知，见父自然知孝，见兄自然知弟，见孺子入井自然知恻隐，此便是良知，不假外求。"

一直流传着一个关于王阳明证明小偷良知的故事，故事有可能是假的，但值得说一下。有天晚上，王阳明给弟子们指示良知，其中一弟子愣是搞不明白，正当大家着急的时候，房屋上面有动静了。大家起初还以为发生灵异事件了，原来有小偷在房上，卫兵快速行动，很快就把小偷押解到王阳明面前。

看到小偷，弟子们调侃说，小偷有没有良知呢？肯定没有。原因很简单，有良知怎么还做小偷。

王阳明重复了孟子的话，然后对众弟子说，你们好好看着我给他找回良知。

听完阳明的话，弟子们半信半疑，紧盯着他。

王阳明对小偷说："把衣服脱了。"

听到王阳明的话，小偷也很纳闷，做了一辈子小偷，第一次遇见这样审案的官老爷，甚至怀疑自己遇见的是假的官老爷。无论真假，毕竟被抓现行，只得听命照办，开始脱衣服。

小偷脱一件，王阳明催促脱下一件，就这样一件一件地脱，脱着脱着就剩下裤衩了。这个时候，王阳明依然继续催促脱，小偷很是扭捏，怎么都不脱。一看小偷不脱，王阳明大发雷霆，甚至威胁上刑具，但小偷死活不愿脱，而且说，打死都不脱。

　　王阳明问小偷为什么不愿脱，小偷磕磕绊绊说不出所以然来，就是不脱。这个时候，王阳明用手一指小偷的裤衩，这就是良知。

　　审讯小偷之后，王阳明叹道："愚不肖者，虽其蔽昧之极，良知又未尝不存也。苟能致之，即与圣人无疑矣。"

　　小偷不愿脱裤衩，是因为羞愧，就是孟子所说的"羞恶之心"。在孟子的基础上，王阳明融合了孟子"良知"和"四端"，即《孟子·公孙丑上》所说："恻隐之心，人皆有之；羞恶之心，人皆有之；恭敬之心，人皆有之；是非之心，人皆有之。恻隐之心，仁也；羞恶之心，义也；恭敬之心，礼也；是非之心，智也。仁义礼智，非由外铄我也，我固有之也，弗思耳矣。"

　　王阳明进一步探索，"良知"不仅是天然的不假外求的，同时还是"是非之心"，也即是智慧。所谓智慧，一般来说，就是正确的判断加上正确的选择再加上正确的执行。王阳明认为，"良知"是每个人先验的准则，提到了"良知"和"是""非"的关系，他对陈九川说："尔那一点良知，是尔自家的准则。尔意念着处，他是便知是，他非便知非，更瞒他一些不得。"

　　后来，王阳明更进一步，在给弟子陆元静的信中说："孟子之是非之心，知也，是非之心人皆有之，即所谓良知也。"明确提出"良知"就是"是非之心"。接着又说："良知只是个是非之心。是非只是个好恶，只好恶就尽了是非，只是非就尽了万变。"到这里，王阳明强调"良知"不仅是"是非之心"而且还是"善恶"。也即是说，"良知"作为天然准则既是先验也是经验的，是道德情绪也是道德意志，是"知是知非""知善知恶"更是"好善恶恶""为善去恶"。"良知"不仅能告诉王阳明什么是"是"，什么是"非"。同时也能让我们好"是"恶"非"进而做到"为善去恶"，达到意识和意志在道德上的统一。

　　是不是所有的人都有良知呢？是不是每个人的良知都一样呢？王阳明说："自圣人以至凡人，自一人之心以达四海之远，自千古以前以至于万代之后，无有不同。是良知也，是所谓天下之大本也。"

　　考据一下，王阳明发现"良知"也是一个漫长的旅程。自从在南京讲学以来，凡是指导学生，王阳明都是要求学生"存天理去人欲以为本"。有学生不明白，就问为什么，王阳明就要求学生自己去悟，未尝告诉学生天理是什么个样子。其间，王阳明曾经对朋友说："近欲发挥此，只觉有一言发不出，津津然如含诸口，莫能相度。"沉思好久后，王阳明慢慢说："近觉得此学更无有他，只是这些子，了此更无余矣。"听到王阳明的话，旁边的有人钦羡不已，王阳明则又说："连这些子亦无放处。"经朱宸濠之乱，许泰、张忠之变后，历经磨难，王阳明才提出"良知"之说。

正是发现了"良知"，因而此次和罗钦顺论道，王阳明着重强调了"致知"重要性，为将来的"致良知"做了深厚理论积淀。

和罗钦顺掰扯之后，王阳明随即离开泰和县，继续南下，只是不知道王阳明能否安全到达赣州。

功劳是朱大将军的

尽管王阳明和朱厚照行动一致了，也学习皇帝好榜样，南下巡查。但锦衣卫依然信不过王阳明，也是一路如影随形，王阳明到哪里，他们就到哪里，时刻观察王阳明的一举一动。

通过和朱厚照几次打交道，王阳明似乎明白了朱厚照的心思，朱厚照对大臣最关心的不是能力，也不是人品，他最关心的地方是：一是听话，有文化没文化必须听话；二是忠诚，有能无能必须忠诚。所以面对锦衣卫，王阳明一点都不惊讶，甚至都不警惕，大家都是在工作，在履行自己的职责，都是效忠皇帝。

王阳明做巡抚是为效忠皇帝，锦衣卫监视王阳明也是效忠皇帝，大家都是为皇帝工作，只是分工不同，没有高低贵贱之分。王阳明很清楚，皇帝还是不放心自己，对一般人来说，肯定吓坏了，就会小心谨慎，但王阳明却反弹琵琶，不走寻常路。

到了赣州之后，王阳明一不做，二不休，立即召集赣州当地官府和军队负责人，要求他们动员所有的部队举行隆重的阅兵仪式。王阳明这一举动，吓坏了所有人，江彬、徐泰和张忠天天进谗言说你有谋反之心，朝廷正对你不放心，你怎么还顶风举行盛大阅兵，地方官举行阅兵不是造反是干吗？

王阳明一如平常，泰然自若，没有丝毫恐惧，坚持举行阅兵。在皇帝眼里，王阳明可能什么都不是，但在赣州，王阳明绝对是说一不二，于是就举行了盛大的阅兵仪式。动静太大了，不仅有锦衣卫，就连江彬也派人前来刺探。

看到江彬的人，王阳明的心终于放下了，目的就是让江彬看到。正是在这个月，南京出一件大事，朱厚照带着刘美女一起到牛首山游玩。谁料到，夜里发生了一件事，朱厚照突然失踪了。

皇上失踪了，各路军马大惊失色，大家都说江彬有造反之心，传言流传了许久才平定下来，也引起朱厚照对江彬的怀疑，开始对江彬有所提防。

外人看不出道道，王阳明这次大阅兵，深有用意，一是向皇帝再次表忠心，做样子给锦衣卫看，让他们汇报给皇帝，让皇帝放心；二是威慑一下江彬，让他知道江西还有军队，只要他敢轻举妄动，大军立即出发。

许多看不透局势的人，纷纷劝谏王阳明赶快回南昌，不要在这里举行阅兵，以免朝廷和皇帝猜疑，引来不必要的麻烦。王阳明清楚，只有离开南昌，皇帝才会放心。

当然仅仅这些还是不够的，为了进一步向皇帝表忠心，王阳明写了一篇《啾啾吟》，内容是这样的：

> 知者不惑仁不忧，君胡戚戚眉双愁？
> 信步行来皆坦道，凭天判下非人谋。
> 用之则行舍即休，此身浩荡浮虚舟。
> 丈夫落落掀天地，岂顾束缚如穷囚！
> 千金之珠弹鸟雀，掘土何烦用镯镂？
> 君不见东家老翁防虎患，虎夜入室衔其头？
> 西家儿童不识虎，执竿驱虎如驱牛。
> 痴人惩噎遂废食，愚者畏溺先自投。
> 人生达命自洒落，忧谗避毁徒啾啾！

就是说，我王某人阅兵，其实就是空中飘来五个字：那都不是事。我一切都是为了皇帝，为了自己的东家，东家防范老虎，可现在老虎快要咬住东家的头了，我王某人不过是拿着竹竿驱赶老虎的儿童，能有多大事，我这样做光明磊落，仰不愧于天，俯不怍于地，要杀要剐，悉听君便。

王阳明也清楚，即便是忠于皇帝，也不能太任性，否则也会有麻烦。王阳明对身边的人解释说：你们多虑了，我在这里和孩子们一起学习，一起歌诗习礼，有什么可怀疑的？

听到王阳明这么说，弟子陈九川也觉得有道理，一起给王阳明点赞。

阅兵之后，王阳明开始训导身边的弟子：你们天天跟在我身边干什么，为什么不讲学啊？想当年老师我在省城南昌，形势那么危急，天天与那些太监钩心斗角，祸在眼前，但我依然很淡定。有些事躲是躲不过的，一旦发生大变故，是无处可逃的。告诉你们，我之所以轻易不行动，是因为老师我有长远的考虑。

听了老师这深不可测的话语，弟子们都觉得老师太高大上了，老师就是心中的男神。当男神遇到了皇帝，一下子就成了人，成为皇帝可以召之即来挥之即去的人。

正当王阳明在赣州忙着阅兵，南京那边出幺蛾子了，趁着王阳明赣州阅兵，江彬、张忠和许泰开始鼓捣皇帝举行献俘，这样一来，他们就名正言顺抢了王阳明的功劳。

这个时候，张永站出来说话了："不可。当初我们还没有出京的时候，朱宸濠已经被王守仁擒拿住了，之后献俘北上，过玉山，渡钱塘，天下都知道这事，不可冒领这个功劳也。"

张永的话，很明确，要不要脸，要东西总得有个技巧。朱厚照确实想要功劳，但这样要，有点跌份儿，在张永劝导下，朱厚照就以大将军的名义命令王阳明重新上一道捷音疏。

接到朱大将军的钧令，王阳明也很诧异，捷音疏早上过了啊，怎么还要上？疑惑之时，也获得了张永的消息，一定把功劳分给皇帝和他身边的人。

王阳明满心不愿意，但还要去做，这不是写奏折，而是在编剧。在大明朝做官不容易，不仅要效忠皇帝，能做事，会写文章，还要能编剧。前面的几项技能还好学，编剧是大学问，"层层加码马到成功，级级掺水水到渠成"，最后皆大欢喜。

作为大学问家、大宗师，王阳明当然会编剧，只是他不屑于做，但现在必须做，皇帝命令编剧。奉旨作假，不做皇帝不愿意；做了，自己内心不乐意。这个时候，国家并不安宁，匪乱四起，正值危急存亡之秋，最大的危险是皇帝，他身边最不安全，江彬随时都有可能造反，一旦发生，后果不堪设想。

王阳明不明白，都到这个节骨眼了，皇帝怎么还是这么任性，居然还有心思琢磨朱宸濠的功劳之事。所谓有文化没文化最好听话，皇帝让怎么做就怎么做。

王阳明提笔重写奏疏，也不是推倒先前的重来，而是合理添加一些情节，把朱厚照、张永、张忠、许泰和江彬一一镶嵌进去。无非是一套说辞，大抵是在陛下您领导下，在镇国公大将军朱寿的指挥下，在张永、张忠、江彬和许泰等相关人员和相关部门配合支持下，朱宸濠叛乱得以在短时间内平定。

在赣州待一段时间后，王阳明又想家了，这次是真想家了，他想从赣州顺道回一下老家余姚，在把功劳让给朱厚照的时候，王阳明也趁机提一点要求，写了《便道归省》。王阳明知道如果单独上这道《便道归省》的折子，皇帝肯定不会同意，于是在同一天给皇帝上了《便道归省》和《再报濠反疏》两道折子。同一天上这两道折子，王阳明用意明确，就是用那功劳簿交换，希望自己把功劳分给皇帝，皇帝同意自己回老家省亲，朱厚照会同意吗？

拯救冀元亨

接到王阳明的奏疏，朱厚照乐得合不拢嘴，功劳还是我朱大将军的，这下又可以名正言顺给自己涨工资了，同时还可以加官晋爵，刘妹妹的待遇也可以提高了。

尽管朱厚照这次御驾亲征，没能和朱宸濠在鄱阳湖决战，亲手拿下朱宸濠，但也算是圆满了。和朱厚照不一样，王阳明则是心有戚戚，王阳明伤心的不仅仅是战功被强制夺走，还有自己的弟子冀元亨被陷害。

功劳让出去了，但冀元亨依旧被关押在大牢里，王阳明认为这个时候，该放人了，就给朝廷上了一道奏疏——《咨六部伸理冀元亨》。皇帝可以不讲理，宠臣可以不讲理，太监可以不讲理，当王阳明拯救冀元亨的时候却必须要和朝廷摆事实讲道理，为了打动各部门领导，王阳明动之以情晓之以理，在奏疏中说：

> 偶值宸濠饰诈要名，礼贤求学，本职因使本生乘机往见宸濠，冀得因事纳规，开陈大义，沮其邪谋；如其不可劝喻，亦因得以审察动静，知其叛逆迟速之机，庶可密为御备。

王阳明如实叙述了冀元亨和朱宸濠交往的前后渊源，当时朱宸濠为了掩盖谋反之心而欺世盗名，以礼贤求学为名和我来往，由于众所周知的原因，我自然不能拒绝，于是就趁机派我的弟子冀元亨前去。要求冀元亨到那里之后，利用一切机会进行劝谏，讲述君臣大义，希望能阻止朱宸濠的邪谋；如果朱宸濠不听劝谏，也可以利用这次机会观察朱宸濠的动静，知道朱宸濠叛乱情况，提前做好防御的准备。

果然，冀元亨和朱宸濠观点大相矛盾，尽管当时没有奈何冀元亨，只是扫地出门。但之后，朱宸濠暗地里派出一些人捉拿冀元亨，打算除掉冀元亨，冀元亨不当回事，王阳明听说后，为了保护冀元亨，就派遣自己的亲密随从护送冀元亨回到湖南常德避祸。

王阳明帮助冀元亨躲过了朱宸濠的陷害，却遭到了大将军朱寿团队的陷害，被抓进了大牢。这倒不是王阳明不够智慧，因为王阳明是一个崇尚良知的人，而朱寿团队的张忠、许泰是无规矩无原则无底线的，他们只关心利益，不守规矩是他们的规矩，不择手段是他们的手段，没有底线是他们的底线，卑鄙是他们的原则。

正如王阳明在奏疏中所说：

> 本生笃事师之义，怀报国之忠，蹈不测之虎口，将以转化凶恶，潜消奸宄，论心原迹，尤当显蒙赏录；乃今身陷俘囚，妻子奴虏，家业荡尽，宗族遭殃。信奸人之口，为叛贼泄愤报雠，此本职之所为痛心刻骨，日夜冤愤不能自已者也。本职义当与之同死，几欲为之具奏

伸理，而本生虽在拘囚，传闻不一，或以为既释，或以为候旨；兼虑当事之人，或不见谅，反致激成其罪，故复隐忍到今。又恐多事纷纭之日，万一玉石不分，竟使忠邪倒置，徒以沮义士之志，而快叛贼之心，则本职后虽继之以死，将亦无以赎其痛恨！

我的学生笃守师生之义，为了朝廷和皇帝，置个人生死于不顾到敌人那里进行卧底，最终获得了敌情，为皇帝和朝廷立下了汗马功劳。他本人不仅没有因此而获得朝廷和皇帝嘉奖，反而身陷囹圄，妻子也被抓捕，家产荡尽，宗族都跟着遭殃，这是一个什么逻辑。这是典型的为敌人报仇，这也正是我王某人最痛心刻骨的地方，日夜为此事愤愤不已。从道义上讲，我应该和我的学生同死，多次意欲为他上疏申诉，我的学生虽然被拘大牢，到现在没有给说法，传闻不一，有的说马上就释放了，有的说正在候旨；考虑当事人的情况，如果有人不见谅，担心由此激变反而真的变成罪人了，所以隐忍至今。再就是，现在正值多事之秋，万一好人坏人不分，使忠邪倒置，只能阻击忠义之士的忠君爱国感情，反而大快叛贼之心。

奏疏到达朝廷后，由刑部主事陆澄负责冀元亨的案件，经过多方调查和取证，陆澄的结论是：

其（王阳明）遣冀元亨往见者，是守仁知宸濠素蓄逆谋，而元亨素怀忠孝，欲使启其良心，而因以探其密计尔。元亨一见，不合而归。使言合志投，当留信宿，何反逆之日，反在千里之外乎？

从这段文字可以知道，陆澄调查结果和王阳明的奏疏基本一致，只是陆澄的说法比较委婉，不直接说，绕一个弯。不直接说冀元亨和朱宸濠不是同谋，而是通过假设，这一假设，他两面讨好，既不得罪张忠、许泰和江彬，同时也获得了王阳明的认可。

表面上看来，陆澄是一个滑头，其实不是，不仅不是，还是一个有良知的人，作为王阳明的弟子，陆澄当然想尽一切办法给自己同门说好话。但他知道，背后那个人太硬——大将军朱寿，他是没有错的，一切好事都是他领导的，一切坏事都是别人背叛了他，所以，只能委婉表达。

也就是说，王阳明所奏是真实的。换句话，就是冀元亨和朱宸濠不是同谋，既然不是同谋，那就是功臣，朝廷不仅应该立即释放冀元亨还要嘉奖。

之后，陆澄就把奏疏上奏，请朝廷定夺，朱厚照身在南京，朝廷是杨廷和主持工作。如果是别人的事，杨廷和或许可以秉公处理，但这件事和皇帝有关，事关皇帝的名誉，杨廷和自然投鼠忌器；再就是，这件事还与朱宸濠有关，而杨廷和在某种程度上和朱宸濠关系不坏，所以嘛，自然会借这个机会敲打一下王阳明。

抓捕冀元亨，本来是张忠、许泰等人邀功的一个手法，主谋包括朱厚照在内绝对不超过五个人。当时，谁都知道，这是陷害，但整个大明朝的官场却没有一个人站出来仗义执言，也没有一个人表达出善意的关怀，更没有人为之申冤，有的只是围观看热闹的看客，在这样的情形下，王阳明能救出冀元亨吗？

最奇葩的受俘仪式

朱宸濠造反，王阳明四十三天平定，而背后离不开冀元亨的贡献。平定朱宸濠叛乱，王阳明的功劳最大，正是冀元亨当初只身入虎穴探险，提前获悉朱宸濠造反之事，王阳明才得以提前做准备，获得了主动权。可以说，平定朱宸濠叛乱，王阳明众弟子中，功劳最大的就是冀元亨。

这一点，几乎所有的人都知道，王阳明知道，张忠知道，许泰知道，张永知道，后来，陆澄做了调查，进行了书面证明，朝廷也有人知道。如此一来，冀元亨不仅是无罪的，还是有功的，按照《大明律》，应该立即释放，还要加官晋爵。

可是，《大明律》不论制定得多么完备，也不论程序多么精密，不论有多少实施细则，也不论有多少司法解释，到最后，还是皇帝说了算。

这个时候，朱厚照只关心献俘的事，尽管王阳明已经在功劳簿上加入了朱厚照、张永、张忠、江彬和许泰等人，他们也将因此青史留名，可是他们不愿意，无功不受禄。平定朱宸濠这么重大的事，哪能平白无故获得功劳，一定要展现自己的大智大勇，怎么展现呢？

朱厚照开始琢磨起来，他一琢磨这事，就没心思考虑冀元亨的事。冀元亨的事就搁置起来了，所以，只要朱厚照不同意，无论冀元亨多么冤枉，不论王阳明如何努力，也不论陆澄怎么委婉，一切都是白玩，冀元亨只能被关在大牢里。

外面的人着急拯救冀元亨，冀元亨处变不惊，泰然自若，居然在监狱里传播心学，把狱友当作兄弟对待，狱友们感激涕零。为了让冀元亨诬告王阳明，张忠和许泰把冀元亨的全家下狱，抓捕他妻子和两个女儿，她们毫无惧色，他的妻子说："我丈夫尊师好学，能犯什么错？"即便被关在监狱里，她们天天忙着编织麻衣（手治麻枲不辍）。后来，朱厚熜做皇帝，了解了冀元亨的情况，同意释放，狱卒释放冀元亨妻子李氏，她却说："不见到我丈夫，我不走。"

监狱司法官员和家人被李氏深深地感动，这些官员的老婆们纷纷到李氏家里做客，李氏一一拒绝。没有办法，监狱系统就专门给她安排一间干净屋子，让她在那里等待冀元亨，去接她的时候，她依然穿着囚服在淡定地编织麻衣（就视，则囚服不释麻枲）。

看到李氏如此镇定，有人就问："夫人，谈一下您丈夫的学问如何？"

"噢，我丈夫的学问啊，那是很高大上的，不是我这深居闺门忙于衽席的老娘儿们所能知道的（吾夫之学不出闺门衽席间）。"

冀元亨最后还是出狱了，只是五天后就去世了。在监狱里，无论他们怎么严刑拷打，冀元亨始终如一致良知，做到了知行合一。

在江彬、张忠和许泰等人的建议下，朱厚照想出了一个贻笑千古的方案，朱厚照亲自和朱宸濠PK，而且是一对一，绝对的公平，绝对费厄泼赖，一定要展现贵族范，向天下证明谁才是嫡系的老朱家子孙。

正德十五年（1520）闰八月初八日，一个吉祥的日子，这一天，朱厚照在南京举行了盛大的受俘朱宸濠的仪式。

受俘地点设在南京校场，场面极为隆重，锣鼓喧天，气势盛大，朱厚照不爱龙袍爱戎装，朱厚照这天不是皇帝而是朱大将军，江彬、许泰和张忠服从命令听指挥，坚决和朱大将军保持一致，一个个都是戎装在身。

之后，朱厚照带领着大队人马浩浩荡荡地出了南京城，龙旗飘扬，朱大将军雄赳赳气昂昂进了校场。到了校场后，正当有关人员准备按照礼仪举行受俘仪式的时候，朱厚照却令人给朱宸濠等人解开枷锁，放还兵器，送给马匹，命令朱宸濠带着这些人马和自己战斗。

准备完毕之后，战斗开始，朱厚照命令士兵击鼓鸣金，然后一马当先和朱宸濠战斗。这不是打仗，而是演戏，简直就是耍猴。对朱厚照来说是战斗，对朱宸濠来说是耍猴，朱厚照身强体壮，精神百倍，朱宸濠已经吃了一年多的牢饭，哪里是朱厚照的对手，三下五去二，朱厚照就亲手捉住了朱宸濠。

看到朱厚照捉住了朱宸濠，众人立即高呼万岁，朱厚照也是扬扬得意。之后，重新给朱宸濠戴上枷锁，把朱宸濠放在前面，凯旋进城。

受俘仪式结束后，梁储等人开始劝谏朱厚照回京，朱厚照这次御驾亲征该得到的都得到了，也想回去。江彬、张忠和许泰继续忽悠朱厚照，说苏州和杭州是好地方，应该去玩玩，再就是湖广、江汉也不错，应该走一走。朱厚照本就喜欢游玩，听他们一忽悠，又不想回去了。

梁储一看形势不对，天下都这个样子，再也经不起折腾了，更加忧心了。赶紧写了一道劝谏的奏疏，为了劝谏朱厚照，梁储捧着奏疏哭着跪在行宫门外，边哭边跪，谁来劝都不起。从下午一点一直跪到晚上七点，这个时候，朱厚照才派人来取奏疏。

奏疏拿走后，梁储等人依然跪在那里，磕头说：“未奉谕旨，不敢起。”

老师就是老师，与自己的学生斗法，还是有一套的。梁老师这招够狠，他这么一跪，朱厚照必须给个说法，总不能让自己的授业老师就一直跪在自己的行宫门口吧，这也太不像话了。

实在没办法了，朱厚照只得出来说句话，向梁储许诺，自己很快就回京。很快到底有多快，没人知道，但说了总比没说强。听到了朱厚照的承诺，梁储等人磕头谢恩。

终于，朱厚照践行了自己对梁老师的承诺，正德十五年（1520）闰八月十二日，朱厚照从南京启程回北京。至于返京途中会不会再有变卦，这事只有天才知道。

朱厚照原来也读书

闰八月二十日，朱厚照到达了镇江。之后，朱厚照一下子变了，低调了，轻车简从，仅仅带了两个侍卫就开始调研工作了。这阵势一点都不是朱厚照的范儿，太稀奇了，既不让镇江知府陪同，也不带着梁储、蒋冕，就连江彬也不带着。

有点意外，朱厚照居然也微服私访，他的第一站是镇江府城西的柳家。那个时候，柳家是很普通的人家，但如果时间倒退三百年，那时的柳家也算是书香门第，即便不是豪门，也是官宦人家。

这里的柳家就是大名鼎鼎的柳永之家。提起柳永，在读书人圈里，可以说是无人不知无人不晓，他算是才子中的才子，因而命运就比一般才子更坎坷。柳永一生三次落第，命运多舛，尤其是在第二次落第后，写了一首发牢骚的《鹤冲天·黄金榜上》：

> 黄金榜上，偶失龙头望。明代暂遗贤，如何向？未遂风云便，争不恣狂荡？何须论得丧。才子词人，自是白衣卿相。
>
> 烟花巷陌，依约丹青屏障。幸有意中人，堪寻访。且恁偎红翠，风流事，平生畅。青春都一晌。忍把浮名，换了浅斟低唱。

怎奈柳永名气太大，这首词火了，天下皆知，一时间传唱大江南北。最后还传进了皇宫，皇帝宋仁宗一听极为生气，这是什么态度，这不是批评科举制度吗？还没有考上就这么牛，要是入朝为官还了得。

三年后，柳永再次参加科考，这次获得了主考官的认可，但到了皇帝圈点的时候，没有通过。因为宋仁宗还记着柳永的那首《鹤冲天》，心里很是不爽，在柳永名字边上旁批道：且去浅斟低吟，何要浮名？

之后，有人向皇帝再次推荐柳永，宋仁宗说："且去填词。"

皇帝不高兴，一下子把柳永的名字勾掉了，他轻轻一勾，柳永一下子沦落红尘数十年，只能混迹于娼楼酒馆，却也成了风月场最红的角儿，哪个头牌都希望柳永给自己写首词。面对尴尬，柳永自我解嘲说："我是奉旨填词柳三变。"

后来，柳永五十岁的时候，皇帝专门为一批在考场屡败屡战的举子特开一个恩科，柳永和哥哥柳三接一起考中，柳永欣喜不已。

时光如梭，到了大明朝正德年间，皇帝不是那个皇帝，柳家也不是当年的柳家。正如赵家不是皇室一样，柳家也不是书香门第了，柳家后人也是四处奔波谋生，柳家的主人柳鲲没有读过书，两个儿子都是经商谋生。

一天早晨，有人敲门，柳鲲开门后，看到一个军官装扮的人带两个随从。军官相貌威严，两个随从也不像普通人，尤其军官模样的人，特别有气势，下马后直接进入厅堂南面而坐，一点都不客气，好像就是在自己家里。

坐下后，直接问柳鲲："此地是镇江乎？"

柳鲲有些纳闷，但不敢问，一听问话，就如实回答："这里是镇江。"

听到柳鲲的回答，军官又问道："镇江这里有一个杨麻子叫杨一清的人吗？"

在当时，杨一清是镇江的骄傲，名满天下，镇江人谁不知道。柳鲲当然知道杨一清，这个军官居然叫杨一清杨麻子，一下雷住了柳鲲。

镇江人很尊重杨一清，一般都是敬称杨丞相，这个人居然叫杨一清杨麻子，来头不小啊，柳鲲小心翼翼回答："是的，杨大人是镇江人。"

听到柳鲲的回答，军官对他说："你去看看他在家吗？要是在家的话，就给我召来。"

柳鲲当即回答："杨一清是杨丞相的名字，他应该在府里，我当即去给您请。"

军官看老头儿有意思就多问几句："尔年几何？子弟曾读书否？"

柳鲲回答说："小人六十有六，二子经纪出外，不曾读书。"

柳鲲看到这几人面色和蔼，就给他们煮茶喝。这几人也没向柳鲲要吃要喝，他们自带干粮，反而还给柳鲲两枚干果。

之后，柳鲲连奔带跑去了杨一清的家，告诉杨一清："我柳姓，居西关外土桥，今早有从北方来的军官貌甚异，至我家问您的姓名，令我来召您，故敢前来告之。"

杨一清一听，就知道皇帝来了。杨一清早就知道皇帝要来，虽然处江湖之远，但他依然很紧张，内心惴惴不安，日夜彷徨，不知道如何与皇帝见面。

是主动去迎驾还是坐等皇帝上门？这是个难题，因为无论怎么做，皇帝身边的人都能给找到毛病。

杨一清随即跟着柳鲲前去迎驾。

之后，朱厚照摆驾杨一清的家里，在杨一清家里住了两天两夜，杨一清设家宴招待朱厚照。

到了杨一清家，朱厚照依然不客气，直接进入杨一清的书房。到书房后，朱厚照让杨一清给自己推荐一些书目，于是问道："《文献通考》是佳书吗？"

杨一清对曰："有事实，有议论，诚如皇言。"

朱厚照接着问："几何册？"

杨一清对曰："六十册。"

朱厚照继续问："此间书更有多于此者乎？"

杨一清对曰："《册府元龟》较多，凡一百二册。"

听完杨一清的回答后，朱厚照命令杨一清把这些书给自己，接着交流。君臣两人交谈甚欢，他们谈政治、谈人生、谈文学……把酒言欢，两天时间互相唱和数十首诗歌，看来朱厚照也是颇有文采的。

当然，杨一清主要目的肯定不是和朱厚照吟诗作赋，而醉翁之意不在酒，虽然身在江湖，但心依然在庙堂，于是就冒险劝谏朱厚照，不知道，朱厚照会不会听从杨大人的劝谏？

著相的王阳明

朱厚照在镇江的时候，正值朝廷前大学士靳贵病逝，为了感谢靳贵对朝廷的贡献，朱厚照亲自到靳贵家里吊唁。毕竟是皇帝，不是点个头作个揖就完事的，最起码要写点文字性的东西，以此作为纪念。

一般来说，这样的官样文章都有专门的人来写，最后以皇帝名义发出。由于不在朝廷，朱厚照就命令随从的梁储和蒋冕拟稿，让这两个人写祭文的确有点大材小用，但他们写的祭文，朱厚照居然还不满意，于是自己动手撰写："朕居东宫，先生为傅。朕登大宝，先生为辅。朕今南游，先生已矣。呜呼哀哉！"

啧啧，看看，这个皇帝真是文化人，一篇祭文，二十八个字，有故事，有感情，有文采，不服不行。

闰八月的朱厚照要风得风要雨得雨，功劳得到了，亲手活捉了朱宸濠，和杨一清喝酒论道，居然还写出了让梁储和蒋冕自愧不如的好文章。由于心情大好，朱厚照觉得杨一清的建议不错，决定不去苏州和杭州了，也不去湖广和江汉了，直接返京。

同是在闰八月，在同一片蓝天下，在同一块大地上，王阳明则是诸事不顺。拯救冀元亨无果后，王阳明郁闷至极，但也只能承受，还是要忠于职守，为朝廷，为皇帝，不能有一点怨言。

王阳明也是人，也有承受不了的时候，自从祖母去世以来，他先后四次请求回家省葬，朝廷都是一再推延，说等天下太平了一定让他回去。最让王阳明难以自禁的是一次听到父亲王华病危，王阳明当时分寸已乱，打算扔下官印私自逃回老家见父亲最后一面，好在后来获悉父亲已经转危为安，才放弃了弃官回家的念头。

事后的一天，王阳明问一些朋友："我欲逃回，何无一人赞行？"

其他人都觉得不好回答，只有门人周仲回答："先生思归一念，亦似著相。"

听到弟子这么评价，王阳明陷入了沉思，良久回答说："此相安能不著？"

"著相"是佛家用语，意思是执着于外相、虚相或个体意识而偏离了本质。简单地说，就是过于拘泥表象的东西，忽略了事情的本质。佛教劝人不要著相，因为著相意味着当真，有些事，当真你就输了，谁当真谁痛苦，这就是佛教告诉众生不要著相的原因所在，只有不著相才能远离痛苦。

王阳明著相，说明圣人也是人，也食人间烟火，也有七情六欲，也有情感失控的时候。这才是真正的楷模，真实的榜样，有人欲，有血有肉，只有这样的才是符合人性的，才是我们所需要的，也是人欲即天理。没有人欲的天理，无论看上去多美，也只能飘在天上，来不到人间，即便来到人间，也落不了地。

闰八月，王阳明诸多不顺，朱厚照启程回北京，多少给王阳明带来一些宽慰。

上有所好，下必效之。王阳明现在是明白了，懂得了和皇帝相处的规矩，坚决和皇帝一个调子，行动一致，看到皇帝起驾回京了，王阳明也开始离开赣州回南昌。

和朱厚照的优哉游哉回京不同，王阳明很快回到南昌，南昌满目疮痍，百业凋敝，百姓嗷嗷，王阳明知道作为一地的官员，有责任让老百姓过上好日子。这个时候，王阳明不再顾忌皇帝，也不顾忌传闻，反正也救不出冀元亨。

王阳明就一个原则，只要对老百姓有好处就去做，只要有利于社会稳定就去做，当即兴建江西官府工程，加大官府投资，给各有关部门下达文件，把朱宸濠的逆产全部充公，然后进行拍卖，再用拍卖得来的银子救济贫困百姓和代缴朝廷税费。

如此看来，王阳明真是一个好官，就是在今天也是一个懂经济的官员，通过投资带动经济发展，既建设了城市，也提高了老百姓的收入，同时保证了GDP。

南昌城形势危急，王阳明天天忙于公事，连讲学都顾不上了，直到一个叫王银的人亲自找上门，这个人要拜王巡抚做老师，王阳明才发现自己不仅仅是江西巡抚还是一个老师。

王银这个人，和王阳明先前的那些读书的弟子不同，这个人是个商人，而且是一个成功的商人。一个成功的商人不好好经商，却主动拜一个巡抚为师读书，这个行为今天的人肯定看不懂，这个人有病吗？金钱已经很好地展现了他自身的价值，何必去拜师读书呢？他拜巡抚为师，真的是为了读书吗？是不是为了和官府勾肩搭背，为了在江西开展自己的商业呢？

道之动力

王银还真不是一般的商人，他来拜师王阳明，还真不是为了拓展商业，也不是为了拜个山头方便以后混江湖，而是真正为了学问而来的。王银的确有商业头脑，善于制造声势，擅长运用营销，用今天的话说就是会炒作。

王银是不是王阳明众弟子中学问最高的不好说，但他的拜师仪式绝对是最具创意的，也是最广为人知的。其实，在拜师王阳明之前，王银不仅是一个成功的商人，还是一个颇有水平的学者，在老家泰州大小也是一个腕儿。

王银之所以不远千里来南昌拜师王阳明，背后是有故事的。

王银祖上是苏州人，到了先祖王伯寿这一代，到泰州安丰场发展，在这里定居，以烧盐为生。那时的明朝也是一个阶层固化的时代，状元的儿子是进士，王华是状元，王阳明中了进士，王银的老爸是烧盐的灶丁，王银也就光荣地继承了这一职业。

当然，灶丁的儿子也可以读书，走科举之路，王银也曾经在七岁入私塾读书，十一岁那年由于家贫不得不辍学，之后到盐场跟爸爸哥哥一起做一名烧盐的灶丁。

王银的命运在十九岁那年发生了转变，这一年，父亲王守庵带着王银到处经商，说经商是抬高自己，其实就是贩卖私盐。王阳明本名王守仁，王银的父亲叫王守庵，论起辈分，王银还应该叫王阳明一声叔叔呢，虽然同是姓王，其实他们是八竿子打不着的关系。

虽然只是灶丁，但王家人有追求，父子路过山东的时候，就一起到曲阜拜谒孔子。在拜谒孔子的时候，王银受到了刺激，他有些疑惑，不由得感慨："夫子亦人也，我亦人也，圣人者可学而至也。"

到这里，不由得想起了两个改变中国的历史人物，一个是刘邦，另一个是项羽。当他们俩见到秦始皇，都不由得发出了感慨，刘邦的感慨是："嗟乎，大丈夫当如此也！"项羽的感慨是："彼可取而代也。"在某种程度上，王银的感慨和刘邦、项羽的感慨有异曲同工之妙。

和刘邦、项羽一样，王银不只是发发感慨，而是立即践行，这正是伟大人物和平庸之人的不同之处，平庸之人一般是只发感慨不行动，感慨就成了牢骚。发了这番感慨之后，王银立即开始发奋读书，天天诵读《孝经》《论语》《大学》，把这些书放在自己袖口中，方便随时学习。

没有受过系统正规的教育，也没有受过名师的专门指教，硬是靠着诵读和逢人请教，王银愣是成了一个人才，居然能贯通儒家经典。到了 32 岁时，王银已经名震泰州，在当地很有影响力，"各地官民遇难处事皆就质于先生，先生为之经画"。到了 37 岁时，王银开始正式传道授业，并在门上大书："此道贯伏羲、神农、尧、舜、禹、汤、文、武、周公、孔子，不以老幼、贵贱、贤愚；有志愿学者，传之。"

王银的故事的确很励志，一个烧盐的灶丁，经过努力不仅能贯通儒学，还能聚众讲学，广收弟子，成了泰州当地的学术明星。

只不过，王银的学术不是为了科举，而是为了生活，讲究个人心得体会。用今天的话来说，王银注重的是心智的教育，追求的是心灵的幸福，不是功利的教育，不追求升学率。在学术步步高升的时候，王银的生意也是顺风顺水，家道也日渐富裕，成了一个土豪。

都说知识无力，其实不是，说知识无力，恰恰说明了知识的贫瘠。王银学术和商业上的成功，王阳明科举、教育和官场的成功，都证明了知识的力量。

尽管王银在学术和商业上都很成功，但他并不满足，反而觉得需要提高的地方太多了。如果把一个人的知识比作一个圆，圆里面是拥有的知识，圆外面是未知的知识，那拥有的知识越多，未知的也就越多，这就是越是博学的就越愿意学习，无知者反而不愿学习的原因所在。

王银名震泰州的时候，正值王阳明名震天下，王银多少想和王阳明论论道。正当王银心向往之的时候，有一个江西吉安人到泰州，听到了王银的讲学，觉得王银的学说和王阳明的很相像，很是诧异，就对王银说："你所讲的学说，几乎和王巡抚讲的一模一样。"

客从吉安来，当然知道王阳明之事。听到客人拿自己和王阳明做比较，王银也有点小激动，高兴地说："真的吗？"

接着，王银又说："王公论良知，我讲格物，若真讲得相同，是天意把王公送与天下后世。若讲得不相同，或者天意要把我送与王公。"

第一次见王阳明的时候，王银穿上古人的高帽子服装，手里拿着一个木简，带着两首诗，到南昌都察院求见王阳明。

听说门外来了一个这样的奇葩求见，王阳明也很诧异，觉得这个人不一般，肯定会有什么幺蛾子，决定亲自下台阶迎接。见面之后，互相很客气，王阳明客客气气把王银请到屋里。

进屋后，分宾主落座，之后，俩人开始了对话。

王银一心想在王阳明面前证明自己，首先开口："昨天来到南昌，就梦见在此拜会先生。"

看到王银的表情，王阳明不以为然地说："有真知之人不信梦幻之说。"

王银反问道："那么孔子何由梦见周公？"

王阳明一时语塞，说："这是他人写的真知。"

…………

略作思考，王阳明说："君子善思考，但不出其位。"

听到王阳明提到"君子"，王银故意降低姿态，侥幸地说："某草莽匹夫，而尧舜其君民之心未能一日而忘。"

王阳明进一步紧逼说："舜耕历山，忻然乐而忘天下。"

王银一点也不让步，针锋相对地说："当时有尧在上。"

几个回合下来，王阳明觉得这个人在学术方面有造诣，不容易搞定，思索之余，一抬头看到王银头上戴着那顶奇形怪状的冠。王阳明当即有了策略，故作好奇地问道："王先生啊，请问您头上戴的是何冠？"

看到王阳明的窘态，王银悠然回答："有虞氏冠。"

问完帽子后，王阳明又问道："王先生，您身上穿的是何服？"

听到王阳明问自己身上的奇异服装，王银快速回答："老莱子服。"

王阳明悠悠问道："您是学老莱子乎？"

王银肯定地回答："然。"

王阳明反问道："为什么要穿这种衣服呢？"

王银面带恳切回答："表示对父母的孝心。"

王阳明又问："你的孝能够通贯昼夜吗？"

王银坚定地回答："是的。"

听到王银坚定的回答，王阳明掉转话头说："若是你穿上这套衣服就是孝，那么夜间脱衣就寝就是不孝，你的孝怎么能通贯昼夜呢？"

王银连忙说："我的孝在心上，怎么会在衣服上呢？"

王阳明则淡淡地说："既然如此，为什么要把衣服穿得这样古怪呢？将止学服其服，未学上堂诈跌掩面啼哭也？"

王阳明这句话问得有水平，有深度，也就是说，你王银这么虚张声势，也就是学学穿衣服这些表象的东西，学到了一点皮毛，真正的精髓你还没学到。

从本能到本领

王银费尽心机，拉大旗作虎皮，搞得跟行为艺术似的，一下子就被王阳明看穿了。王银一下子老实了，脸色大变，再没有刚来时的神气，开始慢慢调整坐姿，侧向王阳明。

看到王银老实了，王阳明开始和王银论道，大谈格物致知，听到王阳明的高见后，王银那是一个佩服。也有了自己的见解，王银诚恳地说："吾人之学，饰情抗节，矫诸外；先生之学，精深极微，得之心者也。"

杀人不如诛心，王阳明真是心学大师，一席话就拿下王银，王银自己都承认，自己的那一套只注重形式，拉大旗作虎皮，是皮毛之学；王阳明的才是大学问，精深极微，能直入人心。

辩论结束后，王银对王阳明心服口服外加佩服，当即下拜，自称弟子。王阳明也很高兴，当即同意，而且给王银赐名，把王银改成了王艮，字也改成"汝止"。

回到住处后，王艮重新将一捋自己和王阳明的对话，觉得有些不对劲，自己被王阳明忽悠了。

第二天，王艮带着儿子又去见王阳明，按理说，王艮已经拜王阳明为师了，应该行弟子之礼，王艮不仅不行弟子之礼，反而对王阳明说："王巡抚，昨天我被您忽悠了，拜您为师，我轻信了。咱们重新进行辩论。"

听到王艮这么说，王阳明也有些紧张，拜师还有退货的？但毕竟历经沧桑，平和地对王艮说："你能不轻信，好极了。我们当仍以朋友宾主礼相谈。"

于是，王阳明和王艮又开始了辩论，你来我往，舌枪唇剑，费尽九牛二虎之力，王阳明终于降服了王艮。王艮最终认可了王阳明，再次拜王阳明为师。

事后，王阳明向他的门人说："太不容易了，当年我擒拿朱宸濠虽然也很难，但心无所动，今天却为那人动了。"

王阳明遇见真正的对手了，心学圣人都为之动心了，好在通过论良知，最终拿下了。王阳明也因此上了一个层级，开始研究致良知之学。

拜师三天后，王艮前来告别，王阳明有点纳闷，就问道："你为何这么着急回家啊？"

王艮回答："孝顺父母和尊重长兄，也都是实实在在的学问，何必在远方游学呢？"

接着又说："古时候，孟子的母亲一个人孤零零居住邹国，孟子在鲁国游学，七年而学成。我的力量不如孟子，但是学问的路数，我则先知道。"

之后，王阳明对门人说："吾今得见真学圣人者！诸贤其知之乎？"

门人不屑一顾，说："就那个穿奇装异服的人？"

看到门人不能理解，王阳明感叹说："你们不懂啊，那衣服是他的法服啊！没有这个人，我还能和谁做朋友啊？"

王艮拜师轰动了南昌城，极大提升了王阳明的影响力，消息传到了一个叫舒芬的被贬翰林的耳朵里。这个人正是去年誓死劝谏阻止朱厚照御驾亲征的那个人，结果屁股被打开了花，依然没能阻止住朱厚照。俗话说吃一堑长一智，舒芬屁股被打后，脑袋依然不消停，听说王艮拜师的故事，很是不服，自恃博学，就来拜见王阳明。

舒芬很有心计，他也不走寻常路，他不和王阳明谈儒家学说，也不谈心学，而是向王阳明请教音乐方面的学术。

舒芬聪明，王阳明也不傻，一看这不是来拜师的，而是来踢场子的，就和他玩起了沉默。

一看王阳明不回答，舒芬以为难住了王阳明，就接着问什么是元声。

看着舒芬蹬鼻子上脸，王阳明缓缓回答："元声制度颇详，特未置密室经试耳。"

王阳明接着又进行了详细阐述："元声岂得之管灰黍石间哉？心得养则气自和，元气所由出也。《书》云'诗言志'，志即是乐之本；'歌永言'，歌即是制律之本。永言和声，俱本于歌。歌本于心，故心也者，中和之极也。"

舒芬哪里知道王阳明的博学，王阳明通过当年吃火锅一样的学习，早已融会贯通，打通了学术上的任督二脉，轻松就把音乐和心学联系在一起，而且是相当有水平，远超舒芬学识。

听完王阳明的论述，舒芬啥话都没说，当即趴下跪拜王阳明为师。

收下舒芬后，王阳明更坚定了自己的"良知"威力，更是明确提出了"良知"之学。王阳明声名远播，天下学子慕名前来，希望从王阳明这里学到真才实学，以便取得功名利禄；就连被贬的官员也前来投奔，希望跟着王阳明学习一下做官之道。

这个时候，王阳明天天开讲，场面甚是壮观，弟子陈九川、夏良胜、万潮、欧阳德、魏良弼、李遂、舒芬、裘衍、王艮等人也是日侍讲席，这些人物，哪一个不是大腕，却一个个毕恭毕敬地聆听王阳明的教诲。

任何事物，有人喜欢，就有人不喜欢，王阳明的心说也是这样，江西当时的按御史唐龙、督学佥事邵锐就不喜欢王阳明的心说，他们推崇朱熹理学。按理说，他们都是读书人，还是朝廷官员，道不同不相为谋，王阳明宣讲心学，他们宣讲理学，本是井水不犯河水，他们可以走程朱理学的阳关大道，王阳明带着众弟子走自己的独木桥。

王阳明讲学，众人前来求学，本是个人私事，充其量是学术问题，谈不上大是大非。唐龙看来，这王阳明讲学和众弟子听学不是个人私事，不是学术问题，兹事体大，涉及政治问题，既坏了传统也影响了路线，小了说是学术不端，大了说就是不讲政治。

看到越来越多的人到王阳明这里聆听心学，唐龙坐不住了，他一方面担心王阳明误人子弟，另一方面要拯救那些误入歧途的年轻人。故而，一到王阳明开讲的时候，唐龙就过去砸场子，使得王阳明无法讲学。唐龙不仅砸场子，只要看到王阳明的弟子，就进行指责，在他眼里，王阳明和弟子都是异教徒。

这样一来，王阳明的那些官员弟子就开始躲避唐龙他们，毕竟是官府官员，一旦被御史盯上了，请去喝茶，说不清啊。有胆小的，也有胆大的，其中王臣、魏良政、魏良器、钟文奎、吴子金就是如此，根本不理唐龙，爱咋地咋地，我们好这口，就喜欢王阳明的心学，一直力挺王阳明，正是在他们的力挺下，听学的人越来越多。

唐龙和王阳明之争，看起来是道路之争，实际上是人心，也即是王阳明所强调的"良知"。王阳明知道，唐龙也清楚，只不过揣着明白装糊涂，正如王阳明说的："吾真见得良知人人所同，特学者未得启悟，故甘随俗习非。今苟以是心至，吾又为一身疑谤，拒不与言，于心忍乎？求真才者，譬之淘沙而得金，非不知沙之汰者十去八九，然未能舍沙以求金为也。"

永别了，朱厚照

王阳明在南昌忙着讲良知之学和收弟子的时候，朱厚照也离开镇江，沿运河北上，开始了返京之旅。

朱厚照就是朱厚照，来的时候优哉游哉，回去的时候也是一路散漫，一点都不着急，一点都不担心朝廷之事。一个皇帝，居然远离朝廷一年之久，不问政事，不管朝政，也不参与决策，不可思议的是，没有发生政变，也没人篡位，朝廷还能正常运转下去，因而从这个方面说，朱厚照确实是一个有本事的皇帝。

过长江后，沿着运河北上，很快就到了清江浦。在今天，很多人都不知道清江浦了，而在大明朝，可谓名震天下，它是交通要道，被称为"南船北马，九省通衢"。

清江浦有着悠久的历史，朱棣迁都北京后，大量的粮食通过运河运到北京，为了保障运河畅通，永乐十三年（1415）设置了清江浦，专门派驻官员管理运河，即漕运总督，驻地就在清江浦。漕运总督的级别很高，一般来说都是从一品或者正二品官员担任，全称为"总督漕运兼提督军务巡抚凤阳等处兼管河道"，看看这称呼，就知道能量有多大了。也就是说，漕运总督地盘除了跨越数省的运河沿岸还有自己的行政地盘。那个时候漕运总督都是兼职庐凤巡抚，管理凤阳府、淮安府、扬州府、庐州府四府以及徐州、和州和滁州。

这个地盘有多大呢？几乎相当于今天安徽、江苏两省的长江以北的部分。由于漕运总督的驻地在清江浦，因而清江浦就成了政治中心，再加上地处运河枢纽，清江浦极为繁荣。

朱厚照到了清江浦，看到那里的水面景色幽美，爱好钓鱼的朱厚照一时兴起，非要过一把做渔夫的瘾，甩开随从，独自驾船去捕鱼。别看做皇帝不靠谱，但朱厚照打鱼还是有一套的，一网下去，逮住了许多鱼。

看到捕到这么多的鱼，朱厚照心情大好，哈哈大笑，又可以高价拍卖了，就使劲提网，结果，由于用力过猛，船翻了，朱厚照也落入水中。

众人一看，皇帝落水了，都急忙前去搭救。虽然号称真龙天子，朱厚照却是既不能飞，也不会游泳。掉进水里后，朱厚照大惊失色，手忙脚乱，一阵乱扑腾，喝了不少水。后来，虽然被救起，但水被呛进了肺里，一下子病了。

朱厚照到处寻花问柳，拈花惹草，身子骨早就被掏空了，闰八月的水也是很凉了，再加上惊吓，几方面一综合，就病倒了。从现代医学的角度看，朱厚照很可能是因落水引起了肺炎和肺积水，在今天肺炎不是大病，吃点消炎药，稍稍休养一下就能很快康复。时间退回到大明朝，肺炎和肺积水可是要命的大病，那个时候，肺炎和肺积水基本等于绝症。

捕鱼之后，朱厚照的身体逐渐变差，再也没有先前的高调和任性，但依然不是太乐意回北京，一路上磨磨蹭蹭。当年十二月，才拖拖拉拉到达通州，朱厚照随即开始对朱宸濠清算，赐死朱宸濠，之后焚烧尸体。收拾了朱宸濠，朱厚照又对朱宸濠的同党钱宁和陆完等人进行了清洗。

通州离北京这么近，朱厚照愣是没有赶回皇宫过年，直到正月才回到皇宫。正月十四日这天，朱厚照最后一次履行了自己作为皇帝的职责——祭天。祭天是那时候最隆重的祭奠仪式，也叫大祀礼，一般在南郊举行。这个时候，朱厚照身体每况愈下，举行初献礼祭拜天地的时候，忽然口吐鲜血，一下子倒在了地上，再没有站起来。

朱厚照忽然倒地，大祀礼也只得提前结束，立即招来太医抢救。

这个时候，王阳明正在南昌，他依然牵挂着北京，当他听说朱厚照已经回到皇宫后，一颗悬着的心终于放下了。王阳明不知道，一个更令人担忧的事情也发生了，好在京城发生的这一切，他都不知道。

曾经沧海难为水，除却巫山不是云。短短十个月的时间，王阳明历经朱宸濠造反、祖母去世、父亲病危、皇帝御驾亲征以及张忠、许泰之流的邪恶，更加坚定了他对良知的执着。在王阳明看来，这些经历证明，良知可以忘记患难，可以超脱生死，良知可以和夏、商、周三代先王智慧相提并论，符合天地之大道，也能解决鬼神疑惑，即便是将来的圣人，也不会和良知有什么不同。

也就是说，王阳明认为自己发现了宇宙大智慧，找到了人性的天洞，他可以遨游宇宙，可以掌控人性，正如王阳明给弟弟王守益的信中所说："近来信得'致良知'三字，真圣门正法眼藏。往年尚疑未尽，今自多事以来，只此良知无不具足。譬之操舟得舵，平澜浅濑，无不如意，虽遇颠风逆浪，舵柄在手，可免没溺之患矣。"

从信中可以看出王阳明志得意满之情，大有艺满下山的豪迈，把自己比作大船的舵手，就像学会了御龙之术一样。

大智慧都是孤独的，古来圣贤皆寂寞。王阳明也是，尤其掌握了宇宙真理和人类大智慧之后，王阳明就更孤独了。

有一天，王阳明喟然感慨。弟子陈九川有点惊讶，老师都掌握宇宙真理和人类大智慧了，怎么还发感叹，就问道："先生何叹也？"

王阳明回答说："良知道理这么简易明白，却曾经沉埋数百年。是什么原因啊？"

陈九川说："有可能是宋朝那些大儒从知解上入手，只认识到神为性体，故而所学越多，阻碍认知真理就越远。现在先生您拈出'良知'二字，此古今人人真面目，一下子豁然开朗，哪里还有疑惑？"

王阳明说："是的。就好比有人假冒别姓坟墓为祖墓者，何以为辨？只得开圹将子孙滴血，真伪无可逃矣。我此'良知'二字，实千古圣圣相传一点滴骨血也。"

接着又说："我王某人的良知之说，是从百死千难中得来，不得已与人一口说尽。只恐学者得之容易，把作一种光景玩弄，不实落用功，负此知耳。"

到这里，王阳明算是达到了智慧巅峰，不说前无古人后无来者，起码王阳明生前死后二百年，绝对是一个高峰。正所谓越过山丘，发现无人等候，当王阳明到达智慧的高峰，准备实现自己的圣人梦想的时候，真的没人等候了。

正德十六年（1521）三月，朱厚照已经病入膏肓，弥留之际，朱厚照对身边的司礼太监说："朕疾不可为矣。其以朕意达皇太后，天下事重，与阁臣审处之。前事皆由朕误，非汝曹所能预也。"

这也算是朱厚照对自己的定论，如此看来，朱厚照其实是明白的，他什么都很清楚，只是对自己太好了，太惯自己了。这段话也是朱厚照最后的告别演说，说完后，朱厚照上了天堂，时年三十一岁。

正如朱厚照的遗言所说，他的所作所为，绝对不是那些大臣所能预料的，即便是王阳明，也没有想到。朱厚照走了，给大明朝留下一个烂摊子，也留下了天大的事。

朱厚照驾崩了，王阳明很惆怅，毕竟，好不容易才摸索出了和朱厚照的相处之道，刚刚学会御龙之术，现在却要和他永别了，这让王阳明怎么办？

第四篇

御　心

一、选出来的皇帝

一般来说，一个王朝的初始，缔造者都具有超强的生育能力，而当一个王朝走向衰落的时候，最先的征兆依然是生育能力。宋徽宗赵佶好像是一个另类，生了一堆儿子，而他的儿子宋高宗赵构就没生育能力。大明朝的开国皇帝太祖武皇帝朱元璋十几个儿子，朱棣儿子也不少，即便是朱祐樘也有一个儿子朱厚照，到了朱厚照，活了三十一岁，一生风流韵事无数，居然连一个孩子都没有留下，更别说生个儿子了。因而，朱元璋选择继承人的时候，可以说是，奔跑吧，兄弟；到了朱厚照，就没有人可选了，只能是，裸奔吧，明朝。

呼唤新皇帝

朱元璋南征北战，统一天下，定都南京，建立大明朝，开创几百年基业。之后，因为太子朱标早逝，朱元璋传位孙子朱允炆，却被儿子朱棣夺取了天下，迁都北京。在某种意义上说，朱元璋和朱棣都是开天辟地的人物，属于创业者，之后，大明朝就进入了守成时期。

大明朝从明仁宗朱高炽到明孝宗朱祐樘，可以说黄鼠狼下耗子——一窝不如一窝，到了明英宗朱祁镇，居然还被蒙古鞑靼人活捉了，留下了千古之耻。张居正这样评价这段时期，"守而无成，愈守愈乱"，接着"法驰而人玩，奸生而盗起"，最后就是"盗贼纵横杀人劫财者，在在皆是"。明武宗朱厚照做皇帝后，一直想做一个像先祖朱元璋和朱棣他们那样的皇帝，然而心比天高命如纸薄，一次意外落水葬送了自己的小命。

朱厚照走了，挥一挥手，不带走一片云彩，连他喜欢的那些美女都不带走。朱厚照什么都不带走，也什么都没留下，甚至连一个继承人都不给大明朝留下，他给大明朝留下整整一个天，也留下了天大的事。

旧皇帝死了，新皇帝还没有着落，国不可一日无君，大明朝怎么办？

皇帝位置空着？整个大明朝都在焦急等待！

呼唤新皇帝，新皇帝在哪里？谁会是新皇帝？

一般来说，一个朝代到了守成时期，基本就是权力斗争的高潮。大明朝几乎就是权力斗争的样板，主要有三股势力，皇帝是一股，宦官是一股，文官集团是一股（有时候会分裂成两股，主要是内阁和六部之间的斗争）。到了朱厚照时期，三股势力斗争激烈，太监集团长期霸据第一，皇帝只能屈居第二，文官集团成了"小三"。

朱厚照时期，太监集团最为强势，一些文官为了抗衡内阁，开始和太监勾肩搭背，关系密切，在一定程度上架空了内阁，因而产生了很大的矛盾。始作俑者就是帮朱厚照说话的焦芳，焦芳做吏部尚书的时候，为了和内阁抗衡，和司礼太监过从甚密，直接越过内阁。焦芳之后是张彩，张彩也是照方抓药，依旧和司礼太监关系密切，不理内阁。张彩之后，王琼接任吏部尚书，依然和司礼太监保持着传统友谊，同时还厚待钱宁和江彬等实权人物，因而王琼要风得风要雨得雨，要政策给政策，要钱给钱，要人给人，一时风光无限。

后来王琼去做兵部尚书，司礼太监鞭长莫及，为了和杨廷和抗衡，就开始讨好最高领导朱厚照。朱厚照喜欢享乐，好飞鹰走狗，修建了最为奢华的娱乐中心——豹房。豹房极尽奢华，美女如云，帅哥成堆，朱厚照也是重口味，男女通吃，一来二往就盯上了大明朝爷儿们之中尤其爷儿们者——兵部尚书王琼。大明朝，最爷儿们的当然是军人，军人的最高领导王琼自然是最为爷儿们的人。

获悉皇帝好这口之后，王琼立即主动送上门。据《万历野获编》卷二一记载："兵部尚书王琼头戴罟罛亵衣，潜入豹房，与上通宵狎饮。"就是说，王琼为了讨好朱厚照，不顾形象了，头上戴着罟罛（类似今天丝袜），身上穿着亵衣（女人的内衣），趁着夜深人静的时候偷偷溜进豹房，和朱厚照通宵喝酒嬉戏。看来，为了做好工作，王琼也是蛮拼的。

最让王琼大放异彩的是朱宸濠叛乱，一切都在王琼的运筹帷幄之中，在王琼的领导下，王阳明仅仅用了四十多天就平定叛乱，活捉朱宸濠。王琼也由此达到了个人的巅峰，就连内阁首辅杨廷和也奈何不了他，因为王琼有自己的秘密通道，他可以和皇帝直接交流，直接获得圣旨，根本不经过内阁。朱厚照活着的时候，杨廷和对王琼越级很是不爽，因为王琼背后有皇帝这个大树，只能生生闷气，朱厚照驾崩后，杨廷和一下子成了真正的老大，对王琼的态度立即转变。

朱厚照驾崩后，大明朝局势一下子诡异起来，平衡的局面被打破了，各个势力集团为了保护既得利益开始粉墨登场。大明朝当时有五种势力，一是以张皇太后为首的太后集团，二是以杨廷和为首的内阁集团，三是太监集团，四是手握军权的江彬、许泰集团，五是以王琼为首的六部九卿集团。

这个时候，大家都不客气，没有来打酱油的，都是来分蛋糕的，都是费尽心机为自己的集团争取更多的利益。五个集团，各怀鬼胎，谁有谁的算盘，谁有谁的方案，都想掌握另立新皇帝的主动权，谁都明白，只要掌握了这个大权，就等于掌控了大明朝的未来命运。

经过几轮试探性磋商，有人开始暗地里联合了，以杨廷和为首的内阁集团很快获得了太后集团和太监集团的支持，他们三家结成了利益联盟，很快就撵走了江彬、许泰集团和以王琼为首的六部九卿集团。

这三家利益集团之所以能结合，是因为选择新皇帝需要他们三家协作，只要他们三家中的一家不同意，新皇帝方案就通不过。再就是这三家力量都很强大，都很重要，既然无法边缘化，那就合作吧。

选皇帝，看起来很美，其实很残酷，背后都是利益交换，皇帝到底选谁呢？

杨廷和的秘密武器

选皇帝其实就是"萝卜招聘"，一个萝卜一个坑。用一句俗话，就是裤裆里捉虱子——外手莫入。

朱厚照驾崩了，大臣中谁最着急？

看起来，杨廷和最着急。其实，杨廷和并不怎么着急，一是杨廷和早就获得消息。

朱厚照祭天吐血后，司礼太监魏彬急急忙忙跑到内阁说："国医力竭矣，请捐万金购之草泽。"就是说，太医已经无力回天了，请杨大人用万金招募民间医生给皇帝治病。杨廷和当即明白魏彬说的是什么意思，表面上说请医生，实际是选择继承人的议题。作为政治老手，杨廷和避而不答，反而以伦理秩序批评魏彬等人不该越位。听到杨大人的话，魏彬等人唯唯诺诺地答应。

二是杨廷和有秘密武器。获悉朱厚照将不久于人世后，杨廷和为选择继承人做了大量工作，他早有中意的人选，只待找到法律依据，当杨廷和找到《皇明祖训》，就是找到了秘密武器。

几天后，谷大用和张永到内阁汇报，说朱厚照在豹房驾崩，他们奉张皇太后的命令，已经移殡大殿，并请求杨大人和内阁班子讨论皇位继承人的问题。

不难看出，在朱厚照驾崩后的一段时间里，主持工作的实际上是太后集团和太监集团，而杨廷和则处于一个边缘的角色。在联盟里，太后集团是第一位的，太监集团是第二位的，杨廷和集团只能是"小三"，既不敢和太后集团叫板，也没实力和太监集团抗衡，只能在刀尖上求平衡。

获悉朱厚照驾崩，杨廷和立即召开内阁会议，讨论选择谁来做皇帝。当时的内阁有四个人，首辅是杨廷和，次辅是梁储，再其次是蒋冕，最后是毛纪。说是内阁研究，实际上首辅说了算，根据当时的制度，首辅就是一把手，位高权重，主持内阁大权，大事基本上就是首辅说了算。

内阁会议开始后，杨廷和手拿《皇祖明训》，举起来对梁储和蒋冕说："兄终弟及，谁能渎焉！兴献王长子，宪宗之孙，孝宗之从子，大行皇帝之从弟，序当立。"

这人选和措辞，严丝合缝，有理有据，合情合理而且合法。不得不说，杨大人这工作做得到位，看来他早已把可能的继承人做过筛选，拥立新皇帝是经过深思熟虑的。听到杨廷和拥立这位新皇帝，梁储、蒋冕和毛纪一致称赞，举双手同意。

新皇帝人选确定后，杨廷和开始协调内阁集团内部的问题。所谓党外有党，党内有派。内阁内部也不是铁板一块，也有不同声音，在新皇帝的迎接上，梁储和杨廷和就有不同想法。谁都想第一个去迎接皇帝，这可是一个头功啊，一是能获得新皇帝信任，二是迎接新皇帝也会和新皇帝一样名垂青史。为了获得迎接新皇帝机会，梁储当仁不让，拿出"旧例"做依据，说明必须自己去的理由。经过多番辩论，最后，梁储胜利了。杨廷和当然不愿头功落到梁储身上，他打算派自己的亲信蒋冕去迎接，为了尽快迎接新皇帝，杨廷和做出了让步。最终，梁储获得了迎接新皇帝的机会，却因此和杨廷和结下了梁子。

内阁内部有人有意见，六部九卿意见就更大了，因为杨廷和在拟定新皇帝人选的时候，完全撇开了六部九卿，根本就没有征求六部九卿的意见。六部九卿当然不愿意，时任吏部尚书王琼和兵部尚书王宪等人来到左顺门质问杨廷和："九卿在廷，我为长，今谁当立，而不使闻？"

作为六部九卿，国之重臣，选皇帝这么重要的事情，再怎么着，也要和他们说一声。王琼质疑得有道理，我们可是朝廷重臣，是各部门的领导，选择谁做皇帝，怎么能不告诉我们一声？

不得不说，杨廷和这件事做得没水平，有点小家子气，作为内阁首辅，再怎么着也是一个政治家。政治家要有政治家的风范胸怀，不能斤斤计较于一己得失，但杨廷和就是这样任性，偏偏不理六部九卿，当即命令："戒守阁门者勿纳一人。"

大明朝的人都知道，杨廷和与王琼早就不和谐，当王阳明平定朱宸濠叛乱之后，把功劳都归功于王琼的运筹帷幄，让内阁老大杨廷和脸面挂不住，很是不高兴。终于有机会可以羞辱王琼了，杨廷和当然不会放过。

王琼这帮人多少也有点意气用事，他们确实有理有据，知道的人明白你们是向杨廷和讨说法，不知道的人肯定以为反对新皇帝人选，尤其是一旦杨廷和拟定的皇帝人选获得通过，新皇帝会怎么看这件事。新皇帝还没即位，王琼他们就先输一着了，在新皇帝心里留下了不好的印象，不仅他们日子不好过，就连他们的相关派系皇帝都不会待见。

王琼他们确实有点不自量力了，太拿自己当根葱了，大家都是靠着和太监拉关系才得以在朝廷立足，现在太监都开始和杨廷和合作了，你们居然还和杨廷和叫板，只能自取其辱。杨廷和大权在握，当然不会理会王琼这帮六部九卿，王琼等人反对无效，就这样，在四个人的商议下，新皇帝产生了，之后立即命令太监禀报给张皇太后，杨廷和率领内阁同僚在左顺门等候皇太后的意见。顷刻，传旨太监捧着朱厚照的遗诏和张皇太后的懿旨，当众宣告，一切都按照杨廷和的意见办理，命令杨廷和和内阁起草朱厚照遗诏。

新皇帝就这样定下来了，没有提名也没提姓，唯一明确定位的是"兴献王长子"，杨大人实在是高，不仅杨大人高，梁储、蒋冕和毛纪也不是一般人。杨廷和这么一说，他们也是瞬间明白，看来他们也是做过功课的。

现在就来揭秘一下这位"兴献王长子"，虽然出面的是"兴献王"，但"长子"才是主角。"兴献王"是谁呢？兴献王名叫朱祐杬。这名字，在明朝太霸气了，太高大上了，前两个字居然和明孝宗朱祐樘一模一样，也就是说他是朱祐樘的兄弟、朱厚照的叔叔。兴献王出来了，那"长子"就不远了，究竟是何人呢？

和谐为上

朱厚熜！

为什么是他？他为什么这么幸运？

这到底是为什么啊？为什么啊？答案不能说，说出来太伤人啦。说出来，会让奋斗的人丧失动力的，会让屌丝迷茫的，会让朱宸濠死不瞑目的……其实，答案很简单，那就是八辈祖宗修来的福。第一辈祖宗是朱元璋，第二辈祖宗是朱棣，第三辈祖宗是朱高炽，第四辈祖宗是朱瞻基，第五辈祖宗是朱祁镇，第六辈祖宗是朱见深，第七辈祖宗是朱祐樘，第八辈祖宗是朱厚照，尽管从辈分和道理上说，朱祐樘是他大爷，朱厚照是他堂哥，但法理上就是祖宗。

当然这些祖宗不能直接把他推上皇帝之位，推手有两人，一个是张皇太后，也就是朱祐樘的老婆，朱厚熜的大娘；另一个是杨廷和杨大人。

提起张皇太后，不得不称赞，这个女子不一般。最神奇的不是嫁给了皇帝朱祐樘，而是能让明孝宗朱祐樘一生只爱她一个，在中国历史上独此一人。后来，她儿子朱厚照做了皇帝，她自然而然升级成皇太后，朱厚照和这帮文人大臣水火不容，她却和文人大臣相处和谐，关键时候依然能号令这些文人大臣，足见她的智慧。

张皇太后命令杨廷和讨论继承人的问题，杨廷和自然是受宠若惊，受人之托忠人之事，杨廷和当然把张皇太后利益最大化。一个皇太后如何才能利益最大化？在大明朝，一个女人的最高追求也就是能嫁给皇帝做皇后，之后生的儿子做皇帝，自己做皇太后，张皇太后已经做到了。张皇太后级别不能再高了，如果升级为太皇太后就悲惨了，因为级别上去了，实权却没有了。

怎么样才能让张皇太后利益最大化？就是让张皇太后继续做皇太后。如何才能继续做皇太后？那就是让和朱厚照一个辈分的人做皇帝。保障了张皇太后的利益后，杨廷和开始考虑自己的利益，就开始在朱厚照那帮堂兄弟堆里找目标。

杨廷和从宗人府那里找到家谱，铺开一看，立即盯上了兴献王朱祐杬这一脉。了解清楚兴献王府的情况后，杨廷和激动得几乎要哭了，真是踏破铁鞋无觅处，得来全不费工夫，真是太巧合了，兴献王长子朱厚熜简直是为自己和张皇太后而生的。

原来，兴献王在两年前就去世了，王府只剩下了孤儿寡母的兴献王长子朱厚熜和母亲蒋氏相依为命，朱厚熜年仅十四岁，没爹有娘，正好可以控制。杨廷和当即一拍手，就是他了，于是推荐朱厚熜做皇帝。

而这个时候，十四岁的朱厚熜正无忧无虑地生活在他的封地湖北安陆（今湖北钟祥市），他做梦都没想到自己要做皇帝了。但他就是要做皇帝了，而他却一点都不知道，而且一点感觉都没有，一点点提示都没有。

天下的事，就是这么奇妙无比，想拥有的人费尽心机最后却是竹篮打水一场空，而好运却总是降临到那些毫无准备的人身上。

一天，太监谷大用、魏彬、张锦，大学士梁储，定国公徐光祚，驸马都尉崔元，礼部尚书毛澄来到了安陆，到兴献王府宣旨。这帮人到了安陆后，准备谒见朱厚熜的时候，有人提议用天子的礼仪拜见。礼部尚书毛澄不同意，为什么让他来，就是担心这帮人不懂礼仪闹出笑话，败坏了礼仪之邦的名声。

面对大伙的提议，毛澄说："今即如此，后何以加？岂劝进、辞让之礼，当遂废乎？"

京城来人要朱厚熜接旨，朱厚熜很纳闷，只得下跪接旨。传旨太监当众宣读圣旨："皇考孝康敬皇帝亲弟兴献王次子，聪明仁孝，德器夙成，伦序当立，已遵奉祖训兄终弟及之文，告于宗庙，请于慈寿皇太后，与内外文武群臣合谋同词，即日遣官迎取来京，嗣皇帝位。"

圣旨到了，朱厚熜也接了圣旨。

在外人看来，真是喜从天降，好事来得太突然，突然就让做皇帝，朱厚熜会怎么想，这事和本人商议了吗？经过本人同意了吗？本人愿意做吗？

北京不好进

一个生活在 N 线城市的人，一下子要到一线城市做全国的老大，真的有点含糊，自己能行吗？朱厚熜多少会有点疑惑，不要说那个时候，即便在今天，钟祥在湖北也是三线以下的城市，一个在这个级别城市生活长大的孩子，尽管是藩王之家，他能想象到安陆和北京相同之处也就是蓝蓝的天和白白的云，其他的他就真的想不出来了。

朱厚熜也知道，就好像自己不了解北京一样，自己的皇帝之路一定也是崎岖坎坷，但谁让自己是老朱家的子孙，历史选择了自己，即便前面是刀山火海，自己也要奋不顾身勇往直前。

安陆到北京路途遥远，国不可一日无君，北京很着急，朱厚熜当然也着急。那么第一个问题来了：皇帝如何进北京？

经过朱厚照十五六年的折腾后，大明朝已经颇不安宁，盗匪四起，安陆到北京这么远，如何才能保证新皇帝安全抵达北京。这不用担心，杨大人已经做好了安排。

朱厚照刚刚去世，朝廷需要皇帝，国家也需要皇帝，只有新皇帝到位，才能稳定时局，才能稳定人心。因而迎接新皇帝进京成为当时最重要的政治任务，各有关地区，各有关部门，必须协调一致，通力合作，确保新皇帝尽快安全抵达京城登基做皇帝。

无论是朱厚熜还是杨廷和，各有关地区各有关部门甚至无关地区无关部门，在皇帝进京的心情和时间上大家是一致的，都是希望安全尽快。但是用何种方式进京以及从哪条路线进京，发生了争议，进而发生了争吵。

杨廷和给朱厚熜设计的进京路线第一方案是，为了保证朱厚熜安全，让朱厚熜打扮成囚徒，然后乘坐囚车快速进京。这样做的好处是，一不会引起注意，能保证安全；二是轻车简从，速度快，不耽误时间。

方案到了朱厚熜手里，朱厚熜断然拒绝："不行，绝对不行！我是进京继承皇帝位，怎么能偷偷摸摸的呢？知道的是做皇帝，不知道的还以为是做贼呢！再就是让新皇帝坐在囚车里，传出去会成为千古笑谈。让新皇帝坐在囚车里，太搞笑了吧，如果流传出去，岂不成为千古笑谈，以后还怎么做皇帝！囚车也不舒服啊，伤了龙体，谁担当得起啊！"

谁也没想到，朱厚熜会拒绝，但朱厚熜就是拒绝了。

朱厚熜拒绝了杨廷和的进京方案，梁储内心乐坏了，正巴不得看杨廷和的笑话呢。做迎驾团的团长，梁储的地位凸显了，乘机否定了杨廷和的方案，让堂堂大明天子乘坐囚车进京即皇帝位，是滑天下之大稽，这样会贻笑万年的。梁储就带领迎驾团队重新拟订方案，从安陆北上，之后从汉江乘船北上到襄阳，再从襄阳换成骑马，经河南到北直隶的香河，然后从香河到通州，最后从通州进京入宫。

和第一个方案比起来，这个方案人性很多，也够光明正大，还有面子。

但是，当迎驾团队把方案递给朱厚熜，朱厚熜依然反对。这次反对的理由是，从汉江乘船到襄阳是逆流而上，不仅速度不快，到了襄阳还要换成骑马或者乘车，之后找马弄车很是费劲，还得打扰地方官员，肯定又会耽误一些时间。最重要的是不吉利，逆汉江而上，就是逆江，"逆江"和"逆将"谐音，"将"是武职官员，自己这个皇帝还没登基，就和武职官员较上劲了。皇帝和官员不和谐怎么治理天下，只有君臣一心，才能天下太平，所以不能走这条路。

未来的皇帝不满意，这些人只得再次商议，很快拿出了第三套方案：从陆路进京，交通工具车马轮换。先乘车从安陆出发，过长江，从南阳府进入河南，之后途经河南的开封府，最后从广平府磁州离开河南，然后从真定府进入河北，再到通州，最后从通州进京。

方案递上去，获得了朱厚熜的认可，随后，迎驾团队开始准备车马以及路上所需的生活物资。之后，朱厚熜选择了一个吉祥日子作为出发日期。

出发前，朱厚熜想起了自己去世的父亲，就带领身边的这些官员到朱祐杬寝陵前祭拜，算是给父亲告别。朱厚熜很是感谢父亲，他知道，不是父亲那纯正的朱家血统哪有自己的今天啊。

祭拜之后，朱厚熜辞别母亲蒋太后，母子二人，依依不舍，哽咽涕泣。蒋太后对朱厚熜说："吾儿此行，荷负重任，毋轻言。"

朱厚熜答应道："谨受教。"

之后，朱厚熜踏上了进京之路。

安陆到北京的确遥远，朱厚熜一行用了整整三十天的时间才到京城的正阳门下，正阳门就是今天的前门。进入北京后，朱厚熜内心都开始欢呼了：北京，我来了，我看见了，我要征服！

看到正阳门，朱厚熜更是满心欢喜，不由得催马上前，意气风发要进正阳门。不料这个时候，意外事件发生了，随行官员立即上前制止，让朱厚熜候旨再做定夺。

一会儿，礼部员外郎杨应奎宣读即位礼仪程序：请按皇太子即位礼，从东安门入皇宫，至文华殿行劝进礼，然后即位。

看到礼部的即位仪注，朱厚熜的心一下子哇凉哇凉的，哦，搞了半天不是让我来做皇帝而是来做皇太子的。也就是说，表面上是从那个门进，实际上讨论的是朱厚熜的爸爸是谁的问题。把一个明白的事说明白不是本事，把一个本来明白的事说得不明白那才叫有本事，这也是我们文化的精粹。

朱厚熜是明白人，没吃过猪肉见过猪跑，虽然他爸爸没做皇帝，他也没做过，但他爷爷是皇帝，他大爷也是皇帝，还是知道做皇帝的规矩的，当年朱棣迁都北京后，传谕子孙后世，凡是新皇帝登基都要从正阳门进入，否则其位不正。

朱宸濠看完礼部即位礼仪方案，对自己从安陆带来的右长史袁宗皋说："遗诏以吾嗣皇帝位，非为皇子也。"

这一来，朱厚熜不干了，当即拒绝礼部制订的礼仪方案，要么只从正阳门进入皇宫，要么就不进去。再就是，朱厚熜居然在城外驻扎下来了，爱咋地咋地，不进了。

我是来做皇帝的

好不容易请一个皇帝，到城门口了，却不愿意进来。怎么办？这不是给杨廷和出难题吗？礼部的人很快把朱厚熜的情况汇报给了杨廷和，听说朱厚熜不愿意按照礼部制定的仪式程序办，杨廷和鼻子都气歪了。杨大人坚持己见，说道："今即称其帝，后何以再加其冕？"

朱厚熜有理有据，说自己是来做皇帝的，因为诏书写得明白是"嗣皇帝位"；杨大人也有规矩，没有胡搅蛮缠，根据礼部制定的程序，你朱厚熜先进来，然后文武百官劝进你做皇帝，你谦虚一下；大家再劝进一次，你再谦虚一下；大家再劝进一次，你就接受！还没进城，大家还没见过面，你就拿自己当皇帝，这也太不谦虚了吧。知不知道，你的皇帝之位是谁给的？

没办法，老朱家的人就是任性，朱厚照这样，朱厚熜也是这样，一点也不谦虚，说好的做皇帝，怎么成了皇太子？这不是骂人吗？诏书说的让我来做皇帝，到了京城让我给人做儿子，不干！

朱厚熜牛气，杨廷和也不是尿人，当即不同意，坚持就按照礼部制定的仪式程序。在杨廷和看来，让你一个穷乡僻壤的穷小子做皇帝，是你八辈子修来的福，感谢还来不及呢？很多人都伸长了脖子等着呢？别不知道好歹。

牛人都有底气，杨廷和认为朱厚熜要感谢自己，没有自己的帮忙怎么可能是他朱厚熜做皇帝。朱厚熜不这样认为，关于是直接做皇帝还是先做皇太子，他坚持做皇帝，袁宗皋称赞说："殿下聪明仁孝，天实启之。"

袁宗皋这句话说得太高了，给足了朱厚熜信心，这句话就是说，你朱厚熜为什么这么聪明仁孝，是因为上天的启示啊。有了上天罩着，朱厚熜自然不会把杨老头儿放在眼里。

未来的皇帝和首辅大臣斗法，急坏了礼部官员，左右得罪不起啊。实在没办法了，想起一个绝招：找家大人去。那个时候，谁最牛？张皇太后。职位上，张皇太后是杨廷和名义上的领导，按照君臣关系，可以说是家大人；在亲戚关系上，张皇太后是朱厚熜的大妈，更是家大人。所以就找到张皇太后那里。

张皇太后也不想折腾了，于是下达懿旨：天位不可久虚，嗣君已至行殿，内外文武百官可即日上笺劝进。

张皇太后还是有点女人家家了，你这一说，让杨廷和大人情何以堪啊。一句话，杨大人的面子"哐当"一下摔在了地上。毕竟皇太后发话了，杨廷和满心不乐意，也没办法。

第一个回合，小青年获得全胜，好戏才刚开始。

获得大妈支持后，朱厚熜决定在城外受笺，直接劝进自己做皇帝，而且一点都不谦虚，不再像以往的即位程序那样辞让再三，而是立即受笺，很是当仁不让。于是，朱厚熜昂首挺胸从大明门进入皇宫，朝见张皇太后、朱厚照皇后，之后在奉天殿即皇帝位。

之后，内给诏书草稿："奉皇兄遗诏入奉宗祧。"朱厚熜看到后，内心颇为不爽，思考权衡了很久，最终同意，说了一个"可"字。

皇帝即位了，第一件事就是定年号，年号大有学问，道道比较多。杨廷和开始在年号上给朱厚熜出招了，内阁早就拟定好年号了：绍治！

提到"绍治"，大家自然而然会想到"弘治"，就会想到明孝宗朱祐樘，就会想到他统治时期君臣和谐，那是一个令文人向往的太平盛世。内阁用意很明显，"绍治"就是"弘治"的继承，希望朱厚熜能像朱祐樘一样跟文人和平共处。

这事又触到了朱厚熜痛处，内阁是哪壶不开提哪壶，明知道他不喜欢做皇太子，还非要他做皇太子。朱厚熜当然不同意，要求退回去重议。

正当大家议论纷纷的时候，一个官员吟诵了一首诗：

> 士本人间大丈夫，口称万岁旧山河。
> 一横永镇江山地，二直平分天下图。
> 加子加孙加爵禄，立天立地立皇都。
> 主人自有千秋福，月满乾坤照五湖。

听完这首诗，朱厚熜当即点破谜底——嘉靖。

其实，这个年号，王阳明早在一年前就提到过，叫"嘉靖我邦国"，看来王阳明的确有先见之明，关键是朱厚熜最终选择了"嘉靖"这个年号。

这一次，朱厚熜又取得了胜利。"嘉靖"典出《尚书·无逸》："不敢荒宁，嘉靖殷邦。至于小大，无时或怨。肆高宗之享国五十有九年。"从这里可以看出，"嘉靖"有拨乱反正之意。因而，"嘉靖"和"绍治"完全不同，"绍治"代表了内阁杨廷和他们的政治理念，希望朱厚熜支持配合内阁的工作，而"嘉靖"表达则是另立炉灶，实际上一朝天子一朝臣，从某种意义上来说将是对正德时期文人官员的一种政治清算。

再就是，朱厚熜之所以不选"绍治"，还有另外一个原因，那就是他"继统不继嗣"，就是我是来做皇帝不是来做儿子的。

年号定下来了，朱厚熜就是合法的皇帝了。虽然国人一直强调"王侯将相宁有种乎"，但那是对开国之君，不是开国之君，则是"龙生龙凤生凤"的原则。就是皇帝的父亲必须是皇帝，皇帝的母亲也得是皇妃，由于朱厚熜不是开国之君，父亲也不是皇帝，母亲也不是皇妃，按照这些逻辑，朱厚熜是不能做皇帝的。

但现实是，朱厚熜就是皇帝，而且是合法的皇帝。

现在，问题又来了，这是为什么呢？

朱厚熜到底是谁的儿子

朱厚熜登基做了皇帝，由于朱厚熜的父亲朱祐杬没有做过皇帝，于是问题来了，按照君君臣臣制度，朱厚熜虽然是儿子，因为是皇帝，地位就超过了兴献王父亲朱祐杬，哪有王爷做皇帝的父亲？如此一来朱祐杬就没有资格做朱厚熜的父亲了。好在朱祐杬已经去世了，不然就更麻烦了，但由于朱祐杬的身份只是一个藩王，按照礼制，做了皇帝朱厚熜以后不能祭拜朱祐杬，皇帝咋能祭拜一个比自己身份低微的藩王呢？

做了皇帝，结果搞得爹不是爹娘不是娘的，朱厚熜很是郁闷，自己还不成了骡子。怎么办？这个问题难不住人，大家都是明白人，制度都是人制定的，既然是人制定的，那人就可以改，可以变通。

这个时候，朱厚熜想起了老祖宗朱元璋。老祖宗的父母也不是皇帝，但朱元璋通过追封，于是就成了皇帝。朱厚熜很是高兴，就打算学习老祖宗朱元璋，也是照方抓药。登基三天后，朱厚熜就令人前去安陆迎接母亲，毕竟是皇帝的母亲，讲究个仪式，于是就令大臣讨论规格。六天后，朱厚熜就命令礼部讨论给自己的父亲拟定庙号。

大家都是明白人，一听都知道朱厚熜是啥意思，就是追封他父亲一个皇帝号，这样就可以名正言顺地把他父亲的灵位从安陆搬迁到北京太庙了，可以和其他祖宗一起祭拜了。

在杨廷和的主导下，文武百官，找出历史上和朱厚熜一样的藩王做皇帝的汉朝定陶王（汉哀帝）和宋朝濮王（宋英宗），以此作为例子，然后由礼部尚书毛澄处理。经过进行研究，毛澄根据礼制得出结论，朱厚熜出身藩王，是小宗，皇帝是大宗。朱厚熜进京做皇帝就是小宗继入大宗，当然应该尊奉正统，于是上奏说："这足以为据，宜尊孝宗为皇考，称献王为皇叔考兴国大王，母妃为皇叔母兴国太妃，自称侄皇帝名，另立益王次子崇仁王为兴王，奉祀兴献王。如果对此有不同议论者就是奸邪之人，应当判斩。"

礼部尚书果然高水平，文章写得好，逻辑严谨，语言文雅，就连骂人也是这么有水平。谁都能看出来，这是典型的权力任性，仅仅有不同议论就要被判砍脑袋，这不是奏疏，这是恐吓信，一封写给皇帝的恐吓信。

这是什么节奏？国有国法，家有家规，大明朝有《大明律》，一个朝臣不按《大明律》办事，随意就可以判斩，而且是向皇帝叫板，真是有点张扬。

朱厚熜看到这份奏折后，大筋都气歪了，按照毛澄的观点，从做皇帝那天开始，你的父亲就不再是你父亲，是你叔叔，你的大爷才是你父亲。虽然仅仅14岁，朱厚熜是明白人，父亲虽然死了两年，但父亲就是父亲，这还能有错。

朱厚熜勃然大怒，问道：父母是可以改变的吗？

到北京后，朱厚熜好不容易才做了皇帝，定居后，就想尽尽孝心，一是给父亲一个名号，然后把母亲接过来享一下清福，哪知道遭到这么多人的反对。本来是打算一家人在北京团聚一下，尽管只能是形式上的，结果爹不是爹娘不是娘。尽管朱厚熜是皇帝，但整个朝廷没人和他站在一个立场上，双拳难敌四手，朱厚熜再聪明也不行，只得挥手示意："退朝，以后再议！"

不得不说，杨廷和在这件事上有点任性了，太计较了，皇帝之位都大方送给朱厚熜了，何必在这些枝枝节节上较真儿呢。既然杨廷和当初能从《皇明祖训》找到让朱厚熜做皇帝的法律依据，肯定也能找到让朱厚熜的父亲做皇帝的依据，杨廷和却在这个问题一再坚持己见，坚决不让步，不变通。

的确朱厚熜太不听话，事事都没给杨廷和留面子，搞得杨廷和下不了台。刚开始，朱厚熜对杨廷和还是心存感激的，也愿意和以杨廷和为首的朝廷文官处好关系，君臣携手创太平。但杨廷和为了出气，找回面子，却在朱厚熜是谁的儿子的问题上大做文章。杨廷和甚至连自己名字都忘了，"廷和"就是朝廷和谐之意，如此和朱厚熜较劲，朝廷自然难得安宁。如此一来，整个朝廷就会忙着内斗了，哪有精力治国平天下啊？

再就是，杨廷和应该吸取刘健的教训，当年刘健正是为了管教朱厚照搞得整个朝廷鸡飞狗跳。辅助朱厚熜做皇帝后，杨廷和应该清楚自己还是内阁首辅大臣，而朱厚熜不再是先前的藩王，不再是自己可以决定其命运的那个小少年了，而是自己的领导，是自己的君父。

老朱家的子孙都有个性，不好管理，他们是太祖武皇帝的嫡系后代，哪里会把这些为老朱家打工的内阁大臣放在眼里。即便是杨廷和亲手选上皇帝之位的朱厚熜，他依然不会把杨廷和放在眼里，在没有做皇帝之前，可能什么都不是，一旦做了皇帝，无论杨廷和多么功高，也只是他的臣子，太高了会震主的，所以还是低调一些好。

其实这个时候，杨廷和完全有机会做一个像伊尹和霍光一样的人，但是后来没有做成。不是别的，就是智慧不够，不好好实现自己的政治理想，做一个中兴名臣，却一个劲搞内斗，先是和朱厚熜斗争，之后和朝廷里的那些朝臣斗争，杨廷和真的不想好啦？

杨大人不是洋大人

　　杨廷和也是精明人，不会直接收拾自己的政治对手，总得找一个冠冕堂皇的借口，这个时刻最好就是处理江彬和钱宁这帮和朱宸濠有关联的人员。公道地说，杨廷和在抓捕江彬的时候居功至伟，正是因为杨廷和的精心密谋，后来成功抓捕了江彬，才确保了朱厚熜能够安全进京。杨廷和提出的支持乘坐囚车进京的方案，就是因为考虑到江彬的危险而制订的。

　　尽管朱厚熜做了皇帝，也小胜过杨廷和，毕竟是孤家寡人，在朝廷上，杨廷和才是真正的大佬。看起来，朱厚熜牛气哄哄的，还没进京城就敢和杨廷和叫板，其实不是，都是被逼无奈，是因为伤了自尊，才敢和杨廷和闹翻的。

　　朱厚熜是智慧人，他知道如何让步，在不涉及尊严的情况下，都会让步，甚至违心附和杨廷和杨大人。在处理江彬和钱宁等人时，他一点意见都没有，完全按照杨廷和的意见处置。

　　由于杨廷和一直与王琼有矛盾，在某种程度上算是仇恨了。

　　故事要从正德三年说起，那时候，朱宸濠意气风发，财大气粗，为了获得护卫权，用车拉了数万两白银进京贿赂京城官员，唯独王琼没有收受毫厘。大学士费宏知道朱宸濠贿赂之后，准备上奏揭发，杨廷和与陆完获悉后，找个理由让费宏强制退休。

　　费宏退休回老家铅山。路过鄱阳湖的时候，朱宸濠暗地里派人纵火焚烧了费宏的所有行李。后来朱宸濠谋反的时候，御史萧淮等上疏揭露这件事，杨廷和担心连累到自己，打算让朱宸濠上缴护卫权以求自我赎罪。总之，当朱宸濠谋反迹象暴露后，杨廷和处理得拖泥带水，犹犹豫豫，有点"躲猫猫"的意思。

　　朱宸濠谋反后，王琼沉着稳重，一切都在他的掌控之下，王阳明用时四十三天就平定了朱宸濠叛乱。平定朱宸濠之后，自然要进行秋后算账，由于朱宸濠和钱宁、江彬等人来往密切，如果审理他们，供出了杨廷和，杨廷和情何以堪。

　　不幸之中的万幸，朱厚照返京途中病入膏肓，根本没精力细心审理朱宸濠谋反之事，粗略杀了一些该杀的不该杀的，这些人都和杨廷和没有关系。朱厚照本来还打算对钱宁等人进行清算，但阎王爷已经等不及了，立即召他去了天堂，留下了烂尾案子。

朱厚照驾崩后，朝廷就是杨廷和主持全面工作，包括选择朱厚熜做皇帝都是杨廷和说了算，即便朱厚熜做了皇帝，除了在伤到了自尊时斗争一下，其他的都是杨廷和说了算。

一朝权在手就把令来行，于是趁着审理江彬、钱宁的机会，假公济私，收拾一下王琼。在杨廷和的授意下，给事中、御史等纷纷弹劾王琼，说王琼贪污，王琼很快被抓捕入诏狱。

大家都在朝为官，谁不清楚谁啊，都是千年狐狸，搞什么聊斋啊，王琼于是上疏告发杨廷和，揭露杨廷和的政治隐私，说"窃揽乾纲，事多专擅，擢其子慎及第第一，改其弟廷仪吏部侍郎，曾不引避。又私其乡人，每每越陟美官，庇其所私厚"。

有好戏看了，按理说，这个时候，朱厚熜只需坐山观虎斗，各打五十大板，多好。事实不是这样的，杨廷和太强大了，王琼已经被捕了，根本与杨廷和没法较量，如果"和稀泥"，很有可能自己也会被架空。

朱厚熜看到杨廷和的奏疏后，大怒，骂王琼是小人不厚道，要求严惩。在杨廷和的主持下，经过公开公平公正审理，最后判王琼死刑。王琼当然也不会束手待毙，而是尽力辩护，朱厚熜出面调和，最后发配绥德戍边。

这个时候，王琼开始为自己当初怒逼左顺门付出代价了，朱厚熜为什么骂王琼，就是因为王琼当初反对杨廷和拟订朱厚熜做皇帝的方案。朱厚熜要的不是公平正义，而是杀人偿命欠债还钱，你王琼当初反对杨廷和就是反对朕做皇帝，朕能做皇帝杨廷和的功劳是大大的，所以必须惩罚王琼。

关于杨廷和与王琼之间的事，《明书》这样评价："今考当时举朝大臣各怀二心，不肯动心，而倡言兵讨者，独一琼耳，言官反诬为贿，不也冤乎？"

不会看的看热闹，会看的看门道，朱厚熜支持杨廷和打击王琼，是在为自己召王阳明进京铺路。杨廷和更高明，表面上打击王琼，实际是断绝王阳明的进京之路。

朱厚熜的年轻在这里暴露无遗，王琼都被拿下了，王阳明怎么能进京呢？这个时候，杨廷和不应该这样做的，这太毁三观，尤其是对刚刚进京做皇帝的朱厚熜。没有进京之前，朱厚熜觉得北京的天是蓝的，安陆的天也是蓝的，北京的人也应该和安陆的人一样天真。

理想很丰满，现实很骨感，甚至是残酷。读圣贤书长大的朱厚熜，在朝廷上看到的不是君君臣臣父父子子，而是权力的贪婪和人性的丑陋，由此开始怀疑人生，不再相信忠诚了，都开始怀疑圣人之学了，他要重新开始认识这个世界了。

杨大人啊，你不是洋大人，你是朱厚熜小朋友曾经的偶像，不要做坏事啊，这样，小朋友朱厚熜会学坏的。

"嘉靖"之父王阳明

朱厚照驾崩了，没有儿子，继承人成了问题，那么谁来做皇帝呢？这个问题，大家都在关心，王阳明也很关心，基本都是瞎操心，因为这事是由两个人决定的，杨廷和与张皇太后，其他的人只能围观。

谁来做皇帝，朝廷一直很热闹，但这些都和王阳明无关，因为王阳明不够格。王阳明只能老老实实地待在南昌着急，实在无聊了，就看花，看树，谈心论道，一花一世界，一叶一菩提。

这个时候，王阳明听说老朋友湛若水在学术上取得了突破性进展，原来湛若水在老家经常和霍韬、方献夫一起切磋交流。王阳明内心颇为高兴，酸溜溜地说："英贤之生，何幸同时共地，又可虚度光阴，失此机会耶？"

后来这年秋天，霍韬路过南昌，专门和王阳明论道，霍韬是朱熹理学粉丝，两人见解不同。王阳明表述自己的观点："若传习书史，考证古今，以广吾见闻则可；若欲以是求得入圣门路，譬之采摘枝叶，以缀本根，而欲通其血脉，盖亦难矣。"

后来，湛若水专门给王阳明写信，寄来自己的作品《学庸测》，请王阳明批评指正。

王阳明也不客气，他们在学术上都是当仁不让，于是写信提出自己的见解："随处体认天理，是真实不诳语。究兄命意发端，却有毫厘未协。修齐治平，总是格物，但欲如此节节分疏，亦觉说话太多。且语意务为简古，比之本文，反更深晦。莫若浅易其词，略指路径，使人自思得之，更觉意味深长也。"

方献夫和湛若水一样，也寄来了自己的《大学》《洪范》两部作品，请求王阳明批评指正，王阳明还是不客气，写信回复道："道一而已。论其大本一原，则《六经》《四书》无不可推之而同者，又不特《洪范》之于《大学》而已。譬之草木，其同者生意也；其花实之疏密，枝叶之高下，亦欲尽比而同之，吾恐化工不如是之雕刻也。君子论学固惟是之从，非以必同为贵。至于入门下手处，则有不容于不辨者。"

除了和外人论学术，自己的弟子也要论。一个叫伦彦式的弟子，先前曾在赣州向王阳明问过学，也在五月派遣自己的弟弟带着他亲笔信来向王阳明请教，王阳明回答说："三言者病亦相因。惟学而别求静根，故感物而惧其易动；感物而惧其易动，是故处事而多悔也。心无动静者也，故君子之学，其静也常觉，而未尝无也，故常应常寂，动静皆有事焉，是之谓集义。集义故能无祗悔，所谓'动亦定，静亦定'者也。心一而已，静其体也，而复求静根焉，是挠其体也；动其用也，而惧其易动焉，是废其用也。故求静之心即动也，恶动之心非静也，是之谓动亦动，静亦动，将迎起伏相迎于无穷矣。故循理之谓静，从欲之谓动。"

论完学术，王阳明发现这些正是自己所需的，思考是静，行动才是动，正所谓静而定，定而慧。

该来的总会来，皇帝会有的，四十多天后，朱厚熜登基即位，年号嘉靖。

新皇帝，新年号，新气象，每个人心里都充满了憧憬，希望日子越来越好。当消息传到了江西，无论是官场还是民间，都平静如水，甚至连一丝涟漪都没有。原来，这个名称，他们早就知道，早在一年前，王阳明开先寺的碑文就提写道："以嘉靖我邦国。"

获悉朱厚熜的年号后，王阳明一下子淡定了，焦急等待了四十多天，等来的竟然是自己一年前给出的答案，有意思吗？人生就是这样，面对自己无法掌控的局面，总是期望出现有利于自己的结果，一旦结果出来，却发现是自己曾经想过的，尽管自己预测正确，却没有一丝喜悦，因为这太没意思了。

江西人的淡定只是假象，其实内心早已经波涛汹涌，王巡抚太神了，提前一年就预测了皇帝的年号。早知道这样，礼部应该向王阳明咨询，也不会浪费那么多时间讨论。

新皇帝即位后，失落之后就是激情，王阳明也知道不能那么任性了，否则如何实现自己的圣人理想。新皇帝都行动了，王阳明没有理由淡定了，号令弟子五月到白鹿洞集合论道，让天下人都知道，"嘉靖"是王阳明一年前就提出了，版权是属于王阳明的。

为什么在白鹿洞集合，这点大家都清楚，一年前，王阳明在白鹿洞写下了"嘉靖我邦国"。到这里集合，一是告知众弟子，你们的师父不是一般人，是可以预知未来的；二是对新皇帝表表忠心，告诉新皇帝，您做皇帝，我心欢，我是您的坚定拥护者，是您的铁杆粉丝。

当然，王阳明不会这么直白，文化人嘛，总要找点由头。

这个时候，南昌知府吴嘉聪正忙着给南昌修府志，王阳明弟子蔡宗衮正任职南康府教授，主持白鹿洞书院的工作。于是，王阳明打着修南昌府志的旗号，在白鹿洞书院召开集会，其实就是新闻发布会，场面隆重盛大，夏良胜、舒芬、万潮、陈九川等王阳明的重量级弟子也都前去白鹿洞捧场。

王阳明这是给自己造势，是做给众弟子看的，也是给朝廷看的，更是给新皇帝看的。这个时候的王阳明，不是当年刚进官场的青瓜蛋子了，基本熟悉了官场窍门，懂得如何展示自己，如何给最高领导隔空示好。

集会结束后，王阳明给邹守益写信提到这件事，说道："醉翁之意盖有在，不专以此烦劳也。区区归遁有日。圣天子新政英明。如谦之亦宜束装北上，此会宜急图之，不当徐徐而来也。"

这里可以看出，王阳明果然是有所求，虽然一再强调，自己意在江湖，实际心一直在庙堂，做梦都想拜相入阁，做个首辅大臣，实现自己的人生理想。面对新皇帝，王阳明充满期待，一颗忠心两手准备，随时恭候皇帝召唤，一旦皇帝抛出橄榄枝，立即北上。

朝廷的局

半年前，朱厚熜还是一个名不见经传的小藩王，肯定会对王阳明有些崇拜，甚至可以是说王阳明的一个小粉丝，那个时候朱厚熜看得见王阳明，王阳明哪里能看得见他，他连和王阳明谋面的资格都没有。半年后，风云骤变，小王爷朱厚熜成了大明朝的皇帝，王阳明还是王阳明。这个时候，王阳明成了朱厚熜的粉丝，见面必须低头叩拜，对大殿上的朱厚熜只能仰望。

在那时候，王阳明是学术明星，是政治大腕，还是大功臣，战斗英雄，甚至还获得了"大明军神"的称号。朱厚熜早就知道王阳明了，作为老朱家的子孙，即便明知道皇帝轮不到自己，也自然会把天下兴亡作为自己的责任，脑海里早就盘算了多少遍如果我做皇帝我怎么做，尤其是如何使用王阳明。

意外的是，朱厚熜现在居然做了皇帝，自然想起了王阳明。正好这时候，王阳明在隔空示好，看到王阳明主动给自己示好，朱厚熜很激动。朱厚熜不由得感慨，王阳明不仅是能人，也是大好人，朕正生活在水深火热之中，快来帮一把吧，于是迅速做出回应，责成内阁给王阳明发一个帖子：尔昔能剿平乱贼，安静地方，朝廷新政之初，特兹召用，敕至，尔可驰驿来京，毋或稽迟。

这个结果并不意外，意外的是好事来得太突然了，王阳明很激动。这一次，王阳明不装大，不矫情，也不请假回家省亲了。六月十六日接到圣旨，王阳明立即做准备，六月二十日带着随行人员，背起早已收拾好的行囊，乘马从陆路出发。

王阳明清楚皇帝刚即位，形势微妙，机会稍纵即逝，必须抓住，否则一转身就是一辈子。杨廷和已经开始对自己的老上司王琼动手了，下一个是谁，即便不是自己，自己还能远吗？

王阳明清楚，显然王琼不是他的真正目标，杨廷和的最终目标不是别人，而是王阳明本人。杨廷和一直和六部九卿不和谐，但由于皇帝和太监与他们关系密切，杨廷和一点也奈何不了他们，只能生生闷气。现在朱厚熜做了皇帝，杨廷和一下子成了第一大功臣，不要说太监了，就连朱厚熜也不敢太造次。

　　这个时候，杨廷和打着为朝廷溯本清源的旗号，实际为了清除异己，杨廷和找了一堆理由，先后把吏部尚书王琼、兵部尚书王宪和工部尚书李鐩以及都御史陈婧和王璟赶出了朝廷。表面上的借口是他们祸害了朱厚照，祸害了大明朝，其实是因为王琼他们曾经逼宫左顺门，这样朱厚熜自然会支持。这就是杨廷和的高明之道，既收拾了自己的政敌，同时又把自己与他们剥离出来，王琼他们祸国殃民，杨廷和精忠报国。

　　在先前，王阳明不能和杨廷和相提并论，俩人不是一个重量级的，但平定朱宸濠之后，王阳明功高了，于是有人不高兴了，先是朱厚照不高兴，再就是杨廷和也不高兴。和朱厚照不一样，杨廷和不高兴的地方还有，那就是王阳明手里有朱宸濠贿赂朝廷大臣的账单，尽管王阳明声称已经焚烧贿赂账单，这事谁会相信呢？

　　一旦王阳明进了京城，把这些贿赂账单交给了皇帝，万一杨廷和的名字赫然在列，且不论真假，杨廷和都是百口莫辩。所以无论如何，必须阻止王阳明进京，但皇帝圣旨已经下达，说出去的话泼出去的水，无法收回，如果强制要求朱厚熜收回，皇帝情何以堪？

　　这对杨廷和来说，太容易了，对付王阳明哪里用得着自己出面，于是授意王阳明的朋友兼职学术敌人费宏。这个费宏和杨廷和也有恩怨，当年正是因为费宏要举报杨廷和与陆完收受朱宸濠贿赂，他们联手把费宏撵回家，后来又在鄱阳湖遭到朱宸濠派人纵火谋杀，好在命大，逃过一劫。后来，朱宸濠造反，费宏没少帮王阳明，建言献策，积极参与，帮了王阳明的大忙，王阳明也在奏疏中给费宏邀功请赏，费宏一一拒绝。

　　费宏和王阳明没有个人恩怨，在生活中称得上是好朋友，但在学术上却是不折不扣的对手，甚至可以说是敌人。和王阳明追求做圣人不一样，费宏是一个政治家，他追求的修身齐家治国平天下，他接受的教育是大明朝钦定教材，以孔夫子儒学为导向，以程朱理学为出发点，崇拜真德秀之学，推崇《大学衍义》，故而和王阳明的心学不在一条道上。

　　朱厚熜做皇帝十天后，就下诏起用费宏，接到圣旨，费宏立即进京。等到朱厚熜召见王阳明到北京的时候，费宏已经成为内阁大员了，他清楚王阳明到来意味着什么。道不同不相为谋，亲不亲立场分，所以费宏必须阻止王阳明进京。

杨廷和一个眼神，费宏立即上了一个奏疏：朝廷新政，武宗国丧，资费浩繁，不宜行宴赏之事。

高手过招，没有刀光剑影，没有血腥场面，也没有激烈冲突，甚至连过激言辞都没有，只字不提王阳明。费宏只是稍微提一下，陛下您刚做皇帝，正处于武宗国丧，花钱的地方太多，这个时候不适宜进行大规格宴请奖赏。

表面是费宏提出的，背后是整个朝廷的官员，也是杨廷和的意思，朱厚熜当然不敢为了一个王阳明与整个朝廷为敌。王阳明想尽办法，费尽心机，好不容易获得了朱厚熜的赏识，眼见着就要成行了，半路杀出一个费宏，几句话，让朱厚熜的圣旨瞬间变成了一张废纸。

这不是欺负人吗？朱厚熜能接受吗？即便朱厚熜同意，王阳明愿意吗？

王阳明很任性

王阳明一路紧赶慢跑，到杭州后，正准备乘船沿运河北上进京的时候，圣旨就到了。开头格式都一样，奉天承运皇帝诏曰，只是内容不一样，让王阳明停止进京，在杭州等候朝廷新命令。

上一次进京，在杭州被阻止；这一次进京，又在杭州被阻止。杭州成了王阳明伤心之地，什么好事一到杭州就结束了。伤心啊，为什么啊，朱厚照做皇帝是这样，朱厚熜做皇帝还是这样；太监当权是这样，杨廷和主政还是这样，还有说理的地方吗？

接到圣旨后，一股无力感升上了王阳明的心头。在朝廷面前，龙场悟道很无力，知行合一也无力，九华山见天心也无力，知识真的没啥用，知识的无力感再一次蹂躏了王阳明。

多少次了，王阳明的这颗最坚强的心脏也有不可承受之重，大爷受伤了，不玩了，北京不让我去，我回家行不行。王阳明就上疏请求顺道回老家看看，果然是文章高手，不发牢骚，不骂街，不提王琼，也不提杨廷和，只就事论事，说说自己的家事，说说自己的一己情怀。

陛下啊，我跟您说说心里话，近两年来，臣流年不顺啊，尤其是我的父亲年老多病，为此曾经四次上归省奏疏，恳请暂时回老家看看老人家。

当然这些都是借口，主要是因为当时权奸谗言嫉妒我王某人，担心遭到暧昧之祸，所以那个时候虽然请求暂时归省，实际真的打算终老丘壑之中。现在形势变了，天启神圣，陛下您继承大统，亲贤任旧，先前那些谗嫉者，杀的杀，撵的撵，朝廷是风清气正，好一个朗朗乾坤。

臣如果在这个大好时候，走出别人设计的陷阱而登上朝廷的高位，岂不是有点朝发夕至，这样坐着火箭上升，太心急了，是不是太官迷了，怎么也不能这样实现自己登堂入室的一己之私？为人臣理所当然要尽忠，为人子要尽孝。回头想想我的老父亲，老弱多病，而且遭到各种谗言构陷，朝夕常有父子不相见之痛。

现在一切都好了，我幸运洗脱了各种不白之冤，好在天晴了，我重新看到天日，我更思念我老父亲了，就想见父亲一面，诉说一下他和我之间的相思之苦。

陛下啊，杭州离余姚本来就很近，况且我是从钱塘江回家呢，绕道一下回家，只有一天的时间。余姚和杭州这么近的距离，关系好的亲戚朋友，都会控制不住感情前去见一面，何况我们这父子之情呢？

虽然这些都是人之常情，但如果我不把这个情况告知朝廷，那就是借着公干而偷偷做自己的私事，是欺君；如果我担心延误而受到惩罚，而路过家门却不回，这是忘父。欺君者不忠，忘父者不孝，面对两难，故臣敢冒罪以请。

王阳明这奏疏写得动之以情，晓之以理，感人至深，大有《陈情表》的味道。客客气气，含情脉脉，表面上逼迫朝廷必须答应，实际上欲走还留，等待着皇帝挽留。

不得不说，王圣人在这件事上有点任性了，有功也不能这样任性啊。毕竟新皇帝刚即位，局势多变，王阳明还是应该收敛一下，忍耐一下，王阳明不容易，皇帝就容易吗？两个不容易的人，应该争取拥抱一下，谁料到王阳明先退却了。这一退，此生再无机会。

朱厚熜不是朱厚照，这一次也不是上一回，老方子不治小病，朱厚熜大笔一挥，同意了王阳明的回家请求，升任南京兵部尚书，参赞机务。接到圣旨后，王阳明说不出是高兴还是失落，他原本以为朝廷会继续不同意，重新召他进京，而朝廷却同意了，他也清楚这不是皇帝本意，肯定是杨廷和的主意。

既然朝廷同意了，王阳明只得回家。王阳明郁闷，朱厚熜更郁闷，他本意是把王阳明召进京城，一来通过犒赏王阳明提拔自己的队伍，二来用王阳明来抗衡杨廷和。姜还是老的辣，朱厚熜和王阳明费尽心机，杨廷和几乎一个眼神就将其化解于无形。

这个时候，朱厚熜的母亲距离北京越来越近了，由于朱厚熜父母的身份地位问题一直悬而未决，所以问题也就越来越近了。

终于有人打破了局面，七月初三，一个名叫张璁的礼部实习生上了一道《正典礼》的奏疏。正是这个《正典礼》点爆了大明朝的朝廷，引起了持久的斗争。

二、修行是为了见到自己

平定朱宸濠之乱，王阳明达到了儒家理想的最高级——平天下。按照常理，王阳明的人生功德圆满了，即便成不了王侯，也一定入阁拜相，位极人臣。事实是，朱厚照做皇帝时被宦官和权贵羞辱刁难，朱厚熜即位后，起用未果，之后被运作回到老家。正是回到了自己的出生地，王阳明重新找到了真正的自己，明确了做什么和不做什么。

时间都去哪儿了

正德十六年，王阳明正好五十岁。按照中国传统的观点，五十而知天命，到了这个年纪，基本是曾经沧海难为水，惯看春风秋月，做什么都是尽人事听天命，但问耕耘莫问收获，凡事不再强求。

五十岁的王阳明显然没有这样淡定，他还是有所追求的，甚至是强求。从十二岁那年起，王阳明就立志做一个圣人，但在这一年，他对朝廷内阁更感兴趣，几乎是一种执着，就是那种"虽不能至，然心向往之"的状态。

七月二十九日，王阳明接到了朝廷的圣旨，内容在意料之外。第一个意外，朝廷居然批准了他的休假请求；第二个意外，朝廷不让他进京了；第三个意外，朝廷给他的新职位是南京兵部尚书。

既然朝廷同意自己休假了，那只能奉旨休假，王阳明就回到了魂牵梦萦的故乡。这个时候，王阳明心情复杂，有点高兴，有点伤怀，有点洒脱，有点惆怅……

于是乎，王阳明就开始写诗，写了一首回家的心情的诗，前四句写得极好：

> 行年忽五十，顿觉毛发改。
> 四十九年非，童心独犹在。

就是说，一不小心就五十岁了，突然一下子觉得头发白了，明白了行年五十而知四十九年非，就只剩下一颗童心了。

当然，王阳明这是自我感怀，也算是真性情，这首诗可以说是王阳明版的《时间都去哪儿了》。正所谓，时间都去哪儿了，还没好好感受年轻就老了；带兵打仗，半辈子，转眼就只剩下满脸的皱纹了。时间都去哪儿了，还没好好看看你眼睛就花了；授徒传道，一辈子，满脑子都是哭了笑了。

庆幸，好在还有一颗童心，只要有了这颗童心，就拥有战胜那个时代的力量，也就可以拥有全世界。

在众弟子簇拥下，王阳明回到了阔别五年之久的故乡，一个生他养他的地方。自从踏上了大明朝官场后，王阳明回家的次数屈指可数，前后也就四次，正可谓人在官场身不由己。

第一次在弘治十五年，31岁的王阳明肺病加重，专门回乡养病，在茅山修筑阳明洞，自称阳明子，修炼了导引术。第二次在正德二年，36岁的王阳明得罪了刘瑾，被发配龙场，绕道回家看看奶奶。第三次在正德八年，42岁的王阳明官拜弼马温，顺道回家看看。第四次在正德十一年，45岁的王阳明在赴任南赣巡抚之前，专门回家一次。

五年前那次回家，王思舆和王阳明聊了很多，他发现王阳明这次很特殊，怎么试探，王阳明都毫无行动。王思舆和王阳明的弟子季本说："阳明此行，必立事功。"

季本将信将疑，就问道："何以知之？"

王思舆坚定地说："吾触之不动矣。"

事情果然就像王思舆预料的一样，王阳明取得了不朽功勋，但王阳明并没有受到朝廷和皇帝的稀罕，反而是处处被刁难。

　　过去的五年，无论是大明朝还是王阳明，都是极其不平凡的五年，是惊心动魄的五年，是载入史册的五年，五年弹指一挥间，王阳明又回到了故乡。

　　王阳明对自己五年来的工作还是满意的，只是现实让人不舒服，于是就开始写诗，一下子写了两首，诗名叫"归兴二首"：

其一

百战归来白发新，青山从此作闲人。
峰攒尚忆冲蛮阵，云起犹疑见虏尘。
岛屿微茫沧海暮，桃花烂漫武陵春。
而今始信还丹诀，却笑当年识未真。

　　这首诗简单易懂，触景生情，百战归来又如何，不过白发新增，一切都过去了，自己从此做一个闲人。昨日的辉煌留作回忆，从今天开始新的生活，到海上看日出日落，想着春天到武陵看桃花。到今天才开始相信童心的能量，笑自己当年学识不到位。

其二

归去休来归去休，千貂不换一羊裘。
青山待我长为主，白发从他自满头。
种果移花新事业，茂林修竹旧风流。
多情最爱沧州伴，日日相呼理钓舟。

　　古人云："如今休去便休去，若觅了时无了时。"也就说，一些事不要专门等机会找机会做，当下能做就当下做，如果非要找机会等机会，恐怕一辈子都没机会去做了。

　　王阳明就是王阳明，知行合一，第一首诗刚刚弄明白门道，第二首诗就直接践行。该休息就休息，人生不是只有一种活法，实现理想抱负也不是只有一条路，居庙堂可以，游江湖也可以。

时间都去哪儿啦？王阳明给出答案：归去休来归去休！

这真是极高明的见解！

回到原点见真我

故乡还是故乡，瑞云楼还像当年一样矗立在那里，看起来什么都没变，但人已不是当年的了，亲爱的妈妈早已不在了，爷爷去世多年了，最牵挂的奶奶也去世两年了……

回到余姚后，王阳明给列祖列宗扫墓，感怀人生。转眼间，五十已过，在不久的将来，自己就会和列祖列宗见面了，生于斯长于斯，最终也将归于斯。树高千丈，叶落归根。人生天地间，若白驹过隙，忽然而已，成功也好，失败也罢，圣人也好，俗人也罢，欢乐也好与痛苦也罢，无论盛衰还是荣辱，就像大地上的流水，天空中的行云，从哪里来还将到哪里去。

一个人，无论是王侯将相还是不名一文的屌丝，每个人的简历都有两个最重要的地方，一个是出生地，一个归根之地。一个人记忆最深刻的地方，一定是自己的出生地，即便是王阳明也未能免俗，他记忆中最深刻的地方不是京城，不是龙场，不是南昌，也不是九华山，而是他的出生地——余姚瑞云楼。

人在两种情况下最想回到自己的出生地，一是功成名就的时候，二是失意迷茫的时候。前者是衣锦还乡，光宗耀祖，显示自己的成就；后者则是前途迷茫，为了更好地走下去，回家积蓄能量。

王阳明这个时候回到家乡，既是功成名就衣锦还乡，也是前途迷茫回乡积蓄能量。因而，出生地瑞云楼就成了王阳明必去之地。

大明朝人都知道王阳明出生在瑞云楼，瑞云楼是一个发生奇迹的地方。据说王阳明出生之时，他的奶奶做了一个神奇的梦，老太太梦见天上祥云环绕屋子，鼓声震天，一个身着华丽衣服的神仙姐姐，手里抱着一个婴儿，脚踏七彩祥云，亲手把孩子交给了老太太，接着王阳明就出生了……

神奇的瑞云楼在余姚城北部，并不是王家的产业，而是莫氏家族的产业，那个时候王阳明的父亲王华租住在这里。在此之前，这座楼就是一座普通的楼，因为王阳明诞生时，他奶奶梦见了神仙姐姐踏七彩祥云送子，一时成为佳话。后来王华中了状元，圣人王阳明也在这里度过了童年生活，于是乎，这座楼就成了名楼，于是就把这座楼叫作瑞云楼。

王华在京为官，发了财，就另择风水宝地建筑新宅。之后，这座神奇的楼又被钱姓人家租住，24 年后即弘治九年（1496），王阳明的得意弟子钱德洪也出生在这座神奇的大楼，真是一个美丽的趣事，又是一个传奇。

回到家乡后，王阳明又到瑞云楼故地重游。看到瑞云楼，王阳明感慨万千，心情颇为感伤，用手指指楼中藏自己胎衣的地方，眼泪就不由自主地涌出，每每需要许久才能止住泪水。这是真情流露，也是人性和童心的显现，王阳明无法释怀，一是母亲早早去世，子欲养而亲不待，二是最疼爱自己的奶奶也已经去世，老人家去世的时候，自己正在江西平乱，未能亲自装殓，未能披麻戴孝送老人家最后一程。

当然王阳明思索的不仅仅是自己母亲和奶奶，还有不可言状的自己。人在年轻的时候，总觉得什么都是来日方长，什么都不着急，有的是时间去做；人到老年的时候，有一天会突然"明白"：余生并不长，生命是有尽头的，一些事情必须要立即行动，否则很可能就没有机会了。

人老爱养生，王阳明在前不久专门和陆澄交流了养生之道，王阳明是这样回答的："京中人回，闻以多病之故，将从事于养生。区区往年盖尝弊力于此矣。后乃知养德、养身只是一事。元静所云'真我'者，果能戒谨恐惧而专心于是，则神住、气住、精住，而仙家所谓长生久视之说，亦在其中矣。老子、彭箓之徒，乃其禀赋有若此者，非可以学而至。后世如白玉蟾、丘长春之属，皆是彼所称述以为祖师者，其得寿皆不过五六十。则所谓长生之说，当必有所指也。元静气弱多病，但宜清心寡欲，一意圣贤，如前所谓'真我'之说；不宜轻信异道，徒自惑乱聪明，毙精竭神，无益也。"

一番思索后，王阳明重新找到了真我，知道了自己是谁，知道了自己几斤几两，知道了自己的人生方向，也知道了自己的最终归宿。

正如阳明先生在给陆澄的信中所说："乐是心之本体，虽不同于七情之乐，而亦不外于七情之乐。虽则圣贤别有真乐，而亦常人之所同有，但常人有之而不自知，反自求许多忧苦，自加迷弃。虽在忧苦迷弃之中，而此乐又未尝不存，但一念开明，反身而诚，则即此而在矣。"

这种快乐是真乐，既和七情之乐有区别，但又不外于七情之乐。谁也想象不到，这个时候，阳明先生是这样气定神闲，内心是如此自由，思绪如此丰富，情感如此充盈。

接下来，王阳明在老家过上了潇洒日子，按照真我的态度生活，不再去顾忌一些无谓的东西。天天与宗族亲友在一起，或聚会喝酒，或一起旅游，随时随地指示良知。

古越之地，向来多风景名胜，王阳明也乐得逍遥，今天游一个地方，明天游一个地方，后天再游一个地方，就像当年格竹子一样，只是大不相同，正如他在《归兴二首》中所说：种果移花新事业，茂林修竹旧风流。

王阳明这种真我的境界，不由得想起了张令问的《寄杜光庭》："试问朝中为宰相，何如林下作神仙。一壶美酒一炉药，饱听松风清昼眠。"

这是一种林下神仙状态，但在钱家人的印象中，王阳明还是年轻，是毛头小伙子。和王阳明在一个楼出生的钱德洪，久仰王阳明，对王阳明十分崇拜，一直想拜王阳明为师，但家人一直觉得王阳明不靠谱，阻止钱德洪拜师。

听说王阳明回到余姚后，钱德洪的那颗心有些激动，决定拜王阳明为师。只是，钱德洪这次能实现梦想吗？

王阳明是一个传奇

老王家在余姚是一个传奇，王阳明更是传奇中的传奇，十二岁时立志做一个圣人，然后修身，齐家，治国，在五十岁时实现了一个读书人的最高梦想——平天下。

仅凭鄱阳湖一战，王阳明就登上了神坛，可以不朽了，王阳明一下子就成了天下读书人的偶像和标杆。亲不亲，故乡人，家乡余姚的年轻人对王阳明更是崇拜，其中一个可以说是骨灰级粉丝，这个人就是和王阳明在同一个地方出生的钱德洪。

钱德洪和王阳明的关系也是一个传奇，只是因为共同出生在一个瑞云楼，就把王阳明作为自己的追求，梦想着有一天能成为王阳明的门徒，不料却被身边人阻断，从此开始了孤单的思念。现在王阳明回余姚了，钱德洪也是余姚一个了不得的人物了，但依然崇拜王阳明。

为了能拜王阳明为师，钱德洪什么都不顾了，冲破一切阻拦，一定要拜师王阳明。得知王阳明回余姚后，钱德洪急切地想结识王阳明，虽然两人都是出生在神奇的瑞云楼，但他们却互相不认识。

钱德洪不认识王阳明，但想认识王阳明并不难。据说在世界上，一个人和一个陌生人之间间隔的人不超过五个，也就是说一个人最多通过五个人就可以见到想见的任何陌生人。世界范围内通过五个人就能见到任何人，在余姚显然不需要五个人，因为钱德洪本来就和王阳明出生在一个楼上，其实由于崇拜王阳明的缘故，钱德洪早就和王阳明的侄子王正心成了好朋友。这个时候，钱德洪找到王正心，请求他做引见人。听说有人这么崇拜自己，王阳明很高兴，同意见见。

钱德洪也是一个读书人，虽然年轻，但早就在余姚城里的龙泉山中天阁开课收徒了，以教课为生，相当于现在的私立学校校长。由于钱德洪以王阳明为榜样，学习很是刻苦，深受弟子门徒的喜爱，影响逐步传播开来，在余姚也算一个大儒了。

获悉王阳明同意后，钱德洪有些小激动，就带着两个侄子钱大经和钱大扬登门求见。见到王阳明，钱德洪就套近乎，说自己也是出生在瑞云楼，能和先生在同一个地方出生，备感荣幸。看到钱德洪这么客气，王阳明也是很高兴，大家一起坐而论道，王阳明当场同意收钱德洪为弟子，钱德洪以为不够正式，拜师一定要挑一个良辰吉日。

后来，钱德洪挑一个好日子，把拜师地点定在自己的私立学校——余姚龙泉山中天阁，同时还邀请了余姚当地的名流郑寅、俞大本、夏淳、范引年、吴仁、柴凤、孙应奎、诸阳、徐珊、管州、谷钟秀、黄文焕、周于德、杨珂等共七十四人。一切准备就绪后，钱德洪亲自迎接王阳明到龙泉山南坡的中天阁，然后带领众弟子集体向王阳明行拜师礼。

拜师礼结束后，大家恭请王阳明开讲，王阳明当仁不让，就在龙泉山的中天阁开讲了第一堂课。王阳明是认真的，不是走过场，而是真诚地讲课。在后来的讲学过程中，王阳明根据学生的实际情况，采取因材施教，订立了《书中天阁勉诸生》规则，并且亲自题写在阁内的墙壁上，以此鼓励学生立志求学。

再之后，王阳明丁忧在家，把每月的初一、初八、十五、二十三日定为亲自讲学的日子。其他时间，由钱德洪辅导学生学习"良知"，于是，学生们就称钱德洪为"教授师"。

每逢王阳明亲自讲学的日子，龙泉山就热闹非凡，许多学子不辞辛苦，纷纷赶来当面聆听王阳明的教诲，每次都有三百多人。每次开课，都是人满为患，座位早早就被占完了，来晚的学子，要么蹲着，要么站着，实在没办法了，只能站在中天阁前的走廊上听讲，差一点就挂起来了。好在听王阳明讲学不消买票，不然就会吸引大批人过去"炒门票"。

接下来的日子，朝廷一直忙着大议礼，没人惦记王阳明，王阳明倒也乐得清闲，每逢初一、初八、十五、二十三日就到龙泉山讲讲课，其余时间也就是赴赴宴，聊聊天，论论道，观观花……

经过多次争斗，杨廷和最终做出让步，正德十六年十月，朱厚熜的老母亲终于从大明门踏进了皇宫。

大议礼第一阶段结束，杨廷和开始清除政敌，之后就想起了王阳明，经过认真严肃的讨论，朝廷对王阳明进行嘉奖。

十二月十九日，朝廷下旨，圣旨曰："江西反贼剿平，地方安定，各该官员，功绩显著。你部里既会官集议，分别等第明白。王守仁封新建伯，奉天翊卫推诚宣力守正文臣，特进光禄大夫柱国，还兼两京兵部尚书，照旧参赞机务，岁支禄米一千石，三代并妻一体追封，给与诰卷，子孙世世承袭。正德十六年十二月十九日，准兵部吏部题。"

之后，朝廷派遣人员赏赐给王阳明一些银子和高贵的丝织物，以此表示慰劳。到底是多少，没有做记录，按照朱厚熜和杨廷和的秉性，肯定不会太多。同时朝廷还下了一道圣旨问候一下老状元王华，感谢王华给朝廷和国家培养了这样一个人才，赏赐给王状元羊和美酒。

巧合的是，圣旨到达余姚王家的这天，正值王状元的生日，这一天，王阳明和家人给老爷子举办了一个生日大宴。场面宏大，当地官员和乡贤都来捧场，王阳明的弟子也都赶来拜寿。

宴会刚开始，圣旨到了，大家都极为兴奋，今天是个好日子，今儿真高兴，一致要求老寿星说两句，老爷子也不客气，举起酒杯。谁也没料到，还没开口，老爷子却一点都不高兴，大家都很惊奇，这么大喜的时刻，怎么面带愁容啦？

应物不累于物

孔老夫子说过，七十而从心所欲不逾矩。也即是说，历经七十年的风雨沧桑，饱经世事，从看山是山，到看山不是山，最后看山还是山。人生不过如此，也就这些事，历经磨炼，早已做到了然于心，行于所当行，止于不可不止。

老状元王华也是一个有阅历的人，自从儿子做南赣巡抚之后，王华自然把注意力转移到江西，开始关注江西的风云。王状元经常听到宁王朱宸濠的恶行，怀疑朱宸濠早晚要造反，曾经对自己身边的人说："异时天下之祸，必自兹人始矣。"就是说，如果啥时候天下有大祸，必然从这个人开始。

王阳明推崇"知行合一"，老爷子更是高手，知道天下将有大祸，早早就令家人到上虞的龙溪考察，让族人在龙溪旁边买田筑室，一旦朱宸濠叛乱，就到那里避难。

正德十五年六月，宁王朱宸濠果然发兵造反。消息传到了余姚，人心惊骇，而且说王阳明已经遇害，说得有鼻有眼，全家上下惊悚惶恐，大家一致请求迁徙到龙溪去避难。

这个时候，王状元说："吾往岁为龙溪之卜，以有老母在耳。今老母已入土，使吾儿果不幸遇害，吾何所逃于天地乎？"

就是说，我前些年在龙溪那边做打算，是因为有老母在。现在老母亲已经入土为安了，如果我儿子真的不幸遇害，天地之间还有我能逃避的地方吗？

之后，王状元命令家人注意言行举止，不要轻举妄动。不久，王阳明起兵平叛的檄文传到余姚，亲朋好友都前来祝贺，同时也劝谏王状元应该尽快到龙溪避难。大家都说，王阳明现在和朱宸濠为敌，朱宸濠无所不用其极，他势必在这个时候暗地里派人谋害王状元。

听到大家的建议，王状元哈哈大笑："吾儿能弃家杀贼，吾乃独先去，以为民望乎？祖宗德泽在天下，必不使残贼覆乱宗国，行见其败也。吾为国大臣，恨已老，不能荷戈首敌。倘不幸，胜负之算不可期，犹将与乡里子弟共死此城耳。"

就是说，我儿子能弃家杀贼，我却先逃跑了，这怎么能成为老百姓的希望啊？祖宗德泽在天下，定然不会让朱宸濠这样的残贼祸乱国家，他们很快就会失败。我作为国家大臣，痛恨我现在老了，不能扛枪上战场杀敌了。倘若不幸，我儿子真的战败了，我将和乡里弟子与此城共存亡。

接着，王状元派人把自己的建议告知郡县，要求郡县应该急调兵粮，禁止造谣传谣，要求郡县官员不要动摇。王状元很淡定，乡人担心害怕，就窃视，看到王状元和平常一样起居饮食，大家都定心了。

半个月后，王阳明的捷报传到余姚，一切都果如王状元所料。获得捷报后，亲朋都携酒来到王状元家喝酒庆祝。

看到大家高兴的样子，王状元很是感慨，说道："此祖宗深仁厚泽，渐渍人心，纪纲法度，维持周密，朝廷威灵，震慑四海，苍生不当罹此荼毒。故旬月之间，罪人斯得，皆天意也。岂吾一书生所能办此哉？然吾以垂尽之年，幸免委填沟壑；家门无夷戮之惨；乡里子弟又皆得免于征输调发；吾儿幸全首领，父子相见有日；凡此皆足以稍慰目前者也。"

王状元很是聪明，一点都不争功。首先把功劳让给了祖宗，是因为祖宗深仁厚泽，深得人心；接着把功劳让给了大家，之所以能胜利，是因为纪纲法度维持周密；再就是把功劳让给了朝廷，正是因为朝廷威灵；最后说是因为苍生不该遭受荼毒。半个月的时间，就活捉了朱宸濠，这一切都是天意。岂是我一个书生所能做到的？我这样一个临近终老之人，庆幸没有被填沟壑；家门没有遭到屠戮之祸；乡里弟子都又免于征输调发；我的儿子也幸运活了下来，我们父子又有相见之日了；所有的这些都足以安慰面前的这些情形了。

听完王状元的话，亲朋好友极其高兴，个个都是不醉不归。

当大家都认为可以欢呼庆功的时候，形势发生了变化，朱厚照南巡了。为了争功，朱厚照身边的那帮人，对王阳明无所不用其极，造谣诬陷，谗言构陷，王阳明危急，且夕不可测。小人当道，情况复杂，有人落井下石，有人趁火打劫。竟然有人跑到王状元家，私下登记王状元的家产、房屋、人口和牲畜状况，好像马上要把王家抄没了一样。这样一来，老王家的许多姻族都极其震撼，都搞不清到底是怎么回事。

面对这种情形，王状元不管不问，好像和自己一点关系都没有，天天到田野里休闲，只是告诫家人不要随便外出，不要随便说话。

再后来，朱厚照驾崩，王阳明归来，现在受封新建伯，大伙都激动的时候，王状元反而更淡定了，不仅不高兴，反而忧色重重。

新建伯，这个级别，了不得啊，大明朝开国以来，除了开国元勋刘伯温，获得了诚意伯，整个浙江还没有第二个。高处不胜寒，位置越高，缺点也就越容易暴露，也就越容易被放大，一个小小的毛病就可能家破人亡。大家看到的是繁花似锦，老人家看到的是刀光剑影，因为老状元王华太明白了，功高遭人嫉妒，太危险了。

老状元王华忧愁地对王阳明说："我们父子好几年没有相见了。一开始，你在南赣平定土匪，日夜劳瘁，我虽担忧你的疾病，然而这是一个朝廷臣子的职责所在，我不敢为你担忧。当初朱宸濠起兵造反的时候，大伙都以为你这次死定了，然而你历经劫难却没有死；当你组织义兵对阵朱宸濠的时候，大家都认为是不可能之事，然而你还是平定了朱宸濠。张忠、许泰之流对你谗害构陷的时候，祸机四发，前后两年，太危险了，我以为这次灾祸难免了。然而，天开日月，显忠遂良，迎来了加官晋爵和丰厚封赏。最令人高兴的是，我们父子还能再次相见于一堂，真是太幸福了！世上的事，鼎盛之时也是衰败之始，福报也是祸患的基础，虽然我们很幸运，但要时刻敬畏啊！"

王状元的这席话，可谓是"曾经沧海难为水，除却巫山不是云"，是繁华过后的真纯，是波涛过后的平静，别人或看到了高，或看到了寒，老状元既看到了高，也看到了寒。

家风即精神

听完父亲这席话，王阳明对父亲行了跪拜大礼，说道："父亲大人的教导，儿子一定铭记在心，时刻警醒自己！"

在场的人听到父子二人对话，心有戚戚，"所谓欲戴皇冠，必承其重"，不要说皇冠了，一个伯爵也并不太容易啊，在承受伯爵之隆时，也要懂得盈盛之戒。

可以说，平定朱宸濠叛乱，完整展示了老王家的精神，一是文化素养，从可以追溯的王纲到王阳明，老王家最看重的是书香延续；二是对社会和国家的担当，从王纲到王阳明，老王家最强调的都是尽孝和尽忠，当二者不能兼顾，就为国尽忠；三是心灵自由，从王纲到王阳明，老王家最看重的不是官位，而是读书人的尊严，宁愿不做官也不妥协，也即是自由。

这是一个家庭的价值观，事不避难，义不逃责。这也是一个民族的价值观，也是一种精神，也是我们这个民族的脊梁，在某种程度上可以算作一种贵族精神。老王家体现的就是自尊、自立，还有自明，就是既尊重自我，也尊重别人；既自我成功，又帮助别人成功；无论在什么情况下，都要有自知之明。

正德十三年（1518）夏，王阳明在赣州巡抚衙门接待了从余姚家乡来赣州看望他的叔父王德声。留衙三个月，当叔父准备回归余姚时，王阳明即写了《送德声叔父归姚》："犹记垂髫共学年，于今鬓发两苍然。穷通只好浮云看，岁月真同逝水悬。归鸟长空随所适，秋江落木正无边。何时却返阳明洞，萝月松风扫石眠。"家中有正宪儿，时年十一岁，正是切须教训之时，趁叔父回家之便，随带一纸"家训"以教育训诫儿子。于是就写了《示宪儿》：

幼儿曹，听教诲：勤读书，要孝悌；学谦恭，循礼仪；节饮食，戒游戏；毋说谎，毋贪利；毋任情，毋斗气；毋责人，但自治。能下人，是有志；能容人，是大器。凡做人，在心地；心地好，是良士；心地恶，是凶类。譬树果，心是蒂；蒂若坏，果必坠。吾教汝，全在是。汝谛听，勿轻弃。

这首《示宪儿》就成了《王阳明家训》，也被后人誉为"千年不灭一盏灯"。

受封之后，接下来就是庆祝，老王家邀请亲朋好友，举行了大型的庆功宴，前前后后庆祝了一个多月。

大喜过后，必有大悲。尽管王状元一再强调要淡定，面对这样大的喜事，还是难免有点小激动。加上临近岁末年初，一个多月折腾，王状元病倒了。

老父亲病倒了，王阳明邀请名医给王状元看病，然后带领兄弟们日夜侍奉汤药，照顾得无微不至。

欢乐是大家的，好像和王阳明无关，王阳明有些郁闷，他不能释怀。天下人都知道是王阳明平定了朱宸濠，几乎没人知道是王琼早已谋划好的，王阳明不过是便宜行事，是具体的执行者而已，所以王阳明每次的奏捷书，都把功劳归功于兵部王琼尚书的英明指挥和领导。功劳都是兵部的，那内阁情何以堪，这样一来，王琼就遭到内阁的嫉妒，尤其是内阁首辅大臣杨廷和，对此更是深以为恨。

这个时候，朝廷是朱厚熜的，更是杨廷和的。王琼因为在选皇帝时不够理性，被杨廷和抓住了小辫子，趁机打压下去，发配戍边。敌人的朋友就是自己的敌人，杨廷和当然不会让王阳明进入北京的，不仅阻止王阳明进京，同时想方设法打压抑制和王阳明一道平叛的那些同僚，同时修改记功册，动用一切手法删除他们的功劳。

从世俗的角度看，王阳明功成名就了，只要研究一下为官之道，登阁拜相只是时间问题，到那个时候，王阳明就将立言、立德、立功三不朽一并完成了，成为第一个食人间烟火，而且看得见摸得着的圣人。

获得新建伯封号后，王阳明考虑的不是一己之私，而是那些和自己一起战斗的兄弟们，当初如果没有这帮人支持自己，肯定平定不了朱宸濠。这个时候，自己必须仗义执言，帮他们说话，这虽然不是为官之道，但却是一种担当，老王家的人必须去做。

这是王阳明做官以来第一次在家过年，虽然受封新建伯，但老父亲在病中，自己的战友没有得到应有的封赏，王阳明一点也高兴不起来。王阳明太明白朝廷这帮人了，他们以内斗为能事，以玩弄同僚为乐，只为做人上之人，一点朝廷官员的职业道德都没有，他们不考虑官员的担当，只考虑为官之道。

整个过年期间，王阳明一直忙着写奏疏，表面上是请辞封爵，实际是抗议朝廷不讲理不公正，当然不能明说。

王阳明说自己必须请辞有四条理由：第一条理由是，朱宸濠不轨之谋，处心积虑准备了数十年，以为时机成熟而造反，结果一个多月就兵败被捉，这绝对不是人力所能及的。是什么力量呢？是超自然的天意，因为上天也讨厌战乱希望和平，而这将开启陛下的神圣智慧，创立中兴太平大业。既然平定朱宸濠是上天的功劳，朝廷授给我爵位，那我王阳明就是冒领功劳，这是抢天的功劳。我哪里敢承受呢！

其实，王阳明这样说，是讨好皇帝，说朱厚熜做皇帝是天意，盛赞朱厚熜的智慧，朱厚熜必将是一个中兴皇帝。同时暗批朱厚照和杨廷和，朱宸濠在你们的眼皮子底下，准备了几十年，你们干吗去了？另外就是和皇帝拉关系、抛媚眼，希望皇帝把自己调到身边。

必须请辞的第二条理由是，早在朱宸濠没有叛乱之前，朝廷就已经觉察到他的阴谋诡计，所以才把我王某人改派到南赣做提督，然后授给我便宜行事的权力，从上游控制朱宸濠的形势。这就是后来虽然事发仓促，我仍然能得以方便调遣兵力平定朱宸濠的因由。之所以能迅速平定朱宸濠，一是离不开内阁大臣杨廷和等人的运筹帷幄，二是有兵部尚书王琼这样的合理调度，三是事先做好了军事方案。现在这些参与工作的大臣都没有受到褒奖，偏偏我王某人单独接受重赏，这是掩盖别人的功劳。

这一条明显是给王琼抱不平，越是盛赞平定朱宸濠离不开杨廷和等人的运筹帷幄，就越是说明王琼是多么冤枉，谁都知道王琼才是平定朱宸濠真正的幕后英雄，天下太平了，英雄却被发配边疆戍边了，这是何等荒谬和悲凉，这是在批评杨廷和。其实，王琼因为犯了"奸佞"之罪，差一点被处死，已经被朝廷定案，不可能再做调整，王阳明这个时候提这个件事，很不合时宜。

最让王阳明伤怀的是冀元亨，朱厚熜即位后，在大家的共同努力下，冀元亨被释放出来，但因受尽酷刑，出狱五天即伤重去世。冀元亨去世后，王阳明悲痛不已，可以说冀元亨是王阳明心中永远的痛。

不知是无意忽略还是故意为之，朱厚熜的嘉奖中，居然没有冀元亨的名字。是可忍孰不可忍，王阳明彻底出离愤怒，受封新建伯能怎么样？光禄大夫柱国能怎么样？禄米千石又能如何？即便三代追封子孙世袭罔替也无法弥补失去冀元亨的创伤。

王阳明必须请辞的第三条理由就是围绕冀元亨展开：

朱宸濠造反之初，形势危急，人心惶惶。我振臂一呼，江西当地官员应者云集。我一个文弱书生，冲锋陷阵不是我一个人能做到的，埋伏袭击敌人也不是我一个人能做的，出谋划策也不是我一个人能做的，至于其他的一些工作也不是我能做到的。这些人可能平时人品互有清浊高下，然而单单就这平定朱宸濠之乱来说，他们都有为国捐躯效死之心，都是勠力勤王，都是有功劳的人，都应该受到奖赏。

功劳不是一个人的，正面战场浴血奋战的是功臣，而深入敌人内部和后方的地下工作者、敌后工作者也是功臣。他们置生死于度外，冒着死亡的风险，假传兵檄打乱敌人进军步伐，破坏进军时机，伪造书信离间朱宸濠的心腹，分散朱宸濠的党羽，破坏朱宸濠的阴谋诡计。他们做的这些工作，都是这些将士所不知道的，在某些程度上，他们更不容易，他们所经历的艰难可能比冲锋陷阵的将士们更多，甚至他们的功劳更大。都是一时号召起来的人，由于颠沛流离，现在都记不起大多数人的姓名籍贯了，他们也都是英雄啊。

还有一个不得不说的人，就是举人冀元亨。当初他替我王阳明劝说朱宸濠，结果反被奸党诬陷，竟然冤死狱中。这样的人，居然因为忠心招来祸患，这不是为贼报仇吗？冀元亨衔冤而死，都是因为我王阳明，现在就是尽削我的职位，全部移报给冀元亨，也无法弥补我心灵的痛楚。

但是由于众所周知的原因，他们多少会有一些历史遗留问题，他们至今没有得到应得的奖赏。平定朱宸濠，我只是一个带头人，是因为大家的共同努力才成功的，仅凭我一个人哪有那么大本事。现在这么多人没有得到奖赏，我一个人独自接受伯爵之位，这是抢下面人的功劳，所以我不敢。

即便周公的功劳再大，也是一个臣子职责所在。况且我只是区区的犬马之劳，又碰上好机会，有幸成功了，这怎么能当作功劳呢？我们家四代享受国家之恩，即便粉身碎骨，也不足以报答。当年忝位提督，取得了一点成绩，朱宸濠之乱，有越位之举，功过相当，不敢冒昧贪多，不能忘记自己是谁。

奏疏结尾，王阳明心有戚戚，这么多同事功劳被有意无意忽略，自己要这些虚名有啥意思，于是上疏乞辞封爵，说道："殃莫大于叨天之功，罪莫大于掩人之善，恶莫深于袭下之能，辱莫重于忘己之耻：四者备而祸全。此臣之不敢受爵者，非以辞荣也，避祸焉尔已。"

按理说，这样无原则无底线的事不应该发生在大明朝，但就是发生了，王阳明无法改变，只能通过辞去朝廷赏赐的封爵来抗议。

抗议当然没有结果，奏疏到了朝廷，两字：不报。

根本不理王阳明这茬。

厨子也能中进士

王阳明和兄弟们一直细心照顾老父亲，但新年后，王状元的病情急转直下，越来越差。

二月十二日，朝廷的敕封诏书到了，按照礼数，王家上下老小都应该出去接旨，但王状元的病情十分严重。王状元听说使者已经到门口了，就督促王阳明和兄弟们，对他们说："虽仓遽，乌可以废礼？尔辈必皆出迎。"

原来，朝廷推论王阳明之功，决定追封三代，加封王华及王伦、王杰，都为新建伯。当听说敕封之礼完成了，王状元便偃然瞑目而逝。

就这样，王华结束了自己的一生，寿终正寝，享年七十七岁。

一边是追封三代的大喜事，一边是老父亲去世的丧事，王阳明也是经过大场面的，他很清楚，这个时候的王家不是普通人家，而是王侯将相，一切都要遵循礼法，千万不能乱了礼法。

如果说父亲是沧海的话，三代追封仅仅是沧海一粟，一粟之喜悦无法弥补沧海的悲伤，王阳明悲伤成海。王阳明告诫家人不要哭，大家一起动手给老人家换上入殓的衣服，而且要严格遵照伯爵的级别进行，准备齐全各种内外发送的物品，之后，才开始举哀。

尽管身为伯爵，王阳明依然清楚自己首先是一个普通人，还是一个儿子。父亲去世了，王阳明强忍悲痛处理好一些程序后，放开痛哭，由于身体不好，结果一哭就昏厥过去了。

师父家大丧，王阳明的弟子都过来帮忙办理丧事，王阳明根据他们的特长安排负责不同的任务。弟子金克厚为人严谨负责，王阳明安排他监管厨房之事。金克厚果然不负老师托付，发放物品严谨认真，偶尔不慎发错了也一定要追回来，于是内外井井有条。

按照传统礼法，父母之丧是最高级别丧事，被称作斩衰之丧。父母去世后，头三天不能吃任何东西。下葬后，早晚可以喝一点稀粥。一百天后，举行卒哭祭拜，可以少吃饭多饮水，不能吃菜和水果。一年后，举行小祥祭拜，可以吃点瓜果。两年后，举行大祥祭拜，可以在饭菜里添加一点油盐酱醋等作料。三年后，举行禫礼祭拜，守孝期满，才可以饮酒吃肉。

尽孝是应该的，但这么严格，这么"一刀切"，似乎不太人性了，这不是在尽孝心，简直是在自虐。在那个时候，无论是谁，都必须执行，下自黎民百姓，上至皇帝，都必须这样做。

老王家自然不能例外，丧事期间，王家上下严格按照礼法行事，一点不敢怠慢，全家上下一起吃斋。王阳明觉得这样的制度不合人性，不能死守规矩，凡是违背人性的制度都不能执行，即便执行也是变味的，与其这样，不如变通。

王状元去世一百天后，王阳明就让弟弟和侄子们稍微吃一点干肉。王阳明对他们说："这些孩子都娇生惯养惯了，强其不能，是逼着他们作假。如果稍微宽容一点，让他们各自根据情况尽自己的孝心就行了。"

人心即天理，违背人心，自然无法赢得支持，没人支持，再美好的制度都只是空中楼阁。孝心也是如此，本来就是个人的心意表达，个人的情况不一样，表达怎么能一刀切呢？

在家人尽孝方面进行改革后，王阳明也对家乡的吊唁习俗进行了变革。余姚先前招待吊唁客人，一定摆列饼糖，置备文绮，大摆宴席，竞相比拼，以丰盛奢侈程度展示孝心。王阳明采取新事新办，基本废除了这一套。只有遇到那些年事已高和远道而来的客人，才设宴招待，而且还在素食中加两道肉菜。

至于为什么这样做，王阳明解释道："斋素之食只能在自己家人内部实行，如果让吊唁客人同孝子一样吃斋素，就不是招待年事已高和远道而来的客人之道。"

王阳明一心为客人考虑，居然还引起客人的指责，这位客人就是大名鼎鼎的湛若水。王状元去世后，湛若水获悉后，不远千里到王阳明家里吊唁，看到王阳明招待他的宴席上有肉食，心里不高兴，就写信责怪王阳明。面对湛若水的指责，王阳明接受批评，一句都不给自己辩解。

这一年，在王阳明家帮过厨的金克厚和钱德洪同时中举，之后，金克厚又中进士，而钱德洪没有。金克厚对外宣称，自己之所以能中举接连中进士，是因为自己在老师王阳明家帮过厨，自己在帮厨的日子悟了道，于是考取了进士。

后来，金克厚专门和钱德洪分享心得："我的学问从掌管先生家厨房得到了极大的提升，我用来考取了科第。先生常说的学问必须用来具体做事才能掌握，真是真理啊！"

这个金克厚，真是一个营销人才，太会给老师脸上贴金了。按照金克厚的说法，帮帮王阳明管管厨房就能中举，好像是说，即便王阳明家的厨师，也能考中进士。

经过金克厚等人的这么一宣传，王阳明家自然门庭若市。

王阳明天天忙着接待各路粉丝，刚开始，王阳明还很真诚，谁都热心接待，但事后，这些粉丝并不满意。粉丝不满意，并不是王阳明不真诚，也不是王阳明不热心，而是粉丝们的愿望没有实现。

这些人不都是冲着学问之道来的，大多是另有所求，他们把王阳明当成了观音菩萨，希望能有求必应，王阳明哪有这个本事？

慢慢地，不仅粉丝不满意，王阳明也不耐烦了。

你们需要的不是王阳明，是信仰

于是，粉丝们就蜂拥而至，王阳明清楚，这些粉丝崇拜的不是学问，也不是自己，而是功名利禄。他们内心缺乏信仰，不足以论道，他们皆为名利来，一旦实现，就会把自己捧上天，一旦实现不了自己的欲望，就打下地狱，并且踏上三脚。

怎么办？王阳明有办法，尽量不见，就写一个帖子张贴在墙壁上，上面写道：

　　某鄙劣无所知识，且在忧病奄奄中，故凡四方同志之辱临者，皆不敢相见；或不得已而相见。亦不敢有所论说，各请归而求诸孔、孟之训可矣。夫孔、孟之训，昭如日月，凡支离决裂，似是而非者，皆异说也。有志于圣人之学者，外孔、孟之训而他求，是舍日月之明，而希光于萤爝之微也，不亦谬乎？

　　也就是说，我王某人鄙陋没啥知识，而且正在病中，都奄奄一息了，故而凡是承蒙光临的五湖四海的同志们，我皆不敢相见，或者迫不得已相见了。即便这样，我也不敢有所论说，至于功名之事，烦请各位回家好好学习孔夫子和孟夫子的教诲。孔夫子和孟夫子的教诲，像日月一样昭示真理，凡是支离决裂他们教诲的，似是而非的道理，都是异说。你们这些有志于圣人之学的人，抛弃孔夫子和孟夫子的教训而外求别人之说，是舍日月之明，而把希望寄托在萤火虫的微弱光芒上，这样不是太荒谬了嘛！

　　把王阳明当作万能之神的，不只是读书人，还有普通民众，以及宗教界的朋友。这些人拜神，都是有所求的，大抵就是穷问富，富问官，官人问平安，超脱贫富官，肯定是问神仙。

　　王阳明心里清楚，自己没有那么玄乎，不过尔尔，要是真有这样神奇，还至于无法给冀元亨讨回一个公道吗？

　　嘉靖元年七月十九日，吏部针对王阳明的辞封奏疏下发公文。"钦奉圣旨：卿倡义督兵，剿除大患，尽忠报国，劳绩可嘉，特加封爵，以昭公义。宜勉承恩命，所辞不允。"

　　圣旨说得好，你王阳明倡议督兵，为朝廷剿除心腹大患，尽忠报国，功高劳苦，精神可嘉，所以给您特加封爵，以此昭示公义。你应该勉承恩命，不允许你辞退封爵。

　　这道圣旨搞得王阳明哭笑不得，王阳明当然不是真心要辞退封爵，而是为了给自己平定朱宸濠之战中的战友们讨还公道，希望借此给他们一个公正的赏赐。不知道朝廷是真糊涂，还是假不知道，如此名正言顺拒绝王阳明的请求，朝廷真的不知道王阳明的用意吗？

朝廷下旨不允许辞封，王阳明没有遵旨，而是继续上奏疏辞封爵位。

这一次，王阳明还是要辞封，同时还乞求朝廷给所有参与平叛的人普遍赏赐恩典。面对朝廷的这些做派，王阳明出离愤怒了，一点也不客气，直接向朝廷当政者开炮，你们这些朝廷当政者，高高在上，根本不懂军旅赏赐之道，硬是把朝廷政治那一套生搬硬套到军旅中。把朝廷那套阴谋弄到军旅中，先进行秘密考察，然后就决定有些人奖赏还是不奖赏，有些人本该奖赏却不奖赏还一并削去他们的功绩，有些人的奖赏还没传播开来而处罚却已经先行下达，对一些人给予虚假升职之名而实际是让他们赋闲，对一些蒙受不忠之冤的人不进行调查而是随意废黜。

写完奏疏，王阳明感叹说："我的这些同事大臣，正伸长脖子等朝廷赏赐呢，他们这样已经整整三年了！如果这时，我还不站出来替他们说话，谁还会为他们争取赏赐啊？这些人当初均秉忠义之气，大家一起共赴国难，而功成行赏，唯吾一人当之！如果我心安理得接受，那我岂不是太龌龊了？"

朱宸濠造反的时候，形势危急，人人自危，王阳明振臂一呼应者云集。大伙凭什么跟王阳明啊？不是王阳明能力大，也不是因为王阳明学识高，更不是王阳明有必胜的把握，就是因为大家心里都有一个"义"。

大家讲义气，一起共赴国难，王阳明怎么能不讲义气呢？王阳明于是再次上疏力争："先前朱宸濠造反的时候，气势磅礴，即便在千里之外，无不震骇失措，况且江西诸郡县这么靠近刀俎砧板呢？我王某人逆旅孤身，一个人在那里组织队伍平定朱宸濠。那个时候，我一没有朝廷授予的巡抚之命，而江西当地官员也不属于我的管辖；二没有奉讨贼之旨，我这样做就是高举国家大义之旗，如果那个时候郡县的官员都怕死逃生，都以没有朝廷授命、各自守土有责为借口的话，那么我王某人会是什么样子啊？

当时他们获悉了我的平叛之事，个个当即感激奋勇，挺身而来，如果不是真的有为国捐躯赴难之义，有拼死为皇帝尽忠之心，谁愿意冒着杀身之祸，灭族之灾，为了几乎看不到希望的功名而前赴后继呢？所以说，凡是和我一起平定朱宸濠的人，都是一些忠义之人。

大家都知道，朝廷有自己的一套考核赏赐官员的方法，军旅也有一套自己的考核奖赏方法，都是各有各的道理，各有各的特点，符合各自的规律，但却绝对不能把两者混合起来实施。

在赏赐平定朱宸濠这件事上，朝廷本应该运用军旅的赏赐方法，却暗地里运用朝廷考核官员的那一套。人们只看到奖赏还没有兑现而惩罚已经到达，有功得不到奖赏而罪过却是再加一等，朝廷这样做就不能惩戒奸恶之徒，只能阻碍忠义志气，大快那些谗言嫉妒之心。就好比向河里倒一杯酒，而希望喝到河水的人就能醉倒，这可能吗？

奏疏到了朝廷，还是不答复！

远离官场离不开是非

王阳明一而再、再而三地上疏，既是给战友争取应得的功名，也是宣泄自己对朝廷的不满。

朝廷好像根本读不懂王阳明的奏疏，无论王阳明怎样愤怒，怎么讲道理，都是坚持己见，不接招，一是不同意王阳明辞去封爵，二是不给王阳明的战友封赏。

这正是杨廷和的高明之处，故意把所有功劳都给王阳明，这样一来王阳明就成了出头之鸟，那些没有得到奖赏的人必然会记恨王阳明。这样一来，王阳明怎么都解释不清，就成为不仁不义之人，成为众矢之的，这样的人怎么有资格进入内阁呢。

杨廷和精明，王阳明也不是傻子，他也明白了朝廷用意。堂堂的大明朝廷，难道没有人懂得军队治理之道，当然有人知道，王阳明就知道，但他们就是揣着明白装糊涂，就是任性，就用政治手段解决军队之事，看你王阳明能怎么着。

面对朝廷的任性，王阳明还真不能怎么着，内阁惹不起，皇帝更惹不起，惹不起，就躲。

老父亲去世了，正好丁忧，王阳明就老老实实待在家里，好好讲讲学。

除了讲学，王阳明还有一件重要的事——修建自己的伯爵府。

修建伯爵府，是朝廷行为，王阳明没有多大的话语权。据《明会典》载：

洪武二十六年规定，公侯门屋三间五架，门用金漆及兽面，摆锡环。所以朝廷不仅对规模、形制、装饰有明确规定，还从规划、设计、选址到施工进行全程监控。

伯爵府在嘉靖元年开工，地址选在大城市绍兴。看来王阳明也很俗，做了伯爵，看不上生于斯长于斯的余姚了，而是到余姚的上一级城市绍兴定居。在古时候，余姚向来隶属绍兴府，绍兴自然就成了余姚人奋斗的方向，当时很多余姚籍官员，发财后都到绍兴置办田产，诸如谢迁谢丕父子，邵廷采等人。看来那个时候和现在也差不多，许多农村人富裕之后，都喜欢到高一级的城市买房定居，正所谓小富进城，中富进大城，大富进京。

正是因为有了王阳明等前辈的带动，余姚的后起之秀吕本，后来入阁拜相，也在大城市绍兴兴建了庞大的住宅。气势非凡，规模庞大，南向共有十三座厅堂，余姚和绍兴当地人称吕府十三厅。但如果和王阳明的伯爵府比起来，那就是小巫见大巫，据当地流传说法，"吕府十三厅，不及伯府一个厅"。

吕府这么大，居然不及伯府一个厅，可以想象，王阳明的伯爵府有多大，有多么宏伟，多么庞大，多么壮观。

王阳明的伯府规模宏大，也是极尽奢华，"伯府大厅"竟然全部使用楠木打造，绝对是高端大气上档次。王阳明在家丁忧六年，基本都住在伯府大厅里，大厅也是王阳明迎接圣旨、接待客人以及给弟子讲学的主要场合。每逢除夕、新春和其他重要节日，王阳明就带领王家子弟在这里祭祀先祖。

伯府也叫"宫保第"，是王阳明自己的宅邸。毕竟王阳明兄弟四个，王阳明于是在伯府西面依次给大弟弟王守俭修建了状元第，给三弟弟王守文修建了翰林第，给小弟弟王守章修建了学士第。四座大宅门拔地而起，屋檐交错，鳞次栉比，气势恢宏，成了绍兴的地标。即便是现在，新建伯府依然是绍兴的一个重要文化符号。

由于修建伯府是朝廷的恩赐，土地自然由朝廷免费划拨，建造资金也由朝廷拨付，至于王阳明有没有在修建伯府的时候趁机多贪多占，只能说，这个你懂的。

王阳明之所以倾力打造豪华住宅，其实就是想远离朝廷之事，正如他后来的绍兴老乡鲁迅所说，躲进小楼成一统，管他春夏与秋冬。正所谓，树欲静而风不止，朝廷的整人之风刮得正劲，哪里会放掉王阳明？

王阳明学问水平高，名气也大，讲课通俗易懂，而且直击人心，能触动人内心最软弱之处。另外，再加上钱德洪、王艮和王畿众星捧月，以及金克厚的贴金。

几乎是一夜之间，王阳明爆红于江浙之地，成了学术男神，各色人等纷纷前来听课。王阳明的名气越来越大，粉丝自然也就越来越多，影响自然也就是越来越大，根据蝴蝶效应，王阳明一讲课，大明朝的朝廷就发生龙卷风了。

朝廷都快发生龙卷风了，杨廷和当然坐不住了，于是指使江西巡抚程启充和给事毛玉抹黑王阳明。

事情要从嘉靖元年七月说起，广西巡抚都御史张钺上疏弹劾刑部尚书张子麟，说张子麟是朱宸濠的同党。这个时候，朝廷正在对朱宸濠叛乱之事进行政治大清洗，张钺的这一弹劾，很要命，一旦罪名坐实，轻者丢官，重者掉脑袋。本来这是张子麟和朱宸濠之间的事，只需要找到朱宸濠和张子麟对质即可，哪里有王阳明什么事？可是张钺硬是拉上王阳明，说这些事王阳明可以做证。

张子麟上疏辩解，说张钺造谣诬陷，要求皇帝给自己做主，主持公道，还自己一个清白。

朱厚熜就命令张钺提及的王阳明、伍希儒和何鳌做情况说明。原江西巡抚伍希儒和稀泥，说自己当初在朱宸濠的送礼清单中看到了张子麟的名字，但没有看到张子麟的回信。御史何鳌与伍希儒畏罪讳过，故而不敢实话实说，就打哈哈应付官差。

不久，王阳明和他的江西老搭档伍文定都如实上奏，张子麟和朱宸濠之间的关系一一如实列出。他们俩为了给张子麟求情，还说当初朱宸濠及其党羽为了保护自己真正的党羽，故意伪造了许多书信，以假乱真，张子麟就是受害者之一。

王阳明和伍文定是当事人，提供的材料真实可靠，这样一来张子麟就清白了。这个时候，给事中毛玉不乐意了，于是连同其他同僚上奏请求，"亟诛逆党以快人心"！

到这里，可以看出，毛玉他们并不是真正为了朝廷，而是政治清算，党同伐异。他们同时借机发难，说王阳明作为朝廷大臣，不应该两面讨好，接着，都察院再次上奏，要求惩罚张子麟。说伍希儒作为御史不能秉公执法，没有追究张子麟，只是根据王阳明的奏疏进行处理。后来，这事终究还是不了了之。

因为这事，毛玉他们和王阳明就结下了梁子。

果然，两个月后，程启充污蔑王阳明勾结朱宸濠，而且列出了子丑寅卯，说得有鼻子有眼儿，就跟真的一样。

这些人当然找不出什么真正有料的证据，也就是炒炒"剩饭"，把当年江彬、张忠、许泰他们污蔑王阳明的一些传说重新整理。一说王阳明和朱宸濠暗通款曲，证据是朱宸濠曾在私人信件里说过"王守仁亦好"这样一句话；二说冀元亨是王阳明和朱宸濠的联络人，因为王阳明曾经派遣冀元亨前去拜见朱宸濠；三说朱宸濠造反的时候，王阳明之所以赶那么凑巧，是因为王阳明正在给朱厚熜贺寿的路上；四说王阳明之所以起兵平叛朱宸濠，是由于致仕都御史王懋中、知府伍文定的激将；五说王阳明攻破南昌城之时，纵兵焚掠，杀人太多；六说朱宸濠本无能力，一个知县就能活擒，王阳明功劳没有多大，王阳明在其捷本中所陈述，言过其实，水分大。

鉴于此，程启充和毛玉一致认为，都这样啦，你王阳明还有什么资格给别人讨封，还搞什么辞封？不要再蛊惑人心了，为了伸张正义，这两人强烈要求朝廷褫夺王阳明的封爵。

三、新君旧臣的江湖

在大明朝，制度是完备的，法律也是齐全的，天天高喊着"王子犯法与庶民同罪"，却没说"皇帝犯法与庶民同不同罪"。如果皇帝犯法不与庶民同罪，那谁来保障法律的公正，没有法律做保障，丛林法则就会主导。大明朝的君臣关系，说是奉天承运，推崇三纲五常，在某种程度上其实就是一种江湖法则，口口声称仁义礼智信，双方都是互相利用关系。

弹劾还是告密？

五千年的历史告诉我们，这块土地上的人们最擅长做四件事，第一是歌功颂德，四书五经和二十四史备述焉；第二是告密，这个几乎是天然性的，谁人不曾告过密；第三是玩弄权术，翻开二十四史和《资治通鉴》，里面都是玩弄权术的衍生品；第四是明哲保身，这是我们的生存法则，不讲原则，不讲规矩，不讲是非，只讲利益。

人们为什么最擅长这四件事，是因为大家都是官迷，尤其是已经做了官的人。穷了想富，富了想做官，做了官又嫌官小，如何升官？歌功颂德、告密、玩弄权术和明哲保身，是升官四大法宝。

在大明朝，官员对这四件事可谓驾轻就熟，杨廷和授意程启充和毛玉上疏弹劾王阳明，就是如此。

这到底是怎么回事呢？大家都知道王阳明在平定朱宸濠叛乱中，功勋卓著，

655

算是大明朝第一人。如果按功行赏的话，王阳明自然应该进入内阁，成为朝廷中的要员。但内阁毕竟位置有限，王阳明进去，必然有人要退出，再就是王阳明功勋卓著，他进入内阁，直接威胁到杨廷和的地位。

朝廷正处于"大议礼"敏感时期，朱厚熜与杨廷和正在较劲，杨廷和稍占上风，一旦内阁加入一股不明力量，如果这股力量支持皇帝的议礼，局势立马会发生变化。

先下手为强，于是让程启充和毛玉，抛出一些莫须有的弹劾。这种弹劾名义上是为国为民，伸张正义，忠于朝廷，忠于皇帝，背后往往是自私自利。在大明朝，这种正义的行为叫"弹劾"，而莫须有的"弹劾"，在某种程度上就是一种告密，在今天也叫告密。

"弹劾"的内容一般是御史检举官吏的犯罪行为，因而是正义之举；但"告密"就不是这样了，所检举的行为具有可告可不告，取决于告密者私人利益的考量，一般为人所不齿。

一直以来，有人故意混淆这两种截然相反的行为，往往用"弹劾"来代替"告密"，以此来美化自己的"告密"行为，本来是卑鄙龌龊的行为，一下子成了正义之举，投机者善于用告密来邀功请赏升官发财。

朱厚熜做皇帝后，杨廷和主政，提拔自己人程启充到江西做巡抚，至于用意，大家都懂的。程启充果然不负所托，到了江西不忙着战后重建，也不忙着民生工程建设，而是忙着调查王阳明平定朱宸濠的相关事宜。

功夫不负有心人，在程启充的领导下，很快就找到了朱宸濠与萧敬、张锐以及陆完等人的私人来往信件。朱宸濠急切让孙燧离开江西，曾经在和这些人的信中讨论孙燧离开江西后的替代人，说过这样的话："代者汤沐、梁宸可，其次王守仁亦可。"

看到"王守仁亦可"这句话，程启充如获至宝，激动得几乎哭了，可谓踏破铁鞋无觅处，得来全不费工夫，当即连夜起草奏疏，上奏朝廷要求惩治萧敬和张锐的通敌之罪，重点是王阳明，说王阳明和朱宸濠是同党，一定要追究王阳明的罪责，同时剥夺王阳明的封赏。

朝廷也不都是杨廷和的人，奏疏到了朝廷，朱厚熜不说相信也不说不信，而是命令有关部门进行调查，这事就由给事中汪应轸负责调查。经过严格调查和多方求证，汪应轸得出了结论："逆濠私书，有诏焚毁。启充轻信被黜知县章玄梅捃摭之辞，复有此奏，非所以劝有功。"

就是说，这事不是事，关于朝廷官员和朱宸濠的私人信件，为了维稳和笼络人心，皇帝已经下诏焚毁。言外之意，关于和朱宸濠的通信问题，朝廷已经有明确的文件规定，没有焚毁，已经抗旨不遵了，且不说是真是假了。程启充轻信被罢免知县章玄梅收集打击王阳明的言辞，然后上奏，这样就不能起到正面激励有功之臣的作用。

朝廷有人给王阳明正名，王阳明的弟子义愤填膺，亲自撰文上疏，给老师讨说法，逐一驳斥程启充的论点：

> 宸濠私书"王守仁亦可"之说，乃启充得于湖口知县章玄梅者。切惟刑部节奉钦依："原搜簿籍，既未送官封记收掌，又事发日久，别生事端，委的真伪难辨，无凭查究，着原搜获之人尽行烧毁。钦此。"今玄梅之书从何而来？使有之，何足凭据？且出于宸濠之口，尤其不足取信者。夫豪杰用意，类非寻常可测。守仁虽有防宸濠而图之之意，使机事不密，则亦不过如孙燧、许逵之一死以报国而已，其何以成功以贻皇上今日之安哉？设使守仁略有交通宸濠之迹，而卒以灭之，其心事亦可以自白；况可以不足凭信之迹，遂疑其心而舍其讨贼之大功哉？
>
> 其遣冀元亨往见者，是守仁知宸濠素蓄逆谋，而元亨素怀忠孝，欲使启其良心，而因以探其密计尔。元亨一见，不合而归。使言合志投，当留信宿，何反逆之日，反在千里之外乎？今元亨之冤魂既伸，而守仁之心事不白，天理人心何在乎？
>
> 毛玉疑守仁因贺宸濠生辰，而偶尔遇变。殊不知守仁奉敕将往福建，而瑞金、会昌等县瘴气生发，不敢经行，故道出丰城。且宸濠生日在十三，而守仁十五方抵丰城，若贺生辰，何独后期而至乎？
>
> 其谓守仁由王懋中等攀激①起兵，尤为乖谬。守仁近丰城五里而

----

① 犹激将之意。

闻变，即刻伪写两广都御史杨且大兵将临火牌，于知县顾似接见之时，令人诈为驿夫入递，守仁佯喜，以为大兵即至，贼必易图，当令顾似传牌入城，以疑宸濠。又令顾似守城，许与拨兵助守。时有报称宸濠遣贼六百追虏王都者，守仁回船而南风大逆，乃恸哭告天而顷刻反风。守仁又恐贼兵追至，急乘渔舟脱身。此时王懋中安在？次日奔至蛇河，遇临江知府戴德孺，即议起兵。因不足恃，又奔入新淦城，欲与知县李美集兵。度不可居，复奔至吉安。见仓库充实，遂乃驻扎，传檄各处，起调军民。一面榜募忠义之士，方令伍文定以书请各乡官王懋中等盟誓勤王。而懋中又迟疑二日，乃始同盟。夫各府及万之兵，若非提督军门以便宜起调，其肯听致仕乡官而集乎？今乃颠倒其说，至谓守仁掩懋中之功，天理人心安在乎！

至于破城之时，焚者，宫中自焚，故内室毁而外宇存，官兵但救而无焚也。掠者，伍文定之兵乘胜夺贼衣资，众兵不然也。杀人者，知县刘守绪所领奉新之兵，以守仁号令"闭门者生，迎敌者死"，故杀迎敌者百余人。及守仁至，斩官兵杀掠者四十六人，遂无犯者矣。且省城之人，各受宸濠银二两，米一石，与之拒守，是贼也，杀之何罪？又宫为贼巢，财皆贼赃，焚之掠之，亦何罪哉？今舍其大功，而摘其小过，几何而不为逆贼报仇乎？

且宸濠势焰熏天，触者万死，人皆望风奔靡而已。及守仁调兵四集，捣其巢穴，散其党与，数败之余，羽翼俱尽，妻妾赴水，乃穷寇尔。夫然后知县王冕得以近之。今乃以为一知县可擒，甚无据也。果若所言，则孙燧、许逵何为被杀？而三司众官何为被缚耶？杨锐、张文锦何为守之一月不敢出战，必待省城破而贼自解围耶？伍文定何以一败而被杀者八百人，其余诸将，又何以战之三日而后擒灭耶？

至若捷本所陈，若作伪牌以疑贼心，行反间以解贼党之类，所不载者尤多，而谓以无为有可乎？

夫宸濠积谋有年，一旦大发，震撼两京，而守仁以一书生，谈笑平之于数日之内，功亦奇矣！使不即灭，而贻先帝亲征之劳，臣不知

658

卖国之徒计安出也？使不即灭，先帝崩，臣又不知圣驾之来，能高枕无忧否也？今建不世之功，而遭不明之谤，天理人心安在哉！臣知守仁之心，决非荣辱死生所能动者。但恐公论不昭，而忠臣义士解体尔；此万世忠义之冤，而国是之大不定者，宜乎天变之叠见也。

无辩止谤

事情最后闹到了朱厚熜那里，皮球被踢到这位年轻皇帝面前，了解前因后果之后，他说："守仁一闻宸濠变，仗义兴兵，戡定大难，特加封爵，以酬大功，不必更议。"

单单从处理这件事来看，老朱家真是有基因遗传，生来都是做皇帝的料，朱厚照十几岁能轻松驾驭朝廷，朱厚熜也是如此。一方面打击了杨廷和的势力，另一方面间接拉拢了王阳明的势力，同时为自己赢得了公正的声誉。

毕竟，朱厚熜根基不稳，在大议礼上还需杨廷和的支持。之后，朱厚熜警告了陆澄："勿复再言！"

王阳明听说陆澄给自己辩诬后，立即给陆澄写信制止，在信中这样说："无辩止谤，尝闻昔人之教矣。况今何止于是。四方英杰，以讲学异同，议论纷纷，吾侪可胜辩乎？惟当反求诸己，苟其言而是欤，吾斯尚有未信欤，则当务求其非，不得辄是己而非人也。使其言而非欤，吾斯既以自信欤，则当益求于自慊，所谓默而成之，不言而信者也。然则今日之多口，孰非吾侪动心忍性，砥砺切磋之地乎？且彼议论之兴，非必有所私怨于我，亦将以为卫夫道也。况其说本自出于先儒之绪论，而吾侪之言骤异于昔，反若凿空杜撰者，固宜其非笑而骇惑矣。未可专以罪彼为也。"

王阳明很清楚，这些谤议，根本说不清，在某种程度上，沉默就是默认，解释就是掩饰，与其费力解释，不如随他去。明明是你死我活的政治斗争，王阳明硬是看成学术之争，一般人看来，王阳明成了缩头乌龟，但实际上这是非常明智的，因为这一切朝廷早已定性。那个时候，朝廷关系复杂，如果任由弟子跟着辩论，稍为不当，就会被卷进朝廷的政治斗争中去。王阳明饱尝政治斗争之苦，当年就是因为少一道奏疏，被打了一顿屁股，被发配龙场，历经生与死，才艰难挺住。

新皇帝即位，杨廷和主政，朝廷正在为大议礼闹得不可开交，各方势力都在蠢蠢欲动，作为一个边缘化的人，最好是远离政治斗争，否则不仅会有牢狱之灾，甚至可能断送自己的圣人之学。

曾经有人问王阳明："叔孙武叔诋毁孔子，大圣人难道也不能免于毁谤吗？"

王阳明思考了一下，缓缓回答曰："毁谤自外来的，虽圣人如何免得？人只贵于自修，若自己实实落落是个圣贤，纵然人人都毁谤他，也说他不着；就像浮云掩盖太阳，如何损得太阳的光明。若自己是个象恭色庄、不坚不介的，纵然没一个人说他，他的恶意终须一日发露。所以孟子说'有求全之毁，有不虞之誉。'毁誉是在外的，怎么能避得，只要自修谁也奈何不了。"

朝廷有人诽谤，就诽谤吧；有人愿意诋毁，就诋毁吧；这些都是避免不了的。人只能管住自己，安心自我修行就行了，如果自己真的是圣贤，别人怎么说都没关系。

与其参与辩论，倒不如和自己的弟子朋友们一起说说"良知"。

这个时候，一个名叫杨仕鸣的朋友登门请教"致良知"，王阳明就和他详细谈论了良知。王阳明告诉杨仕鸣，区区所论"致知"二字，乃是孔门正法眼藏，于此见得真的，直是建诸天地而不悖，质诸鬼神而无疑，考诸三王而不谬，百世以俟圣人而不惑！

王阳明进而告诉杨仕鸣，仅仅知道"致知"还不够，还要"致良知"。要想"致良知"，首先要知道什么是"良知"。

王阳明告诉杨仕鸣，孟子说过："是非之心，知也。""是非之心，人皆有之。"即所谓良知也。这难道不是良知吗？但不能致之啊。《易》说："知至，至之。"知至者，知也；至之者，致知也。这就是"知行"之所以"一"也。近世流传的所谓格物致知之说，只讲了一个"知"字，而且尚未有下落，至于"致"字的工夫，全部不曾摸着门道呢！

王阳明想要告诉杨仕明，"致知"里面的"知"是"知"，"致"是"行"，朱熹讲究格物穷理，只讲了"知"，没有讲"行"，导致"知"是"知"，"行"

是"行"，而"致良知"中的"致"就是"行"，因而"致良知"是强调"知行合一"的。

因而，在这一点上，王阳明有自己的学术自信，当钱德洪要赶赴省城杭州，临行前向王阳明请教指示：老师啊，我要去杭州，你有啥指示？

王阳明慢慢说道："胸中须常有舜、禹有天下不与气象。"

孟子说过"我善养吾浩然之气"，王阳明这样说就是告诫钱德洪要有情怀，要向当年的"舜"和"禹"学习，他们不希求拥有天却拥有了天下。无他，他们心怀天下，天下事就是他们的事，天大的事他们都责无旁贷，正是因为他们有担当，有责任，有使命，最后天下归心，尧把帝位禅让给舜，舜又把帝位禅让给大禹。

听到王阳明的指示，钱德洪有点不明白，就再次请教。

王阳明再次解释道："舜、禹有天下而身不与，又何得丧介于其中？"

"舜"和"禹"他们为天下做事本身就没有要拥有天下欲望，哪里又会有所谓的得失在其中呢？

正如《道德经》所说，圣人后其身而身先，外其身而身存，非以其无私邪？故能成其私。

王阳明看得开，拿得起，也放得下，但朝廷里的一些人是不会轻易放下王阳明的，因为王阳明是他们的一张牌。

当人性成考题

一切才刚刚开始，程启充之后，礼部给事中章侨接力攻击王阳明。看到程启充和毛玉从朱宸濠方面没能得逞，章侨就从学术方面攻击王阳明，说王阳明心学是异端学说，和朝廷倡导朱熹学说相悖，蛊惑人心，动摇了大明朝的朝纲，因而请求皇帝禁止王阳明讲学。

章侨上奏疏说："三代以下正学莫如朱熹。近有聪明才智，倡异学以号召，天下好高务名者靡然宗之。取陆九渊之简便，诋朱熹为支离。乞行天下，痛为禁革。"

意思是，夏商周以来，正学方面，朱熹最牛掰。最近有一个聪明才智的人，大张旗鼓倡导异学，天下好高务名的人蜂拥而至，纷纷拜其为师。这是典型的巧取陆九渊的简便，诋毁朱熹学说为旁枝末节之学。这明明是搞旁门左道，想红遍天下，请求朝廷一定严加禁止。

还是章侨水平高，不点名批判王阳明，而是先把朱熹捧上了天，然后把王阳明打入地狱，再踏上三脚。

看到章侨的奏折，朱厚熜立即表示支持，随即下诏："祖宗表章六经，颁赐敕谕，正欲崇正学，延正道，端士习，育真才，以成正大光明之业，百余年间人才深厚，文体纯雅，近年士习多诡异，文体务艰险，所伤治化。自今教人取士，一依程朱之言，不许妄为叛道之经私自传刻，以误正学。"

只是不知道这是朱厚熜的意思，还是内阁的意思，但朱厚熜肯定是知情的，而且亲自批准的。这件事说明，朱厚熜对王阳明是不满意的，是因为王阳明没有明确支持自己的大议礼，还是真的是因为王阳明的学术问题，抑或是纯粹的帝王之术，就不得而知了。

朱厚熜不点名批评过王阳明及其学说后，立即宣召朱熹的后世子孙朱墅到朝廷做官，官职是五经博士，以此来显示对程朱理学的支持。

为了批判王阳明的学术，嘉靖二年（1523）二月朝廷会试，主考官依然围绕王阳明的心学做文章，其中的策问就是以"心学"做考题。

据顾炎武《日知录》卷十八记载，那年会试的策问题目是："朱陆之论，终以不合，而今之学者，顾欲强而同之，岂乐彼之径便，而欲阴低吾朱子之学欤？究其用心，其与何澹、陈贾辈亦岂大相远欤？至笔之简册，公肆低訾，以求售其私见。礼官举祖宗朝政事，燔其书而禁之，得无不可乎？"

大意是说，朱熹的理学和陆九渊的心学，最终水火不容，这点，大家都知道，但现在居然有学者，竟然打算把他们俩的学说合二为一，这岂是学术上简单变通，而是阴谋贬低我们的朱子正统之学啊？究其用心，他与何澹、陈贾等人一样也是大差不差，都是一路人？至于这个人的学说，鄙陋不堪，都是公开贬低朱子正统之学，以求售其私见。礼官已经举祖宗朝政事，朝廷已经下令燔其书而禁之，这样做得难道不可以吗？

在大明朝科举都是文言文，相当有品位；在今天，考生可能都读不懂。纯粹从考题来说，还是蛮有水平的。策问一般来说都是考核举子对经义或政事等问题的见解，相当于现在国考的申论题目。这个考题还真算不上故意挑事，只是紧跟大领导的思想，和大领导保持一致。

明眼人都清楚，这是借为国家选举人才之机批判王阳明，让天下读书人和王阳明划清界限，要站好队，一定要立场坚定。

考卷发到考生手里后，一下炸开锅了，这个题目有点意思，这不是专门为王阳明量身定制的题目吗？对一般考生来说，和王阳明没有一文钱的关系，怎么理解就怎么样答题，但考场里有一些王阳明的弟子，面对考卷，他们何去何从？

不由得想起了《论语·子路》中的一个故事，叶公语孔子曰："吾党有直躬者，其父攘羊，而子证之。"孔子曰："吾党之直者异于是。父为子隐，子为父隐，直在其中矣。"

叶公对孔夫子说：我家乡人都比较正直，父亲偷了别人家的羊，儿子愿意证明。而孔夫子则说，我们家乡人也很正直，只是和你们不一样。父亲偷羊，儿子替父亲保密；儿子偷羊，父亲替儿子保密。

这不是正直不正直的问题，也不仅仅是法律的问题，还涉及情与理。这是人性问题，不能不正视，可以看出儒家的鼻祖孔子很重视人性，在其看来人性和亲情高于法律，也即是人欲高于天理。但到了朱熹那里，发生变异，倡导"存天理，灭人欲"。而这个策问考题，就是"存天理，灭人欲"，让弟子批判自己的老师，古时候师徒如父子，一日为师终身为父。朝廷这样做等于让父亲举报儿子，或者让儿子举报父亲，用人性来作为考题，通过考验人性来为国家招贤纳士，太过卑鄙。

是答题还是不答题？对王阳明的弟子们来说，这真是一个问题。

良知也能禁止？

王阳明有好几个弟子参加了这次会试，可以查考的有徐珊、欧阳德、王臣、魏良弼以及钱德洪等人。

看完考卷，王阳明的弟子个个义愤填膺，非常恼火，但每个人都按照自己内心的想法做了不同的选择。

弟子徐珊看到策问故意抹黑老师，当即脾气大发，说道："我怎么能昧着自己的良知而去讨好当权者呢？"

说完，一笔不动，一字不写，当即交卷，随后愤然离开考场。

听说徐珊拒考后，大家很是佩服，觉得徐珊有个性，爱憎分明，敢做敢当，是个人物。京城举子都对徐珊跷起了大拇指，赞扬道："尹彦明后第一人也。"

尹彦明是何许人也？大家为什么拿徐珊和尹彦明做比较？尹彦明就是北宋尹焞，大儒程颐的得意弟子。由于程颐被蔡京诬陷为"元祐党人"，尹彦明二十岁那年到京城参加进士考试，策问的考试题目是"元祐党人"，看完考题，尹彦明十分生气，当即说道："怎么能用这来博取功名利禄啊！"

说完后，把试卷一推，不再答题，径直离开了考场。

如此看来，徐珊的确和尹彦明一样，都是极其真诚潇洒之人。

拒考的潇洒，参加科考的也是英雄，比如欧阳德、王臣、魏良弼和钱德洪等人。他们虽然选择了答题，但是他们并没有扭曲自己的灵魂，而是直接根据王阳明的心学理论进行答题，他们通过考试的方式给老师的心学正名，这一点尤其可贵。因为拒考，可能还有机会再考，而根据心学进行答题，风险更大，稍有不慎，就会惹上政治问题，很有可能被永远禁考，甚至被投进监狱。

欧阳德、王臣和魏良弼直言不讳，根据心学进行答题，实现了"致良知"，做到了"知行合一"，是王阳明心学的一次完美实践。

几天后，考试结果张榜公布，意外的是，欧阳德、王臣和魏良弼居然都被录取了，原因是他们的文章写得太好，赏识他们的考官说，他们的文章进退有度，直击人心，谁也无法抵挡。

科举向来是几家欢乐几家愁，考中的欢乐无比，名落孙山的自然万分郁闷。这次会试最郁闷的是钱德洪，他既没有像徐珊那样拒考，也没像欧阳德、王臣和魏良弼考中。

从京城回到余姚，钱德洪满腹牢骚，对时政大为不满。之后，钱德洪前去拜见王阳明，就把考场里发生的事一一说给王阳明听。

王阳明听完钱德洪的叙述后，并没有生气，而是高兴地接过话说："圣学从兹大明矣。"

听了王阳明的话，钱德洪大惑不解，以为老师被气坏了头脑，呆呆地问道："时事如此，何见大明？"

王阳明慢悠悠地说："我的学术坏得天下士皆知啊！今会试采用我的学术做考题，一下子传遍天下，虽穷乡深谷没有传播不到的地方。我的既然是错的，那么天下必有奋起而求真是的人。"

凡事要两面来看，弟子们看到的是打击，在他们看来，老师心学遭到禁止，麻烦大了；王阳明看到的是机会，他认为策问攻击"吾学"是好事啊，不仅没有坏处，反而帮着宣扬了"吾学"，同时有趁机炒作自己，把"吾学"一下子升级成了"圣学"。

在王阳明看来，不仅不应怨恨朝廷，还要感谢朝廷。正如王阳明说的那样，先前正着急怎样才能把自己的学说遍告天下读书人呢？现在这次国考策问太好了，即便是穷乡深谷也无一不传播到了。如果我的学说不是真正的圣学，天下必有人起来探求真正的圣学。

朝廷本来是通过这种考验人性方式来打击王阳明的心学，不料反而帮着宣传了王阳明的心学，帮着普及了王阳明的心学，这是怎么一个滑稽了得？

这个时候，王阳明很清楚，不仅杨大人不喜欢自己，就连皇帝也讨厌自己了，北京距离自己越来越远了，朝廷可能再也没有自己的位置了，怎么办？是努力进取，还是避而远之。

其实我就想做一个圣人

国考"策问"事件之后，关于王阳明的诽谤越来越多，这些诽谤都是打着学术的幌子，是对王阳明的学术以及行为进行分析后得出的，他们说这不是诽谤，这叫合理质疑。

在皇帝和朝廷联合打压下，王阳明从一个大功臣成了一个异端分子，一夜之间，从全民偶像变成了全民公敌，王阳明这棵大树即将倾倒。

常言道，树倒猢狲散。王阳明这样的处境，人们应该是避之唯恐不及，即便是热衷功名的也应该是敬而远之，可是王阳明的弟子们却一直相伴，一如既往地跟随在王阳明身边，听从王阳明教诲，服侍王阳明，不离不弃。看到众弟子依然跟随自己，王阳明很是欣慰，心情不错时，就和众弟子谈心论道。

王阳明向来不避敏感问题，他清楚放不下的地方就是需要下功夫的地方，越是痛苦的地方越是需要磨炼，就对众弟子说："我为什么有这么多诽谤？诸君且言其故。"

弟子们向来是畅所欲言，就有啥说啥，第一个发言的是邹守益，他说："因为先生势位隆盛，所以招来忌嫉谤。"

第二个是薛侃，他说："是因为先生学说日渐远播，有些人为给宋儒争异同，所以招来学术谤。"

第三个是王艮，他说："先生只鼓励弟子前来求学而不管他们的学习情况，只忽悠他们来求学而不管他们以后的工作，因而天下从游先生的人越来越多，所以招来了身谤。"

莎士比亚说过，一个真实的灵魂，你越是对他诽谤，他越是不会受损。这句话好像说的就是王阳明，越是诽谤，王阳明就越是声名远播，越是受到更多人的尊重。

听完众弟子的论述，王阳明总结说："你们所说的三方面原因都有，但我知道还有一些方面你们没有提到。"

这些弟子清楚，无论他们总结得怎么到位，怎么完整，怎么符合逻辑，到最后老师总能发现他们没能看到的，而且还能再上一个层次。正是因为如此，老师成了他们心中的大神，他们这帮弟子才天天围绕在老师身边聆听教诲。

这是为什么呢？当过领导的人都明白这是为什么，领导总爱最后说，因为最后说能站在别人的肩膀上看问题，自然能高人一筹。

做过龙场驿丞、庐陵知县、弼马温以及南赣巡抚，带过兵打过仗，王阳明自然深谙领导之术，总能把这些弟子收拾得服服帖帖的。

面对众弟子虔诚的请教，王阳明说道："我王某人在南京以前，尚有些乡愿意思在。经历朱宸濠之乱后，我现在只信良知真是真非，更无掩藏回护，才做得狂者的样子。即使天下尽说我行不掩言，我也只是依良知行。"

"乡愿"不是一个好称号，孔子说过："乡愿，德之贼也。"孟子说，所谓"乡愿"，即"阉然媚于世也者"，一个"阉"字，一个"媚"字，明确了"乡愿"的本质。朱熹说："'乡愿'是个无骨肋的人，东倒西擂，东边去取奉人，西边去周全人，看人眉头眼尾，周遮掩蔽，唯恐伤触了人。"

由此可知，"乡愿"的本质是"虚伪、伪善"，他们知是知非，为了一己之私而颠倒是非。乡愿基本可以理解为貌似忠厚的伪君子或者老好人，简单说就是道貌岸然。王阳明说自己有"乡愿"的意思，是不是有点直击灵魂。"狂者"相对"乡愿"好很多，可以理解为志向高远勇于进取的人。

一般理解，王阳明在到南京以前，内心还有点道貌岸然的意思。"现在我是真正理解了良知的真是真非之处，所以现在我做什么事一点都不隐藏，不唱高调也不粉饰，做一个光明磊落内心坦荡的狂者。即便全天下的人都说我言行不一，我也只依良知而行。"能说出内心深处的真我，不仅需要勇气，还需要胸怀，更需要境界，王阳明值得点赞。

但这只是普通人的理解，而老师想表达的是什么意思呢？大家请求王阳明明示。

王阳明解释道："乡愿以忠信廉洁见取于君子，以同流合污无忤于小人，故非之无举，刺之无刺。然究其心，乃知忠信廉洁所以媚君子也，同流合污所以媚小人也，其心已破坏矣，故不可与入尧、舜之道。狂者志存古人，一切纷嚣俗染，举不足以累其心，真有凤凰翔于千仞之意，一克念即圣人矣。惟不克念，故阔略事情，而行常不掩。惟其不掩，故心尚未坏而庶可与裁。"

就是说"乡愿"这种人以忠信廉洁获得君子的认可，以同流合污和小人打成一片，所以"乡愿"这种人，你想非议他却拿不出证据，想骂他也不知道从哪里骂起。细细考究乡愿的内心，就会明白，他们的忠信廉洁是为了媚君子，同流合污是为了媚小人，其心已经破坏了，所以这样的人不可与入尧舜之道。而狂者就不一样了，狂者志存古人，一切纷嚣俗染都不足以累其心，真有凤凰翔于千仞之意，一克念即圣人矣。狂者的特点是"不克念"，为人做事"行常不掩"，因而就招来诽谤，正是因为不做作，所以"心尚未坏"，做一个真我。

王阳明反问说："乡愿何以断其媚世？"

王阳明接着回答："自其议狂狷而知之。狂狷不与俗谐，而谓生斯世也，为斯世也，善斯可矣，此乡愿志也。故其所为皆色取不疑，所以谓之'似'。三代以下，士之取盛名于时者，不过得乡愿之似而已。然究其忠信廉洁，或未免致疑于妻子也。虽欲纯乎乡愿，亦未易得，而况圣人之道乎？"

意即从孔子对狂狷的观点可以知道，狂狷之人不像世俗之人，动辄就说人来到世上，按照世俗活着就行了，只要大家说好就足够，这是典型乡愿之志。所以他们所做的一切表面上都符合圣人之道，实际上只是形似罢了。三代以下，一些人获得了一时盛名，不过达到了乡愿之似而已。如果探究他们忠信廉洁，甚至连他们的妻子也会怀疑他们。即便立志就做一个乡愿，也不容易做到，况且圣人之道乎？

王阳明又进一步阐释："狂狷为孔子所思，然至于传道，终不及琴张辈而传曾子，岂曾子亦狷者之流乎？"

王阳明最后总结说："不然，琴张辈狂者之禀也，虽有所得，终止于狂。曾子中行之禀也，故能悟入圣人之道。"

就是说琴张有狂者的禀赋，虽有所得，终止于狂。原因就是他们有圣人的胸次和进取之心，但却不能把握准圣人得失合理之道。曾子和子张不一样，他有"中行之秉"，就是能把握准圣人得失之道，所以能悟入圣人之道。

王阳明本来是带领众弟子论道，一起讨论为什么被诽谤的总是自己，结果跑偏了，大家却研究如何做圣人了。

其实，这正是王阳明所需要的，王阳明不仅仅是和众弟子讨论自己被诽谤的原因，还一起分析自己的心路历程。在南京之前，王阳明很在意别人的看法，甚至委屈自己顺从大众，平定朱宸濠之后，开启了"情顺万物而无情"模式，该怎么说就怎么说，不仅和众弟子讨论如何进入做圣人的道路，更是给杨廷和与皇帝发出信号。

绕了这么大一个弯子，王阳明无非就是要告诉他们，朝廷的是你们的，我王某人不参与，政治我不感兴趣，登阁拜相我不在意，我就是想做一个圣人。

从智慧走向境界

王阳明可以不理杨廷和，但绝对不可以怠慢朱厚熜，杨廷和再牛只是一时的，而朱厚熜来日方长。

青出于蓝而胜于蓝，作为孔夫子两千年后的传人，王阳明不再像孔夫子那样明知不可为而为之，而是主张知行合一，知道做不到就不去做了。王阳明清楚自己距离朝廷越来越远，就踏踏实实地走上了圣人之路。

正是经过这次和众弟子的论道，王阳明一下子豁然开朗了，洞明朝廷之事。

不久，王阳明给弟子黄绾写了一封信，在信中说，最近给薛侃、马明衡和黄宗明讲解《孟子》"乡愿狂狷"一章，颇觉得有所警醒和新发现，和你见面时要好好论论。四方朋友来去无定，和这些朋友切磋砥砺总会有一些收获，但真有力量能担荷住的人，也很少见。之所以这样，大抵是近世学者缺乏必定为圣人的志向，胸中牵挂得太多，没有得到清脱罢了。听说你引接学术上的同志，孜孜不倦，这样太好了。但讲学布道要谦虚简明为佳，如果自我把握不好水平，而出现词义重复，恐怕无益而有损。

这段时间，王阳明还给自己的另一个弟子薛侃写过一封信，王阳明从"轻傲"说起，人的一切毛病都源于"轻傲"，但知道自己"轻傲"之处就是良知，致此良知，除却轻傲，便是格物。王阳明发现，懂得"致知"二字，千古人品高下真伪，一齐觑破，连掩藏的毫发都看得真真切切，即便是乡愿，也能看个清清楚楚明明白白。我先前在赣州天天谈论这事，大家大多没把问题理解透彻。其实，"致知"是千古圣学的秘密武器，从前的儒者大多没能悟到，因而他们的学说就进入了支离外道而没有觉察到。

看似没有特色的两封信，实际记录了王阳明的心路历程。钱德洪落弟回来，王阳明表现得很乐观，还说自己的学说从此传遍天下，其实那是做样子，给别人，也是给自己看。用王阳明自己的话说，其实就是一个乡愿，这两封信都提到了"乡愿"，绝对不是巧合，而是王阳明接受现实的一个过程。

王阳明在第一封信中，讲述自己在给众弟子讲《孟子》"乡愿狂狷"的心得，一念之间，发现人们之所以没能成为圣人，是因为没有必定成为圣人的信念，也是这一刻，王阳明坚定了自己必成圣人的信念。

学习有技巧，成功有方法，光有信念还不够，王阳明很快发现了千古圣学秘密武器——致知。

第一封信中坚定了成为圣人的信念，第二封信中找到了成功的秘密武器，剩下就是知行合一了，而"知行合一"是王阳明的看家本领。

这也是王阳明一心成圣的开始，不是不想入阁拜相，而是不斤斤计较，不在意，失之不忧，得之不喜，在自己的圣贤路上阔步前进。

远离国事，王阳明开始关注家事，最让王阳明牵挂的是父母墓葬问题。王阳明的母亲郑太夫人去世得早，最初葬在余姚穴湖，后来改葬在余姚城南的石泉山，王华去世，王阳明根据礼俗，就把他们一起合葬在石泉山。

合葬父母时候，发现墓葬已经水满为患，王阳明很是担心父母之墓遭到水患，因而放心不下，经常梦到此事，于是决定改葬。

嘉靖二年九月，经过风水大师的选址，王阳明把父亲王状元改葬在天柱峰，把母亲郑太夫人改葬在徐山。

父母之葬在古时候是大事，作为人子必须尽心尽力，再就是从风水角度，还会影响到子孙后代。当年孔子母亲颜徵在去世后，由于孔子不知道父亲的墓葬地点，为了找到父亲之墓，只好把母亲的棺柩停放在路口，借此引起大家的注意，以便获取父亲的墓葬之地。后来，一个好心的邻居熟悉孔家情况，就把情况告诉了孔子，孔子才得以把父母合葬在一起。

处理好父母的墓葬后，王阳明决定出去走走。王阳明这次出去，不是为了消遣，也不是为了旅游，而是见一个重要的人物，这个人物是谁呢？

朝廷还是那个朝廷

嘉靖二年十一月，王阳明带领众弟子一行到萧山。

王阳明这次外出，是为了见一个重量级大哥——林俊。

林俊比王阳明大二十岁，比王阳明踏入大明官场早了二十一年，历经宪宗、孝宗、武宗和世宗四朝，两人关系也相当不错，因而无论从哪方面来说，都应该是王阳明的带路大哥。

林俊在大明朝的官场上，也是一个传奇。刚踏入官场的时候，明宪宗朱见深宠幸僧人继晓，这个和尚天天引诱朱见深搞佛教活动，祸国殃民。林俊上奏疏，请求皇帝杀掉这个和尚。

皇帝如此喜欢这个和尚，看着这么顺眼，你林俊就是想和他比待遇都"伤不起"，居然还敢让皇帝杀掉他，是不是有点太单纯了。果然，皇帝立即把林俊下狱，准备处死。

皇帝给太监怀恩下诏，让他处死林俊，接到诏书后，怀恩当即给皇帝叩头求救："杀了林俊，将失百官心，将失天下心，奴不敢奉诏。"

皇帝大怒，骂道："你与林俊合谋毁谤我，不然林俊安能知宫中之事？"

说罢，皇帝举起案几上的砚台朝怀恩砸过去。看到皇帝拿砚台砸自己，怀恩不仅不躲，反而伸出脑袋来接砚台，幸亏没有砸中。

随后，怀恩摘帽伏地痛哭说："奴不能复事爷爷矣。"

之后，怀恩担心锦衣卫执行命令，派人去对锦衣卫镇抚司说："汝曹谄媚梁芳谋害俊。林俊死了，汝曹何以生！"

正是因为怀恩拼死搭救，再加上当时星相有变，皇帝才放过林俊。最后，皇帝惩罚林俊三十廷杖，发配南京，才解心中之恨。

后来，明孝宗朱祐樘做皇帝，把这个和尚杀了，林俊的日子才好过些，仕途也算顺利。他先后做过江西、湖广、四川巡抚。林俊做江西巡抚很有意思。

当时江西新昌人王武带领一帮兄弟做了盗贼，时任巡抚韩邦问束手无策，朝廷就派遣林俊前去平定。到了江西后，林俊孤身入虎穴，到王武的根据地给他们上政治课，王武当即请求为林俊效命，以后就跟着林俊混。

只身平定王武后，林俊名声大震，朱祐樘就下诏书让林俊取代韩邦问，做江西巡抚，林俊认为这样不妥，自己只是帮忙，就上奏疏请辞，但皇帝坚决不同意。于是，林俊就成了江西巡抚，那个时候，宁王朱宸濠风头正劲，自然要打交道。

林俊一点都不惯着朱宸濠，宁王府不按朝廷规定征税，居然向老百姓多征收一倍多。林俊当即提出警告，朱宸濠只得乖乖削减数额。

朱宸濠给林俊打报告，请求把宁王府的瓦片改成琉璃瓦，请求官府支持两万银两。林俊回复说，宁王府应该保持原样，不要犯下共叔段请求京城肥地和吴王刘濞请赐几个手杖的愚蠢错误。朱宸濠很是生气，就想方设法找林俊的麻烦，一直没能得手，后来，皇帝生日那天，朱宸濠发现林俊没有在家给皇帝祝寿，居然是去巡视下属，当即上疏弹劾，林俊因此被扣三个月工资。

之后，林俊母亲去世，林俊回家丁忧离开了江西。再后来，明武宗朱厚照即位，林俊到四川做巡抚。

朱厚熜即位后，林俊已经赋闲在家，因为在大议礼之后帮着杨廷和说了一句话，随即被杨廷和举荐到朝廷做工部尚书。朱厚熜对林俊其实不感冒，因为不能驳杨廷和的面子，只得起用林俊。

林俊对官位也不是太感兴趣，但皇帝下诏，自己不得不进京赴任。在进京的路上，林俊就接连上奏疏，说自己身体有病不能就任，朱厚熜本来就对林俊不感兴趣，也没打算重用，病重正好，省得又因为大议礼和自己唱对台戏，因而就同意了林俊的请求。

林俊到达京城的时候，正值暑天，朱厚熜因为怕热，就停止了天天进行的经筵日讲。林俊知道后，就给朱厚熜上道德课，说老祖宗如何如何勤奋学习，他毕竟这么大年纪了，朱厚熜只得给面子。

一个照面，林俊就知道朱厚熜是一个什么样的皇帝了，他决定考察一下看看，虽然年届七十了，林俊天天住在办公室里，暗示皇帝，我不打算长期待下来。

林俊不打算长期待下来，朱厚熜更不希望，之后，林俊接连上了许多奏疏，要求朱厚熜"亲大臣，勤圣学，辨异端，节财用"。

朱厚熜理都不理。林俊明白了，皇帝原来只是让自己来做花瓶的，于是坚定请辞，在过境浙江的时候，想起了王阳明。七十多岁的人了，余生不多，从心所欲不逾矩，决定去绍兴拜访王阳明。

获悉林俊前来拜访自己，王阳明很是激动，担心林老先生七十多岁的人，经不起路途劳顿，就亲自到萧山迎接，一起住在萧山的浮峰寺。

君自京中来，应知京中事。林俊拜访王阳明其实就是想一起谈谈家国天下，而王阳明积极到萧山迎接林俊，也是为了这个目的。

见面后，感慨万千，他们俩的相似之处太多了，都挨过廷杖，而且都是三十廷杖；都做过江西巡抚；都平定过土匪……

皇帝不是那个皇帝，但朝廷还是那个朝廷，涛声依旧。

不忘初心

做一个人不易，做一个有追求的更不易，做一个仁人尤其不易，正如范仲淹所说，居庙堂之高则忧其民，处江湖之远则忧其君。

在大明朝，官员一定要谨言慎行，不是什么都可以与别人说的，因为锦衣卫太厉害了，每时每刻都要小心谨慎，说不定晚上说的话，第二天就传到皇帝那里了。有些事有些话，绝对是不对知音不可谈，林俊和王阳明见面后，感慨朝廷之事，即便去了朝廷也是无能为力，与丁忧在家的王阳明一样。

林俊和王阳明这帮朋友弟子谈天说地，鼓励他们好好学习，锻炼身体，无论在什么条件下，都要记得自己为什么出发，一定不负初志。林俊这些话和《华严经》里的"不忘初心，方得始终"有异曲同工之妙，也即是说，做什么事不要忘记了自己的本心，如果忘记本心，做得越多，距离目的地就越远。

说者有意，听者也用心。林俊的话打动了王阳明一个名叫张元冲的弟子。这个人有志向，和老师王阳明一样，也是从小就立志做圣人，曾经说过："学先立志，不学为圣人，非志也。圣人之学，在戒惧慎独，不如是学非学也。"

受到林俊的启发后，张元冲在船上就和王阳明论起了道，这也是王阳明所追求的，随时随地指认良知。张元冲问王阳明："佛家和道家二氏与圣人之学所差毫厘，据说他们皆有得于性命也。但二氏只是于性命中掺杂了一些私利，便谬千里矣。今观二氏作用，亦有功于我们自身修养，不知道是不是需要兼取？"

王阳明说道："说兼取，便不是。圣人尽性至命，何物不具，何待兼取？佛家道家二氏之用，皆我之用：什么是道家呢？就是我尽性至命中完养此身，谓之仙；什么是佛家呢？就是我尽性至命中不染世累，谓之佛。圣学是立体的，但后世儒者不能看见圣学之全，因而与佛道二氏之学对立起来了，形成不同见解罢了。举例说明，譬如厅堂三间共为一厅，儒家学者不知这些都可以为我所用，看见了佛氏，就割左边一间与之；见老氏，就割右边一间与之；而己则自处中间，都是举一而废百也。圣人与天地民物同体，儒、佛、老、庄都是我们修身成圣的工具，这样的才称之为大道。佛家道家二氏一切以自我为中心，凡事只考虑自己，只看到不同，而没有看到共同，所以称之为小道。"

王阳明所说的其实一个道理是，"道不远人，人之为道而远人，不可以为道。"

道不远人，但人自远，而且常常背道而驰。

大明朝，儒释道，三道并行。佛一家，讲究修身养性，出家修炼，自绝于世界，长此以往，亡国灭种，朝廷不可能当作国家大计；道这一家，也讲究修身养性，但只是个人修炼，是为了成仙，往往跑进深山成一统，管他春夏与秋冬，人类历经千辛万苦好不容易从树上下来，怎么允许再回到森林呢？只有儒家，不仅讲究修身，还讲究齐家治国平天下，因而朝廷最支持。

这也是儒家从汉武帝以来，一直是主流学派的原因所在。儒家是有传统的，从孔夫子开始，就强调为国家服务，邦有道，则仕；邦无道，则可卷而怀之。不仅是儒家愿意为大众服务，主要他们也愿意为国家服务，所以儒家能从孔子时代的四处周游摇身一变成为历朝历代的值夜人。动荡时期，儒家成为国家的值夜人；太平时期，儒家成为大众的值夜人。

王阳明所谓的道，也就是孔子所倡导的"学而优则仕"，就是《大学》里推崇的"大学之道"。大学之道进一步细分成"三纲八目"，三纲是"明德，亲民，止于至善"；八目是"格物、致知、诚意、正心、修身、齐家、治国、平天下"。

王阳明一生奔走的圣人之道，也是"大学之道"，只是和一般人的级别不同，王阳明充其量就是最高级版。王阳明的神奇之处，就是他能点石成金，他的心学好像能破解科举密码。

这一点从嘉靖二年的进士榜可以看到端倪，嘉靖二年癸未科殿试金榜，共有四百一十人，其中王阳明的弟子中至少有金克厚、魏良弼、欧阳德、王臣、薛侨、薛宗铠六人上榜。这可是在朝廷的刻意打压下，有人弃考，有人胡乱答题，有人心情抑郁……

一榜进士就这么多，给天下读书人的感觉是，跟着王阳明游学就能金榜题名。

读书人不傻，读书不为做官，那是逗人玩。有这么多弟子中进士，王阳明想低调也做不到，桃李不言，下自成蹊，朝廷再怎么打压也挡不住啊。

无为则无不为

朝廷在处心积虑地禁止王阳明的心学，王阳明泰然处之，既不生气，也不着急，一如既往地认真讲学。王阳明坐镇龙泉山讲学，大批粉丝慕名前来，对王阳明都是相当崇拜，一心要拜在王阳明的门下。

王阳明能安心讲学，首先要感谢一下绍兴当地官府，在那种形势下，当地的父母官不仅不谨遵皇帝意思，不和朝廷保持一致，还一不禁止王阳明讲学，二不给王阳明穿小鞋。

这有点让人看不懂，这是为什么呢？

原因很简单，大家知道后，会失望的，但又不得不说，因为知府大人不仅是王阳明的弟子，还是王阳明的粉丝。

这位知府大人就是，南大吉！

这个南大吉和王阳明渊源深厚，正德六年，王阳明担任会试同考官，参加录取进士，南大吉正是王阳明亲自录取的。按照传统，如此一来，王阳明就是南大吉座主，也就成了南大吉的座师，南大吉自然就成了王阳明的弟子。

和王阳明的其他弟子不一样，从师承的角度来看，其他的弟子是亲生的，南大吉算是领养的。正是因为这种关系，王阳明和南大吉虽然是师徒关系，但却是两条平行线，没有任何交集。

嘉靖二年，王阳明和南大吉有了交集，地点就在绍兴。这一年，南大吉被朝廷空降到绍兴做知府，不知道是朝廷故意的，还是巧合。总之在这个敏感的时候，派遣一个王阳明的弟子到王阳明所在之地执政，总会引起人们无限遐想。

那个时候，知府虽不是多大的官职，但权力很大，相当于现在的地级市委书

675

记兼市长。

这样一来，王阳明是南大吉的老师，南大吉却成了王阳明的父母官，两人的辈分关系没法论。

南大吉不是普通的官吏，他是一个有理想的人，在那个时候和今天一样，说某个人有理想，实际就是说这个人不通人情世故，几乎就是不会做官的代名词。和王阳明一样，南大吉也是一个才子，少年时曾经写过一首这样的小诗："谁谓予婴小？忽焉十五龄。独念前贤训，尧舜皆可并。"

看看这首诗，就知道这样的孩子就是为读书而生，为科举而生，果然二十四岁那年就中进士，走进了大明朝的官场。十二年后，空降到绍兴，到任后，南大吉踌躇满志，打算在绍兴大干一番。

官场，是一个场，有许多人在里面，各种利益交织在一起。南大吉是空降而来的，虽然官职大，但孤家寡人，即便认识王阳明，也帮不上多大的忙。

当地官员根本瞧不上南大吉，不仅不帮忙，甚至等着看笑话，南大吉的副手勒塘就是这样。勒塘不简单，属于土生土长的官员，一个在绍兴耕耘数年的人，对南大吉不屑一顾，南大吉向他了解情况，他都是答非所问，或者一派谎言，欺上瞒下。

这个南大吉不仅会读书，而且会做工作，这样人都是精英。他发现同事不可信之后，决定改变作风，走群众路线，转作风下基层，实地调查，详细了解事情。

三个月后，南大吉突然升堂办案，搞得他的同事有点迷糊，这几个月跑哪里去啦？天天连影子都见不到，今天怎么突然升堂了，到底想干吗？

同僚到齐后，南大吉仔细看了看大家，然后直截了当地说："同僚们，绅士们，大家好！明人不做暗事，你们中的一些人在忽悠我，明明是正确的事，你们却说是错误的；明明是错误的事，你们却说是正确的……这不是忽悠我？欺负我人生地不熟啊！"

勒塘忘了，南大吉是外来户，他的老师王阳明可是当地土豪啊，欺负人不看主人，后果很严重。

说完，南大吉当即开堂审案，一连审判数十件案子，件件都是剖析明快，悉

676

中情理，人人折服，站在一旁的勒塘"骇汗咋舌，不敢出一气"。

之后，南大吉采取开门办公，接待来访民众。一旦审理大案要案，南大吉都公开程序，审判时都大开衙门，让老百姓前来围观，给他们上一堂生动的《大明律》法制普及课。

随着工作展开，南大吉和王阳明之间的互动也就多起来。和王阳明交流后，南大吉发现自己居然对王老师的心学感兴趣了，慢慢地还上瘾了，这可如何是好？到老师那里问道啊！

处理完手头公务后，南知府就跑到王老师那里问道。

南知府对王校长说：弟子南大吉施政中存在许多过错，先生为何无一言提醒啊？"

王阳明意味深长地说："哪些方面有过错啊？"

接着，南大吉掰着手指头，一一说起了自己施政时存在的问题，诸如哪些事情该做还没有做，哪些事情不该做却做了，哪些事情处理得不到位，哪些人该处理没处理，这正是自己下一步施政的方向，希望老师多多支持。

南大吉汇报完毕后，王阳明慢悠悠地说："你说的这些问题，我都已经提醒过你了啊。"

听了王阳明的话，南大吉一下子蒙了，有点犯迷糊，西北汉子的豪爽一下子蹿了起来，大声说："你说过什么啊？"

良知是行动方向

看到南大吉一脸疑惑，王阳明反问道："吾不说，你何以知道啊？"

听到老师反问，南大吉只得老实地说："良知。"

王阳明接着说道："良知不就是我常常说的吗？"

交流一番后，南大吉十分高兴，感谢老师指点，大笑而去。

这正是王阳明的高明之处，不对南大吉的具体工作做任何点评，只是看看南大吉有没有良知。在王阳明看来，具体工作没有做好可以宽容你，因为还有机会再去做，但如果你没有良知绝对不宽容，因为缺乏良知就缺乏价值判断力，就好比盲人骑瞎马。

回到衙门后，南大吉闭门反思，有一天豁然开朗，然后又来找王阳明讨论。

见面后，南大吉问道："王先生啊，与其让我犯过错自己悔改，还不如你提前提醒我的好。"

王阳明回答道："别人的教导不如自己切身感受得到的真切。"

王阳明想要告诉南大吉的不是事实判断，而是一种价值判断，诸如良知判断、是非判断和审美判断等。因为事实判断容易形成标准化答案，这样一来就会死板，就会生搬硬套，而价值判断则不会，是一种方向，没有标准答案，每次都不一样，只要方向正确，不会出大问题。

南大吉回家后，又自我进行了参悟，有所体会后，又跑到王阳明这里论道。

南大吉问王阳明："先生，行为方面犯错误还可以改正，心（这里的心，不是指心脏器官，而是认知体系）里犯错了怎么办啊？"

看到南大吉越来越有悟性了，王阳明高兴地说道："心好比镜子。过去你的心镜没有打开，因而里面藏有许多尘垢；现在你的心就像一块明镜，一粒灰尘落下，都能觉察到。这正是你成贤成圣的关键时机啊，好好修炼，加油，老师我看好你哟！"

听到了老师鼓励，南大吉十分激动，一时间热血沸腾。看到老师门人众多，二三百人挤在狭小的地方，南大吉心有戚戚，老师这样的大人物，却蜗居在如此狭小的地方讲学。

作为绍兴的父母官，南大吉觉得自己有点失职，作为绍兴最高级别的官员，自然是绍兴道德水平最高的，为官一任不仅要富民一方，还有责任教化百姓。南大吉觉得，该是抓教育的时候了，再穷不能穷教育，再苦不能苦读书人，再就是有王阳明这样名满天下的名师，不好好发展教育事业岂不是浪费了。

南大吉想起了荒废的稽山书院，这么好的资源需要好好利用起来，既能发展教育事业，也能提高知名度，同时还能教化百姓，于是开始整修。在南大人大力支持下，当地官府自然全力配合工作，要土地就批土地、要政策就给政策、要资源就给资源，书院很快修葺一新。

学院建好后，南大吉在书院后面修建了一个图书馆，那时候称作"尊经阁"，南大吉给尊经阁题字："经正则庶民兴，庶民兴斯无邪慝矣。"南大吉觉得这样重要的事情，需要自己的老师写篇文章纪念一下，就邀请王阳明作文纪念。

学生做事，老师自然给面子，也乐得捧场，一会儿就写成一篇文章，这篇文章名叫《尊经阁记》。王阳明是文章高手，表面上看好像是一篇说明文，其实是一篇布道文，和一般文章不同，王阳明把重点放在了"尊经"方面而不是"阁"。因而全篇文章不讲述"阁"的规模、结构、布局以及样式，而是大说特说儒家经典，文章开头即说："经，常道也。其在于天，谓之命；其赋于人，谓之性。其主于身，谓之心。心也，性也，命也，一也。"

短短几句话，王阳明就写出了一个完整逻辑，从经到命再到性最后到心，在王阳明看来，万物殊途而同归，九九归一，一切的一切，到最后都是心。

论证出"心"和"经"是相通的，王阳明进一步探索，得出了六经在某种程度上就是心的六种表现形式，说到底，"经"就是"心"。

于是，王阳明得出，故六经者，吾心之记籍也，而六经之实，则具于吾心。也就是说，六经也就是我的心里的记账本子，六经最核心的就是我的内心。到这里，王阳明说明了什么是尊经呢？尊经实际上就是尊心，也就是说，尊经不是顶礼膜拜，也不是奉之如圭臬，也不是为了追求功名利禄，而是平和世道人性，有益于自我修养内心，有所悟道，达到致良知。

这篇文章确实是好文章，在南大吉的推动下，这篇文章被列为稽山书院的必读课本，之后雕刻出版，一时洛阳纸贵，被后人选进了《古文观止》，足见其影响力，就是今天读来，依然让人心动。

亲民，还是亲君

办好教育后，南大吉又开始研究如何施政。有一次路过王阳明的住处，南大人进去问施政之道，王阳明告诉他："政在亲民。"

南大吉问道："什么是亲民呢？"

王阳明说："在明明德。"

南大吉："什么是明明德呢？"

王阳明说："在亲民。"

南大吉说："明德、亲民，是一个意思吗？"

王阳明说："是一个意思。"

南大吉说："为什么要亲民呢？"

王阳明说："德不可以凭空阐明道理。人要阐明自己的孝之德，则必亲近自己的父亲，而后孝之德就阐明了；欲阐明自己的悌之德，则必亲近自己的哥哥，而后悌之德就阐明了。君臣也，夫妇也，朋友也，都是这个样子。所以明明德必在于亲民，而亲民乃所以明其明德也。故曰一也。"

聆听老师教诲后，南大吉给自己处理政务大厅取名"亲民堂"，每天都在"亲民堂"勤勉处理公务，把"亲民"作为自己施政的核心。

那个时候，绍兴这个地方，社会大环境不好，各种关系盘根错节，利益集团巧取豪夺。正如王阳明所说，种种恶行肆虐，风气日渐衰败，既为了利益相互勾结，又因为分赃不均，而互相谗言构陷，于是乎，污蔑诽谤大行其道。

这些情况，在南大吉看来都不是事，因为他已经拥有了秘密武器——王阳明心学。自从有了王阳明心学，南大吉能量倍增，就不再害怕各种困难，也不怕各种污蔑和诽谤，总之对一切困难都是：不怕，不怕，不怕了。

做事仅仅有勇气和热情是不够的，还要有方法。所谓方法，其实就是既要有全局考虑，又要有着手之处。

习近平说过，人心是最大的政治。作为王阳明的弟子，南大吉的方法就是从心入手，所谓"道在人心"，人心就是施政方向，掌握了人心就掌握了天下大势，就掌握解决问题的锁钥。

南大吉施政的第一步是到绍兴的各个角落调研，经过调研，发现问题真不少，最大的问题就是交通问题。和一般城市不同，绍兴是一个水城，城外是河道密布的水网平原，城内是河道密布的水网，因为河道就成了绍兴的交通大动脉。

绍兴的大动脉就是府河。府河是绍兴一条神奇的河流，横跨山阴和会稽两县，横穿绍兴城中，而且处处都能行船，成了绍兴城的生活通道。

由于当时没有城管执法，一些人侵占河道基地、私搭乱建，导致河道日渐变窄，而且淤积严重，几乎无法通行，有些商船为了通行，甚至发生了械斗至死的事件。

经过进一步摸底调查，南大吉发现这些侵占河道、私搭乱建的都是当地土豪，背景深厚，后台很硬，老百姓敢怒不敢言，官府也是能躲就躲，衙役前去执法都被打回来。历任知府都很头疼，都拿这些大户没办法，一来二往，这些大户人家就成府河的钉子户。

调研结束，南大吉发布官府公告，"拟拆府河两旁庐舍六尺，许以广河道，为乡里安福"。南大吉决定向府河上的钉子户动刀，拆除河岸两边各种房舍，将河岸拓宽六尺多。府河两岸上房子很快写满了圆圆的"拆"字，工作进展很缓慢，激起钉子户的愤怒，他们或组团对抗、或上访、或告状、或大骂、或恶言诽谤……

南大吉顶住一切压力，河道终于疏通，绍兴的大动脉开始畅通了，府河焕然一新，商船往来，一片欣欣向荣。

王阳明一直都是南大吉的坚定支持者，即便如此，也是困难重重，好在工作完成了。为了表彰这件事，王阳明写下了《浚河记》这篇文章，讲述了南大吉整治府河前前后后以及经历的困难，既是对那些诽谤的有力回击，也是给南大吉树碑立传。

王阳明感谢南大吉，南大吉更是折服王阳明，对《传习录》推崇备至，"朝观而夕玩，口诵而心求"！为了更好地传播《传习录》，南大吉命令弟弟南逢吉（字元贞）对《传习录》进行校续，之后重新刻印出版。

嘉靖三年十月，南逢吉校续《传习录》完成，在浙江绍兴刻印，分上下两册。上册即《初刻传习录》，是由薛侃首刻于赣州的那部分，共三卷，就是现在流行的《传习录》的上卷。下册收录王阳明论学的书信八篇，并附《示弟立志说》和《训蒙大意》，共两册。

我们今天读到的《传习录》，就是这个版本，所以要感谢南知府南大人。国学大师钱穆把《传习录》列入七本"中国人所必读的书"之一。

在南大吉治理下，绍兴风气大好，社会和谐，人心向善。由于朝廷不喜欢王阳明心学，身为朝廷官员的南大吉不仅没有和王阳明划清界限，居然还心甘情愿做王阳明的弟子，最不可接受的是重刻《传习录》，如此明目张胆喜欢王阳明的心学，显然是和主流思想不合拍，有点跑偏了。

亲不亲，路线分，南大吉居然和一个皇帝不喜欢、朝廷也不喜欢的人打得火热，后果很严重，果然，南大吉很快被罢免。

南大吉离开绍兴，王阳明该怎么办？

四、乐哉！论道

"龙场悟道"不是终点，而是起点，历经十数年的苦苦寻觅，王阳明终于在恍惚中发现了圣人之道。七年后，王阳明发现圣人之道坦如大路。再七年后，王阳明在九华山见天心，打通儒释道。五十岁那年，王阳明胡子过胸，修成正果，"致良知"顺势而出。生命不息，论道不已，四句教横空出世。

有道之士

由于众所周知的原因，南大吉被罢官了，尽管不舍绍兴，不舍王阳明，但必须要遵旨。

这都是人生道路上的风景，南大吉没有因丢官而垂头丧气，而是坦然面对。接到朝廷命令，南大吉回到绍兴收拾行囊，之后和老师王阳明告别，和绍兴的老百姓告别。

回到家乡，南大吉继续光大圣人之学，四处讲学，在老家传播王阳明心学。

南大吉刚刚罢官回家的时候，曾经给王阳明写了一封信，在信里面，只字不提自己的不公遭遇，啥都不说，得失不说，荣辱不说，不发牢骚，不骂朝廷，也不抱怨皇帝。南大吉最在意的却是闻道与否，整天勤勤恳恳，把学问之事当作自己的大事，唯恐自己不能成为圣人。

读完南大吉的信，王阳明慨叹南大吉"真为朝闻夕死之志者"，让诸弟子传阅这封信，并要求他们谈谈读后感。结果，把这帮弟子感动得稀里哗啦的，几乎要去拜南大吉为师了。

王阳明很快就给南大吉回信了，他在信中高度称赞南大吉，并且以对待困难挫折的态度对世人做了归类：

第一种是高抗通脱之士。这种人超脱世俗，有平和的心态和高远的境界，看淡一切，功名利禄都是身外之物，可以捐富贵、轻利害、弃爵禄……弃之如敝屣，一旦认定一件事，就决然前往，连头都不回。

第二种是避世之徒。这种只关心小我，只为自己的一己之私而努力，希望自己能得道成仙。这帮人或喜好外道诡异之说，或投情于诗酒山水技艺之乐，或发于意气、溺于嗜好，快快乐乐一辈子，而不闻不问天下之事。

第三种就是有道之士！此类士人和前两类不同之处，在于他们能看见自己的良知，与大道合于一体，而且有志于道。正因他们有志于道，从而达到不慕富贵、不忧贫贱，对一己的欣喜悲伤、得失以及爱憎取舍，皆能超然其外，心中只有圣人之道。

毫无疑问，王阳明最欣赏的是有道之士，大大称赞南大吉的为人为学，并把南大吉和张载相提并论，说南大吉是张载之后振兴圣贤之学的第一人。

王阳明夸赞南大吉，虽然是鼓励，但也不能太过分，毕竟南大吉一直在践行张载的"为天地立心，为生民立命，为往圣继绝学，为万世开太平"。

大道至简，得道不易。

什么是道呢？

老子说，道可道，非常道。也就是道不可说，你一说出，就错了，凡是能说出来的都不是道。

到了孔子那里，"道"依然神秘莫测，于是发出了"朝闻道夕死可矣"的感慨。孔子一生追求，过了七十岁终于悟道成功，说出了："七十而从心所欲不逾矩"也。

孔子得道了，而他的弟子则是望尘莫及，所以子贡说了一句酸溜溜的话："夫子之文章，可得而闻也；夫子之言性与天道，不可得而闻也。"

再之后，郭店楚简《五行》说："闻君子道，聪也。闻而知之，圣也。圣人知天道也。"就是说，大道可知，唯独圣人。

虽然大家都在论道，都在说圣人，但毕竟都太过高深玄幻，看不见听不到摸不着，老是在天上飘着，久而久之，就没人相信了。孟子进一步努力，终于"圣人"落地，来到了人间，他在《孟子·公孙丑》说："学不厌，智也；教不厌，仁也；仁且智，夫子既圣矣。"

孟子把"圣人"带到了人间，却没有解决"道"的问题，这个问题荀子解决了。荀子说："人何以知道？曰，心。心何以知？曰，虚一而静。心未尝不藏也，然而有所谓虚。心未尝不两也，然而有所谓一。心未尝不动也，然而有所谓静。"

到这里，感觉王阳明是这些圣人的合体，有老子的"道"、孔子的"性与天道"、郭店楚简的"圣人知天道"、孟子的圣人概念和荀子的追求大道的独门武器。

俗话说："大磨得大道，小磨得小道，不磨不得道。"

即便是王阳明也是一路追寻，路漫漫其修远兮，用一生上下求索。历经磨难，三十七岁那年，王阳明在龙场悟道，"圣人之道，吾性自足，向之求理于事物者误也"。

也即是"大道即我心，心即理"。

恍惚之中发现了大道，王阳明就一路狂奔，在贵阳文明书院讲学时，王阳明脑洞再次大开，进而发现"知行合一"。

王阳明的"知行合一"不是简单的理论和实践辩证，而是浑然一体，知中有行，行中有知。什么是知行合一，王阳明曾经这样说过："如人走路一般，走得一段方认得一段，走到歧路时，有疑便问，问了又走，方渐能到得欲到之处。"

龙场悟道七年后，王阳明总结了自己的悟道历程，"守仁早岁业举，溺志词章之习，既乃稍知从事正学，而苦于众说之纷扰疲苶（nié 疲倦义），茫无可入，因求诸老释，欣然有会于心，以为圣人之学在此矣！然于孔子之教，间相出入，而措之日用，往往缺漏无归；依违往返，且信且疑。其后谪官龙场，居夷处困，动心忍性之余，恍若有悟，体验探求，再更寒暑，证诸五经、四子，沛然若决江河而放诸海也。然后叹圣人之道坦如大路。"

正德十五年，宁王朱宸濠叛乱，王阳明孤身平叛，一时成为大明朝的明星，让别人羡慕得流口水，引发了一些迫害和口水。正是亲身体味了这些人性，王阳明五十知天命，胡子到胸口，开始"致良知"之学。

和先前的一些圣人之学不一样，王阳明的"致良知"是经历了实践的，而且是生与死的体验，正如王阳明所说："某于此良知之说，从百死千难中得来，不得已与人一口说尽，只恐学者得之容易，把作一种光景玩弄，不实落用功，负此知耳！"

到底怎样才能致良知呢？

法门在哪里

在有意和无意推广宣传下，王阳明的名气越来越大，慕名前来拜师的人就越多。如此一来，王阳明书院的招生工作就越来越容易，书院规模有限，生源多了，自然就挑剔起来。

王阳明不仅是一般书院的领导，他还是大明朝的新建伯，不是想见就能见的，需要经过一系列的筛选才能获得见面的资格。每天慕名前来的粉丝非常多，王阳明无法一一接待，一是他身体不好，二是时间不够用。

王阳明热情欢迎所有有志于圣贤之道的人前来学习，现实情况是，前来的人多数都是有志于功名利禄，一看就很俗，脸上写满了功名利禄，心里堆满了科举，但道不远人，还是要欢迎的。只是欢迎的方式不同，王阳明委派几个得意弟子主持招生工作，只有通过他们的面试，才有机会见到王阳明。弟子们会刷下一批，王阳明也会刷下一批，最后能成为王阳明弟子的少之又少。

王阳明面试的方式相当独特，面试者进来后，让对方坐在自己对面，然后一言不发。人们常说，无言的温柔，对被面试者来说，王阳明的无言，一点都不温柔，而是像坐在针毡上。这是拜师王阳明的最后一个面试，能通过这一关的寥寥无几。

熟悉情况的，知道王阳明在面试，不知道的还以为是练习静坐呢。其实还真是这样，王阳明的确是在练习静坐，王阳明从滁州开始，就迷恋上了静坐。什么事都静坐，什么时候都静坐，静坐几乎成了王阳明的万金油。许多人对此都颇有怨言，说王阳明不是在研究心学，而是在研究佛教的《心经》；还有人说王阳明推崇的既不是圣贤之学，也不是佛学，而是道教之学。

弟子黄直曾当面问王阳明："儒家学者静坐到三更时分，扫荡一空胸中思虑，空空静静，这和佛教的静一个样。这个状态，不用儒家之道应事接物也不用佛教之法应事接物，此时儒家佛教又有什么分别呢？"

面对这样的论调，王阳明只得出来辟谣，说自己的静坐不是佛教的也不是道教的，而是圣贤的静坐，是《大学》里的"定而后能静"的"静"。

王阳明说道："动静只是一个。那三更时分，空空静静的，只要心存天理，即是如今应事接物的心。如今应事接物的心，也是遵循这个天理，便是那三更时分空空静静的心。所以无论动静，只要心还是那颗心，就不能分别。明白动静合一了，佛教和儒家毫厘差别就掩盖不住了，就能看个清清楚楚了。"

为了进入静的状态，弟子就装模作样，装得跟圣人一样，这样一来就变得很矜持。王阳明说："人如果矜持太过，终究是有弊端的。"

弟子们有点纳闷，就问："矜持得太过，怎么会有弊端呢？"

王阳明说："人只有一定的精神，如果专在外表上用功模仿圣人，就会对内心的照管不够多，如此一来，就忽略了内在的精神。"

王阳明批评弟子们矜持，是因为他们专注于模仿外在的形式，忽略了内心的修炼。看到老师批评矜持的，接着就有弟子变得很活泼，结果也遭到了王阳明的批评："心学"是一门安静之学，你们这样活泼讲学论道，却对外表一点都不讲究，就是把心和事一分为二，忽略了心和事是一体的。

这样一来，弟子又迷糊了，装模作样不行，随心随意也不行，那怎么办？

静是一个问题，看似简单，其实看不见摸不到，做到外部安静不容易，做到内心安静也不容易，静到境界更不容易了。即便静到境界，内心还是能感觉到，而一感觉到，就说明还是动的，这个怎么用功呢？

弟子黄直真能静下来，但却不能进入境界，无法忘我，于是请教王阳明，希望老师给一个方法。

王阳明耐心地对黄直说："静上用功固然好，但终自有一些弊端。人心自是不息。虽在睡梦，此心亦是流动。如天地之化，本无一息之停。然其化生万物，各得其所，却亦自静也。此心虽是流行不息，然其一循天理，却亦自静也。若专在静上用功，恐怕就有喜静恶动之弊。动静是一体的。"

黄直说："我黄直当然知道静中自有知觉之理。但程颐《答吕学士》一段有可疑之处。程颐说：'贤且说静时如何？'吕公著曰：'谓之有物则不可，然自有知觉在。'程颐说：'既有知觉，却是动也，如何言静？'"

王阳明点头，说："程颐说得对。"

在黄直看来，按照王阳明的观点，程颐的话分明说静中无知觉，如此一来，又如何说程颐说得对呢？据考证，朱熹也说过："若云知寒觉暖，便是知觉已动。"这样一来，就会思考知寒觉暖，则知觉就落在了寒暖上，便是良知已动。所谓有知觉者，只是有此理，不曾附着在事物上，故还是静。然瞌睡也有知觉，故能做梦，故一唤便醒。槁木死灰，无知觉，便不醒矣。则程颐所谓'既有知觉，却是动也，如何言静'？"

其实，程颐所说的正是静而无静之意，不是说静中无知觉，所以王阳明说："程颐说得对。"

王阳明明白了，弟子们却不容易明白，不久就有弟子前来再次讨论"静"的问题，老是绕这个问题，王阳明也是有点心烦了，但弟子问了，不回答又不行。

良知原无间动静

这个大道之学也忒难了吧，不静坐不行，静坐也不行。

弟子都很疑惑，一个弟子问王阳明："我想要在静坐的时候，将好名、好色、好货等病根，逐一搜寻出来，然后扫除廓清，这恐怕是剜肉做疮吧？"

听到这样的思考，王阳明当即正色说："这是我医治人心的药方子，真是可以去得人心病根的，有再大本事的人过了十数年，也还用得着。你如果不想用，就赶快放弃，不要弄坏了我的药方子！"

听了王阳明的话，这个弟子接连愧疚道谢。

过了一会儿，王阳明又说道："这想必不是你的事，必定是他们这些稍微知道一点意思的人拿着这个学说来误导你的。"

王阳明这是一棍子打翻一船人，在座的弟子听到后，都紧张得大汗淋漓。

王阳明看到老是讲道理没有效果，就给弟子们讲故事，王阳明说："我当年在滁州做弼马温的时候，看到弟子们为了知方面的见闻不同进行辩论，显然这样不利于学问体系建立，于是就教弟子们练习静坐。一段时间后，这些弟子好像都有所收获，开始悟道，但是时间一久，这些人逐渐产生了喜静厌动、陷入枯槁的毛病，所以近来只指教他们破解致良知的功夫。弟子们真的见到了良知本体，就一切昭明洞彻，是是非非，没有不符合天道的，也不论有事无事，精察克治，到最后俱归一路，这方是格物致知的实功，所以还是出不了致良知的范畴。这个说法是没有毛病的，何也？良知原无间动静也。"

"良知无间动静"，说的是为学功夫融合于动静，而不是分成动静两个状态。一个人即使静坐也不一定是"静"，一个正在比赛的拳击手也不一定就是"动"。这里的动静不是身体的动静，而是心（思维）的安宁稳定。如何才能获得思维上的动静得体呢？就是让思维时刻处于良知的统领之下，心中有事，控制住私心杂念，做到情绪稳定。也即是儒家所强调的"必有事焉""集义""循理"。凡事循理，则"躁亦定，动亦定，静亦定"。

到最后，还是归结到"良知"，"良知"成了王阳明的心学的落脚点，无论说什么，也无论做什么，到最后必然是"良知"。

正如王阳明曾经自述说："我的'良知'二字，自龙场以后，便已不出此意，只是说不出这二字。对于学习的人来说，耗费了多少说辞才说得明白。现在庆幸此意出来了，一语之下，洞见全体，真是痛快，不觉手舞足蹈。"

可见"良知"在王阳明心中的地位，之后，王阳明一切都是围绕"良知"，正如他自己所说："吾平生讲学，只是'致良知'三字。"甚至强调"良知之外，别无知矣"。

再后来，王阳明学术进一步提升，把良知和圣人结合起来，向弟子详细阐述说："心之良知是谓圣。圣人之学，惟是致此良知而已。自然而然致良知的人，是圣人也；勉强而致良知的人，是贤人也；自蔽自昧而不肯致良知的人，是愚昧不肖的人也。愚昧不肖的人，虽其蔽昧之极，但良知还是存在的。如果能致良知，即与圣人无异矣。这就是良知之所以为圣愚之人共同具有，故而人人皆可以为尧舜这样的人。如果达到这个样子，就是致良知！"

虽然王阳明说得轻松，但弟子们还是很难理解，找不到入手的地方，就问王阳明。

一听弟子问这个问题，王阳明很是不高兴，就说："学问功夫，我已曾一句道尽，如何今日越说越远，都不着根！"

听到王阳明的批评，弟子也有点情绪，就说："我当然听过先生您教过致良知，然而需要进一步讲明。"

王阳明生气地说："既然知道了致良知，又何可讲明？良知本是明白，实落用功便是；不肯用功，只在语言上越说越糊涂。"

弟子也很委屈，回答说："不是不用功，而是不知道如何用功，现在正求先生讲明致之之功。"

当弟子眼巴巴盼着得到一个明确的回答的时候，王阳明却回答说："此亦须你自家求，我亦无别法可说。先前有一个禅师，一旦有人来问法，什么都不说，只是把尘尾提起。有一天，他的徒弟将其尘尾藏起来了，试探他如何设法。禅师寻找不到尘尾，却做出空手提起尘尾的样子。我这个良知就是设法的尘尾，舍了这个，有何可提得？"

王阳明是高人，你问道理，他讲段子，而且玄乎其玄，估计弟子听了王阳明这段话，更迷糊了！好像是打哑语，一切都是"你懂的"，不懂就自己慢慢悟去吧，反正说不明道不白，或是道可道非常道，或者是天机不可泄露，总之，一切都是不可说，非常不可说。

王阳明回答这个问题后一小会儿，又有一个弟子请教功夫切要。

这是什么节奏，老师刚讲完，就又来人踢馆子，王阳明果然是大师，看都不看弟子，向两旁回头看看说："我尘尾安在？"

王阳明回答后，在座的弟子，一下子都哈哈笑起来，好像都懂了，其实都是起哄。

下功夫不容易，存天理去人欲，更难，而做圣人，则是难上加难的事。

天理在哪里

我们的儒家哲学是人间哲学，即关注今世今生，培养人间的圣人。讲究明明德、亲民和止于至善，讲究人伦，也就是格物、致知、诚意、正心、修身、齐家、治国、平天下，无关天堂，也无关地狱。

怎样才能做圣人呢？孟子说过："圣人，人伦之至也。"

就是说，我们的圣人不是来自天堂的上帝，也不是高高在上的神人，而是来自你我身边的俗人，一定是道德完人。这个要求太高了，通俗地说，就是自己不做坏事，同时教别人不要做坏事；不仅自己经常做好事，还要教别人做好事；吃人间的烟火，做神仙才能做的大事；不仅会读书，而且还能做成大事。

在某种意义上说，中国圣人，就是吃着人间的烟火，操着宇宙的心；饿着肚子读圣贤书，操着帝国的心；居庙堂之高则忧其民，处江湖之远则忧其君；先天下之忧而忧，后天下之乐而乐。

怎么样才能做到呢？

答案是：做减法。减什么呢？减人欲，当人欲减到减无可减的时候，就成圣人了。

王阳明自从南京讲学后，只要给弟子讲学，一概要求他们"存天理去人欲"，而且作为讲学之本。其实，关于什么是"存天理去人欲"，王阳明自己也没搞明白，王阳明都搞不明白，弟子自然就更搞不明白。

王阳明搞不明白，自然无人可问，弟子搞不明白就去问他。

弟子说："先生，什么是'存天理去人欲'啊？"

面对弟子们提问，王阳明给他们统一的标准答案："自己去悟！"

无论是谁来问，也不管如何问，王阳明从来不说天理是什么东西。

直到黄冈的郭善甫带着自己的弟子良吉来绍兴。郭善甫有圣人之志，于是不远千里来到绍兴求学，而且还带着自己的弟子。这位郭老师是一个民主的老师，他和自己的弟子是"当仁不让于师"，弟子有理讲过老师，在来绍兴的路上，师徒二人围绕"存天理去人欲"辩论起来，从黄冈一直辩论到绍兴，谁都没有说服谁。

到了绍兴，见到了王阳明，他们二人就把这个问题抛给了王阳明。

王阳明当时正在楼里面喝粥，听完二人的问题，不回答良吉所问，而是用眼睛来来回回打量良吉。

良吉毕竟是年轻人，王阳明来回看几眼，搞得很紧张。这个时候，王阳明用手指了指粥碗，说道："这个碗里面能盛下这些粥，下面这张案子能承载得住这个碗，下面这座楼能承载得住这张案子，下面这块地能承载这栋楼，为什么？因为下面大啊！"

王阳明说完了，他自己懂没懂，没人知道，良吉是肯定没明白。

众弟子老是悟不懂"存天理去人欲"，王阳明也是着急。有一天，王阳明带着众弟子上街体验生活，大街上突然发生了不和谐的事，路人甲和路人乙互相骂大街。

路人甲骂路人乙："你无天理。"

路人乙骂："你无天理。"

路人甲骂："你欺心。"

路人乙曰："你欺心。"

王阳明听到后，当即把众弟子叫到面前，说："快来听听，这两个人正在哼哼讲学呢。"

弟子很是不解，说道："先生，这明明是在骂大街，怎么能是讲学呢？"

王阳明反问道："你难道没有听到吗？他们在说'天理'，在说'心'，这不是讲学是在干什么？"

之后，王阳明接着说："既然是讲学，又怎么是骂大街呢？"

最后，王阳明说："人啊，只知道去责怪别人，而不知道从自己身上找原因。"

王阳明所强调的其实就是从自身开始，他说过："自圣人以至于愚人，自一人之心，以达于四海之远，自千古之前以至于万代之后，无有不同。是良知也者，是谓天下之大本也。"他早就教弟子如何"存天理去人欲"了，他曾经向弟子说出了自己的秘密武器："我们用功，只求日减，不求日增，减得一分人欲，便是复得一分天理，何等轻快，何等简易。"

就是说，用功这事不能心急，要天天坚持，每天一点，人欲减少一点，天理就近一点，如此这般，就得到天理了。王阳明的观点在一定程度上契合了《道德经》中的"为道日损"，用功好比冶炼金属，只要天天去除杂质，就能得到高纯度金属。

按照王阳明的理论，得到天理，就可以成为圣贤了。因而，王阳明说："所以为圣者，在纯乎天理，而不在才力也。故虽凡人，而肯为学，使此心纯乎天理，则亦可为圣人。"

早年在赣州的时候，陈九川与于中、邹守益一起陪同王阳明。王阳明对他们说："人人胸中都有一个圣人，只是因为不够自信，最后都自我泯灭埋藏了。"

王阳明说完后，陈九川回头对于中说："你胸中原来也有圣人啊。"

于中立即站起来，谦虚地说："不敢当，不敢当。"

看到于中这样谦虚，王阳明说："做圣人是你自己天生就有的愿望，如何要推托啊？"

于中又说："不敢。"

王阳明说："做圣人是众人都有的愿望，何况是你于中呢？不知何故谦虚起来了？这事谦虚不得啊。"

看到老师这么厚爱自己，于中就微笑着接受了，就把圣人作为自己的人生目标。

满大街都是圣人

王阳明秉承孟子的"人人皆可为尧舜"，提出"人人皆可为圣人"，口号一提出，拜师的人就踏破门槛，有的是为了成为圣人，有的则是为了功名利禄，有的是为了修身养性，有的是为了看热闹……

黄宗羲后来在《明儒学案》中评价：自姚江（王阳明）指点出"良知人人现在，一反观而自得"，便人人有个作圣之路。故无姚江，则古来之学脉绝矣。

王阳明的观点在士林中引起了轰动，顾宪成说："当士人桎梏于训诂词章之间，骤而闻良知之说，一时心目俱醒，犹若拨云雾而见白日，岂不大快！"

王阳明的心学学习融合了禅学，"人人皆可成为圣人"和"人人有佛性"有异曲同工之妙，于是弟子越来越多。弟子虽多，每个弟子都有自己的拜师故事，唯独杭州府海宁的董沄拜师最为传奇。比那个倔强的王艮还有故事，还要传奇。

在拜师之前，董沄是一个诗人，靠着写诗行走江湖，也是一个名满江湖、誉满乾坤的人。可以说，在诗歌界，董沄是绝对的老大，就好比官场里的王阳明。在嘉靖三年之前，他们两个互相都知道对方，但互相"不感冒"，一个是诗人，一个是圣人；一个搞诗歌，一个搞政治。不在一个朋友圈，也没有共同语言。

嘉靖三年春天，董沄应一帮诗友之邀到会稽山参加笔会，听说王阳明正和弟子们在会稽山讲学，好奇心油然而生，就想去看看王阳明。于是董沄就挑着自己的瓢、自己的斗笠和自己的试卷等启程了，熟悉的知道董沄是大诗人，不知道的还以为是西天取经的沙僧呢。如此看来，董沄不仅是诗人，还是一个行为艺术家。

董沄和王艮有点相似，进门后，一点都不客气，直接坐上座。看到董沄一身奇装异服，而且这样不客气，王阳明很是好奇，关键是年纪还这么老，就很尊敬他。

经过一番你来我往，王阳明方知道，眼前的这位就是大名鼎鼎的江湖诗人——董沄。诗歌界大佬遇见了学术界大佬，惺惺相惜，两人坐而论道，居然能从白天谈到晚上，又从晚上谈到白天。

王阳明是越聊越自信，越聊越有感觉，而董沄则是越聊越谦逊，越聊越恭敬。从王阳明的会客厅出来后，董沄对王阳明弟子何秦说："我看到世上儒者都是一些支离琐屑，衣冠楚楚，人模人样的行尸走肉；其中的低下者是一群贪得无厌巧取豪夺争名夺利之徒，因而不屑于他们所为，以为世上岂真有所谓的圣贤之学吗？只不过假借儒家之道而追求私利罢了。正是因为这样，我就专心向诗，放浪形骸于山水之间。现在倾听了王夫子的良知之学，就好像大梦被惊醒，然后一下子找到了我的人生方向。我如果不能拜入王夫子的门下，这辈子就是虚度此生。我将北面拜夫子一辈子，难道会因为我年老而不行吗？"

听完董沄的话，何秦立即站起祝贺说："董先生，您的年龄确实老了，但您的志向何其壮哉！"

说完，何秦立即进去告诉王阳明此事。王阳明感慨说："这事真奇怪啊？我从来没有见过这个老头儿吧！虽然他自己主动要拜师，但他的年龄比我长啊，不太合适吧。师友，亦师亦友，一个道理，从这个方面也可以是他的老师。即便我的学说有幸被他接受，又何必要拜师行礼呢？"

何秦出来，向董沄转达了王阳明的意思。

董沄听完后，说道："夫子这样说，是嫌我诚意不够吧！"

两个月后，董沄又来了，这一次抛弃了他的水瓢和斗笠，而是拿着一条缣。见面就对何秦说："这是我老婆所织的物品。我的诚意所积累，就像这缕缣。夫子现在允许我拜师了吗？"

何秦进去禀告王阳明，王阳明再次感叹："这事真奇怪？我从来没有见过这样的老头儿。现在的社会，十分浮躁，读过几天私塾，刚刚知道提笔写文章，稍稍学习一点训诂，就飘飘然自大，哪里还会再跟别人做学问。这个老头儿能以诗折服后生，后面的粉丝遍布五湖四海，绝对是文坛的前辈。这样的一个人，一旦听闻我的学说，立即抛弃他数十年成就如同抛弃破鞋一样，居然还愿意北面拜师，岂止是今天所未见，就是古代也不多见。不是天下大勇之人，不足以做到这样。萝石（董沄的号）啊，你本是我的老师，而我哪里有资格做你的老师啊？"

听到王阳明的话，董沄很是忧伤，说："夫子为什么这样坚定地拒绝我啊，看来，我是等不到他同意了。"

说完后，董沄强行进去拜王阳明为师，这样一来，王阳明也只得同意了。约定二人不是师徒关系，而是师友关系。之后，二人一起论道，徜徉于山水之间，也是一段佳话。

董沄实现了拜师心愿，日日和王阳明论道，不亦乐乎，乐不思归。但董沄毕竟不是一个普通人，混江湖的大哥，诗坛泰斗级大师，他拜王阳明为师，其他人怎么办？家人情何以堪，下面的小弟如何混江湖，诗坛以后怎么办？

不久，董沄的家人、弟子、江湖兄弟以及诗坛粉丝坐不住了，大家一起到王阳明这里，组团忽悠董沄，请求他回去：您都这把年纪了，何必这样作践自己呢？

面对众人游说，董沄很是淡定，慢慢说道："我才不听你们的忽悠，我有幸刚刚逃离苦海，你们以为这样很苦，就觉得我很苦。我现在幸福着呢，正准备到渤海畅游，九霄之上展翅。你们快回去吧，我将从我之所好。"

于是，董沄遂自号曰从吾道人，王阳明专门写过一篇文章讲述这件事。

皈依王阳明心学，董沄一心向往圣贤。王阳明的弟子中，最有个性的一个是王艮，另一个就是董沄了。有意思的是，他们两人出外游学，归来后，都看到了

695

满大街的圣人。

一天，极具个性的王艮外出游学，归来后，王阳明问他："汝止啊，今天出游都看到了什么啊？"

王艮是一个语不惊人死不休的主儿，说起话来也是颇有风范："先生啊，我看见满大街都是圣人。"

这不是一场普通的对话，看似简单，实际上斗智斗勇。王艮是一个狂放之人，即便拜师王阳明之后，依然有些高傲，对王阳明学说也是一直有怀疑之心。因为多次听王阳明说"人人皆可成圣人"，王艮认为圣人是可望而不可即的，所以趁机揶揄一下王阳明。

王艮极贼，王阳明也聪明，不然怎么能收服他。王阳明摸透了王艮的心思，缓声说道："你看满大街都是圣人，满大街人倒看你也是圣人。"

几天后，董沄出游归来。见到了王阳明，董沄满脸惊讶说："先生啊，我今天碰到了一个非同寻常的事情。"

王阳明关切地问道："你出游看见了什么？"

董沄很是紧张，回答道："看见满街都是圣人。"

王阳明说道："这也是很正常的事啊，不足为奇啊？"

王阳明太了解这个两个弟子了，虽然都是个性之人，但又各有不同。王艮棱角分明，虽历经磨砺，但棱角仍存，需要进一步消磨；而董沄恍恍惚惚中有所体悟，没有抓手，需要提醒。就好比都是肚子疼，一个是饿的，一个是撑的，一个是生病，同是肚子疼，但情况各异，饿的吃饭，撑的运动一下，病的吃药，如此才能治好病。

百姓日用即道

众所周知，王阳明的弟子中，王艮最为让王阳明头疼，绝对是当仁不让于师，这就是王阳明当初给他改名字的用心所在，就是让他少说话。为了王艮，王阳明可谓用心良苦，就是为了把王艮从一个懂点文化的商人变成一个学者，甚至是圣人。

不听话是王艮的个性，他一辈子就是靠着质疑活着，正是因为这种个性，他才能从一个灶丁成为一个成功的商人，成为一个文化商人，最后能成功拜师王阳明。由于出身寒门，王艮基础很差，但志向很大，难免有点志大才疏。

志大才疏一过头，就是狂。王艮拜师后，王阳明曾对身边的弟子说："吾党今乃得一狂者！"

正是因为王艮志大才疏，加上出身不好，基础不牢，所以一直保持着独立思考和清醒状态，这就是他狂的基础所在。也正是这样，王艮时时不满意老师王阳明的学说，不时和盘托出和老师不同的见解，不仅如此，还要"往往驾师说之上"。这样一来，王艮难免会惹恼王阳明，自然也会和一些同学产生矛盾。

王阳明批评了王艮的"满大街都是圣人"，王艮有点不爽，心想，世界这么大，何不到天下布道去。

决定之后，王艮就去和王阳明道别。

王艮对王阳明说："千载绝学，天启吾师倡之，怎么能让天下有人不知道这门学问呢？"

王艮这样给王阳明戴高帽，肯定有所图，王阳明当然不会被忽悠，知道王艮肯定要出幺蛾子了，只是笑。王艮接着问王阳明，当年孔夫子周游列国，乘坐的是什么级别的车？王阳明一句话都不回答，依然面带微笑。

几天后，王艮跟王阳明道别，说老师的学说太伟大了，我出去传播一下。

回去后，王艮找木匠制作了一辆招摇车（也叫蒲轮），并且在车上题上一些文字："天下一个，万物一体。入山林求会隐逸，过市井启发愚蒙。尊圣道，天地弗违；致良知，鬼神莫测。欲同天下人为善，无此招摇做不通，知我者其惟此行乎？罪我者其惟此行乎！"

看来，王艮跟着王阳明求学这么多年，秉性并没有太大的改变，依然是商人的特点，懂宣传，会炒作。

一切准备就绪后，王艮带着两个仆人奔着京城出发了，除了招摇车，王艮一身道家打扮，头戴"五常冠"，身着黑色长袍，淡定地坐着招摇车，宛如古人复活，让人忍俊不禁。

王艮真的传道，每到一个地方，就聚众讲学，采取有教无类，给所有的人讲课，假借王阳明之学，宣传自己的"百姓日用就是道"。王艮这样讲学，让读书人斯文扫地，自从盘古开天地，三皇五帝至于今，从来没见过这样的教书先生，这哪里是教书先生，简直是江湖郎中。

　　王艮出身底层，生活经验丰富，世事洞明，人情练达，语言生动活泼，所讲内容都是日常所用，极为接地气，吸引了大批听众，农民、工匠、樵夫、渔夫、官员、江湖人士……都成了王艮的粉丝，粉丝越来越多。再就是，王艮有一种布道士的精神，他的足迹遍布深山、森林、大街、小巷、乡村……有人的地方，就有王艮的踪迹，一路讲到北京。

　　由于王艮行为怪异，所讲内容和朱熹主流思想不同，引起了轰动，连朝廷都知道这事了。王阳明很是担心王艮惹祸，想方设法把王艮召回来，不断给王艮写信，之后给在京城的弟子写信让他们劝王艮回绍兴，正意气风发的王艮把王阳明的劝诫当成了耳旁风。当这些手段用完后，王阳明就找王艮家大人——王艮的老父，写信让他劝诫王艮回绍兴。

　　在各方压力下，王艮不得不回到绍兴，之后就去给王阳明道歉，王阳明一连三天都拒绝见面。直到有一天，王阳明出来送客人，王艮当即长跪不起，说道："我王艮知错了。"

　　王阳明理不都理，直接回去了。王艮当即跟了进去，来到王阳明的会客厅，大声说道："仲尼不为已甚！"

　　这句话是有出处的，不是王艮的原创，出自《孟子·离娄下》，意思是孔夫子做事都是适可而止。

　　王艮的确是高手，他知道老师一心要做圣人，只好拿出孔夫子。果然，听了王艮的话，王阳明当即拉起了王艮。

　　尽管王艮不听话，也很高调，但践行了王阳明的精神，因而讲学效果最好，有人做过统计，包括王艮在内，到五代弟子，共四百八十七人，其中考中进士做官的十八人，其中有两人还是状元，考中贡士做官的二十三人；载入《明史》的有二十多人；编入《明儒学案》的有三十余人。这些弟子中，其中陶望龄是明嘉靖年间的国子监祭酒（相当于国立中央大学校长），赵贞吉是明嘉靖年间的吏部尚书；有的成了著名学者，如李贽是明著名哲学家，汤显祖是著名剧作家。

因而，后来人评价："王阳明学生遍天下，唯有王艮最英灵。"

阳明版"吾与点也"

王阳明的名气越来越大，弟子也就越来越多，名气更是越来越大，弟子也就更是越来越多……吸引了五湖四海的学子，有来自湖广的萧谬、杨汝荣、杨绍芳等人，有来自广东的杨仕鸣、薛宗铠、黄梦星等人，有来自直隶的王艮、孟源、周冲等人，有来自南赣的何秦、黄弘纲等人，有来自安福的刘邦采、刘文敏等人，有来自新建的魏良政、魏良器等人，有来自泰和的曾忭……

从四方慕名来学的人太多了，王阳明的伯府早就满员了，这些弟子就在王阳明伯府周围找地方居住，诸如附近的天妃寺、光相寺等寺庙都是人满为患，每一个房间都是数十人群租在一起。这么多人，白天还好凑合，到了夜里，连睡觉的地方都没有，这帮人就互相排序唱歌，歌声从天黑响彻到天亮，搞得寺庙里的和尚都无心念经了。

不仅王阳明住所周围是这样，南镇、禹穴、阳明洞诸山等远近寺刹，漫步所到之处，都成了学子的寓居之地。这么多弟子，王阳明一开课，都是前后左右环坐好几圈，人数常常多达数百。弟子太多了，甚至有的陪侍王阳明一年多，王阳明依然叫不出他的名字，因而每当告别的时候，王阳明常常感叹说："君等虽别，不出天地间，苟同此志，吾亦可以忘形似矣。"

这些弟子每当听说阳明先生带大家游学，也是高兴得欢呼跳跃，只要阳明先生一讲课，都是前簇后拥，甚是气派。阳明先生的弟子感慨说："南都以前，朋友从游者虽众，未有如在越之盛者。此虽讲学日久，孚信渐博，要亦先生之学日进，感召之机，申变无力，亦自有不同也。"

王阳明很是享受这种场面，大有孔夫子当年的感觉，自己距离圣人真越来越近了。嘉靖三年的中秋节，王阳明心情大好，在天泉桥宴请众弟子。师生数百人，可谓老少咸集，群贤毕至，真是不亦乐乎。

那是一个美好的夜晚，一个快乐的夜晚，一个令人愉悦的夜晚，可以喝酒到尽兴，可以放声高歌，可以投壶，可以击鼓，之后趁着夜色泛舟水上。

这不是一次普通的夜宴，是一次人性的释放，是真我的狂放展现，王阳明也是醉了。这么高兴，这么舒畅，王阳明当即赋诗一首，其《月夜》诗云："处处中秋此月明，不知何处亦群英？须怜绝学经千载，莫负男儿过一生！影响尚疑朱仲晦，支离羞作郑康成。铿然舍瑟春风里，点也虽狂得我情。"

这是王阳明的典型风格，题目是"月夜"，诗里面既没有风也没有花，也没有写寂寞，却写了人生，赞美了众弟子，勉励他们要有大志向，继承圣人之学，不负做一回男人，诗末写了"春风里"，但却与风无关，写的是人性，写了狂放真性情，写了自己的向往。

"点也虽狂得我情"这句不是普通的诗句，是有故事的，故事的主人翁是孔夫子和弟子。故事出自《论语·先进》，据说有一天，子路、曾晳（名点）、冉有和公西华陪着孔子静坐。

孔子问他们："如果你们有机会治理国家，你们会怎么做呢？"

子路急忙回答说："如果是一个千乘之国，生存在大国夹缝之间，经常受到大国的侵略骚扰，因而导致国内饥荒。如果让我子路去治理，三年时间，就可以让人们英勇善战，而且知礼仪懂规矩。"

孔夫子听完后，不屑一顾。转头问冉有："冉求，说说你的方案。"

冉有说："国土方圆六七十里或五六十里的国家，让我冉有去治理，三年以后，能让人们衣食无忧生活饱暖。至于礼乐教化的事，那就等君子来施行吧。"

孔夫子又问公西华："说说你的方案。"

公西华说："我不敢说我能做到什么样子，但我愿意学习。至于宗庙礼乐教化之事，或者参与别国的盟会，我一定头戴礼帽、身着礼服，恭恭敬敬，做一个小小的服务者。"

孔夫子还是不满意，就问曾晳："点，你怎么做呢？"

曾晳这时候正在弹瑟，听到孔夫子问话，就慢慢放缓自己的节奏，到"铿"音突然停止，站起来说："我和他三个不一样。"

孔夫子为之一振，说道："说来无妨，都是说说自己的志向。"

曾皙说："我的理想是，暮春三月，阳光明媚，穿上春天的衣服，我和五六位成年人，带着六七个少年儿童，一起到沂河里洗洗澡，然后在舞雩台上吹吹风，然后唱着歌，一路走回来。"

听到曾皙的话后，孔夫子说了一句经典名言："吾与点也！"

当时，孔夫子其他弟子肯定是一下子就惊呆啦。老人家谆谆教诲，修身齐家治国平天下，原来都是逗人玩的，他心在江湖啊，不是在庙堂。

其实这是不矛盾的，在孔夫子看来，作为圣人，当然要有忧国忧民，拯救苍生的志向，但更要有超脱凡俗的心胸和洗尽铅华见真纯的境界，唯有如此，才能在追求大志向的时候还能向往一个自我自由自在的精神世界。

一年夏天，王阳明讲学，弟子王畿和黄省曾陪坐在王阳明身边。

天气太热，王阳明用手握住扇子对他们说："你们用扇。"

黄省曾立即站起来说："不敢。"

王阳明看到这种情况，对众弟子说道："我教你们的是'圣人之学'，'圣人之学'可不是这样拘束受苦的，不是要时时装着'道学'的模样。"

王畿当即接过话头说："看《论语》'仲尼与曾点言志'一章就是讲这个道理的。"

之后，王阳明进行了率性通俗解读："对。从'仲尼与曾点言志'这章看来，圣人真不一般，具有何等宽宏包含气象！当老师询问这群弟子志向的时候，三个弟子都恭恭敬敬地回答了。至于曾点这个人，根本不理这茬，飘飘然不把那三个学兄学弟看在眼里，只是自己去弹起瑟，这是何等狂态。等到曾点言志时，也是风马牛不相及，说什么春天、洗澡、吹风、唱歌，都是狂言。如果换成程颐老先生，早就开始骂大街了。可是孔圣人非但不责怪，反而还称许他，这是何等的气象！圣人教人，不是束缚在一个模式上，所有都照特定流程学习，如果是一个狂人便从狂处成就他，狷人便从狷处成就他。人的才气如何能从同一个模式取得呢？"

王阳明很好地学习了孔夫子的这一点，讲究因材施教，要求弟子们有独立自我意识，要有真性情，做学问做事时刻都洒脱自如，不落窠臼，展示一个自我。王阳明在诗里提到这件事，说的不是孔子，而是借机抒发自己的情怀。

自遂人性

第二天，酒醒以后，众弟子前来感谢老师的招待。

王阳明心情大好，开始给众弟子讲学："先前孔子在陈国漂泊的时候，思念祖国鲁国的狂士。世上的学者，都沉溺于富贵声利之场，如同拘禁起来的囚徒，没有一个能自省逃脱。等我领悟了孔子的教义，开始知道一切俗缘都不是性之本体，于是豁然脱落俗缘。但仅仅理解这个意思，不加实践以入于精微，就是有轻蔑世故，忽略人伦的毛病。虽然比那些庸庸碌碌之辈好一些，但仍然是没有得道之人。至于孔子为什么在陈国思归，我个人考虑，就是为了让弟子能得道。我给你们大伙讲课，就担心你们不能悟到这个意思。今天幸好你们都悟到了这个意思，那就正好精诣力造，以求至于道。千万不要一见到道就自我满足，最终停止在狂放的境界。"

孔子只是药引子，王阳明所推销的还是他的心学，讲究的还是悟道，循循善诱众弟子，告诉他们如何悟道，如何得道，可谓用心良苦。

王阳明虽然穷尽手段讲学，由于个人禀赋各异，有的能理解，有的不能全部理解。中秋节后，舒柏前来请教，"敬畏是否连累洒落？"

王阳明回答道："君子思维中的所谓敬畏，不是恐惧忧患的意思。是'戒慎不睹，恐惧不闻'的意思。君子思维中的所谓洒落，不是旷荡放逸的意思，乃是其心体不受累与欲望，不让不自得进入内心的意思。所谓心之本体，即天理也。天理之昭明灵觉，所谓良知也。君子的戒惧功夫，无时无间都在，则天理常存，而其昭明灵觉的本体，自然就无所昏蔽，自然就无所牵扰，自然就无所歉馁愧怍。一切的动容周旋都适合本体，自然从心所欲而不逾矩，这才是所谓真洒落啊。是洒落生于天理之常存，天理常存生于戒慎恐惧之无间。怎么能说敬畏之心，反被洒落连累耶？"

"洒落为吾心之体，敬畏为洒落之功。""洒落"是追求的最高境界，要到这个境界需要"敬畏"来限制和补充。这里所说的"敬畏"并不是恐惧愤怒情绪，也不是对特定对象的恐惧，而是指《中庸》的"戒慎恐惧"，是自觉的提醒和防范，是一种有为有所不为的随心所欲不逾矩；这里的"洒落"当然也不是放荡不羁、为所欲为，而是一种不受声色货利羁绊的自我控制，是一种以自我约束为前提的心灵自由，是一种"应物不累于物""情顺万物而无情"超脱的境界。

再之后，刘侯前来请教入山静养的问题，王阳明对刘侯说："君子养心之学，好像良医治病，根据病情的虚实寒热，进而斟酌是补还是泄，主要目的是在去病而已。最初并没有一定之方，不是必须让人人都服用？如果专门想到深山入坐穷山而绝世，故意摒除思虑，那恐怕就已经养成了空寂之性，虽然想不流于空寂，哪里做得到啊。"

从上面这个对话可以看出，王阳明推崇的静坐，不是为了静坐而静坐，他的静坐是为了治病，不是流于形式，显然这是一种青出于蓝而胜于蓝的高明，既从佛教学习了精华，同时也摒弃了佛教的逃离现世做法。

佛教有一个著名的术语，叫作著相。所谓著相，就是拘泥于某种形式（外相、虚相或个体意识）而偏离了事物的本质。佛教所努力做的，就是教导众生不要著相，但实际上，佛教也是著了相的，诸如不能结婚，不能生孩子，不能留发……

关于佛教的著相，王阳明曾经说过："佛氏一再教导不著相，其实著了相。吾儒看起来著相，其实不著相。"

弟子听后，觉得王阳明在忽悠人，就请王阳明说明白。王阳明说："佛怕父子累，却逃了父子；怕君臣累，却逃了君臣；怕夫妇累，却逃了夫妇。这些，都是为个君臣、父子、夫妇著了相，便须逃避。像我们儒家就不逃避，而是找方法，有什么大不了的，有个父子，还他以仁；有个君臣，还他以义；有个夫妇，还他以别。这样一来，何曾著父子、君臣、夫妇的相？"

佛教的著相也好，王阳明的吾儒不著相也罢，都是绕着一个核心，那就是人心，圣学其实就是人心。人心是通过人性展现的，人性就成了大问题，如何控制人性呢？王阳明说过，存天理，去人欲，但如何去呢？

答案是：读书。

到这里不由得想起《传习录》记载的一个段子：

一友举佛家以手指显出，问曰："众曾见否？"

众曰："见之。"

复以手指入袖。问曰："众还见否？"

众曰："不见。"佛说还未见性。此义未明。

先生曰："手指有见有不见。尔之见性，常在人之心神。只在有睹有闻上驰骛。不在不睹不闻上着实用功。尽不睹不闻，实良知本体。戒慎恐惧，是致良知的功夫。学者时时刻刻常睹其所不睹，常闻其所不闻，功夫方有个实落处。久久成熟后，则不须着力，不待防检，而真性自不息亦。岂以在外者之闻见为累哉？"

"手指"的见与不见是一个佛教经典故事，典出《楞严经》，释迦牟尼用以阐释明心见性，意在告诉大家只要心明了，眼耳鼻舌身意不过是认识世界的工具，不能过于执着，一些实物的在与不在不能仅仅靠一种工具判断，也不能仅仅依靠自己运用的工具判断，只要悟到这个层次，就明白一切了。

六祖慧能，天资聪颖，但是个文盲，不能亲自阅读任何佛经，都是通过口口学习而来，居然悟道成佛。一次，一个遍读佛经的僧人很是不服气，觉得自己知识渊博都没能悟道，一个不识字的人怎么能悟透佛法，就以此问慧能。当天明月当空，面对僧人疑问，慧能问道："明月在哪里啊？"

僧人一听，觉得慧能也就这个水平，当即指着天空说："在那里啊！"

慧能接着说："是的，明月就在那里。你用手一指，看到月亮在那里；我不用手指，也能看到月亮在那里。文字就好比是手指，佛法好比就是明月，既见明月在天，何必扬手一指！"

这也即是王阳明所说的在认知世界的时候不要让外面的见闻连累了。

知音不对不可言

静，才能进入境界，进入境界才能进入无我之境，只有进入无我之境才能物我皆忘，才能无入而不自得。

王阳明在浙江静以修身，朝廷的大议礼如火如荼，树欲静而风不止，许多支持大议礼的人和王阳明的关系密切，方献夫、席书、霍韬、黄绾和黄宗明是王阳明的弟子，张璁、桂萼、熊浃等和王阳明没有直接关系，但王阳明对他们的议礼多有肯定。因而有学者大胆提出，大礼议不仅是政治斗争，还是新兴王学与正统朱学之间的斗争。

当然王阳明弟子中也有反对议礼的，比如邹守益，因上疏反对，结果锒铛入狱，之后被贬到广德州。当邹守益到达潞河时，收到同僚王思的手书及赠行广德诗。这个王思和邹守益一样，反对议礼，后来和杨慎一起逼宫，结果被廷杖下狱。其实，王思在逼宫之前已经请辞了，邹守益故意放缓行程，等候王思一起南下，哪里知道王思又参与逼宫。王思最终没有扛过去，邹守益到阙里的时候获得噩耗，不敢相信，到姑苏再一次确认，十分痛苦，临风痛号。王思和邹守益关系密切，与王阳明也感情深厚。王阳明平定南赣时，王思那时因谏言被贬潮州三河驿丞，可能有共同遭遇，王阳明把王思调至军中，评价王思："志行高古，学问渊源，直道不能趋时，长才足以济用。"后来朱宸濠叛乱时，王思依然在军中协助王阳明。王阳明上捷音疏、报征藩功次，每次都将王思列上，身份为"参谋驿丞"。平定朱宸濠之后，王思在正德十五年又回到三河驿丞任上，"功成亟归，口不言劳"。朱厚熜做皇帝后，召回前朝因直谏罢谪的大臣，王思重新回到翰林院任职，却死在了议礼之争上。

卷入大议礼之争的还有陆澄，这个人比较有意思，在张璁和杨廷和围绕"继统""继嗣"争论的时候，陆澄从朱熹理学立场出发，提出了既"继统"又"继嗣"的观点。后来，张璁桂萼议礼获胜，位居要职的时候，陆澄又上一疏，提出："父子天伦不可夺，礼臣之言未必是，张桂之言未必非恨初议之不经，而忱悔无及然而。"

态度前后截然相反，天下哗然，一时间千夫所指，《明史·陆澄传》这样评价：谓最陋者南京刑部主事归安陆澄，初极言追尊之非，逮服阙入都，明伦大典已定，璁萼大用事，澄乃言初为人误，质之臣师王守仁，乃大悔恨萼悦其言，请除礼部主事，而帝见澄前疏恶之，谪高州通判以去。

陆澄这事，多数人都认为是人品问题，其实是学术问题。第一道奏疏是从朱熹理学出发，站在礼法的角度看问题，讲究克己复礼，抑制孝敬亲生父母之情，反对尊崇亲生父母；第二道奏疏从王阳明心学出发，站在人性的角度看问题，孝敬亲生父母是人之常情，是良知是至善，因而支持议礼。

面对这样的时局，王阳明哪里能不触动，正如年谱说"盖有感时事，二诗已示其微矣"。其一，《碧霞池夜坐》：

　　一雨秋凉入夜新，池边孤月倍精神。潜鱼水底传心诀，栖鸟枝头说道真。莫谓天机非嗜欲，须知万物是吾身。无端礼乐纷纷议，谁与青天扫旧尘。

其二，《夜坐》：

　　独坐秋庭月色新，乾坤何处更闲人？高歌度与清风去，幽意自随流水春。千圣本无心外诀，《六经》须拂镜中尘。却怜扰扰周公梦，未及惺惺陋巷贫。

除了这两首，还有一首《秋声》，表达的主题也大致差不多：

　　秋来万木发天声，点涩回琴日夜清。绝调回随流水远，余音细入晚云轻。洗心真已空千古，倾耳谁能辨九成？徒使清风传律吕，人间瓦缶正雷鸣。

三首诗都是在末联点题，"无端礼乐纷纷议，谁与青天扫旧尘""却怜扰扰周公梦，未及惺惺陋巷贫""徒使清风传律吕，人间瓦缶正雷鸣"。从诗中可以看出王阳明对大议礼真实态度，多有嘲讽和不屑。"谁与青天扫旧尘""惺惺陋巷贫""清风传律吕"是讲学布道之乐，和这比起来，"大议礼"几乎不值得一提。

究竟王阳明对大议礼是何态度呢？据年谱记载，嘉靖三年四月，霍兀涯、席元山、黄宗贤、黄宗明先后皆以大礼问，竟不答。据考证，王阳明只是不愿公开说，其实私下表达过自己的观点，他在和弟子顾应祥的交流中明确表达："近见礼论，足知日来德业之进。秦汉以来，礼家之说，往往如仇，皆为不闻致良知之学耳。"

只是这是私论，观点和"继统"相近，也即是说顾应祥也是一个"继统"支持者，只是没有上疏朝廷，因而只能算作"私论"。从这件事可以看出，王阳明不是不回应大议礼，只是不愿上疏朝廷，私下还是有观点的。

圣人之学和科举是一回事

读书是一件令人快乐的事，但如果读书加上了颜如玉、黄金屋、千钟粟……就会有不能承受之轻，就好比吃饭后要写食评、看电影后写影评、读过书后写书评……让人索然寡味。

读书是一种享受，不能有功利之心，如果太在意功利，便是著相，一旦著相，读书就成了痛苦，还怎么能读好书。

王阳明是读书高手，会读书，还会考科举，能高中进士第七名就是明证。所以众弟子经常向王阳明请教如何读书。

一个朋友读书很用功，但就是记不住。在科举时代，读书记不住是要命的事，科举题目很多都是原文引用，记不住如何答题，不能答题如何考科举？这个朋友遍访名师，都没能解决这个问题，最后就来请教王阳明："读书不记得，如何？"

这个问题当然难不住王阳明，当即回答："读书只要晓得，如何要记得？连要晓得都已是落在第二义上了，只要明得自家本体即可。若徒要追求记得，便不晓得了；若徒要追求晓得，便明不得自家的本体。"

这里自家本体是什么呢？其实就是自己的价值体系，通俗地说就是自己的操作系统。也就是说，我们读书是为了丰富我们的精神内存，完善我们的操作系统，以便于我们的操作系统速度更快，时时事事顺畅，时刻都处于一个活泼自如的状态。

王阳明的读书早已超脱科举，但跟着他读书的，口口声声追求圣人之道，内心都是瞄准科举，所以请教的时候都是夹枪带棒，捎带着问问科举。曾经有弟子自己一读书就想起了科举，就问："先生，我知道读书是调摄此心不可缺的方法。但我读书之时，一种通过科举获取功名利禄的意思就被牵引而来。不知道如何避免这种情况？"

王阳明是过来人，经历多次科考，曾经沧海难为水，回答说："这不是事儿，只要你良知真切，即便读书是为了科举考试，也不会成为心累。你心里总有拖累之感，也容易觉察到并克服掉。比如读书时，良知觉察到强记之心的时候，即应克服掉；觉察到有欲速之心的时候，即应克服掉；觉察到有夸多斗靡之心的时候，即应克服掉。如此一来，仅仅只是终日与圣贤印对，却是个纯乎天理之心。管他谁读书，也只是调摄此心而已，那里又会被拖累呢？"

弟子还是有点不太明白，接着问："虽然承蒙先生您指教，奈何我资质庸下，实在难免受其拖累。我个人以为穷通有命，上等智慧的人，恐怕会不屑于此。不肖的人为声利牵缠，甘心愿意为了科举这样读书，白白自找苦吃罢了。我现在想摒弃，但又受制于父母双亲，不能舍去，怎么办啊？"

王阳明接着回答："把此事归辞于父母双亲的人多了去了。这和父母有多大关系，其实只是个人无志。当初立志的时候，良知千事万事都只是一事。读书作文，怎么能拖累人呢？无非是人拖累于自己的得失之心！"

之后，王阳明感叹说："良知之学不明于天下，不知道这个地方耽搁了多少英雄汉！"

当时，钱德洪带着二弟钱德周跟王阳明一起读书，他们哥儿俩住在余姚城南。他们的父亲渔翁先生有一天来看看孩子的学习情况，哪里知道自己的俩儿子和魏良政、魏良器等人一起去禹穴游玩去了，被那里美丽的风景吸引住了，流连忘返，一下玩了十多天。

老爷子很是不爽，家里辛辛苦苦供应你们哥儿俩读书，你们倒好，不下苦工读书，却跑去游玩。见了面，老爷子就训话："你们一起游玩这么长时间，难道不会妨碍课业吗？"

俩儿子回答："我们的举子业无时不习。"

老爷子训话，哥儿俩却说随时都在学习，老爷子气不打一处来，说道："我当然知道心学可以触类而通，然而朱熹的学说也须理会吧？"

俩儿子说："用吾良知求朱熹之说，譬如打蛇打得住七寸，又何忧不能取得科举啊？"

老爷子满腹狐疑，觉得两儿子在忽悠自己，就进去找王阳明了解情况。

王阳明当即回答："岂特无妨，乃大益耳！学习圣贤的人，譬如治家一样，他的产业、第宅、服食、器物都是自己置办的，欲请客的时候，就拿出其所有招待朋友；客人离开后，他的物具在，还可以自己享用，终身用之无穷次。当今参加科举的人，譬如治家不置办任何家具，专门通过借贷显示能力，欲请客的时候，只有大厅可以用来摆放家具，其他所有家具全部都是外借，有幸请到客人来，则这些借贷之物一时丰裕可观；客人离开后，就要全部归还给别人，没有一物是自己所有；如果请客不来，就会时过气衰，借贷亦不备；这样就会终身奔劳，一辈子做一个穷人罢了。专心于朱熹之学无益于内心价值体系的提高，而是追求外在形式。"

按照今天的教育理念，王阳明和钱德洪的老父亲探讨的是应试教育和素质教育的问题，王阳明的观点是素质教育和应试教育不矛盾，只要搞好素质教育，应试教育根本不是事；相反如果一头扎进应试教育，为了应试而学习，不仅很难考中科举，即便考中了，也因为死记硬背，而后一事无成。

第二年嘉靖四年乙酉大比，稽山书院的钱楩与魏良政分别同时考中江苏和浙江的举人。

钱德洪的老父亲听说后，哈哈大笑说："打蛇得七寸矣。"

这个时候，朝廷开始大议礼，王阳明内心无法平静，远离朝廷，却无法置身事外。夜坐碧霞池，写了两首诗，这两首到底写了什么呢？

朝廷，触手可及又遥不可测

树欲静而风不止，王阳明一直不愿掺和朝廷大议礼，但总有人想方设法试探王阳明，拉拢王阳明，希望王阳明表表态，站站队，以便分清敌我。霍韬、席书、黄绾和黄宗明先后给王阳明写信，以求学的名义，向王阳明请教大礼。每一封信，每一次问答，都是一次考验，都是一次修炼，即便是王阳明，依然无法心如止水，多少还是微波兴起，涟漪四起，好在最后控制住了，一个字都不回答。

大议礼，谁都伤不起。这年正月，桂萼、张璁和黄宗明联合上疏，再次大议礼。这个时候，杨廷和无计可施，最后向朱厚熜提出辞职，意外的是，朱厚熜居然同意了。

这些对王阳明来说，原本是无关风雨无关晴的，但是这年四月，王阳明的丁忧到期。这就是说，王阳明现在已经是朝廷的候补官员，必须随时做好被朝廷征召的准备。

果然，丁忧刚刚结束，朝廷大臣屡屡上疏引荐，请求朝廷起用王阳明。

其实早在嘉靖三年十二月，桂萼、张璁和黄宗明他们整备大议礼的时候，朝廷打算在陕西三边设置提督军务大臣一名，朱厚熜提议兵部推荐一个有能力德高望重的人，兵部尚书金献民等人就推荐了三个人，第一个是杨一清，第二个是彭泽，第三个就是王阳明，最后皇帝选择了杨一清。

三个月后，嘉靖四年二月，大议礼正热火朝天，杨廷和刚刚离开北京，议礼派就想趁机占领内阁，他们之中无论是桂萼、张璁、黄宗明还是席书都没有资格进入内阁。

嘉靖三年（1524），大同发生兵变，巡抚张文锦被杀，总兵官江桓的大印也被损毁，无奈之下，朝廷把原先的将领朱振从监狱里放出来做总兵，命令礼部重新铸造大印。席书坚决反对，请求朝廷出兵平定叛乱，和内阁发生了摩擦。杨廷和离开后，当时阁员是费宏、石珤、贾咏，席书从心里不喜欢他们，就极力推荐杨一清、王守仁入阁，并且说："现在朝中的大臣都才能一般般，不足与陛下共商军国大事。平定祸乱拯救时局，非王守仁不可。"

席书为了推荐王阳明是真下功夫，甚至言辞激烈，但朱厚熜不感兴趣，不同意席书的建议，略带批评说："近日边方多事，已命廷臣集议。席书身为大臣，果有谋略，应该全力以赴拿出高大上的策略和朕一起渡过现在的难关，何必用才能一般来敷衍朕呢。"

朱厚熜明显是和席书打哈哈，说最近边防事情比较烦，但我已经命令群臣集体讨论解决，接着称赞席书，说席书忠君爱国，果然有谋略，但是还应该悉心出谋划策共同应对困境，何必妄自菲薄，把自己当作中材呢，有负朕对你的重用。话里有话，表面是批评席书，实际是在批判王阳明。

五个月后，南京都督府空缺，应天巡抚都御史吴廷向朱厚熜举荐新建伯王阳明，说王阳明文武全才，适合暂时掌管南京都督府。朱厚熜不说同意也不说不同意，直接转交兵部复议。兵部也不傻，当然会揣度圣意，秉着忠于皇帝，对历史负责的态度，经过严肃认真的讨论，得出结论：文臣掌府事未便，俟别缺推用之。

就是说，王阳明是读书人，是文臣，不能掌管都督府，等待别空缺再起用吧。这不是睁着眼进行严肃地扯淡吗？王阳明是文臣，不错，宁王朱宸濠叛乱不就是他平定的吗？这样的人不适合，那谁适合？

在大明朝就是这个逻辑：皇帝说你行就行，不行也行；皇帝说你不行，行也不行。

王阳明不郁闷，也不发牢骚，更不和那帮愤青弟子讨论政事，而是一个人趁着夜深人静，明月高悬的时候，到碧霞潭边静坐，到这里不仅仅是追求内心的安静，更是寻找自我，也是随时清除内心里的垃圾，同时对自己心中之贼进行杀毒。如何杀毒呢？那时有没有杀毒软件，但王阳明有自己的独门武器：读诗，就读以前写的两首诗。

读曰：

> 一雨秋凉入夜新，池边孤月倍精神。
> 潜鱼水底传心诀，楼鸟枝头说道真。
> 莫谓天机非嗜欲，须知万物是吾身。
> 无端礼乐纷纷议，谁与青天扫旧尘？

王阳明高明，在诗里，不说别人，不说皇帝，也不说自己；不说朝廷，不说政事，也不说圣人；说什么呢？说天气，说月亮；说池底给鱼传授心学口诀，说枝头楼鸟论大道；说每个人都有欲望，说每人都要清醒知道自己是谁；一帮人在纷纷议论无端的礼乐，谁来治理天下呢？当然是我王某人，但却没有愿意起用。

又读曰：

> 独坐秋庭月色新，乾坤何处更闲人？
> 高歌度与清风去，幽意自随流水春。
> 千圣本无心外诀，《六经》须拂镜中尘。
> 却怜扰扰周公梦，未及惺惺陋巷贫。

这一首，是写给自己的，是杀毒后的自我，看似有佛教味道，实际是儒家的冲动，只是说服了自我，做一个清醒的自己，知道自己是谁，如此而已，如此而已。

人生总是不圆满

这两首诗是王阳明对当时时事的感怀，一切尽在诗中。

总之，嘉靖三年，王阳明的心情不好，但杨廷和心情更不好，朝廷那帮反对议礼的人心情最不好。王阳明心情不好，是因为屡次被举荐，屡次被否定；杨廷和心情不好，是因为不得不离开自己经营多年的朝廷；反对议礼的人心情最不好，原因是他们集体被惩罚，为首者戍边，四品以上者夺俸，五品以下予杖，被当场打死的就有十七人。

所以，这个时候，王阳明还真应该感谢一下杨廷和，幸亏没同意让王阳明进京，否则后果会很严重的。因为从王阳明的诗里可以知道，在他看来，议礼就是瞎起哄穷折腾，仅仅这个想法，就该砍头五分钟。

时间过得很快，转眼到了嘉靖四年，这年正月，王阳明的原配夫人诸氏去世了，至于是病逝的，还是意外，抑或是寻短见，史书没有记载。

三十七年的夫妻，就此别过，王阳明没有写首诗怀念一下，也没写篇文章秀一下恩爱，更没有给老婆办一场风风光光的葬礼。

这一切，从某个方面说明，王阳明和他的夫人感情并不怎么好。尽管诸氏出身高官家庭，也算是大家闺秀，王阳明对她好像一直不怎么"感冒"，新婚之夜不在洞房里和诸氏研究生养，却跑到铁柱宫和一个道士谈论养生，足见王阳明对诸氏的不待见。之后，两人结婚三十多年，诸氏没能生下一男半女，在某种程度上也影响了二人的感情，不知道是种子的问题还是土地的问题。

按照当时的制度，王阳明只能有一个妻子，但可以纳妾，也就是所说的一夫一妻多妾制。妻子只有一个，但纳多少妾就是个人的能力问题，《大明律》不管这事。八卦一点，据好事者考证，王阳明先生的妾至少有六个，不知道当时有没有弟子问王阳明："先生，您到底有几个好妹妹？"

议礼派在议礼中大获全胜，王阳明的弟子黄绾、方献夫、黄宗明以及好朋友席书、霍韬一下子成了皇帝面前的新宠，但由于他们根基尚浅，无法竖起一面大旗，他们自然而然就想起了王阳明，准备拉起王阳明这杆大旗，只要王阳明进入内阁，朝廷就有他们的一半。关于大议礼，王阳明认为这是瞎折腾，因而采取不参与不站队，既有黄绾、方献夫和黄宗明这样赞成议礼派的，也有邹守益、王时柯反对议礼的弟子。

正是因为这样，王阳明成了一股不明力量，他进入内阁，到底是支持议礼还是反对议礼尚且不知，所以朝廷一直对王阳明爱不起恨不起，于是采取敬而远之。

嘉靖四年六月，按照丁忧制度，朝廷应该给王阳明安排工作，御史石金等人纷纷上奏推荐王阳明，都是石沉大海，朝廷根本不理。席书坐不住了，再次上疏推荐："生在臣前者见一人，曰杨一清；生在臣后者见一人，曰王守仁。且使亲领诰卷，趋阙谢恩。"

结果，朱厚熜把杨一清招进内阁，依然没理王阳明。

朝廷不愿起用，王阳明也不强求，绝不觍着脸要皇帝重用，而是继续忙着给自己的弟子讲讲学，指示指示良知，和同志们论论道，一起到野外吹吹风，看看花、望望蓝天。

九月，王阳明回余姚扫墓。只要回到余姚，龙泉寺的中天阁就是王阳明必去之处，当初他约定每月的初一、初八、十五、二十三日为亲自讲学的日子，所以每月都要回来几次。

嘉靖五年，兵部左侍郎迁尚书，有了空缺，刚开始吏部一连推荐了好几个人选，皇帝都没有同意。这个时候，监察御史熊爵说，兵部是军事重地，贵在得人，新建伯王守仁、尚书彭泽都是壮猷元老，可以担当此任，最后彭泽就任。

这年，钱德洪与王畿同时通过会试，他们都没参加廷试，带着黄弘纲、张元冲一起乘船回绍兴。这两人的确牛，算是个性，真是视功名如敝屣，只要走一个过场，就是进士及第，最起码也是同进士出身，但他们就是放弃。

这几个弟子不求闻达于诸侯，而是以传道为己任，在回绍兴的路上，他们一路给人们宣讲王阳明心学，虽然他们都是义务讲学，不收钱，但也有人并不买账觉得心学有什么用呢？是能当饭吃还是能挣钱？他们就很郁闷，就向王阳明请教。

王阳明弟子们说："你们用圣人姿态去给普通人讲学，普通人一看圣人来了，都害怕走了，如何讲得行？须做得像个愚夫愚妇，这样方可与人讲学。"

之后，钱德洪又说要见人品高下最容易。

王阳明问道"何以见之？"

钱德洪回答说："先生您譬如泰山在前，有不知仰者，须是无目人。"

王阳明说："泰山不如平地大，平地有何可见？"

王阳明这一句话，一下子捅破了他们这些人注重面子的毛病，在座的人个个莫不悚惧流汗。

幸福总是很短暂

看到自己心爱的弟子们为了自己的心学放弃廷试，而且一路传播，王阳明很是高兴。朝廷越来越远，王阳明决定把心思放在传道授业解惑上，遂立下一个新规矩，凡是这个时候拜入其门下的弟子，须得先行接受钱德洪等人的引导，等到志向坚定之后，才能面见自己。

王阳明善于教学，也善于忽悠，更善于搞气氛，很是神乎玄乎。当这些弟子来到王阳明的房间后，王阳明并不和他们说话，而是默默相对一起动手焚香，然后一句话都不说，静静地坐在那里，时间到，一个出去，再进来另一个……

弟子们出来后，个个志得意满，都是收获满满。

　　诸氏夫人去世后，许多人都说王阳明不悲痛，按照世俗的观点，升官发财死老婆，此乃幸事，王阳明何悲之有？再就是，王阳明很快娶了一个年轻漂亮的小老婆。其实大伙误解了王阳明，毕竟是三四十年的夫妻了，哪能不悲伤，只是王阳明表达悲伤的方式有点特殊，迅速找一个年轻漂亮的老婆来抚慰内心的伤痛。

　　在王阳明的新建伯府门前有一个大水池，水池是用石头砌成的，长35米，宽25米，水池的名字很讲究，叫"碧霞池"。不用说，这么讲究的名字肯定出自王阳明之手，这个名字是有故事的，据说当年主考山东的时候，王阳明登顶泰山，参拜了山顶南面的碧霞元君祠，而且留下了"遥见碧霞君，翩翩起圆峤。从此炼金砂，人间迹如扫"的诗句。

　　这里所说碧霞元君是哪位大神？这位大神全称是"东岳泰山天仙玉女碧霞元君"，俗称泰山娘娘、泰山老奶奶、泰山老母、万山奶奶等，主管生育和平安，因而在某种程度上，还扮演着送子观音的角色。故而，王阳明到泰山参拜碧霞元君，很大程度上应该是求子。因为那个时候，王阳明也已经和诸氏结婚多年，一直未能生育一男半女。王阳明专门把自己伯府门前的大水池命名为"碧霞池"，可谓用心良苦，一直梦想生育一男半女。

　　五十多年来，王阳明立言、立德、立功，哪一样都是名震天下，唯独在生育方面，颗粒无收，甚是尴尬，而且流言四起，有的说王阳明没有生育能力，有的说王阳明上辈子做坏事了，有人说王阳明遭报应……

　　嘉靖五年，王阳明五十五岁，奇迹发生了，王阳明的小老婆张氏怀孕了，这年的十一月，张氏居然生下了一个白胖小子。

　　这件事亮瞎了所有人的眼，王阳明也一下子挺直了腰杆，十分激动，有了这个儿子，谁还敢说我王某人不行，不是我王某人不行而是妻子诸氏不行，儿子就是证明。王阳明超喜欢自己这个亲生的儿子，取名王正聪，非常好的一个名字，"聪"是一个神奇的字，有耳、有眼、有口、还有心，正好传承王阳明的心学，只是后来没能传承。

　　王伯爵喜得贵子，消息一下子传遍天下，亲朋好友纷纷表达祝贺，距离近的前来当面祝贺，距离远的就通过书信祝贺。最有意思的是当地两个九十多岁的老寿星到伯爵府祝贺，而且还写了祝贺诗。看到老寿星的祝贺诗，王阳明诗兴大发，当即和诗两首：

其一

　　海鹤精神老益强，晚途诗价重圭璋。洗儿惠兆金钱贵，烂目光呈奎井祥。何物敢云绳祖武，他年只好共爷长。偶逢灯事开汤饼，庭树春风转岁阳。

其二

　　自分秋禾后吐芒，敢云琢玉晚圭璋。漫凭先德余家庆，岂是生申降岳祥。携抱且堪娱老况，长成或可望书香。不辞岁岁临汤饼，还见吾家第几郎？

　　这两首诗没有心学，一是希望孩子长大后能继承祖业，二是祝愿孩子能活到两位老寿星这么大岁数，充满了初为人父的喜悦，是人性的释放，展现了纯真的自我。

　　在传统文化里，生孩子不仅仅是传宗接代，更是一种传承，这种传承不仅仅是生理基因的传承，更是文化基因的传承，就说我们所说的"薪火相传"，每一代人都有自己的使命，把自己这一棒燃烧，之后传给下一代。在我们的传统里，生育在某种程度上是一种宗教仪式，西方宗教的信徒一生奋斗就是为了死后能上天堂，如果死后不能上天堂，就死不瞑目；我们的普罗大众没有谁追求上天堂，追求的是老祖宗的基因不能在我这一代手里绝种了，否则死不瞑目。

　　即便是圣人王阳明，也不能免俗，不仅生一个，还要生更多，这恰恰证明了王阳明是传统文化的圣人，因为，王阳明在生育方面的野心真不小。

　　在王阳明做幸福老爸的时候，朝廷有事了，广西田州思恩政局出现了大情况了，先是派遣姚镆前去镇压，经过几年，反而越来越糟，这个时候，朝廷想起了王阳明，于是下诏，任命王阳明总督两广及江西、湖广军务，而且还授予处置事变的全权，王阳明是去呢？还是不去呢？

五、到哪里都是布道

大议礼之后，王阳明洞明世事，决定此后只做两件事，教书和育人。第一件事是教书，定期给龙泉山中天阁讲课，还制定了校规校纪，努力做一个好老师；第二件事是育人，趁着好光景再生几个儿子，做一个好爸爸。这个时候，圣旨到，命令他出征广西，王阳明虽极不情愿，却只得接受。名义是出征，实际却是布道，不为皇帝为苍生，把一己之爱布施给天下，在王阳明看来，到哪里都是布道，天下之爱也是一家之爱。

从土司到流官

凡事有果必有因，王阳明这次被朝廷征召，起因却来自遥远的广西。

好比现在流行的蝴蝶效应，一只蝴蝶扇一下翅膀，在遥远的大洋彼岸就会发生一场飓风。

嘉靖五年四月，都御史两广巡抚姚镆带领八万大军攻打田州土司知府岑猛。这件事让人看不懂，一个是都御史两广巡抚，一个是土司知府，从身份来看，两人都是大明朝体制内的公务员，一个是通过科举做公务员，一个是世袭公务员，两个人的老大都是朱厚熜。这不是大水冲了龙王庙吗？正常来说，姚镆不应该去打岑猛，都是一家人嘛，姚镆既然要去打，肯定有打的理由。

直接理由要从嘉靖二年说起，这一年，岑猛居然带领自己的土司军队攻打广西泗城（今广西凌云县）。这事你怎么看？几乎所有的大明朝公务员齐刷刷一致认为，岑猛这是造反，因而请求朝廷派兵平叛。但岑猛却不这样认为，他认为这泗城本来就是他们家的，只是交给了大明朝管理，现在重新拿回来自己管理，这怎么能是造反呢！

显然，岑猛有点太任性，国家城池岂是过家家，想给过来就给过来，想拿回去就拿回去。

朝廷很生气，后果很严重。嘉靖四年，朝廷开始行动，派遣姚镆任右都御史，提督两广军务兼巡抚。到任后，经过准备，当即攻打岑猛。

岑猛自知理亏，面对姚镆大军，打也打不过，采取非暴力不抵抗的政策，不仅自己不抵抗，也不让自己下属抵抗。不抵抗不是不行动，岑猛转而写诉状上诉，诉说自己的苦衷，说田州自从大元朝就是自己家的，大明朝的太祖武皇帝也进行了不动产权确认，在洪武二年任命岑伯颜做田州知州，子孙世代沿袭。经过几代世袭就到了岑猛的父亲岑溥，岑溥有两个儿子，长子岑虎，次子就是岑猛。

岑虎觉得父亲偏心，太疼弟弟岑猛了，担心父亲会把职位传给弟弟，就把父亲谋杀了。这名字算是名副其实，真的有点"虎"，因为家庭内部矛盾，居然杀了父亲。之后，岑溥的两个下属黄骥和李蛮打着给领导复仇的旗号，名正言顺地把岑虎杀了。杀了岑虎，李蛮和黄骥就开始争夺田州了，结果李蛮下手快，抢占了田州。

一看李蛮抢走了地盘，黄骥顺手把岑猛带走了，李蛮知道只有除掉岑猛才能真正占据田州，于是就追杀黄骥和岑猛。

打不过李蛮，黄骥就带着岑猛到南宁找组织，说李蛮要造反。大明朝官员对造反最为敏感，一听说李蛮要造反，当即命令思恩知府岑濬护送岑猛回田州做知州。

黄骥就带着岑猛去思恩，哪知道到了思恩，黄骥也变心了，当即和岑濬联姻，做了岑濬的老丈人，就和岑濬密谋瓜分岑猛的地盘，之后把岑猛囚禁起来，岑濬成了田州的老大。

后来，都御史邓璋知道了这件事，就命令岑濬释放岑猛，要求岑猛照例世袭知州，岑濬当然不听。邓璋派军队前去攻打，大兵压境，岑濬无奈之下释放了岑猛，历经磨难后，岑猛终于做了田州知州。

两年后，黄骥和岑濬联合其他力量一起攻打田州，岑猛虽然名字叫猛，毕竟力量薄弱，被打得落花流水，只得逃亡。之后，朝廷派兵攻打岑濬，岑濬战败被杀。

看到岑猛一点都不猛，也起不到安民一方的作用，朝廷就下诏撤销了思恩和田州的土司建制，实行"流官知府"，设置新的思恩州，监管田州。同时顺道处分了岑猛，进行了降级使用，而调派到福建平海卫千户。

岑猛一下子从土官变成了流官，内心很是悲伤，老祖宗的家产就这样断送在自己手里。在当时，田州和思恩实行的双轨制，一是朝廷流官，二是世袭土官。流官有任期，到期换人，而土官是世袭，父死子继。

双轨制不好管理，历代朝廷都是努力改土归流，而土司则是拼死抗争。岑猛知道自己打不过朝廷，所以既不敢叫板也不想接受，就是赖在田州不去福建就任。

恰巧这个时候，刘瑾主政，岑猛就给刘瑾送了大批金银，希望能官复原职。刘瑾也有职业道德，拿人钱财替人消灾，一方面要考虑大明朝的太平，另一方面要考虑岑猛，权衡之后，任命岑猛"田州府同知、领府事"（常务副知州）。

岑猛正是借着这个职务，迅速发展起来，队伍也建立起来，后来江西平叛的时候，朝廷还曾经借调岑猛的部队。岑猛的部队作战英勇，朝廷对岑猛进行了嘉奖，提升岑猛"田州府指挥同知"，就是法律赋予军权。但岑猛不满意，一心要恢复旧制，做世袭的知州，一气之下任性一回，攻打了泗城。

这一任性，惹来大麻烦，姚镆打上了门。

任凭岑猛百般解释，姚镆根本不理岑猛，命令大军继续进攻，期间杀死了岑猛的长子岑邦彦。即便这样，岑猛还是没有抵抗，最后选择了出逃，去了儿女亲家岑璋那里，结果被亲家暗算了。岑璋下药毒死岑猛，之后把岑猛的首级献给了朝廷。

故事到这里看似圆满结束了，姚镆也可以邀功请赏了，这个时候有人站出来了，岑猛的两个下属，一个是田州的卢约，一个是思恩的王受。他们打着岑猛的旗号，请求朝廷恢复田州和思恩土司制度，很快就每人都聚拢了几万人的队伍，卢约攻占了田州，王受也拿下了思恩。

拥有地盘后，卢约和王受就向姚镆示好，愿意接受朝廷招安。除掉岑猛后，姚镇觉得武力是个好东西，大军一挥，立即搞定，高效利落，根本就没把这俩人放在眼里，一切按照计划进行，一方面集结广西境内的军队，另一方面征调湖广、广东和江西的兵力。

各路人马集聚广西后，姚镇开始总攻，结果被卢约和王受的乌合之众打败了。

这一下子，姚镇难堪了，集合大明朝四省优势兵力，居然输给了蛮夷之地的乌合之众。谁都不是常胜将军，关键是不能这样输，丢不起这人，大明朝颜面扫地，朱厚熜也觉得脸上挂不住。

朝廷就有人批评姚镇，请求起用王阳明，这样的事只有王阳明才能挽狂澜于既倒。这个时候，王阳明的弟子和朋友也一起向朝廷推荐，于是朝廷就给王阳明下诏。

天意从来高难问

朝廷这个时候想起自己了，王阳明内心平静如水，连一点涟漪都没有，这不是皇帝偏爱自己，更不是看得起自己，而是让自己去收拾烂摊子。王阳明也清楚，广西局势不太好，也不算太坏，只要朝廷有耐心，给姚镇足够的时间和支持，广西的局势一定能解决。

实事求是说，姚镇依然是当时最好的选择，一是有战斗经验，二是熟悉当地情况，三是临阵换将是兵家大忌。

张璁、桂萼、黄绾、席书和方献夫接连上奏请求起用王阳明，这些人有的真心希望王阳明好，期盼王阳明重出江湖，再次创造辉煌，他们就有了靠山。殊不知，王阳明的健康状况非常糟糕，让他出山不是帮他而是害他。如果不是他们的热情，王阳明可以多活几年，会做出更多的贡献。

朱厚熜同意所奏，任命王阳明总督两广及江西、湖广军务，而且可以"度量事势，随宜抚剿，设土官流官孰便"，还负责考评姚镇等当事人的功过是非。即便授予王阳明这么多的权力，还担心王阳明拒绝，诏书特意要求王阳明讲政治讲大局，以国家为重，千万不要找理由找借口拒绝。

　　果然正如朝廷所预料，接到圣旨后，王阳明上疏拒绝，而且列举自己拒绝的理由。大明朝的人都知道，王阳明拒绝的理由，第一条永远是健康，因为自从格竹失败后，好像王阳明从来就没健康过。

　　先是从健康找理由。奏疏用套话讲政治讲大局，说皇帝起用我是我的荣幸和光荣，也是我的职责，怎么敢推辞呢！但我的痰疾（据研究，应该是肺结核）越来越严重，重病在身，如果带着重病冒险出征，死在了半路上，因此导致失败，就会发生无法弥补的大错。后来证明，王阳明这次判断太准确了，真是一语成谶，圣人知天命。

　　接着分析广西形势，田州和思恩之乱起因于土官仇杀，和土匪盗贼攻城略地比起来，态势不太紧急。这种情况，只要处置得当，可以解决。

　　之后说说姚镆，称赞姚镆老成持重，目前只是一时失败，没啥大不了，胜败乃兵家常事。这个时候，朝廷应该继续支持姚镆，增加权力，忽略他的小过，给他足够多时间，一定能取得成功。

　　最后，如果实在要换人，尚书胡世宁、李承勋都是很好的接任者，委派他们前去，一定马到成功。

　　其实，王阳明所做的一切都是套路，大家都明白是套路，套路就是程序，真真假假总得要走遍。王阳明当初上奏疏请辞的时候，一并给举荐他的张璁、桂萼和霍韬，以及同在京城的弟子方献夫、黄绾他们写信，以期实现自己的愿望。

　　事有轻重缓急，人有远近亲疏，鉴于张璁举荐自己，言辞自然诚恳，王阳明述说自己身体有病，并不擅长军旅之事，自己擅长无非是"口耳讲说之学"以及给弟子们"考证句读"之类的雕虫小技，恳请张璁协调实现自己请辞之意。但在给好友霍韬的信中则直接谈论了大议礼及以影响，提及当时着急政事，最后告说自己身体有病，请求帮助实现自己请辞的愿望。但在给弟子黄绾、方献夫的信中，述说了身体情况，同时还说"谗构未息"，不宜轻率出山。作为最为亲密的弟子，给黄绾的信中，不仅谈论了身体并且谈论了平定朱宸濠之事，说朝廷仍然在调查自己，如果冒昧出山，世事很难预料。

　　不久，王阳明的书信到达他们手里，黄绾借助兵部差官往返之机给王阳明回信，而王阳明也借助兵部差官再次给黄绾写信，可能觉得有些事没有说清楚，又给张璁和桂萼写信，意思大致相同，表达方式却有远近亲疏，对张璁委婉劝谏，寄予希望；对桂萼则是夹枪带棒，略有嘲讽。

给张璁的信中，表述得非常有人情味：

> 奏本人去，曾附小札，腐劣多病已成废人，岂能堪此重任。若恳辞不获，终不免为相知爱者之累矣。奈何奈何！

一样的意思，在给桂萼信中则不卑不亢，语气严肃：

> 向赉本人去，曾奉短札，计已达左右矣。朽才病废，宁堪重托？恳辞之疏，必须朝廷怜准。与其它日蒙颠覆之戮，孰若今日以是获罪乎？

可以看出，王阳明称张璁是"相知爱者"（犹第一封信称"过承谬爱"），说明多少有感激之情，甚至有点小顺眼。同样是推荐人，王阳明则说桂萼的推荐令自己不堪重托，言下之意桂萼推荐连累了自己，与其他日以不能任事"而蒙颠覆之戮"倒不如现在因"恳辞"获罪，"恳辞"之意坚决。

当谈到两广情况时候，也是大不一样，对张璁则是轻松自如，信心满满：东南小蠹，特皮肤疮疥之疾。

对桂萼又是另一番态度，极其不耐烦：东南小夷，何足以动烦朝廷若此！致有今日，皆由愤激所成。以主上圣明，德威所被，指日自将平定。

之后谈到两广之事在朝廷的影响，也是如此，对两人也是看人下菜，字里行间的遣词造句则是情感差异，对张璁是这样说的：

> 若朝廷之上，人各有心，无忠君爱国之诚，谗嫉险伺，党比不已，此则心腹之病，大为可忧者耳。诸公方有汤药之任，盖天下莫不闻。不及今图所以疗治之，异时能辞其责乎？

对桂萼又是这样说：

> 但庙堂之上，至今未有同寅协恭之风，此则殊为可忧者耳。不知诸公竟何以感化而斡旋之？大抵谗邪不远，则贤士君子断不能安其位，以有为于时。自昔当事诸公，亦岂尽不知进贤而去不肖之为美？顾其平日本无忠君爱国之诚，不免阿时附俗，以苟目前之誉，卒之悦谀信谄，终于蔽贤病国而已矣。

这些话耐人寻味，欲言又止，欲止又言，话中有话，话外有话，朝廷大议礼导致今日之局面谁该负责，结合王阳明给方献夫的信，再联系给张璁和桂萼的信，可以知道，王阳明以为桂萼应该负一定责任。所以在给张璁的信中，王阳明虽然也问"不及今图所以疗治之，异时能辞其责乎？"有质问也期望。而在给桂萼的信中，直接说"自昔当事诸公""无忠君爱国之诚"，打算"进贤而去不肖"，好心做了坏事，最终出现了"蔽贤病国"。

王阳明这道情真意切的奏疏到了朝廷，朝廷的理解是，王阳明这是挟持要价，明明是不满姚镆，还找了一大堆理由。

朱厚熜说："姚镆，朝廷特不言其罪，只就伊辞章准之。卿等之意，乃为还有郑润与朱麒耳，以他每三人同事，何止罢镆一个？今时虽曰镇、巡、总兵同任一方之事，照致吉与凶，皆在一巡抚。果若事事同心相处、彼此不异，事岂得不成？斯朕谓之吉也；如彼此相抗，事出一偏，至于有失，则推让他人，斯朕谓之凶也。且田州未能平息，辄来奏捷邀功，以致余孽复乱，岂不为生民之害？虽蛮夷猾诈，然在我处之未尽。

"卿等又以王守仁不知何日可到，守仁见今取用，若镆既在，守仁亦不知来与不来。果如斯任缺人，着所在有司催促，上紧赴任，勿得负朕委。朕托守仁，自当兼程趋事，可也。卿等还再耳，一清等言镆事已前决。守仁才名素著，委之经略安计，议如朕所言，不可只随卿等。如何行？但要地方早安，必有成功乞如。圣谕令兵部亟趋之赴任，从之。"

没有办法，只得给王阳明下旨，旨云："卿识敏才高，忠诚体国。今两广多事，方藉卿威望，抚定地方，用舒朕南顾之怀。姚镆已致仕了，卿宜星夜前去，节制诸司，调度军马，抚剿贼寇，安戢兵民，勿勿再迟疑推诿，以负朕望。还差官铺马裹赍文前去敦取赴任行事，该部知道。"

为了展示朝廷的真诚，朱厚熜立即下诏，强制姚镆辞职，之后接连三次下诏敦促王阳明出发。

这个时候，王阳明也只得出发了，毕竟皇帝的面子要给足，再就是自己也不算太老，正是建功立业的好时候。王阳明也清楚，田州和思恩不是大事，派谁都能解决，只是时间早晚的问题，他自己去的话，别的不说，最起码可以减少杀戮，所以这次出征在某种程度上说，真是不为皇帝为苍生。

尽管在奏疏里面，王阳明称赞了姚镆，其实，他对姚镆的处置手段多少还是有想法的。这一点从奏疏就可以清楚看出，姚镆定性为谋反，率领大军攻打，结果被打败，由此引起大明朝政坛的震动，而王阳明则定性为土官内部斗争。

同是一件事，不同的人却得出不同的结论，表面上是横看成岭侧成峰，其实是价值观的问题，在王阳明看来，这是心的问题，通俗一点说，就是善恶的问题。

善恶到底又是啥问题呢？

善恶是政治问题

世界上本无善恶，老虎要吃羊，羊要吃草，而草从泥土里获取养料，养料是由各种元素构成，每种元素都是一个生命，这些生命许多就是从死亡老虎身上分化而来，循环往复，孰善孰恶？因为有了人，人会思想，会攫取生存之外的物资，会组团，会操纵，会追求正义……于是善恶的人就多了，在正义的名义下，就有了善恶。

王阳明的弟子薛侃曾经因为善恶而大伤脑筋，常常为此坐卧不宁，时时刻刻都在思考善恶。一年夏天，花园的花树之间长满了杂草，王阳明带着薛侃一帮弟子一起到花园里清除杂草。

清理着，清理着，薛侃突然有所感悟，于是就问王阳明："先生，天地之间为何善难培育，而恶难去除？"

薛侃这么一问，王阳明知道弟子有所收获，于是说道："善恶未曾培养也未曾去除啊。"

过了一会儿，王阳明接着说："此等看善恶，都是从自身躯壳起念，便会错。"

听了王阳明的指导后薛侃更糊涂了，刚刚从薅草中体悟到一点点善恶火花，一下子又被老师浇灭了。

看着薛侃满脸糊涂，王阳明继续说："天地生意，花草一般。何曾有善恶之分？你欲观花的时候，就以为花是善的，以为草为恶的。如果欲用草的时候，就会再以草为善的。此等善恶，都是由你内心好恶所产生。所以知道是错的。"

薛侃摸着脑袋，满脸狐疑说："这样说来，就是无善无恶啦？"

王阳明说道："无善无恶者理之静，有善有恶者气之动。不动于气，即无善无恶，就是所谓的至善。"

薛侃继续问道："佛家也说无善无恶，如何区别佛家和儒家之间的异同呢？"

王阳明回答说："佛家只停留在无善无恶上面，其他便一切都不管，这不可以治天下。圣人的无善无恶，只是不刻意作好，不刻意作恶，不动于气。然后遵从王道，然后就会形成相应法度规则，便一循天理，便有个裁成辅相。"

薛侃默然说："草既然不是恶，那么草不宜去除啦？"

王阳明批评说："如此却是佛家老子的意见。草若是碍事，你除去又何妨？"

薛侃接着说："如此这样，又是刻意作好作恶了。"

王阳明摇摇头，说道："不作好恶，并不是全无好恶，却是无知觉的人。所谓不作者，只是好恶一循于理。不去，又着一分意思。如此即是不曾好恶一般。"

薛侃又问道："去除草如何是一循于理，不着意思？"

王阳明不急不慢地说："草有妨碍，理亦宜去。去之而已，偶未即去，亦不累心。若着了一分意思，即心体便有贻累，便有许多动气处。"

薛侃有点纳闷，说道："这样看来，善恶全不在物上了。"

看到薛侃不能理解，王阳明有点着急，说道："告诉你，善恶只在你心。循理便是善，动气便是恶。"

薛侃无奈地摇头说："毕竟物无善恶。"

王阳明继续耐心开导："在心如此，在物亦然。唯独世俗儒者不知道这个道理，却舍心逐物，将格物之学错看了，终日驰求于外，只做得个义袭而取。终身行不着，习不察。"

薛侃还是无法完全理解，问道："如好好色，如恶恶臭，则如何？"

王阳明解释说："此正是一循于理，是天理合如此，本无私意作好作恶。"

薛侃继续问："如好好色，如恶恶臭。安得非意？"

王阳明点点头，说："却是诚意，不是私意。诚意只是循天理。虽是循天理，亦着不得一分意。故有所念憷好乐，则不得其正。须是廓然大公，方是心之本体。知此即知未发之中。"

孟源问道："先生你说：'草有妨碍，理亦宜去。'这怎么又是躯壳起念？"

王阳明微笑着说："此须你心自体当。你要去草，安的是什么心？周茂叔（周敦颐）窗前草不去除，安的是什么心？"

虽然他们说的是薅草的事，谈的却是哲学，讲的是善恶，论的是天理……最后得出善恶的标准是妨碍与否。薅草这么简单的事，王阳明和薛侃讨论了半天，薛侃依然糊里糊涂，最后还是没弄明白这草，你要薅草，而周敦颐却不让薅草，你是何居心，这草是薅还是不薅？

王门四句教

草，薅还是不薅，不在于草，而在于善恶，善恶在人心，决定人性的是什么呢？好像是善恶。这一番轮回，好像是山里有座庙，庙里有个老和尚，老和尚给小和尚讲故事，说山里有座庙……

善恶不是两个事物，是一个事物的两个面，没有绝对的善也没有绝对的恶，用一个绝对的话说，善一旦越过了界限就是恶，恶到一定程度也就成了善。

本来大伙都在忙着薅草，听到薛侃和老师的交流，都立即凑了上来。这个时候，大伙真正感兴趣的并不是学术，而是可以打着喜欢学术的旗号偷懒。

偷懒也是有技巧的，一个叫唐诩的弟子就很会偷懒，趁机向王阳明问善恶，说："先生，立志就是心中常存个善念，要为善去恶否？"

王阳明回答说："善念存在内心的时候，即是天理。此念就是善，还想得什么善啊？此念不是恶，还要去什么恶啊？此念如同树的根与芽，立志的人永久拥有这个善念就可以了。孔子所谓的'从心所欲不逾矩'，是志向达到了纯熟之后的状态。"

过了一会儿，王阳明接着说："精神、道德、言语和行动，大多都是以收敛为主，发散是不得已才去做的，天、地、人、物都是这个样子。"

这些到王阳明身边求学的人，都有自己的目的，或追求圣人之道、或追求功名利禄、或追求人生大义……他们追求知善恶，不过是为了致良知，之后得大道。

王阳明看得明白，就对这些学生说："做学问须得有个头脑，这样功夫才有地方着落。纵然不能时时刻刻都这样，就好比船都有舵，关键的时候一提便醒。不然，虽从事于学，只做个'义袭而取'，只是能行不明白，习而不察，这不是大本大道。"

王阳明又说："什么是大本大道呢？得大本大道时，横说竖说都是正确的。如果放在此处通，放在彼处不通，还是因为未见得大道。"

说完后，王阳明看到一帮人都在偷懒，就对他们说：愣着干啥，还不赶快薅草！

这次劳动课，弟子们糊里糊涂地薅草，糊里糊涂地论道，累得臭死，最后还是落得一个糊涂。弟子们一个个被忽悠晕了，大道没看见，却累成了民工。唯独王阳明大有收获，弟子们糊涂和辛苦，成为了王阳明的试验数据，经过严谨周密的内心研究，王阳明悟出了经典的四句教：

> 无善无恶心之体，有善有恶意之动。
>
> 知善知恶是良知，为善去恶是格物。

正可谓大明江湖，朱熹峥嵘，号令天下，莫敢不从，阳明不出，谁与争锋！

王阳明出来了，还不行，需要成为教主。有教主，就要有教令，四句教就是王阳明教令。

教令一出，各大书院，各大弟子，亲传的，私淑的……争相传颂，争相学习，而且展开了大讨论。

嘉靖六年八月初八，这一天，王阳明座下两大护法钱德洪和王畿一起去拜访张元冲，到了张元冲的船上，分宾主落座后，他们谈论起了王阳明的四句教，说起了做学问的宗旨。

论着论着，两人的观点就有了分歧。

王畿就用王阳明四句教和钱德洪论证："'无善无恶心之体，有善有恶意之动，知善知恶是良知，为善去恶是格物。'这些恐怕不是究竟话头（宗教禅语）。"

可以看出，王畿的意思是，王阳明的四句教不是宗教禅语，既然不是宗教禅语，那就是说，既然本体无善无恶，意念又何来有善有恶呢？

听到王畿的论断，钱德洪说：这话怎么说？

王畿接着说："心体既是无善无恶，意亦是无善无恶，知亦是无善无恶，物亦是无善无恶。若说意有善有恶，毕竟心亦未是无善无恶。"

如此看来，王畿成了一个伟大的唯物主义者，物质决定存在，存在决定意识。

王畿有高见，钱德洪也有自己的拿手绝活，说道："师门教人定本，一毫不可更易。心体是天命之性，原是无善无恶的。但人有习心，意念上见有善恶在，习染日久，觉心体上有善恶在，为善去恶，格致诚正修，正是复那本体的功夫。若原无善恶，功夫亦不消说矣。"

钱德洪的观点是老师的观点不可有丝毫的改变，老师的四句教意思是本体是无善无恶的，在习心时意念沾染了善恶，就产生了善恶，进而就得本体也有了善恶，所以需要为善去恶。

王畿接着说："先生立教随时，四句教是所谓权法，不可执为定本。体用显微，只是一机。心意知物，只是一事。应该觉悟到心是无善无恶之心，意即无善无恶之易，知即是无善无恶之知，物即是无善无恶之物。而且只有无心之心才能藏密，无意之意才能应圆，无知之知才能体寂，无物之物才能用神。天命之性，粹然至善，神感神应，其机自不容己，无善可名。恶固本无，善亦不可得而有也。这就

728

是所谓无善无恶。若有善有恶，则心意知物一起都有了。心亦不可谓之无矣。"

看到王畿这样善辩，钱德洪一时语塞，气愤地说："像你这样，就坏了师门教法。"

两大护法争论起来了，互不相让，都气愤至极，如果再辩论就有可能斯文扫地了，如果因为辩论而打架或骂大街，王阳明也丢不起这人啊。毕竟这两人都是读书人，很快平抑了自己的情绪，既然两人谁都说服不了谁，那就去找老师王阳明评评理。

王畿说："明日先生启行，今晚咱们哥儿俩可一同进去请问，看看谁的正确？"

天泉证道

王畿和钱德洪忙着论道，王阳明则是忙着应酬，官府官员，家乡友好，都来送一程，喝一场，叙叙话，送上美好的祝福。

一场接着一场，一茬接着一茬，一直到深夜时分，客人才慢慢散去。正当王阳明准备进入内室休息的时候，听说钱德洪和王畿正站在门庭外面等着见自己，立即走了出来，命令摆席天泉桥，好好和这两个得意弟子论论道。

到了天泉桥上，师徒几人按规矩落座，钱德洪就把王畿就把他们的辩论情况说给了王阳明。

王阳明听后，非常欣喜地说："正要二君有此一问！我今将行，朋友中更无有论证及此者，二君之见正好相取，不可相病。汝中须用德洪功夫，德洪须透汝中本体。二君相取为益，吾学更无遗念矣。"

紧接着，钱德洪开始向王阳明请教。

王阳明说道："有只是你自有，良知本体原来无有，本体只是太虚。太虚之中，日月星辰，风雨露雷，阴霾饐气，何物不有？而又何一物得为太虚之障？人心本体亦复如是。太虚无形，一过而化，亦何费纤毫气力？德洪功夫须要如此，便是合得本体功夫。"

钱德洪问过，王畿接着问。

王阳明说道，"汝中见得此意，只好默默自修，不可执以接人。上根之人，世亦难遇。一悟本体，即见功夫，物我内外，一齐尽透，此颜子（颜回）、明道（程颢）不敢承当，岂可轻易望人？二君已后与学者言，务要依我四句宗旨：无善无恶是心之体，有善有恶是意之动，知善知恶是良知，为善去恶是格物。以此自修，直跻圣位；以此接人，更无差失"。

之后，王阳明把他们二人的观点进行整合，说道："二君之见正好相资为用，不可各执一边。我这里接人原有此二种。利根之人直从本源上悟入。人心本体原是明莹无滞的，原是个未发之中。利根之人一悟本体即是功夫，人己内外一齐俱透了。其次不免有习心在，本体受蔽，故且教在意念上实落为善去恶。功夫熟后，渣滓去得尽时，本体亦明尽了。汝中之见，是我这里接利根人的；德洪之见，是我这里为其次立法的。二君相取为用，则中人上下皆可引入于道。若各执一边，跟前便有失人，便于道体各有未尽。"

王阳明笑着说："洪甫须识汝中本体，汝中须识洪甫功夫。二子打并为一，不失吾传矣！"

真是知徒莫如师，两个弟子，王阳明把他们看得透彻明亮。王畿是一个有悟性的人，有六祖慧能的风范，讲究物质决定意识，"本来无一物，何处惹尘埃"。王畿主张"四无"，正如后来，王阳明的另一个弟子邹守益说过的"心无善无恶，意无善无恶，知无善无恶，物无善无恶"。到后来，王畿的确偏向了佛家，许多人都说王畿更像一个禅师。

钱德洪属于踏实肯干的类型，不够聪明，也不够灵光，就是天天用功。如果说王畿有慧能之风，那钱德洪在某些层面就是神秀，"时时勤拂拭，勿使惹尘埃"。钱德洪主张的"四有"，在某种程度上是对王阳明"无善无恶心之体"的一种质疑，但他哪里敢质疑王阳明这位大神呢，于是只围绕着后三句做文章，一再强调意有善恶，因而意的载体"知"和"物"也就必须有善有恶了。这样一来，在理论上就有些漏洞，不够完整，用今天的哲学观点，就有点唯心主义了。

其实，钱德洪只是说出了自己的真实感受，他当然知道王畿的那些，只是他不愿意说破，他认为必须扎扎实实做学问和逐渐修炼，不能啥都实话实说。

王畿还是有点疑惑，问道："本体透后，于此四句宗旨何如？"

王阳明回答："此是彻上彻下语，自初学以至圣人，只此功夫。初学用此，循循有入，虽至圣人，穷究无尽。尧、舜精一功夫，亦只如此。

"汝中所见，我久欲发，恐人信不及，徒增躐等之病，故含蓄到今。此是传心秘藏，颜子、明道所不敢言者。今既已说破，亦是天机该发泄时，岂容复秘？然此中不可执着。若执四无之见，不通得众人之意，只好接上根人，中根以下人无从接授。若执四有之见，认定意是有善有恶的，只好接中根以下人，上根人亦无从接授。但吾人凡心未了，虽已得悟，不妨随时用渐修功夫。不如此，不足以超凡入圣，所谓上乘兼修中下也。"

阳明先生又重嘱咐："二君以后再不可更此四句宗旨。此四句中人上下无不接着。我年来立教，亦更几番，今始立此四句。人心自有知识以来，已为习俗所染，今不教他在良知上实用为善去恶功夫，只去悬空想个本体，一切事为，俱不着实，不过养成一个虚寂。此病痛不是小小，不可不早说破。汝中此意，正好保任，不宜轻以示人，概而言之，反成漏泄。德洪却须进此一格，始为玄通。德洪资性沉毅，汝中资性明朗，故其所得，亦各因其所近。若能互相取益，使吾教法上下皆通，始为善学耳。"

王阳明的四句教，看似是一个宗教信仰问题，实际是一个哲学问题，说起来容易，理解不容易，实践起来更难。

王阳明曾经说过"善恶只是一物"，都说善恶不两立，怎么一下子成了一个事物了，先生这是怎么了？

如果说考试是老师的法宝，学生的最大法宝就是向老师提问。许多老师都是这样发疯的。既然王先生这么说，弟子就问王阳明："先生尝谓'善恶只是一物'。善恶两端，如冰炭相反，如何谓只一物？"

这样的问题当然难不住王阳明，王阳明是见过大风大浪的，而且极有方法，遇到不好回答或者回答不好的问题，他总是选择沉默，让学生自己去悟。

王阳明回答说："至善者，心之本体。本体上才过当些子，便是恶了。不是有一个善，却又有一个恶来相对也。故善恶只是一物。"

王阳明回答很轻松，弟子能理解吗？

严滩问答

王阳明要离开故乡去广西了，最放心不下的好像不是自己的儿子和老婆，而是自己的这些弟子，为了让自己的弟子们成为国家和社会的有用之人，王阳明用心良苦。

出发之前，王阳明对书院做了详细安排，书院一切事务暂由钱德洪和王畿处理，为了传承自己的精神，专门写了《客座私祝》帖，以此告诫众弟子要学习更要修德，同时一心向善。翻译一下，就是好好学习，天天向上。

简单解释一下"客座私祝"四个字，所谓"客座"，就是书院下的酒店，专门用来招待各类客人；所谓"私祝"，即"私嘱"。对弟子的嘱咐叮咛之意。《客座私祝》，其实就是悬挂在书院酒店大堂的一幅字，以此告诫弟子及昭示来访客人。其辞曰：

> 但愿温恭直谅之友来此讲学论道，示以孝友谦和之行，德业相劝，过失相规，以教训我子弟，使毋陷于非僻。不愿狂躁惰慢之徒来此博弈饮酒，长傲饰非，导以骄奢淫荡之事，诱以贪财黩货之谋，冥顽无耻，扇惑鼓动，以益我子弟之不肖。呜呼，由前之说，是谓良士；由后之说，是谓凶人。我子弟苟远良士而近凶人，是谓逆子，戒之！戒之！嘉靖丁亥八月将有两广之行，书此以戒我子弟，并以告夫士友之辱临于斯者，请一览教之。王守仁书。

总觉得王阳明的安排不像是暂别，而是永别。弟子们更是颇有感伤，生怕老师一去不复返，就好像当年尹喜拦截老子出函谷关一样，尽量多留下一些智慧。

一切安排妥当后，王阳明踏上了征程，王阳明不舍众弟子，众弟子也不舍王阳明。或许，他们冥冥中有一种见一面少一次的不祥征兆，钱德洪和王畿更是一路追送到严滩。

到严滩后，王畿用佛教的实相幻相之说和心学对比，请问王阳明，老师，您怎么看？

王阳明回答说："有心俱是实，无心俱是幻；无心俱是实，有心俱是幻。"

猛然看到这四句话，还以为是高僧布道呢，其实是王阳明在论道。王阳明要表达的是本体和功夫之间的关系，最初之时，本体是真实的，功夫是虚幻的，以本体为基础修炼功夫；到一定境界，功夫是实的，本体倒成了虚幻，这个时候，功夫控制住了本体。

王畿说："有心俱是实，无心俱是幻，是本体上说功夫；无心俱是实，有心俱是幻，是功夫上说本体。"

王畿的话说到王阳明心里去了，王阳明十分高兴，极其赞同王畿的见解。

每个人都不一样，各有各的长处，王畿的长处是有灵性，一点即破。钱德洪在一定程度上，天赋不够，但善于下功夫。王畿当即明白，钱德洪却未能通达，之后经过数年用功，才开始相信本体、功夫合一，正所谓闻道有先后。

"有心""无心"确实不好理解，王阳明曾经在《静心录·答舒国用》进行了详细通俗的讲解：

戒慎不睹，恐惧不闻，是心不可无也；有所恐惧，有所忧患，是私心不可有也。尧舜之兢兢业业，文王之小心翼翼，皆敬畏之谓也，皆出乎其心体之自然也。出乎心体，非有所为而为之者，自然之谓也。

"戒慎不睹，恐惧不闻，是心不可无也"，就是"有心俱是实"；"有所恐惧，有所忧患，是私心不可有也"，就是"无心俱是实"。

可以看出，王畿的理解尽管获得了阳明先生认同，其实王畿所理解的"有心""无心"和王阳明的本意并不完全在一条线上。因为，王畿就曾经这样说过："先师尝谓人曰：'戒慎恐惧是本体，不睹不闻是功夫。'戒慎恐惧若非本体，于本体上便生障碍；不睹不闻若非功夫，于一切处尽成支离。"

也即是说，王畿只理解了王阳明的一半，算作一知半解，谁才能真正地理解呢？

光不仅在烛上

王阳明这四句话，和"山是山，山不是山，山还是山"有异曲同工之妙，契合了"本体的有无"到"功夫的有无"再到"境界的有无"，是一种递进的认知境界。看起来很虚，其实就是认知的过程演示，即是从本体到功夫再到境界。

有心——无心——有心，第一个"有心"是出于认知初级阶段即本体，一切靠经验，所有认知都是以看到的、触到的、听到的、尝到的、闻到的为基础，也即是"有心是实"，用马举例来说，见到的是一匹匹具体的马，至于如何给马下一个定义，不知道，只知道具体的马，只有见到马了才知道是马。

"无心"是认知的升华阶段，从具象到抽象。其实就是给马下一个定义，而定义中的马就是从所有马匹共同特征中抽象而来，这样一来，定义中的马就不是马，正如公孙龙的白马非马。如果一旦定义不准确，就会出现按图索骥找到一只大青蛙的荒唐事。在这个意义上说，"无心是幻"有道理，是正确的。

为学日益，为道日损。如果经过演变发展，定义日臻完善，就会发现，只有符合定义的才是马，不符合定义的就不是马。这样一来，"无心"就是"实"了，是具体的马了，就可以真正按图索骥了，就能找到真正的好马。

最后回到"境界的有无"，这个境界应该是心中无马眼中有马，就是九方皋的境界，可以不知道马的雌雄，不知道马的颜色，却能找到最好的马。

这四种境界，其实展示了修身齐家治国平天下的修炼过程，最初之时一切依照自身进行认知，到了一定程度就忽略了自己而开始关注整个家庭，进而关注整个国家，到最后又回归到自身，开始关注整个天下苍生。

路过严滩，王阳明看似打酱油，其实是在执行"平天下"。

再一次横渡钱塘江，王阳明想起押解朱宸濠的事，当年原本打算从这里把朱宸濠押解进京，不料却被张永给截回去。那个时候，王阳明一心为国为民为皇帝，路过风景名胜钓台都没顾上游览一下，谁料这一次再来，还是为兵革之事。再就是王阳明原本打算游览钓台，但身患肺病脚长疮，无法登临，只能远远观看，内心怅然失落。王阳明大凡心情大好，或心情大不好，就会写诗，这次没有例外，还是写诗：

> 忆昔过钓台，驱驰正军旅。
>
> 十年今始来，复以兵戈起。
>
> 空山烟雾深，往迹如梦里。
>
> 微雨林径滑，肺病双足胝。
>
> 仰瞻台上云，俯濯台下水。
>
> 人生何碌碌？高尚乃如此。
>
> 疮痛念同胞，至人匪为己。
>
> 过门不遑入，忧劳岂得已。
>
> 滔滔良自伤，果哉末难已。

写完诗，王阳明又给这首诗写了跋，对这首诗做了说明，把这首诗交给桐庐一把手沈元材刻在亭子墙壁上，用来纪念自己的岁月征程，在场的有两个弟子钱德洪和王畿，建德一把手杨思臣和桐庐一把手沈元材。

离开严滩后，王阳明一行到了衢州。由于江西的缘故，王阳明经常出入衢州，就与衢州孔氏家庙结下了深厚渊源。这里简单说一下衢州的孔氏家庙，北宋时期金国侵占了山东曲阜，孔氏家族也随同皇室南迁，最后在衢州重建孔庙，为了和曲阜的孔庙区别，这里被称为孔氏家庙。原本这里的孔氏家庙才是正宗，元朝至元十九年（1282），元世祖忽必烈统一天下，经过研究确认孔氏"寓衢者为大宗"，下诏命孔子五十三代嫡长孙衍圣公孔洙入觐，并命令回到曲阜袭封。孔洙以"先祖庙墓在衢"为由，让爵于曲阜族弟孔治，从此曲阜孔庙被官方认定为正宗，衢州从此失爵，原先免税的祭田也变成纳官粮之田，没有了财政保障，衢州孔氏家庙逐年败落。

王阳明十七岁到江西迎亲曾路过衢州，而且到孔氏家庙参拜过孔子，那时候的孔庙地处衢州城南，极其破旧。正德十一年（1516），王阳明升都察院左金都御史、巡抚赣南，赴任的时候再次过衢州，再一次到孔氏家庙参拜。三年后，王阳明因平定朱宸濠之乱，遣送朱宸濠路过。这次朝廷起用为都察院左都御史总督广西，王阳明又一次路过衢州。

每一次到衢州，王阳明都去孔氏家庙祭拜孔子，和孔氏家庙的孔子60世孙、五经博士孔承美也是老朋友了。明正德十四年（1519），孔承美"以旧庙建造年久，日渐倾圮且子孙繁盛，庭院狭窄，难以展祀"为由给官府打报告请求搬迁重建家庙。巡安浙江监察御史唐凤仪接到请求，又联合一些人奏请朝廷，获得批准，准许用库银重建，衢州孔氏家庙搬迁到先义坊西安县学宫旧址。

来到新建的孔氏家庙，王阳明很高兴，高度称赞了同僚唐凤仪，孔承美也向王伯爵介绍了孔氏家庙修建的前后情况。参观之后，王阳明和孔承美在博士署叙话，临别之际，给孔氏家庙留下了几首诗。其中《题孔子像》是专门赠送给孔承美博士的，诗云：

> 个个人心有仲尼，自将闻见苦遮迷；
> 而今指于真面目，只是良知更不疑。

另外两首则是写给正在衢麓书院讲学的钱德洪和王畿以及书院学生的，因为刚到衢州时遇上了大雨，当地的读书人冒雨到西安古道的天真路迎接王阳明，王阳明深受感动，给他们写首指导诗《西安雨中，诸生出候，因寄德洪及王汝中，并录之》，其一诗曰：

> 几度西安道，江声暮雨时。机关鸥鸟破，踪迹水云疑。仗钺非吾事，传经愧尔师。天真泉石秀，新有鹿门期。

看到老师这么动情，钱德洪和王畿当即进行勘察选址，决定在这里修建一所书院。王阳明也觉得这里极其适合修建书院，于是写下一首《德洪、汝中方卜筑书院，盛称天真之奇，并寄一律》：

> 不踏天真路，依稀二十年。石门深竹径，苍峡泻云泉。泮壁环胥海，龟畴见宋田。文明原有象，卜筑岂无缘？

写完诗，王阳明和孔承美约定平定广西之后再叙旧。令人遗憾的是，平定思田州暴乱之后，王阳明病逝在返乡的途中，再也无法到衢州孔氏家庙参拜，再也不能和孔承美论道叙旧。

之后，王阳明路过常山，还是赋诗一首：

> 长生徒有慕，苦乏大药资。名山遍深历，悠悠鬓生丝。微躯一系念，去道日远而。中岁忽有觉，九还乃在兹。非炉亦非鼎，何坎复何离？本无终始究，宁有死生期？彼哉游方士，诡辞反增疑。纷然诸老翁，自传困多歧。乾坤由我在，安用他求为？千圣皆过影，良知乃吾师。

离开常山到了广信，王阳明从那里改成水路，乘船前行。

听说王阳明要路过自己的家乡前去广西平叛，沿途的读书人徐樾、张士贤和桂轮等人接连请见。王阳明全部婉言辞谢，说自己兵事吃紧，没有时间接见，许诺天下太平时一定相见。

但徐樾不答应，何时才能天下太平？即便他能等到天下太平，王阳明能不能撑得到？所以，他一定要见王阳明，绝对不错过这次机会，于是一路跟随王阳明，从贵溪一直追随到余干，王阳明甚为感动，邀请徐樾登船一叙。

徐樾早就对王阳明崇拜至极，先前在白鹿洞学习，从那时就开始打坐，有点禅的意思。王阳明看到后，就让徐樾当众打坐，同时举例说说感受。

王阳明当着众人论徐樾之学，徐樾有点紧张，坐下后，说了一些。

王阳明说："不是。"

坐一会儿后，徐樾稍稍改变前面的例子。

王阳明又说："不是。"

再过一会儿，徐樾坐得更端正了。

这时候，王阳明说："近之矣。此体岂有方所，譬之此烛，光无不在，不可以烛上为光。"

说完，王阳明用手指了指船里面说："此亦是光，此亦是光。"

王阳明把船里面指一遍后，又出船指向船外的水面说："此亦是光。"

其实，王阳明想告诉徐樾，光不仅仅在烛上，光无处不在，目光所到之处皆是光。

经过王阳明的指点，徐樾极为感动，表达感谢之后离去。

最大一次讲学

离开余干，王阳明第二天抵达南昌南浦。

当王阳明一行到达南浦，一下子就惊呆了，这样的场面，不仅仅是惊呆了，而是感动了。那一天，南浦父老乡亲、官府官员、军人以及读书人，个个头顶香炉，站立街头，用最隆重方式迎接王阳明。几乎整个南浦的人都来到了大街上，十分拥挤，寸步难行，交通陷入了瘫痪，这一刻南浦人很享受。

在南浦人心中，王阳明是文曲星，更是大救星，他们知道如果没有王阳明，他们可能早就不存在了，朱宸濠造反差一点没命，张永、徐泰为非作歹差一点死，最后都是王阳明拯救，南浦父老才得以完整存活下来。为了表达对王阳明的崇拜和感谢，南浦父老轮流给王阳明抬轿推车，就像接力赛一样，一个接一个，一直把王阳明送到了都指挥使司（相当于江西军区司令部）。

王阳明已经成了南浦人心中的神，他们对王阳明顶礼膜拜，甚至家家户户都供奉了王阳明的牌位，这一次见到了真人，激情得以释放，南浦人不再拘谨，他们尽情表达感谢之情。

即便是见过大世面的王阳明，也是激动不已。到了官署后，王阳明坐在大厅里，忙着接见南浦的父老乡亲。父老乡亲排着队，从东边进西边出，很多人为了多见一次王阳明，出来后再次排队。王阳明从上午七八点一直接待到下午三点，父老乡亲才满怀不舍离去。

接待父老乡亲之后，王阳明才开始接待当地官府相关官员。

休息一夜后，第二天，王阳明前去南昌拜谒孔庙。在南浦人心中，王阳明就是大神，而在王阳明心中，孔子才是大神，听说王阳明去孔庙拜谒孔子，人们就前来看看热闹。

拜谒之后，王阳明在南昌孔庙明伦堂讲解《大学》，读书人和老百姓已经把明伦堂围得水泄不通，里三层外三层，即便是里面的人也听不清王阳明所讲的内容。其实，大伙听的不是《大学》，而是一种朝圣心情，一种和圣人近距离的精神交流。

其中一个叫唐尧臣的读书人露脸了，孔庙安排他给讲课的王阳明献茶，他因此获得了旁听的机会。唐尧臣最初并不相信王阳明的心学，当他听说王阳明到了，就从自己的家乡出来迎接，内心已经萌动，开始靠近王阳明。

等到唐尧臣亲眼看见人们潮水般地拜谒王阳明，内心一下子折服了，惊叹说："三代后安得有此气象耶！"

当唐尧臣听完王阳明讲《大学》，豁然开朗，如醍醐灌顶，一下子拜在了王阳明门下。看到唐尧臣这个样子，同门黄文明、魏良器等人笑着说："逋逃主亦来投降乎？"

唐尧臣则说："须得如此大捕人，方能降我，尔辈安能？"

有了南昌的经历，到吉安后，王阳明决定在螺川好好会会当地的读书朋友。

听说王阳明将在螺川会见读书人，当地读书人彭簪、王钊、刘阳、欧阳瑜等人带着三百多名读书朋友，一起来到王阳明下榻的驿站。

看到这么多读书人都是自己的粉丝，王阳明十分激动，站着给这三百多人讲学，一点都不累，正可谓诲人不倦。

王阳明讲道："尧、舜生知安行的圣人，犹兢兢业业，用困勉的功夫。吾侪以困勉的资质，而悠悠荡荡，坐享生知安行的成功，岂不误己误人？"

接着又说："良知之妙，真是周流六虚，变通不居。若假以文过饰非，为害大矣。"

和这些读书人告别的时候，王阳明又叮嘱说："功夫只是简易真切，愈真切，愈简易；愈简易，愈真切。"

之后，王阳明一路前行，十一月八日，抵达了广东的肇庆，王阳明有点惦记余姚书院的情况，就给钱德洪和王畿写了一封信。在信中说：

家事赖廷豹纠正，而德洪、汝中又相与熏陶切劘于其间，吾可以无内顾矣。绍兴书院中同志，不审近来意向如何？德洪、汝中既任其责，当能振作接引，有所兴起。会讲之约，但得不废，其间纵有一二懈弛，亦可因此夹持，不致遂有倾倒。余姚又得应元诸友作兴鼓舞，想益日异而月不同。老夫虽出山林，亦每以自慰。诸贤皆一日千里之足，岂俟区区有所警策，聊亦以此视鞭影耳。即日已抵肇庆，去梧不三四日可到。方入冗场，绍兴书院及余姚各会同志诸贤，不能一一列名字。

王阳明人在肇庆，心却在余姚。他写信，无非是说，我很好，你们过得好不好？余姚书院是不是一切正常？

740

六、俗世是阳明的禅

诸葛亮未出茅庐已定三分天下，王阳明也是未出浙江已定广西。王阳明很清楚，广西的事，病根实际在京城。广西的事，其实是朝廷生病，广西吃药。平定广西，第一要做的事，不是调兵遣将，而是先搞定朝廷。朝廷和谐了，广西就太平了。

广西再向西

儿行千里母担忧，母行千里儿不愁。

按照一日为师终身为父的逻辑，就是生行千里师担忧，师行千里生不愁。远在千里之外的王阳明却心系余姚的书院和学子，这一点令人感动，正如当年他离开龙场不舍众学子一样，不同的是上一次是离开蛮荒之地，这一次是进入蛮荒之地。

在普遍迷信的时候，王阳明几乎以一己之力平定了朱宸濠，父老乡亲真诚淳朴地以为王阳明是上天下凡的文曲星，天上大仙自然不食人间烟火，他们顶香焚烧，就是让王阳明享受香火。所以从浙江一路走来，沿途父老乡亲都是焚香欢迎，顶礼膜拜，如此一来，王阳明不再是普通的人，而是一个人们崇拜的不食人间烟火、高高在上的圣人。

父老乡亲崇拜自己，王阳明十分清醒，他知道自己一天吃几碗干饭，也知道自己是谁，更知道到广西不是享受鲜花掌声和香火，而是为了皇帝，为了朝廷，为大明朝的子民创造一个和谐安康的世界。

王阳明一路做功课，随时调查，随时研讨，等他到了广西的梧州，广西的情况已经了然于胸。梧州是两广总督府所在地，是广西的重要城市，也是军事要塞。梧州在汉朝的时候叫苍梧州，隶属于交趾郡，原本是内部城市，自从越南独立后，一下子就成了前线。梧州之南的田州就更是前线了，因而田州和思恩不仅仅是少数民族和内部叛乱，还涉及边防，不可不慎重。

到梧州后，王阳明宣读了朝廷的圣旨，姚镆磕头感谢皇帝的英明，坚决支持朝廷决定，姚镆和王阳明进行了工作交接，王阳明也高度赞扬了姚镆在平定田州和思恩所做的贡献。

住下之后，王阳明就开门办公，就田州和思恩之乱展开大讨论，开诚布公，让大家直抒己见。其实也没啥可讨论的，历代朝廷处理内部矛盾都有两大法宝，一个剿灭，一个招抚。两个手段的使用是很有讲究的，打得过就采取剿灭的手段，打不过就采取招抚的手段。总之，无论怎么样，朝廷都是大赢家。

王阳明到了梧州后，不到军营去，也不了解备战情况，更不关心各路支援部队到哪里了，却优哉游哉地讨论是采取剿灭还是招抚叛乱，这是因为他胸有成竹。

一是王阳明早已做足了准备，刚刚进入江西境界的时候，王阳明就给江西、湖广、广东和广西四省军政部门下达了命令，要求这些部门对卢苏和王受叛乱情况进行摸底调查，把掌握的情况如实上报。除了搜集军事情报，王阳明要求各军政部门做好钱粮的准备，同时命令姚镆从湖广调遣而来的六千土兵驻扎梧州待命，一切等他到了梧州再做处理。谁都知道打仗打的就是钱和人，有了钱粮和部队的储备，王阳明自然底气十足。

二是通过分析情报，王阳明知道了卢苏和王受造反的真正原因，与自己当初的判断几乎一样，已经有了处理的初步方案。

讨论会开始后，一些文官鼻子都气歪了，还以为王大人来了，会带领部队一路屠杀，出出这些年被欺负的恶气。原以为王阳明有什么高招呢，却搞起了和稀泥的路数，太没意思了。有人反对，就有人支持，一些武官就很支持王阳明的会议，认为确实需要讨论一下，到底是剿灭好还是招抚好？

会上形成了两个派别，一派是以文官为主的剿灭派，一派是以武官为主的招抚派。文官的理由是，田州和思恩位置重要，紧邻交趾国（越南），如果不派兵剿灭，一旦和交趾国勾结起来，就会祸乱云贵两省，后果很严重。只有采取剿灭，才能一劳永逸，彻底解决。武官在战场上一败涂地，受尽了伤，实在是伤不起了，因而建议采取招抚，以彰显天朝和皇帝恩威。

经过几次三番讨论，官员们都疲惫不堪，实在坚持不下去了，最后王阳明开始总结，提出了自己的建议：招抚！

方案一出，众多官员哗然。接着王阳明又提出了一个方案，这个方案几乎"雷"到了所有官员，王阳明居然建议朝廷在田州和思恩废除流官制度恢复土官制度！

这不是历史倒退吗？

这可是通过多少人流血牺牲才取得的成绩，王阳明一来就要大开历史倒退车，皇帝会同意吗？朝廷会同意吗？文武百官会同意吗？

老方子也能治少病

王阳明做事有自己的方法，方法总比困难多，只要找到方法，什么问题都能解决。两广巡抚王阳明开始主政，新官上任三把火，立即烧一把大火，给两广各军政部门行文，要求执行"十家牌法"。

当地文官一看，当即就乐了，这不就是王阳明当年在江西那套吗？有用吗？王阳明不管别人怎么想，一切看成效，方法虽老，能解决问题就是好方法。

王阳明很清楚，田州和思恩的问题就是民族矛盾，只要处理好，所有问题就迎刃而解，一旦失控，后果不堪设想。大明朝是一个多民族的国家，在少数民族聚集的地方，采取双轨制，一方面是官府的流官，一方面是世袭的土官。在中央集权逐步加强的情况下，"改土归流"始终是大明朝的一项基本国策，就是条件成熟地方进行整治改革，而"改土归流"也算一项政绩。

这正是姚镆一心推行"改土归流"的原因所在，但他误判了形势，采取了极端的方式，激化了矛盾，引起了兵变。其实卢苏和王受并不是真的要造反，他们只是想按照过去的方式生活，或者就是想继承岑猛留下的政治遗产。由于姚镆求功心切，动辄用兵，应对不当，多次战败，结果无法收拾。

实事求是地说，在一些地区，实行"改土归流"后，确实推动了社会发展，基本实现了和谐安康。在田州和思恩这里，"改土归流"有点水土不服，自从实行之后，一直叛乱不断，社会动荡不安，民不聊生，朝廷也是操碎了心。

在广西，形成了恶性循环，田州造反，朝廷镇压；田州再造反，朝廷再镇压；田州还造反，朝廷还镇压。每一次造反，官府都想赶尽杀绝，想一劳永逸解决问题，但每一次都不能成功，只能白白挥霍老百姓的民脂民膏。

朝廷也是想尽办法，或者采取镇压，或者采取招抚，结果是，镇压打不过，招抚不真诚。如此一来，田州不安宁，朝廷也就跟着动荡。王阳明一到广西，就发现田州这块土地暂时没有培育"改土归流"的土壤，既然水土不服，那就废除，等待时机合适再说。

田州的复杂之处除了民族矛盾，还有边防问题，田州和交趾国接壤，稍有不慎，就能引起国际问题。王阳明清楚，那个时候的大明朝，朱厚熜刚刚即位，根基未稳，内忧外患，不要说蒙古人虎视眈眈，就连交趾国也是觊觎已久。一旦田州失控，交趾国很有可能来分一杯羹，到那个时候，局面就更不好收拾了。王阳明坚持恢复土官就有这个层面的考虑，田州的土司在一定程度上就是一道防范交趾的天然屏障，可以利用田州来对抗交趾国。如果把这些土著居民全部铲除，在田州"改土归流"，大明朝朝廷就必须亲自上阵对抗交趾国了，这就好比拆掉自家院墙，天天拿着武器看门一样。

当王阳明要采取招抚和土官制度，就有弟子善意提醒王阳明，这事不靠谱。铁打的衙门流水的官，为官一任，做好自己的事，不要考虑什么千秋大业和青史留名，姚镆就是很好的镜子。你这个方案，即便皇帝和朝廷同意了，卢苏和王受会同意？就是他们同意了，接受了招安，一旦您一离开，他们再叛乱怎么办呢？因而保证他们不再叛乱才是您要做的事啊。怎么才能保证他们不再叛乱？显然只有剿灭一条路。

王阳明明白弟子的意思，于是问道："我们来广西平叛，谁才是我们最大的敌人？"

弟子不假思索回答："卢苏和王受！"

王阳明纠正说："不对。我们最大的敌人不在战场，而是在朝廷。"

大家都知道，朱厚熜授权王阳明"度量事势，随宜抚剿，设土官流官孰便"，也就是说，王阳明可以根据形势选择合适的方法，可以招抚也可以剿灭，可以恢复土官制度也可以坚持流官制度。尽管手握尚方宝剑，但王阳明很清醒，知道有权也不能任性，朝廷不是皇帝一个人的朝廷，还有内阁，还有六部，还有九卿，还有太监……朝廷不仅是一个讲理的地方，同时还是一个江湖，所以做什么都要留一线，以便将来好见面。

关于如何处理田州和思恩之事，未出浙江之前，王阳明就有了方案，按照皇帝的授权，王阳明到广西直接实施就得了。事情没有这么简单，正如王阳明所说，田州的敌人在朝廷，只有搞定朝廷，才能搞定田州。

朝廷最大的敌人是谁呢？说是朝廷，其实就是内阁，内阁也就是杨一清和桂萼他们俩。尤其是桂萼，当初就是他推荐姚镆任职两广巡抚的，姚镆刚开始的确不负所托，攻城略地，干掉岑猛，在田州实行改土归流，一时间风光无二，桂萼也是志得意满。

桂萼做梦也没想到卢苏和王受能迅速崛起，一下子打败了姚镆，引起了震荡，桂萼狼狈不堪，迫不得已接受朝廷起用王阳明担任两广巡抚。在王阳明还没到广西的时候，桂萼就曾给王阳明下令，坚决剿灭瑶族的卢苏和王受，进而出兵交趾国，实现他的政治抱负。王阳明一到广西，实行招抚，彻底否定了姚镆那一套，也就是否定了桂萼，桂萼如何能接受得了。

广西问题不仅仅是国家之事，还有个人恩怨，王阳明怎么办？

阅透人情知纸厚

王阳明搞定人最高明的手法就是写文章、写奏疏和写信。一般来说，文章写得好的人都是智慧的人，人情练达即文章嘛；奏疏写得好的人都是既会读书又会做事的人，大学之道在明明德嘛；书信写得好的人都是人际关系高手，书信是人脉的联络通道。

为了让朝廷同意自己的方案，王阳明写了长长的奏疏，摆事实讲情况，胪列剿灭的弊端，说出招抚的好处，动之以情，晓之以理，总之，广西这个时候只能招抚。

王阳明知道，桂萼肯定反对这个方案，皇帝虽然授权也不一定支持，但起码不反对。这个时候，只要说服杨一清，就能获得通过。

为了获得更多人的支持，王阳明给所有参与讨论和决策的人都写了信，希望通过私人感情打通各种阻碍。

第一封是写给杨一清的，王阳明在信中说："惟大臣报国之忠，莫大于进贤去谗。自信山林之志已坚，而又素受知己之爱，不复嫌避，故辄言之。乃今适为己地也。昔有以边警荐用彭司马者，公独不可，曰：'彭始成功，今或少挫，非所以完之矣。'公之爱惜人才，而欲成全之也如此，独不能以此意推之某乎？果不忍终弃，病痊，或使得备散局，如南北太常国子之任，则图报当有日也。"

王阳明先是说说自己的志向，说说自己情况，之后拍拍杨一清的马屁，最后说自己没有太大追求，只求平定广西后杨一清帮自己谋个南京或者北京的国子监领导，就是感激不尽了。王阳明这么说，其实给杨一清一个定心丸，我王某人不和你争内阁，我做一个闲职就行了，你放心支持我。

第二封是写给自己的弟子黄绾的，王阳明在信中说："往年江西赴义将士，功久未上，人无所动，再出，何面目见之？且东南小丑，特疮疥之疾；百辟谗嫉朋比，此则腹心之祸，大为可忧者。诸公任事之勇，不思何以善后？大都君子道长，小人道消，疾病既除，元气自复。但去病太亟，亦耗元气，药石固当以渐也。"又曰："思、田之事，本无紧要，只为从前张皇太过，后难收拾，所谓生事事生是已。今必得如奏中所请，庶图久安，否则反覆未可知也。"

疼了想摸摸，亏了想说说，王阳明无法忘怀江西的不公遭遇，和自己的弟子说说真心话，当年参加平叛朱宸濠的湖广、浙江和南京的有功之人全部获得升迁和奖赏，而在江西前线拼死杀敌的将士不仅没有获得任何奖赏，反而被调查，有的因此家破人亡，有的人身死牢狱。就算这些人有不妥之处，起码也应该享受南京有功之人一样的待遇吧。这些人已经失意八年了，我还是不能替他们鸣不平，一说就有要挟朝廷的嫌疑。思州和田州的事，没啥大不了，如果奏疏的奏请获得支持，思恩和田州就会长治久安，否则的话就会动荡不安。

每每读到这里，内心油然对王阳明增添敬仰。一个合格的领导人和大臣，仅仅拥有忠心是不够的，还要拥有仁心。所谓仁心就是公心，就是做什么事情都要从国家和民族的长远利益进行考量，即便受到不公待遇，遭受诽谤，也要保持一颗仁心，绝对不能因为一己之私，为了自身的冤屈和清白，弄得天下动荡，人心惶惶，一切要以江山社稷为重。

第三封是写给方献夫的，王阳明在信中说："圣主聪明不世出，今日所急，惟在培养君德，端其志向，于此有立，是谓一正君而国定。然非真有体国之诚，其心断断休休者，亦徒事其名而已。"又曰："诸公皆有荐贤之疏，此诚君子立朝盛节，但与名其间，却有所未喻者。此天下治乱盛衰所系，君子小人进退存亡之机，不可以不慎也。譬诸养蚕，便杂一烂蚕其中，则一筐好蚕尽为所坏矣。凡荐贤于朝，与自己用人不同：自己用人，权度在我；若荐贤于朝，则评品宜定。小人之才，岂无可用，如砒硫芒硝，皆有攻毒破痈之功，但混于参苓蓍术之间而进之，鲜不误矣。"又曰："思、田之事已坏，欲以无事处之。要已不能；只求减省一分，则地方亦可减省一分之劳扰耳。此议深知大拂喜事者之心，然欲杀敌千无罪之人，以求成一将之功，仁者之所不忍也。"

劝谏方献夫要培养皇帝的职业道德，做一个有志向的好皇帝，同时希望方献夫谨慎推荐人才，不要老是推荐自己了，不能一个烂蚕坏了一个筐蚕。由于先前姚镆张皇太过，导致思州和田州局势不可收拾。现在再想以无事处之，已经不可能。现在只求省减一分，则地方亦可减省一分劳扰。王阳明知道他的方案违背了那些好大喜功之人的心思，他绝对不会为了一将之功而去杀害无辜之人。最后希望方献夫支持自己的广西方案。

王阳明的努力没有白费，朝廷同意了王阳明的方案。圣旨下达给兵部，兵部尚书王时中拿到圣旨，圣旨这样说："守仁才略素优，所议必自有见。事难遥度，俟其会议熟处，要须情法得中，经久无患。事有宜亟行者，听其便宜，勿怀顾忌，以贻后患。"

不战而屈人之兵

朝廷基本同意了王阳明的建议，接到圣旨后，王阳明当即展开了工作，马不停蹄赶往浔州（今广西桂平）和广西巡抚史石金商讨招抚策略。王阳明一再宣传对卢苏和王受进行招抚，但他毕竟手握姚镆时代留下的两万人马，加上他曾经的平叛威名，卢苏和王受一点不敢大意，战战兢兢。

王阳明做事向来有自己的独特方法，从浔州回来后，命令广西布政使林富裁军，就是遣散先前姚镆从各地征调过来的各路人马，各回各家，和家人团圆，研究种田耕作。王阳明的动作很大，数日之内就解散几万军队，这不是小事情，稍有不慎就会发生群体事件。再就是这么多人，必须让他们有足够的回家盘缠，如果他们没有返乡费用，他们就会用手里的武器挣钱，如此一来，后果不堪设想。

王阳明是智慧的人，与其眼看着这帮人拿着武器去打家劫舍，不如让他们拿出武器来换钱。于是王阳明特事特办，鼓励这些返乡士兵把自己的刀枪剑戟、弓箭和战马出卖。为了保证这些东西能够卖得出去，王阳明拿出军费全部收购，这样一来，两全其美，既解决了官府的后顾之忧，也解决了这些返乡士兵的路费，同时还购买了军火。

当然，王阳明不是解散所有的部队，那样也太傻了。王阳明这次裁军，除了保留必要的军队，还保留了从湖广和保靖两个土司调遣过来的土兵。王阳明之所以保留这两个土司的土兵，是因为他们刚刚赶到，太过劳累，再就是这些土兵作风纪律向来不好，所到之处骚扰不断，犹如蝗虫过境，搞得沿途老百姓鸡犬不宁。为了防备这些土兵，每次征调，都要沿途各县做好粮草和接待工作，以免他们祸国殃民。

之后，王阳明带着几千人马来到距离卢苏和王受最近的地方——南宁。这王阳明唱的是哪出戏啊？说好的招抚，怎么又带着人马来啦？

卢苏和王受刚刚松口气，一下子又紧张起来了，害怕至极。

这正是王阳明的高明之处，一定要保持主动权，一定要有一定的军事压力，否则卢苏和王受真的打过来了，岂不是等着送死？王阳明把军队调到南宁用意很明显，卢苏和王受你们识相点，本大人随时可以拿下你们，但拿不拿你们，要看你们的表现啊。

王阳明的策略和诸葛亮有点像，就是"以夷制夷"，用少数民族的人控制少数民族的人，准备工作做足后，王阳明派使者到卢苏和王受那里游说。

见到王阳明的使者，卢苏和王受并不相信，以为王阳明在逗他们玩，和先前的官员一样，在等着他们送礼。使者相当热情，卢苏和王受就是不相信。

时间是最好的试金石，一段时间后，卢苏和王受看到王阳明只是遣散士兵，没有围剿的意思，逐步放下了警惕，开始相信人生。当王阳明的第二批使者到来，说王大人给卢苏和王受打开更生之路，而且起誓不欺骗读书少的卢苏和王受。使者要求卢苏和王受带着队伍到南宁城，分成四个兵营驻扎，同时分发给他们归顺牌，之后举行盛大的受降仪式。

听说王大人给这些造反的人新生的机会，最兴奋的是那些当兵的，听说自己有了重新做人的希望，他们激动万分，手拉着手跳跃，欢声雷动。

卢苏和王受则淡定许多，毕竟是老江湖，也不是第一次和朝廷官员打交道，他们还不敢相信王阳明，他们对使者说："王公素多诈，读书又多，恐怕欺骗我们这些读书少的人。"

听说卢苏和王受依然有疑心，王阳明相继召回太监和总兵，之后撤掉守兵，这个时候，卢苏和王受终于真正相信王阳明了。

嘉靖七年（1528）正月初七，卢苏派遣小头目黄富等人到南宁军门，见到王阳明后，这些人大吐苦水，说自己是多么忠于皇帝忠于朝廷，现在朝廷网开一面，他们愿意扫境投降，只求免于一死。

王阳明清楚黄富这几个人是来打探情报的，是刺探虚实的，于是对他们说："岑猛父子纵然没有叛逆之心，但他们凶酷残暴，慢上虐下，罪该诛杀。现在他们父子已经罪有应得，你们这帮人原来并没恶名，本无大罪，至于手下的数万之众，更是无辜。现在你们冒险抗拒朝廷之兵，导致数万无辜民众家破失业，父母死亡，妻离子散，苦苦奔逃了两年；你们还烦扰朝廷兴师命将，劳烦三生民众，由此一来，你们也罪孽深重。考虑到你们冒险抗拒朝廷不过是为了畏罪逃死，为了保全生命罢了，也是情有悯怜。当今圣上乃是最为仁孝之人，爱民如子，即便是一人坐牢之事都会亲自过问，何况你们数万生命，岂肯轻易剿杀。所以现在圣上派遣我前来给你们打开重生之路，不仅仅拯救你们这数万无辜百姓，更是希望你们改恶从善，舍死投生，你们回去给卢苏、王受带话，只要他们解散手下士兵，让士兵回家复业生活。然后他们两人及时来我这里投降，一定宽宥他们死罪，同时保全他们全家性命。如果迟疑观望，那么我带兵讨伐，到那时他们将后悔不及。"

王阳明说着想了想，又说："当然，我宽限他们二十天时间，二十天后仍不来投降，那就休怪我无情了，朝廷本来给你们打开生路，而你们一心自求死路，到那时我只能进兵杀他们。"

黄富回去，见到卢苏、王受，准确传达了王阳明的意思。卢苏和王受考虑到池仲容兄弟投降后被王阳明处死，内心对王阳明并不完全相信，于是提出条件，投降可以，但一定带着自己的重兵护卫，而且要把军门的哨兵换成他们田州人。王阳明看透了卢苏和王受的小心眼，一切掌握在手中，当即答应他们的条件。

看到王阳明的真诚，卢苏和王受经过多番讨论，解散自己的队伍，在正月二十六日这一天，他们身着囚衣，并且让手下人用麻绳捆住自己，带着重兵护卫来到南宁军门。看到卢苏和王受他们来到了南宁，王阳明很高兴，当即宣布："我王某人是讲究信用的，既然朝廷招降你们，岂能失去信义？但你们这些人蛊惑众人依仗险阻造反，虽然是因为怕死而引起的，但毕竟祸害一方，上面惊扰了皇帝，下面牵动了三省民众，如若不惩罚你们，何以发泄军民的愤慨啊？"

说完，王阳明命令行刑官，把卢苏和王受各打一百板子。当然这一百板子并不是扒光屁股打，而是穿着盔甲打，这里不是打多厉害，彰显的是朝廷法律的威严。这一百杖比王阳明当年的三十廷杖轻多了，但意义绝对不一样。

打完后，王阳明亲手解开了卢苏和王受身上的麻绳，对他们说："今天我宽恕了你们的死罪，是朝廷有好生之仁德，打你们一百板子，是我执法的理义。从现在开始你们应该诚心改恶从善、竭尽忠心报效国家。"

之后，王阳明亲自进入卢苏和王受的军营，安抚他们的七万士兵，这些士兵欢呼雀跃，他们向王阳明表忠心，愿意听从调遣，赶赴战场，将功赎罪。王阳明对他们说，我招抚你们，就是为了让你们能好好生活，和家人团聚，怎么能忍心再次让你们上战场呢！你们流窜多年，赶快回去和家人团聚吧。我王某人谢谢你们的好意，至于如何平定其他土匪，本军门自有妙计，以后有需要自然会调遣你们。

卢苏和王受的士兵十分激动，欢呼流泪，感动不已，唱着歌回家去了。

一场历时数年的动乱，王阳明没动一兵一卒，没费一枪一矢，没死一人，没伤一人，轻轻松松化干戈为玉帛。皆大欢喜，功德圆满，连王阳明都有点飘飘然，觉得自己已经超越大禹了，自己这件事比大禹征苗还漂亮。

这样近乎完美的结果，王阳明当即给朝廷上奏说明，朝廷怎么看呢？

政治的操守与良心

广西的事好解决，朝廷的事难办。卢苏和王受叛乱是因为活不下去了，只要给他们活路问题就迎刃而解，朝廷人心复杂，各有各的算盘，有的要做太平官，有的要建功立业，有的要治国平天下，有的要国泰民安，有的要世界和平，还有的要排挤对手……

众口难调，不能一一照顾到，王阳明就按照世界和平的标准来做事，积极全面展开了善后工作。

第一件事给朝廷上捷音疏，讲述收服卢苏和王受的过程，同时提出治理田州和思恩州的建议：把田州划开，别立一州；以岑猛次子岑邦相为吏目，等有功后再提为知州。在旧田州置十九巡检司，让卢苏、王受分别负责，都归流官知府管辖。

接到王阳明的奏疏后，朝廷同意岑邦相、卢苏和王受等人的人事安排，至于其他的奏请，要等各有关部门复查复查再复查，请示请示再请示，研究研究再研究。

王阳明和平搞定了卢苏和王受，朱厚熜很高兴，朝廷也基本满意，朱厚熜决定大大犒赏王阳明，而且派钦差前去广西嘉奖。

朝廷这次赏赐王阳明等人：赏银五十两，纻丝四袭，所司备办羊酒，其余各给赏有差。

不得不说，朱厚熜比朱厚照大方多了，当年王阳明平定南赣土匪，皇帝和朝廷咬咬牙才赏了二十两银子和绉丝二表里，朱厚熜一下子就翻番了。

接到赏赐，王阳明不悲不喜，不是淡定了，而是习惯了。在大明朝做官，超脱名利是基本修养，接受不公正待遇也是必修课，一切都要看透，但还不能看破，皇帝虐你千万遍，你必须依然待之如初恋。

皇帝的归皇帝，朝廷的归朝廷，王阳明继续做好关于世界和平的工作。为了纪念这次和平受降，王阳明撰文刻碑，内容是：

> 嘉靖丙戌夏，官兵伐田，随与思、恩之人相比相煽，集军四省，汹汹连年。于时皇帝忧悯元元，容有无辜而死者乎？乃令新建伯王守仁曷往视师，其以德绥，勿以兵虐。班师撤旅，信义大宣。诸夷感慕，旬日之间，自缚来归者一万七千。悉放之还农，两省以安。昔有苗徂征，七旬来格；今未期月而蛮夷率服，绥之斯来，速于邮传，舞于之化，何以加焉。爰告思、田，毋忘帝德。爰勒山石，昭此赫赫。文武圣神，率土之滨。凡有血气，莫不尊亲。

王阳明再一次文采飞扬，这看似一篇应用文，其实是一篇布道檄文，说的是事实，展示的却是人心，是良知，更是大道。王阳明解决广西叛乱的秘密武器，就是掌握了人心，人心所向就是希望就是未来，把握住了人心就把握了牛鼻子，因为人心才是最大的政治。

王阳明知道朝廷的人心，也知道广西的人心，什么都知道，却无能为力，不能谋一己之私，哪怕是为那帮跟自己出生入死的江西兄弟做点事。世界上的事就是这样，就好比知道四季轮回和日夜循环一样，掌握得再好也不能做丝毫改变，只能顺着做事。

广西已经安定了，这件事堪称完美，可以说是大明朝开国以来最牛的盛事。按照先前的约定，王阳明可以高歌凯旋了，或者回到浙江继续讲学，或者到南京做一个闲职，或者到北京做一个闲职，总之，应该不能再待在广西了。但朝廷偏偏有人不舒服，看不惯王阳明，王阳明怎么又成功啦？他的运气怎么这么好？

朝廷对王阳明嘉奖，巡抚两广，总督军务。不得不说，朝廷一些人对王阳明花尽心思，机关算尽，任命王阳明做两广巡抚看起来是重用，实际上把王阳明排斥在朝廷之外。

接到朝廷诏书，王阳明知道自己既去不了北京，也去不了南京，就上奏疏请辞，在奏疏中说：

> 臣以迂疏多病之躯，谬承总制四省军务之命，方怀不胜其任之忧，今又加以巡抚之责，岂其所能堪乎？且两广之事，实重且难，巡抚之任，非得才力精强者，重其事权，进其官阶，而久其职任，殆未可求效于岁月之间也。致仕副都御史伍文定，往岁宁藩之变，常从臣起兵，具见经略；侍郎梁材、南赣副都御史汪鋐，亦皆才能素著，足堪此任；愿选择而使之。臣之驽劣多病，俾得专意思、田之役，幸而了事，容令照旧回还原籍调理。

这个时候方献夫向朝廷建议，应该在田州特设都御史一人，招抚那些少数民族，交由朝廷讨论。王阳明知道这件事后，又上疏推荐合适人选，布政使林富可以做都御史，听从自己节制，暂时驻扎在思州、田州控制局势。同时，为了保证田州的长治久安，建议把田州官府驻地迁移到平坦地带。之后，王阳明还给朝廷推荐了相应人选，布政使王大用、按察使周期雍做都御史；副使陈槐、施儒、杨必进，知府朱衮，都可做右江兵备；知州林宽可为田州知府；推官李乔木可为同知。

眼看着，广西就要太平了，但王阳明的病情却越来越严重了。

不为皇帝为苍生

王阳明的奏疏进入朝廷后，交由有关部门讨论，经过严肃认真讨论，最后不了了之。

朝廷怎么做是朝廷的事，作为两广巡抚，王阳明尽职尽责开展善后工作。治理天下是一件难事，治理刚刚放下武器的人更不容易，他们已经习惯拿着武器讨生活，现在突然放下武器拿起锄头，这日子怎么过？放下锄头拿起武器容易，放下武器拿起锄头不容易，再怎么说，拿着武器过日子总比拿锄头容易一些。

好在，王阳明有经验，他再一次把江西的成功经验复制到广西大地上。他善后的手段是兴办学校传播儒学。想法很好，可是广西历经战火洗礼，早已千疮百孔，到处都是废墟，别说学校，就连茅草屋也不好找，大伙最关注的是柴米油盐酱醋茶。

王阳明清楚柴米油盐酱醋茶当然要解决，精神需要更要解决，要想让这些人放下屠刀立地成佛，没有柴米油盐酱醋茶肯定不行，仅仅靠柴米油盐酱醋茶只能解决一时，要想长久解决必须要有信仰。信仰是什么？就是天地君亲师，这是信仰的基础，也是不忘本的信仰，就是感恩的信仰，就是敬畏的信仰。信仰归根到底就是这三点，报本、感恩、敬畏。报什么本？生命之本，做人之本。感什么恩？感天地养育之恩、父母养育之恩。敬畏什么？敬畏天地良心。

如何才能让这些刁民成为良民呢？这些年哪一个都没少抢东西，结果没有一个成为良民，反而匪性越来越厉害，物质显然解决不了。王阳明从自己的经历知道，人们往往能忍受物质的匮乏，却无法接受没有方向的人生。而儒家就是解决人生方向的良药，修身齐家治国平天下，是一个理想，也是美好的传说，更是一剂慰藉心灵的老母鸡汤。

普及儒学最好的方法是修建学校，但这个时候修建学校是不是有点奢侈，柴米油盐酱醋茶还没解决，就要搞精神追求，靠谱吗？王阳明有想法还有方法，毕竟是两广巡抚，当即给负责教育官员下令，要求提学府道，但有生员（就是秀才），不管是正式考中的，还是拿钱捐的，抑或当女婿换来的；不管是识字的，还是不识字的，抑或造过反的；其他各地愿意前来田州求学的，统统欢迎入学。

圣人就是圣人，王阳明几乎样样精通，可以打仗，可以和谈，可以教书。相对来说，他更喜欢教书，在王阳明的主持下，学校很快兴办起来，开始挂牌招生，有王阳明这棵大树在，学子云集。

在王阳明的直接领导下，学校办得有声有色，一切按照朝廷制度，学习期满办理肄业证，按照增补廪膳生员、推荐贡生。在教学的同时，王阳明给学子倡导新的生活方式，推广江西经验，倡导乡约制度，扬善惩恶，表彰好人好事，批评惩戒过错之人之事。

冰冻三尺，非一日之寒，广西的事当然不是修建几所学校就能解决的。当地情况复杂，各民族杂居，而且民风彪悍，脾性顽劣，加上朝廷历来委派的官员也有问题，或者能力不足，或者人品低劣，或者贪财，或者贪功，造成了严重后果，引起了仇杀，积怨越来越深。

由于明朝特殊的政治制度，一有战事就调集狼兵，狼兵作战勇敢威猛无比，但狼兵纪律败坏，所过之处，剽掠劫杀，鸡犬不遗，犹如蝗虫过境。老百姓害怕土匪，更害怕狼兵，民间流传谚语："土贼犹可，土兵杀我。"

这些远途调遣的狼兵问题重重，不仅不好调遣，而且动辄提条件，甚至拥兵自重，无法对付。王阳明得出结论，"欲借此以卫民，而反为民增一苦；欲借此以防贼，而反为我招一寇"。

经过多次调研，王阳明深知当地瑶族民众对和平的向往，再就是，这个地方是狼兵起源地，和他们打仗不说是找打，起码占不到多大便宜。既然打仗不可取，那就玩玩心眼，用自己的长处攻击对方的短处，如此既能让他们心服口服，也是长治久安之道。

王阳明的方案很高明，也实事求是，确实也是为了田州老百姓好。但田州这些靠武力说话的人，讲道理讲得清楚吗？就是讲得清楚，田州这些人愿意听吗？

大藤峡

一般来说，好人运气都好，总有贵人相助，即便没有贵人相助，也有老天相助。王阳明就是如此，一遇到棘手的事，都有上天眷顾，朱宸濠造反的时候，焚几炷香，大风居然变向，然后一路顺利。这次广西平叛也是顺风顺水，王阳明之所以能轻松搞定卢苏和王受，是因为他背后有强大的兵团，卢苏和王受稍微造次，王阳明大旗一挥，他们肯定死无葬身之地。

王阳明的兵团不是王阳明带来的，而是捡漏捡来的，是姚镆当初留下的遗产。原来为了镇压卢苏和王受，姚镆大规模从各省调遣部队，因为战争损害了一些手下人的利益，这些人就背地里动手脚，故意乱发命令，使得姚镆不能取胜。结果，广东军队就因为命令出错而拒绝到广西征战，江西的军队也是因命令错乱没有出兵，最有意思的是湖南，等他们的部队到广西的时候，姚镆已经被朝廷罢官。

姚镆走了，调遣的部队来了，王阳明正好到了，捡一个大漏，手里有兵，谁都能摆平。王阳明是高手，熟读《大学》，他熟悉"知止"，所以他不任性。

这个时候的王阳明，从心所欲不逾矩，知行合一，因而采取的方案是"用兵之法，伐谋为先；处夷之道，攻心为上"。

王阳明有智慧，卢苏和王受也不傻，当然知道王阳明的厉害，王阳明"知止"，他们当然不敢任性，于是互相配合，成就了一段佳话。王阳明也不是对所有的造反之人都是这样客气的，他对一些不可教化之人是毫不手软的。比如霸占黔江和府江的八寨那些人，比如利用断藤峡割据一方的断藤峡那些人，他们对抗朝廷，官府的东西抢，甚至老百姓的东西也要抢。

这里人怎么这样呢？他们为什么非要如此呢？

故事要从太祖武皇帝讲起，那个时候，断藤峡还叫"大藤峡"。大藤峡处于黔江下游，是广西境内最大最长的峡谷。据说，古时候江面有一根大藤，其粗像斗一样，横跨在黔江江面，昼沉夜浮，人们就攀附大藤渡江，"大藤峡"就此得名。

传说很美，大藤峡的风景也很美，情况也很复杂，不知道是上天故意安排，还是广西这块土地太过灵秀。比如说，一条西江，上下游能有许多名字，而且个个有意思，源头在贵州，名字叫南盘江；进入广西后，名字叫红水河；再之后，名字叫黔江；当黔江和郁江在桂平汇合，名字叫浔江；浔江和桂江汇合后，名字才叫西江。

正如西江一样复杂多变，大藤峡也是一个传奇，历经血与火的洗礼。

大藤峡的传奇从洪武十九年开始，那一年这里瑶族民众起事。第二年，广西行政长官汤敬恭带领军队前来镇压，结果汤敬恭战败被杀，瑶族民众趁机扩展地盘，就选择易守难攻的大藤峡做根据地，完全控制了黔江桂平到武宣这段水路，开始征收过路费。

江山代有才人出，各领风骚几十年，大藤峡被一个名叫侯大苟的人推上了历史的舞台。侯大苟不是等闲之辈，是一个干大事的人，他带领着大藤峡的民众居然攻下了两广总督府，政府官员几乎被一网打尽。

攻下总督府后，侯大苟一点都不客气，就把总督府当作自己家，打开武器库，把所有的武器都搬运到大藤峡。有了这些武器，侯大苟如虎添翼，接连攻下了梧州、浔州和柳州三个府的十多个州县，宛如一个独立王国。

这样太猖狂了吧，不要说皇帝不答应，就是朝廷百官也不答应，果然有人愤怒了。兵部尚书王竑拍案而起，是可忍孰不可忍，就向皇帝推荐一个名叫韩雍的人。

这个叫韩雍的人和王阳明也有渊源，一是都在江西做过巡抚；二是都和宁王有瓜葛，尽管不是同一个宁王；三是大藤峡。韩雍在江西做巡抚的时候得罪了宁王，后来被撵出了江西。

兵部尚书王竑在奏疏中说："韩雍才气无双，平定贼非韩雍莫属。"

韩雍的确配得上王竑的评价，带领大兵抵达浔州后，向当地父老询问方法父老都说："大藤峡，是天险，不可以攻打，适宜用计谋围困。"

听完建议，韩雍说道："大藤峡方圆六百多里，怎么围困啊？兵力一分散就变弱了，出师时间一长财物就匮乏，这样一来，猴年马月才能平定盗贼啊？我的策略已经定了。"

说完之后，韩雍带领大队人马直奔大藤峡，刚到大藤峡，路边出现一批人，是一些儒生、里正以及父老。看到韩雍的人马，他们纷纷走向前，愿意做攻打大藤峡的向导。

看到这些人，韩雍骂道："你们这些盗贼竟敢欺骗我！"

当即命令士兵拿下这些人，士兵一开始很惊愕，绑住这些人后，发现他们袖子里都藏有兵刃。经审问，果然是"盗贼"，韩雍命令肢解了这些"盗贼"，并把这些"盗贼"的肢体悬挂在树林中，用来恐吓山中的"盗贼"。

这批人大呼："韩雍是天神啊！"

韩雍这招恐怖很有效果，一下子就击溃了盗贼的心理防线，之后战争虽然残酷，但最后取得了胜利。为了大藤峡的长治久安，韩雍做的第一个善后工作就是：下令砍断那根横在江面的大藤，并且峡谷的名字从大藤峡改成断藤峡。

韩雍用心良苦，不久就成了一场空，大藤峡死灰复燃，再次成为盗贼的巢穴。因为大藤峡并不是靠着大藤名震江湖的，靠的是天险，无论是谁只要占据了大藤峡，就可以控制黔江的地盘了，就可以在广西呼风唤雨了。

这次轮到王阳明出场了，王阳明还能这么幸运吗？

最后一战

没到广西之前，王阳明的计划书里没有断藤峡，平定断藤峡是一个意外，属于搂草打兔子，顺手捎带。刚到广西，王阳明也不知道广西还有这么一股势力，平定卢苏和王受后，名声大震，王阳明成了当地人心目中的大救星。

一天，王阳明外出巡查，一群人拦路上访，请求王阳明救救他们。这些人向王阳明讲述了他们的悲惨遭遇，他们几代人遭受八寨和断藤峡的压迫和奴役，整天活在地狱里，请求王大人拯救他们。

了解情况后，王阳明进行了调研，发现八寨和断藤峡的那些人与卢苏和王受不一样，他们利用地势险要，称霸一方。

断藤峡位置特殊，南面是交趾国，西面与云南贵州相连，东北和府江、古田瑶族聚集区交错在一起，绵延两千多里。断藤峡的一帮人利用地势，四处流动出击，而且垄断水陆交通，几乎控制了整个地区的经济命脉。这样一来，断藤峡一帮人就成了朝廷的眼中钉，就连土司也想干掉他们，奈何打不过他们。

朝廷也曾多次围剿，他们和土匪一样，都是采取游击战术，大军一到，他们就逃进断藤峡的峡谷里；朝廷大军一走，他们立即返回，继续他们独霸一方的生活，比先前还变本加厉。稍有见识的人都知道，不是朝廷不行，主要是朝廷的主要兵力放在西北部和北部用来抵御蒙古，断藤峡的这帮人不是主要问题。再就是断藤峡这帮人没有大志向，不威胁统治，不到危急时刻，朝廷当然不会动真格的。

久而久之，断藤峡的这帮人和朝廷官员形成了默契，互相给面子，朝廷一来围剿，他们就逃跑，然后经过线人搭桥，朝廷进行招安，断藤峡这帮人十分配合，双方唱一台双簧戏。断藤峡这帮人获得了朝廷的嘉奖，朝廷官员大获全胜，凯旋而去，然后邀功请赏，不久之后，这帮人继续出来，然后继续招抚，循环往复。

兵法云，知彼知己，百战不殆。王阳明细致了解断藤峡这帮人的前世今生，知道他们不好对付，韩雍撤兵不久，他们就攻下浔州；之后，有官员企图用文明教化之法，和靠武力吃饭的人讲道理难免有点天真；再之后，有官员把西北边境贸易的成功经验在这里推广，用断藤峡这帮人匮乏的食盐等物品引诱，试图通过贸易实现和平，结果他们夺了东西就跑。

经过研究，王阳明得出结论："他们窃发无时，凶恶成性，不可改化。"

结论一出，答案就出来了，圣人都认为"不可改化"了，既然灵魂不可拯救，那就只能让他们肉体消灭了。

打或者不打，对王阳明来说，是选择问题，不是能力问题。一旦做了决定，就是如何取胜的问题，是简单取胜，还是轻松取胜，还是顺利取胜……

大明军神当然不是浪得虚名的，那是一仗一仗打出来的，不是吹出来的。王阳明更懂得"上兵伐谋"，再怎么着也应该和他们比比智谋，怎么也不能和这一帮以打打杀杀为生的人进行血拼。兵法说过，打仗就是真真假假虚虚实实，能而示之不能，用而示之不用。

王阳明决定用武力处理断藤峡后，不调兵遣将，也不做战前动员，反而开始遣散一部分士兵，到处兴办学校，开始教化民众。但王阳明同时也向八寨和断藤峡传播消息，战斗即将打响，他们就是下一个。八寨和断藤峡的土匪很是紧张，一下子全部躲进了大峡谷，过了一段悲惨生活后，他们又静悄悄地进城了。

进城一看，这帮人的鼻子都气歪了，这王阳明在干什么啊？欺负我们读书少，和我们玩心眼，有意思吗？这帮人也不傻，他们也知道王阳明非常睿智，做事极其诡异，善于虚虚实实，于是就派人进行侦探。结果得到一可靠情报，王阳明身体不好，已经给朝廷打辞职报告了，不久就走了，看来不会攻打断藤峡了。断藤峡这帮人哈哈大笑，不敢打就别打，何必要吓唬我们呢？于是，断藤峡这帮人又开始了逍遥生活。

断藤峡这帮人逍遥的时候，王阳明行动了，可能是出于保密的需要，事前没有请示朝廷，属于擅自行动。在当时，八寨和断藤峡不是一般的起事者，他们有一百六十年的传承，被朝廷称为"剧贼"。这里是两广的动荡的根源所在，可以说八寨不平，两广永无宁日。

王阳明调遣部队进行围剿断藤峡的时候，还派林富、张佑监督着卢苏、王受的五千田州土兵进攻八寨，这些人刚刚归化，愿意拿点见面礼，所以都英勇奋战。

战斗在夜间开始，卢苏和王受瞬间攻破石门天险。这个时候，八寨这帮人才发现朝廷行动了，于是仓促应战。如此看来，这些人整体战斗素养并不怎么样，他的名声大多应该是朝廷官员吹嘘出来的。或者说，朝廷士兵战斗素养更差，比这帮人更怕死。

朝廷军队突然发动攻击，断藤峡这帮人措手不及，瞬间溃败，但毕竟久经战场，他们撤退到另一个山头，继续战斗。朝廷军队乘胜追击，接连攻下多个据点，断藤峡这帮人纷纷逃命，横渡断藤峡，结果淹死数百人，受伤的不可胜数，活捉的就更多了。

之后，朝廷军队展开大搜捕，搜遍了大小山洞，硕果累累，最后一路凯旋浔州。这次出兵，不仅荡平了断藤峡，而且捎带清扫了其他山洞，诸如牛场、花相、仙台、风门、佛子等山寨，八寨基本被拿下，前后斩获三千余人，这次胜利在大明朝一朝不说是绝后的，肯定是空前的。

后来史书记载："断藤之贼略尽。"

对王阳明来说，广西的战争结束了，朝廷的战争刚刚开始，在广西游刃有余的王阳明，在朝廷的战争中能否大获全胜呢？

七、自由即光明

此心光明，这里"心"不是指肉体心脏，即"心即理也"，是理论价值体系。此心光明的"明"是大学之道在明明德之"明"，是大道之明。孔子说：朝闻道，夕死可矣！王阳明临终遗言：此心光明，亦复何言。此心非心亦是心，超越吾心到吾性自足，不是"宇宙即吾心，吾心即宇宙"，而是"心即理也"。没有遗言的遗言，什么都没留下，也什么都留下了，留下了整个天，留下了最高的标杆。

走自己的路

利益是一切行动的力量！

出发去广西之前，王阳明已经超越善恶了，已经达到了从心所欲不逾矩。也即是说，王阳明心中已不存在是非了，做什么事只需要自己内心辨别，凡是合乎内心价值的，就是正确的，就去做；凡是不合乎内心价值的，就是错误的，就不去做。

按照规定，王阳明这次广西之行的任务很明确，就是平定田州卢苏和王受之乱，招抚他们之后，王阳明完全可以做一个太平官，安安稳稳享受生活。王阳明偏偏不，非常客气，非要买一送一，没有经过皇帝和朝廷授权就擅自行动，以迅雷不及掩耳之势拿下了八寨和断藤峡。

断藤峡潮湿而且有瘴气，士兵无法忍受那里的气候，军队里已经有人染上了瘟疫，王阳明的病也越来越重了，已经无法支撑了，于是班师回南宁。这个时候，

761

王阳明病情十分严重，连马都无法骑了，士兵们把王阳明抬回了南宁。

王阳明平定断藤峡和八寨，只派遣两路人马，而且每路人马都不到八千。就这么多人，轻松拿下，这么少的人马，如实上奏的话，皇帝会怀疑，朝廷大臣也会怀疑，他们会认为这个姓王的是不是说疯话，是不是吹牛。满打满算两万人，居然剿灭了横行一百六十多年的土匪窝，谁会相信啊？这怎么可能呢？是不是又冒领军功啊？

不管别人信不信，反正王阳明真的做到了，而且刷新了大明一朝的纪录，就是成本最低，时间最短，成果最大。尽管断藤峡的和平并没有持续多长时间，七八年后，由于土司和朝廷矛盾，这里再次动乱，但此事已无关王阳明，王阳明是成功的。

回到南宁后，王阳明给朝廷上了捷音疏，同时上了《处置八寨断藤峡以图永安疏》，并提出了自己举措：

一是移筑南丹卫于八寨；二是改筑思恩府城于荒田，就是把原在高山之上的府治移到水陆交通的地方来，荒田这个地方轩豁秀丽，便于贸易；三是改凤化县于三里，为了基层政权布局合理；四是添设流官县治于思龙；五是增筑守镇城堡于五屯。

王阳明治理广西的方略是："谋成而敌自败，城完而寇自解，险设而敌自摧，威震而奸自伏。"王阳明认为当时是好时机，所以正适合执行。

奏疏进入朝廷后，没人关注王阳明关于家国天下的良苦用心，也没人欣赏他的才华和功劳，更没人去执行这个方案。此一时彼一时，这个时候，朝廷不再是朱宸濠之乱甫定时的朝廷，那个时候有兵部尚书王琼全力支持王阳明，而现在几乎没有人支持，不仅没人支持，朝廷还有专门搞清算的组织。

满朝大臣听说王阳明招抚了卢苏和王受，而且轻易平定了八寨和断藤峡，他们一下子都不幸福了，开始羡慕，继而嫉妒，最终转化成恨。

当你成功得让人流口水，关于你的口水就会多起来。

朝廷还没有进行论功行赏，就开始有人弹劾王阳明了，说王阳明平定八寨和断藤峡是擅自行动，问题很严重。皇帝早就在圣旨里授予王阳明便宜行事的权力，这些官员当然知道，他们就是为了捣乱，就是为了扯淡。

想捣乱，总能找到问题。王阳明提出在动荡的地方建立郡县，以此来安定地方，同时抓紧教化新民，等再来土匪时，这些人已成了良民，这个地方就不会再闹土匪了。于是，朝廷官员说，建筑城邑，是大事；筹划安排，是户部的职责；不先奉皇帝之命就开始动工，是谁让你王阳明这么干了？

…………

总之，王阳明不能正确，没有功劳，做什么都是错，按照圣旨做不对，不按照圣旨做更不对。和平招安卢苏和王受不对，武力平定八寨和断藤峡也不对，提出长治久安的建议还是不对，该干的事干成功了，没有功劳，不该干的干成功了，那是擅自行动，不仅无功甚至还要有罪。

道在人心

范仲淹说，居庙堂之高则忧其民，处江湖之远则忧其君。也就是说，在某种意义上，庙堂和江湖是两位一体的，也即是庙堂里也有江湖，江湖里也有庙堂。朱厚熜主管的朝廷其实也是一个江湖，一个权力斗争的江湖。

王阳明原本和朱厚熜的江湖无关，但匹夫无罪怀璧其罪，王阳明太有才能了，成为大家争相抢占的资源。自从朱厚熜入主皇宫，各种推荐王阳明入朝的人络绎不绝，但朱厚熜一概敬而远之。不是朱厚熜不需要王阳明，而是太需要了，尤其在大议礼的时候，他做梦都希望王阳明主动上疏支持一下，即便不上疏支持，也应该喊两嗓子，给皇帝加加油，可王阳明偏偏就不，王阳明有自己的原则。

朱厚熜少年老成，他几乎就是为权力而生，短短几年时间，就拿下了杨廷和，控制了整个朝廷。不当家不知柴米贵，朱厚熜拿下了那些和他叫板的人后，朝廷里除了唱赞歌的就是溜须拍马的，桂萼成了首辅，张璁进了内阁，这些人搞权力斗争内行，是揣度圣意的高手，但处理朝政不行，连小小的广西匪乱都搞不定。

当广西不可收拾的时候，朝廷和朱厚熜想起了王阳明，就接二连三地下旨，催促王阳明去广西。

朝廷苦不堪言的匪乱，王阳明不费一兵一卒，不动一枪一箭，欢欢喜喜招抚。

消息传到京城，御史胡明善当即给朱厚熜上疏："新建伯王守仁性与道合，思若有神，抚绥广寇，兵不血刃，幸早召守仁入，与一清同心辅政。"

胡明善的意思是，王阳明性与道合，德才兼备，应该早早招入内阁，让他和杨一清一起辅政。

朱厚熜看罢胡明善的奏疏，有点不高兴，说道："任用大臣，朝廷自有处置。"

言外之意，胡明善管宽了，如何任用王阳明，我自有打算，不要干政，随即把这道奏疏转交给有关部门讨论，经过多次严肃认真讨论，讨论过来讨论过去，最后没有结果。

事情就在那里，功劳就在那里，可朝廷有关部门就是视而不见听而不闻，依然在审核，依然在讨论。

这些事都和王阳明有关，也和王阳明无关。和王阳明有关，因为这些事都牵涉王阳明，王阳明成了他们各自争权夺利的工具；和王阳明无关，因为这些事王阳明既无法管控也不能产生影响力，只能听之任之。

大学士霍韬实在看不下去了，专门研究了王阳明的八寨和断藤峡之战，给皇帝上疏说，我霍韬是两广人，曾经为王阳明的田州、八寨、断藤峡之战算了一笔账，王阳明此战给朝廷省下了数十万的人力、银米。他的前任姚镆为了这场战役，调遣三省若干万士兵，梧州军门为此支出军费若干万，从广东布政司支用银米若干，若干万官兵土兵战死、染瘟疫死，才仅仅换得了田州五十天的和平，思恩就发生了卢苏和王受的叛乱。现在王阳明则不杀一卒，不用一金，不费斗米，只是宣扬朝廷威德，就能使田州和思州的卢苏与王受前来降服。即便是舜帝收服苗人，也没有这样的水平啊！至于八寨盗贼、断藤峡盗贼，又不是思、田的叛乱所能比的，王阳明淡定自如，沉着稳定，一举平定了八寨、断藤峡。

霍韬不仅算账，还对朝廷关于王阳明批评一一正名。

有人说，王阳明只是奉命平定思恩和田州之事，他却进而剿灭八寨，这样可以吗？

霍韬引用汉景帝时，吴王刘濞造反，攻打梁国，汉景帝下诏命令周亚夫带兵救梁国，而周亚夫不奉诏去救梁国，而是去断绝吴国和楚国的粮道，结果一举平定叛乱，安定社稷的先例。进而引用《史记·张释之冯唐列传》："阃以内者，寡人制之；阃以外者，将军制之"。接着又说："大夫出疆，有可以安国家、利社稷，专之可也，古之道也。"周亚夫之所以这样做，是因为他知道控制吴、楚的最好方法，是断绝他们的粮道，而不是去救梁国；这就是朝廷虽有诏命，周亚夫依然有所不受。今王阳明知道思、田可以招抚，于是就接受卢苏和王受投降。他知道八寨诸贼不容易降服，于是就假借形式派兵讨平。虽然平定的时候没有诏命，事先来不及请示事后汇报也可以啊，况且王阳明有便宜从事的圣旨。

针对有人批评王阳明建置城邑、越俎代庖以及不奉旨行事。霍韬就举范仲淹当年修建城池的故事，当时为了守边，范仲淹打算修建大顺城，又担心敌人来争夺地盘，于是就先准备版筑，然后巡边，急速兴工，一个月就建成大顺城。等西夏发觉后，再来争夺，已经来不及了。王阳明在广西建置城邑和范仲淹的情况比较相似，即便没有经过户部许可，但也是为皇帝分忧啊，怎么能不以有功反以有过呢？我们亲眼看到了为祸百年的八寨盗贼，现在因为仰赖皇帝圣明，任用王阳明，彻底平定了他们。现在兵部还没有进行表彰，户部也可重新进行勘察，我担心一旦错过机会，势必受到阻挠，城池没有建起来，盗贼又重新聚集起来了，那就更麻烦了。

一段时间后，一个叫马津言的御史，给朝廷上疏，还是请求皇帝召王阳明入阁，他在奏疏中这样说："新建伯王守仁忠贞干济，在在有声，功高人忌，毁誉失实，请召置庙堂，以慰民望。"

朱厚熜依然拒绝，说"两广未宁，守仁方有重寄。津妄奏渎扰之，切责而宥之"。

其实，不是别人不同意王阳明进京，而是朱厚熜不同意，至于是什么原因，皇帝不说，也没人敢问。

人生即修行

到广西，不到半年时间，王阳明先是轻松和平招抚卢苏和王受，之后一举拿下八寨和断藤峡，一下震撼了朝廷，王阳明也因此成为朝廷的话题男神。

王阳明和他的时代好像格格不入，一切都是不走寻常路，到哪里都引起话题，而且到哪里就布道到哪里。在龙场做驿丞，最后龙场悟道，兴办学校，传播心学；后来到庐陵做知县，仅仅六个月，庐陵大治，改变了庐陵的民风；再后来到滁州做弼马温，更是把滁州变成了自己的道场；之后到南京，也是一路布道；再之后到南赣做巡抚，打土匪，办学校；后来朱宸濠造反，朝廷并没有授权给他，他依然组建军队平定；这次到广西，皇帝授权他便宜行事，和以前比起来，王阳明没有这么多规矩了，因为他根据情况可以便宜行事。

王阳明之前那么多不走寻常路，基本风平浪静，这次听皇帝的话，一切都是为了皇帝好，却引起了议论，说王阳明平定八寨和断藤峡没有奉诏，往小了说是擅自行动，往大了说就是抗旨不遵。

世界上最大的事就是生与死，除此之外，都是小事。而人的一切苦难都是因为活法，活法大致分为两种，一种是遵从世俗之道，苟且生活，实现设定好的人生价值；一种是遵从自己内心呼唤，活出自我，实现自己的人生价值。

王阳明进入私塾后，曾经询问私塾先生："何为第一等事？"私塾先生回答："惟读书登第耳！"王阳明很是怀疑，说道："登第恐未为第一等事，或读书学圣贤耳。"

在读书就是为了登第的时代，王阳明显得那样另类，那样棱角分明，那样桀骜不驯，所以，紧接着就迎来科场失败。当别人为了科举失败而痛心不已的时候，王阳明说了一句："世以不得第为耻，吾以不得第心动为耻。"

王阳明从此踏上了我行我素的人生路，他的一生都和那个时代、那个世界不太和谐。最终，还是王阳明从了那个时代，在平定八寨和断藤峡的时候，他居然第一次听从了皇帝话——便宜行事。

结果，王阳明这一次听话了，却引来了更大的争议，人生到底怎么做才好呢？

朝廷很热闹，最忙的是兵部和户部，天天围绕王阳明的功过是非讨论。兵部的问题很简单，王阳明功劳摆在那里，忙着研究怎么奖赏王阳明，研究过来研究过去，结果很难出。户部则是忙着讨论王阳明的建设城池的建议，讨论也是一轮接一轮，就是没结果。

平定八寨和断藤峡之后，王阳明基本病倒了，天天吃药治病。

九月初八这一天，京城来人了，皇帝派人前来奖赏王阳明，称赞他平定思恩、田州卢苏和王受"处置得宜"，在如此短的时间招抚了卢苏和王受，功劳可嘉，赏赐王阳明白银五十两。

听说京城的行人（一种官职，掌传旨、册封、抚谕等事）来了，王阳明咬着牙从床上起来，即便有人搀扶，王阳明还是站不住。即便这样，王阳明依然望着北京的方向下跪，磕头感谢，谢皇帝，谢朝廷，谢主隆恩。皇帝的赏赐让王阳明大为感动，再加上身体因素，一下晕了过去，好久才醒过来。

醒来后，王阳明给皇帝写了谢恩疏：

> 今乃误蒙洪恩，重颁大赏，且又特遣行人赍敕远临，事尤出于常格之外。臣亦何功，而敢当此；臣亦何人，而敢望此。只受之余，战悚惶惑，徒有感泣，惟誓此生鞠躬尽瘁，竭犬马之劳，以图报称而已。臣病日亟，自度此生恐不复能奔走阙廷，一睹天颜，以少罄其蝼蚁葵藿之诚，臣不胜刻心镂骨，感激恋慕之至！

写完谢恩疏，王阳明有点想家了，尤其是那些弟子和自己的儿子，于是就给弟子钱德洪和王畿写了一封信。

王阳明在信中说，广西之事幸好逐渐平息，不久的将来就可以和你们相见了，我很想念你们。近来不知道你们聚会的情况如何，也不知道法堂前的草是不是有一丈深了？关心书院的情况，牵挂弟子们的学习，挂念儿子的成长，希望他们好好学习天天向上，而且要与人为善。

这个时候，王阳明内心十分矛盾，他想进京看看皇帝，也想回家看看弟子和儿子，都是真情，他都想做，但他却没有做的权利和自由。没有皇帝允许，进不了京城；没有皇帝的允许，家也回不了；否则就是抗旨不遵，就是擅离职守。

庙堂里的道义

王阳明身在广西，尽管已经卧床不起，依然牵动着京城。皇帝也为王阳明上火，耳朵听到的是王阳明，奏疏看到的是王阳明，讨论的还是王阳明，天天都是王阳明，教人如何不烦心？

有一句古话，外举不避仇，内举不避亲。古今中外，能做到前一条的人不多，做到后一条的如过江之鲫，多如牛毛。比如，王阳明的弟子黄绾就内举不避亲，给朝廷上疏，举荐自己的老师王阳明进入内阁。

当然，王阳明确实有这个资格，即便那个时候没有广西的功劳，也有扫平南赣土匪，平定叛乱的宁王，治理江西……

御史的一再举荐，黄绾的真诚举荐，朱厚熜多少也有点心动，就先做一下民意调查。朱厚熜起草了一个召王阳明进内阁的意见书，交由内阁讨论。

内阁里杨一清和张璁一看皇帝要重用王阳明，当即不谋而合，异口同声说："不"。毕竟是内阁大臣，一些事要理性，要通过文字表达，经过研究，他们俩给王阳明做一个鉴定书：

"王守仁才固可用，但好服古衣冠，喜谈新学，人颇以此异之。不宜入阁，但可用为兵部尚书。"

内阁两人反对，朱厚熜自然顺水推舟，也就作罢。

故事到这里才刚刚开始，桂萼听说黄绾举荐王阳明，皇帝居然心动了，当即暴怒，大骂黄绾。随即暗地里给皇帝上书，攻击诋毁王阳明，看到桂萼奏疏，朱厚熜了解王阳明了。

嘉靖六年二月，王阳明不费一兵一卒，不动一枪一箭，和平招抚卢苏和王受，一时名震天下。消息传到京城，桂萼和杨一清很是担心，王阳明功高如此，接下来要回京复命，万一皇帝留下王阳明入阁，他们怎么办？

杨一清和桂萼一合计，最好的办法就是不让王阳明进京，怎么才能做得到呢？那就是让王阳明留在广西。于是，杨一清和桂萼上疏请求皇帝任命王阳明兼理两广巡抚，这样王阳明就无法回京了。

内阁形成了意见，皇帝自然同意，于是下发了"王守仁暂令兼理巡抚两广等处地方，写敕与他"的圣旨，圣旨到，王阳明只能遵守。

一直以来，杨一清和王阳明的关系都很好，王阳明很尊重杨一清，一直都是以弟子身份和杨一清来往，杨一清也对王阳明倍加欣赏。王阳明简直是躺着也中枪，其实中间是有原因的，因为杨一清是从空中打击的。从这个层面来说，杨一清和王阳明应该是自己人，杨一清应该大力支持王阳明入阁，毕竟是自己人，但怎么一下子成了敌人呢？原因就出在黄绾身上。

黄绾当年和张璁、桂萼等人一起支持大议礼，后来大议礼大获全胜，这帮人也因而得以升迁。有了皇帝的支持，他们这些人也是飞扬跋扈，连内阁首辅都不放在眼里，尤其张璁和桂萼，这两人谁也看不上。有一次，朱厚熜诗兴大发，写了一些律诗，让大臣帮着编辑一部诗集，内阁首辅大臣费宏就成了总编辑。看到费宏的名字，朱厚熜甚是兴奋，就在费宏名字前面加上了官衔："内阁掌参机务辅导首臣。"

看到皇帝宠爱费宏，桂萼、张璁他们很是不爽，就开始在皇帝面前诋毁费宏，而且还多次上奏疏辱骂费宏。费宏找皇帝说理，皇帝只是礼节性地宽慰费宏，从来不责怪他们两人，用意很明确。

在桂萼和张璁联手辱骂和打击下，费宏提出辞职，皇帝假意挽留，最后顺水推舟。费宏也不是省油灯，他极其痛恨桂萼和张璁，临走的时候，他推荐谢迁顶替自己的位置，目的就是阻止张璁和桂萼进入内阁。

道高一尺魔高一丈，不仅谢迁看不上张璁、桂萼他们，杨一清也看不上，当费宏离开后，杨一清一再督促皇帝召谢迁入阁。张璁、桂萼原来以为杨一清是自己人，赶走费宏后，杨一清会举荐他们入阁，谁料杨一清却拉来了谢迁。

张璁毕竟是朱厚熜的恩人，后者随便找一个理由，张璁就进入内阁了。因为这个原因，张璁从此和杨一清结下了梁子，黄绾和张璁结成了利益共同体，朋友的敌人就是自己的敌人，黄绾也从此和杨一清结仇。

在这个节骨眼上，朝廷发生了一件事，席书主编的《明伦大典》成功出版。所谓的《明伦大典》就是朱厚熜给自己树碑立传，这部书就是讲述朱厚熜如何让自己老爸做皇帝让老妈做太后的奋斗历程。早在嘉靖三年，南京礼部主事侯庭训撰刻了《仪礼书》，给皇帝上奏，支持大议礼；接着是方献夫的《大议礼奏议》，给朱厚熜加油助威；再之后是王阳明的老朋友席书，他写了《大礼集议》；席书之后是何渊，他写了《大礼全书》，最后，朱厚熜做总结，把这部书定名为《明伦大典》。

朱厚熜任命席书做这部书的主编，里面纪功立传，收编了支持大议礼的人和文章，并且进行了褒奖。这事本来和王阳明没有关系，王阳明是不参与，不支持，不站队，也不发言……不知道什么原因，席书在《明伦大典》里面称赞了王阳明。

一个名叫聂能迁的锦衣卫不乐意了，因为他当时也是支持大议礼的，而且积极参与，联合皇帝控制舆论，打压反对议礼的官员。大议礼成功后，许多支持大议礼的人都升官发财了，唯独他原地踏步。这个人也不是什么好人，当年就是投靠钱宁获得升迁，钱宁倒台，他也跟着倒霉，但他懂得见风使舵，一看大议礼，就跟在张璁和桂萼后面起哄。后来，大议礼成功，朝廷就让他官复原职。

如果是一般人，也就接受了，可聂能迁偏偏不能接受，尤其看到张璁和桂萼都入阁了，自己才是官复原位。如果是朝廷普通部门的，估计就忍了，毕竟是锦衣卫，执法部门的，哪里受过这样的委屈？

正当聂能迁备感委屈的时候，朝廷征召王阳明到广西，聂能迁再也不能忍受了，这太不公平了，连王阳明这样在大议礼中什么贡献都没做的人，都能重用，凭什么啊？一般来说，一个人看问题的角度是素质问题，王阳明什么情况，大明朝的人都知道，聂能迁和王阳明能比吗？可能是在执法部门做久了，聂能迁经历太多黑暗，或者说收受了太多贿赂，他第一直觉就认定，王阳明获得重用是贿赂席书了。

皇帝的道

聂能迁真是有点膨胀了，他出身锦衣卫，应该了解一些情况，就是诬告也应该做做功课，选择一个可以欺负的主儿。经过多方琢磨，聂能迁选择了王阳明，自从朱厚熜做皇帝后，王阳明是皇帝不疼内阁不爱，朝廷也没几个人喜欢，可他偏偏又被重用了，这里面肯定有猫儿腻，指定给席书送礼了，不然席书怎么会举荐王阳明？

毕竟是做执法的，懂得证据链，既然说王阳明贿赂席书，必然要有一个完整逻辑链。聂能迁说，王阳明为了让席书举荐自己，拿出百万两银子给自己的弟子黄绾，黄绾把银子转给张璁，张璁最后把银子送给席书，然后席书上疏举荐王阳明。

不得不说，聂能迁高估了自己的智商，低估皇帝、黄绾和张璁的智商了，他原以为自己能大获全胜，甚至开始憧憬自己升官的场景了。

聂能迁的奏疏进入内阁，皇帝看到了，张璁也看到了，之后黄绾也看到了。

黄绾当即上疏给自己和王阳明辩护，而且请求辞职。朱厚熜当然知道是怎么回事，当即下旨挽留黄绾："黄绾学行才识，众所共知，王守仁功高望隆，与论推重。聂能迁这厮捏词妄奏，伤害正类，都察院便照前旨严加审问。务要追究与他代做奏词并帮助奸恶人犯来说。黄绾安心供职，不必引嫌辞避。"

圣旨一下，聂能迁当即被捕入狱，执法者成为执法对象。由于这个案子涉及内阁大臣张璁，自然非同小可，皇帝就委托杨一清负责处理这个案子。经过审讯，聂能迁找不到证据证明自己的观点，有关部门判定聂能迁诬告罪名成立，于是判罚发配聂能迁到边疆戍边。

按理说，这个判罚也不轻，仅仅诬告就被发配边疆，但张璁和黄绾一致认为判罚太轻了，应该判处死刑。由于众所周知的原因，张璁和黄绾就把账记到了杨一清头上，于是就开始攻击杨一清，认为杨一清就是聂能迁背后的主使。

于是，黄绾就上疏，说："朝臣之中，有饕餮无厌如狼豕之不及，张胆无忌，如贲育之敢往，变幻是非如化人之莫测，狡狯闪倏如鬼魅之默运，甜软诱惑如狐妖之媚人……起死趋利避害如挟灵犀以入水。内侍被其深结而交誉，言官皆其私人而不言。始臣亦以为，才今方觉之，第论其情状而不指斥其姓名，盖欲陛下因情状以察群臣之中，孰为最似者耳。"

黄绾是文化人，不直接说，让皇帝猜谜，其实就是说杨一清。

黄绾上疏，张璁自然也上疏，说："自来内阁有声者称三杨而已矣。而后奸人鄙夫占据内阁，贪污无耻习以为常。复有闲废有年仍求起用，去而复来，略不惩创前非；来而复去，犹且阴为后计。"

客观地说，黄绾和张璁有点过分，搞政治的人，做事应该讲究方法，可以搞阳谋但绝不能搞阴谋，尤其不能骂大街。

黄绾和张璁联手控告杨一清，杨一清自然不会坐以待毙，于是开始反击，他上奏说："黄绾、张璁为同乡故友，挟私抱怨。"

内阁之间有了矛盾，朱厚熜最高兴，这也是他最希望的，如此一来，他就能轻松驾驭了。从杨廷和，到毛澄，到蒋冕，到费宏，现在到了杨一清，朱厚熜和他们都是在博弈，而且水平越来越高。

可以说，有明一朝，朱厚熜是绝对的权术大师，在位时间很长，45 年，仅次于他的孙子万历皇帝（神宗朱翊钧），在中国历史上排名也很靠前。历代皇帝在位的年头，康熙最长，61 年；乾隆次之，60 年；第三，汉武帝，54 年；第四，明万历，48 年；嘉靖排在第五名。极具传奇的是，在位 45 年，倒有半数以上年头是不上朝的。他从嘉靖十八年（1539）起就不上朝，从嘉靖二十一年（1542）起就不进宫。更为了不起的是，这些年来，他的大权并没旁落，张璁、夏言、严嵩、徐阶，只不过是他手中棋子，可以任意摆布，随上随下。

身为一国之君，却不理朝政；罢朝二十年，却对国务心知肚明；权臣宦官迭起，却没有一个人撼动得了他的权威；诸事不问，却能够在臣民心中树立威严形象；一生玩人无数，却从没有被别人玩过。

这次轮到杨一清闹辞职了，朱厚熜还是用对待费宏的老方法，从中斡旋，挽留杨一清，但就是一句都不批评黄绾和张璁。

费宏没看明白皇帝的用心，最后不得不辞职。杨一清好像看明白了，他不仅继续反击黄绾、张璁，而且还捎带上了王阳明，他知道，他越是这样，皇帝就越信任他。

理想碎了一地

一般人理解，朱厚熜这个时候很欣赏王阳明，其实他最讨厌王阳明，原因是多方面的，一是王阳明没有支持他的大议礼，二是因为功高震主，三是代君行赏。

王阳明的《八寨断藤峡捷音疏》最先到内阁，内阁首辅杨一清相当客观地处理了此事，当即拟票依惯例升赏王阳明及相关官员，方案却没有获得朱厚熜的御批同意。杨一清很是惊讶，这个方案是按旧例执行啊，皇帝这是啥意思，是奖赏不到位，还是奖赏过高？内阁和兵部只得再次草拟方案，对先前的升官奖赏有所更改，再次上报给朱厚熜。

朱厚熜这次还是没批准，对方案做了指示：

> 这捷音近于夸诈，有失信义，恩威倒置，恐伤大体。但各侗傜贼习乱日久，亦不可泯，王守仁姑写勒奖励。钦此。

朱厚熜的圣旨，一下子"雷"到了杨一清。反反复复阅读后，杨一清还是无法理解，上疏说："臣等恭读数过，相顾骇愕，诚不能窥测圣意。"

杨一清的意思很明确，关于王阳明平定八寨和断藤峡一事，是功是过，应该给一个明确的定论。如果真的是"失信义，恩威倒置"，那王阳明"方被罪之不暇，而何奖励之有"？杨一清这道奏疏，就是委婉批评朱厚熜自相矛盾，接着罗列了王阳明的功劳，"诚足以慑服瑶侗之心，发舒华夏之气，功实俊伟，此兵部之私言，亦中外臣工之公论"。杨一清意思是，不论王阳明处置八寨断藤峡是不是夸功，是不是有失信义，是不是恩威倒置，可以先放一放，但以平定思恩和田州之功还是应该奖赏王阳明的。

故而，杨一清请求朱厚熜"乞照臣后次拟票发出施行"。杨一清的拟票内容，包括先行嘉奖王阳明，土官王辅明以及投降的卢苏和王受，以及当初推荐王阳明的桂萼等人。但朱厚熜还是没有批准杨一清的这次奏疏，后来无限期拖延下去，王阳明去世后依然没有结果。

到这里，可以知道，王阳明的问题不是和朝廷官员的恩怨，而是朱厚熜对他产生了严重的不信任问题。即便最初起用王阳明，朱厚熜也是很不情愿，但迫于当时形势不得不屈尊下诏。下诏之前，朱厚熜就曾经询问杨一清："王守仁为人如何？"

皇帝让杨一清提提建议，杨一清只能如实回答，说王阳明"起用两广，最惬公论，但人望犹以为未满，待地方平定，有兵部尚书缺，可以此召用"。

除了征询杨一清的意见，朱厚熜还曾经密谕张璁，讨论王阳明能否平定两广，说："两广之事，恐守仁不能了办？"

张璁对王阳明很是相信，就回答说："未足为虑。"

朱厚熜最初担心王阳明的能力问题，王阳明轻松搞定卢苏和王受，之后买一送一，出兵平定八寨和断藤峡，取得这么大成绩，朱厚熜应该高兴，应该大加嘉奖王阳明。现实情况是，朱厚熜不仅不同意嘉奖王阳明，反而横挑鼻子竖挑眼，就是找王阳明的毛病。

起因还是在王阳明那里，问题就出在《八寨断藤峡捷音疏》，这点从朱厚熜的圣旨里就能看出门道，圣旨对捷音疏提出四条批评意见，一是近于夸诈，二是有失信义，三是恩威倒置，四是恐伤大体。

作为一个皇帝，朱厚熜还是凑合的，他还是能分出轻重缓急的，第一条看似严重，其实最不严重，不就是虚报功劳吗？不是大事；第二条也是鸡蛋里挑骨头，朱厚熜做的不讲信义的事不少，整个朝廷更是多如牛毛，王阳明做事是最讲信义的，怎么反而有失信义啦？第三条有点严重，因为恩威是皇帝的事，王阳明有点擅作主张，你这样做了，收买人心啊。第四条才是重点也是朱厚熜最不能容忍的，所谓"恐伤大体"其实就是说王阳明代君行赏。如果大家都效仿，谁还把皇帝当回事，所以很危险。

朱厚熜虽然授权王阳明便宜行事，但有些事还是不能太任性的，越是这样越要谨慎，一定要事前请示事后汇报。即便有时情况危急做不到事前请示，但事后一定要汇报，否则就会产生信任危机。皇帝号称孤家寡人，就是谁都不相信，时刻担心下面的人造反。

王阳明这样位高权重的人，朱厚熜更是放心不下。擅自行动平定八寨和断藤峡，事前不请示，事后也不汇报，更为要命的事，直接进行了嘉奖。先是给彭明辅嘉奖升官，授权彭宗舜、彭荩就地继承官位，不用像先前那样赴京接受任命；再就是嘉奖卢苏和王受，王阳明也是直接决定恩典，如果他们表现好，不到三年就可以赐给他们官位。

朱厚熜很生气，后果怎么样？

伤情最是晚凉天

《八寨断藤峡捷音疏》是王阳明最不该写的奏疏，无论是朱厚熜，还是杨一清，再到桂萼，他们都是拿着这道奏疏说事，以此来做自己的事。

朱厚熜这个人做事不喜欢正大光明，喜欢在背地里搞小动作，一般来说，皇帝和臣子交流都是多用公开的圣旨，朱厚熜却经常和臣子用加密的圣旨。征用王阳明的时候，朱厚熜多次用加密的圣旨和臣子交流，这次整治王阳明还是如此。

朱厚熜就给内阁大臣逐一写诏书，内容就是批判王阳明，说王阳明自大夸功，而且简单论说王阳明的生平，最后谈到王阳明的学术。朱厚熜写诏书，不是发牢骚，而是给内阁大臣布置作业，要求他们谈谈王阳明这个人怎么样，生平情况，最要命的是让他们谈谈王阳明的学术不端问题。

皇帝要内阁大臣谈谈王阳明的学术，的确是强人所难，王阳明的有些学说，就连王阳明自己也不是太清楚，比如良知学说，他一直到五十岁才弄明白，这些内阁大臣如何说得清楚？

诸如什么知行合一、什么事上磨炼、什么致良知、什么四句教"无善无恶心之体，有善有恶意之动，知善知恶是良知，为善去恶是格物"、什么严滩问答"有心俱是实，无心俱是幻；无心俱是实，有心俱是幻"……

不要说杨一清、张璁和桂萼他们几位，即便是王阳明的弟子黄绾也搞不清楚，他们只能无言以对。王阳明的学术情况，这几个内阁大臣可能真不知道，但他们肯定知道皇帝给他们下诏书不是和他们谈论学术，而是让他们联手收拾王阳明。

这对他们来说，多少有点难为情。杨一清和王阳明感情深厚，这个时候，怎么说都不好，所以干脆一言不发，你皇帝想怎么样就怎么样。由于黄绾和杨一清交恶，在一定程度上影响了杨一清和王阳明的关系。

张璁和桂萼也不好行动，当初起用王阳明，他们俩都曾经向皇帝做过推荐，张璁和王阳明关系相对好一些，桂萼和王阳明关系一直不太好。

既然皇帝有暗示，桂萼当即给王阳明拟票，命令王阳明趁机攻打交趾国，王阳明没理桂萼这茬。桂萼随即上奏批评王阳明，"王守仁这个人为人怪诞，不懂规矩，他的什么心学，就是自以为是。这次让他征讨思、田，他偏一意主抚；没让他打八寨、断藤峡，他偏劳师动众地去打，这简直是目无王法。这是典型的征抚失宜，处置不当"。

王阳明上一道捷音疏，却引起皇帝的暴怒，进而整个内阁群起而攻之。这个时候，王阳明正等待来自朝廷的喜讯，希望朝廷能采纳自己的建议，尤其是四月初六上的《处置平复地方以图久安疏》，空等了半年之后，音讯全无。

这个时候，王阳明已经超越功利，他所做的一切都是为了当地百姓，当然也是为了皇帝。王阳明知道广西最大的问题是干部，广西这么多问题和干部有一定关系，为了解决这个问题，他接连给朝廷上了《地方急缺官员疏》《举能抚治疏》和《边方缺官荐才赞理疏》。

政治问题在一定程度上其实就干部问题，广西的问题更是这样，这里干部问题最为严重，不仅人员少，而且素养更差。王阳明很着急，虽然取得了一定成就，如果干部队伍建设跟不上，很快就会出问题，一旦再次出乱子，之前所有的努力都白费。于是，王阳明就给皇帝提建议，动员所有的官员每人都推荐十个人才，如果一人举荐九人不举荐，这样的人，不用；九人举荐一人不举荐，这样的人，可以用；如果无人举荐无人不举荐，这样的就要详细考察。

王阳明关注的问题，朱厚熜不感兴趣；朱厚熜关心的，王阳明不感兴趣。这个时候，王阳明身体越来越差，实在坚持不下去了，几乎能预感到自己的将来，余生不长了，他想家了，真的想家了，他想回家，真的要回家了。

到了十月初十，王阳明等不起了，他不知道皇帝是什么态度，也不知道内阁里的情况，广西的事，他已经做了安排。于是，王阳明抱病写了长长的《乞恩暂容回籍就医养病疏》，其中一段详细说明自己必须回家的原因：

> 臣自往年承乏南赣，为炎毒所中，遂患咳嗽之疾，岁益滋甚。其后退伏林野，虽得稍就清凉，亲近医药，而病亦终不能止，但遇暑热，辄复大作。去岁奉命入广，与旧医偕行，未及中途，而医者先以水土不服，辞疾归去。是后，既不敢轻用医药，而风气益南，炎毒益甚。今又加以遍身肿毒，喘嗽昼夜不息，心恶饮食，每日强吞稀粥数匙，稍多辄又呕吐。

表面是一张请假条，实际是一篇抒发情怀的文章，表面说的是家国天下，实际是自己的人生，尤其是朱厚熜做皇帝这六年来的感怀。

自从朱厚熜做皇帝，六年来，王阳明一直偏安于浙江，他很想进京见见新皇帝，但又担心谗言。后来，终获征召，而且授权便宜行事，又在广西建功立业，尽管皇帝一再挑眼，他还是很感谢皇帝的，感谢皇帝对自己工作的支持。

但现在，因为健康的原因，王阳明只得辞职回家了。

心中无贼

《乞恩暂容回籍就医养病疏》上奏朝廷后，王阳明就动身回家了，他知道自己等不到皇帝和朝廷的批准了，生命的长度实在不够用了，等不起了。王阳明在奏疏里再三诉说自己这样做是迫不得已，请求皇帝怜悯他的情况，如果还能侥幸活下去，以后再为皇帝和朝廷鞠躬尽瘁，最后说："臣不胜恳切哀求之至！"

一个天气爽朗的日子，王阳明踏上了从梧州到广州的行程，计划在韶关多待几日，顺便等待朝廷的命令。这一次广西之行，王阳明不仅攻破山中之贼，而且也破了自己心中之贼。

当年在南赣，王阳明可以轻而易举攻破山中贼，却无法控制自己，一切行为都是按世俗和别人的标准，并没有遵循自己内心的呼唤。这就是平定南赣土匪后，王阳明很是无奈，发出了"破山中贼易，破心中贼难"的感叹。之后，宁王朱宸濠造反，王阳明获悉后，当即掉船头回到吉安，组建义军，迅速平定叛乱。但之后，因为种种原因，王阳明无法放下内心的欲望，而被来回牵制，疲惫不堪，那些和自己冲锋陷阵出生入死的兄弟，至今依然未能得到应有的奖赏。

到广西后，王阳明心中无求，一切为了国家社稷，为了生民，为了朝廷，只要有利于这些，他就义无反顾地去做。比如为了招抚卢苏和王受，他甚至冒天下之大不韪，居然开历史倒车，恢复土官制度；为了广西的人民和长治久安，他拒绝了桂萼出兵交趾国的命令，居然擅自平定八寨和断藤峡；之后更是代君行赏……

这次擅自离开广西，王阳明做好了一切安排，在一段时间里不会再发生动乱。王阳明根据广西的实际情况，推行流官土官并存，这在一定程度上顺应了少数民族的民心，有利于维护当地的社会稳定。如果后来人能坚持执行下去，广西必然会出现久违的国泰民安局面。

王阳明本将心托明月，奈何明月照沟渠，他的这一切努力当然无法获得朝廷的理解和支持，因为朝廷和王阳明的价值判断不一样。朝廷想要的是开疆拓土，要的是功成名就，要的是名垂青史，至于世界和平和安居乐业，那不在他们的考虑范围。朝廷主流价值观所带来的，就是国家动荡，百姓倒霉，主政者风光无限，青史留名。

怎么才能解决这样的问题呢？三纲解决不了，五常也解决不了，思来想去，王阳明发现了解决之道——良知。如何来判断一个人是人才还是庸才呢？良知，只有良知。一切行为都应以良知为标准，只有以良知为准则，才不会祸国殃民，才能世界和平。

人人都应该有良知的，为什么有的人长着长着，良知就丢了，而且是不知不觉中就不见了，很多人都纳闷：良知都去哪儿了呢？

良知不见了，怎么办？王阳明的方法是布道，帮助更多人找回良知。

王阳明想起了远在浙江的弟子，他们怎么样了，于是就给他们写信，获悉弟子们坚持在龙山中天阁讲学，他很欣慰，他知道良知之学就靠他们了，自己的不朽也拜托这些弟子了，因而，王阳明一再鼓励弟子们。

王阳明布道方式很传统，也就是讲学、新建书院和改造旧书院。尽管王阳明嘴上一再说，自己的学说一人信之不为少，全天下信之不为多，他实际上还是希望更多人的信服，故而王阳明终其一生都在不余遗力地讲学办学。

据《明史》记载，正是在王阳明的推动下，正德、嘉靖之际，"缙绅之士、遗佚诸老，联讲会，立书院，相望于远近"。在王阳明的带动下，向来淡泊的湛甘泉也是每到一处都兴建书院，以此来传承他的老师陈献章，进而推广江门之学。这也从另一个角度表明当时书院状况，当时书院能形成气候，和当时的几个皇帝相关，明孝宗朱祐樘广开言路，明武宗朱厚照从来不管文化，历经二十多年的宽松，兴建书院蔚然成风。

启程之后，王阳明原打算慢慢地回家，一是等待朝廷的消息，一是调调身体。但回家之路并不顺，刚到南宁，王阳明身体就变得更糟糕了，开始拉肚子，日夜不停。因为两只脚上都长了疮，这个时候，王阳明已经无法站立。最严重还不是这些，而是他的肺结核，自从格竹子之后，身体就没有好过，天天脸色发青。这次广西之行，水土气候加重了病情，情况越来越糟。

北风到来，却不告诉我何时下雪

因为身体无法站立，王阳明只得绕路沿着水路乘船回家。这个时候，王阳明已经清楚知道自己距离大去之日不远了，当船行漓江，路过"伏波胜境"的伏波山的时候，已经没有兴奋的感觉。只是因为十五岁那年曾经梦到过，才停船上岸，在别人的搀扶下，勉强进庙参拜了一番。

正是因为十五岁那年梦到了马援，王阳明就觉得自己将来会和马援一样，一定会到广西平定叛乱，到这里建功立业，前面的这一切都验证了，后面的呢？自己真的和马援会是同一个宿命吗？王阳明和他的弟子们都很信宿命，参拜了伏波庙之后，王阳明觉得眼前看到的情况和自己四十年前的梦境一模一样。

参拜之后，王阳明极为感慨，回头看看梦后四十二年人生路，这一切真的好像是上天早已做好安排，于是给伏波庙题了两首诗，其中《谒伏波庙》写道：

> 四十年前梦里诗，此行天定岂人为；徂征敢倚风云阵，所过须同时雨师。

> 尚喜远人知向望，却惭无术救疮痍；从来胜算归廊庙，耻说干戈定四夷。

其二：

> 楼船金鼓宿乌蛮，鱼丽群舟夜上滩。月绕旌旗千嶂静，风传铃木九溪寒。

> 荒夷未必先声服，神武由来不杀难。想见虞廷新气象，两阶干羽五云端。

身体这样差，王阳明一路上还是忙着给弟子回信，认真耐心给弟子们解疑答惑，帮助弟子们寻找修炼的捷径。诸如聂豹问王阳明怎么才算勿忘勿助？因为一着意便是助，一不着意便是忘。王阳明的办法是先破后立。问，你忘是忘个什么，助是助个什么？然后说我这里只说个必有事焉，而不说勿忘勿助。若不去必有事上用功，只悬空守着一个勿忘勿助，只做得个沉守空寂，学成一个痴呆汉。事来，便不知所措。王阳明告诉聂豹，这种情况最可怕，看似是学术，实际误人子弟。

这个时候朝廷收到《乞恩暂容回籍就医养病疏》，尽管桂萼扣押了一阵子，最终还是传到了朱厚熜手里。

看完王阳明的奏疏，朱厚熜评注："卿才望素著，公议推服，近又身入瘴乡，荡平剧寇，安靖地方，方切倚任，有疾宜在任调治，不准辞。"

朱厚熜是谋略高手、权术高手、厚黑高手，他极其厌恶王阳明，却还能写出这样的话语。

高手也罢，菜鸟也好，王阳明都不陪你玩了，他还有一些愿望要实现，如果等着朝廷的圣旨，有可能就会闭不上眼。

王阳明继续前进，下一站广东增城。到了增城后，王阳明专门去了一趟湛若水的家，瞻仰了一番，写下了两首诗：

题甘泉居

我闻甘泉居，近连菊坡麓。

十年劳梦思，今来快心目。

徘徊欲移家，山南尚堪屋。

渴饮甘泉泉，饥餐菊坡菊。

行看罗浮去，此心聊复足。

书泉翁壁

我祖死国事，肇裡在增城。

荒祠幸新复，适来奉初蒸。

亦有兄弟好，念言思一寻。

苍苍兼葭色，宛隔环瀛深。

入门散图史，想见抱膝吟。

贤郎敬父执，童仆意相亲。

病躯不遑宿，留诗慰殷勤。

落落千百载，人生几知音？

道通著形迹，期无负初心！

　　"落落千百载，人生几知音？道通著形迹，期无负初心！"是写给湛若水的，也是写给自己的。

　　到了增城，王阳明瞻仰了湛若水的家。接着，又去五世祖王纲的庙里祭祀，他来这里不仅仅是尽孝心，还是一种使命，也是告慰祖先，证明当年的预言灵验。当年，王阳明的五世祖王纲到广东平匪乱，功成返回时，海盗却非要他去做海盗的领导，因为拒绝入伙被杀害。后来，儿子王彦达把王纲尸体背回家，朝廷连一点关怀都没有，发誓老王家子孙此后不再为朝廷效命。

　　这个家规最终还是让步了，而且是很积极的，尤其是王华，居然中了状元，王阳明就更积极了，尤其是建议皇帝动员大臣积极推荐人才，这一点，是不是不孝？

　　态度不一样，但最后，王阳明的命运和五世祖王纲基本一样，都是为国而死，一样不受待见，朝廷不仅没有表彰，而且还撤销所有的封赏。后来徐渭给王阳明抱不平，纵使王阳明心学是伪学，毕竟也竭尽全力为朝廷分忧解难，即便搜罗罪名谴责他的学说，也应该嘉奖他的战功。

　　王阳明做事向来讲究，这次回家他每天前进五十里路，不论是乘船还是坐车都是如此，这个时候王阳明已经无法骑马了。

好在王阳明弟子满天下，每到一地，都有弟子前来问好陪侍，王阳明甚是欣慰。但王阳明的身体却越来越差，没有丝毫的好转，到了梅岭后，情况更为糟糕，连呼吸都困难了。

看到先生的状况，弟子们都悲恸不已，王阳明倒显得很淡定，就对弟子广东布政使王大用说："你知道诸葛亮托付姜维的事吧？"

王大用熟读史书，当然知道这段历史，明白先生这是托付后事，就含着眼泪答应。之后，王大用找来木匠给王阳明准备棺木，其实他们早已经准备好了棺材板料，担心不吉祥而不敢动工。棺材做好后，还是没有收到朝廷关于王阳明的命令。

王大用带领亲兵一路护送王阳明，过了大庾岭，就没有水路可行了，王阳明勉强坐上了轿子。弟子们前簇后拥，走一段歇一段，歇一段走一段，终于到了梅关城楼。进入这座小城后，弟子们都松了一口气，他们知道只要越过这座山，到江西就好办了。

王阳明一行终于越过这座大山，之后乘船顺着章水而下。到了南安地界后，南安推官周积、赣州兵备道张思聪听说老师到了，当即赶来迎候，然后进船给王阳明请安。

看到弟子来了，王阳明硬撑着坐了起来，结果引起一阵子咳嗽，样子十分不好。大庾岭不好过，王阳明这一次更不容易，岭南有瘴气，岭北有寒气，人们常说雪花不过梅岭关，可这个时候天空正下着中雪，大家心头十分压抑，都明白，都不说。

看到弟子们，王阳明打破安静，问他们："近来进学如何？"

两位门生简略回答，赶紧问老师道体如何？

王阳明淡然一笑，说道说："病势危亟，所未死者，元气而已。"

早先在过梅岭的时候，王阳明在给钱德洪、王畿写信曾乐观地展望："吾道之昌，真有火燃泉涌之机矣，喜幸当何如哉！"

那时候，王阳明曾以为不用多久，就可以和心爱的弟子们见面了。然而，现在，情况越来越差，王阳明自己都没有信心了，缓缓闭上眼睛，难抑悲伤，慢慢地说："平生学问方才见得数分，未能与吾党同志共成之，为可恨耳！"

弟子们悲伤不已，慢慢从船上退出。王大用跟张思聪说，上好的材，就差裱糊了。张思聪说，你放心，我一定用锡纸里外都裱糊。周积则赶紧找大夫找药。在这么一个荒江野渡的地方，上哪里寻找妙手回春的大夫？即便找到了，又上哪里寻找灵丹妙药？

弟子们的悲伤在延续，王阳明身体越来越差，船只在慢慢地前行。

嘉靖七年十一月二十八日夜，王阳明的船停泊了，王阳明弱弱地询问："停泊在了哪里？"

弟子们回答：青龙埠。

第二天，王阳明派人叫周积进船。周积进船后，躬身侍立，王阳明闭着眼睛，若有所思，又好像淡然欣慰。

这个传奇的人，出生就是一个神话。五岁才张口说话，青春年少就立志做圣贤。之后终生为之努力，居庸关外撵鞑靼，王越墓前演过兵，龙场里悟过道，庐陵县显身手，滁州那里养过马，南赣扫过匪，南昌平定了朱宸濠，九华山见天心，绍兴传大道，广西那里再立功，他一生弟子无数。而现在，他还会关注什么？关注自己的功名，还是自己的学说，还是自己的儿子？

王阳明徐徐睁开眼睛，对周积说："吾去矣。"

这个时候，周积早已泣不成声："老师，有何遗言？"

王阳明微微一笑："此心光明，亦复何言？"

说完，王阳明慢慢闭上了双眼，呼吸渐渐减弱，那一颗光明的心慢慢……慢慢……慢慢……停止了跳动……

王阳明的最后时刻，定格在嘉靖七年十一月二十九日辰时，公历 1529 年 1 月 9 日 8 时左右。

"此心光明"。多么牛气的一句话，多么自在的一句话，多么自如的一句话，多么自得的一句话，说这句话的那一刻，王阳明先生已经达到了无我之境，消失的是生命，一瞬间了无牵挂，那颗灵魂永远自由了！！！

正如《心经》所云，无挂碍故，无有恐怖，远离颠倒梦想，究竟涅槃！

不由得想起了程颐的一个故事。当年被贬到涪州，程颐和众人乘船渡江，到江中心的时候，出了意外，船几乎倾覆。船里的人吓得面无人色，鬼哭狼嚎，唯独程颐先生正襟危坐，一如平常。之后，化险为夷，船靠岸的时候，一同乘船的大爷就问："刚才，船几乎倾覆的时候，只有您没有一点恐慌的意思，是怎么做到的？"程颐先生回答说："无他，心存诚敬罢了！"大爷一听，说了一句："心存诚敬固然好，然而还不如无心！"听到这句话，程颐知道遇见高人了，就打算上前搭讪，哪里想到，大爷根本不搭理程颐，扬长而去。

王阳明的孤独与通透，凡夫俗子唯有仰望，唯有圣贤知其心。正如王阳明所说"天下知人心，皆吾心也"，这句话谁都可以说，但却没有谁能做到。仅此一点，王阳明配得上所有的称赞，值得世间所有的美好！

王阳明做到了，也就是天下人做天下事，做事的标准就是致良知。只要做到致良知，就是为善去恶，这个时候，就知道天下人心了，其实天下人心就是自己的心，当自己的心和天下人心在同一个方向的时候，心就光明了。

做到了此心光明，王阳明薪尽火传，可以安心交接了，下一棒，弟子们，孩子们，你们接好，我看好你们哟……

身后之后

先生闭上眼，张思聪带领众弟子强忍悲痛，在南野驿站成殓了先生。

十二月三日，张思聪与官属师生设祭祀礼仪，将阳明先生入棺。

第二天，弟子们把王阳明的棺材装上船，向南昌出发。知道王阳明去世，老百姓远近遮道哭送，哭声震地，如丧考妣。

到了赣州，提督都御史汪鋐在路上迎着祭奠，读书人和老百姓望着棺船、拦着路哭，因为王阳明给他们带来和平好日子。

到了南昌，巡按御史储良材、提学副使门人赵渊等提议过了年再走，让南昌人好好祭奠一下王阳明，南昌的读书人和老百姓朝夕哭着来祭奠，络绎不绝。

那个月连日逆风，船不能前行，出发日子一再推迟。看到这种情况，赵渊祝对着王阳明的灵柩说："公岂为南昌士民留耶？越中子弟门人来候久矣。"

话音一落，东风忽然变西风，而且连续六天都是西风，直到船行弋阳。先前钱德洪与王畿沿着钱塘江出发，准备进京参加殿试，听说先生快回来了，就到严滩迎接，想见一下先生后再赴京赶考。

没想到接到的却是先生的讣闻，不敢相信，无法相信，却不能不接受。于是，他们正月三日在广信发丧，讣告同门。这一天，王阳明的养子王正宪也赶到广信，和众弟子一起扶灵。

一个月后，王阳明的灵柩到达绍兴，初四这天，子弟门人在中堂祭奠王阳明灵柩，接着一切按照丧纪，妇人门内哭，孝子王正宪携弟王正亿与亲族子弟在门外哭，门人只能幕外哭，每天早晚都祭奠。每天都有一百多门人前来吊唁。书院及诸寺院学生正常上课，正常聚会，就像老师依然在世一样。

正如陶渊明所说，亲戚或余悲，他人亦已歌。

朝廷听说王阳明去世后，没人悲伤，他们不仅仅是高歌，而且开始了清算。在桂萼看来，王阳明违抗君命，私自平定断藤峡和八寨，而且最后还擅离职守。所以一定要惩罚。

看到桂萼如此对待王阳明，方献夫无法忍受，拿出王阳明捷报折子说："抚招田、思二州，未动朝廷一兵一卒；平定断藤峡和八寨，不费官库一文钱。有功如此，反而严惩，你们就不怕天下人耻笑？"

方献夫接着说："桂大人，做人要厚道，这桩公案，不用说日后，就是今天的史官将如何评说？"

桂萼满脸淡漠，冷冷说："老臣只对陛下负责。王守仁功过相当，即便不惩罚，也不应该奖赏。"

朱厚熜也和桂萼想的一样，其实朱厚熜才是主谋，在他的授意下，内阁大臣兼吏部尚书桂萼拿出处理意见：

> 守仁事不师古，言不称师，欲立异以为名，则非朱熹格物致知之论；知众论之不与，则著朱熹晚年定论之书。号召门徒，相互倡和。才美者乐其任意，或流于清谈；庸鄙者借其虚声，遂敢于放肆。传习转讹，悖谬日甚。其门人为之辩谤，至谓杖之不死，投之江不死，以上渎天听。若夫剿鲜贼擒除逆濠，据事论功，诚有可录，是以当陛下御极之初，即拜伯爵，虽出于杨廷和预为己地之私，亦缘有黄榜封侯拜伯之

令。夫功过不相掩，今宜免夺封爵，以彰国家之大信；申禁邪说，以正天下之人心。

朱厚熜看完后，觉得还不到位，说道："卿等议是。守仁放言自肆，诋毁先儒；号召门徒，声附虚和；用诈任情，坏人心术。近年士子传习邪说，皆其倡导。至于宸濠之变，与伍文定移檄举兵，仗义讨贼，元恶就擒，功固可录。但兵无节制，奏捷夸张。近日掩袭寨夷，恩威倒置。所封伯爵，本当追夺，但系先朝信令，姑与终身。其没后恤典，俱不准给。都察院仍榜谕天下，敢有踵袭邪说，果于非圣者，重治不饶。"

给事中周延看不下去，就上疏给王阳明申辩，朱厚熜不悦，御批示内阁，"命吏部对品调出外任"。

杨一清不同意，说周延乃言官，不应因言获罪，只拟罚俸，免其外调。

朱厚熜因此震怒，观其回报内阁之语：

卿等以朕不当责调周延，自违求言之意。卿等非为延，亦是为守仁耳！……周延谓守仁学正，直讥朕无知。是遵守仁之所行所用大坏人心之学，是可软，否软？

从这些话，可以看出朱厚熜对王阳明的憎恶溢于言表。即便吏部会议议定王阳明之事，朱厚熜依然不能释怀，后来在给杨一清密疏中依然计较这件事：

又王守仁窃负儒名，实无方正之学。至于江西之事，彼甚不忠，观其胜负以为背向。彼见我皇兄亲征，知宸濠必为所擒，故乃同文定举事，实文定当功之首，但守仁其时官在上耳！且如擒宸濠于南直隶地方，却去原地杀人，至今孰不知其纵恣。前日两广之处，见彼蛮寇固防，却屈为招抚，损我威武甚矣。至于八寨而纵戮之。以此看来，势之固而有备者，则不问其为罪之首从轻重，一于抚之，否则乘而杀戮，自云奇功，是人心而否哉？况崇事禅学，好尚异鬼，尤非圣门之事，是可问乎？弗问乎？卿等何坚于庇护，可独密言之，勿以近日攻密谕为非而忌。钦此。

之后，方献夫和霍韬接连上疏给王阳明申辩，朱厚熜收到了奏疏，往旁边一扔，连看都不看。

后来，黄绾的上疏言词激烈："臣以为忠如守仁，有功如守仁，一屈于江西，讨平叛藩，忌者诬以初同贼谋，又诬其辇载金帛。当时大臣杨廷和等饰成其事，至今未白。若再屈于两广，恐怕劳臣灰心，将士解体。以后再有边患民变，谁还肯为国家出力，为陛下办事？"

最后，朝廷对王阳明的处理结果就是：夺伯爵，禁邪说。

……

万历十二年，一个和心学打十二竿子都没关系的首辅申时行提议，把两路心学大师陈献章和王阳明列入孔庙祭祀。

万历皇帝朱翊钧批阅，写了一个字："可！"

至此，王阳明终于成为钦定的圣人，进入孔庙就获得了官方的身份，王阳明经过奋斗实现自己的梦想。

王阳明的个人史，也是一部时代史。其告诉我们，既然圣人都能靠奋斗做到，我们的理想又何尝不可！